作者简介

赵精武

北京航空航天大学法学院副教授、院长助理。中国法学会网络与信息法学研究会理事兼副秘书长、北京航空航天大学网络空间国际治理研究基地副主任。学术研究方向为民商法学、数字法学。

主持国家社科基金项目、最高人民法院重大项目、北京市社科基金重点项目、中国法学会重点项目等省部级项目十余项。入选全国广播电视和网络视听行业青年创新人才、北京市高层次人才、北京市社会科学基金青年学术带头人、北京市法学会“百名法学青年英才”培养计划、北京市国家治理青年人才培养计划、北航青年五四奖章。译有《所有权的终结：数字时代的财产保护》等著作，在《中国法律评论》《中国法学》《中外法学》《法律科学》《现代法学》《法制与社会发展》《法学论坛》《华东政法大学学报》《行政法学研究》《当代法学》《法律适用》《求是学刊》《社会科学》等中英文核心期刊发表文章三十余篇，并有部分文章被《新华文摘》《中国社会科学文摘》《高等学校文科学术文摘》《人大复印报刊资料》全文转载。

翁壮壮

深圳大学法学院助理教授。研究方向为系统论法学、法律与科技、法社会学与法律方法论。曾在《法制与社会发展》《人权》《交大法学》等刊物上发表论文十余篇，出版译著《人工沟通与法：算法如何生产社会智能》以及译文多篇。曾获2024年第20届全国法学理论博士生论坛一等奖，2024年中国法学会法理学研究会未来法理英才论坛论文二等奖，2019年蔡定剑宪法学奖学金优秀论文奖三等奖。

如果说大模型是这个时代赋予每一个用户的“新能源”，那么本书就是让法律人学会将其应用到法治领域的说明书。它不仅引导法律人如何提问，更提示法律人如何思考。在AI与法治深度融合的进程中，AI不会淘汰持续与AI协同进化的法律人，只会淘汰不善使用AI的法律人。

本书详尽展示了法学研究、法学教育、法律实务等具体场景下的AI运用路径，可以让初学者迅速入门上手，也可以帮助中高阶从业者拓展思维视野。技术可能是冰冷的，希望这本书为技术注入温度和智慧。

姜伟　中国法学会网络与信息法学研究会会长

传统法学学习往往依赖大量的记忆和重复性训练，但这种方式在AI工具已经能够快速归纳、整理法律规范的今天，其实已经可以被替代。本书为法学生提供了另一种学习可能性：将学习重心从“信息记忆”转向“信息筛选与判断”；将案例分析从“被动接受”转向“与AI协作建构解释路径”。这本书的提示词示例尤为适合教学辅助，它训练学生如何从任务目标出发设计提示词，并评估AI输出的合理性与合法性。这是法律学习方法的一次进化，也将帮助法律人在枯燥的理论学习之外，找到更具创造性和批判性的法律思维乐趣。

马长山　华东政法大学数字法治研究院院长

在传统法学教育中，我们强调阅读力、逻辑力、表达力，但本书让我意识到，未来还需要加入一项新的能力维度——“协同AI工作的能力”。法学生在掌握法理学、部门法的基本知识之余，更应思考：面对算法模型的生成性“建议”，法律人是否有判断真伪、质疑偏差、重构输出的能力？这本书的可贵之处在于，它没有回避AI对法律思维方式的挑战，而是正面提出一种方法路径，帮助法律人在AI已然深度介入法律文本的时代，仍旧保有作为“人”的判断权与解释力。这不仅仅是技能书，更是法律人对法律行业理解方式的一次升级。

王锡锌　北京大学法治与发展研究院执行院长
北京大学数字法治研究中心主任

DeepSeek

推荐语

聪明过人的AI智能体真的来了！我们法律人必须拥抱这样一个现实，学会将它化成我们正向的同行者。AI技术应该造福我们，AI智能体应该与我们共创更加美好的世界和人生。那么我们现在就应该了解它，早早学习使用它，与它智慧共融，使它成为真正赋能我们的同路人。眼前这本书，正是一本帮助我们打开AI法律智能世界的好书。作为一本有趣的实践指南，立足教学意义上“可导入课程体系”，可谓涉及广泛。AI智能体应不应该中立，还能不能中立，会不会侵犯隐私，可否用于司法裁判，这些都是新议题。还有就是我们关于AI智能的认识论问题，如何面对AI生成内容？是否理解提示词背后隐含的语义结构与推理路径？是否了解使用AI赋能法学研究和法律实务及其意义？本书最终并非旨在给出法哲学答案，而是尝试帮助理解未来法律世界能力模板。

龙卫球　北京航空航天大学人文与社会科学高等研究院院长
北京航空航天大学法学院教授

法律教育的根本目的不仅是传授规则和判例，更是培养学生对社会变迁的感知能力。本书提供了一种法学生亟需掌握的“第二语言”——人工智能工具的法律运用逻辑。书中不仅讲述了如何借助AI进行文献检索、法条比较、案例推理，更在方法论层面培养法律人“如何向AI提问”的能力。这不是技术培训，而是一种思维方式的转化，它帮助法律人认识到，在AI成为法律职业常规工具的时代，法律人的专业竞争力也取决于法律人是否能与AI“对话”。在法律人尚处法律训练初期的时候掌握这门语言，会比等到走上实务岗位再被动适应，来得主动且长远得多。

林维　西南政法大学党委副书记、校长

法律不只是文本的堆砌，技术也不只是工具的中立运用。本书让我欣赏的不仅是它对DeepSeek等AI模型在法律事务中实际应用的细致描述，更在于它试图在技术逻辑与法律逻辑之间架起一道理解的桥梁。它提醒我们：法律规范的开放性、争议性与解释空间，并不能被AI的线性推理完全吸收。这种认知对法学生极为重要，它有助于法律人在运用AI辅助工具时，保留必要的理论批判力和伦理自觉性。本书可作为辅助法学论文写作、法律与科技等专题课程的辅助教材，是培养新一代“有技术素养的法律人”的参考教材之一。

梅夏英　对外经济贸易大学党委常委、副校长、教授理的关系,可以用 XAI(可解释人工智能)或者算法透明化来一言以蔽之。但是,在 AI 大模型时代,人机共存和人机对话成为社会的常态,人工智能在法律界的应用场景还必须导入一个新的关键词:CAI——Co－evolutional AI,也就是人机共同进化式人工智能。这意味着大数据中固有的黑箱性将在生成式人工智能中进一步强化,很可能出现某种人类无法理解的智能,甚至诱发人工智能失控的风险以及社会不安。由此可见,AI 大模型的层出不穷以及广泛应用,使数据治理、算法治理、模型治理成为法律人必须高度关注并熟练掌握的基本技艺。

值得注意的是,所有 AI 大模型都是以不断进行的提示为语境来获得答案,答案的质量因提示词而产生差异。这种特征势必引起法律专家系统的质变,也意味着我们不能过多地强调大模型作为搜索引擎的功能。也就是说,AI 大模型更适合作为人类判断的双重检查工具以及想法生成装置,而不是仅仅用于法律检索。另外,由于 AI 大模型的能力泛化会诱发所谓“幻觉”现象,这就造成了一些以假乱真的虚伪信息,有可能对用户和社会造成严重影响,也必然损害法律系统运作的信誉。因此,本书以一定篇幅分别讨论法律信息检索幻觉的处理方法、AI 赋能法学论文和法律文书写作的操作艺术以及人机对话提示词技巧,可以说是深中肯綮,应该给予响亮的赞赏。实际上,作为数据压缩器的 AI 大模型导致制度知识和规范资源大幅度国际化了,这就会在一定程度上拓展法律选择的空间,也具有深远的意义。对这一点没有进行比较充分的讨论,或许也可以说是美中不足的微瑕。但瑕不掩瑜,我期待两位作者能够随着人工智能的迭代不断更新和改进这本 DeepSeek 实用指南,并在大模型时代的法律技艺琢磨、学术研究以及法学教育等方面取得更大的成就!

季卫东

2025 年阳春于上海华山路正谊楼

Contents 目录

入门通识编

第一章 AI时代法律人的现在与未来

第二章 法律人使用 DeepSeek 全流程

第三章

何为AI法律信息检索

实用技能编

第四章

破解AI幻觉的应对之策

第五章

生成式AI法律检索的提示词技巧

第十章
AI 赋能法律实务

PART 1

入门通识编

- AI时代法律人的现在与未来
- 法律人使用DeepSeek全流程
- 何为AI法律信息检索

第一章　AI时代
法律人的现在与未来

在AI技术迅猛发展的当下，法律职业正处于前所未有的变革关口。人工智能的到来，不再是遥远的未来设想，而是深刻改变着法律服务的生产方式、运行机制与价值结构。面对技术的冲击与挑战，法律人不应仅仅站在传统的立场上防守，而更应从专业实践、知识结构与职业伦理等多个维度，积极重塑自我认知与能力体系。本章将从人工智能对法律职业的影响出发，依次探讨法律人应如何理解与利用人工智能，如何在理性与热情之间寻求平衡，以及为何法律职业具有不可替代的独特价值。进而，我们也将梳理人工智能在法学领域的应用逻辑，并展望在技术驱动下，法律职业将如何走向技能重构与持续优化的未来。这不仅关乎技术如何改变职业，更关乎法律人如何把握时代脉搏、引领变革浪潮。

第一节　人工智能对法律职业的影响方式

在生成式人工智能（Generative AI）赋能法律信息检索的过程中，系统的学习机制与用户的使用方式共同决定了AI的适应性与进化方向。生成式人工智能在法律信息检索中的应用，不仅依赖于技术的进步，更依赖于用户如何看待AI的错误。法律人应当将AI的错误视为反馈，利用错误来优化系统，最终掌握AI工具的使用方法，并提升自身的法律检索能力。法律人切不可因担心错误而不敢尝试，最终可能被法律科技的发展所边缘化。在法律AI时代，真正的竞争力不再是单纯的法律知识积累,而是如何与AI协作,并在错误中找到进步的路径。这一点不仅适用于法律从业者对AI的态度,也适用于AI系统本身的优化路径。生成式AI的本质决定了其在生成法律信息时,难以做到100%准确无误。因此,法律人如何正确看待AI的生成内容错误、如何利用错误进行优化,成为影响"数字时代的法律人如何思考"的关键因素。

法律AI的发展路径决定了其依赖反馈学习,而非固定规则来保证信息质量。传统基于规则的法律信息检索系统依靠固定的法律条文、判例规则进行推理,其正确性是预设好的,只要规则库没有错误,检索的结果也不会出现根本性偏差。然而,生成式AI的核心逻辑是基于大规模数据训练,并通过概率建模预测最符合上下文的法律信息,这意味着其输出的结果并非固定的,而是动态生成的。由于法律体系的复杂性、语境依赖性和规则变动性,AI不可避免会出现某些事实性错误(factual errors)或法律适用上的偏差(applicability errors)。如果将这些错误视为致命缺陷,而非学习优化的必要反馈,就会导致整个系统停滞不前,无法适应不断变化的法律环境。换言之,只有在错误中学习,不断调整AI的训练数据和优化逻辑,才能让AI在法律信息检索中变得更加精准和可靠。

第二节　人工智能在法律领域的使用方式

愿意主动适应AI技术的法律从业者,将AI的错误视作系统优化的契机,而非完全拒绝使用AI。在法律信息检索领域,律师、法官、学者等法律专业人士往往有两种截然不同的态度。一种态度是"怀疑式接受",即在使用AI的过程中保持批判性思维,每次都对AI给出的答案进行人工核查,并将错误的部分反馈给系统,使其不断优化。这种方式不仅能帮助AI不断迭代,更重要的是,它能让法律人掌握如何与AI协同工作,从而提高自身的检索效率和法律研究能力。例如,不少大模型已经开始采用"反馈式学习"(feedback learning),即让用户在使用AI进行法律检索时,对AI的答案进行评价,并标注其错误之处,以便AI在后续训练中减少类似的错误。这种做法的本质是将AI的错误视为改善工具,而非彻底拒绝使用AI。

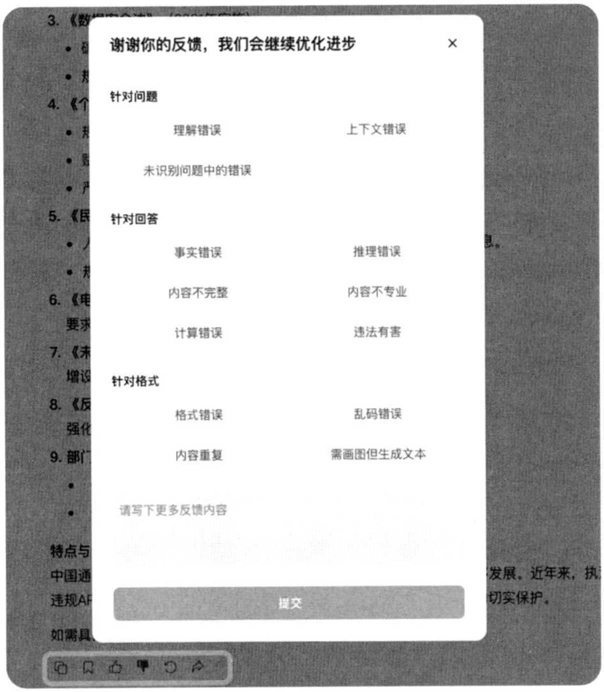

相比之下，对 AI 抱有过度谨慎甚至排斥态度的人，往往因担心错误而不敢使用 AI，从而错失技术赋能的机会。这种现象在法律界尤为明显，许多律师、法官对 AI 生成的法律信息持高度怀疑态度，担心 AI 生成的错误信息会影响案件判断，甚至带来法律责任。因此，他们宁可继续使用传统检索方式，也不愿尝试新的 AI 工具。然而，问题在于，传统的法律检索方式本身也存在信息过载、效率低下、遗漏关键信息等问题。尽管 AI 会犯错，但其提供的检索效率和信息覆盖面远超人工检索。如果仅仅因为害怕错误就拒绝使用 AI，实际上是让自己在法律科技的发展浪潮中处于被动地位。典型的例子是，某些法院在面对 AI 辅助判案工具时，由于担心 AI 的判断不够准确，而迟迟不愿意采用，即使该工具已经在其他司法管辖区展现出了巨大的效率提升。

真正的法律 AI 优化路径，正是在错误与修正的循环中不断进化，而不是停滞于完美主义的幻想之中。在 AI 法律信息检索的实践中，一个重要的认知转变是接受“AI 永远不会是完美的，但可以不断变得更好”。正如法律体系本身是不断演进的，AI 也需要在不断的错误修正中成长。例如，AI 已经开始采用人类反馈强化学习（Reinforcement Learning from Human Feedback，RLHF）的方法，通过人类反馈来调整 AI 的生成逻辑，使其在法律适用问题上更加严谨。

那些勇于尝试并愿意不断优化 AI 的法律人,最终会在法律信息检索的智能化浪潮中占据优势,而那些因害怕错误而裹足不前的人,可能会被新的法律科技环境所淘汰。

第三节　冷静看待技术创新与主动拥抱职业转型

尽管本书在讨论过程中尽量以 DeepSeek 为例,笔者并不希望读者,尤其是那些即将从事法律实务或法学研究的法学生,单纯将自己的工具局限于 DeepSeek 这一特定平台。DeepSeek 作为一款功能强大的开源大模型,确实能够为法学研究和法律实践提供极大的帮助,但这仅仅是众多生成式 AI 工具中的一个代表。随着技术的快速发展,生成式 AI 的应用场景和工具种类日益丰富,读者应当意识到,DeepSeek 只是其中的一个起点,而非终点。在法学领域,尤其是在法律研究和法律实务中,生成式 AI 工具的运用具有极大的潜力。从法律文书的自动生成、案件的智能分析,到法律条文的深度解读和预测司法判决的趋势,生成式 AI 为法律行业提供了前所未有的支持。而这类工具的不断发展,使得法学研究者和实践者能够更加高效地处理海量的法律信息,节省时间并提高分析的精准度。因此,未来的法学生不应满足于对单一工具的依赖,而应拓展视野,探索更多能够增强自己实践能力和研究水平的 AI 工具。

需要强调的是,各位法律人可能在近期持续不断地接收到海量营销号所撰写的"人工智能颠覆社会"等爆款网文,某些营销号甚至一度鼓吹人工智能将替代法律从业者。客观而言,人工智能技术创新确实存在,并且超出了市场原先预期,但是,这并不等于从现在开始,人工智能技术就能完全胜任法律领域的所有工作。部分营销号宣传人工智能能够进行合同审查,而从实践情况来看,所谓的"合同审查"也仅仅是相当初级的审查活动,更无法保障审查结果的准确性。对于法律从业者而言,眼下迫切需要接受的是未来工作内容中人工智能的辅助支撑,而不是一味地跟随营销号"流量导向式"的宣传、盲目相信人工智能在法律领域能够大展宏图。更确切地说,法律从业者乃至初入法学之门的学生,真正需要关注的是,如何提升自己的信息素养,以便适应未来人工智能技术对工作模式、学习方式的冲击,这也是本书撰写的目的之一。

可能会有读者质疑,既然人工智能在法律领域的功能并不健全,难以满足当下科研学术、司法实务等领域的实践需求，又有何必要专门撰写这本书呢？本书的另一个目的是借助以 DeepSeek 为代表的开源大模型，帮助读者理解如何通过这些先进工具实现自我赋能。自我赋能的核心在于，法学研究者和从业者不仅能通过这些工具提高工作效率，还能在此过程中培养批判性思维和创新能力。随着生成式 AI 技术的普及，能够独立运用这些工具的法律人才，将具备更强的适应性和竞争力。只有保持对新兴技术工具的探索兴趣，法律从业者才能够更好地培育和提升自己的职业水平。更何况，谁也无法准确预料，能够满足法律职业实践需求的法律垂直领域人工智能产品何时会到来，也许是在未来的一天，又或许是在阅读本书的当下。因此，法律从业者需要冷静看待人工智能科技创新对法律的影响和意义，主动拥抱法律职业的智能化转型趋势。

此外，通过 DeepSeek 开源大模型，在法学教育资源分配不甚平均的情况下，读者不仅能获得 AI 技术的技术性知识，更能通过实践探索，深入了解 AI 在法律领域中的应用价值和局限性。将眼光从 DeepSeek 扩展到其他生成式 AI 工具，帮助读者建立起一个更加全面和灵活的工具箱，在面对不同的法律问题时，能够灵活选择最合适的工具，形成更有效的解决方案。这种多样化的工具运用，将为法学研究者提供更强的创造性和提高解决复杂问题的能力。总之，本书希望通过以 DeepSeek 为例的方式，为法学生和法律从业者提供启发，但更重要的是促使读者将眼光放至更广阔的生成式 AI 工具箱。通过自我赋能，未来的法律人才能更好地掌握科技创新带来的无限可能，推动法律领域的转型和发展。

第四节 法律职业会被人工智能完全取代吗？

2025 年的《政府工作报告》将推进“人工智能＋”行动、支持大模型广泛应用等事项作为激发数字经济创新活力的重要抓手。① “人工智能＋”行动成为“两会”热词。这是因为生成式人工智能的高速创新正在引领新质生产力的全面发展。从 ChatGPT 到 DeepSeek，人工智能科技创新正以匪夷所思的方式持续进行，不仅仅是技术更新迭代周期显著缩短，该类技术应用的智能化水平也

① 参见新华社：《快讯：政府工作报告说，支持大模型广泛应用》，载中华人民共和国中央人民政府网 2025 年 3 月 5 日，https://www.gov.cn/yaowen/liebiao/202503/content_7010238.htm。

远远超出社会预期。而在法学领域,理论界与实务界所关注的社会议题也从人工智能技术风险治理理论和治理机制延伸至人工智能产品在法学领域如何应用。近期也有部分学者和实务工作者纷纷尝试和探索 DeepSeek、Manus 究竟能够为法律职业共同体的工作提供何种帮助①,如辅助撰写文献综述、提炼文献资料核心观点、法律修订的新旧对比、司法案例的类比归纳等。在科技创新的浪潮下,法律职业的未来发展方向也随之发生变化。鉴于有关人工智能技术治理的相关讨论已经较为充分,笔者更倾向于从法律职业共同体的视角讨论人工智能科技创新究竟以何种方式改变法律职业生态体系。

在人工智能技术发展的过程中,“法律职业是否会被人工智能取代”等类似话题一直存在,只不过因为此前的人工智能远未达到现阶段的技术水平,故而这类话题并没有引发过多关注。时至今日,已有部分学者专门就这一议题作出过专门研究,并指出“这不是一个事实性问题,而是一个价值性问题,真正需要关注的是‘应否’取代法律职业”。② 客观而言,从目前的人工智能技术水平来看,谈及“法律职业是否会被人工智能取代”这个问题为时尚早,原因有三:

一是现阶段的生成式人工智能多为通用大模型,而非垂直大模型。诸如 ChatGPT、DeepSeek 等产品的定位旨在不受特定领域、特定行业的限制,处理不同类型的计算任务,具有广泛的适用性、持续学习性、算力资源高消耗性等特点。而法律职业属于一种特殊职业,基于司法活动的权威性、部分岗位的工作专业性等原因,满足“法律职业被人工智能取代”这一议题的讨论前提应当是已经存在面向法律职业的垂直大模型。目前,国内外市面上可见的法律类垂直大模型包括但不限于最高人民法院发布的“法信法律基座大模型”、卡耐基梅隆大学发布的 Augmented LLM 以及汤森路透发布的 Fine - tuning LM 等,但是这些大模型与法律职业共同体的“场景化”业务需求之间还存在一定差距。

二是法律职业相关的训练数据供给不充分,并且这种不充分并非数据开放不充分,而是部分数据无法直接对外公开所导致的。尤其是在婚姻家庭纠纷等人身属性较强的领域,相关法律数据因涉及个人隐私或者当事人不愿意公开等

---

① 参见《Manus 火了,它是什么,与 DeepSeek 的区别是什么》,载 DeepSeek 技术社区网 2025 年 3 月 7 日,https://deepseek.csdn.net/67caa8806670175f99317bcb.html。

② 《“人工智能 +”热点法律问题六人谈|赵精武:法律职业会被 DeepSeek 取代吗? ——人工智能与未来法律职业的发展方向》,载“法律适用”公众号 2025 年 3 月 12 日,https://mp.weixin.qq.com/s?__biz=MzA4MjY4MzM1NA==&mid=2649882140&idx=1&sn=e101b1ad33dfa66c4433f4a2f3a8be00&chksm=8656ab83978b068a198fb11da689a9d6d648000479ae6bbd5850f4f5a64254ac968c569a24d8#rd。

事由无法对外公开。因此，短期内法律人工智能取代法律职业的可能性并不大。诚然，在部分企业的产品宣传介绍领域，会展示人工智能技术如何帮助审查合同、如何进行基本的法律关系分析。但是，这类功能展示大多还是以法律关系较为单一清晰的案件或者合同文本为主。特别是在相关法律数据业务不足的情况下，人工智能会生成不准确、误导性乃至完全虚构编造的信息内容，也被称为“AI幻觉”。

三是法律职业共同体的工作内容和工作属性差异性较大，开发设计专门适配法律职业的人工智能产品的难度较大。即便针对法官、检察官或者律师等特定法律职业开发相应的人工智能产品，匹配的训练数据同样难以支撑相关产品满足用户需求。

因此，与其说“法律职业有没有可能被人工智能取代”，倒不如说“法律职业究竟会被人工智能技术以何种方式影响”或者“在人工智能的影响下，法律职业究竟是否会形成全新的法学范式”。

第五节　人工智能在法学领域的应用逻辑

在实践层面，诸如DeepSeek等人工智能产品对于法律职业最直接的影响便是法律信息检索和处理模式的高效化和智能化。近年来，人工智能技术在合同审查、案例分析等领域展现出惊人的应用前景，这也是“法律职业将被取代”的恐慌来源之一。但是，这些应用场景现阶段并不完全成熟，短期内实现接近人类思考模式的合同审查和案例分析功能仍然存在相应的技术“瓶颈”。以合同审查为例，从律师业务的角度考量，合同审查具有很强的“量身定做”属性，不同的企业客户有着不同的合同审查业务需求，这其中还涉及风险承受能力等要素的评估，而人工智能在进行合同审查时，缺乏相应的训练数据进行“学习”，很难将这些要素纳入其中，只能进行较为基础的合同审查。

结合法律职业共同体的工作内容来看，法律职业的良性发展并不仅仅需要扎实的法律理论知识、清晰的思维逻辑，而且还依赖充分的法律实践所积累的经验。法官、检察官、律师、公司法务、法学学者等法律职业的核心工作内容很难以数理模型进行量化评估。进一步而言，在这些实践经验的指引下，法律职业共同体所面临的职业挑战更多的是如何在更短的时间内完成法律信息处理工作。例如,律师通过人工智能进行高效的类案比对、国内外法条索引等;法学学者通过人工智能进行高效的法律信息检索和文献汇总等。

此前"中国法律评论"微信公众号也曾发布过《DeepSeek法律人使用指南》,简单介绍DeepSeek在法学领域的使用场景和使用技巧。当时,限于技术应用掌握情况以及彼时联网搜索功能无法使用等客观原因,借此契机,理应对DeepSeek等人工智能产品在法律领域的使用予以回应。

其一,现阶段人工智能暂时无法直接作为搜索引擎使用,但是,"人工智能+搜索引擎"是技术应用的潜在方向。在使用DeepSeek时,可以将其作为一种法律信息的"检索线索",以便快速确定相应的检索范围和目标。

其二,现阶段"AI幻觉"是客观存在的,用其检索的案例可能存在"编造"的情形,故而在使用DeepSeek或者其他人工智能服务时,二次核验是非常必要的。例如,当用户试图利用此类工具进行裁判规则与对应的案例的汇总,但是因为"AI幻觉"的存在,DeepSeek可能会自动编造本不存在的案号及其相关案例信息。不过,这并不意味着人工智能在该领域没有适用空间,这种案例检索和裁判规则对应汇总的功能可以通过本地化部署或者建立个人知识库等方式进行补强,面向本地私人定制的案例数据库,实现裁判规则和案例的一一对应。当然,随着人工智能产品的更新迭代,可以期待人工智能服务在法律垂直领域有着更佳的功能表现。

其三,人工智能的使用技巧可以总结为"输入指令的精确性"。有观点质疑这类方法构不成所谓的"使用技巧",应当属于一种"常识",但至少在法律领域,这确实是当下法律职业共同体需要掌握和具备的使用技巧,因为除了数据关系分析等延伸性的使用目标外,DeepSeek等人工智能能否达到使用者的预期还是与输入指令的精细化、简洁清晰化密切相关。

第六节　未来法律职业的发展方向:职业技能迭代与优化

法律职业无法预测人工智能技术的未来发展方向,但是这并不意味着法律职业未来发展方向的完全不可知,现阶段唯一能够确定的是,信息技术素养将成为法律职业素养和技能的重要内容。

人工智能在法律领域的应用其实并不是一件稀罕事，我国智慧司法的相关建设早已展开。人工智能的技术应用更是推动智慧司法建设进入全新阶段，如 2024 年 11 月 15 日，最高人民法院举行新闻发布会，发布“法信法律基座大模型”。从各地法院、检察院等司法机关的智慧司法建设成果来看，人工智能的应用场景主要还是以办公流程的自动化和法律信息处理的高效化为导向，而不是直接进行法律关系的分析和认定。例如，“智能阅卷”功能方便法官快速提取卷宗的核心要点，快速辅助法院完成基本案情梳理和汇总；“智能问答”功能方便法官在阅读卷宗过程中，精准检索所需信息，查询相关的法律法规规范等。因为法律本身的权威性和强制性决定了人工智能不能替代人作出能够影响权利义务的决策，所以人工智能在法律领域的应用更多的是一种“智能辅助工具”。并且，无论何种法律职业，核心的法律思维逻辑都是“充分的法律信息处理 + 灵活的法律价值判断”，人工智能技术无法也不可能替代人类作出价值认定，故而其在应用层面的核心依然是法律信息的处理能力。

法律职业不可能也没有必要去预测未来技术的发展方向，或是为不确定的未来技术过早进行“职业规划”。目前，DeepSeek 等人工智能产品改变的是法律职业共同体的法律信息的处理方式，而法律基础理论是掌握这种能力的关键所在，因为只有清晰地知晓检索目标、法律制度背景等知识，才能够精准地指示人工智能准确完成既定的工作目标。在未来的法学教育中，法律信息检索等相关课程或将成为法学基础教育的核心课程，授课内容也将从传统的数据库使用、外文文献检索关键词等内容延伸至如何借助人工智能等新兴技术工具完成文献综述、案例汇总、法条比对等活动。

第二章　法律人使用 DeepSeek 全流程

DeepSeek 是一家专注于通用人工智能(AGI)的科技公司，成立于2023年7月17日，由知名量化资管巨头幻方量化创立。其核心产品包括一系列先进的大语言模型和推理模型，广泛应用于数学推导、代码生成、自然语言理解等领域。[①] 从发展历程上看，2024年1月，DeepSeek 发布首个大模型 DeepSeek LLM。2024年5月，DeepSeek 开源第二代 MoE 大模型 DeepSeek - V2，性能媲美 GPT - 4 Turbo。2025年1月，DeepSeek 发布 DeepSeek - R1，在国际上大放异彩。[②] DeepSeek 的模型开源，降低了 AI 技术的使用门槛，开发者可以低成本甚至零成本接入，DeepSeek 的模型在性能上与顶级 AI 模型相当，但成本仅为竞品的1/3，具有极高的性价比，用户可以通过访问 DeepSeek 官网或下载移动端应用使用 DeepSeek，其支持网页版和 App 两种方式，并且完全免费。

特别提醒：DeepSeek 模型使用途径仅供读者参考，读者使用时需要自行注意隐私泄露、网络诈骗等法律风险。本地部署的优势在于在实时应用场景中，能够有效减少网络延迟，提升响应速度，企业与个人用户可以将敏感数据完全保留在内部网络中，避免数据外泄的风险。但在当前的技术环境中，API(应用程序编程接口)与个人知识库的结合确实成为效率提升和知

---

① 参见《DeepSeek：闪耀全球的 AI 新星，引领技术革新》，载 DeepSeek 技术社区2025年2月4日，https://DeepSeek.csdn.net/67ab1e1879aaf67875cb9a91.html。

② 参见《【大模型】DeepSeek 的人工智能发展之路》，载 CSDN 博客2025年2月19日，https://blog.csdn.net/chenghao1012/article/details/145740678。

识管理的重要手段。API 能够为知识库添加新的功能,如自然语言处理、数据可视化等,提升知识库的智能化水平。API 可以整合外部数据源,丰富知识库的内容,提供更全面的信息支持。通过 API,知识库可以在不同设备和操作系统上无缝访问,提高可用性。个人知识库的搭建也变得越来越简单,例如借助 ima 等工具,用户可以轻松构建本地化的知识库,结合 AI 技术实现智能检索和推理。这种结合不仅提升了知识管理的效率,还为个人职业发展积累了长期的数字化知识资产。

第一节　DeepSeek 的访问链接

1. 在线使用:https://chat. DeepSeek. com。

2. API Keys: https://platform. DeepSeek. com。

3. 使用文档: https://api – docs. DeepSeek. com/zh – cn。

4. AppStore: https://apps. apple. com/cn/app/id6737597349。

5. 谷歌商店: https://play. google. com/store/search? q = DeepSeek&c = app。

6. DeepSeek 官方在 github 提出了超全工具箱,涵盖 DeepSeek 的多种用法:https://github. com/DeepSeek – ai/awesome – DeepSeek – integration。

第二节　部分高校完成 DeepSeek 的本地化部署

截至 2025 年 2 月 18 日,中国已有多所高校完成了 DeepSeek 的本地化部署。

上海交通大学推出了全国产化、“R1 + V3”全系列本地部署的满血版 DeepSeek 671B,基于鲲鹏昇腾科教创新卓越中心的昇腾平台完成部署。浙江大学在 2 月 17 日晚正式上线了满血版 DeepSeek,并通过 CARSI 联盟向全国 829 所高校开放共享 DeepSeek V3/R1 模型。东南大学在全国产云智算一体化平台上部署了满血版 DeepSeek – R1 671B 大模型。湖南大学国家超级计算长沙中心完成了 DeepSeek – R1 大模型的本地化部署并上线试运行。华中科技大学已完成 DeepSeek 的本地化部署,并通过高性能计算公共服务平台提供服务。华东师范大学已接入满血版 DeepSeek - R1 模型,并支持全体师生使用。北京航空航天大学与国内领先的算力提供商紧密合作,选用主流国产化计算硬件完成了 DeepSeek 模型的适配工作。

第三节　DeepSeek API 渠道

特别提醒:部分渠道可能视情况需要付费,此处仅提供渠道,请读者自行甄别使用风险。

DeepSeek 的 API 与网页版在功能、部署方式、成本、性能、数据隐私等方面存在显著区别。总体而言,DeepSeek 的网页版和 API 各有优劣,选择哪种方式取决于用户的具体需求。如果用户需要快速体验、预算有限且对数据隐私要求不高,那么网页版是较好的选择;如果用户对数据隐私、性能和合规性有较高要求,且愿意承担一定的初期投入和技术维护成本,API 则更适合。以下是详细对比。

对比项	DeepSeek 网页版	DeepSeek API
部署方式	云端部署,通过浏览器访问,无须安装硬件或软件	需要用户自行部署在本地服务器或私有云上,安装和维护由用户负责
成本	订阅制,按用户数或使用量收费,初期投入较低	需一次性购买软件许可证,承担服务器和维护成本,初期投入较高
性能	依赖互联网连接,性能可能受网络状况影响	部署在本地服务器上,性能更稳定,适合处理大规模数据
数据隐私	数据存储在云端,可能存在隐私风险,尤其对于敏感数据而言	数据存储在本地,用户完全控制数据隐私,适合对数据安全要求高的行业
维护与更新	由 DeepSeek 团队负责维护和更新,用户无须费心	用户需要自行负责维护和更新,可能需要专门的 IT 团队
功能	功能齐全、操作简单,支持联网搜索和跨设备同步	功能更灵活,支持深度定制和集成,适合企业级应用
使用场景	适合预算有限、数据敏感性较低的用户,以及需要快速体验和临时使用的场景	适合对数据隐私、性能和合规性有高要求的企业用户,以及需要长期使用、处理大规模数据的用户
适用用户	个人用户、小型团队、预算有限的机构	企业用户、对数据隐私和性能有高要求的机构

1. 硅基流动：https://cloud.siliconflow.cn/i/snHnLED8。

2. 百度智能云/千帆：https://console.bce.baidu.com/qianfan/modelcenter/model/buildIn/list。

3. 火山方舟：https://console.volcengine.com/auth/login?redirectURI=%2Fark。

4. 阿里云百炼：https://account.aliyun.com/login/login.htm?oauth_callback=https%3A%2F%2Fbailian.console.aliyun.com%2F&clearRedirectCookie=1&lang=zh。

5. 腾讯云：https://cloud.tencent.com/login?s_url=https%3A%2F%2Fconsole.cloud.tencent.com%2Ftione%2Fv2%2Faimarket%2Fdetail%2FDeepSeek_series。

6. 字节跳动火山引擎：https://www.volcengine.com/docs/6459/1449739。

7. Hyperbolic：https://app.hyperbolic.xyz/。

8. Together：https://api.together.ai/signin?redirectUrl=/playground/chat。

9. Fireworks：https://fireworks.ai/。

10. OpenRouter：https://openrouter.ai/。

11. Groq：https://groq.com/。

第四节　DeepSeek 个人知识库打造

一、打造个人知识库的两种方式

以下是调用 API 建构个人知识库与使用 ima 建构个人知识库的差异对比，特别是费用差异。

对比项	调用 API 建构个人知识库	使用 ima 建构个人知识库
费用	需要支付 API 调用费用，例如 DeepSeek-R1：输入￥4/百万 Tokens，输出￥16/百万 Tokens。新用户通常有免费额度（如 2000 万 Tokens）	完全免费，无须支付任何费用
部署复杂度	需要注册 API 密钥、配置客户端工具（如 Cherry Studio），并上传文档进行向量化处理	操作简单，无须技术背景，直接下载 ima 客户端或使用微信小程序即可

续表

对比项	调用 API 建构个人知识库	使用 ima 建构个人知识库
本地化支持	支持本地部署,但需要较高配置(如 404GB 存储空间)	无须本地部署,所有数据存储在云端,支持多端同步
模型性能	可调用 DeepSeek - R1 满血版,性能强大,适合复杂推理任务	同样支持 DeepSeek - R1 满血版,性能与 API 调用一致
文件格式支持	支持 PDF、DOCX、TXT、网页链接等格式	支持 PDF、DOC、图片、网页链接、笔记等多种格式
知识库管理	需要手动创建知识库并上传文件,支持向量化处理和引用来源标注	自动解析上传文件,支持智能提问、知识图谱生成和共享知识库功能
适用场景	适合技术爱好者、企业用户或需要高性能 AI 服务的场景	适合普通用户、学生或需要简单易用、免费解决方案的场景

二、使用 API 付费打造个人知识库

下面以"硅基流动"为例,说明如何使用 DeepSeek API,相关步骤如下所示:

第一步:注册硅基流动账号并获取 API 密钥。

首先,访问硅基流动的官方网站(硅基流动),注册一个账号并完成实名认证(推荐)。登录后,进入控制台,在左侧菜单栏找到"API 密钥",点击"新建 API 密钥",生成并复制您的 API 密钥。

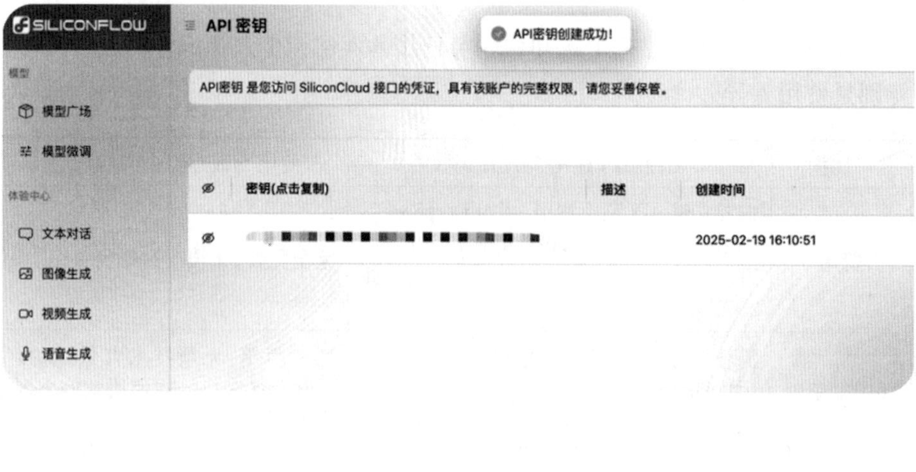

第二步：选择 DeepSeek 模型。

在硅基流动的“模型广场”中，搜索并选择 DeepSeek 模型，例如 DeepSeek - R1 或 DeepSeek - V3，并记住所选择的模型备用。

第三步：配置客户端工具。

下载并安装 Cherry Studio（https://www.cherry - ai.com/download）。

打开软件，进入“设置”→“模型服务”，开启“硅基流动”。

粘贴 API 密钥，填写 API 地址。

在模型列表中选择“DeepSeek - ai/DeepSeek - R1”并开始使用。

第四步：创建个人知识库。

创建私人知识库，打开 Cherry Studio 客户端，点击菜单栏的知识库按钮，设置知识库名称，选择 BAAI/bge - m3。然后上传用户存储在本地的知识内容，便可在对话中引用知识库。

第五步：注意事项。

1. 调用 API 需要关注费用与额度，个人用户尽量避免高频请求，合理控制生成长度。如需长期使用，建议绑定企业账户并联系硅基流动官网获取专属支持。

2. 知识库尽量上传已经本地向量化的 Word、PDF 与 TXT 文件，尽量避免上传扫描版或带有较多图片的 PDF 文件。

三、使用 ima 免费打造个人知识库

腾讯 ima 接入 DeepSeek – R1 模型后,用户可以通过 ima 使用 DeepSeek,其显著优势在于可以通过容易操作的方式迅速上手,打造起个人知识库,建构便于模型调用的工程方案。

第一步:更新 ima 至最新版本。

1. 本地版用户将 ima 更新至最新版本,便可在使用过程中选择 DeepSeek – R1 模型。

下载方式:登录 https://ima.qq.com/,选择合适的版本。

2. 登录微信小程序,检索 ima 并直接使用,可以自行选择"问全网"还是问"知识库"。

第二步:在功能中选择 DeepSeek – R1 或腾讯混元模型。

在使用 ima 的搜索、阅读、写作及知识库功能时,用户可以在界面中选择 DeepSeek – R1 模型或腾讯混元大模型。根据需求灵活切换模型,以获得更高效或更精准的体验。

第三步:使用 DeepSeek – R1 或腾讯混元模型的功能。

1. 智能阅读:输入相关内容后,选择 DeepSeek – R1 模型,可快速提取关键信息、生成脑图或总结。

2. 文档处理:支持上传 PDF、DOC、JPEG、PNG 等格式的文件。DeepSeek – R1 可以对文档内容进行分析、总结或生成脑图。

3. 智能写作:支持论文、文案等内容的生成,以及进行内容扩写、缩写和翻译等操作。

4. 知识库管理：用户可以将 DeepSeek－R1 生成的内容添加到知识库中，方便后续管理和调用（比如将自己的笔记上传至 ima）。

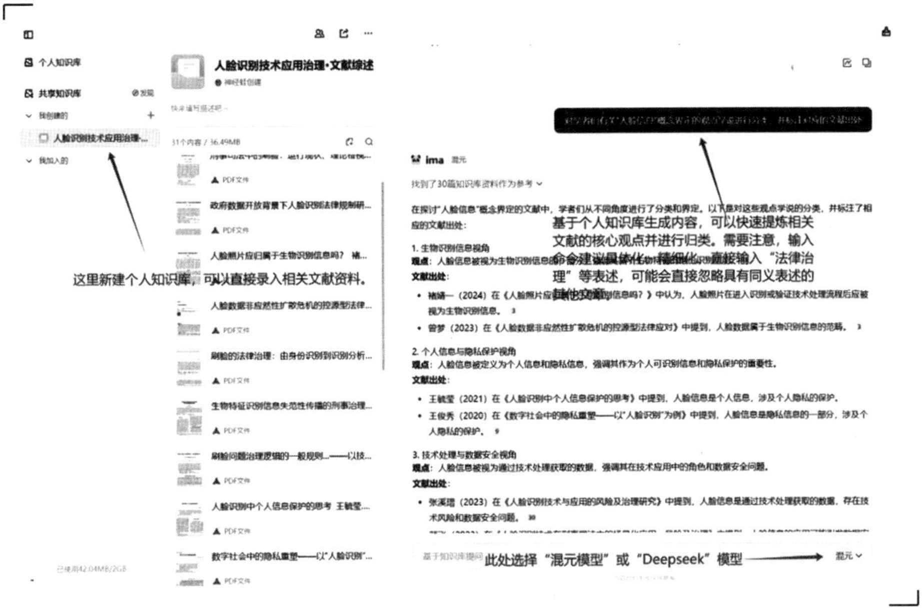

第四步：通过腾讯云使用 DeepSeek－R1。

如果用户需要更深度地使用 DeepSeek－R1，还可以通过腾讯云的知识引擎创建应用：

1. 登录腾讯云官网，开通知识引擎产品体验。

2. 创建应用并导入知识文档（支持多种格式的文件）。

3. 在应用配置中选择 DeepSeek－R1 模型，并开启相关功能。

第五节 个人 DeepSeek 本地化部署

特别提醒：不太建议硬件设备性能受限的用户本地部署 DeepSeek（特别是蒸馏后的非满血版），因此下文仅以操作较为简单的 Ollama 为例简要介绍。

DeepSeek 模型显卡和 macOS 运行内存需求表

模型大小	显存需求（FP16 推理）	显存需求（INT8 推理）	推荐显卡	macOS 需要的 RAM
1.5B	~3GB	~2GB	RTX 2060 / Mac GPU 可运行	8GB
7B	~14GB	~10GB	RTX 3060 12GB / 4070 Ti	16GB
8B	~16GB	~12GB	RTX 4070 / Mac GPU 高效运行	16GB
14B	~28GB	~20GB	RTX 4090 / A100-40G	32GB
32B	~64GB	~48GB	A100-80G / 2x RTX 4090	64GB

需要注意的是,受限于本地设备的性能,通过 Ollama 实现的 DeepSeek 本地化部署在大多数情况下可能仅是“残缺版”,而非“满血版”。并且,对于绝大多数法律从业者而言,使用 DeepSeek 以及其他人工智能产品的目的仅仅是提高工作效率,如从大量文档中提取、归类相关信息或数据,生成简单的文稿等。所以,直接在交互对话式界面输入精确的工作指令可能更符合法律从业者的实际需求。当然,也可以期待相关法律垂直领域的人工智能产品的商业化普及。此处专门介绍利用 Ollama 进行本地化部署的方法,旨在为部分感兴趣的读者提供具体的操作指引。

本地部署 DeepSeek 步骤如下。

一、安装 Ollama

访问 Ollama 官网(https://ollama.com/download),根据用户的操作系统下载并安装 Ollama 的相应版本。

安装完成后,Ollama 会出现在电脑的程序列表中,可以通过双击图标或通过终端启动。

二、下载 DeepSeek 模型

打开终端(Windows 用户可以通过“Win + R”组合键打开“运行”对话框,输入“cmd”或“powershell”;Mac 用户可以通过“Command + 空格键”打开 Spotlight,搜索“终端”)。

目前 Ollama 官网的 Models 栏中共有 1.5b、7b、8b、14b、32b、70b、671b 这 7 个版本。

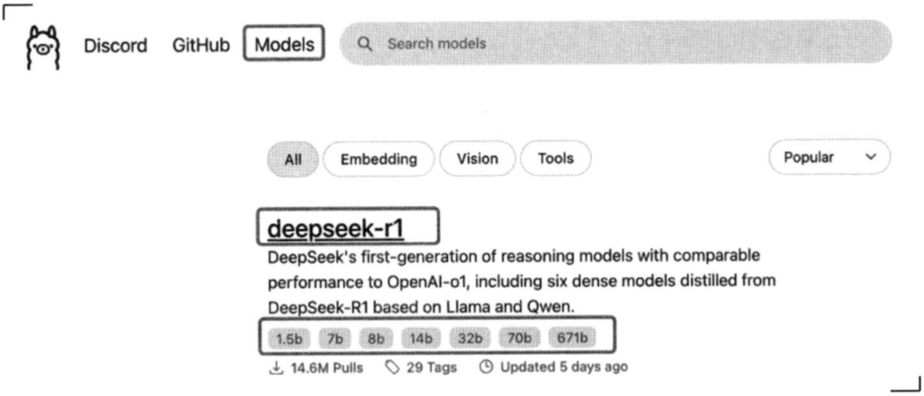

在终端中输入以下命令来下载 DeepSeek 模型(以 DeepSeek－R1 为例):ollama run DeepSeek－r1:1.5b(备注:该非满血模型适合大多数 PC 端,但性能较差,因此也可以选择粘贴其他终端命令)。

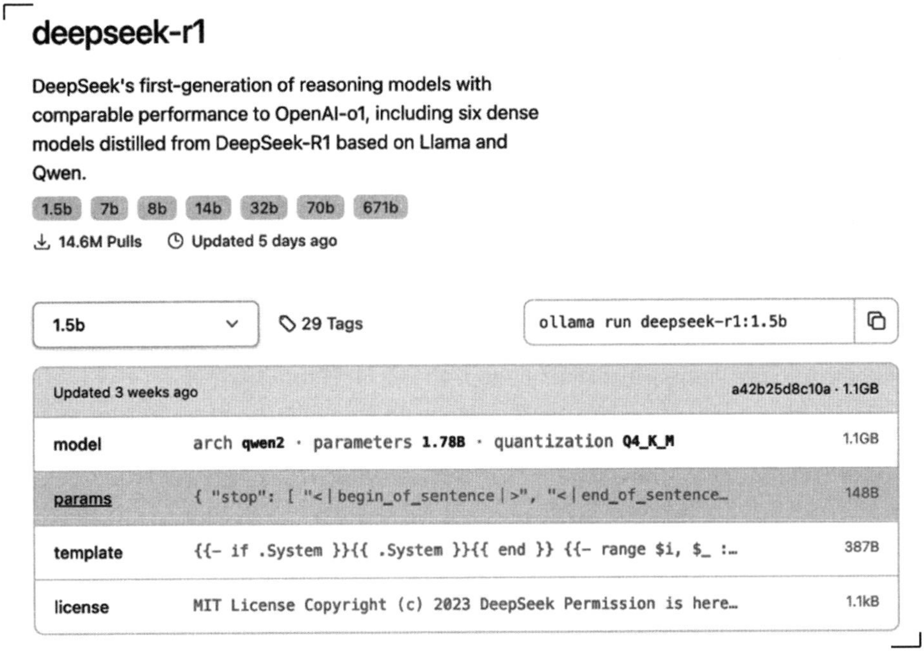

其中 1.5b 表示模型的大小,用户可以根据自己的硬件配置选择合适的版本。

模型下载完成后,终端会提示“Send－A－message”,表示模型已成功加载。

三、测试 DeepSeek

在终端中输入问题,例如“介绍一下你自己”,DeepSeek 会进行思考并回复,这表示模型已成功部署。

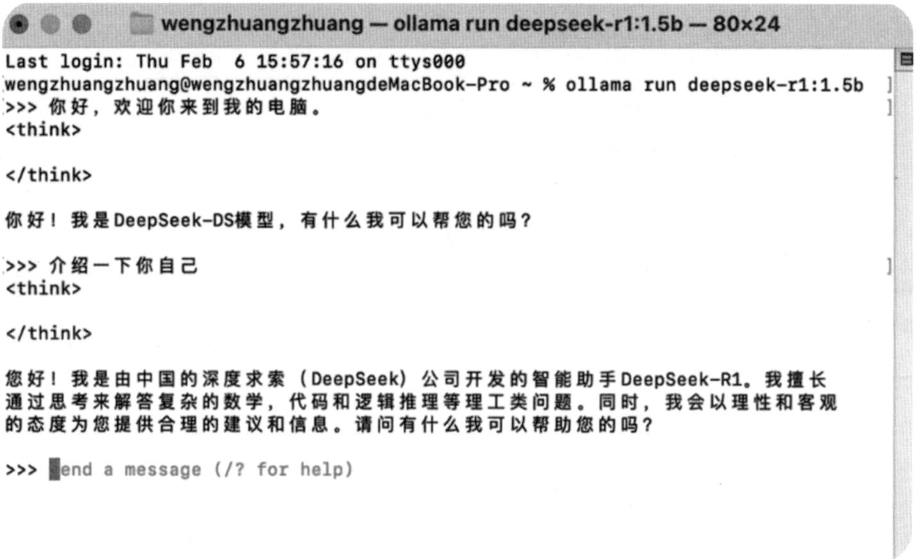

四、搭建可视化界面(可跳过)

如果需要更直观的操作界面,可以使用开源的 Chatbox AI 工具。访问 Chatbox AI 官网(https://chatboxai. app/zh)或 GitHub 下载安装。

安装完成后,选择“使用自己的 API Key 或本地模型”,在设置页面中选择 Ollama API,模型选择 DeepSeek - r1:1. 5b,点击“保存”完成设置。①

五、常用命令

1. 安装模型:ollama pull <model_name>。
2. 运行模型:ollama run <model_name>。
3. 删除模型:ollama rm <model_name>。
4. 列出已安装模型:ollama list。

---

① 关于搭建可视化界面的具体步骤,读者可以参见陈焕、戴奎、李勇编著:《法律人必备 AI 核心技能:DeepSeek 零基础入门到精通》,法律出版社 2025 年版,第 467 - 470 页。

六、硬件要求

最低配置:16GB 内存 + 8GB 显存。

推荐配置:32GB 内存 + 16GB 显存(RTX 3060 级别)。

通过以上步骤,用户可以在本地部署 DeepSeek 模型,实现离线使用,避免官方服务器繁忙导致的卡顿问题,同时能够更好地保护个人隐私与相关资料。

第六节　DeepSeek - V3 与 DeepSeek - R1 对比:基于用户视角

以下是基于用户视角的 DeepSeek - V3 与 DeepSeek - R1 的对比表格,帮助用户根据自身需求选择合适的模型。

对比维度	DeepSeek - V3	DeepSeek - R1
模型定位	通用型自然语言处理,覆盖客服、翻译、内容生成等场景	专注复杂逻辑推理(数学证明、代码生成、决策分析)
架构	混合专家(MoE)架构,总参数 6710 亿,单 token 激活 370 亿参数	基于 V3 架构改进,引入动态门控机制,强化学习优化推理
训练方法	预训练 + 监督微调(SFT),FP8 混合精度训练,总成本 557.6 万美元	强化学习(RL)为主,结合冷启动数据,无须监督微调
推理能力	高效处理多模态任务,长文本生成(128K 上下文)	支持思维链(Chain - of - Thought)输出,数学问题准确率 97.3%(MATH - 500 测试)
响应速度	实时响应(MoE 架构优化计算效率)	需先进行思维链推理(约 5 分钟),响应较慢
应用场景	企业级客服、多语言翻译、高吞吐代码补全	科研、金融量化、复杂决策支持
API 成本	输入 $0.14/百万 tokens,输出 $2.19/百万 tokens	输出成本为 OpenAI O1 的 1/50(约 $2.19/百万 tokens)
开源生态	开放模型权重,适配 AMD GPU/华为昇腾 NPU	MIT 协议开源,提供蒸馏版本(如 14B/70B 参数)
典型性能对比	MMLU(综合性能表现)知识理解准确率 85.6%,HumanEval 代码通过率 65.2%	MATH - 500 数学测试准确率 97.3%,AIME 数学竞赛通过率 79.8%

总体而言,DeepSeek - V3 更适合需要处理多模态内容、长文档或涉及多语言的用户,例如内容创作者、智能客服团队或需要处理复杂文档的企业。DeepSeek - R1 则更适合需要高效处理数学问题、代码生成或复杂逻辑推理的用户,例如程序员、科研人员或需要快速决策支持的企业。但这样的区分并不绝对,用户可结合自身喜好自行选择与使用。

当用户需要更简单、快速的回答时,不必打开"深度思考",使用默认模型 V3 即可;当用户需要完成更复杂的任务,希望 AI 输出的内容更结构化、更深思熟虑时,则应该打开"深度思考 R1"选项。当用户的任务所涉及的知识属于 2023 年 12 月之前的范畴时,无须打开"联网搜索"功能,大模型本身就有此前被充分训练过的语料知识;当用户的任务所涉及的知识属于 2023 年 12 月及之后的范畴时,则有必要打开"联网搜索"功能,否则大模型在作出回答时会缺乏相应的知识。

第七节　DeepSeek - R1 与 GPT - 4o 提示词设计思路差异

OpenAI 的 GPT - 4o、DeepSeek 的 DeepSeek - V3 等都属于指令模型(instruct model),这类模型是专门被设计用于遵循指令生成内容或执行任务的。DeepSeek - R1 属于推理模型(reasoning model),是专注于逻辑推理、问题解决的模型,能够自主处理需要多步骤分析、因果推断或复杂决策的任务。这意味着二者的提示词虽然可以共用,但依然存在一定程度的差异,特此提醒读者注意。归根结底,DeepSeek - R1 不是神,而是"神经网络",因此不可迷信其所生成的回答。

对比维度	DeepSeek - R1	GPT - 4o
核心目标	复杂推理任务,如数学推导、代码生成、逻辑分析等,强调多步骤思考	多模态通用任务,涵盖文本、图像、音频等多种模态,强调快速响应和跨模态生成
提示词设计原则	简洁明确,聚焦核心目标,避免分步引导,信任模型推理能力	清晰明确,启发式引导,适应性调整,强调用户反馈和情景模拟

续表

对比维度	DeepSeek - R1	GPT - 4o
提示词结构	强调逻辑链引导，直接触发深度推理，避免过度结构化	强调角色设定、问题描述、目标明确和补充要求，注重格式和风格控制
适用场景	复杂推理任务，如数学证明、代码调试、研究设计等	通用任务，如文案生成、翻译、摘要、社交互动等
提示词优化策略	避免启发式干扰，强化逻辑链，追加验证指令	通过用户研究、情景模拟和评估优化，持续调整提示词
输出格式	结构化输出（如表格、流程图、代码），强调逻辑关系	多样化输出（如段落、列表、图表），注重用户体验和情感关怀
响应速度	较慢，复杂问题需要一定思考时间，强调深度思考	极快，平均 320ms，强调实时交互
提示词设计技巧	分步标记法、苏格拉底式追问、知识库调用等	角色设定、情景模拟、情感引导、负面提示排除等
适用模型类型	推理型模型，适用于需要多步骤思考的复杂任务	通用型模型，适用于多种任务场景，强调灵活性和适应性
用户交互方式	直接陈述任务，避免角色扮演，强调逻辑主线	角色扮演、情感关怀、启发式引导，强调用户参与

总之，DeepSeek - R1 的提示词设计更注重逻辑推理和结构化输出，适用于复杂任务；而 GPT - 4o 则更强调通用性和用户体验，适用于多种任务场景。流行的说法是，DeepSeek - R1 提示语技巧不需要角色设定、思维链提示、结构化提示词、具体示例以及详细解释，只需要说明"干什么""给谁干（受众是谁）""目标是（要什么）""约束是（不要什么）"，但这种说法并不完全恰当。本书提醒读者注意，尽管上述两个大模型之间确实存在设计思路的差异，但不宜过分夸大二者的区别。二者的提示词设计思路在一定程度上可以共用，科学合理的提示词仍旧是获取高质量回答的关键。

比如，新加坡首届 GPT - 4 提示工程竞赛的冠军 Sheila Teo 在比赛中使用了 CO - STAR 框架，这一框架由新加坡政府科技局（GovTech）的数据科学与人工智能团队开发，旨在帮助用户更高效地构建提示词，从而获得更优质的模型响应。CO - STAR 框架由六个关键要素组成，分别是上下文（context）、目标（objective）、风格（style）、语气（tone）、受众（audience）和响应（response）。其中，上下文要求用户为任务提供背景信息，帮助大语言模型理解具体场景，确保其回应的相关性。例如,推广新产品时,提供公司名称、产品特点等信息。目标要求用户明确希望LLM完成的任务,例如生成一篇广告文案或回答特定问题。清晰的目标有助于模型专注于实现这一目标。风格要求用户指定LLM的写作风格,可以是某位名人的风格或某个行业专家的风格,例如模仿戴森的广告文案风格。语气要求用户设定回应的情感态度,例如正式、幽默或说服性,确保LLM的回应与预期的情感背景相符。受众要求用户确定目标受众,例如老年人、儿童或专业人士,根据受众的特点定制回应,确保内容易于理解且具有针对性。响应要求用户规定输出的格式,例如列表、JSON或专业报告,确保LLM的输出符合下游任务的需求。CO-STAR框架的优势在于它系统地考虑了所有影响LLM响应效果的关键因素,帮助用户获得更精准、更优化的结果。此种框架无疑具备高度的可迁移性,可以为设计DeepSeek提示词提供参考。

第八节　使用DeepSeek的风险提示

在使用DeepSeek时,用户需要关注多方面的法律风险,这些风险涉及数据隐私、知识产权、内容生成、跨境合规等多个领域。

第一,数据隐私和安全。DeepSeek在数据收集、存储和使用过程中可能面临诸多法律挑战。例如,韩国对DeepSeek的数据保护调查指出,其可能存在的问题包括数据收集的合法性、数据使用的透明度、跨境数据传输的合规性以及数据安全措施的充分性。如果DeepSeek未能在用户知情并同意的情况下收集数据,或数据被用于用户未授权的用途,将违反相关法律法规,可能导致高额罚款和用户集体诉讼。此外,数据泄露事件可能导致用户隐私被泄露和商业机密被盗用,给企业和用户带来巨大损失。因此,用户在上传文档时,切记做好个人隐私、信息与数据保护。特别需要关注的是"DeepSeek隐私政策"①,其中提到DeepSeek会收集用户与DeepSeek进行交互过程中所输入的内容(包括文本、图片、文件)。在对话过程中,用户可以对DeepSeek所输出的内容进行反馈评价。DeepSeek将收集用户的反馈信息,包括用户主动提交的内容,以便不断改进DeepSeek的输出内容的质量。因此,如果用户不想让自己的输入内容成为

---

① 参见https://cdn.DeepSeek.com/policies/zh-CN/DeepSeek-privacy-policy.html。

其他用户获得的答复，需要特别留意数据隐私问题。

第二，知识产权风险。DeepSeek 的开源许可协议是用户使用该模型的重要法律依据。DeepSeek 的代码和模型分别采用 MIT 许可协议和自建许可协议（OpenRAIL 类许可协议），用户若未遵循相关使用条件，如未履行声明义务或不满足许可协议下的责任限制，可能构成对 DeepSeek 知识产权的侵犯。此外，DeepSeek 在生成内容时可能涉及对他人知识产权的侵犯，例如未经授权使用受版权保护的文本或代码。

第三，内容生成风险。DeepSeek 生成的内容可能涉及法律风险。其生成的文本可能包含虚假信息、误导性内容或偏见性观点，这些内容可能违反法律法规或导致不良社会影响。例如，DeepSeek－R1 在红队测试中显示出较高的有害内容生成率，包括恶意语言、偏见输出和不安全代码，这可能使其在某些应用场景中面临伦理和合规风险。此外，用户在使用 DeepSeek 生成的法律文书或案例分析时，需要注意其内容的准确性和合法性，避免因依赖 AI 生成的错误信息而承担法律责任。

第四，跨境合规风险。DeepSeek 的全球化应用涉及跨境数据流动，这增加了其运营的复杂性和法律风险。不同国家和地区的法律法规对跨境数据流动有不同的要求。例如，欧盟的《通用数据保护条例》（General Data Protection Regulation，GDPR）和美国的《加州消费者隐私法案》（CCPA）都对数据跨境传输设定了严格的条件。如果 DeepSeek 未能满足这些条件，可能导致业务受限甚至被禁止。此外，包括澳大利亚、韩国和意大利在内的部分国家以“国家安全担忧”或“数据安全”为由限制或禁用 DeepSeek，这可能影响其在全球范围内的应用。

第五，法律实践风险。在法律实践中，律师等法律从业者使用 DeepSeek 时需要特别注意法律风险。例如，将 DeepSeek 生成的内容直接作为法律意见或文书使用，可能违反执业规范和法律责任要求。用户应避免将 AI 生成的内容视为权威，而应进行独立验证和批判性分析。此外，DeepSeek 的数据库更新可能存在滞后性，导致其生成的内容不符合最新的法律法规。

总之，使用 DeepSeek 时，用户需要全面评估数据隐私、知识产权、内容生成、跨境合规等多方面的法律风险。为降低风险，用户应确保数据收集和使用符合当地法律法规，遵循开源许可协议，对生成内容进行严格审核，并关注跨境数据传输的合规性。同时，法律从业者应谨慎使用 DeepSeek 生成的内容，确保其符合法律实践的要求。

第九节　其他大模型推荐

一、部分人工智能使用链接与产品

特别提醒: 以下网站不止可以使用 DeepSeek,还可以免费/付费使用 ChatGPT、Gemini、Claude、腾讯混元等其他生成式 AI 大模型,可供读者自行选择感兴趣的合适模型使用。[①] 此处仅提供涉及 DeepSeek 的相关渠道,提请读者自行甄别使用风险。此外,本书出版后,随着时间的推移,部分链接可能失效。

1. 秘塔 AI 搜索:https://metaso.cn。

2. 360 纳米 AI 搜索:https://www.n.cn/。

3. 腾讯元宝:https://yuanbao.tencent.com/(腾讯接入 DeepSeek - R1 通过整合微信公众号、视频号等腾讯生态信息源以及互联网权威信源,能够为用户提供稳定、实时、全面且准确的回答)。

4. 腾讯 ima 小程序及其客户端:https://ima.qq.com/。

5. 打开微信→点击搜索框→选择页面中部"AI 搜索"→选择深度思考模式。

6. Fireworks:https://fireworks.ai/models/fireworks/DeepSeek - r1。

7. Github:https://github.com/marketplace/models/。

8. Flowith:https://flowith.io/blank。

9. Monica:https://monica.im/。

10. Lambda:https://lambda.chat/。

11. Deep Infra:https://deepinfra.com/chat。

12. Openrouter:https://openrouter.ai/chat? models = DeepSeek/DeepSeek - r1:free。

13. Huggingface:https://huggingface.co/DeepSeek - ai/DeepSeek - R1。

14. Perplexity:https://www.perplexity.ai/。

15. AskManyAi.:https://askmanyai.cn/index。

---

① 关于 ChatGPT、Gemini、Claude、Copilot、Grok、通义、豆包、Kimi、腾讯混元、智谱清言、文小言、跃问、讯飞星火等 AI 产品的简介,读者可以参见陈焕、戴奎、李勇编著:《法律人必备 AI 核心技能:DeepSeek 零基础入门到精通》,法律出版社 2025 年版,第 474 - 477 页。

二、部分法律垂直领域大模型

需要强调的是，下列法律垂直领域的大模型是否满足具体的法律职业需求，还需要读者结合工作实践进行“个体化”探索与试用。总体而言，法律垂直领域的大模型均处于探索发展阶段，部分功能仍在持续完善和优化的过程中。并且，法律垂直领域的大模型通常也存在各自的重点应用领域，如交互式法律信息检索、智能司法辅助等。当前法律 AI 产品可谓琳琅满目，比如案牍 AI 审查、AlphaGPT、北大法宝律 AI 多、法天使智能合同审查、火眼审阅、金山晓法、Mecheck、MetaLaw、元典问达、智爱 AI 等。[①] 本书篇幅有限，此处仅提请读者留意相关 AI 产品，结合自身需求探索使用。

（一）fleetAI

大成通过 GPT－4 打造了一个名为“fleetAI”的生成式 AI 机器人，可以提供法律文献查询、自动生成法律内容、识别法律论据等服务，以提升法律业务效率和节省时间。

（二）Lexis＋AI

律商联讯基于自身 2500TB 巨量数据和 GPT－4 等大语言模型，推出了类 ChatGPT 产品 Lexis＋AI，其具备交互式法律搜索、法律内容总结和起草合同/简报三大功能，成为最早一批应用生成式 AI 的法律机构。

（三）北京大学元法大模型

开发主体：北京大学法律人工智能实验室。

特点：基于首创的规则推理引擎技术和全栈自研的中国法律大模型，经过 700 亿级参数预训练，内化中国法律法规规范性文件数万部，回答引用法条的准确率极高，实现了“懂人话”“无幻觉”的响应效果，还通过一阶逻辑表达式克服形式化表达难点，结合符号化算法进行推理，确保“守规则”“可解释”“可推理”的“去黑盒”能力。

---

① 关于案牍 AI 审查、AlphaGPT、北大法宝律 AI 多、法天使智能合同审查等法律 AI 产品的简介，读者可以参见陈焕、戴奎、李勇编著：《法律人必备 AI 核心技能：DeepSeek 零基础入门到精通》，法律出版社 2025 年版，第 477－478 页。

应用:可应用于法律问答、法律文书生成、案例分析等场景,为法律专业人士及社会公众提供高效、准确的法律服务。

(四)法信法律基座大模型

开发主体:最高人民法院,基于清华大学与面壁智能的科研成果转化而来。

特点:千亿参数通用大模型,整合了万亿字量级的法律专业数据,具备法律语义理解、逻辑推理、融合搜索、内容生成等功能。

应用:"法信法律基座大模型"主要面向法官等司法人员,暂不面向社会公众开放。该大模型目前已经应用到了两个场景中:一是深圳法院的人工智能辅助审判系统 1.0 版,已经于 2024 年 6 月 28 日正式运行;二是"库网融合"智能检索数据库,其在该大模型基础上对"法答网""人民法院案例库"进行预训练。① 可辅助法官快速进行信息分析比对,提高立案审查和阅卷效率,还可用于行政执法辅助、公共法律服务、司法大数据资源价值挖掘等。

(五)智海 – 录问法律大模型

开发主体:浙江大学联合阿里云、华院计算。

特点:具备法律问答、知识检索增强问答、案情分析、意图识别、推理决策、法律文书生成等法律辅助服务功能。

应用:可为司法领域提供智能化支持,推动智慧法院与平台建设,同时也为浙江大学数字法治新型司法人才培养提供新路径。

(六)夫子·明察法律大模型

开发主体:山东大学联合浪潮云、中国政法大学。

特点:基于 ChatGLM,结合无监督司法语料(各类判决文书、法律法规等)与有监督司法微调数据(包括法律问答、类案检索)训练而成。

应用:主要用于司法领域的法律文书分析、案情研判以及法律咨询等核心业务环节。

---

① 参见肖潇:《国家级法律 AI 基座模型发布:AI 加入法院审判工作》,载 21 世纪经济报道 2024 年 11 月 15 日,https://m.21jingji.com/article/20241115/herald/b8ba194a46629c7e3e1bea8a44798c4c_zaker.html。

(七)法观法律大模型

开发主体：中国司法大数据研究院、数智枫桥研究院、天同律师事务所联合研发运营。

特点：2024 年 8 月成为全球首个通过中国法考的人工智能产品，2024 年 11 月上线“深度思考”版本，通过智能化的反思、协作，模拟人类的慢思考模式，进一步提升内容的准确性和分析的全面性。

应用：可为法律从业人员及社会公众提供法律文书分析、案情研判、法律咨询等服务。

链接参见 https://lawgpt.cn/#/。

(八)法宝 GPT

链接参见 https://ai.pkulaw.com/shop。

(九)阿里通义法睿

链接参见 https://tongyi.aliyun.com/farui。

(十)北大法宝数据库的“法宝 GPT”

北大法宝 AI 新产品将法律和人工智能大模型结合在一起，发布了智能问答、模拟法庭、智能写作、法宝智能助手、法宝来签等 AI 法律大模型 GPT 产品。

链接参见 https://www.aiww.com/aitool/beidafabaogpt。

(十一)威科先行法律数据库的“类案 GPT”“小威 GPT”

链接参见 http://www.wkinfo.com.cn。

(十二)东南大学法学院推出“法衡－R1 深度推理大模型”

东南大学法学院数字法学团队依托东南大学大数据计算中心，于 2024 年 11 月首次发布法律垂域大模型“法衡 1.0”(320 亿参数)。2025 年 1 月，团队推动模型迭代，发布“法衡 2.0”(720 亿参数)。“法衡”系列大模型现已全面开放下载。

(十三) AlphaGPT

AlphaGPT 将人工智能法律大模型与律师具体的业务场景相结合,覆盖合同审查、文书起草、法律咨询、卷宗阅读、案情研究等多项服务。轻松上手、无须下载、专业准确的律师 AI 法律助理。

链接参见 https://www.icourt.cc/product/alphaGPT。

(十四) 北大法宝律 AI 多

北大法宝旗下智能律师平台新品牌“律 AI 多”旨在通过法律大模型结合法宝数据库和自建知识库,提供律所律师全流程知识管理解决方案,实现知识沉淀智能化、知识查询和再利用便利化以及知识资产应用多元化,赋能律所提质增效,提升法律服务标准化水平。

第三章　何为 AI 法律信息检索

人工智能不可以简单等同于法律检索工具！开篇的这一论断看似与本章逻辑相悖，实则蕴含着对法律人工智能应用规律的深刻思考。但这里需要向各位读者阐明的是：当前的通用人工智能尚不具备独立承担法律信息检索任务的技术可靠性，因为其生成内容中潜在的“算法幻觉”可能导致法律信息的失真与虚构。当前，人工智能尚不具备完全作为检索工具提供完整准确解决方案的可行性，但这不代表它不可以作为法律信息检索的一个环节，也不代表未来专门的法律信息检索的人工智能产品不会出现。对于法律实务工作者而言，法律检索结果的价值远高于检索的过程与形式。当我们面对陌生领域的法律检索任务时，往往可能因为此前对相关问题知之甚少而陷于信息迷雾中，此时人工智能产品恰似专业领域的“数字向导”，能够通过生成相应的法律信息，很好地为我们提供一个相对确定的检索范围。这种智能预处理机制，显著提升了我们法律检索的路径规划效率。需要警惕的是，现阶段，各类通用人工智能大模型可能难以直接输出符合学术规范或实务标准的检索结果，但通过“人机结合”构建合理检索策略与路径，能够大幅提高法律信息检索的工作效率。AI 法律信息检索工具并不会取代或撼动国内外各类专业法律数据库的基石地位，而是以智能语义解析、多模态知识图谱、动态案例匹配等创新技术，提供更为智能化、高效化的信息服务方式，改变传统的线性检索步骤和方式。

第一节　法律信息检索的核心逻辑

法律信息检索形式历经数字文明的洗礼不断蜕变,包括了既有的人工现实资料检索、网页检索、数据库检索,以及新兴的生成式人工智能检索,但在这表象的流变之下,法律信息检索的核心逻辑及其追求的检索目的始终如一。具体来说,法律信息检索的核心逻辑在于通过技术手段实现对法律信息的高效定位、组织和适用,确保法学研究者、实务工作者及相关主体能够在特定语境下快速“捕获”准确、权威的法律依据。尽管检索的形式伴随技术迭代的浪潮不断进化,检索工具和方法也在不断更新,但检索的本质始终围绕以下核心目标展开:**如何在庞杂的信息环境中精准获取与特定法律问题最相关的法律规范、判例、学术研究文献等法律资料,并将其恰当适用于实际法律推理和决策之中**。这一核心逻辑决定了法律信息检索与其说是一般意义上的信息查找(information retrieval),毋宁说是一种高度结构化、语境化的信息检索过程,涉及法律文本的规范性(normativity)、适用性(applicability)与权威性(authority)。

法律信息检索的核心逻辑植根于法律体系的规范性特质。法律并非一般的知识体系,而是一个高度制度化、层级分明、内部逻辑严密的规范体系。因此,法律信息检索的任务不仅是找到某一主题的相关法律文本,更在于准确理解这些法条在特定语境中的规范效力。例如,在法律研究中,研究者可能需要检索某一法律条款,并基于条款内容去理解该法的适用范围、法律效力(如是否已废止或经修订)、与其他法律规范的层级关系(如宪法、法律、行政法规、司法解释之间的关系),以及在司法实践中的适用情况(如相关判例如何解释该法律)。因此,法律信息检索绝不仅停留于检索关键词的匹配或文本准确度,而是基于法律规则体系进行深度语义匹配,确保检索结果符合法律推理的逻辑框架。

法律信息检索的核心逻辑体现为对法律适用性的精准匹配。法律并非孤立存在的条文文本,而是需要结合具体案件、法律问题进行实践适用。法律信息检索的终极目标,并非仅仅获取相关资料,而是确保这些文本资料能够在具体法律实践中发挥其应有的价值。例如,在法律实务工作中,律师、法官或法律顾问等需要检索某一法律问题的相关法规、判例、学术研究文献等信息，以支持其法律推理和决策。在此过程中，他们并不仅仅关心某条法律规定的文本内容，还需要结合具体的案件事实、适用环境、司法解释以及过往裁判规则，综合评估法律信息的适用性，构建起适配个案特质的法律论证模型。这意味着，法律信息检索不仅仅是文本层面的搜索，还涉及对法律概念、法律规则以及法律逻辑的理解与推演。因此，检索系统需要具备足够的语义理解能力，通过基于自然语言处理（Natural Language Processing，NLP）的深度语义解析引擎，使用户能够通过自然语言表达复杂的法律问题，并得到真正符合其需求的检索结果。

法律信息检索的核心逻辑强调信息的权威性和可验证性。与一般的信息检索不同，法律信息检索对数据来源的权威性有极高要求。例如，在一般的信息搜索中，用户可能会接受多个官方或非官方来源的信息并进行综合判断，但在法律信息检索中，法律人得出的结论必须建立在可验证的法律依据之上，如正式发布的法律法规、法院裁判文书、司法解释、学术论文等。因此，无论是传统数据库检索，还是生成式人工智能驱动的法律检索工具，都必须确保其提供的信息来源可靠、可溯源，且能够满足法律实践的严格标准。这也是为何法律信息检索工具在设计上需要高度依赖结构化数据库，如北大法宝、Westlaw、LexisNexis 等，它们一般不仅提供法律文本，还附带详细的法律效力、修改历史、相关案例、学术解读等信息，使用户可以在一个结构化的体系中进行深度检索和法律推理。尽管生成式人工智能在信息组织和处理方面带来了新的可能性，如直接生成法律摘要、提供推理建议等，但其所提供的信息仍然需要接受法律专业人士的验证，以确保法律适用的准确性。

法律信息检索的核心逻辑也包含对检索效率的优化。法律人的时间成本极高，法律信息的复杂性与极快的增长速度使如何高效地检索到精准、权威的法律信息成为法律信息检索的关键挑战。因此，检索技术进化的时间轴始终围绕如何提升检索效率展开，例如从早期的布尔逻辑检索（Boolean Search）、全文检索（Full – Text Search），到后来的自然语言检索（Natural Language Search）、知识图谱辅助检索（Knowledge Graph Search），再到如今的生成式人工智能驱动的语义检索（Semantic Search）。尽管技术手段不断变化，但其核心目标不曾发生改变：在最短时间内找到关联度最高、权威性最强与最适配于当前法律问题的法律信息。因此，未来的法律信息检索将更加注重检索智能化、个性化的优化,例如结合用户的检索历史、语境分析、案例匹配等技术,提供更精准、更符合法律实践需求的检索结果。

尽管从人工查找法条到数字化数据库检索,再到如今的生成式人工智能驱动的智能问答,甚至未来可能出现的 AI 辅助法律推理系统,法律信息检索的技术手段在不断演进,但法律信息检索的终极使命永恒不变:通过技术手段精准、高效、权威地定位法律信息,以满足法律适用的需求。这一核心逻辑不仅决定了法律检索系统的设计方向,也影响着法律实务、法律研究的工作模式。在未来,随着生成式人工智能的深入发展,法律信息检索技术将进一步智能化,但其根本目标仍然是确保法律人能够在纷繁复杂的信息环境中,迅速、准确地获取符合法律适用要求的信息,以支持法律推理和实践决策。

第二节　AI 与传统检索方式的逻辑关系

ChatGPT、DeepSeek 等生成式人工智能,与谷歌、百度等传统搜索引擎,以及北大法宝、中国知网、HeinOnline 等学术数据库在法律信息检索中的逻辑关系是什么?对这一问题的回答,可围绕三者的技术逻辑、信息组织方式、检索模式、内容准确性与适用性、未来趋势等五个方面进行详细阐述。

一、技术逻辑

从技术逻辑上来看,ChatGPT、DeepSeek 等生成式人工智能相对于谷歌、百度等传统搜索引擎,以及北大法宝、中国知网、HeinOnline 等学术数据库,根本上依赖不同的计算机制。传统搜索引擎主要基于索引构建(indexing)与关键词匹配(keyword matching)技术,依靠网页爬取(web crawling)与反向索引(inverted indexing)实现信息的存储与排序。具体来说,用户输入查询词后,搜索引擎在已有的索引库中寻找最匹配的内容,并按照排名算法(如 PageRank、BM25 等)为用户返回搜索结果。学术数据库的计算模式则更为封闭,主要依靠人工整理、分类和标准化元数据(metadata)技术,以确保库中所在的高质量学术内容可供检索。相比之下,以 ChatGPT、DeepSeek 为代表的生成式人工智能采用基于大语言模型(Large Language Model, LLM)的自回归生成机制(autoregressive generation),这一机制的特点是:它不直接返回已有的索引内容，而是基于概率计算生成文本，这意味着其回答并非简单的检索，而是在检索基础上进行信息重组、概括甚至推理。

二、信息组织方式

从信息组织方式来看，传统搜索引擎和学术数据库的结构化程度远高于生成式人工智能。谷歌、百度等搜索引擎通常按照网页链接、标题、摘要等层级组织信息，用户需要点击不同的网页来获取完整内容，而学术数据库则通过论文、期刊、法规、判例等类别进行专业分层，配备详细的引文索引和分类标签，以支持精确的学术研究。相比之下，ChatGPT、DeepSeek 等生成式人工智能并没有支撑固定输出的数据库结构，它们主要依靠训练数据和神经网络模型在对话过程中动态生成文本。这种非结构化的组织方式使其在某些情况下能够更快地提供法律信息，但也可能导致信息生成的随机性和不可验证性。因此，在法律信息检索场景中，生成式人工智能虽能提供即时答案，但无法像学术数据库那样提供明确的信息来源和精确的法律依据。

三、检索模式

从检索模式来看，生成式人工智能提供了一种新的交互方式，即自然语言问答（Natural Language Q&A），而传统搜索引擎和学术数据库仍以关键词查询（keyword－based query）为主。过去，法律研究人员需要精准输入查询词，如“合同法　违约责任”，并在大量搜索结果中筛选有用信息。

ChatGPT、DeepSeek等生成式人工智能则可以直接回答更复杂的问题，如“在中国合同法下，违约责任的归责原则是什么？”，并提供简明的法律解读。

在 中国合同法下，违约责任的归责原则是什么？①

引用8篇资料作为参考 >

在中国《合同法》（现为《民法典》合同编）下，违约责任的归责原则采用**以严格责任为主、过错责任为辅的二元体系**，具体分析如下：

1. 严格责任原则（主要归责原则）

- **法律依据**：
  《民法典》第577条（原《合同法》第107条）规定，当事人一方不履行合同义务或履行不符合约定的，应承担继续履行、补救措施或赔偿损失等违约责任。该条款未提及“过错”，表明**违约方无论主观是否有过错，均需承担责任**，除非存在法定免责事由（如不可抗力）1 3 5 。
- **特点**：
  - 非违约方无需证明违约方存在过错，仅需证明违约事实及损害后果。
  - 严格责任更有利于保护守约方利益，提高司法效率 2 4 。

2. 过错责任原则（特殊情形补充）

- **法律依据**：
  《民法典》在部分合同中明确要求以过错为责任要件，例如：
  - **赠与合同**（第662条）：赠与人因故意或重大过失致赠与财产毁损的，需赔偿 1 5 。
  - **运输合同**（第832条、第833条）：承运人对旅客自带物品的毁损仅因过错担责 1 3 。
  - **保管合同**（第892条）：保管人因保管不善（过错）造成保管物毁损的，需赔偿 5 8 。
- **适用场景**：
  当法律明文规定或合同约定需以过错为要件时，违约方仅在其存在故意或重大过失时担责 2 4 。

3. 免责事由

- **不可抗力**（第590条）：因不可抗力不能履行合同的，可部分或全部免责，但迟延履行后发生不可抗力的除外 3 7 。
- **债权人过错**：若损失因债权人自身过错（如未履行减损义务）导致，可减轻或免除债务人责任 1 6 。

总结

中国合同法下的违约责任归责原则以**严格责任为一般规则**，辅以**过错责任的例外规定**。这一体系平衡了合同严守与公平责任，既保障交易安全，又兼顾特殊情境下的合理性 2 4 5 。

如需具体案例分析或进一步解释，可提供更多细节。

---

① 为了原貌呈现AI生成的内容，编者尽可能不对AI生成的文字做修改。全书同。

这种解答复杂问题的能力源自人工智能大规模的语料训练以及对法律文本的语言建模能力。不过，它的缺点在于，生成的答案未必精准，甚至可能出现“幻觉”（hallucination），即生成不准确或虚构的信息。因此，在法律信息检索领域，生成式人工智能辅助增强用户对问题的初步了解，但在高精度需求的场景下，仍然需要结合传统搜索引擎或学术数据库进行验证。

四、内容准确性与适用性

从内容准确性与适用性来看，学术数据库通常提供经专家审核的权威资料，如法院判决、法律法规条文与学术论文等，具有较高的可信度。搜索引擎因爬取的网页质量不一，可能包含未经验证的法律信息，尤其是通过论坛、博客等非官方渠道获取的内容，存在信息不准确的风险。生成式人工智能在这一点上的表现则更为复杂。由于训练数据包含大量法律文本，其生成的答案往往符合法律术语的通常表达，并具备法律推理的逻辑框架，但在个别情况下可能存在法律适用错误。例如，在具体的法律解释问题上，关于“劳动合同解除的合法条件”，ChatGPT 可能会提供一个笼统的概述，而未必能准确区分不同国家或地区的适用法律。因此，尽管生成式人工智能可以作为法律研究的有力助手，但在法律实践中，仍然需要结合学术数据库和法律检索工具对检索结果进行交叉验证，以确保结论的准确性。

五、未来趋势

从未来趋势来看，ChatGPT、DeepSeek 等生成式人工智能极有可能与传统搜索引擎及学术数据库融合，形成混合型法律检索体系。目前，谷歌公司和微软公司已开始在搜索引擎中引入生成式 AI，如 Google SGE（Search Generative Experience）和 Bing AI，使搜索结果不仅包括传统网页，还附带 AI 生成的摘要和解读。同样，法律数据库也在探索 AI 辅助检索功能，如北大法宝正尝试结合自然语言处理技术优化法律法规的智能检索。

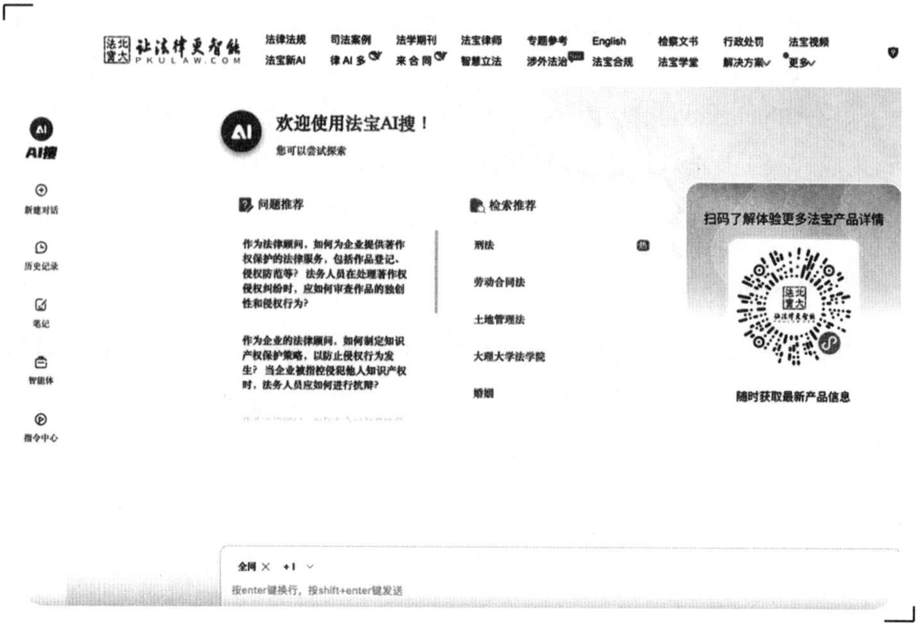

未来的法律信息检索可能会朝向“多模态检索”（multimodal retrieval）发展，即结合文本、语音、图像等多种形式，使法律研究更加智能化。例如，用户可以通过语音输入法律问题，由 AI 生成解答摘要后，并进一步提供权威数据库中相关资料的链接，实现更精细化的法律研究。尽管生成式人工智能尚无法完全取代传统搜索引擎和学术数据库，但它在法律信息检索中的角色正在快速扩展，并将在未来为法律人塑造一个更智能、高效的法律研究环境。

第三节　AI 法律信息检索的独特优势

在法律信息检索领域，传统法律检索方法长期依赖关键词搜索、布尔逻辑检索以及基于分类的法律数据库。这些方法虽然在精确度和可控性方面具有一定优势，但在法律实践和学术研究中仍面临诸多局限，如搜索效率低、需要用户手动筛选信息与无法提供直接可用的法律分析等。生成式人工智能赋能的法律信息检索则带来了全新的可能性，它不仅仅从现有法律数据库中提取相关文献，而且在检索过程中生成初步可供直接使用的法律答案，从而极大地提升了法律信息获取的便捷性和实用性。这种能力使得生成式 AI 与传统法律检索方法之间存在本质上的差异，尤其体现在自然语言理解与回答、语境敏感性、知识整合能力、可解释性、效率提升等方面。

生成式 AI 法律检索最独特的地方在于其能够直接生成完整的法律解答，而不仅仅是罗列相关资料或文献。传统法律信息检索通常采用基于关键词或布尔逻辑的方式，即用户需要输入如"劳动合同解除条件"这样的较为精确的法律术语进行查询，系统则会返回一系列与问题相关的法律条文、判例与学术论文等，但用户仍需要自行阅读、整理与分析这些资料，以提炼出能够直接适用于法律实践的适用方案。

而生成式 AI 可以基于用户的查询指令，直接生成完整的法律分析，例如直接给出如下解答："根据《劳动合同法》第三十九条，劳动合同可以因以下情况解除：……此外，某些案例[案例编号]进一步明确了……"这种能力使得法律检索的过程更加高效，特别适合律师撰写法律意见、法官参考判例与学者进行法律研究等场景。

生成式 AI 相比传统法律检索，具备更强的语境理解能力，能够根据具体提问提供定制化的答案。传统检索工具通常依赖于精确的关键词匹配，即使采用自然语言处理技术，往往也难以精准捕捉用户的意图。例如，用户输入"员工因生病请假，公司可以解雇吗？"，传统检索系统可能会返回与"病假"或"解雇"相关的法律条文或案例，但无法直接提供有针对性的适用方案，仍旧需要用户对相关检索内容进行梳理总结。

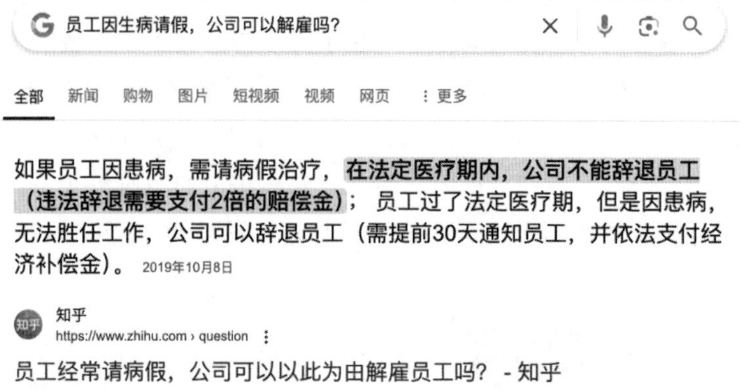

对比之下，生成式AI则可以通过解析用户查询的上下文关联，直接生成符合用户提供语境的法律意见，例如：“根据《劳动合同法》第四十二条，员工因患病或非因工负伤，在规定的医疗期内，雇主不得解除劳动合同。”这种能力大大减少了法律人自行筛选与分析信息的时间，使得法律检索更具智能化和人性化。

员工因生病请假，公司可以解雇吗？

引用 6 篇资料作为参考 >

根据中国《劳动合同法》及相关规定，员工因生病请假时，公司能否解雇需分情况讨论，核心取决于**是否在法定医疗期内**以及**是否符合法定解除条件**。以下是具体分析：

一、医疗期内：原则上不得解雇

1. 法律依据

- 《劳动合同法》第42条规定，劳动者在**医疗期内**（即因病或非因工负伤停止工作的法定保护期），用人单位不得依据第40条（无过失性解除）或第41条（经济性裁员）解除劳动合同 1 3 4 。
- 医疗期长度根据工作年限确定（如工作10年以下、本单位5年以下为3个月；5年以上为6个月） 3 4 。

2. 违法解雇后果

- 若公司在医疗期内直接解雇，属于**违法解除**，员工可要求恢复劳动关系或主张**2倍经济补偿金**的赔偿 2 4 6 。
- 例如：案例中员工在医疗期内被辞退，法院判决公司支付赔偿金 2 6 。

二、医疗期满后：符合条件可合法解雇

1. 合法解除条件

- 员工医疗期满后，若**无法从事原工作**，且经调岗仍不能胜任的，公司可依据《劳动合同法》第40条解除合同，但需：

   - 提前30日书面通知 **或** 额外支付1个月工资;
   - 支付经济补偿(N倍月工资) 1 3 4 。
- **例外**: 若员工患职业病或工伤,适用特殊保护规定 4 6 。

2. 程序要求

- 公司需提供**调岗证明**和**医疗期满评估**,否则可能被认定为违法解除 3 6 。

三、特殊情况处理

1. 员工未履行请假手续

- 若员工未提交医院证明或未按公司制度请假(如未补交材料),公司可依据合法规章制度解除合同 5 。
- 例如:员工"泡病假"且拒绝补手续,公司可合法解雇 5 。

2. 医疗期工资与社保

- 公司需支付不低于当地最低工资80%的病假工资,并缴纳社保,否则员工可主张补偿 6 。

总结

- **不能解雇的情形**: 员工在医疗期内且无严重违纪行为。
- **可以解雇的情形**: 医疗期满后员工无法工作且公司履行法定程序。
- **维权建议**: 员工应保存病假证明、请假记录等证据;公司需谨慎遵循法律程序,避免违法成本 2 4 6 。

如需具体案例或流程指导,可进一步补充细节。

生成式 AI 的语义"理解"能力极大地优化了法律信息检索的精准性。传统法律检索方式,如数据库检索或搜索引擎,往往依赖关键词匹配、元数据索引或预定义分类,这使检索结果可能包含大量无关信息,或因措辞不同而遗漏重要法律资料。而生成式 AI 通过深度学习和自然语言处理(NLP)技术,能够准确"理解"用户查询背后的法律语义,而不仅仅是基于字面匹配。例如,在传统检索中,若用户查询"未成年人犯罪的法律责任",搜索引擎可能仅匹配包含"未成年人犯罪"或"法律责任"关键词的文本,而无法理解用户真正想要的是刑法关于未成年人犯罪的免责条件、量刑原则或司法解释。而生成式 AI 能够解析查询的深层含义,并结合上下文、案例、学术研究等信息,提供结构化的、符合法律逻辑的回答,从而提高法律信息检索的精准度。尽管现阶段生成式 AI 的语义理解本质上是一种"远距离阅读"("浅读"),其与人类的"近距离阅读"("深读")存在不容忽视的差异,但其仍旧在许多场合满足法律人对法律信息检索的基本需求。

生成式 AI 能够跨越法律文本、判例、学术文献等多种信息源,提供整合后的法律分析,而不仅仅是单一的数据库检索结果。传统法律信息检索往往受限于单一数据源,例如某些法律数据库仅提供成文法条文,另一些则主要收录判例或学术论文。因此,用户需要在不同数据源之间来回切换,以整合形成准确的法律信息。生成式AI可以在检索过程中自动整合来自多个来源的信息,并生成一份具有逻辑性和系统性的法律答案。例如,当用户查询“商业秘密侵权的法律后果”时,生成式AI可以同时引用《反不正当竞争法》的相关条款、法院关于侵犯商业秘密案件的判决以及法学论文对商业秘密保护的学理分析,最终提供一个全面的法律解读。这种知识整合能力,使得生成式AI相较于传统检索方法更匹配复杂的法律问题分析。

生成式AI在法律检索中的可解释性和可追溯性,使得其相较于传统检索工具具备更加透明和可信的特点。传统搜索引擎或法律数据库往往只是列出相关文献,而不会主动解释为何返回这些结果,用户需要自行判断哪些法律条文或案例更为重要。而生成式AI则可以在回答中嵌入可解释性的内容,例如:“该法律意见基于《民法典》第×××条和某些案例(案号:××××),该判例明确指出……”同时,AI还可以提供进一步核验的法律依据,如建议用户查阅原始文献,以确保所提供法律信息的权威性与准确性。这种能力提升了法律人对人工智能的信赖度,使得生成式AI不仅仅是一个检索工具,更像是一个数字法律助手,能够帮助法律人理解和应用法律规则。

生成式AI的检索效率远超传统法律信息检索方法,极大地减少了法律人在检索过程中花费的时间和精力。在传统检索模式下,即便用户找到相关法律文献,也需要逐篇阅读、筛选、归纳,才能形成有价值的法律结论;而生成式AI能够在数秒内生成初步的法律分析,减少了重复性工作,使得律师、法官、学者可以更快地进入对问题的深度分析和最终决策。例如,在法学研究中,学者通常需要阅读大量相关文献,以了解特定法律问题的理论争议和实践应用,而生成式AI可以自动生成相关文献综述,甚至提供不同学派的核心观点,使研究者得以更快地把握研究问题的全貌。

生成式AI法律信息检索相较于传统检索方法,展现出前所未有的独特性。它能够直接生成可供使用的法律答案,除了检索文献,还能够理解查询语境,提供个性化的法律分析。同时,AI具有强大的信息整合能力,能够在不同法律数据源之间进行交叉分析,并提供可解释、可追溯的法律结论。最重要的是,生成式AI极大地提升了法律信息检索的效率,可以使法律人在短时间内获取高质量的法律知识,减轻了信息筛选和整理的负担。这些特点使得生成式AI成为法律信息检索的颠覆性技术,为法律实务、学术研究、司法决策等领域提供了强大的智能辅助。

第四节　AI 法律信息检索的局限性

尽管生成式人工智能在法律信息检索领域展现出了前所未有的优势，但它仍然存在一些不可忽视的局限性。这些局限性不仅与当前技术本身的缺陷有关，也涉及法律专业领域的独特需求。例如，AI 的输出可信度问题、法律信息的可验证性与可追溯性问题、生成内容的法律约束性、跨法域适用性的局限性，以及伦理与合规风险等，都是当前生成式 AI 赋能法律信息检索时所面临的现实挑战。相较于传统的法律信息检索方式，如人工查阅法典、数据库全文检索或基于关键词的搜索引擎查询，生成式 AI 在某些关键方面仍难以取代既有的法律检索方法。

生成式 AI 的输出可信度问题是其在法律信息检索中的固有问题。传统的法律检索方式依赖于明确的数据来源，例如立法机关发布的法律法规、法院的判例、学术期刊中的法学研究论文等，用户可以直接查阅这些原始资料，并进行自我判断。然而，生成式 AI 采用的是"概率语言模型"机制，其回答是基于已有数据的模式预测，而非严格的事实再现。这意味着，AI 可能会生成一些看似合理但实际上并不存在的法律条文、判例或学术观点，即"幻觉现象"。例如，一位律师在查询"2024 年中国关于数据保护的最新司法解释"时，AI 可能会基于过去的立法以及司法解释趋势预测一个合理但并不存在的司法解释，这对于法律实务而言是不可接受的。在法律领域，任何错误信息都可能影响案件的诉讼策略、法律意见的准确性，甚至影响法官的裁判结果。因此，相较于传统数据库和文献检索，AI 生成内容的可信度问题限制了其在高风险法律决策场景中的适用性。

2024 年中国关于数据保护的最新司法解释是什么

截至2024年7月，中国关于数据保护的最新司法解释和立法动态主要包括以下几个方面：

1. 《最高人民法院关于审理侵害个人信息权益民事案件适用法律若干问题的解释》

- **发布时间**：2023年8月3日生效（2024年仍为重要依据）。
- **核心内容**：
  - 明确个人信息侵权案件的归责原则（过错推定责任），要求信息处理者证明自身无过错。

- 细化“个人信息”认定标准，包括行踪轨迹、健康信息等敏感信息的保护。
- 规定“合法、正当、必要”原则的具体适用情形，如过度收集、未脱敏展示等均可能被认定为侵权。
- 强调平台对第三方插件或嵌入代码的监管责任，若未有效防范个人信息泄露需担责。

2. 《个人信息出境标准合同办法》配套司法解释

- **背景**：依据《个人信息保护法》第38条，2023年出台的《标准合同办法》要求个人信息出境需通过安全评估或签订标准合同。
- **司法实践**：2024年法院在审理跨境数据纠纷时，重点审查企业是否履行标准合同备案义务，违规出境可能导致合同无效及民事赔偿。

生成式 AI 在法律信息检索领域的应用在一定程度上还存在信息来源模糊、时效性待核验等问题。在传统的法律检索系统中，所有的信息均有明确的出处，用户可以查阅相关法律条文、法院判决或学术论文，并直接引用来源。例如，在北大法宝或 HeinOnline 等法律数据库中，用户可以精确找到某个法律概念在不同判例或学术文献中的具体引用情况。然而，生成式 AI 的回答往往是基于大规模文本训练而来的“综合性”总结，缺乏清晰的出处标注。尽管一些法律 AI 模型尝试在回答中附带来源链接或文献索引，但这些引用并不总是精准对应 AI 生成的内容。因此，在法律研究、案件分析或正式法律文件的撰写过程中，依赖 AI 生成的内容可能会面临可验证性不足的问题，这种不确定性使得 AI 在法律实践中的权威性受到质疑。

生成式 AI 的法律约束性也是一个不可忽视的问题。法律不仅是一个知识体系，更是一个具有权威约束力的社会规范体系。在传统的法律信息检索过程中，法官、律师或法律研究者可以直接参考法律条文、判例和学术研究成果，并确保其解读符合法律的适用性和约束力。然而，生成式 AI 无法真正理解法律的权威性，只能基于已有数据预测合理的文本。这种“预测式”生成方式可能会导致 AI 在面对相似但法律背景不同的案件时，给出看似合理但实则不具有法律效力的回答。例如，AI 可能会错误地将美国普通法的判例法推理逻辑机械套用于中国的成文法体系的解释框架，而忽略两大法系在法律适用逻辑层面的结构性差异。因此，尽管 AI 可以帮助法律从业者进行初步的信息整合，但在法律适用性的判断上，仍然需要专家进行最终审核，以确保法律意见符合适用场景的实践要求。

生成式 AI 在跨法域适用性上的局限性也影响了其在国际法律检索中的实用价值。现代法律信息检索往往涉及不同国家、地区和法律体系的比较法研究，例如跨国企业在制定合规策略时，需要了解多个司法辖区的法律规定。传统的法律数据库，如 LexisNexis、Westlaw 等，可以提供精准的跨国法律检索服务，并确保检索到的法律文本的准确性和适用性。然而，生成式 AI 虽然能够生成全球法律的概述性信息，但它在不同法域间的法律适用判断上仍存在盲区。例如，AI 可能会混淆欧盟《通用数据保护条例》和中国《个人信息保护法》的适用范围，无法准确区分两者的具体条文。因此，在国际法律检索领域，AI 的泛化能力仍然不足，难以替代传统数据库的权威性。

生成式 AI 在法律信息检索中的伦理与合规风险是一个重要的限制因素。法律信息的敏感性要求检索系统具备严格的隐私保护机制，而生成式 AI 由于需要在大量数据上进行训练，可能会涉及数据安全、用户隐私泄露等问题。例如，在法律咨询过程中，如果 AI 对用户的交互数据进行留存并进行模型迭代训练，可能触发法律执业的相关敏感信息如案件策略与客户隐私等的外泄风险。当 AI 基于带有价值偏见的训练数据集进行决策推理时，其输出的法律解决方案可能隐含系统性歧视，这在法律实践中是不可接受的。因此，相较于传统的法律信息检索方式，AI 检索模式在数据安全、法律合规和伦理风险管理方面仍然需要更多的机制保障，以确保其在法律应用场景中的可信度和合规性。

尽管生成式 AI 在法律信息检索方面展现出诸多优势，但其在输出可信度、法律信息的可验证性、法律约束性、跨法域适用性以及伦理与合规性等方面仍然存在显著局限。这些问题决定了 AI 在法律信息检索中仍无法完全取代传统的检索方式，而只能作为一种辅助工具，为法律从业者提供智能化的信息支持。因此，未来法律 AI 的应用必须在提升生成内容准确性的同时，加强信息可验证性，确保 AI 法律信息检索能够真正满足法律专业领域的严格要求。

第五节　AI 法律信息检索的趋势

生成式人工智能在法律信息检索中的应用仍处于快速发展阶段，其未来的演进方向将决定其在法律实务和研究领域的最终价值。尽管当前 AI 技术已经展现出智能化检索、法律知识生成和自动化法律研究等能力，但其在可信度、可验证性、法律约束性和伦理合规等方面仍存在诸多挑战。要真正实现 AI 对法律信息检索的深度赋能，需要从提升生成内容的准确性和可信度、加强法律信息的可追溯性和引用能力、优化跨法域适用性、增强法律推理能力以及确保伦理性与数据安全合规性等方面进行突破。只有在这些领域取得关键性进展,生成式 AI 才能更好地满足学术研究者以及司法实务人员等法律从业者的需求,推动法律信息检索进入智能化和精准化的新阶段。

一、提升生成内容的准确性和可信度

当前,生成式 AI 面临的最大技术挑战之一是“幻觉现象”,即 AI 可能生成包含虚构法条、判例与学术观点的信息检索结果。对此,未来 AI 的破局之路是建立更高质量的法律专用训练数据集,确保 AI 的知识来源更加权威。例如,AI 开发者可以通过与各国立法机构、法院、法律数据库提供商(如 LexisNexis、Westlaw、北大法宝等)合作,建立动态更新的多模态训练数据池,从数据本源上提升 AI 检索系统的认知可靠性。增强 AI 的法律推理能力是提高生成内容准确性的关键。这不仅需要改进 AI 的自然语言处理技术,还需要结合其既有的法律逻辑推理和案例分析能力,使其能够正确识别法律术语,区分不同法域法律适用条件的差异性,并依据法律原则给出合理解释。例如,未来的 AI 模型可以通过模仿法官的推理过程,基于既有判例推导可能的法律适用方案,而不仅仅是基于统计模式进行文本预测。

二、加强法律信息的可追溯性和引用能力

传统法律检索方式的一大优势在于可验证性,用户可以直接追溯到法律文本、判例或学术文献的原始出处,而生成式 AI 目前的内容引用能力仍不够完善。未来,法律 AI 可以通过采取嵌入型的可验证信息引用机制,确保生成的法律内容具备可追溯性。例如,AI 可以在回答用户的法律问题时,直接附带权威信息来源的链接,并确保生成内容与所引用文献内容的高度一致性。AI 开发者还可以结合区块链技术,对法律信息的检索与引用进行溯源管理,确保法律数据不可篡改、来源可核验,从而增强用户对 AI 生成内容的信任度。

三、优化跨法域适用性

目前,AI 在法律信息检索中的跨法域适用性仍存在局限性,尤其是在不同法系(普通法系、成文法系、伊斯兰法系等)之间的差异性处理方面较为薄弱。未来的 AI 法律检索系统应进一步深入对接专业的法律数据库,增强对不同国家和地区法律体系的理解能力,并提供跨法域法律适用比对功能。例如,在企

业跨境合规审查、国际争端解决等领域,AI 可以自动对比不同司法辖区的法律规定,给出精准的适用性分析。AI 还可以结合翻译技术,实现多语言法律检索,并提供权威法律翻译,以帮助法律从业者更高效地获取全球范围内的法律信息。

四、增强 AI 的法律推理能力

目前,大多数 AI 检索工具的法律分析能力仍停留在文本匹配和模式识别层面,缺乏真正的法律推理能力。未来,可以结合案例推理(Case - Based Reasoning, CBR)和规则推理(Rule - Based Reasoning, RBR)技术,使其不仅能够识别类似案例,还能基于法律原则推导合理的法律结论。例如,在合同法领域,AI 不仅能检索出相关合同条款,还能依据合同的解释原则,对合同的法律效力进行智能分析;在刑法领域,AI 可以结合犯罪构成要件,对案件的法律适用进行模拟推理,从而提供更接近法律专家水平的法律分析。

五、确保 AI 法律信息检索的伦理性与数据安全合规性

由于法律信息往往涉及高度敏感的数据,未来的法律 AI 检索系统必须在数据安全、隐私保护和伦理责任方面建立更加完善的机制。例如,AI 法律检索系统可以采用联邦学习(Federated Learning)技术,确保用户隐私与数据只在本地保存与处理,而不会被 AI 模型存储或泄露。AI 在回答法律问题时,应严格遵守法律伦理,避免生成具有歧视性或误导性的法律建议。例如,可以引入透明的 AI 决策审查机制,使用户能够追溯 AI 如何得出某个法律结论,并由法律专家进行最终审核,以确保 AI 提出的法律建议符合伦理规范。

总之,未来生成式 AI 赋能法律信息检索的方向应包括:提升生成内容的准确性和可信度、加强法律信息的可追溯性和引用能力、优化跨法域适用性、增强法律推理能力以及确保伦理性与数据安全合规性。随着 AI 技术的持续进步和法律数据的不断优化,法律 AI 不仅能够提升法律信息检索的效率,还可以在法律研究、诉讼策略制定、合规审查等领域发挥更大的作用。最终,法律 AI 的发展目标并非取代法律专业人士,而是通过智能化的信息检索与分析,为法律从业者提供更高效、精准的辅助支持,从而推动法律行业进入更加智能化、专业化的新时代。

第六节　法律人在 AI 法律信息检索中的角色

生成式人工智能的快速发展正在深刻变革法律信息检索的方式,使得法律人(包括律师、法官、法学研究者、企业法务等)在法律信息获取、分析和应用上的效率得到显著提升。然而,即便 AI 在信息检索的自动化和智能化方面展现出巨大潜力,法律人的作用仍然不可替代。在 AI 赋能法律信息检索的过程中,法律人不只是技术的使用者,更是 AI 应用的监督者、解释者、优化者和创新者。他们的专业知识、法律判断力和伦理意识,决定了 AI 在法律信息检索中的实际价值与应用边界。因此,法律人在 AI 法律信息检索中的核心功能可以归纳为以下几个方面:监督与校验、精准提问与优化输入、深度解释与分析、定制化应用开发以及 AI 伦理与合规监管。

法律人在 AI 检索中的监督与校验功能至关重要。尽管生成式 AI 可以高效地搜索和整理法律信息,但其存在的“幻觉现象”使 AI 生成的信息可能存在事实错误、法律适用偏差或引用来源不准确的情况。这使得法律人必须作为“质量控制员”对 AI 的检索结果进行审核,确保其内容的准确性、合法性和适用性。例如,在司法实践中,法官可以利用 AI 系统进行案件检索,但最终裁决仍需基于其专业判断,而不能完全依赖 AI 的分析,特别需要警惕 AI 编造虚假案例。同样,律师在使用 AI 生成的法律意见时,也需要对其内容进行严格核验,以避免引用错误的法律条文或误导性的判例。因此,AI 的法律信息检索必须由法律人进行二次验证,以确保法律适用的正确性,避免误导用户或造成法律风险。

法律人的精准提问与优化输入能力决定了 AI 检索的质量。生成式 AI 法律信息检索的准确性依赖于用户输入的查询内容,而法律检索的复杂性要求查询方式必须精准、清晰,并能适应不同法域的法律逻辑。例如,在进行案例检索时,法律人需要清楚地界定案件的事实构成、法律争议点以及适用的法域,以便 AI 能够生成最相关的法律信息。这意味着,法律人必须具备良好的法律信息检索素养,能够运用精准的法律术语与检索技巧,以及不同法系的法律语言表达方式,来提高 AI 检索的精确度。此外,法律人在与 AI 交互的过程中,可以通过不断调整查询方式,使 AI 更好地理解法律问题的核心,从而优化检索结果。

例如，在合规审查中，法律人可以通过调整查询参数，使 AI 更精准地筛选符合特定行业法规的法律条款，避免信息泛化的问题。

法律人的深度解释与分析能力是 AI 无法取代的核心价值之一。生成式 AI 虽然能够提供法律条文、案例分析和学术观点的检索结果，但法律问题往往涉及复杂的法律解释学方法，需要结合法理学、历史背景、判例趋势等因素进行综合考量。例如，在合同法争议中，AI 可以提供关于合同的法律规则，但如何适用这些规则，仍然需要法律人依据具体案件事实进行推理分析。同样，在合宪性审查中，AI 可以检索相关的宪法条款和学术观点，但最终的法律判断仍然依赖于法律人的价值取舍与法律推理。因此，AI 的检索结果并非法律决策的最终依据，而是法律人进行法律分析的重要辅助工具。

法律人的定制化应用开发能力将推动 AI 在法律信息检索中的深入应用。不同的法律领域（如刑法、知识产权法、国际法等）对法律信息的检索需求各不相同，法律人可以结合自身的专业知识，参与 AI 法律检索系统的定制化开发。例如，律师事务所可以开发专门针对知识产权案件的 AI 检索工具，使其能够识别专利侵权的关键要素；法院系统可以利用 AI 优化判例检索模型，使其更符合本国的法律适用习惯。法律人的专业能力可以让 AI 检索更符合具体法律业务的需求，提高检索的针对性和适用性。例如，在法律咨询服务中，法律人可以训练 AI 使其更符合企业客户的法律风险偏好，从而生成更符合企业需求的法律合规建议。这种定制化应用将进一步提升 AI 赋能法律信息检索的价值，使 AI 不仅仅是一个通用工具，更是一个高度适配不同法律场景的智能化助手。

法律人的 AI 伦理与合规监管能力将成为未来法律信息检索的重要保障。生成式 AI 的广泛应用引发了诸多法律伦理问题，包括数据隐私保护、算法透明度、法律偏见等。例如，AI 在进行判例推荐时，可能存在算法歧视，使某些群体受到不公平待遇；在合同分析中，AI 可能存在数据偏误，导致对某些法律风险的误判。面对这些挑战，法律人必须积极参与 AI 法律信息检索的伦理治理，推动建立法律 AI 的监管框架。例如，律师协会、司法机构和法律科技公司可以联合制定法律 AI 的伦理准则，确保 AI 在法律信息检索中的应用符合公正、公平、透明的原则。此外，法律人还可以推动法律法规检索功能的完善，例如监管者通过制定 AI 法律检索的标准（比如国家市场监督管理总局与国家标准化管理委员会于 2025 年 2 月 28 日发布强制性国家标准《网络安全技术人工智能生成合成内容标识方法》提出企业合规要求，确保 AI 在提供法律信息时必须遵循内容标识等可验证性标准,避免 AI 生成错误或误导性的法律信息。

法律人并不是生成式 AI 法律信息检索的被动使用者,而是主动的监督者、精准提问者、深度分析者、定制化开发者和伦理监管者,他们的专业知识与法律判断能力,是确保 AI 在法律信息检索中发挥最大价值的关键因素。未来,随着 AI 技术的不断进步,法律人与 AI 的协作将更加紧密,AI 将成为法律人不可或缺的智能助手,而法律人则在监督、优化和创新 AI 应用方面发挥核心作用,共同推动法律信息检索进入更加智能、高效、可信的新阶段。

PART 2

实用技能编

- 破解AI幻觉的应对之策
- 生成式AI法律检索的提示词技巧
- 提升法律人办公效率秘籍

第四章　破解 AI 幻觉的应对之策

在数字技术与法律实务深度融合的背景下，法律信息检索已成为法律实践的重要环节。然而，法律信息的获取并不总是等同于法律理解的达成，法律信息检索幻觉（illusion of legal information retrieval）正凸显出法律人在信息检索过程中可能产生的认知偏差与方法困境。这一幻觉主要源于对检索结果的充分性、准确性和客观性的盲目信任，忽视了法律文本的多维解读、语境依赖性及法律推理的复杂性。信息检索工具虽然提升了法律信息的可及性和效率，但其算法模型的内在局限性、信息呈现的片面性，以及法律逻辑与数据逻辑的差异性，均可能导致检索结果不准确。如果使用者未对检索结果进行充分验证，其法律推理与决策质量可能受影响。基于此，本章将尝试提出应对法律信息检索幻觉的策略，强调法律信息检索的多维审视与交叉验证，倡导法律人与信息技术之间的互动反思，推动法律职业共同体在数字时代保持对法律思维与法律方法的自觉性和警惕性。分析法律信息检索幻觉的形成机制与消解路径，期望为法律实践提供更为严谨、科学的信息检索方法论，确保法律决策的理性与公正。

第一节　不同类型的 AI 模型对法律信息检索的影响

在法律信息检索的智能化进程中，人工智能技术的广泛应用正在重塑法律从业者获取和分析法律信息的方式。目前，主流的 AI 模型可大致分为三类:基于规则的专家系统(rule-based expert systems)、基于机器学习的检索模型(machine learning-based retrieval models)以及生成式人工智能。不同类型的 AI 模型在法律信息检索的准确性、可解释性、灵活性和适应性方面各具特点,对法律信息的获取、处理和分析产生了深远的影响。理解这些 AI 模型的特点和局限性,对于构建高效、可靠的法律信息检索系统至关重要。

一、专家系统

在法律信息检索的发展历程中,基于规则的专家系统曾被广泛应用,并在一定程度上推动了法律智能化进程。该类系统依赖法律专家和程序员预设的一系列法律规则、逻辑推理方式和决策树,以实现对法律问题的自动化分析和推理。基于规则的专家系统的核心思想是模拟人类法律专家的推理过程,将法律条文、案例规则、法律逻辑关系等编码为固定的规则库,并通过“如果—那么”(IF - THEN)结构进行推理。例如,在法律信息检索系统中,专家系统可以基于用户输入的法律问题,通过匹配预设规则,提供相关法条、判例、法律解释以及合规建议。这种方式在特定领域内的法律检索、合同审核、税法咨询等方面表现出色,尤其是在较为稳定、规则明确的法律部门(如税法、公司法、知识产权法)中,可以高效提供精准的法律答案。然而,基于规则的专家系统在法律信息检索中的局限性日益凸显,尤其在应对现代法律体系的复杂性与动态变化时,显得捉襟见肘。

基于规则的专家系统依赖于法律专家手动编写规则库,而法律体系本身具有高度复杂性、动态性,这使规则库的维护成本极高。例如,新法颁布、旧法修订、新的判例规则出现,都会导致原有的法律规则库需要更新,而这种更新往往需要法律专家与技术人员密切合作,才能保证系统的准确性。然而,在实际操作中,法律的动态变化远超系统更新速度,导致规则库经常滞后,从而影响法律检索的时效性和准确性。相比之下,生成式人工智能可以基于大规模法律语料库,通过自然语言处理技术自动学习法律规则,并及时适应法律变更,避免基于规则的专家系统所面临的维护难题。

基于规则的专家系统在处理法律问题时,难以有效应对语境理解、模糊推理和复杂推断的问题。由于法律规则本质上具有语义模糊性,很多法律概念难以通过单纯的“如果—那么”逻辑进行明确界定。例如,在劳动纠纷中,“恶意解雇”“合理补偿”“工作时间”这些概念往往涉及多种法律解释和判例适用，规则系统很难涵盖所有情况。而现代法律推理需要结合多个法律原则（如比例原则、正当程序、利益衡量等）进行综合判断，而非简单地基于法律条文进行机械式推理。例如，在判断环境污染案件的法律责任时，规则系统可能会严格依据《环境保护法》的相关规定，但无法结合地方性法规、国际环境法、企业社会责任等因素进行综合考量。相比之下，基于深度学习的法律 AI 可以利用语义分析、向量检索等技术，更精准地理解法律语境，并结合不同法律体系进行推理。

基于规则的专家系统缺乏自适应学习能力，难以应对非结构化法律数据的复杂性。传统专家系统主要适用于结构化法律数据，如法规条文、标准合同、规章制度等，而在面对判例、法律评论、学术论文、司法解释等非结构化法律数据时，其表现往往不尽如人意。例如，当用户查询某一法律问题时，如果问题涉及大量未编码的法律文献，规则系统可能无法提供完整的答案，甚至会因规则库的限制而忽略某些关键法律信息。法律实践中存在大量案例推理的情况，即通过类比既往判例进行法律适用，而专家系统通常只能依赖预设规则，而无法灵活运用案例推理。例如，在司法实践中，法官在裁判时往往参考类似案件的判决，以保持司法一致性，而专家系统难以动态识别类似判例，并进行类比分析。相比之下，现代法律 AI 可以基于大规模判例数据库，运用深度学习技术自动识别相似判例，并结合上下文进行推理，使法律检索更加精准和智能。

尽管基于规则的专家系统在法律信息检索的早期发展阶段发挥了重要作用，但其在应对现代法律体系的复杂性、多变性和高语境依赖性方面存在局限。未来，法律信息检索的智能化发展方向将更多依赖于生成式人工智能、知识图谱、自然语言理解等新兴技术，结合机器学习的自适应能力，使法律 AI 能够更好地处理复杂的法律推理和非结构化法律数据。例如，现代法律 AI 可以通过强化学习不断优化检索逻辑，结合法律知识图谱构建更加精确的法律关联网络，并利用大语言模型（LLM）进行深度语义解析，从而提供更加精准、灵活和动态的法律信息检索服务。因此，在法律 AI 的发展过程中，虽然基于规则的专家系统仍可在特定场景（如税务咨询、合同审核、法律合规评估等）中发挥作用，但其逐步被更先进的生成式人工智能取代，这将成为法律信息检索智能化演进的重要趋势。

二、检索模型

基于机器学习的检索模型提升了法律信息的智能化匹配能力。随着自然语言处理技术的发展,基于机器学习的检索模型逐步成为法律信息检索的重要工具。这类模型经过大量法律文本数据的训练,学习法律术语之间的语义关系,从而提高检索的精准度。例如,利用 TF - IDF(词频—逆文档频率)、BM25(Best Matching 25,最佳匹配 25)等经典的信息检索算法,可以实现对法律文献的关键词匹配,从而提高用户查询的相关性。近年来,深度学习技术的引入,使基于 BERT(Bidirectional Encoder Representations from Transformers)等预训练语言模型的法律信息检索能力大幅提升。这类深度学习模型可以理解法律文本的上下文语义关系,从而在查询过程中提供更准确的法律答案。例如,当用户输入“公司解散”时,传统关键词匹配方法可能会返回所有包含“公司”“解散”字样的法律法规与章节条文,而基于深度学习的模型可以结合语义理解,识别《公司法》中涉及解散条件的具体条款,并展示相关判例和学术文献来源。

请介绍法律上的公司解散

引用 8 篇资料作为参考 >

法律上的公司解散是指公司因法定或约定事由停止经营活动，进入清算程序并最终终止法人资格的法律行为。以下是关键要点：

一、解散类型

1. **自愿解散**
   - **章程事由**：营业期限届满或章程规定的其他解散事由出现。
   - **股东决议**：
     - 有限责任公司需代表2/3以上表决权的股东通过 [1] [2] 。
     - 股份有限公司需出席会议股东所持表决权的2/3以上通过 [1] [2] 。
   - **合并/分立**：因公司合并或分立需要解散的，无需清算 [1] [3] 。
2. **强制解散**
   - **行政解散**：因违法被吊销营业执照、责令关闭或撤销（如虚报注册资本、长期停业等） [1] [6] 。
   - **司法解散**：股东（持股10%以上表决权）可诉请法院解散公司，前提是公司经营严重困难且无其他解决途径 [1] [3] [6] 。

二、清算程序

1. **成立清算组**
   - 解散事由出现后15日内成立：
     - 有限责任公司由股东组成 [1] [3] 。
     - 股份有限公司由董事或股东大会确定人员组成 [3] [4] 。
   - 逾期未成立的，债权人可申请法院指定清算组 [3] [4] 。
2. **清算流程**
   - 清理资产、编制资产负债表 [1] [5] 。
   - 通知债权人（10日内）并公告（60日内） [4] [5] 。
   - 清偿债务、分配剩余财产后制作清算报告 [1] [5] 。
3. **注销登记**
   - 清算结束后向登记机关申请注销，公告公司终止 [1] [5] [6] 。

三、法律后果

- **清算期间**：公司存续但仅能开展清算相关活动 [6] [7] 。
- **注销后**：法人资格终止，股东可能对未清偿债务承担连带责任（如简易注销承诺不实） [6] [7] 。

四、特殊情形

- **简易注销**：无债务公司经全体股东承诺可简化流程，但虚假承诺将导致股东连带责任 [6] 。

然而,机器学习模型仍然存在一定的缺陷,特别是在可解释性方面较弱。例如,深度学习模型的决策过程通常是“黑箱”式的,用户难以理解其如何得出某一法律检索结果。训练数据的质量和多样性决定了模型的表现,如果训练数据存在偏见或缺乏代表性,则可能影响检索结果的公正性和全面性。因此,在法律信息检索中,通常需要将机器学习模型与专家系统结合使用,从而在提高检索精准度的同时确保法律逻辑的可解释性。

三、生成式人工智能

生成式人工智能为法律信息检索带来了革命性变化。如 GPT－4、DeepSeek、Claude、Gemini 等大模型,能够在检索过程中自动整合法律信息,并生成符合自然语言表达的法律分析文本。相较于传统检索模型仅返回相关法律条文或案例,生成式人工智能可以直接生成具有逻辑性和条理性的法律解答,为法律从业者提供更便捷的信息处理方式。例如,律师在检索“合同违约的法律后果”时,生成式人工智能不仅可以列出相关法律条文,还可以结合判例和学术观点,生成一篇简明扼要的法律分析报告。这种能力极大地提高了法律检索的实用性,使其更接近法律咨询和法律分析。然而,这也带来了新的挑战,最典型的问题是“幻觉现象”(hallucination),即 AI 可能会生成不存在的法律规定或错误的法律推理。AI 的答案通常基于概率计算,而法律问题往往需要精准确定的法律依据,因此,若不加以监管,AI 生成的法律答案可能会误导用户。因此,在实践应用中,法律信息的检索通常需要结合引用验证机制,即要求 AI 在提供答案的同时,附上具体的法律条文或判例编号,以增强法律信息的可溯源性。

四、结合应用

通过对不同类型 AI 模型的灵活结合,法律信息检索将更加智能化和可靠。由于不同类型的 AI 模型各具优势和局限性,因此,构建高效的法律信息检索系统通常需要结合多种 AI 技术。例如,用户可以利用专家系统的规则库来筛选基础法律信息,确保法律知识的准确性;利用机器学习模型提高法律术语的语义匹配能力,使检索更加精准;同时,结合提升法律分析的自动化水平,为用户提供更具可读性的法律答案。为了解决幻觉问题,可以引入基于知识图谱的法律推理系统,使 AI 在回答法律问题时能够依托已有的法律知识网络进行推理,而非仅依赖概率计算。例如,在智能合同审查系统中,可以结合基于规则的专家系统、深度学习模型，使系统既能够精准识别合同条款的法律问题，又能够自动生成可辅助适用的法律意见，为法律实务提供更智能的检索工具。

不同类型的 AI 模型在法律信息检索中扮演着不同角色，并对法律信息的获取、处理和分析产生了深远的影响。基于规则的专家系统提供了稳定可靠的法律知识框架，但缺乏应用的灵活性；基于机器学习的检索模型提高了法律术语匹配的智能化水平，但可解释性较弱；法律推理系统具备法律信息的自动化整合能力，但仍需解决幻觉问题和可溯源性问题。因此，在构建法律信息检索系统时，应结合不同类型的 AI 技术，充分发挥各自的优势，以确保法律信息的准确性、可靠性和高效性。这不仅能够提高法律从业者的信息检索效率，还能够推动法律人工智能的发展，使其更好地服务于法律实务、司法决策和法学研究。

第二节　应对法律信息检索中的幻觉问题

在法律信息检索的场景中，生成式人工智能被广泛应用于法律文献摘要、案例推理、法规解读以及法律咨询等任务。然而，AI 的核心特性决定了它不仅仅是一个精确的信息检索工具，还是一个能够生成文本的系统。这种生成能力虽然极大提升了法律信息的可读性和可获取性，但同时也引发了一个严重的问题——“幻觉现象”。在法律语境下，幻觉主要指的是 AI 生成的内容看似合理甚至权威，但实际上却是不准确、不可靠，甚至完全虚构的。为应对这一问题，首先需要明确幻觉在法律信息检索中的具体表现形式，其次要分析其产生原因，继而进一步探讨可能的应对策略，以确保法律实践、法学研究和法律决策的准确性与可信度。

一、幻觉的表现形式

在法律信息检索中，生成式人工智能能够根据用户输入的提示词，生成看似合乎逻辑的法律解释、法律条文或案例分析。然而，由于 AI 的生成机制主要依赖于概率分布计算方式和大规模语料库的学习，其在提供法律信息时可能会出现“幻觉”问题，即生成的内容虽然符合语言结构和逻辑推理，但实际上并无事实依据。其中最常见的一种幻觉现象是 AI 凭空生成并不存在的法律条文、判例或学术观点，导致使用者在法律研究、诉讼策略制定或司法决策过程中产生误判。由于法律行业的特殊性,任何信息的错误都可能带来严重后果。因此,识别并解决法律信息检索中的幻觉问题,成为 AI 赋能法律检索的重要研究议题。

AI 幻觉可能导致“伪造”法律条文,使用户误以为其检索到真实的法律依据。这一现象的成因在于 AI 的语言模型的生成机制是基于预测下一个最有可能出现的词汇,而非基于事实数据库进行匹配。因此,在法律信息检索时,AI 可能会组合已有的法律术语、条文格式,生成表面上符合法规结构但实际上并不存在的法律条款。例如,用户可能询问“请列举中国有关人工智能生成著作权归属的判决”,AI 可能会错误地生成并不真实的案例。这种错误极具迷惑性,特别是对于不熟悉特定法律领域的用户而言,AI 生成的虚假条文可能会误导他们的法律分析和决策。

AI 可能会虚构判例,使用户错误地依赖于并不存在的司法裁判结果。法律检索中,既有案例是法律推理和司法实践的重要依据,然而 AI 在生成判例时,可能会基于已有案例的语境和逻辑,自行编造符合特定法律问题的案例判决。例如,若用户询问:“是否有法院判决承认人工智能作为发明人的案例?”AI 可能会基于其对现有法律讨论的理解,生成:“2023 年,×市高级人民法院在×××公司诉国家知识产权局案中,首次承认人工智能系统可以作为发明人。”然而,现实中并不存在该判决,该案亦非中国法院的真实案例。如果法律从业者未能及时核查这一信息,而直接将其作为诉讼依据或法律意见的参考,可能影响法律结论的准确性和权威性,甚至影响司法判决的公正性。这种“虚构判例”现象,在尚无明确司法先例的前沿法律问题(如 AI 生成作品、数字遗产继承等)中尤为突出,严重影响法律检索的可靠性。

AI 可能会伪造学术观点或虚构参考文献,误导法律研究与学术讨论。在法律研究领域,学术论文、法学评论和专家观点对法律解释和司法实践具有重要影响。然而,AI 在法律检索过程中,可能会编造学术观点,甚至虚构学者的言论或论文。例如,若用户询问:“有无学者支持人工智能享有法律人格?”AI 可能会生成:“某知名法学家×××在一书中指出,AI 应当被视为法律主体。”然而,实际上,该学者可能并未发表过相关观点,甚至该引用书籍根本不存在。这种现象在比较法研究中尤为明显,基于各国不同的法律体系和学术讨论背景,AI 可能会错误地将不同语境下的法律观点进行混合,极易导致对法律概念的误植与规范逻辑的错位,生成看似权威的但实则虚构的学术观点。如果学者、律师或国家司法机关在未经核实的情况下引用这些虚假信息,可能会影响学术研究的严谨性,甚至对法律实务造成误导,严重影响司法的公平与公正。

AI幻觉问题还可能导致法律适用的错误,影响用户的实际法律决策。由于法律体系的复杂性,即便引用的是真实的法律条文或判例,AI仍可能将它们错误地适用于特定案件。例如,AI在回答劳动合同纠纷时,可能会引用《劳动合同法》的相关条款,但如果案件涉及的是灵活就业人员或数字平台工人,其适用的法律规则可能更为复杂,需要结合《民法典》、地方性法规以及具体司法解释进行分析,显然单纯引用《劳动合同法》的规定对法律适用而言不全面且不准确。换言之,由于AI无法准确识别案件的特殊情境,其可能会给出"表面正确但本质错误"的法律适用建议,使用户在法律适用过程中产生误判。

总之,AI在法律信息检索中存在的幻觉问题,不仅体现为凭空生成不存在的法律条文、判例和学术观点,还可能涉及错误的法律适用、误导性案例分析以及伪造学术文献等方面。法律适用的准确以掌握权威与严谨的法律信息为前提,因此任何虚假信息都可能对法律从业者、学者甚至司法机关的决策造成负面影响。因此,在AI赋能法律信息检索的过程中,需要相应建立严格的校验机制,如与权威法律数据库进行实时对比、引入法律专家审核机制、增强AI生成内容的可解释性等,以最大限度降低AI幻觉问题的风险,确保法律信息检索的准确性和可信度。

二、幻觉的技术成因

生成式人工智能的核心工作机制决定了其在法律信息检索中的"幻觉"问题,即AI可能生成表面上合理但事实上错误的法律条文、判例或学术观点。这并非偶然现象,而是AI生成模型的内在特性所致。AI主要依赖大规模数据训练,通过深度学习技术建立词汇、语法、语境的概率关系。然而,这种基于概率的文本生成方式,与法律信息检索对精准性和权威性的要求存在根本性冲突,使AI在某些情境下会凭空生成并不存在的法律信息。这种幻觉问题不仅影响法律研究的严谨性,还可能误导法律实务操作,甚至对司法决策造成潜在风险。因此,深入理解AI的工作机制以及相关数据局限性,是探讨法律信息检索幻觉问题的关键。

AI 基于概率预测的核心生成逻辑不可避免地导致法律检索的幻觉问题。目前主流的人工智能模型,如 GPT－4、Claude 等,均采用深度学习中的自回归(autoregressive)模型进行文本生成。体现在法律信息检索中,AI 并非直接从数据库检索准确的法律条文或判例,而是基于用户输入的提示词,在已有语料中预测最有可能出现的下一个词或句子。因此,即使 AI 在训练过程中已经学习到了大量的法律文本,其在实际生成法律信息时,仍然可能因概率误差而生成"合理但错误"的内容。例如,若用户询问:"《劳动合同法》是否规定了远程办公的义务?"AI 可能会根据已有的法律文本,预测生成一个看似合理但实际上并不存在的条款:"《中华人民共和国劳动合同法》第××条明确规定,雇主必须为员工提供远程办公选项。"然而,事实上《劳动合同法》中并无该条款,AI 只是基于语言模式的相似性,生成了符合用户需求的虚假条文。这种幻觉问题形成的根本原因在于:AI 检索并不单纯依赖于真实法律数据库,而是基于上下文概率进行预测,因此,即使其生成的文本在形式上合乎一般的法律语言表述习惯,也可能在现实中并不存在。

AI 训练数据的局限性决定了其无法确保法律信息的全面性、权威性和实时性,进一步加剧幻觉问题。一般来说,AI 的训练数据主要来源于公开的学术文献、法律法规、判例以及其他官方的文本数据。然而,这些数据本身并非无偏、完整或始终保持更新。例如,AI 的训练数据可能缺乏最新的法律修订信息,导致其基于已废止的法律规范生成"不合时宜"的法律条文;或者其训练语料库覆盖的法域有限,导致其无法准确区分不同国家或地区的法律适用范围。由于法律数据库通常受到版权限制或访问限制,AI 在训练过程中可能无法直接使用权威法律数据库(如 Westlaw、LexisNexis 或中国裁判文书网)中的高质量法律数据,而是依赖于次级来源(如法律博客、论坛讨论或开放性法律文献)提供的数据。这使 AI 在回答复杂的法律问题时,可能引用未经验证的信息来源,甚至可能在数据不足的情况下根据用户需求"自行补全"不存在的法律内容。例如,若用户询问:"欧洲法院是否裁定 AI 作品享有著作权?"AI 可能会基于已有的法律讨论和猜测,生成一个不存在的判决,甚至错误地引用某个法院的判例。这种基于有限数据推测性生成的错误内容,使 AI 幻觉问题在法律信息检索中尤为突出。

AI 无法真正理解法律语境的复杂性,导致其在法律推理过程中可能产生结构性错误,进一步加剧幻觉问题。虽然 AI 能够模拟法律语言表述模式并生成看似符合逻辑的法律文本,但其并不具备真正的法律推理能力。在法律信息检索中,AI 的文本生成方式主要依赖于统计学习,而区别于法律视域中的概念界定、逻辑推理与法理分析。例如,AI 可能会在回答某些法律问题时,错误地将不同法律体系下的概念进行混淆。假设用户询问:“美国宪法是否规定隐私权?”AI 可能会错误地生成:“《美利坚合众国宪法》第××条明确规定了隐私权为基本权利。”实际上,美国宪法并未直接规定隐私权,隐私权概念主要来源于联邦最高法院的典型判例(如“格里斯沃尔德诉康涅狄格州案”)。这一错误并非 AI 刻意捏造,而是因为其无法像法律专业人士一样,在把握法系特征的前提下进行系统的法律推理,只能依赖概率分布进行文本生成,导致在复杂的法律适用问题上产生幻觉。

AI 在处理法律信息时,缺乏权威性来源的引用机制,使其幻觉问题难以被有效检测和纠正。由于 AI 并非基于数据库匹配,而是通过大规模语料训练生成文本,其输出内容往往缺乏权威性来源的引用。例如,当用户要求 AI 提供某个法律条文时,AI 可能会给出一个看似合理的文本,但并不会标注其来源或具体出处。这使用户在法律信息检索过程中,难以验证 AI 提供的信息是否真实、是否出自官方法律数据库或权威判例。在学术研究或法律实务中,任何法律结论的得出都需要有确凿的法律依据,而 AI 生成的内容如果缺乏明确的来源标注,将很难被法律从业者直接引用。即使 AI 能够提供参考来源,由于其回答并非直接参考数据库,而是基于语言模型生成,其引用的文献或法律条文也可能是错误的,从而进一步加剧幻觉问题。

总之,AI 幻觉问题的产生,根本上源于其工作机制的概率预测特性、训练数据的局限性、法律推理能力的缺乏以及引用机制的不足。在法律信息检索中,AI 的幻觉不仅影响信息的准确性,还可能误导法律研究、法律咨询甚至司法实践。因此,在 AI 赋能法律信息检索的过程中,如何有效控制幻觉问题,建立可靠的事实核验机制,确保法律信息的权威性和精准性,将是法律应用的重要研究方向。

三、幻觉的应对方式

幻觉的应对方式主要包括如下五种类型:事实校验、可解释性、素养培训、风险提示、人机协作。不过,幻觉的应对方式并不能从根本上破除幻觉本身,而是尽可能降低 AI 幻觉对用户的消极影响。

（一）事实校验

生成式人工智能在法律信息检索中的应用为用户带来了极大便利，但其幻觉问题也成为制约其可靠性的重要因素。为了解决这一问题，技术手段上可以引入“事实校验”（fact - checking）机制，即在 AI 生成法律信息后，系统自动与官方法律数据库进行比对，以确保生成信息的准确性和可验证性。事实校验机制不仅能够减少 AI 幻觉的负面影响，还可以增强法律信息检索的透明度，使 AI 成为法律实务和研究中的可信赖工具。

事实校验机制的核心在于建立一个高效、权威的法律数据库比对系统，以对 AI 生成的法律信息进行自动验证。事实校验的基本思路是将 AI 生成的文本与官方法律数据库进行匹配，判断其内容是否真实、完整和符合现行法律体系。这一过程可以通过自然语言处理技术和法律知识图谱实现。具体而言，法律数据库应当包括现行的法律法规、判例、行政规章、司法解释以及权威法律学术研究等内容，并且进行定期更新，以确保数据的时效性。在技术实现上，AI 生成的法律文本可以被解析成结构化数据，然后与数据库中的文本进行相似度匹配和语义比对。例如，如果 AI 生成的文本涉及《民法典》第 × × 条，系统可以自动从官方数据库中提取该条款，并对比两者的文本内容，判断是否存在对法律条款的歪曲或虚构。如果发现不匹配，系统可以标记该内容，并向用户提供正确的法律文本，以最大程度减少幻觉的风险。

事实校验机制需要结合“引用追踪”功能，以确保 AI 提供的信息来源可查、可核实。传统的法律检索工具，如 Westlaw、LexisNexis 等，均具备引用追踪功能，允许用户查询某个法律条文或判决的来源及其在法律体系中的适用情况。可以借鉴这一机制，在事实校验的基础上，为生成的法律信息自动附加来源说明。例如，若用户输入“《民法典》是否规定了电子合同的法律效力?”这一问题，可以同时附加“并提供对应的法律条款原文及相应网址链接”，则会显示具体的法律条文以及相应的网页链接，并在末尾列举和总结所有关联条文。但是，这种提示词“校对”模式无法确保相应的网页链接具有权威性，故而有两种解决方案：一种是直接在提示词中将法律条文的抓取范围限定为“国家法律法规数据库”等权威网站，但客观而言，诸如国家法律法规数据库等官方网站可能会限制网络抓取，而且还需要手动构造正确的 URL，故而该解决方案的实用性难以保障。另一种则是由研发者直接限定生成内容所依据的网页链接是

“官方网站”,但实质上也存在“无法抓取”的问题。因此,更贴合产业实践的做法依然是明确生成内容的来源和依据,由用户自行判断和核验。更重要的是,在法律条文检索方面,可能直接访问官方网站或者使用专业的法律数据库更为高效,AI 检索工具更适宜作为明确检索方向、提供检索线索的辅助工具。对于 AI 生成的学术观点或法律解释,系统也可以通过比对法律论文数据库(如 HeinOnline、SSRN、中国知网等),确保其来自真实的学术文献,而非 AI 自行编造的内容。

事实校验机制应当结合“用户反馈”系统,不断优化 AI 的法律信息生成能力。事实校验不仅仅是一个被动的比对过程,还应当是一个动态的学习机制,使 AI 能够在用户的实际使用过程中不断优化其生成质量。此外,系统还可以基于用户反馈调整其事实校验策略,例如加大对某些法律概念的核验力度,或者优化语义比对算法,以减少误判的可能性。同时,法律数据库也可以通过用户反馈机制不断完善,例如用户可以提交最新的法律条文、判例或学术文献,系统在核验后可以将其纳入数据库,以优化事实校验的覆盖范围和时效性。对于 AI 生成的内容,如果系统发现其在多次事实校验过程中频繁出错,可以自动触发模型微调(fine - tuning)过程,以调整其生成模式,减少未来出现类似幻觉的可能性。

事实校验机制需要考虑跨法域法律信息的准确性,以确保 AI 在不同法律体系下的法律检索能力。由于不同国家或地区的法律体系存在显著差异,AI 在生成法律信息时可能会混淆不同法域的法律概念。因此,事实校验机制应当具备跨法域的概念与规则比对能力,以确保 AI 能够正确识别不同国家的法律适用范围。例如,如果用户咨询:“美国是否承认 AI 生成作品享有著作权?”AI 应当能够正确引用美国版权局的官方立场,而不是基于其他国家的法律作出不适当的推测。为此,事实校验机制可以在比对过程中加入“法域识别”功能,即在 AI 生成答案后,系统会自动检测其引用的法律条文是否符合用户查询的法域。例如,若 AI 错误地引用了英国法域的法律条款作为美国法域的依据,系统可以自动标记该内容,并提示用户可能存在的错误。对于某些存在国际法律适用争议的问题,例如跨国公司数据保护责任,事实校验系统还可以提供多法域的对比信息,以帮助用户更全面地理解相关法律问题。

美国是否承认 AI 生成作品享有著作权?

引用 10 篇资料作为参考 >

根据美国版权局的最新政策及法院判例，美国对AI生成作品的著作权认定遵循以下原则:

1. **纯AI生成作品不受版权保护**

   完全由AI自主生成且未经人类实质性干预的作品（如仅通过提示词生成的内容）不满足版权法对“人类创作”和“原创性”的要求，因此无法获得著作权。例如，美国版权局和联邦法院在“天堂的最近入口”（A Recent Entrance to Paradise）案中明确裁定，纯AI生成的图像或文本不受保护 [3][5][6]。

2. **人类主导的AI辅助作品可获部分保护**

   若人类对AI生成内容进行了创造性干预（如选择、编辑、重组或实质性修改），则作品中的人类贡献部分可受版权保护。例如:

   - 漫画书中人类撰写的文本及AI生成图像的排版设计可受保护，但单张AI图像本身不受保护 [2][3]。
   - 使用AI工具进行头脑风暴或初步创作后，人类通过原创表达完成的最终作品仍可享有著作权 [1][10]。

3. **需披露AI使用情况**

   版权申请者必须明确标注作品中AI生成的部分，否则可能影响注册有效性 [3][8]。

总结：美国不承认纯AI生成作品的著作权，但承认人类在AI辅助创作中的原创性贡献。这一立场基于现行版权法对“人类作者身份”的刚性要求，未来可能随技术发展调整 [1][6][10]。

事实校验机制应当与法律信息可视化工具结合，以提升用户体验，使法律信息的校验过程更加直观和透明。事实校验的最终目标不仅是提高 AI 生成法律信息的准确性，还包括让用户能够直观地理解校验过程，并快速验证法律信息的真实性。因此，法律信息可视化工具可以在事实校验的基础上，通过为用户提供图表、流程图或颜色标注等方式，直观呈现 AI 生成的法律信息的可信度。例如，系统可以使用颜色编码来标识 AI 生成内容的校验状态，如“绿色代表已校验并正确”“黄色代表可能存在误差”“红色代表信息未经官方数据库验证”。系统还可以在用户查询结果中提供对比视图，即同时展示 AI 生成的法律文本和官方数据库中的相应条文，让用户能够直观对比二者的异同。这种可视化的事实校验方式不仅可以提高用户的法律信息判断能力，还可以增强法律信息检索系统的透明度，使其更加符合法律专业人士的需求。

样例：AI生成新闻标题的事实校验标识

标题：
《2025年全球可再生能源占比将突破40%》
[AI生成内容]
✓ 绿色标识：已通过权威数据库（如国际能源署报告 3 ）验证，数据来源可靠。

正文片段：
"根据AI模型预测，太阳能发电成本将在2026年降至每千瓦时0.01美元。"
[AI生成内容]
⚠ 黄色标识：预测数据与行业趋势相符，但未找到直接文献支持，建议交叉验证 6 。

引用数据：
"中国已建成全球最大的浮动式光伏电站，面积相当于800个足球场。"
[AI生成内容]
× 红色标识：未链接到官方统计或新闻报道，需进一步核实 2 7 。

颜色编码规则说明：

1. **绿色（✓）**
   - 含义：内容已通过权威数据库/文献验证
   - 示例：政府公报、学术论文、上市公司财报等可溯源的官方数据 3
2. **黄色（⚠）**
   - 含义：逻辑合理但缺乏直接证据，或存在多源冲突
   - 触发条件：
     - 预测性/推理性内容（如模型预测）
     - 不同信源存在±10以内的数据差异 6
3. **红色（×）**
   - 含义：完全未经验证或存在明显矛盾
   - 处理建议：
     - 标注"未验证"警示标志
     - 提供用户反馈通道补充验证 2

事实校验机制作为确保法律信息准确性的关键技术手段,其构建应基于多重验证维度。具体来说,可通过建立高效的法律数据库比对系统、引用追踪机制、用户反馈优化、跨法域法律适用识别以及可视化工具,形成对 AI 生成法律信息的自动化校验流程,从而减少幻觉问题的负面影响。未来,随着法律数据库的不断完善和 AI 技术的发展,事实校验机制将成为 AI 法律信息检索的重要保障,使 AI 在法律领域的应用更加可靠和可信。

(二)可解释性

在法律信息检索领域,生成式人工智能能够快速整理和提供法律法规、判例分析及学术研究信息,极大提升了法律从业者和研究者的工作效率。然而,由于 AI 模型的“黑箱”特性,用户难以知晓其形成某个检索结果的具体推理过程,这不仅影响信息的透明度,还可能导致幻觉问题,即 AI 凭空生成不存在的法律条文、判例或学术观点。为解决这一问题,可以基于“可解释性 AI”的方法,使 AI 在提供法律检索结果时,附带信息来源和推理路径,例如显示具体的法律条文编号、判例原文或学术论文出处,从而增强法律信息的可验证性。这不仅能提高法律检索的准确性,也能增强用户对 AI 系统的信任,使其真正成为法律领域可依赖的检索工具。

可解释性 AI 能够使法律信息检索的推理过程透明化,避免 AI 输出“无依据结论”。在传统的法律信息检索系统中,用户输入查询条件,系统通常会返回相关的法律条文或判例,用户则可以直接查阅原始文本并进行分析。但 AI 的运作方式不同,其基于大规模语料训练,通过概率计算生成文本,而非直接从数据库中提取信息。因此,AI 可能会在没有直接依据的情况下,推测性地生成答案,甚至编造法律条文或判例。同时,如果 AI 输出不提供推理路径和来源,用户很难判断其结论是否可靠。因此,引入可解释性 AI 的方法,可以让 AI 在生成答案的同时,提供其推理路径。例如,当 AI 回答“如何判断某项行为是否构成侵权责任?”时,除了生成简要的法律分析外,还应附带具体的法律条文编号(如《民法典》第一千一百六十五条),并提供相应链接,供用户进一步核查。这样,用户不仅能获取答案,还能清楚地看到 AI 是基于哪些法律依据得出结论的,从而提升信息的可信度和可验证性。

如何判断某项行为是否构成侵权责任?

引用 11 篇资料作为参考 >

已深度思考(用时21秒)^

> 好的,我现在需要帮用户解答“如何判断某项行为是否构成侵权责任”的问题。用户提供了一大堆搜索结果,我得仔细分析这些资料,找出相关的法律条款和判断标准,然后综合起来给出一个清晰的回答。
>
> 首先,根据搜索结果中的多个网页内容,侵权责任的构成通常涉及四个要件:违法行为、损害事实、因果关系和主观过错。比如网页1、2、4、9都提到了这四个要件,特别是网页1详细解释了过错和因果关系的判断,网页2和网页9也明确列出了这四个条件。不过,需要注意特殊侵权行为可能不需要主观过错,比如网页6提到的无过错责任原则。

> 接下来，违法行为方面，用户的问题需要说明行为必须具有违法性，比如违反了民法典或其他法律的规定。网页5提到违法性是构成要件之一，而网页3则举了例子，比如正确执行职务的行为不构成侵权。所以这里要强调行为的违法性。
>
> 然后是损害事实，多个网页都指出必须存在实际的损害结果，无论是财产还是人身损害。网页10提到即使没有实际损害，某些情况下仍可能构成侵权，比如假冒商标，但大部分情况下损害事实是必要的。需要区分一般和特殊情况。
>
> 因果关系部分，网页1、3、5都强调必须证明行为与损害之间的直接因果关系。网页3中的例子，比如甲打伤乙但乙因肝癌死亡，甲不负责死亡赔偿，说明因果关系的重要性。同时，网页6提到过错推定原则下，因果关系仍需原告举证，这点需要注意。
>
> 主观过错方面，一般侵权行为需要故意或过失，而特殊侵权如无过错责任则不考虑。网页2、4、7、9都提到了过错责任和无过错责任的区别，特别是网页6中的电梯案例，适用过错推定，管理人需自证无过错。
>
> 此外，归责原则也是关键。网页6和7详细说明了过错责任、过错推定和无过错责任的不同适用情况，需要结合具体法律条款，比如民法典1165和1166条。用户可能需要了解不同情况下的举证责任，比如过错推定中的举证倒置。
>
> 最后，还要考虑免责事由，比如网页3提到的正当防卫、紧急避险等合法行为不构成侵权，以及诉讼时效的问题，网页8提到一般三年时效，但特殊情况如未成年人性侵害有特别规定。
>
> 需要综合所有信息，分点回答，确保每个要点都有对应的网页引用，并且语言通俗易懂。同时，注意结构清晰，可能分为构成要件、归责原则、免责事由等部分，每个部分引用相关网页的内容，避免重复引用同一网页，尽量覆盖多个来源。

根据我国现行法律规定及司法实践，判断某项行为是否构成侵权责任需从以下六个方面综合分析：

一、核心构成要件

1. **违法行为**
   行为人需实施违反法律规定的行为，包括作为和不作为。例如《民法典》第1165条明确禁止侵害他人民事权益的行为，如未经许可使用他人专利技术、网络诽谤等 2 9 。但正当防卫、紧急避险等合法行为不属于侵权行为 3 8 。
2. **损害事实**
   必须存在可量化的财产损失或人身伤害，包括直接损失（如医疗费用）和间接损失（如误工收入）。特殊情况下，虽无实际损害但侵害法律绝对保护的权益（如擅自印制注册商标标识）也可能构成侵权 10 。
3. **因果关系**
   需证明违法行为与损害结果之间存在直接、必然的因果联系。例如医生误诊导致患者病情恶化属于直接因果关系，但患者因自身疾病死亡则与医疗行为无关 3 5 。
4. **主观过错**
   一般侵权行为要求行为人存在故意或过失：
   - **故意**：明知行为后果仍实施（如恶意诽谤）
   - **过失**：未尽合理注意义务（如司机未观察路况引发事故）
     特殊情况下适用无过错责任（如产品缺陷致损），则无需证明主观过错 6 9 。

二、归责原则的适用

归责类型	适用场景	举证责任
过错责任原则	普通侵权行为（如交通事故）	原告举证四要件
过错推定原则	高空坠物、公共场所安全保障义务	被告自证无过错
无过错责任原则	产品责任、环境污染、动物致害等	无需证明过错

例如电梯坠落致人受伤案件，物业公司需自证已尽维护义务，否则推定过错成立 [6] [8] 。

三、特殊侵权判定

1. **共同侵权**
   两人以上共同实施侵权行为承担连带责任，如教唆未成年人实施破坏行为 [7] [9] 。
2. **职务侵权**
   国家机关工作人员履职侵权由国家赔偿，企业员工职务行为由单位担责 [4] [6] 。
3. **网络侵权**
   适用"通知-删除"规则，平台收到侵权通知后未及时处理需承担连带责任 [8] 。

四、免责事由核查

需排除以下情形：

- **正当防卫/紧急避险**：符合必要限度 [3] [10]
- **受害人故意**：如碰瓷行为 [9]
- **不可抗力**：自然灾害等无法预见的情况 [7]

五、诉讼时效审查

- **普通时效**：自知道权利受损起3年，最长不超过20年 [8] [11]
- **特殊时效**：未成年人性侵害索赔时效自18岁起算 [8]

六、司法实践要点

1. **举证责任分配**
   医疗损害、专利侵权等特殊案件适用举证责任倒置 [6] [8] 。
2. **责任比例划分**
   若受害人存在过错（如未系安全带），可减轻侵权人责任 [1] [9] 。
3. **赔偿范围确认**
   包括物质损失和精神损害赔偿，但违约责任通常不含精神赔偿 [8] 。

典型案例参考：
某乘客因电梯坠落受伤起诉物业公司，法院依据《民法典》第1253条适用过错推定原则，物业未能证明已履行维护义务被判担责 [6] [8] 。

建议在处理具体案件时，对照《民法典》侵权责任编及相关司法解释，结合案件性质选择适用归责原则，并注意2021年《民法典》实施后已废止原《侵权责任法》中1年人身伤害诉讼时效等旧规 [7] [8] 。

可解释性 AI 可以增强法律判例检索的透明度，使 AI 的推理过程更加符合法律逻辑。在法律实务中，判例法的重要性不言而喻，尤其是在普通法系国家，法官的判决往往需要参考过往判例，以确保法律适用的一致性。然而，AI 系统在检索判例时，可能会因为训练数据的局限性或推理误差，错误地引用判例，甚至生成根本不存在的判例。因此，可解释性 AI 应当在提供判例检索结果时，附带原始判例文本或判例真实编号。例如，当用户查询“美国关于 AI 生成作品著作权的司法判例”时，AI 系统应明确提供相关案件的信息，如“United States District Court for the District of Columbia［2023］：Thaler v. Perlmutter, No. 22－CV－384－1564－BAH, WIPO Lex”，并附上判例摘要或完整原文的链接。AI 还应展示其如何选择该判例，例如基于关键词匹配、相似案件分析或法律主题分类等，以便用户理解其推荐依据。这种透明化的检索方式可以有效防止 AI 编造判例，同时让用户能够快速核实法律信息的准确与否。

可解释性 AI 能够提升学术研究的严谨性，确保 AI 引用的法律学术观点真实可查。在法律研究领域，学者和律师经常需要参考法律论文、学术专著和研究报告，以支持其法律论证。然而，AI 可能会错误地归因某些观点，甚至虚构学术文献，这种情况在学术写作中尤其危险，可能违反学术规范。因此，可解释性 AI 可以通过引入“来源追溯”机制，确保 AI 生成的法律观点有据可查。例如，当 AI 引用某一学者关于数据保护法的研究时，应明确提供该研究的出处，如论文标题、作者、出版年份及期刊信息。例如，AI 在回答问题时，不应仅仅说“请为我提供真实存在的关于个人数据权益的论文，并附上该论文链接”，而应对所依据的论文进行具体说明，如：“Hoofnagle C J, Van Der Sloot B, Borgesius F Z. The European Union general data protection regulation：what it is and what it means［J］. Information & Communications Technology Law, 2019, 28(1)：65－98.”并附上该论文的官方链接或 DOI 编号。这种做法不仅能增强 AI 生成内容的可信度，还能帮助法律研究者快速找到相关文献，提高学术研究的效率和严谨性。

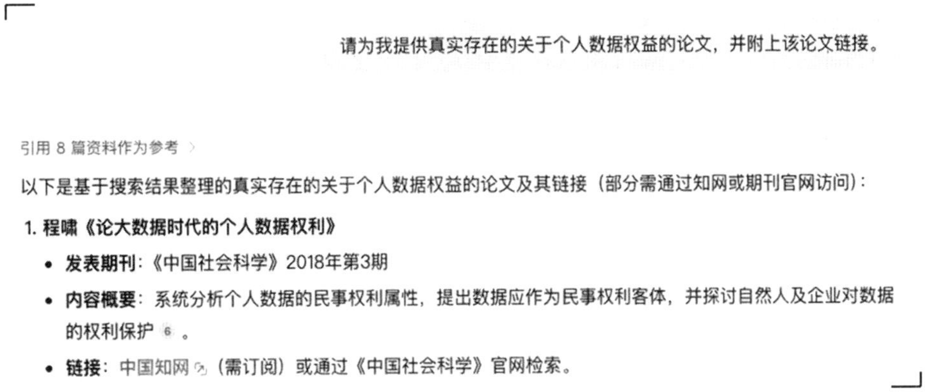
请为我提供真实存在的关于个人数据权益的论文，并附上该论文链接。

引用 8 篇资料作为参考 >

以下是基于搜索结果整理的真实存在的关于个人数据权益的论文及其链接（部分需通过知网或期刊官网访问）：

1. **程啸《论大数据时代的个人数据权利》**
   - **发表期刊**：《中国社会科学》2018年第3期
   - **内容概要**：系统分析个人数据的民事权利属性，提出数据应作为民事权利客体，并探讨自然人及企业对数据的权利保护 6 。
   - **链接**：中国知网（需订阅）或通过《中国社会科学》官网检索。

可解释性 AI 可以结合“层级式解释”方法，为不同用户提供不同层次的可验证信息，以满足不同需求。在法律信息检索中，用户的背景和需求各不相同，法官、律师、学者、企业法务和普通公众对法律信息的理解能力和需求深度亦有所区别。因此，可解释性 AI 技术设计需遵循用户需求导向原则，提供“层级式解释”，即根据用户需求的不同，提供不同层次的推理路径。例如，针对普通用户，系统可提供法律条文的基本信息及简明扼要的法律解释；针对专业法律从业者如律师和法学研究者，则需完整呈现法律推理链条，包括关联判例的援引逻辑、法律解释方法的选择依据以及学说争点的关键分歧；对于司法决策者，系统应整合立法沿革分析、比较法参照及政策价值权衡等多维度信息。

通过附带法律条文编号、判例原文、学术论文出处，并结合层级式解释、法律知识图谱和推理路径可视化，AI 系统能够为用户提供更加可信、可核查的法律信息。这不仅能提高 AI 在法律实务和学术研究中的适用性，还能增强用户对 AI 系统的信任，使其真正成为法律信息检索的可靠助手。

（三）素养培训

随着生成式人工智能在法律信息检索中的应用日益广泛，法律专业人士（如律师、法官、学者等）如何正确理解和运用这项技术成为亟须解决的问题。AI 虽然能够快速整理法律条文、检索判例、分析学术观点，但其工作机制决定了其并非“全知全能”，仍存在幻觉问题、信息断章取义、法律语境误解等风险。因此，在用户层面，加强法律专业人士的 AI 素养培训显得尤为重要。这不仅有助于法律人理解 AI 的局限性，也能培养他们对 AI 生成信息的批判性思维，从而确保法律实践的严谨性与可信度。换言之，律师、法官、法学研究者在使用 AI 进行法律检索时，不能盲目依赖其结果，而要结合自身的法律知识、实践经验以及传统检索工具，综合判断与核实 AI 输出结论的可靠性。

法律人应掌握 AI 的基本原理，理解其生成法律信息的方式及可能产生的问题。AI 的核心是基于大规模语料训练，通过统计概率预测最可能符合用户需求的词语或句子，而非基于逻辑推理或法理分析。这意味着 AI 在生成答案时，本质上是通过已有的文本模式“拼接”出符合语境的内容，而非真正“理解”法律规则。因此，AI 可能会因为训练数据的局限性，生成片面甚至错误的法律信息。例如，在某些情况下，AI 可能会编造并不存在的法律条文或判例，或在不同法律体系之间混淆概念，例如将美国的“先例拘束力”（stare decisis）原则错误地适用于大陆法系国家的判例分析。法律人如果不了解 AI 的这种工作机制，就容易误信其生成的信息，甚至在法律实践中作出错误判断。因此，法律

AI素养培训应当包括对AI的基本技术背景、法律语料训练方法及其局限性的系统介绍，使法律人具备基本的AI认知能力，从而能够在检索过程中保持一定的警惕。

法律专业人士应培养对AI生成法律信息的批判性思维，避免机械地接受AI的答案，而是对其进行独立核查和验证。由于AI可能出现幻觉，用户在使用AI进行法律检索时，必须有意识地对其提供的结果进行真实性校验。例如，律师在准备案件法律依据时，若AI提供了一条判例作为支持，律师就应当回溯到官方法律数据库，如中国裁判文书网或Westlaw、LexisNexis等国际法律数据库，核实该判例是否存在及其具体的判决内容，而不是直接将AI生成的内容用于法律文件中。同样，法官在参考AI提供的法律解释时，也应结合现行法律条文和司法解释，确保AI的解读确实符合法理逻辑和法律适用原则。学者在使用AI进行法律研究时，不应直接引用AI生成的学术观点，而是应当查阅原始文献，确保AI引用的论文确实存在，并准确反映了作者的学术立场。培养这种"查证—质疑—验证"的批判性思维方式，可以有效降低AI生成错误信息对法律实践的影响，提高法律人的信息甄别能力。

法律人的AI素养培训应包含具体的操作技能，使其能够充分利用AI的优势，同时规避潜在风险。这不仅包括如何输入高质量的检索指令（prompt engineering），以提高AI生成答案的准确性，还包括如何结合多种法律检索工具进行交叉验证。例如，在AI生成法律分析时，用户可以输入更加精准的检索条件，如"根据《民法典》第一千一百六十五条规定，结合最高人民法院相关判决，分析侵权责任的适用情形"，从而引导AI提供更具针对性的答案。同时，法律人还应掌握如何利用AI的"引用功能"进行溯源，如优先选择附带法律条文编号、判例编号或论文出处的AI回答，而不是接受AI提供的无依据的概括性答案。用户还可以结合传统法律数据库进行双重检索，例如在AI生成答案后，使用官方数据库验证关键法律条文或判例，以确保检索信息的权威性和准确性。

法律职业伦理培训也应纳入AI素养教育，以防止AI滥用对法律实践的不良影响。在法律信息检索领域，AI技术虽能提升工作效率，但其生成内容本质上属于辅助性参考信息，即AI生成的结论既不具备法律效力，也不能替代专业法律判断。法律人应当明确一个核心原则：在法律实践中，所有AI生成的信息都必须经过专业审查，不能仅凭AI结论作出法律决策，使用AI工具导致的法律后果仍由使用者承担。例如，律师不能仅根据AI的法律分析直接向客户提供法律意见,而应当结合案件事实与自身的专业判断进行独立验证;法官不能直接将 AI 生成的法律分析作为裁判依据,而是应当确保判决基于合法有效的法律文本和事实证据;学者在发表法律研究成果时,也应当注明 AI 的辅助作用,避免因 AI 生成错误信息而影响研究的学术严谨性。通过法律职业伦理培训,法律人可以更好地把握 AI 的适用边界,确保 AI 的使用符合法律行业的专业规范和道德要求。

以下是近年来律师因使用AI导致客户败诉的典型案例及分析,结合最新公开报道和法律行业反思整理:

一、典型案例

1. 中国北京张律师案(2023年)

- **事件**:代理800万民间借贷纠纷时,提交6份AI生成的虚假最高法判例(虚构案号、裁判规则冲突),被法院认定"严重违背职业伦理",客户败诉并面临天价索赔 [1] 。
- **AI漏洞**:
  - 伪造案号混入真实序列(如虚构《(2022)最高法民终XXX号》)
  - 移花接木拼接裁判观点(将A案案情与B案理由结合)
  - 生成虚假庭审视频截图(连法官法袍细节错误)

2. 美国史蒂文·施瓦茨案(2025年)

- **事件**:30年从业律师用ChatGPT生成6个航空侵权虚假案例,法官发现后召开听证会调查,案件败诉且律师面临处罚 [2] [5] 。
- **AI误导**:
  - ChatGPT声称案例"千真万确"并伪造出处
  - 混淆法律适用(如误读《民诉法》保全条款)

二、AI导致败诉的核心原因

1. 数据真实性缺陷

- 虚构判例:AI通过分析公开案例规律生成"影子案例",难以通过常规检索发现 [1]
- 数据滞后:60%AI系统未同步2023年财产保全电子化新政 [1]

2. 法律逻辑错误

- 误读司法解释(如将"不超过30%"理解为"最低30%") [1]
- 混淆程序要件(诉前保全与诉中保全混用) [3]

3. 伦理责任缺失

- 律师未履行核查义务(直接提交AI生成文书) [4]
- 过度依赖AI预测(如盲目采信"胜诉率"分析) [3]

三、行业应对措施

1. 技术层面

- 法院要求标注AI生成内容来源(某省已强制执行) [1]
- 专用法律AI工具开发(如ROSS Intelligence的实时判例校验) [3]

2. 规范层面

- 全国律协制定《律师使用人工智能操作指引》(违规或停业) 1
- 建立"三重验证"原则:案号核验+观点溯源+逻辑反推 1

3. 责任划分

- 律师需对AI生成内容承担终审责任 4
- AI服务商需明确数据责任范围(如担保条款错误赔偿) 3

加强法律专业人士的 AI 技术应用能力,还需要法律院校和司法机构的共同推动,以构建法律与 AI 交叉融合的专业教育体系。一方面,法学院可以在本科生及研究生课程设置中加入"法律与人工智能"相关内容,培养未来法律人对 AI 技术的基本理解。例如,在法学基础课程中,增加"法律信息检索与 AI"专题,介绍 AI 在法律领域的应用案例、优势与风险,训练学生识别 AI 输出的常见错误类型。另一方面,司法机关和律所可以组织专业培训,邀请 AI 技术专家和法律信息学者,为法官、律师、检察官提供 AI 应用培训,帮助他们掌握 AI 法律检索的正确方法,包括法律数据库的算法逻辑解析、检索结果的交叉验证技巧、典型案例的误判分析等实操性内容。通过这种跨学科的专业教育体系,法律人可以更有效地利用 AI,同时规避其潜在风险,提高法律信息检索的质量和效率。

加强法律专业人士的 AI 素养培训是确保 AI 在法律信息检索中得以合理应用的关键。通过提高法律人对 AI 工作机制的理解,培养批判性思维能力,掌握正确的 AI 检索操作技能,并结合法律职业伦理要求,法律人可以更科学地运用 AI 技术,提高法律信息检索的精准度和可靠性。未来,随着 AI 技术的不断发展,法律人与 AI 的关系不应是简单的单方面依赖,而应是基于专业素养和技术理解的理性协作,共同推动法律行业的智能化发展。

(四)风险提示

在生成式人工智能驱动法律信息检索创新的背景下,如何保障 AI 输出结果的可靠性已成为法律数据库开发者面临的核心挑战之一。尽管基于深度学习技术的 AI 在处理法律文本、解析法条、归纳案例等方面展现出强大的能力,但其生成的信息仍然可能存在"幻觉"的技术局限,即 AI 可能会生成并不存在的法律条文、错误的判例引用,甚至编造法律概念。由于法律领域对信息准确性的绝对性要求,此类错误可能引发法律适用偏差、司法裁判失当与法律咨询不准确等链式反应。为缓解这一矛盾,建议法律数据库开发者引入"风险提示”(risk alert)机制,即当 AI 生成的信息存在潜在错误或缺乏可信来源支持时,系统能够自动标注“待核实”或“存疑”警示标志,提醒用户谨慎使用。

样例:AI生成法律意见书片段(含警示标注)

```markdown
【AI生成内容】
根据《民法典》第1165条,侵权责任需满足四要件:
1. 违法行为(如未经许可使用肖像)✅
2. 损害事实(需实际发生精神或财产损失)✅
3. 因果关系(行为与损害间需直接关联)✅
4. 主观过错(包括故意和过失)✅

⚠**存疑提示**:
• 第4项中"过失包含重大过失与一般过失"的细分标准(《民法典》未明确区分层级)[1,3](@ref)
• 引用的"2024年最高法指导案例第15号"待核实(未在裁判文书网检索到该案号)[5](@ref)
• 赔偿金额计算公式$x=\frac{实际损失}{2}+精神抚慰金$缺乏明确司法解释支持[7](@ref)
```

标注依据

1. **显式标识**
   - 头部标注【AI生成内容】符合《GB 45438-2025》文本标识要求 1
   - 使用✅/⚠符号区分已验证与存疑内容
2. **隐式风险类型**
   - **法律条文误读**:AI可能混淆学理观点与法条原文(如过失分级) 3
   - **虚假案号生成**:大模型易虚构裁判文书编号(参见Mata v. Avianca案) 5
   - **无依据计算规则**:AI自行推导的公式需交叉验证权威来源 7
3. **用户操作建议**
   - 对存疑内容使用「三步核验法」:
     ① 登录裁判文书网核查案号
     ② 比对国务院客户端最新司法解释
     ③ 咨询持证律师确认责任要件

该样例展示了如何结合国家强制性标准与技术手段,对AI输出实现**分级风险提示**。当前法律类AI工具已普遍内置此类标识模块 1 7 。

“风险提示”机制的必要性,在于 AI 生成信息的非确定性和法律数据的高质量标准之间的矛盾。当前主流的人工智能模型主要采用概率模型预测最可能符合查询条件的文本,这意味着它可能会凭借语境和模式匹配生成似是而非的法律信息。例如,在用户检索特定法律条文时,AI 可能会根据已有的法律文本拼凑出看似合理但实际上并不存在的法条,或者在总结判例时错误归纳法律原则。如果用户直接采纳这些未经核实的信息，可能会导致法律分析错误，甚至影响司法决策的权威性与有效性。因此，法律数据库开发者需要构建一套自动化的“风险提示”机制，让AI在生成可能存在幻觉的内容时，明确标注该内容有待进一步验证，破除用户对AI输出的绝对信任预设，建立基于“有限可靠性”的人机协作认知框架。

“风险提示”机制的技术实现可以依赖多种手段，包括置信度评分、事实核查算法和用户反馈系统。置信度评分是当前许多AI系统中常见的风险管理手段，即系统在生成内容的同时，计算其预测结果的置信度，并为置信度较低的信息标注“待核实”或“存疑”。在法律AI应用中，置信度评分可以通过生成内容与已有法律数据库的匹配程度来计算，例如，如果AI生成的法律条文或案例与权威法律数据库数据的匹配值低于预设阈值，系统可以降低其置信度，自动触发警示标签并提醒用户进行人工核查。事实核查算法也可以用于检测AI生成内容的真实性，例如通过自然语言处理技术比对AI生成的法律信息与官方法律文献，自动识别出潜在的错误信息。最后，用户反馈系统可以让法律专业人士在使用AI检索时，对可疑信息进行标注，并反馈给AI模型进行修正训练，使其逐步减少幻觉现象。

“风险提示”机制的应用场景不仅限于法律条文的检索，还可以扩展到判例分析、法律咨询和合规审查等多个法律业务领域。在法律判例检索中，AI有时可能会错误地归纳判例的核心要点，甚至误引用判例，因此，法律数据库可以在AI生成判例分析时，标注“存疑”内容，并提供相应的原始判例链接，提醒用户自行核对。在法律咨询场景下，AI可能会基于有限的信息给出错误的法律意见，这时“风险提示”机制可以自动警示用户“AI的法律建议不构成正式法律意见”，以避免用户完全相信AI的建议。在合规审查领域，企业常常使用AI工具进行法律风险评估，而AI在生成合规建议时可能会忽略法律法规在修订与废止方面的变化，因此，系统可以设定自动警示，例如“法律法规可能已更新，请参考最新合规指引”，从而降低AI误导用户的风险。

尽管“风险提示”机制可以有效降低AI幻觉带来的法律适用风险，但其设计和实施仍需在可用性与安全性之间找到平衡。一方面，如果“风险提示”过于频繁，可能会降低用户的信任度，并影响AI系统的可用性。例如，如果AI在每次生成答案时都提示“待核实”或“存疑”，用户可能会觉得检索系统过于保守，从而失去使用的动力。另一方面，如果“风险提示”设置得过于宽松，AI生成的错误信息可能会被用户误认为是可靠的法律依据。因此,法律数据库开发者需要设定合理的触发阈值,仅在 AI 生成的信息置信度低于一定阈值、无法在数据库中找到确切支持证据,或者涉及复杂法律问题时,才触发“风险提示”机制。

在赋能法律信息检索的时代,引入“风险提示”机制是提高法律 AI 可靠性的重要手段。该机制不仅能帮助法律专业人士判断 AI 输出的可靠性,避免误信错误法律信息,还能推动 AI 系统的自我优化,使其在不断地反馈循环中减少幻觉现象。法律数据库开发者应当结合置信度评分、事实核查算法和用户反馈系统,构建一套完善的“风险提示”机制,确保法律 AI 的检索结果既具有高效性,又能最大限度地保障法律适用的严谨性。

(五)人机协作

在生成式人工智能赋能法律信息检索的背景下,“人机协作”模式已成为确保法律检索结果准确性、可解释性和适用性的关键方向。尽管 AI 具备强大的信息处理能力,能够在海量法律文本中高效搜索、归纳和生成法律内容,但其固有的幻觉问题、语境误解风险以及推理局限性,使完全依赖 AI 进行法律检索仍然存在诸多不确定性。因此,法律信息检索的未来发展方向不应是“人类 vs. AI”的替代关系,而是构建“人机协作”的新模式,即由 AI 辅助法律专业人士进行高效的信息搜索、分析与判断,而最终的法律决策仍由人类主导。为了建立这一模式,首先需要明确人机协作的基本框架,其次优化技术架构以提升协作效率,最后确保法律人在整个检索流程中的核心主导地位。

建立“人机协作”的法律信息检索模式,需要明确 AI 和法律专业人士各自的功能分工。AI 的核心作用在于数据处理,包括快速检索海量法律文献、自动归纳案例要点、生成法律摘要、预测案件趋势等。与传统的关键词匹配式法律信息检索相比,可以更深入地理解法律文本的上下文,并根据用户需求提供更符合语义逻辑的答案。然而,AI 的这种“智能”仍存在局限,特别是在面对复杂法律问题时,可能无法精确理解法条适用范围、案件具体情境以及法律推理逻辑。因此,法律专业人士在“人机协作”模式中的职责,主要是对 AI 生成的信息进行验证、调整和补充,确保法律检索结果不仅具有信息完整性,还符合法律实践的可操作性。例如,在 AI 生成的判例推荐中,法律专业人士需要核实判例的时效性、司法管辖权、法律适用条款以及与当前案件的相关性,而不能简单依赖 AI 提供的检索结果。通过明确 AI 的辅助作用和人的主导地位,可以构建一个“AI预筛选+人工核验”的法律信息检索体系，最大限度减少AI幻觉的影响，提高检索效率与准确性。

在技术层面，需要构建“可验证、可解释、可交互”的法律AI检索系统，以增强人机协作的有效性。之所以在法律信息检索中面临挑战，部分原因在于其生成内容往往缺乏透明度，使用户难以判断其检索依据和推理逻辑。因此，未来的法律AI检索系统应当具备“可解释性”，即在提供检索结果时，同时展示数据来源、推理路径和证据支持。例如，在生成法律咨询建议时，AI应自动附带法律条文链接、相关判例摘要以及法律学术论文，以便用户能够直接追溯原始信息，从而避免误解。“可交互性”也是提升人机协作效率的重要因素，即允许法律专业人士对AI检索结果进行实时调整。例如，用户可以基于AI初步检索的结果，通过补充限定条件、调整检索参数或提供额外案例，逐步优化检索结果，从而实现“动态法律检索”，而非一次性静态查询。AI检索系统还可以引入“反馈学习”机制，即法律专业人士可以在发现错误或不准确的信息时进行标注，AI则基于这些反馈不断优化自身模型，从而提高未来检索的准确性和可靠性。

“人机协作”的法律信息检索模式必须以法律专业人士为核心，并强调法律职业伦理与责任归属。法律检索不同于普通的信息搜索，其结果直接影响法律判断、诉讼策略乃至司法裁判，因此法律专业人士必须始终保持对AI检索结果的主导权，而不能简单依赖AI提供的答案。换言之，AI只能是法律检索的“助理”，而不能成为“决策者”。在实践中，这意味着律师、法官、学者在使用AI检索法律信息时，必须具备基本的AI素养，能够理解其生成机制、识别其局限性，并具备批判性思维。例如，在司法实践中，法官可以使用AI辅助检索相关案例，但最终判决仍需基于司法裁量权；在律师事务所中，律师可以使用AI自动生成法律备忘录或合同条款草案，但必须经过人工审核后才能正式采用。为了确保AI法律检索的伦理合规性，需要建立明确的责任划分体系。例如，在AI检索结果导致法律误判时，责任应由法律专业人士承担，而非归咎于AI系统。因此，未来的法律教育体系应当加强AI法律检索的课程训练，使法律人具备AI素养，以便在“人机协作”模式下更有效地利用AI工具，同时保持法律职业的伦理规范和审慎判断。

建立“人机协作”的法律信息检索模式，需要从功能分工、技术优化和职业伦理三个维度进行完善。AI的优势在于快速处理海量法律数据、归纳信息、提供参考答案,而法律专业人士的核心作用在于对 AI 结果进行核验、推理和决策。因此,未来的法律 AI 检索体系应当强调“AI 辅助 + 人工审查”的双重机制,即 AI 负责基础检索和信息整理,而最终的法律判断则由法律专业人士完成。技术层面的优化,如可解释性检索系统、交互式优化功能和反馈学习机制,也将提升 AI 在法律检索中的可靠性和透明度。更重要的是,法律专业人士需要保持对 AI 检索工具的主导地位,确保检索结果的法律适用性和伦理合规性。在这一模式下,AI 不仅能够提升法律信息检索的效率,还能够在法律实务、法学研究和法律教育等多个领域发挥积极作用,从而真正实现赋能法律信息检索的价值。

第三节　法律信息检索如何确保真实性

在法律信息检索的语境下,真实性范畴包含三重维度:检索结果的准确性、可验证性以及规范有效性。传统的法律检索主要依赖关键词匹配、布尔逻辑检索以及基于分类的法律数据库,这种方法的最大优点是信息的可追溯性强,用户可以直接查阅原始法律条文、案例或学术文献,确保法律信息的真实可靠性。相较之下,生成式人工智能在生成初步可供直接使用的法律答案时面临真实性挑战。AI 的语言模型是通过大规模数据训练而来,其生成的文本并非直接摘录于法律条文,而是基于统计概率驱动下的语义组合产物,这就可能导致“幻觉”问题,即 AI 生成的信息可能并不存在于真实的法律体系之中。因此,如何确保法律信息检索过程的真实性,是法律科技领域必须面对的核心问题。

确保 AI 生成法律信息的真实性,必须依赖高质量的法律数据库作为数据源。AI 的输出结果的准确性在很大程度上取决于其训练数据的质量与覆盖范围。如果 AI 系统的训练数据包括权威法律数据库(如 Westlaw、LexisNexis、中国裁判文书网、国家法律法规数据库等),那么其生成的答案将更符合真实的法律规则。因此,AI 模型在法律信息检索中的应用必须严格限制其数据源,对非权威法律信息来源(如未经北大法宝/威科先行等官方数据库核验的文本)及网络非结构化数据实施数据清洗。AI 的检索过程还可以与传统数据库结合,确保每一次生成的法律结论都可以在权威数据库中找到相应的法律依据。例如,当 AI 生成某一法律问题的答案时,它应当同时提供引用的原始法律条文，并附上具体的法条编号、判例来源或学术参考文献，以增强法律信息的真实性。

在法律检索中应采用“可解释性 AI”技术，以增强结果的透明度和可验证性。传统法律检索工具的优势在于，其返回的结果通常是法律条文、案例或论文文本的直接索引，而非 AI 生成的“自由文本”。这种方式虽然降低了信息整合的难度，但增加了用户自行解读的负担。可解释性 AI 的优势在于，它可以将法律条文、案例分析、学术观点进行整合，并用自然语言表述出来，使法律信息更易理解。AI 必须在生成答案的同时，提供清晰的法律依据，如标注具体的法条、案例编号、法学文献引用等。例如，AI 在回答“如何解除无固定期限劳动合同”时，不能仅仅生成一段概述性的答案，而必须提供《劳动合同法》第三十九条、第四十条的具体内容，并附上相关司法解释及裁判案例，以便用户能够自行验证信息的准确性。**确保 AI 生成的法律信息真实可靠，还需要结合人工审核机制，实现“人机协作”模式。**

如何解除无固定期限劳动合同？不能仅仅生成一段概述性的答案，而必须提供《劳动合同法》第三十九条、第四十条的具体内容，并附上相关司法解释及裁判案例，以便用户能够自行验证信息的准确性。

引用 11 篇资料作为参考 >

根据《中华人民共和国劳动合同法》及相关司法解释，解除无固定期限劳动合同的法律依据和具体情形如下：

一、法律依据

1. **《劳动合同法》第三十九条**（用人单位单方解除权）

劳动者有下列情形之一的，用人单位可以解除劳动合同（无需提前通知或支付经济补偿）：

（一）在试用期间被证明不符合录用条件的；

（二）严重违反用人单位的规章制度；

（三）严重失职，营私舞弊，给用人单位造成重大损害的；

（四）同时与其他用人单位建立劳动关系，对完成本单位工作任务造成严重影响，或经用人单位提出拒不改正的；

（五）因欺诈、胁迫等手段致使劳动合同无效的；

（六）被依法追究刑事责任的 [1] [2] [3]。

2. **《劳动合同法》第四十条**（非过错性解除）

有下列情形之一的，用人单位需提前30日书面通知或额外支付1个月工资后解除劳动合同（需支付经济补偿）：

（一）劳动者患病或非因工负伤，医疗期满后不能从事原工作或另行安排的工作；

（二）不能胜任工作，经培训或调岗后仍不能胜任；

（三）劳动合同订立时的客观情况发生重大变化，导致合同无法履行且协商未果 [1] [2] [3]。

二、司法解释与裁判案例

1. **案例1：违法解除的赔偿责任**
   - **案情**：白某在某公司连续工作满10年，符合签订无固定期限劳动合同条件，但公司单方终止合同。法院判决公司支付**双倍经济补偿金**（即赔偿金），并补发工资。
   - **依据**：法院认为用人单位违反《劳动合同法》第十四条强制缔约义务，构成违法终止劳动关系（《劳动合同法》第八十七条）[10]。
2. **案例2：严重违反规章制度的解除**
   - **案情**：北京某公司以员工张女士（无固定期限合同）拒绝执行工作指令为由解除合同。法院认定其行为属于"严重违反规章制度"，支持公司解除合同[11]。
3. **案例3：协商解除与经济补偿**
   - **裁判要点**：若用人单位依据《劳动合同法》第四十条解除合同，需支付经济补偿（N+1）；若依据第三十九条解除，则无需补偿[8][9]。

三、注意事项

- **禁止解除情形**：根据《劳动合同法》第四十二条，如劳动者处于孕期、医疗期或职业病观察期等，用人单位不得依据第四十条或第四十一条解除合同[1][4]。
- **程序要求**：解除合同需书面通知，并保留证据（如违纪记录、培训考核结果等）以避免法律风险[9][11]。

尽管 AI 可以极大提高法律信息检索的效率，但在高风险法律决策中，完全依赖 AI 检索是不现实的，仍然需要人工审核机制的介入。例如，法律研究机构可以设立 AI 辅助法律检索团队，利用 AI 快速生成法律分析初稿，并由专业法律人员进行校对和补充，以确保生成内容的真实可靠性。在 AI 生成的法律答案一栏旁边，可以设置"人工审核"选项，允许用户提交进一步的核查请求，或者提供用户反馈机制，以不断优化 AI 的法律推理能力。例如，如果某位律师在使用 AI 进行检索时发现某个法律结论存在错误，他可以提交反馈，要求系统提供新的法律依据，甚至可以直接引用权威法律文献进行反驳，从而使 AI 的法律检索能力得到不断改进。

为了降低 AI 生成虚假法律信息的风险，AI 模型本身需要进行法律推理的优化，并结合符号逻辑推理系统提升法律解释的精准度。当前的大型语言模型主要依赖深度学习技术进行文本生成，而缺乏传统法律推理（如演绎推理、归纳推理、类比推理）所需的逻辑严谨性。例如，在涉及合同的法律问题时，AI 不仅需要检索相关法律条文，还需要理解合同的有效要件、无效合同的情形、违约责任的构成要素等法律推理框架。因此，未来的法律检索系统应结合符号逻辑推理，使 AI 在生成法律答案时不仅仅基于语言模型的概率计算，还能够结合法律逻辑框架进行分析。例如，在判断某一合同条款是否构成《民法典》所称的格式条款时，AI 不仅需要引用《民法典》第四百九十六条的规定，还需要基于格式条款的构成要件来分析该条款是否符合“格式条款的单方制定性”和“排除对方主要权利的认定标准”等要件，从而生成更严谨的法律结论。

第四节　法律信息检索如何确保高质量

在法律信息检索的应用场景下，确保检索结果的高质量意味着生成的答案必须符合法律专业标准，包括信息的准确性、完整性、可验证性和适用性。相较于传统法律检索方法，生成式人工智能不仅能够检索相关法律信息，还能够自动整合、概括和解释法律规则，为法律从业者提供初步可供直接使用的答案。然而，由于它的工作机制依赖于自然语言处理和概率统计模型，其在信息检索过程中可能存在片面性、过度概括甚至幻觉现象。因此，要确保法律信息检索的高质量，就必须在数据来源、检索策略、法律推理、输出验证以及用户反馈等多个层面进行优化。

确保 AI 训练和检索的数据源质量，是提升法律信息检索质量的核心前提。AI 的知识来源主要依赖于其训练语料，而法律信息具有高度专业化、系统化的特征，因此，从技术原理看，法律 AI 的训练数据必须覆盖权威的法律数据库，包括但不限于官方法律文本（如宪法、民法典、刑法、行政法规等）、司法判例数据库（如最高人民法院案例库）、法律评论文献（如权威法学期刊）以及主流律师事务所的实务分析，但目前市面上通用的 ChatGPT、DeepSeek 大模型并非法律领域的专用大模型，在法律专业语料适配性方面存在显著局限。AI 训练还应当建立动态的数据更新机制，确保 AI 在检索过程中使用的是最新法律法规和判例。例如，在法律修订后，AI 应当自动检测相关法律条文的变更情况，避免使用过时的法律信息进行推理。数据源的优化，可以有效提高 AI 检索法律信息的权威性和时效性，减少错误信息的传播。

优化 AI 的检索算法和提示词设计，以提升法律信息的精准度和相关性。AI 的法律检索能力不仅取决于其训练数据质量，还受到检索方式的影响。传统的关键词匹配方式往往存在信息过载或信息缺失的问题，对此，AI 可以通过语义分析理解用户意图，并提供更符合问题背景的法律信息。例如，如果用户输入“劳动合同解除的法律依据”，AI 不仅能检索《劳动合同法》第三十九条和第四十条的内容，还可以自动识别语境中的解除情形差异（用人单位解除/劳动者解除/不可抗力解除),并提供相应的法律解释。为了提升检索质量,AI 可以采用基于上下文的智能提示词设计,如“请结合最高人民法院裁判观点,分析××类型合同解除的法律依据”,从而引导 AI 生成更加精准和专业的法律回答。可以使用多轮对话(multi – turn conversation)优化机制,AI 可引导用户补充关键事实要素,使检索结果逐步符合用户的具体需求,避免生成含糊或片面的法律结论。

引入符号逻辑推理与深度学习结合,以增强 AI 的法律推理能力,提高检索质量。目前的大型语言模型主要依赖深度学习进行信息生成,而在法律领域,仅靠统计学建模可能难以确保高质量的法律推理。法律推理需要基于演绎推理(deductive reasoning)、归纳推理(inductive reasoning)和类比推理(analogical reasoning)进行逻辑判断。因此,优化法律信息检索质量的关键在于应用符号逻辑推理技术,使 AI 能够基于法律规则进行严格的逻辑推演。例如,在判断某合同条款是否有效时,AI 不仅应当引用《民法典》的相关条款,还需要根据合同的效力规则进行推导,而非仅仅基于语言相似性进行匹配。这种方式可以确保 AI 的法律检索结果不仅具备语言上的准确性,还符合法律逻辑的要求,提高答案的可用性。

构建输出验证机制,确保 AI 生成的法律信息具有可验证性和可溯源性。由于 AI 输出的是基于概率计算的自然语言文本,而非直接摘录法律条文,确保检索结果的可验证性至关重要。高质量的法律信息检索必须具备法律依据的引用能力,即 AI 在生成答案的同时,提供明确的法律条文、案例编号或权威学术文献的引用。例如,AI 在回答“如何认定高利贷合同的法律效力”时,不能仅提供结论性意见,而必须附上《民法典》第六百八十条、《最高人民法院关于审理民间借贷案件适用法律若干问题的规定》等相关规范,并结合裁判案例进行论证。为确保法律信息检索的高质量,还可以引入多源交叉验证机制,即当 AI 检索到多个不同的法律数据库都支持某一法律观点时,才将其作为优先输出内容。如果不同数据库的法律结论存在差异,则 AI 应当提示用户可能存在不同的法律解释,并提供多个参考来源,以便用户自行判断最佳的适用规则。

建立人机协作的法律检索优化机制,通过人工反馈不断优化 AI 的法律检索能力。由于法律体系的复杂性,仅靠 AI 的自动生成能力难以完全替代人工审核。因此,为确保法律信息检索的高质量输出,可以构建“人机协作”模式,即 AI 作为法律信息的初步提供者,法律专家则作为审核和优化者。例如,法律从业者在使用 AI 检索某一法律问题时，可以对 AI 输出的答案进行标注，如"答案准确""需要补充""答案错误"等，系统则根据用户反馈不断调整自身的检索策略，提高未来的检索质量。此外，AI 还可以学习不同法律专家的风格偏好，例如某位律师更倾向于使用案例分析，而另一位法官则更注重法律条文解释，进而提供个性化的法律检索结果。这种基于用户反馈的优化机制，可以使 AI 在法律信息检索领域更加精准、专业和可靠。

要实现法律信息检索质量的系统性提升，必须采取多层次优化策略。第一，优化数据源，确保 AI 的训练数据均来自权威法律数据库，并建立动态更新机制，实现法律文本的实时更新。第二，改进检索算法和提示词设计，以提升检索精准度和信息的相关性。第三，引入符号逻辑推理，使 AI 在法律推理过程中遵循法律逻辑，提高答案的法律适用性。第四，构建输出验证机制，确保 AI 生成的法律信息可溯源，并建立多源交叉验证机制，降低生成误导性信息的风险。第五，建立人机协作模式，让人类法律专家参与 AI 生成法律信息的审核和优化，以不断提高法律检索的智能化水平。只有通过这些系统性的优化措施，才能真正实现高质量的法律信息检索，使其成为法律实务、司法决策和法律研究的强大助手。

第五节　法律信息检索提示词的标准

在法律信息检索中，生成式人工智能的有效性在极大程度上取决于用户输入的提示词。提示词不仅决定了 AI 的检索范围、输出质量和信息相关性，还直接影响到法律分析的准确性和可解释性。相较于传统关键词搜索，生成式人工智能依赖自然语言理解能力进行语境推理，因此，如何撰写高质量的法律提示词，成为提升法律信息检索效果的关键。一个好的法律提示词应满足精准性、结构化、可验证性、适应性等标准，同时避免模糊性、偏差性和诱导性，以确保 AI 生成的法律内容具有专业性和可靠性。

一、精准性

法律提示词应强调精准性，以确保 AI 检索和生成的法律信息具有高相关度和准确度。在法律信息检索中，使用过于模糊或宽泛的提示词往往会导致

AI生成的内容冗余、与内容不相关,甚至出现错误解释。例如,用户简单输入“合同违约的法律后果”的提示词可能会导致AI生成过于泛化的答案,而如果改为“根据《民法典》第五百七十七条,债务人违约的法律后果包括哪些?”,则能够引导AI生成更具针对性的法律信息。因此,在提示词撰写时,应尽量采用具体的法律术语、明确的法条引用与清晰的案例背景,以引导AI进行精准检索。在涉及跨法域或不同法律体系的问题时,可以在提示词中明确规定适用的法律体系,如“依据美国联邦法,商业秘密侵权的法律责任如何界定?”或“在欧盟GDPR框架下,数据主体有哪些权利?”,以防止AI混淆不同国家的法律规范。

二、结构化

结构化的提示词设计可以提高AI检索的效率和逻辑性,避免AI生成内容的无序性和片面性。由于法律问题往往涉及多个层面的分析,如法条适用、案例解释、学理分析等,可以采用层级化、分步式的方式撰写提示词,引导AI按照逻辑顺序进行分析。例如,对于“公司股东权利”这一问题,可以将提示词设计为:“根据《公司法》的规定,公司股东的基本权利包括哪些?请分别从(1)财产权利,(2)治理权利,(3)诉讼权利三个方面进行分析,并结合相关判例说明。”这种结构化的提示词不仅能够使AI生成的答案更加系统化,还能够确保输出内容符合法律逻辑和学术标准。

针对法律实务问题,可以使用情境式提示词,例如:“如果一名合同当事人未按照合同约定履行付款义务,债权人可以采取哪些法律救济措施?请结合《民法典》和典型案例进行说明。”这种方式可以引导AI综合分析法律条文、司法判例和法律实务,从而提供更全面的法律信息。

三、可验证性

法律提示词应当强调可验证性,以确保AI输出内容的权威性和准确性。AI可能会“幻觉式”地生成看似合理但并无法律依据的答案,因此,在撰写提示词时,应明确要求AI提供准确的信息来源。例如,可以在提示词中加入“请提供相关法条或案例支持”或“请引用官方法律数据库的内容”类似的要求,以确保AI生成的法律信息具有可追溯性。例如,用户可以输入:“根据中国《劳动合同法》,员工在无故被辞退的情况下,可以主张哪些赔偿?请引用具体法条,并提供相关司法解释。"这样，AI 在生成答案时就会自动查找相关法律条文，并提供具有权威性的引用内容。

在涉及复杂法律问题时，可以要求 AI"提供多种法律观点"或"列举不同法院判决的倾向性"，以避免生成单一化、片面化的法律结论。例如："针对著作权合理使用的法律边界，不同国家的司法实践是否存在差异？请结合美国、欧盟和中国的相关案例进行比较。"这种提示词可以引导 AI 进行多维度的法律比较分析，帮助用户更全面地理解法律问题。

四、适应性

提示词应具有适应性，以应对不同类型的法律检索需求，包括立法研究、司法实践、合同审核等。在法律领域，检索目的决定了提示词的差异设计策略。例如，在进行立法研究时，可以采用历史回溯型提示词："请分析《消费者权益保护法》自颁布以来的主要修订点，并总结其立法趋势。"这种提示词可以引导 AI 生成法律演变的趋势分析，适用于学术研究。在法律实务场景中，例如律师进行合同审核时，可以使用细化的提示词："请检查以下合同条款是否符合《民法典》合同编的规定，并指出可能的法律风险。"这种提示词可以帮助 AI 聚焦于合同条款的合规性，提供更精准的法律风险分析。对于法学教育场景，可以设计训练型提示词，例如："请模拟一名法官，对以下案例进行判决，并提供法律依据。"这类提示词可以让 AI 模拟法官推理，帮助法学生更好理解现实中的法律适用过程。

五、清晰性

在撰写法律提示词时，应避免模糊性、偏差性和诱导性，以防止 AI 生成误导性或不符合法律逻辑的内容。例如，使用过于宽泛的提示词，如"这个案件能胜诉吗？"，难以让 AI 提供精准分析，用户应改为："根据《民法典》合同编相关规定，买卖合同中因货物质量问题发生争议时，买方能够采取哪些法律救济手段？"用户应避免使用带有倾向性的提示词，如"为什么法院总是支持原告？"，因为这样的提示词可能会导致 AI 生成偏颇的结论，而应改为"法院在审理合同纠纷案件时，主要依据哪些法律原则？"，以确保 AI 生成的内容符合法律推理逻辑。同样，在处理法律或伦理敏感问题时，部分提示词如"如何规避税务处罚？"，可能会引导 AI 生成不合规的信息，因此，在法律信息检索中，也需要特别关注提示词的合规性和伦理性。

六、总结

撰写法律信息检索的提示词是一项需要精准性、结构化、可验证性和适应性的技术任务。用户在构建提示词时,应当明确检索目标,使用具体清晰的法律术语,引导 AI 进行结构化分析,要求提供法律依据,并适应不同的法律应用场景。同时,应避免模糊性、偏差性和诱导性的提示词表述,以确保 AI 生成的法律信息符合法律逻辑和伦理标准。随着 AI 技术的发展,未来可能会出现更智能的提示词优化工具,如自动提示词增强系统(prompt engineering assistant),帮助法律从业者更高效地进行法律信息检索,推动法律行业的智能化升级。

第六节　形成 AI 与法律数据库的协作模式

在法律信息检索领域,人工智能和传统法律数据库各自发挥着不同的功能。传统法律数据库以结构化、标准化的信息存储和检索为核心,提供稳定、权威、可验证的法律数据来源;而 AI 则具备自然语言理解、语境推理、内容生成等能力,能够将法律数据转换为更具可读性和适用性的答案。然而,仅依靠单一技术手段无法充分满足法律信息检索的高精准度、高可解释性和高可靠性要求。因此,未来法律信息检索的最优解,是建立"AI + 法律数据库"的协作模式,发挥二者各自优势,实现法律信息检索的智能化、精准化和可控化。这一协作模式的构建,需要从数据集成、交互优化、可解释性增强、反馈机制构建等多个方面进行系统性设计。

一、实现法律数据集成与标准化

在构建"AI + 法律数据库"协作模式的过程中,第一步是实现法律数据的集成与标准化。这一环节的核心目标在于确保 AI 能够高效、精准地访问和处理法律数据库中的信息,使其具备可靠的法律推理能力,并能够生成符合法学研究和法律实务需求的针对性内容。当前,法律数据库往往包含裁判文书(司法判例)、法律法规、司法解释、法学论文、国际条约等多种类型的数据,且不同数据库的数据结构、格式、检索方式存在较大差异。如果不进行有效的标准化处理,AI 在访问这些数据时将面临信息不完整、格式不统一、语义不兼容等问题,影响检索质量。因此,实现数据集成与标准化,是 AI 法律信息检索体系建设的基础性工程。

第一,通过数据集成整合分散的法律信息资源,构建统一的数据访问架构。目前,法律信息分散在不同的数据库和信息系统中,如政府法律信息公开系统(如国家法律法规数据库)、商业法律数据库(如 LexisNexis、Westlaw、北大法宝)、学术数据库(如 HeinOnline、SSRN)、法院判例库等。由于这些数据库的数据格式和结构存在显著差异,AI 在进行跨库检索时,必须通过数据集成技术实现信息的统一管理。数据集成可以采用集中式(centralized)、分布式(distributed)或混合式(hybrid)架构。在集中式模式下,所有法律数据被汇总到一个统一的数据存储平台,使 AI 能够直接进行结构化查询。在分布式模式下,数据仍然存储在各自的原始数据库中,但通过 API(应用程序接口)或知识图谱技术实现 AI 的高效访问。混合式则结合两者优势,在一定程度上集中数据,同时允许部分数据库保持独立性,以平衡数据管理的灵活性和高效性。

第二,通过数据标准化建立统一的数据格式和语义规范,以提高 AI 处理法律数据的能力。面对多元异构的法律数据形态——包括文本(如裁判文书)、XML 结构化数据(如法律法规条文)、PDF 扫描文档(如法律史档案、法学论文、法学书籍等法律文献),AI 在访问这些数据时,必须设置统一标准,进行格式转换。例如,某些法院判决书可能包含非结构化文本,使 AI 难以有效提取法律要点,因此需要通过自然语言处理技术,将判决书转化为结构化数据,具化为"案由""原告""被告""法律依据""裁判理由""最终判决"等关键字段。

标准化还涉及法律术语的统一。以合同解除制度为例,如"rescission"在英美法系中被称为"撤销",而在大陆法系中可能表述为"撤销"与"解除",如果不进行语义标准化,AI 可能会在跨法域检索时产生概念上的混淆。为此,需要建立法律术语的标准词库,并结合本体论(ontology)建模,以确保 AI 对法律概念的精准理解。

第三,建立法律数据的版本控制与更新机制,以确保 AI 获取的法律信息始终准确、同步。法律是动态演进的系统,随着时间推移旧法逐步废止,新法不断修订,例如《民法典》替代原《合同法》《物权法》,以及《数据安全法》《个人信息保护法》等新法对数字经济产生影响。因此,法律数据库需要建立完善的版本控制机制,使 AI 能够实时识别法律修订信息,并在检索时明确法律的适用性。例如,AI 在回答用户关于“公司法股东权利”的问题时,应根据查询时间,自动匹配最新修订的《公司法》条文,而非旧版本的条文。同时,数据库应提供法律沿革信息,使 AI 能够追溯法律规则的演变过程,建立法律沿革图谱,以便法律研究者分析立法趋势。标准化的数据更新时间机制还包括自动数据抓取和权威数据源对接(如官方政府数据库 API),确保 AI 不会因访问过时数据而生成错误答案。

第四,构建法律知识图谱,提高 AI 的语义检索能力。传统的全文检索模式(如基于关键词匹配)在法律领域的适用性有限,因为同一法律问题可能以不同措辞表述,或者涉及多个相关法律和案例。例如,用户输入“股东优先购买权的法律依据”时,AI 不仅需要检索《公司法》相关条款,还可能涉及《民法典》关于合同中优先权的规定。为此,可以通过法律知识图谱技术,将不同法律概念、法规、案例、学术文献等进行语义关联。例如,在知识图谱中,“公司股东权利”节点可以关联到“优先购买权”“分红权”“投票权”等子节点,从而帮助 AI 更精准地理解法律概念的内在关系,并生成更加准确的法律检索结果。知识图谱还可以增强 AI 的推理能力,使其能够基于已有法律规则推导出新的法律适用逻辑,例如在缺乏直接判例的情况下,基于类似案例推测可能的裁判结果。

第五,采用人工监督与反馈机制,优化 AI 对法律数据的处理能力。即使数据集成与标准化已经建立,AI 仍然可能因语境理解偏差、法律解释歧义等问题,生成不准确的法律信息。因此,在构建协作模式的初期,必须引入法律专家的人工审核机制。例如,可以建立“AI - 法律专家双重审查”系统,要求在 AI 提供法律答案后,由专家对答案中的法律信息进行核验,并对 AI 的错误生成结果进行标注,优化 AI 的法律推理逻辑。同时,AI 的学习过程应结合“用户反馈循环”,允许法律从业者在使用 AI 检索系统时,对结果进行评价。

数据集成与标准化是构建“AI + 法律数据库”协作模式的第一步,直接影响 AI 在法律信息检索中的表现。整合分散的法律数据、建立统一的数据格式、实施版本控制、构建法律知识图谱,并引入人工监督机制,可以促使 AI 精准、全面地访问和处理法律数据库,为法律研究和法律实务提供高效、可靠的支持。这一基础性工程的成功实施,将为未来 AI 赋能法律信息检索奠定坚实的技术基础。

二、优化 AI 法律检索的交互方式

在“AI + 法律数据库”协作模式中，交互方式的优化不仅关乎检索的效率，还直接影响用户的使用体验。传统的法律信息检索多依赖于布尔逻辑检索或关键词匹配，用户需要理解数据库的检索逻辑，并且输入精准的法律术语，才能获取准确的法律信息。而 AI 的引入使自然语言交互成为可能，用户可以使用接近日常表达的方式提问，例如用户可以以“合同违约后，债权人可以要求哪些赔偿？”而不是“合同违约 AND 赔偿责任”关键词进行检索。然而，要让这种智能交互真正发挥作用，需要在用户输入、结果呈现、交互反馈等多个环节进行深入优化，以提升整体检索体验。

第一，优化自然语言理解能力，提高 AI 对法律问题识别的精准度。AI 的核心优势之一在于其对自然语言的处理能力，但法律语言具有高度的专业性，涉及特定的法律术语、判例分析和法条适用，因此，AI 在解析用户问题时，必须具备更深层的语义理解能力。例如，当用户输入“公司清算时股东的权利义务”时，AI 需要理解“清算”涉及的法律后果，并区分“自愿清算”和“强制清算”两种情境，而不仅仅进行关键词匹配。为此，可以引入法律专用的大型语言模型，融合法律知识图谱和案例推理技术，使 AI 能够在用户提出问题时，自动检索相关法律条文、判例和学术观点，实现对复杂法律问题的深度解构。用户还可以引入“法律语境解析”技巧，让 AI 在回答问题前先确认问题的上下文关联。例如，如果用户查询“劳动合同终止的情形”，AI 可以进一步询问“您关注的是员工主动辞职、用人单位解雇，还是合同期满？”进行引导式交互，使用户能够获得更贴合需求的答案，提升法律服务的靶向性。

第二，增强法律检索的多模态交互，使 AI 能够适应不同用户的查询方式。在传统法律数据库中，用户只能通过文本输入进行检索，但在 AI 赋能的法律信息检索系统中，可以集成语音、图像、手写识别等多模态输入方式，这重构了法律服务的输入范式。例如，律师可以通过语音指令“检索最高人民法院关于知识产权侵权损害赔偿的最新指导意见”向 AI 提问，AI 能够识别语音并即时返回相关判例和司法解释。同样，在合同审查、法律文件解析等场景下，用户可以上传合同文档，AI 通过 OCR（光学字符识别）技术读取文本，并自动分析合同中的法律条款，标注出风险条款，并给出相关法律依据。例如，当律师上传一份股权转让协议时，AI 可以自动检查其中的违约责任、争议解决条款，甚至

可以基于已有判例预测该合同可能存在的法律风险。这种多模态交互方式,使法律信息检索的便捷性大幅提升,尤其适用于移动办公场景和诉讼实务操作。

第三,改进检索结果的可视化呈现方式,使用户能够高效筛选和利用法律信息。传统法律数据库的检索结果通常以列表形式呈现,例如"法律规范条文列表"或"判例列表",用户需要逐一阅读这些文本才能找到关键信息,效率一般。而在 AI 赋能的法律检索系统中,结果的呈现方式可以更加智能和可视化。例如,在用户查询"合同法中的不可抗力规定"时,AI 可以生成一个法律知识图谱,显示不可抗力的定义、相关法条、经典判例、学术分析等信息,并以关系图的形式展示其法律适用场景。AI 还可以生成法律摘要,将冗长的法律条文或判决书概括为若干要点,方便用户快速阅读理解。例如,在查询"竞业限制条款的适用"时,AI 可以直接给出核心观点:"竞业限制需符合合理性原则,约定期限通常不得超过两年,否则可能面临无效风险。"同时,AI 还可以提供"法条对比"功能,使用户能够直观地比较新旧法律条文的差异,例如"请用表格的形式,对比《劳动合同法》与《民法典》关于劳动合同解除的规定"。这种信息可视化呈现方式,不仅提升了检索的效率,还使法律信息更加易读、易用。

第四,引入个性化推荐机制,使法律信息检索系统能够根据用户需求进行精准推送。由于法律工作者的需求不同,例如,法官、律师、法学研究者、企业法务等群体的检索习惯各异,AI 可以通过机器学习算法,根据用户的检索记录、案件类型、关注领域等,识别法官、律师等不同用户群体的检索偏好差异,进行个性化推荐。例如,某位律师经常检索劳动法相关案例,AI 除了可以在其首页推送最新的劳动法修订动态、相关裁判文书、热门学术论文等,还可以提供"案例预测"功能,即基于用户正在研究的法律问题,推荐具有相似法律问题的类案判例。又如,企业法务在查询"股东出资瑕疵的责任承担"时,AI 可以自动推荐近 5 年最高人民法院关于股东出资纠纷的判例,并预测法院最常采用的裁判逻辑。这种个性化推荐机制,使法律信息检索更加智能化和精准化,提高了用户的工作效率。

第五,构建用户反馈循环系统,不断优化法律检索能力。由于法律信息具有高度的专业性,AI 在回答法律问题时可能会存在遗漏或错误,需要引入用户反馈机制,使系统能够不断优化。

AI 还可以通过交互问答的方式,引导用户完善问题。例如,当用户输入

“离婚时财产怎么分?”时,AI 在给出初步回答的同时,还会进一步询问:“您是想了解婚姻法的法定分割方式,还是司法实践中的自由裁量因素?”引导用户完善查询。这种动态交互模式,使 AI 的法律检索能力能够不断进化,从而提升用户体验。

优化“AI + 法律数据库”协作模式的交互方式,能够显著提升法律信息检索的效率和用户体验。通过增强自然语言理解能力、引入多模态交互、改进检索结果呈现、实现个性化推荐、构建用户反馈系统,可以使 AI 法律检索系统更加智能、高效、便捷。这不仅有助于法律实务工作者提高工作效率,也能为法学研究者和公众提供更精准的法律信息服务,推动法律信息检索的智能化升级。

三、增强 AI 法律检索的可解释性

在“AI + 法律数据库”协作模式下,可解释性是确保法律检索系统透明性和可信度的关键因素。传统法律检索系统依赖于规则驱动的布尔逻辑或基于关键词匹配的算法,用户可以通过查看搜索路径、查询语法和检索规则实现对检索过程的线性追溯。然而,AI 采用的是基于深度学习的自然语言处理和大规模语言模型,其语义推理过程存在显著的“黑箱”特征,即用户很难直观地理解 AI 如何得出特定的法律检索结果,可能导致对 AI 输出的结果产生不信任,甚至在法律决策过程中引发严重风险。因此,增强 AI 法律检索的可解释性,确保其输出过程可追溯、可验证,成为构建 AI 法律信息检索体系的核心任务。

第一,优化 AI 的法律推理路径,使用户能够理解 AI 如何生成检索结果。不同于传统的数据库检索,AI 并不是简单地提供相关法律文献,而是基于用户输入的查询,进行语义分析、文本生成和法律推理。这一过程中,如果缺乏透明的推理路径,用户将难以判断 AI 答案的可靠性。因此,可以引入“法律推理链”机制,使 AI 在返回检索结果时,同时呈现其推理过程。例如,当用户查询“雇员在非工作时间受伤是否属于工伤?”时,AI 不应直接回答“属于”或“不属于”,而应动态生成包含规范援引、要件解构与结论推导的全流程推理链。如:(1)引用《工伤保险条例》第十四条关于工伤认定的法条;(2)结合相关判例说明法院在类似案件中的裁判逻辑;(3)总结学者对该问题的不同观点;(4)最终结合案例和法条给出结论。通过这种方式,用户可以清楚地看到 AI 如何得出结论,从而提高法律检索结果的可信度。在司法实践中,法官或律师还可以要求 AI 提供“推理路径可视化”,即通过法律知识图谱、因果关系链等方式,直观

呈现法律推理逻辑,以提高法律检索的透明度和可接受度。

第二,引入法律信息来源溯源机制,让用户能够验证 AI 的检索结果。在法律检索过程中,信息的权威性至关重要。如果 AI 的检索结果来源不明,用户则难以判断其真实性,甚至可能被误导。因此,AI 应具备法律信息的可溯源能力,即在返回检索结果时,同时提供详细的法律依据、判例引用和文献来源。例如,用户查询"竞业禁止协议的合理期限是多少?"时,AI 不仅应给出常见的司法实践标准,如"两年以内通常被认为合理",还应提供具体的法律依据(如《劳动合同法》第二十四条)以及相关判例(如真实案例的裁判摘要)。AI 可以通过超链接或嵌入式展示,使用户能够直接跳转至法律数据库,查看完整的法条、判决书或学术论文。这种溯源机制不仅能增强用户对 AI 答案的信任,还能帮助法律专业人士更深入地研究相关法律问题。采用"对比检索"机制,即在提供法律检索答案的同时,列出其他可能的法律解释或裁判观点,帮助用户综合评估法律适用性。

第三,增强 AI 的法律文本生成质量,避免"幻觉"问题的影响。AI 在生成文本时,有时会出现"幻觉"现象,即生成的内容看似合理,但实际上是错误的、虚构的或误导性的,这可能导致错误的法律决策。例如,AI 在回答"哪些情况下可以单方解除劳动合同?"时,错误地生成"用人单位可以在员工迟到三次后立即解除合同",而不附加解释,这将误导用户认为这一结论具有法律依据。因此,在 AI 生成法律文本时,必须加强对"幻觉"问题的控制,可采取如下方法:(1)借助 ima 等知识库软件,或采用基于法律数据库的"检索增强生成"技术,使 AI 生成的文本始终基于权威法律信息,而非凭空生成;(2)在生成答案时,增加法律一致性检查模块,让 AI 在生成文本后自动比对已有的法律条文和判例,以检测潜在的矛盾或错误;(3)设置"置信度评分",即 AI 在提供检索结果时,同时给出答案的可靠性评分,并提示用户哪些信息需要进一步核实。

第四,提供交互式可解释性工具,使用户能够主动验证 AI 的检索逻辑。可解释性不仅意味着 AI 能够提供透明的检索路径,还应允许用户对 AI 的推理过程进行进一步探究。例如,开发者可以为法律检索系统设计"可视化推理图谱",用户在查询法律问题时,AI 可以自动生成一个推理图,将相关法条、判例、学术观点等信息以树状或网状结构展现,使用户能够清晰地看到不同法律信息之间的逻辑关系。开发者应引入"用户反向验证"机制,让用户对 AI 生成的答案进行深度审查。例如,当 AI 回答"如何认定合同欺诈?"时,用户可以选择

"查看判例支持"选项,系统此时会展示该结论对应的判例,并标明裁判要点。同时,用户还可以对 AI 的回答进行评分或反馈,若发现错误,AI 会根据反馈进行自我调整,并向其他用户推送经过修正的答案。通过这种方式,用户不仅是信息的接收者,同时也是检索系统优化的一部分,从而提升 AI 法律检索的可信度。

第五,构建法律 AI 伦理与合规机制,确保 AI 检索系统符合法律和道德要求。AI 的可解释性不仅是技术问题,也涉及法律伦理和合规要求。在法律信息检索领域,AI 应当遵循透明、公正、可验证的原则。在法律检索过程中,AI 应避免形成带有偏见的答案。例如在就业歧视案件中,若 AI 根据历史数据倾向于支持雇主而非雇员,这将导致法律检索的公正性受损。因此,需要建立法律 AI 的伦理审查机制,对 AI 的检索和生成逻辑进行定期评估。设置"AI 合规审计"功能,让法律监管机构或独立审查机构能够审查 AI 的决策过程,确保其符合法律规范。例如,在法律咨询类 AI 产品中,可以引入"法律专家审核"模块,即 AI 的核心法律检索算法需要经过专业律师或法学研究者的验证,确保其符合现行法律法规。这种合规机制不仅能提升 AI 法律检索的可信度,还能为法律技术的健康发展提供保障。

增强"AI + 法律数据库"协作模式的可解释性,对于提升法律信息检索的透明性和可信度具有重要意义。优化法律推理路径、引入信息溯源机制、控制 AI"幻觉"问题、提供交互式可解释性工具,并构建法律 AI 的合规体系,可以使法律检索系统更加透明、公正和可靠。这不仅有助于法律工作者高效获取法律信息,也能够推动人工智能在法律领域的广泛应用,使其真正成为法律信息检索的重要助力。

四、建立 AI 法律检索反馈学习机制

在"AI + 法律数据库"协作模式下,"强化学习 + 人类反馈"是提升系统自我优化能力的关键环节。AI 凭借强大的自然语言处理和深度学习能力展现出显著优势,但其生成内容的质量,仍受限于训练数据、算法模型及用户交互方式。法律信息检索着重精准性、可解释性和实时性,建立一个持续优化的反馈学习机制,使 AI 能够基于法律数据库和用户的交互,不断修正并完善自身的检索和生成能力,这对提升 AI 法律检索系统的可靠性至关重要。反馈学习机制涵盖用户反馈的收集和分析,还涉及模型的实时调整、数据库更新及质量监督

等多个方面,各个环节相辅相成,共同助力系统的优化升级。

第一,构建用户反馈收集系统,让 AI 能够主动洞悉法律检索的实际需求与问题。在法律检索过程中,用户对 AI 生成的内容的满意度和疑问是优化模型的重要依据。例如,当用户发现 AI 生成的法律解读存在错误或不准确之处时,可以通过"用户标注 + 专家审核"机制,向 AI 反馈更精确的法律解释,AI 则据此调整检索模型,提升未来查询的准确性。传统的法律数据库通常依赖于关键词匹配和规则检索,用户只能在既定的索引体系内进行查询,而 AI 则可以根据语义理解和推理能力,提供更丰富的答案。不过,鉴于法律问题的复杂性和个案间的差异,AI 生成的答案可能存在模糊、片面甚至误导的情况。因此,建立一套高效的用户反馈机制势在必行,让用户能够直接对 AI 的检索结果进行评价。例如,在 AI 返回法律检索结果后,用户可以通过"是否有帮助""法律依据是否充分""是否需要补充判例"等选项进行反馈,并附上具体的补充意见。AI 可以设计"交互式反馈"模式,允许用户对 AI 生成的答案进行编辑、修改,并向系统提交更准确的法律解释。这些反馈数据将成为 AI 持续学习和改进的依据。

第二,利用法律数据库的更新机制,让 AI 能够动态适应最新的法律变化和判例趋势。法律数据库的内容处于动态变化中,新的法律法规、司法解释和判例不断涌现,如果 AI 的训练数据未能及时更新,其法律检索结果可能过时甚至出错。故而,建立 AI 与法律数据库的自动同步机制,使 AI 能够实时获取最新的法律信息,并据此优化检索和生成策略,是提升 AI 法律检索能力的关键。例如,可以采用"法律数据流"模式,使 AI 能够自动抓取并分析法律数据库的增量数据,包括新出台的法律条文、最新裁判文书、法学研究者的最新论文等,并通过自然语言理解技术解析内容,进而调整 AI 的法律推理逻辑。在 AI 生成法律检索结果时,可以利用"时间戳溯源"技术,标注法律信息的更新时间,同时提示用户是否存在更新的法律依据可供参考。

第三,构建 AI 法律推理的自适应调整系统,使 AI 能够通过反馈学习优化自身的法律理解能力。在法律检索实践中,信息的准确性和一致性是关键问题。以"劳动合同解除的法定条件"这一问题为例,AI 需要综合适用《劳动合同法》相关条款、司法解释和典型案例,确保答案完整且准确。然而,由于 AI 的学习方式以数据驱动为基础,其生成答案的逻辑链可能存在漏洞或偏差。为解决这一难题,可以引入"自适应反馈学习"机制,即当 AI 发现用户对其回答作出修正或补充时，能够自动分析修正内容，并据此调整自身的生成逻辑。例如，AI 在回答“竞业限制的合理期限”时，最初生成的答案是“一般不超过两年”，若用户提供反馈“在某些情况下，法院可支持超过两年的竞业限制”，那么 AI 在后续解答相似问题时，便能甄别与结合用户提供的信息，使答案更为全面。这种自适应调整系统的核心在于通过深度强化学习技术，使 AI 在每次接收用户反馈后，重新评估自身的推理逻辑，并根据用户的纠正意见完善自身回答。

第四，引入专家审核机制，是确保 AI 在反馈学习过程中不偏离法律原则的必要措施。由于 AI 的学习机制依赖数据驱动，如果缺乏严格的监督，AI 极有可能会因用户反馈中的错误信息，习得错误的法律逻辑，甚至在某些情况下形成具有误导性的法律观点。因此，需要建立“专家审核 + 反馈学习”的双层机制，以确保 AI 的学习路径符合法律原则。例如，可以邀请法学研究者、法官、律师等组成专家团队，定期审核 AI 的法律推理方式，对 AI 在学习反馈后的检索结果进行质量评估，并审核其推理逻辑的合理性。AI 能够利用“人工 + 智能”复合反馈机制，即在 AI 对用户反馈进行自适应调整前，由法律专家对部分关键修改内容进行人工审核，避免 AI 因个别错误反馈而错误调整法律检索模式。如果用户错误地输入某一案例的裁判要点，而 AI 直接将该错误信息纳入学习系统，则可能导致后续检索结果出现偏差。因此，专家审核机制的引入，可以有效提升 AI 反馈学习的质量，有利于其法律检索能力在优化过程中始终符合法律标准。

第五，构建多层次反馈学习体系，使 AI 能够融合不同来源的反馈信息进行优化。AI 的反馈学习不应局限于用户评价和数据库更新，还应结合不同层次的信息输入。例如，可以设置“法律实务反馈”模块，让司法机关、律师事务所和法律研究机构对 AI 的检索结果进行审查，提供基于实际案例的优化建议；建立“跨平台反馈”机制，使 AI 能够从不同法律数据库、法律咨询平台和法律研究机构的数据交互中获得更广泛的学习信息；以及构建“持续学习循环”，让 AI 能够定期对自身的法律检索结果进行回顾和优化，以确保检索的准确性和前后一致性。例如，每隔一段时间，AI 可以自动对比自己过往的回答与最新法律发展情况，并进行自我校正，以适应最新的法律环境。

建立“AI + 法律数据库”协作模式的反馈学习机制，是提升 AI 法律检索系统自我优化能力的关键步骤。用户反馈收集、法律数据库的实时更新、AI 法律推理的自适应调整、专家审核机制的介入以及多层次反馈学习体系的构建,有利于 AI 在不断优化的过程中,始终保持高质量、高可信度的法律检索能力。这不仅能提升法律信息检索的效率和准确性,也将推动法律人工智能技术向更智能、更可靠的方向发展,为法律从业者提供更强大的辅助工具。

五、总结

建立"AI + 法律数据库"的协作模式,需要从数据集成、交互优化、可解释性增强、反馈学习等多个层面进行综合设计,以实现法律信息检索的高效化、智能化和可靠化。一是通过 API、知识图谱等技术手段,实现 AI 对法律数据库的高效访问和深度理解;二是通过智能交互优化,提高法律检索的精准度和用户体验;三是凭借可解释性增强机制,确保 AI 生成的法律信息具备透明性和可验证性;四是通过反馈学习机制,使 AI 系统具备自适应优化能力,不断提升法律信息检索的质量。未来,随着人工智能技术的进一步发展以及与法律数据库的深度融合,法律信息检索将从传统的"关键词搜索"模式,迈向更智能、更精准、更可解释的"语义理解 + 法律推理"新阶段,为法律实务、法学研究、法律教育等领域带来革命性的变革。

第七节　打造个性化的法律信息检索 AI

在生成式人工智能不断发展的背景下,法律信息检索不再局限于传统的关键词搜索模式,而是逐步向个性化、智能化、定制化方向演进。对于法律人而言,如何打造一款符合自身专业需求的个性化法律信息检索 AI,是提升法律研究、案件分析、合同审核、诉讼策略制定等工作的关键。个性化法律 AI 的打造涉及多个层面,包括数据源选择、检索逻辑优化、提示词工程、增强可解释性、持续训练与优化等。只有深度定制,才能让 AI 真正融入法律人的日常工作流程,提供高效、精准、可靠的法律信息服务。

一、专属法律数据源

构建专属法律数据源是打造个性化法律 AI 的关键基石。在生成式人工智能日益深入法律信息检索领域的背景下,如何提升其法律专业性、降低"幻觉”风险、提高检索结果的精准度，成为法律科技发展的核心问题。其中，构建专属法律数据源是打造个性化法律 AI 的重要基础，因为 AI 的法律知识储备直接决定了其回答的可靠性、权威性以及适用性。法律信息具有高度结构化和专业化的特征，不同法域、法律体系以及司法实践中的法律规则、判例和学术观点，存在显著差异。因此，单纯依靠通用的 AI 模型无法满足法律人的个性化需求，必须依托高质量的法律数据源，进行训练、微调或进行索引增强，以确保 AI 提供的法律信息具有权威性、专业性和可验证性。

专属法律数据源应覆盖权威的法律文本，包括成文法、判例、行政法规、司法解释等，以此保证 AI 对法律规则的精准理解。由于不同国家和地区的法律体系大相径庭，例如大陆法系以成文法为主，而美国等普通法系国家则高度依赖判例法，个性化法律 AI 必须基于适配特定法域的法律文本进行训练。中国的权威法律渊源包括宪法、法律、行政法规、地方性法规、自治条例和单行条例、行政规章等生效的规范性文件，法律数据涵盖前述内容以满足不同法律适用场景的需求。在普通法系国家，如美国或英国，法律数据源则应重点涵盖最高法院及各级法院的重要判例、法律评论、法院意见书、立法背景等。系统化的法律文本整理，有利于 AI 在提供检索结果时，提供权威、现行且有效的法律规则，而非泛化的、不可靠的网络信息。

专属法律数据源应纳入法律学术研究成果和权威法律评论，以增强 AI 的法律分析能力，使其能提供更具法理逻辑的回答。现代法律实践不仅依赖于法条和判例，在很大程度上也依赖学术讨论和法理分析，尤其在涉及法律解释、法律推理以及前沿法律问题时，法学研究者的观点具有重要的参考价值。例如，在美国法律检索系统中，LexisNexis 和 Westlaw 均将《哈佛法律评论》(*Harvard Law Review*)、《耶鲁法律评论》(*Yale Law Journal*)等顶级法律期刊作为重要数据来源；在中国，法律 AI 可引入《中国法律评论》《法学研究》《中国法学》《清华法学》等核心期刊，确保 AI 能够基于学术成果提供深度法律分析。同时，法学论文往往涵盖不同法律观点的争议，使 AI 在回答时能提供多元视角，而非机械化地输出单一的法律规则。

专属法律数据源应包含实时更新的司法案例和行政执法数据，以确保 AI 的检索结果能够反映最新的法律实践动态。法律处于持续发展演变之中，新的判例、司法解释和法律适用标准可能会对先前的法律规则产生重大影响。比如，美国联邦最高法院的判决可能推翻先前几十年的司法实践；在中国，最高人民法院发布的指导性案例和司法政策可能影响全国法院的判决走向。因此，构建个性化法律 AI，需要一个动态更新的法律数据库，使 AI 能够随时获取最新的判例和法律适用变化情况。例如，法律 AI 可以接入中国裁判文书网、北大法宝等数据库，以确保其法律检索结果基于最新的司法实践。对于涉及行政执法领域的法律 AI，还应整合政府监管机构发布的执法决定、行政处罚案例、政策指导文件，以支持更精准的法律合规分析。

专属法律数据源的建设还应考虑行业需求，针对不同法律业务领域进行定制，以满足律师、法官、企业法务、政府法律顾问等不同用户的个性化检索需求。例如，企业法务部门关注的法律信息主要集中于合同法、劳动法、知识产权法、数据合规等领域，而刑事律师则更加关注刑法、刑事诉讼法及相关判例。因此，在构建个性化法律 AI 时，应当根据不同用户的业务需求，建立分领域的法律知识库。例如，针对数据保护与隐私合规，构建专门的我国《个人信息保护法》、欧盟《通用数据保护条例》、美国《加州消费者隐私法案》等数据库；针对资本市场法律服务，构建涵盖证券法、公司法、并购法规的专属数据源；针对劳动法业务，整合全国各地的劳动仲裁判例、劳动合同范本、企业用工合规政策等。通过行业定制化的法律数据源建设，法律 AI 能够根据不同领域的法律适用需求，提供更为精准、专业的法律检索结果。

个性化法律 AI 的数据源建设还应遵循合规性和数据治理原则，确保法律数据的安全性、权威性和可溯源性。由于法律数据涉及敏感信息，诸如个人隐私、商业机密、国家法律政策等，在构建专属数据源时，必须确保数据来源合法合规。例如，若 AI 接入法院判决数据，则应确保这些数据已依法公开，并采取适当的匿名化处理，以保护个人信息；若 AI 接入企业法律合规数据，则应采取访问权限控制措施，确保不同级别的用户只能访问符合其权限的数据。AI 应具备提供可追溯数据来源的能力，在生成法律检索结果时，附带法律条文出处、判例编号、期刊来源等信息，以提高用户对 AI 答案的信任度。

打造个性化法律 AI 的核心要义在于构建专属的法律数据源，以确保 AI 的法律知识背景符合法律人的需求。通过权威法律文本、法律学术研究、实时司法案例、行业定制化数据库的整合，并辅以严格的数据治理措施，可以有效提高法律 AI 的专业性和可靠性，使其真正成为法律人的得力智能助手，而非一个缺乏法律精准度的"信息拼接器"。未来，随着法律科技的进步，法律数据的系统化、结构化和智能化管理将进一步推动法律 AI 的精准检索能力，为法律行业带来更高效、更智能的法律信息服务。

二、优化检索逻辑

优化检索逻辑是打造个性化法律 AI 的核心环节,直接影响查询的精准度以及法律适用的严谨性。在法律信息检索的实际应用中,传统关键词匹配方法往往难以满足法律专业人士的高标准要求,而生成式人工智能能够借助更高级的自然语言处理技术,实现对法律文本的语义理解与推理。然而,倘若 AI 的检索逻辑未经精心优化,则可能会导致信息的片面性、适用性的偏差,甚至产生"幻觉"等问题。因此,构建高效、精准的法律 AI,必须优化其检索逻辑,使其在法律推理、法规适配、案例匹配等关键层面达到法律从业者的基础水准。

第一,检索逻辑优化的基础在于增强 AI 对法律文本的深度理解能力,使其能准确识别法律概念、所处语境和适用条件。法律语言具有高度的正式性、逻辑性和专业性,不同法律术语在不同的语境下,可能具有截然不同的含义。例如,"合同解除"在原《合同法》中可能包括"法定解除"与"约定解除"等多种情形,若 AI 未能准确理解这些术语的差异,就极有可能给出不准确的检索结果。为有效提升 AI 的法律检索能力,优化检索逻辑的可行方法之一是引入法律知识图谱,使 AI 在检索时能够基于法律概念之间的层级关系、逻辑关联进行推理。例如,若用户搜索"买卖合同的解除",AI 可通过知识图谱推理出相关法律依据,如《民法典》第五百六十二条关于解除合同的规定,并将其与相关判例、司法解释一并呈现。AI 应具备法律因果推理的能力,例如,当用户搜索"劳动合同无效的情形"时,AI 不仅要列举法条,还应解释导致合同无效的法定条件,如违反法律强制性规定、欺诈、胁迫等,从而提供更精准的法律适用信息。

第二,优化检索逻辑还需突破传统的关键词匹配方式,采用语义搜索和基于案例的法律推理模型,以提高法律信息的适配性。传统的法律数据库检索多依赖布尔逻辑检索,即基于用户输入的关键词进行字面匹配。这种方法虽然能够实现较为精准的结构化搜索,但往往忽略了语境信息,导致查询结果缺乏灵活性。例如,在传统检索系统中,若用户搜索"劳动合同解除的赔偿标准",系统可能仅会返回包含"赔偿标准"字样的条文,而遗漏相关的司法解释或判例。相较之下,优化后的 AI 检索逻辑应当结合语义搜索,基于自然语言处理技术,深入理解用户查询的意图。例如,当用户输入"员工辞职后公司是否需要支付经济补偿金?"时,AI 应理解其中涉及的法律概念,包括"辞职"是否属于《劳动合同法》规定的"劳动者主动解除劳动合同"范畴,以及其是否符合经济补偿金的支付条件。同时,AI应具备基于案例的推理能力,在检索法律条文的同时,能够推荐相关的裁判案例,例如法院对类似劳动争议案件的判决,帮助法律人更全面地理解法律适用的实际情况。

第三,优化检索逻辑还需引入多层次的法律适用筛选机制,使AI能够基于不同法域、不同层级的法律规则进行智能匹配,确保检索结果符合具体的法律适用场景。法律体系通常包括宪法、法律、行政法规、司法解释、地方性法规等多个层级,不同层级的法律适用范围各有不同。例如,某企业法务搜索"公司增资的审批流程",AI应当能够识别出该问题涉及《公司法》及相关的《市场主体注册登记管理条例》及其实施细则,倘若该企业地处上海,AI还应考虑上海的地方性法规与相关规范性文件。因此,优化后的AI检索逻辑应当具备层级化匹配能力,能够自动识别用户查询涉及的法律层级,并筛选最具适用性的法律条款。并且,AI应当结合动态法律更新机制,确保用户在检索时获取的法律信息为最新版本。例如,2023年修订的《公司法》对股东出资义务进行了调整,AI应能够在检索时提示用户"某条文已被2023年修订版本替代",并提供最新条款,以防止用户依赖过时的法律信息。

第四,优化检索逻辑还需要增强AI的法律引用与论证能力,使其在提供检索结果时附带推理路径,增强法律信息的透明度和可验证性。传统的法律检索系统通常仅返回条文或判例,而不会解释这些法律信息适用于特定查询的缘由。而优化后的法律AI则应当能够提供可解释性检索结果,即在返回结果的同时,展示其法律推理过程。例如,当用户搜索"股东能否起诉公司管理层滥用职权?"时,AI不仅应提供《公司法》相关条款,还应列出相关判例和学术观点,并解释法律适用逻辑,如:"根据《公司法》第八十九条,对股东会该项决议投反对票的股东可以请求公司按照合理的价格收购其股权,该规则已在××判例中被适用。"AI还应具备交叉引用功能,即在返回条文时,一并列出相关司法解释、学术论文,使用户能够更全面地理解法律规则的适用范围。

优化检索逻辑无疑是打造个性化法律AI的关键,其直接关系到查询精准度和法律适用的严谨性。通过增强AI对法律概念的深度理解、引入语义搜索和案例推理技术、构建层级化法律适配机制、加强法律引用与推理透明度,AI可以大幅提升法律检索的智能化水平,帮助法律人高效、精准地获取所需法律信息。我们有理由期待,随着AI法律检索技术的不断进步,更加智能、更加严谨的法律 AI 系统将会出现,并真正成为法律实务中的得力助手。

三、精细化提示词工程

生成式人工智能在法律信息检索中依赖用户输入的提示词来生成内容,因此,编写高质量提示词对于 AI 输出的准确性与法律适用性起着决定性作用。法律人可以构建一套标准化的提示词模板,例如:“请根据中国《民法典》第×××条,解释×××法律问题,并提供司法案例支持。”“请列举近五年最高人民法院关于×××类型案件的判决趋势。”用户还可以利用嵌入式上下文提示技巧,让 AI 在生成答案时关联先前的对话历史,避免出现信息断层。同时,针对不同类型的法律问题,可以设定个性化提示词策略,例如,在合同审查场景中,可以使用:“请分析以下合同条款是否存在法律漏洞,并提供建议修改方案。”在刑事辩护场景中,可以使用:“请结合现行刑法和相关司法解释,分析以下案件是否构成正当防卫。”通过优化提示词策略,法律人可以引导 AI 生成更加符合法律逻辑和专业要求的检索结果。

精细化提示词工程是优化法律信息检索的关键手段,它能够直接影响生成式人工智能在法律查询中的准确性、相关性以及法律适用性。鉴于 AI 的核心运行机制是基于用户输入的提示词进行文本生成,且 AI 对法律语言的理解和处理能力在很大程度上取决于提示词的质量,因此,如何构建高质量的提示词成为法律信息检索优化的关键。尤其是在法律领域,信息检索不仅要求 AI 能够准确返回法律条文,还要求 AI 结合具体的案件事实、法律适用条件、司法判例、学术观点等多层次信息进行智能推理。因此,法律专业人士可以构建一套标准化的提示词模板,以提升个性化法律 AI 的检索效果,使其更贴合法律实务需求。

第一,精细化提示词工程的基础在于明确法律问题的检索目标,使 AI 能够理解查询的核心需求并提供精准答案。传统的法律检索通常基于关键词匹配,但在 AI 环境下,提示词的质量决定了 AI 能否准确理解查询的背景、适用范围和预期输出。例如,用户如果输入“公司法股东诉讼”,AI 可能仅返回《公司法》中与股东诉讼相关的条款,而未能提供详细的适用条件或相关判例。若优化提示词,改为“在《公司法》体系下,股东在何种情况下可以起诉公司董事?请提供相关法条、司法解释和典型案例”,那么 AI 能够生成更精确的答案,并提供具有支撑性的法律信息。因此,在构建提示词时,法律人应遵循“明确法

律主题 + 限定适用范围 + 要求信息支持”的原则,例如:

主题清晰:使用完整的法律概念,如“行政复议程序”而非“复议”。

限定适用范围:指明具体法律框架,如“根据《行政诉讼法》”,让 AI 知晓应在何种法律体系内进行检索。

要求信息支持:清晰指示 AI 提供相关条文、判例或学术观点,如“请提供判例支持”,使 AI 输出的答案更具说服力与参考价值。

第二,标准化的提示词模板有助于建立高效的法律 AI 检索体系,使不同用户在查询相同法律问题时能够获得一致性更高的答案。由于法律适用具有严格的逻辑结构和层次关系,在编写提示词过程中,应引导 AI 遵循法律推理的逻辑,而非简单地堆砌法律条文。例如,在劳动法领域,标准化的提示词模板可以采用以下格式:

法律问题描述:明确问题核心,使 AI 清楚知晓需要解答的关键问题。例如:“在什么情况下,企业辞退员工需要支付经济补偿金?”

法律依据:要求 AI 引用具体法条,让答案有明确的法律条文支撑。例如:“请提供适用的《劳动合同法》条文。”

司法实践:引导 AI 提供典型案例,通过实际案例增强答案的实用性。例如:“请列举法院判决中的裁判理由。”

争议观点:要求 AI 综合学术研究,使答案涵盖多方面观点,更加全面。例如:“学界对该问题是否存在不同理解?”

输出格式:要求 AI 整理信息,使输出结果条理清晰,便于用户阅读与理解。例如:“请按‘法律规定—案例—学术观点’的顺序回答。”

这种标准化模板可以应用于各个法律领域,如合同法、刑法、知识产权法等,使 AI 在不同的法律查询中均能按照规范化逻辑生成符合法律实务的答案。法律人还可以针对不同类型的查询需求(如法律咨询、案件分析、法学研究等)制定不同的提示词策略,以优化 AI 的响应质量。

第三,精细化提示词工程需要结合自然语言处理技术,使 AI 能够理解并解析法律专业术语,提高法律检索的精准度。在法律语言中,存在大量的术语、固定表达以及多层次的逻辑关系。例如,“合同解除”在不同的法律情境下可能涉及“协商解除”“法定解除”“违约解除”等不同概念,而 AI 如果未能准确理解这些术语的区分,就可能给出模糊或错误的检索结果。因此,在设计提示词时,应利用法律术语识别和法律知识图谱等 NLP 技术,使 AI 能够正确理解提示词中的专业术语,并在检索时基于法律概念的层级结构进行推理。例如,当用户输入“合同解除的条件”时,AI 可借助知识图谱自动识别不同解除类型,并提供相应的法条和案例。结合语义解析技术,可以使 AI 理解复杂的法律问题,如:“如果房东在合同期内单方面终止租赁合同,租客可以获得哪些补偿?”此类问题涉及《民法典》以及实际判例,优化后的 AI 应能够分析合同解除的条件,并提供补偿计算方法、相关判例以及法律解释,而不仅仅是简单返回一条法律条文。

第四,法律人应当持续优化提示词,通过案例分析和实验反馈机制,不断调整和改进提示词模板。由于法律问题通常具有复杂性和情境依赖性,标准化的提示词并非一成不变,而应当在实践中不断迭代。例如,在企业合规领域,法律顾问可能会搜索“数据泄露的法律责任”,AI 如果返回的信息过于笼统,则应优化提示词,如:“在中国现行法律体系下,企业因数据泄露可能面临哪些法律责任?请提供《网络安全法》及其他适用法律法规,并列举具体判例。”法律人可以通过实验反馈机制,测试不同提示词对 AI 输出质量的影响,并根据检索结果调整提示词策略。例如,通过 A/B 测试不同的提示词表述方式,评估 AI 输出的准确度、完整度和可解释性,从而优化最终的提示词设计。

精细化提示词工程是提升个性化法律 AI 检索效果的重要手段。通过构建标准化的提示词模板、结合法律 NLP 技术、优化提示词逻辑、不断迭代和完善,法律人可以促使 AI 提供精准、严谨、符合法律适用标准的检索结果。未来,随着 AI 技术的发展,法律人将能够更加高效地进行法律信息检索,而高质量的提示词工程将成为推动这一变革的核心支撑。

四、增强可解释性

由于 AI 存在“黑箱”特性,法律人需要特别关注 AI 检索的可解释性,以防止 AI 生成未经验证的法律信息。打造个性化法律 AI 的过程中,引入“可追溯性机制”是一项重要举措。该机制旨在使 AI 在生成答案时,同步附带引用的法条、判例或法律文献来源。例如,当 AI 回答“公司股东是否可以随时请求解散公司?”这一问题时,答案应明确标注:“根据《公司法》第 × × × 条……”或“依据法院相关判例(案号:× × ×)……”如此一来,法律人便能够核验信息的准确性。用户还可以结合“逐步推理”技巧,让 AI 在回答复杂法律问题时,详细展示其推理过程,如:“按照如下步骤:(1)分析法律条文,(2)对比相关判例,

(3)结合司法解释和学者观点得出结论。”这种增强 AI 透明度的方法,可以帮助法律人更好地理解 AI 的法律推理逻辑,提高检索结果的可信度。

传统的法律信息检索工具通常基于关键词匹配或规则引擎,虽然能够返回相关法律信息,但往往缺乏系统性的推理路径,而 AI 在法律信息检索中的优势在于,能够结合语义理解与推理能力,提供更加结构化和符合语境的答案。然而,由于 AI 模型具有“黑箱性”,以及可能出现“幻觉”问题,其在回答法律问题时可能会生成不准确、未经验证或缺乏法律依据的信息。因此,构建可追溯性机制,使 AI 能够明确列出答案的法律依据,是提升个性化法律 AI 专业性的关键步骤。

可追溯性机制的核心在于让 AI 提供一个具有法律可验证性的完整检索结果,而不仅仅是一个模糊的法律解释。例如,当用户询问“在中国,公司解散的法定情形有哪些?”时,普通的检索系统可能会给出一个简要的答案,例如:“公司可以因破产、股东决议或其他法定事由解散。”但这种回答缺乏法律依据,无法满足法律人严谨的工作需求。如果引入可追溯性机制,AI 应当在回答时附带具体的法律条文,例如:“根据《公司法》第二百二十九条,公司因下列原因解散:(一)公司章程规定的营业期限届满或者公司章程规定的其他解散事由出现;(二)股东会决议解散;(三)因公司合并或者分立需要解散;(四)依法被吊销营业执照、责令关闭或者被撤销;(五)人民法院依照本法第二百三十一条的规定予以解散。公司出现前款规定的解散事由,应当在十日内将解散事由通过国家企业信用信息公示系统予以公示。”AI 还可以补充相关的司法判例,以佐证公司解散的条件应侧重于公司内部管理机制的运行状态,而非单纯的经济亏损。

建立可追溯性机制,关键在于 AI 的答案生成过程必须具有清晰的法律数据来源,并能准确匹配相关法律文本。这可以通过以下技术手段加以实现:**第一,构建法律知识图谱**。构建法律知识图谱,使 AI 能够在检索时自动匹配法律条文、案例和学术论文。例如,在处理劳动争议问题时,知识图谱可以关联《劳动合同法》条款、最高人民法院相关司法解释及典型案例,使 AI 能够精准引用权威法律信息。**第二,法律数据库索引**。将各类法律文件(如成文法、判例、法律评论等)进行结构化索引,并与 AI 生成内容实时对接,以便在 AI 回答问题时自动附加相关的法律依据。例如,当 AI 回答“无固定期限劳动合同的解除条件”时,它可以自动引用《劳动合同法》第三十九条、第四十条的具体条文,并列出相关的裁判案例。**第三，可解释性 AI 技术**。结合可解释性 AI，使 AI 在生成答案时，能够提供推理链路。例如，在分析合同违约责任时，AI 可以按“合同约定—法律规定—案例支持”三层逻辑进行推理，并在每个环节标注信息来源，使用户能够清楚看到 AI 是如何得出结论的。

可追溯性机制的引入不仅增强了 AI 检索结果的可信度，同时也有助于提高法律人对 AI 的信任度和使用效率。在法律实践中，律师、法官、研究人员在引用法律信息时，通常需要向法院、客户或学术同行证明其法律观点的依据。如果 AI 的回答不能提供具体的法律来源，法律人就不得不手动检索相关法律条文或判例，这会导致工作流程的重复和低效。而如果 AI 能够在回答时自动附加法律依据，法律人便可以更快地验证信息的准确性，并直接将其应用于法律分析、诉讼策略制定或学术研究。例如，当律师使用 AI 检索“商业秘密侵权的法律责任”时，AI 不仅提供《反不正当竞争法》第十七条关于侵权责任的规定，还可以引用最高人民法院的指导性案例，以及相关法学论文的观点，从而为律师提供更全面的法律参考。

可追溯性机制还有助于提升法律 AI 在不同法律体系下的适用性，特别是在跨法域法律检索场景中。例如，在国际仲裁领域，不同法域的法律规定和判例体系差异显著，而如果 AI 能够自动区分不同国家或地区的法律信息，并附带相应的法律来源，将极大提高跨国法律服务的效率。例如，当用户查询“美国法下的反垄断规定”时，AI 应当引用《谢尔曼法》（Sherman Act）及相关判例，而在查询“欧盟反垄断法规”时，则应引用《欧盟竞争法》（EU Competition Law）及欧洲法院的判决。这种智能化的法律信息匹配能力，可以使个性化法律 AI 更好地满足全球法律市场的需求。

在打造个性化法律 AI 时，引入可追溯性机制能够有效提升 AI 检索结果的可信度、可验证性和法律适用性。法律知识图谱、法律数据库索引、可解释性 AI 等技术手段，可以让 AI 在提供法律答案时，附带引用的法条、判例或法律文献，从而确保法律信息的权威性和透明度。未来，随着 AI 技术的进一步发展，可追溯性机制将成为法律 AI 检索的标准配置，使 AI 真正成为法律专业人士可信赖的智能助手。

五、持续训练和优化

法律信息具有高度的动态性，其主要体现在两个方面：一是法律条文随时可能被修订,二是新的判例和法律学术研究不断涌现。因此,法律 AI 的数据库必须定期更新,并结合"反馈式训练"机制,提升检索结果的准确性、时效性和适用性。传统法律信息检索工具,如基于规则匹配或关键词索引的法律数据库,主要依赖人工维护和更新,其更新周期往往较长,难以紧跟法律动态变化的节奏。而法律 AI 的优势在于能够结合自然语言处理技术和机器学习技术,对法律文本进行深度理解,并自动生成法律解读。然而,AI 的核心知识库如果不能及时更新,将导致其生成的答案失去法律效力或参考价值。例如,如果 AI 基于过时的《公司法》回答法律问题,而没有更新至最新的修订版本,法律从业者一旦盲目依赖 AI 提供的检索结果,就可能造成严重的法律适用错误。因此,构建一个动态可更新的法律 AI 数据库,并结合反馈式训练机制进行持续优化,是促成法律 AI 适应法律信息变更的关键所在。

法律 AI 的数据库更新可以从多个维度进行优化,包括法律条文更新、判例检索优化、学术论文整合以及行业实践调整。一是法律条文的变更是法律 AI 数据库更新的最基本要求。各国法律体系的修订频率不同,例如,中国的《民法典》虽为长期稳定的法律,但其下位法规、司法解释等可能频繁调整;美国的判例法体系则要求 AI 实时抓取最新法院裁决,以确保法律检索结果符合最新法律适用标准。因此,法律 AI 应当与官方法律数据库、政府立法公告、法院判例数据库(如中国裁判文书网、Westlaw、LexisNexis 等)进行数据同步,使其知识库始终保持最新状态。二是法律 AI 还需要优化判例检索逻辑,以确保其能够识别最新且具有法律效力的案例。例如,在劳动法领域,最高人民法院每年可能会发布指导性案例或新型劳动争议的裁决,法律 AI 若不能及时更新这些判例,则可能导致其检索结果缺乏实务价值。三是法律 AI 还可以整合最新的法律学术论文和行业报告,使其不仅具备法律条文和判例的检索能力,还能结合学界最新研究成果,为法律人提供更全面的法律分析支持。

在数据库更新之外,"反馈式训练"是提升法律 AI 检索能力的另一关键策略。反馈式训练的基本原理在于,法律人在使用 AI 进行法律检索时,对其生成的答案进行评分,并标注其回答正确与否或可改进之处,进而调整 AI 的生成策略。例如,当律师向 AI 询问"合同解除的法定条件"时,AI 可能会引用《合同法》第九十四条,律师可以对 AI 的回答进行评分,并提供最新的法律依据(《民法典》第五百六十三条)作为反馈,AI 将根据这些反馈优化其未来的回答策略。反馈式训练可以通过以下几种方式实现:**第一,用户评分机制**。法律 AI 可以在每次回答后,提供"满意/不满意"选项,用户可以根据答案的准确性和适用性进行评分。例如,当法官使用AI检索某一刑事案件的量刑标准时,如果AI引用的是旧版刑法规定,法官可以给予"低分"反馈,并提供最新法条作为参考,AI会将该信息记录并调整后续的回答逻辑。**第二,错题标注与纠正**。用户可以在AI回答错误时,直接标注具体错误并提供正确答案。例如,在知识产权案件检索中,如果AI错误地引用了撤销的判例,律师可以标注该判例已失效,并补充新的案例,AI将在后续训练中避免重复类似错误。**第三,主动学习**。AI可以自动检测高频错误或用户评分较低的回答,并进行二次训练。例如,如果多个用户都对AI关于"数据合规"的回答给出低分,系统可以触发"主动学习"机制,要求AI重新检索最新的数据保护法,并优化其回答策略。**第四,专家审核**。在大型法律团队或律所内部,可以由专业律师或法律研究人员对AI的回答进行定期审核,并提供专业修改意见。例如,法律科技公司可以建立"AI法律专家小组",定期检查AI的检索质量,并通过人工标注优化AI的生成逻辑。

反馈式训练的优势在于能够实现AI的自我优化,使其随着用户的使用不断进化,提升检索结果的精准度和实务适用性。传统的法律信息检索工具通常是静态的,即使开发者定期更新数据库,也难以完全满足法律人的个性化需求。而通过反馈式训练,法律AI可以根据用户的反馈动态调整其回答策略,逐步提高对特定法律领域的理解能力。例如,一位专攻金融法的律师可能会频繁检索《证券法》相关内容,而另一位专注于知识产权的律师则更关注《专利法》《商标法》等,AI可以根据这些用户行为数据,逐步优化其个性化检索结果,使其更符合用户的专业背景和需求。

法律AI要想在高度动态的法律环境中保持准确性和适用性,就必须定期更新数据库,并结合反馈式训练机制进行持续优化。通过与官方法律数据库对接、整合法律学术资源、优化判例检索能力,AI可以确保其知识库始终与最新法律发展保持同步。同时,反馈式训练能够让用户在使用AI进行法律检索的过程中,直接参与到AI的优化过程中,使AI的回答逻辑不断进化,最终提高其法律适用能力和用户信任度。未来,随着AI技术的发展,结合数据自动更新和反馈式训练的法律AI将成为法律从业者不可或缺的智能助手,使法律信息检索更加精准、高效和个性化。

六、小(零)样本学习

法律信息检索面临的核心挑战之一,在于法律规则的不断演变与新型法律问题的涌现,这些往往超出 AI 的既有训练数据范围。传统的机器学习方法通常依赖于大量标注数据进行训练,而法律领域的专业性与复杂性,致使数据标注成本居高不下,难以在较短时间内获得充足的训练数据。在此背景下,小样本学习和零样本学习技术成为法律 AI 提升推理与分析能力的重要手段,能够使其在面对新型法律问题时,基于已有知识进行合理的法律推理和准确的法律适用。这两种学习方式的核心优势在于减少 AI 对大规模人工标注数据的依赖,使其能更高效地从有限的法律文本中提炼学习模式,并在没有先验知识或仅有少量案例的情况下,顺利进行法律推理。例如,当全新的数字隐私法规出台,或人工智能法律责任纠纷初现端倪时,AI 可以利用小(零)样本学习技术,在仅有极少量判例或相关法律条文的情况下,也能够对类似案件的法律适用进行推断,从而提高法律 AI 的适应性。

小样本学习适用于 AI 在仅拥有有限示例的情况下进行学习和推理。在法律实践中,许多新型案件并没有充足的先例可供参考,特别是那些涉及前沿科技、人工智能伦理、区块链合约、数据主权等新兴领域的法律争议。小样本学习技术的核心在于,AI 能够凭借极少的训练样本,基于已有法律知识进行泛化推理。例如,某国新颁布了一部关于人工智能生成内容的法律,相关判决数量稀少,AI 无法依赖大规模数据来训练其法律适用模式。但如果法律人提供几个具有代表性的案例和对应的法律条文作为示例,AI 便可以依托这些小样本进行推理,从而得出具有法律适用性的建议。

具体而言,小样本学习可以通过以下几种技术手段实现:**第一,基于少量案例的法律推理**。AI 可以通过对比已有的类似判例,在有限的样本下学习案件事实、法律适用规则和法官裁判逻辑。例如,在数字货币监管相关诉讼较少的情况下,AI 可以基于现有的金融监管法和类似的证券法规,推理出可能适用的法律条款,并结合用户提供的几个判例进行精准分析。**第二,上下文嵌入与迁移学习**。法律 AI 可以借助如 DeepSeek 等开源模型,在法律语境中进行微调,使其能在已有法律文本的基础上,结合用户提供的示例,推测新法规的适用方式。例如,在 AI 著作权问题尚无明确法律规定时,AI 可以参考既有知识产权法和其他国家的相关案例,通过小样本学习技术推理出潜在的法律适用框架。**第三,法律人提供引导性示例**。在提示词工程中,用户可以提供几个相关的案例或法条作为引导,促使 AI 根据这些示例生成符合法律逻辑的回答。例如,律师在使用 AI 分析 L2 级自动驾驶汽车事故责任归属问题时,可以输入已有的真实案例,AI 便能基于示例,推理出针对特定案件的法律适用逻辑。

零样本学习则进一步突破了 AI 对先验数据的依赖,使其能够在完全没有示例的情况下,仅凭语义推理能力对新型法律问题进行分析。这一技术对于法律领域尤为关键,因为法律人经常会遇到前所未有的案件,例如,生成式人工智能生成的虚假信息是否构成诽谤、自动驾驶汽车的 AI 决策是否应当承担法律责任等问题,这些问题在传统法律体系中可能尚无明确的法律适用规则,而 AI 必须依赖既有的法律知识体系进行合理推断。例如,当律师向 AI 咨询"元宇宙中的虚拟财产是否受原《物权法》保护"时,AI 即便未接受过相关判例的训练,也可以利用零样本学习技术,通过理解"虚拟财产"与"物权法"之间的语义关联性,并结合其他法律体系(如知识产权、合同法、电子商务法)的相关规定,推测出可能的法律适用路径。

零样本学习技术的实现主要依赖以下几个方面:**第一,概念层级推理**。AI 可以基于已有法律概念的层级关系,推理出可能的法律适用方式。例如,对于"电子证据的法律效力"在传统法学体系中可能缺乏先例的问题,AI 可以通过梳理电子签名法、电子商务法和证据规则的相互关系,推测出电子证据的可采性标准。**第二,跨领域法律适用推理**。零样本学习可以让 AI 利用相似领域的法律原则,来推理新领域的法律适用规则。例如,在尚无"人工智能自我决策责任"的直接法规情况下,AI 可以借鉴公司法人责任、自动驾驶汽车责任归属等相似法律原则,推测可能的法律适用框架。**第三,语义匹配与类比推理**。AI 可以利用语义匹配技术,在已有法律条文中找到与新问题相似的部分,进而推测其适用方式。例如,当用户向 AI 咨询"NFT(非同质化代币)是否适用于现有知识产权法"时,AI 可以分析 NFT 的法律属性,并类比传统版权法、商标法的相关规定,推测其可能的法律适用情况。

在法律信息检索和法律推理应用场景中,小样本学习和零样本学习技术的引入极大地提升了 AI 面对新型法律问题时的适应能力,使其能够在有限的训练数据条件下实现精准推理,甚至在无先例可循的情况下,基于现有的法律体系推测适用规则。未来,法律 AI 有望结合这两种技术,使其不仅能够回答已有法律框架内的问题,还能在法律体系尚未完全覆盖的领域,提供合理的法律分析和推测。法律专业人士可以通过与 AI 进行交互式训练,逐步优化其小(零)样本学习能力,使 AI 更好地服务于法律实务,最终推动法律信息检索智能化水平的全面提升。

七、总结

法律人要打造个性化的法律信息检索 AI,需要从数据源选择、检索逻辑优化、提示词工程、可解释性增强、持续训练与优化等多个维度进行深度定制。构建专属法律数据库,提高 AI 的法律适用性;优化检索模式,提升查询精准度;运用提示词工程,引导 AI 生成高质量法律信息;增强 AI 可解释性,确保法律推理的透明度;持续训练 AI,使其不断适应最新法律动态。只有这样,法律人才能真正打造一款符合自身需求的个性化法律信息检索 AI,让 AI 成为法律实务、学术研究、合同审查、诉讼策略制定等工作的高效助手,推动法律行业迈向智能化新时代。

第五章　生成式 AI 法律检索的提示词技巧

随着生成式人工智能技术的快速发展，法律信息检索正从传统的关键词匹配模式向语义理解与智能生成阶段迈进。生成式 AI 凭借其强大的自然语言处理能力，能够基于复杂的法律问题生成高度契合的检索结果，为法律从业者提供更为多元且精确的信息支持。然而，生成式 AI 的输出质量在很大程度上取决于用户输入的提示词（prompt）设计，提示词的准确性、清晰性和逻辑性直接影响 AI 理解法律问题的深度与检索结果的有效性。因此，如何构建有效的提示词，提升生成式 AI 法律检索的精准度与适配性，已成为法律人工智能应用中亟待解决的核心问题。本章将围绕生成式 AI 法律检索的提示词技巧展开，探讨法律信息检索中提示词设计的基本原理与实践策略及其局限性。通过对生成式 AI 法律检索提示词技巧的系统分析，本章旨在按照“法学理论 + 部门法”的逻辑顺序，为不同法学领域提供有效的提示词构建方法，助力读者在法律研究、司法实践与法律服务中充分发挥 AI 的技术优势，同时保持对 AI 生成结果的审慎性与可控性，推动法律信息检索向智能化、精准化与多维化发展。特别提请读者注意的是，本书仅仅将 AI 作为法律信息检索工具，提倡对 AI 生成内容的真实性、有效性与合理性予以批判性反思，而非鼓励读者不加验证地直接应用其内容。

第一节　设计提示词驱动 DeepSeek 的五大技巧

在使用 DeepSeek 时，提示词的设计直接决定了模型的输出质量、方向和精准度。一个精心设计的提示词不仅能让 DeepSeek 更准确地理解用户意图，还能最大程度发挥其智能生成能力，提高信息的深度和结构化程度。为了更好地驱动 DeepSeek，需要从提示词的清晰性、具体性、分步引导、角色设定、格式化要求等多个方面入手。“提示词的设置”恰恰是体现使用者功力的地方，建议法学专业本科生在用 AI 赋能之前，先阅读一系列基础教材，提升自身的提问能力。

一、确保提示词的清晰性，减少歧义

DeepSeek 的语言理解能力虽然非常强大，但仍然依赖输入的提示词来确定输出方向。如果提示词含糊不清、歧义较多，模型可能会给出与用户期望不符的回答。

例如，如果用户仅输入“请解释量子计算”，DeepSeek 可能会从多个维度进行解释，如技术原理、应用场景、历史发展等，而用户的真实需求可能只是想了解它在人工智能中的作用。因此，在设计提示词时，建议明确具体的问题范围和回答层次，如：“请用通俗易懂的语言，解释量子计算的基本原理，并举一个日常生活中的类比。”

这种方式可以避免泛化，使模型更贴合实际需求。

二、提高提示词的具体性，引导详细回答

模型的输出质量与提示词的具体程度高度相关。如果提示词过于宽泛，模型的回答往往会流于表面，缺乏深度。要获得更详细的回答，可以在提示词中增加背景信息、预期目标、输出结构等。

例如，相较于“如何提高写作能力？”这样的问题，一个更优的提示词可以是：“我是一名大学生，正在准备学术论文写作。我希望提高自己的写作能力，尤其是逻辑严密性和论证方法。请你从选题、论点构建、论证方式、语言风格等方面提供具体建议。”

这样的提示能够引导 DeepSeek 针对用户的具体需求给出针对性更强的建议，而不是泛泛而谈。

三、利用分步引导，控制输出逻辑和层次

DeepSeek 的回答往往受提示词的结构影响。如果提示词没有明确的逻辑

顺序，模型可能会按照惯性生成信息，缺乏条理性。为提高回答的逻辑性和条理性，可以使用分步引导（step - by - step prompting），即在提示词中设定多个问题或步骤，让模型按照设定顺序回答。

例如，假设想要了解“如何撰写高质量的研究论文”，可以将提示词设计为：

“如何选择一个合适的研究课题？”

“如何检索和整理文献，以支持自己的研究？”

“如何构建论文的大纲，使其逻辑清晰？”

“如何提高论文的论证严密性，避免逻辑漏洞？”

“有哪些学术写作的常见错误需要避免？”

这样的设计不仅能确保模型的回答层次分明，还能让回答更符合人们的思考习惯，而不是一次性给出杂乱的信息。

四、设定角色，让 DeepSeek 以特定视角回答

DeepSeek 具有一定的“角色扮演”能力，如果在提示词中明确指定角色，模型的回答会更具针对性。例如，如果希望 DeepSeek 以法律专家的身份解释数字人权问题，可以这样设计提示词：“假设你是一位国际法学者，专门研究数字人权问题。请基于国际法框架，分析数字人权的核心要素，并探讨其在跨国法律适用中的挑战。”通过设定角色，DeepSeek 会自动调整回答风格，使其更符合特定领域的语言风格和知识框架。此外，不同的角色设定会影响模型回答的措辞和深度，例如：

“请以儿童教育专家的身份，解释向小学生讲解数据隐私的重要性。”

“请以卢曼系统论的视角，探讨现代社会的人权概念是如何制度化的。”

此种提问方式可以使 DeepSeek 从更加精准、专业的角度回答问题，而不是只给出泛泛而谈的结论。

五、使用格式化要求，提高输出的可读性

在某些情况下，我们希望 DeepSeek 生成的内容更加结构化，便于阅读或直接使用。这时，可以在提示词中加入格式化要求，例如：

“请用表格的方式，对比传统劳动权与数字劳动权的异同。”

“请用条目列表总结提高学术写作质量的关键要点。”

“请用五个自然段的结构,详细论述‘数字人权的合法性争议’。”

此外,用户还可以指定回答的长度、风格或语气,例如:

“请用正式学术风格撰写一篇关于人工智能伦理的概述文章(不低于500字)。”

“请用简洁直白的语言,解释黑洞的基本概念,避免使用复杂的数学公式。”

“请用500字左右回答,并确保内容涵盖关键理论背景。”

这些格式化要求可以帮助DeepSeek生成更加符合用户需求的输出,避免回答过长或过短,或者内容不够系统化。

六、总结

要充分发挥DeepSeek的智能能力,提示词的设计至关重要。一是要确保提示词的清晰性,避免歧义;二是要提高具体性,提供详细背景信息和预期目标;三是可以利用分步引导,控制回答的逻辑顺序;四是角色设定可以让模型以特定角度回答问题,提高专业性;五是格式化要求可以提升输出的可读性,使其更容易直接使用。通过这些方法,可以更高效地驱动DeepSeek,使其生成的内容更符合需求,获取更好的智能交互体验。

第二节　生成式AI法律检索提示词的必要性

生成式AI正深刻改变法学研究的方式,从法律文献的阅读、学术思考的深化、论文写作的优化到研究成果的发表,均得到了前所未有的赋能。传统法学研究依赖于法律人广泛的文献检索、体系化的理论分析以及严谨的学术写作,这些环节往往耗时费力,且受限于研究者个人的知识广度和信息获取能力。生成式AI的引入,使得法学研究可以更高效地整合信息、深化理论思考、优化写作过程,并提升研究的可传播性。这一变革将大大加速法学知识的生产与流通,同时促进跨学科合作与全球化学术交流。

生成式AI极大地提升了法学研究的阅读效率。法学研究的第一步往往是查阅大量文献,包括判例、法规、学术论文、法律评论等,传统的法律信息检索方式需要研究者耗费大量时间筛选、归纳、理解文献。尽管已有法律数据库

(如 Westlaw、LexisNexis、中国知网、北大法宝等)提供关键词检索、全文检索等功能,但这些方式仍然需要研究者自行整理信息,并判断检索结果的相关性和准确性。生成式 AI 则能够自动解析法律文本,并以自然语言摘要的方式提供核心观点。例如,研究者输入"请总结近十年关于数据主权的学术讨论",AI 便可提炼出相关研究的核心论点、学术争议及演变趋势,使研究者能够快速掌握研究领域的最新动态。此外,AI 还能自动翻译和分析多语言法律文献,使全球范围内的法律研究成果更容易被获取和理解,打破语言壁垒,提高跨国法学研究的可行性。

生成式 AI 赋能法学思考的多维度拓展。法学研究不仅仅是信息收集,更重要的是基于已有知识进行批判性思考和理论创新。在这一过程中,AI 能够通过多角度的文本分析,帮助研究者识别理论漏洞、比较不同学派观点,并模拟不同学术立场。例如,研究者可以向 AI 提问:"如何评价卢曼系统论视角下的数据隐私权?"AI 便能结合卢曼的功能分化理论,归纳相关法学家的观点,并提供可能的争议点,启发研究者进行进一步探讨。更进一步,AI 还能通过跨学科分析,帮助研究者从社会学、经济学、计算机科学等领域引入新的视角,以更全面的方式理解法律问题。例如,在探讨算法透明性时,AI 可以将计算机科学的可解释性模型和法学关于正当程序的讨论相结合,为研究者提供多学科交叉分析的可能性。此外,生成式 AI 还能进行法律推理训练,例如模拟法官裁判逻辑,帮助研究者从实践角度检验理论假设,使法学研究更加贴近现实法律问题。

生成式 AI 在学术写作方面显著优化了法学论文的撰写过程。法学论文通常需要严谨的逻辑结构、精准的法律概念以及大量的文献支持,而传统写作过程中,研究者需要反复推敲表达、查找引用,并确保论证的连贯性。生成式 AI 能够在初稿阶段提供结构化的写作建议,例如研究者可以输入论文大纲,AI 便能自动生成各部分的摘要和核心论点,帮助研究者快速搭建论文框架。此外,AI 还能辅助法律术语的精准表达,例如在国际法研究中,研究者输入某个法律概念,AI 便能提供该概念在不同司法体系中的术语对应关系,保持学术写作的专业性。在论证过程中,AI 还能提供案例支持,例如研究者探讨"数据泄露的法律责任"时,AI 可以自动匹配相关判例,并概括法官的裁判理由,使论文更具实践说服力。与此同时,AI 还可以辅助学术写作的润色,例如自动检测逻辑矛盾、语法错误,甚至优化论证的说服力,使法学论文的写作效率和质量同步提升。

生成式 AI 在研究成果的发表与传播方面,使学术交流更加高效和精准。传统的法学论文发表往往涉及期刊选择、投稿格式调整、学术引证规范检查等烦琐步骤,而 AI 可以自动推荐适合的期刊,并根据投稿要求调整论文格式,减少研究者在非学术性事务上的时间投入。此外,AI 还能辅助研究者撰写摘要、关键词,使论文更易被检索和引用,提高学术传播的影响力。对于开放获取(Open Access)模式下的学术传播,AI 还能自动生成论文的多语言摘要,降低研究成果的传播门槛,使其更容易为国际同行所理解。此外,AI 还能辅助研究者进行学术社交,例如在法律会议、学术论坛中,AI 可以自动推荐相关研究者,并生成适合的学术邮件或社交媒体推文,帮助研究者建立更广泛的学术网络。

生成式 AI 在法律文献阅读、学术思考深化、论文写作优化、研究成果传播等多个方面,为法学研究带来了革命性的变革。它不仅提高了法学研究的效率,使研究者能够更快地获取和处理法律信息,还拓展了法学思考的边界,促进了跨学科融合和国际交流。然而,尽管 AI 极大地赋能了法学研究,法律学术研究的核心仍然是人类的批判性思维和创造力。AI 可以作为高效的信息处理和辅助推理工具,但最终的学术创新仍依赖研究者的深度思考和理论构建。因此,未来的法学研究模式可能是一种"AI 增强的法学研究"(AI - augmented legal research),即 AI 负责信息处理和数据分析,而研究者则专注于理论创新和法律思考。这种模式不仅能够提高法学研究的质量,还将推动法学学术生态的进一步发展,使法律知识的生产与传播进入一个更加智能、高效的时代。

第三节　提示词技巧一:结构化指令

一、技巧拆解

在人工智能语言模型的应用过程中,提示词(Prompt)的设计往往直接决定了输出内容的质量与适用性。所谓"结构化指令",是指在与 DeepSeek 这一类大型语言模型进行交互时,通过精心设计的层级化、模块化与逻辑清晰的语句结构,对模型的响应内容加以引导与约束,从而获得更具针对性、系统性与稳定性的输出结果。这种提示词策略不同于简单的自然语言询问,它更强调逻辑的严密、角色与任务的明确划分、输出格式的预设以及对模型行为边界的精确控制。因此,结构化指令不仅是一种操作技巧,更体现了一种法律人应有的技术素养:善于从规范化与制度化角度理解技术逻辑，并将其内化为自身工作流程的一部分。

在具体操作层面，结构化指令一般包括四个核心要素：角色设定（Role Assignment）、任务说明（Task Instruction）、输出格式（Output Format）与操作限制（Constraints）。**首先，角色设定可以通过句首赋予模型一个具体身份，**例如“你是一位熟悉中国行政法的法学专家”，从而引导模型在专业语境中组织其语言与论证方式。**其次，任务说明应当清晰具体，避免模糊性表达，**例如“请为我起草一份行政复议申请书的初稿”要比“帮我写个法律文书”更易于获得高质量回应。**再次，输出格式的设定同样关键，**它能大幅提升内容的可读性与可用性，例如可以要求“请使用三段式结构，每段不少于 300 字，最后附上参考法条”。**最后，操作限制部分则是对内容边界的预设，**例如“不得引用失效的法律条文”或“只限于《行政复议法》与相关司法解释”。这四要素共同构成了一套高度规范化的提示框架，使模型的响应过程更接近“制度化生产”。

在使用结构化指令时，需要注意以下几个关键事项。**首先，避免提示词的内部逻辑冲突。**例如，不应同时要求“以通俗语言解释”与“保留学术表达风格”，否则会导致模型无法判断优先级。**其次，提示词应避免信息过载，**即一次性输入多个任务指令，容易造成模型“注意力分散”而降低输出质量。相反，应将任务拆解为多个逻辑节点，分步进行输入，以便于模型逐步构建回应内容。此外，在设定输出格式时，建议采用清晰的标签或编号方式（如“第一部分”“第二部分”），并尽量预设字数或内容长度，以增强结构化输出的可控性。**最后，值得强调的是，结构化指令本身并不等于复杂指令，**相反，它追求的是“简洁中的秩序”，是对语言模型理解机制的精准把握。

二、提示词示例

举例而言，假设我们希望使用 DeepSeek 辅助起草一份关于《行政复议法》（修订草案）的政策评估报告，可以设置如下结构化指令：“你是一位专攻行政法的政策评估专家，请撰写一份关于《行政复议法》（修订草案）可能引发行政行为规范变革的分析报告，要求包括以下内容：（1）立法背景概述；（2）主要修改条款及其政策意图；（3）可能带来的制度影响与实施风险；每部分不少于 500 字，内容需结合我国现行行政程序制度，引用相关法条并标注出处。”这样的提示不仅角色明确、任务清晰、结构预设，而且字数要求与引用标准都具备可操作性，可显著提升生成内容的准确度与学术性。

> 你是一位专攻行政法的政策评估专家，请撰写一份关于《行政复议法》（修订草案）可能引发行政行为规范变革的分析报告，要求包括以下内容：(1) 立法背景概述；(2) 主要修改条款及其政策意图；(3) 可能带来的制度影响与实施风险；每部分不少于500字，内容需结合我国现行行政程序制度，引用相关法条并标注出处。

引用 13 篇资料作为参考 >

关于《行政复议法》（修订草案）引发行政行为规范变革的分析报告

一、立法背景概述

《行政复议法》的修订是贯彻落实习近平法治思想和党中央决策部署的重要举措。党的十八大以来，党中央高度重视行政复议工作，党的十八届三中全会明确提出"改革行政复议体制，健全行政复议案件审理机制"，2020年中央全面依法治国委员会第三次会议审议通过《行政复议体制改革方案》，强调发挥行政复议"公正高效、便民为民"的制度优势和化解行政争议的"主渠道作用"[1][3]。现行《行政复议法》自1999年施行以来，虽经两次修正，但随着经济社会发展，其受案范围偏窄、管辖分散、程序效率不足等问题日益凸显，难以满足实质性化解行政争议的需求[1][6]。

此次修订的背景还包括：一是行政诉讼"案结事不了"现象突出，行政复议作为行政系统自我纠错机制的功能亟待强化；二是《法治中国建设规划（2020—2025年）》和《法治政府建设实施纲要（2021—2025年）》明确要求整合行政复议职责；三是实践中行政复议案件数量逐年上升，但调解、听证等程序缺乏统一规范，制约了制度效能[3][6]。修订草案于2023年9月1日经全国人大常委会审议通过，2024年1月1日起施行，条文从43条增至90条，标志着我国行政复议制度进入新阶段[1][5]。

二、主要修改条款及其政策意图

1. **功能定位调整**
   新法第1条将立法目的从"保障和监督行政机关依法行使职权"调整为"监督和保障"，并新增"发挥行政复议化解行政争议的主渠道作用"。这一修改旨在强化行政复议的监督属性，推动行政争议源头治理[3][11]。
2. **管辖体制集中化**
   取消地方政府工作部门的复议职责，改由县级以上地方政府统一行使（第24条），仅保留垂直领导机关、税务和国家安全机关的特殊情形。此举解决原"条块结合"体制下复议资源分散、标准不统一的问题，提升复议公信力[2][7]。
3. **受案范围扩大与前置程序优化**
   - 受案范围新增行政协议（如土地征收补偿协议）、政府信息公开、工伤认定等行为（第11条），与《行政诉讼法》衔接[4][7]。
   - 复议前置范围扩展至当场行政处罚、行政不作为、政府信息公开拒绝等情形（第23条），并通过"法律和行政法规"限缩设定权限，避免地方性法规滥用[11][13]。
4. **程序机制革新**
   - **简易程序**：对事实清楚、争议不大的案件（如3000元以下罚款）适用30日审结的简易程序（第53条），提升效率[4][7]。
   - **听证与委员会制度**：重大疑难案件须听证，并引入行政复议委员会提供咨询意见（第50、52条），增强专业性[6][13]。
   - **调解普遍化**：所有复议案件均可调解（第5条），突破原《实施条例》仅限裁量权和赔偿案件的限制[5][12]。
5. **监督体系强化**
   新增确认无效、责令履行行政协议等决定类型（第63条），并建立约谈、通报批评等执行监督机制（第75条），解决复议决定"执行难"问题[7][10]。

三、可能带来的制度影响与实施风险

1. 积极影响

- **争议化解效率提升**：通过集中管辖、简易程序等设计，预计复议案件平均审理周期缩短20%—30%，缓解行政诉讼压力 3 13 。
- **行政行为规范化**：复议前置范围的扩大倒逼行政机关在执法中更注重程序合法性，例如政府信息公开拒绝需附带理由说明（第23条） 4 11 。
- **行政协议法治化**：将行政协议纳入复议范围，有助于解决土地征收等领域长期存在的"协议不履"问题（第11条） 12 。

2. 实施风险与挑战

- **复议机关能力不足**：地方政府司法行政部门可能面临案件量激增与专业化不足的双重压力，尤其涉及金融、税务等专业领域时 8 13 。
- **调解滥用风险**：调解普遍化可能导致"和稀泥"式处理，需警惕行政机关以调解替代实质纠错 5 9 。
- **规范性文件审查冲突**：第12条允许对乡镇政府文件附带审查，但若与上位法冲突，可能引发系统性执法争议 4 7 。

建议：需配套制定《行政复议法实施条例》，细化听证规则、调解标准等操作规范；加强复议人员培训，建立跨部门专家库；完善与行政诉讼的衔接机制，避免程序空转 6 13 。

综上所述，结构化指令作为 DeepSeek 提示词设计的核心技巧之一，不仅能够显著提升模型回应的系统性与逻辑性，更体现了法律人在 AI 时代应当具备的技术表达能力与规范意识。通过熟练掌握该技巧，法律人可以更高效地与 AI 模型展开合作，不仅作为工具的使用者，更作为思维框架的设计者，主动掌控人机协同的交互流程。未来，在智能化法律服务日益普及的语境中，结构化提示词的能力将成为每一位"AI 时代法律人"的基础技能之一。

第四节　提示词技巧二：角色设定法

一、技巧拆解

在人工智能与法律职业深度融合的背景下，提示词的设计不仅关乎生成内容的表面质量，更涉及模型能否有效"进入"特定语境，实现真正意义上的任务匹配与信息协同。其中，角色设定法（Role Prompting）作为提示词设计的核心策略之一，尤为关键。它指的是用户在与 DeepSeek 互动时，明确赋予模型一个具有特定身份、专业背景或任务目标的角色，从而引导其在响应过程中采纳该角色应有的语言风格、知识逻辑与判断方式。这种方法并不只是表面上的"称谓"装饰，而是一种模型行为预设机制，能在很大程度上影响模型对任务的整体理解路径及内容输出的立场与风格,进而影响使用者对结果的信任度与应用价值。特别是在法律领域这一高度专业化、语言精细化的语境中,角色设定法可以帮助模型更接近法律职业本身的思维模式。

角色设定的核心操作要点包括三方面的内容:身份明确、专业限定与任务对接。**第一,身份明确是基础,用户需以简洁清晰的语言告知模型其所要扮演的角色,**例如"你是一名具有十年以上经验的刑事辩护律师"或"你是一位熟悉国际海洋法的国际法律顾问"。这种身份设定一方面为模型提供了专业语境的坐标,另一方面也在潜意识层面引导模型过滤掉不适宜的语言风格与信息内容。**第二,专业限定则是对模型知识边界的设定,**例如"专注于中国《行政处罚法》的实务操作"或"对欧盟《人工智能法案》有深入研究",通过这一限定,用户可以减少模型输出中泛泛而谈的表述,强化其专业性与针对性。**第三,任务对接是角色设定法的灵魂,**即角色不是孤立存在的,而是要围绕某一具体法律任务展开,如"请以上述身份对某法院判决撰写评论意见书"或"为客户起草一份合规审查建议函"。这三者共同构成一个语义闭环,使模型在特定"人格"设定下完成内容生成。

但在具体应用角色设定法时,也需要注意几个关键事项。首先,**切忌"角色堆叠"式设定,即同时赋予模型多个不兼容的身份角色,**例如"你是既懂刑法又精通税务还通晓环境法的全球顶级法律专家",这种设定虽然看似全面,但容易导致模型在知识输出上过于泛化,失去重点与深度。其次,**要避免设定中出现语义模糊或逻辑矛盾,**例如同时要求"站在企业角度"和"代表政府监管立场"给出合规建议,这将使模型难以判断其"角色义务"所对应的价值倾向。**再次,建议在连续交互过程中维持角色设定的一致性,**若需角色切换,应通过"角色声明"显式告知模型,如"请转换为高校法学教授的身份,重新分析上述问题",以确保对话过程不失控、不混乱。最后,角色设定虽为强大手段,但也应尊重模型的认知边界,对于过度依赖角色"扮演"以实现法律判断或价值裁决的行为,**使用者仍应保有专业审慎与人类判断的最终权威**。

二、提示词示例

假设我们希望使用 DeepSeek 就一起行政征收案件撰写法律意见书,可以预先将需要原因的法律法规文本进行上传,确保生成内容尽可能少地生成错误法条或编造法条。例如,在上传《土地管理法》《土地管理法实施条例》《行政强制法》《行政诉讼法》的 word 文档后，接着可以输入指令："请记住上述 word 文档中的法条内容。假设你是一位具有 15 年行政法实务经验的律师，专门处理地方政府征收项目中的程序合法性问题。请基于《行政强制法》《土地管理法》及相关司法解释，评估该类案件中常见的程序瑕疵，并提出补救建议。需要核对法条引用是否准确，禁止编造法律法规。"

地方政府征收项目程序瑕疵及补救建议

中华人民共和国土地管理法(...
DOC 184KB

中华人民共和国土地管理法...
DOC 169.5KB

中华人民共和国行政强制法...
DOC 183.5KB

中华人民共和国行政诉讼法(...
DOC 213.5KB

请记住上述word文档中的法条内容。假设你是一位具有15年行政法实务经验的律师，专门处理地方政府征收项目中的程序合法性问题。请基于《行政强制法》《土地管理法》及相关司法解释，评估该类案件中常见的程序瑕疵，并提出补救建议。需要核对法条引用是否准确，禁止编造法律法规。

已深度思考（用时 21 秒）

地方政府征收项目常见程序瑕疵及补救建议

在地方政府征收项目中，程序合法性是保障被征收人权益的核心。结合《土地管理法》《行政强制法》《行政诉讼法》及《土地管理法实施条例》等法律法规，以下为常见程序瑕疵及补救建议：

一、常见程序瑕疵及法律依据

1. **未依法履行征收前公告及听证程序**
   - **法律依据**：《土地管理法》第四十七条第二款要求征收土地前应发布预公告，开展现状调查和社会稳定风险评估，公告期限不少于30日；《土地管理法实施条例》第二十六条进一步明确预公告内容及程序。
   - **瑕疵表现**：未公告或公告期限不足、未组织听证或未充分听取被征收人意见。
2. **补偿安置方案未落实或未足额到位**
   - **法律依据**：《土地管理法》第四十八条明确补偿应"公平合理"，需足额支付土地补偿费、安置补助费、社会保障费用等；《土地管理法实施条例》第三十二条要求补偿费用到位后方可批准征收。
   - **瑕疵表现**：补偿协议未签订即启动征收，或补偿款未及时支付。
3. **未经法定审批程序批准征收**
   - **法律依据**：《土地管理法》第四十五、四十六条规定征收永久基本农田、超过面积标准的土地需报国务院批准；其他情形由省级政府批准。
   - **瑕疵表现**：越权审批（如县级政府自行批准征收永久基本农田）。
4. **强制执行程序违法**
   - **法律依据**：《行政强制法》第三十五条要求行政机关在强制执行前必须书面催告，并给予当事人陈述、申辩权；第四十四条规定强制拆除需公告并限期自行拆除。
   - **瑕疵表现**：未催告直接强拆、未听取当事人意见、未给予合理履行期限。

5. **未依法处理土地权属争议**
   - **法律依据**:《土地管理法》第十四条规定土地权属争议应先由人民政府处理,争议解决前不得改变现状。
   - **瑕疵表现**:在权属争议未解决前强行征收或施工。

二、补救建议

1. **补正程序瑕疵**
   - **未履行公告或听证**:重新发布公告并延长公告期至法定要求(如补足30日),组织补充听证并记录意见。
   - **补偿未到位**:立即停止征收行为,重新协商补偿方案并足额支付;已强拆的,按市场价补足差额或提供替代安置。
   - **审批越权**:撤销原违法审批文件,重新报请有权限机关(如国务院或省级政府)审批。
2. **重新评估社会稳定风险**
   - 根据《土地管理法实施条例》第二十六条,若未进行风险评估或评估不充分,应委托第三方机构重新评估,并将结果公示。
3. **协商和解与行政调解**
   - 依据《行政诉讼法》第六十条,对补偿争议可促成双方调解,签订补充协议;对程序违法但已实施的征收,可通过协商提高补偿标准或提供其他权益保障。
4. **司法补救措施**
   - **确认违法或撤销决定**:被征收人可依据《行政诉讼法》第七十四条请求法院确认行政行为违法,同时申请行政赔偿(如房屋价值损失、过渡安置费用)。
   - **停止执行**:在诉讼期间,依《行政诉讼法》第五十六条申请法院裁定停止强制执行。
5. **责任追究与整改**
   - 依据《行政强制法》第六十一条,对违法实施强制的行政机关人员追究行政责任;涉及截留、挪用补偿款的,按《土地管理法》第八十条追究刑事责任。

三、法律风险提示

1. **诉讼时效**:被征收人需在知道行政行为之日起6个月内提起诉讼(《行政诉讼法》第四十六条)。
2. **证据固定**:重点收集公告文件、补偿协议、强拆现场影像等证据,以证明程序违法事实。
3. **司法解释衔接**:参照《最高人民法院关于审理涉及农村集体土地行政案件若干问题的规定》,对"未批先征""以租代征"等行为可直接认定违法。

结语:程序合法性是征收项目的生命线。地方政府应严格遵循法定步骤,确保公众参与和权利救济渠道畅通;律师代理时应精准引用法条(如《土地管理法》第四十七条、《行政强制法》第三十五条),通过司法审查推动程序纠错与实质公平。

需要注意的是,如果不事前上传相关法条,经由“联网搜索”功能所生成的内容很大概率会存在错误援引法条或者编造不存在的法律法规等问题。

总之,角色设定法不仅是一种提示技巧,更体现了法律人如何“拟定规则、嵌入任务、引导机器”这一人工智能时代的新型思维方式。通过精准而有效的角色设定,使用者不再是被动接受 AI 生成内容的“信息接收者”,而成为主动设定游戏规则的“对话设计者”。在法律职业日趋智能化的今天,这种对人机交互结构的理解力和掌控力,将成为法律人技术素养中的一个核心指标。熟练掌握角色设定法,是走向“AI 增强型法律人”的重要一步。

第五节　提示词技巧三:场景约束法

一、技巧拆解

在法律实践中,语言的准确性不只是字词的选择问题,更是情境适配的逻辑要求。AI 模型在提供内容生成服务时,若缺乏足够清晰的语境锚定,往往会出现内容漂浮、语义模糊或专业错位的问题。为解决这一困境,提示词技巧中的场景约束法(Contextual Framing)应运而生。所谓场景约束法,指的是通过在提示词中加入具体、明确的应用场景、语境条件或沟通背景,从而将 AI 生成的内容锚定于特定任务情境中。与角色设定法相比,场景约束法不是单纯告诉模型“你是谁”,而是告诉它“你现在在哪里”“你正在做什么”“你要面对谁”。在法律这一高度语境依赖的职业体系中,场景约束尤为重要。比如,起草一份行政复议申请书与撰写一份法学论文摘要,虽然都可能围绕同一法律条文展开分析,但其语言风格、结构重心乃至说服逻辑却完全不同。场景约束法的任务,就是让 AI 在这类复杂语用差异中作出“立场选择”,输出最贴合当下场景需求的内容。

要准确实施场景约束法,提示词设计需兼顾三个维度:时空背景、任务目标与对象定位。**首先是时空背景,即明确说明发生问题的法律时点、空间范围或制度环境**,如“2023 年施行的《数据安全法》背景下”或“面向欧盟成员国执法环境”。这一步可有效引导模型排除与场景不符的过时信息或地理错配问题。**其次是任务目标,即描述 AI 输出的使用目的或预期效果,是用于庭审准备材料、课堂讲义、立法评估,还是用于公民权利普及**,这将直接影响生成内容的深度、风格与用语风格。**最后是对象定位,即明确 AI 要说服、服务或回应的对象**,如“写给一位完全不懂法的企业主”与“供高级法官审阅的判决意见”在表达策略上将有天壤之别。上述三个要素的综合设置,构成了场景约束的基本结构框架,使得模型在响应中不再“自由漂浮”,而是“就地应答”。

然而，场景约束法在应用中也需警惕“伪情境”和“过拟合”两类常见误区。所谓伪情境，是指用户提供的场景描述过于空泛或失真，未能真正构建出语境约束力。例如，“请分析这一案例的法律问题”这样的提示就缺乏基本场景定位，模型只能凭经验猜测语境需求。反之，过拟合则是将场景描述过度细化、片面拘泥，导致模型反而陷入过度限定的“语境桎梏”，失去了在边界条件下进行合理泛化的能力。例如，“请假设你正在一个只有德国法可用的小村庄进行法律咨询，同时所有村民只理解歌德风格的诗歌语言”，这种近似荒谬的设定容易导致模型行为逻辑失衡。因此，**理想的场景约束提示应具有结构清晰、内容真实、边界适中** 3 项特征，让 AI“既知道自己身处何地，也知道自己该做什么”。

二、提示词示例

假设一位法律人希望使用 DeepSeek 起草一份公司合规制度更新建议书，可设计如下场景提示词：“请在以下场景下提供内容生成：一位律师事务所合伙人受一家跨境科技企业委托，基于最新《数据出境安全评估办法》(2022 年 9 月施行)和《数据出境安全评估申报指南(第二版)》，需就公司现有的数据传输政策提出修改建议。该建议书将提交给公司董事会成员审阅，读者多为非法律背景的高管，因此语言应清晰、实用，避免过度技术化，同时应引导董事会关注合规风险与改进方向。”

已深度思考（用时 25 秒）

关于[公司名称]数据出境政策合规升级建议书

致：董事会全体成员

提交方：[律师事务所名称] 合伙人团队

日期：2023年X月X日

摘要

基于中国《数据出境安全评估办法》（2022年9月施行）及《申报指南（第二版）》要求，我团队对贵司现行数据出境政策进行全面审阅，发现**3项高风险缺口**与**5项改进方向**。建议通过**分类管理数据资产**、**重构跨境传输流程**、**增设应急响应机制**等举措，系统性降低合规风险。本建议书聚焦董事会需关注的核心问题，并提供分阶段实施路径。

一、法规核心要求与公司风险画像

1. 新规核心变化

- **监管范围扩大**：向境外提供数据量超1万人个人信息或敏感数据（如健康、金融、地理位置）的企业，必须申报安全评估。
- **责任主体明确**：数据出境方（即贵司）需直接承担合规责任，即使通过境外第三方（如云服务商）传输亦然。

- **全链路监管**：数据出境场景（如研发协作、跨境运维、海外营销）均需纳入管理，包括临时性传输。

2. 贵司当前风险评级（基于抽样审计）

风险等级	问题示例	潜在后果
高危	未区分敏感数据与一般数据，跨境传输未加密	行政处罚（最高营收5%）、境外合作方索赔
中危	境外子公司直接调用中国用户行为数据	业务暂停整改、品牌声誉受损
长期风险	未与境外接收方签订数据保护补充协议	欧盟GDPR等境外法规双重处罚

二、关键改进建议（分优先级）

优先级1：构建数据分级管控体系

- **行动建议**：
  1. 3个月内完成数据资产分类（参考附件1模板）：
     - **禁止出境类**（如国家级行业数据）
     - **评估后出境类**（敏感个人信息、重要业务数据）
     - **自由流动类**（脱敏统计数据、公开信息）
  2. 技术配套：采购自动化数据标签工具（预算约XX万元），降低人工分类错误率。
- **董事会关注点**：
  - **成本**：工具采购费用可纳入年度信息安全预算。
  - **业务影响**：需研发、市场部门配合重新设计数据调用流程，可能影响跨境协作响应速度1-2个月。

优先级2：重构跨境传输审批流程

- **行动建议**：
  1. 增设"数据出境合规官"角色（可由现有法务/安全负责人兼任），负责：
     - 签署《数据出境风险自评估报告》（每半年更新）
     - 监督境外接收方数据保护水平（如通过第三方认证报告）
  2. 技术验证：部署数据出境监控模块，自动拦截未申报的敏感数据传输。
- **董事会关注点**：
  - **效率平衡**：设置"绿色通道"机制，允许低风险数据（如已脱敏营销数据）快速审批。

优先级3：建立跨境应急响应机制

- **行动建议**：
  1. 合同条款更新：要求境外接收方承诺在数据泄露后**72小时内**同步通知贵司。
  2. 危机预案：模拟境外服务器遭攻击场景，每季度开展跨部门应急演练。

三、实施计划与资源需求

阶段	时间线	所需支持
短期（1-3个月）	完成数据分类、启动申报材料准备	董事会授权成立跨部门工作组
中期（4-6个月）	通过监管部门安全评估	预留XX万元应对潜在整改要求
长期（常态化）	每半年更新自评估报告	法务与IT团队专职人员配置

四、总结与建议

当前数据合规风险已直接影响贵司**海外业务准入资格与资本市场ESG评级**。建议董事会：

1. **专项拨款**：批准首期XX万元用于合规体系建设。
2. **高层督办**：指定一名执行董事牵头跨部门协作。
3. **风险对冲**：投保数据出境合规保险（覆盖行政处罚及诉讼成本）。

附件：

1. 数据分类标准与操作指南（简化版）
2. 安全评估申报流程图
3. 同业处罚案例分析

联系我们：如需深度解读或定制化培训，请联络[律师姓名] [电话/邮箱]。

注：本文档以董事会决策需求为导向，规避法律术语，**侧重风险量化与行动指引**。实际执行需结合贵司具体业务场景调整。

这一提示有效完成了时空背景(中国 2022 年后数据合规新规)、任务目标(政策修改建议书)、对象定位(非法律背景高管)的全面设定,能显著提升生成内容的适配性、专业性与实用性。

总体而言,场景约束法为法律人与 AI 之间的互动打开了一条更具控制力与现实感的交互路径。在人工智能日益参与法律知识生产与服务过程的背景下,能否清晰准确地设定语境,决定了 AI 是否能够"说人话""懂法意""明情境"。这不仅是一种技术操作能力,更是一种语言哲学与法律职业素养的结合体现。深谙场景约束法的使用者,不只是 AI 工具的操作者,更是法律智能生态中场景建构的主导者与规范制定者。

第六节　提示词技巧四:分步骤执行

一、技巧拆解

在人工智能法律辅助工作的提示词设计中,分步骤执行(Step - by - step Execution)技巧是一种尤为重要的方法,它不仅提升了 AI 生成内容的逻辑结构和推理深度,更帮助用户更清晰地引导复杂任务的分解路径,特别适用于法律分析、文书起草、判例归纳等多步骤思维过程密集的任务场景。其基本含义即是:在设计提示词时,通过明确要求 AI 逐步进行思考与回应,按逻辑顺序层层递进地完成任务,而非一次性生成全部结果。这一方式灵感来自"链式思维"(Chain - of - Thought)的研究成果,即大语言模型在回答问题时若能"思考过程可见",其准确性与合理性将显著提高。对于法律职业者而言,这种分步骤执行的提示词技巧,不仅让 AI 更具可控性,还能显著增强其推理能力与细节处理能力,从而提升 AI 参与专业工作的可靠性。

从操作要点来看,分步骤执行的关键在于任务拆解与过程标注的协同使用。首先,**用户需要对目标任务进行清晰的模块化处理,将一个复杂问题拆解为若干具有明确边界的小任务**。例如,要分析一个医疗侵权案件中的法律责任,可以分为"案件事实识别""相关法律条文匹配""侵权构成要件判断""赔偿责任评估"等步骤。其次,提示词中应**明确要求 AI 逐步执行每一模块,而非直接输出最终结论**。例如:"请先列出案件的主要事实,再分别匹配相关法律条文,最后根据侵权构成要件进行判断并说明理由。"这种语义上明确的任务路径设定，可以有效引导 DeepSeek 在生成内容时，遵循用户预设的逻辑路线，不会因大模型默认的“压缩输出”倾向而跳过关键步骤。

不过，在实践中使用分步骤执行法也需注意两个问题。**一是避免冗长堆叠，造成任务信息过载**。若步骤划分过多或层级关系不清，模型在处理指令时容易混乱，反而会输出结构混杂、语义紊乱的内容。因此，建议每一层级的任务单位尽可能语义清晰、边界明确、指令简洁，并适当使用“第一步、第二步”或“首先、其次、最后”这样的结构性提示来增强模型的处理有序性。**二是注意模型“跳步”或“偷懒”倾向的修正**。即便用户指令已经明确为分步骤执行，部分模型仍可能直接给出最终答案，略去推理过程。此时用户可以在提示中加入控制性语言，如“请勿直接给出结论，务必逐步思考并在每一步输出后再继续下一步”。这类精细化控制指令对保障生成内容质量具有实际效用。

二、提示词示例

举一个具有法律专业针对性的实际示例。假设用户希望使用 DeepSeek 辅助判断某一合同纠纷是否构成根本违约。这里假设一个具体合同纠纷情形：甲方与乙方签订房屋买卖合同，约定甲方于 2023 年 5 月 1 日前交付房屋，乙方在交付后 7 日内支付尾款 50 万元。合同规定房屋需符合居住标准，无重大结构问题。甲方按时交付，但乙方验房发现房屋严重漏水，无法居住，故拒绝支付尾款。甲方认为乙方违约，起诉要求支付尾款；乙方反诉要求解除合同并赔偿。之后便可以设计如下提示词：“请你分步骤进行如下法律分析：(1)先从提供的案例摘要中提取出合同条款的主要义务；(2)分析是否存在违约行为，并说明违约方的具体行为；(3)判断该违约是否达到根本违约标准，结合《民法典》第 563 条与司法解释相关条文进行推理；(4)最后提出初步的处理意见。请逐步输出，每完成一步再提示我是否继续下一步。”

已深度思考（用时 38 秒）

(1) 合同条款的主要义务提取

根据案例摘要，合同双方主要义务如下：

- **甲方义务**：
  - 于2023年5月1日前交付房屋；
  - 确保房屋符合居住标准，无重大结构问题（如漏水等）。
- **乙方义务**：
  - 在房屋交付后7日内支付尾款50万元。

---

(2) 违约行为分析

甲方是否存在违约？

- **违约行为**：甲方虽按时交付房屋，但房屋存在严重漏水问题，导致无法居住。
- **违约依据**：合同中明确约定房屋需"符合居住标准，无重大结构问题"，而严重漏水属于影响居住功能的重大瑕疵，构成对合同义务的违反。

乙方是否存在违约?

- **表面违约行为**：乙方未按约定支付尾款。
- **抗辩理由**：乙方主张房屋存在严重质量问题，其拒付尾款是基于《民法典》第525条（同时履行抗辩权）或第526条（先履行抗辩权），即因甲方未履行合格交付义务，乙方有权拒绝履行付款义务。

---

(3) 是否构成根本违约?

法律依据：

- 《民法典》第563条：当事人一方迟延履行债务或有其他违约行为致使不能实现合同目的，另一方有权解除合同。
- **司法解释**：房屋买卖合同中，出卖人交付的房屋存在严重质量问题导致无法居住的，通常认定为"合同目的不能实现"，构成根本违约。

推理过程：

- 房屋严重漏水导致"无法居住"，直接违背了合同中"符合居住标准"的核心约定，致使乙方购买房屋用于居住的合同目的落空。
- 若漏水问题无法通过维修在合理期限内解决，或修复成本过高，则进一步支持构成根本违约。

结论：甲方的违约行为已达到根本违约标准，乙方有权解除合同。

---

(4) 初步处理意见

1. **支持乙方的反诉请求**：
   - 判决解除合同；
   - 甲方返还乙方已支付的款项（如有），并赔偿乙方因合同解除产生的合理损失（如交易费用、鉴定费用等）。
2. **驳回甲方的诉讼请求**：
   - 因甲方违约在先，乙方拒付尾款具有合法性，无需承担付款责任。
3. **其他建议**：
   - 若房屋质量问题可通过修复解决且乙方仍愿意继续履行合同，可调解由甲方承担维修费用并赔偿乙方临时安置损失，乙方按约支付尾款。

这种提示方式不仅帮助 AI 按法律分析的一般步骤输出内容，也给用户提供了逐步监督与调整的空间，更适合在高风险、高专业性的文本生成场景中应用，如合同审查、起诉状拟写或庭前要点整理等。

总体而言，分步骤执行法是一种兼具逻辑性、透明度与实操性的提示技巧，它能够引导 DeepSeek 等大语言模型在面对复杂法律任务时，克服"一步到位"的认知缺陷，更接近人类法律思维的演绎路径。对于希望借助 AI 提高专业思考质量与产出准确性的法律人而言，掌握这一技巧不仅是提升 AI 使用水平的有效路径，也体现了法律职业逻辑推演与语言表达的核心素养。熟练运用分步骤执行法，是从"使用者"转向"共创者"的关键一跃。

第七节　提示词技巧五:关键词强化

一、技巧拆解

在法律人工智能应用场景中,关键词强化(Keyword Emphasis)是一种极具战略性的提示词技巧,其基本含义是:通过在提示语中显性地强调关键法律概念、术语或判断标准,引导 DeepSeek 将注意力集中在用户最关注的法律焦点之上,从而增强输出内容的针对性、准确性与实用价值。该方法的背后原理源于语言模型对"语义显著性"具有高度敏感的统计学习机制,即在训练数据中出现频率高、上下文权重突出的词语更容易激发模型对其进行加权处理。因此,合理强化关键词不仅可以优化生成结果的结构安排,还能够帮助模型优先调动相关知识与法律信息,实现更加聚焦的法律分析和精准表达。

从操作要点来看,关键词强化的实施主要包括三个核心步骤:**其一是提取关键词**。这一步要求用户根据任务目标,提前判断哪些概念或法律用语对于生成内容具有决定性作用。例如,在讨论行政诉讼法中的"起诉条件"时,应明确"具体行政行为""法律利害关系""先行程序"等术语为核心关键词。**其二是位置强化,即在提示词的首句、段首或列点结构中突出关键词**。例如:"请你围绕'重大过失'这个关键词,从其定义、司法适用标准以及与'轻微过失'的界限三个方面进行说明。"这样的指令让模型将生成重心聚焦于"重大过失"及其衍生问题。**其三是格式强化,即使用引号、括号、加粗语义标记或重复强调等方式,强化关键词的视觉与语义识别效果**。尤其在面对多义词或交叉概念时,明确关键词语境的作用尤为突出,如在劳动争议与民事侵权同时涉及"劳动关系"时,强调其系"基于《劳动合同法》确定的法律关系"便有助于防止模型生成内容的歧义。

关键词强化技巧的使用也需注意两方面的问题。**一方面是关键词数量的控制**。在一次指令中强化的关键词数量不宜过多,通常建议控制在 3—5 个核心关键词以内,避免"平均强化"造成模型分散注意力、降低响应聚焦度。**另一方面是语义嵌套的清晰性,即关键词本身应具备清晰、稳定的法律语义,避免使用模糊或不具备独立法学意义的描述性词语**。例如用"这个问题"或"它"来代指关键词,会弱化模型的理解能力。在撰写提示词时,建议使用具体而明确的语句反复强调同一关键词,例如:"请特别注意讨论'善意取得'中的'善意'标准,并将其与'重大过失'区分开。"

二、提示词示例

以具体法律实务为例,若希望 DeepSeek 协助分析某合同条款的效力问题,可以构造如下提示词:“请你结合《民法典》第 496 条,重点分析‘格式条款’的效力问题。请围绕以下关键词展开:(1)‘格式条款’的定义,(2)‘提示说明义务’的判断标准,(3)‘免责条款’无效的情形。”在这种设定下,关键词的多层次强化不仅提供了内容提要,还向模型设定了思维框架,能够显著提升其生成文本的条理性、专业性与合法性。如果用户进一步加设格式强化,例如将关键词加引号或设为标题小节,更可以提高模型对重点内容的响应精度。

> 请你结合《民法典》第496条,重点分析‘格式条款’的效力问题。请围绕以下关键词展开:(1)‘格式条款’的定义,(2)‘提示说明义务’的判断标准,(3)‘免责条款’无效的情形。

引用 11 篇资料作为参考 >

关于《民法典》第496条格式条款效力的法律分析

一、格式条款的定义

根据《民法典》第496条第1款,**格式条款**是当事人为了重复使用而预先拟定,并在订立合同时未与对方协商的条款 [1] [2] [4] 。其核心特征包括:

1. **预先拟定性**:由一方单方制定(如电商平台协议、保险合同);
2. **重复使用性**:适用于不特定多数交易;
3. **不可协商性**:相对方仅能选择接受或拒绝,无法修改内容 [5] [8] 。

法律意义:格式条款可提高交易效率,但可能因双方地位不平等损害公平性,故需法律特别规制 [5] 。

二、提示说明义务的判断标准

提供格式条款的一方需履行**提示与说明义务**,否则对方可主张条款不成为合同内容(《民法典》第496条第2款) [1] [2] [4] :

1. **提示义务**:
   - **形式要求**:采用足以引起注意的文字、符号、字体(如加粗、标红) [6] [7] ;
   - **实质要求**:针对“免除或减轻己方责任”等重大利害条款(如保价赔偿、免责声明) [5] [8] ;
   - **电子合同例外**:仅设置勾选、弹窗未充分说明的,不视为有效提示 [6] [7] 。
2. **说明义务**:
   - 应对方要求,需以书面或口头形式解释条款含义及法律后果 [5] [8] ;
   - **举证责任**:由提供方证明已履行义务(如快递公司需证明已告知保价规则) [6] [7] 。

典型案例:快递公司因未证明已向用户说明保价条款,被判全额赔偿货物损失 [6] [7] 。

三、免责条款无效的情形

根据《民法典》第497条及第506条,以下免责条款无效 [2] [4] [9] :

1. **绝对无效情形**:
   - 造成对方人身损害的免责条款(如健身房免除运动伤害责任);
   - 因故意或重大过失造成对方财产损失的免责条款(如快递公司故意损毁货物) [9] [10] 。
2. **相对无效情形**(需结合公平原则判断):
   - **不合理免除己方责任**:如开发商逾期交房仅赔0.1%违约金;
   - **排除对方主要权利**:如“商品售出概不退换”;
   - **限制消费者维权**:如“不支持售后投诉” [9] [10] [11] 。

例外:若免责条款合理(如合理限定的保价赔偿),且已履行提示说明义务,则可能有效 [5] [9] 。

四、总结与建议

1. **企业合规建议**：
   - 对免责条款采用显著标识并留存说明记录；
   - 避免设定显失公平的条款（如过低赔偿标准） 8 11 。
2. **消费者维权途径**：
   - 对未提示的条款可主张不成为合同内容；
   - 对无效免责条款可要求法院确认无效并索赔 6 10 。

注：格式条款部分无效的，不影响合同其他条款效力（《民法典》第156条） 9 。

从整体效果上看,关键词强化技巧是将提示词从"任务说明"转向"思维引导"的关键一步。它不仅提升了模型对指令的执行质量,也在法律实务中体现出极强的可控性与专业性。尤其在处理法律检索、争议焦点归纳、规范要件分析等任务时,该技巧能有效避免内容泛化、逻辑跳跃和信息遗漏等常见问题,使 AI 输出更契合法律人对文本的高标准要求。在法律职业高度依赖精准语言与概念边界的现实中,关键词强化无疑是法律人掌握 AI 提示词策略中最具可操作性与可移植性的核心技术之一。熟练运用此技巧,意味着法律人能够以更加细腻且规范的方式介入模型的生成过程,实现智能协作的"语义治理"。

第八节　提示词技巧六:负面排除法

一、技巧拆解

在法律人工智能的提示词工程中,负面排除法(Negative Prompting)是一项极具实用性的高级技巧,其核心在于通过明确地指出模型不应包含、涉及或使用的内容,以引导 AI 输出更为精准、规范和符合预期的文本。这一技巧的提出,源于语言模型生成机制的内在"联想倾向":当用户未加限制时,模型往往会自动联想出相关领域的通用话题、常见观点或模板化表达,这对于法律任务中对文本高度控制性与法律适配性的需求而言,可能造成严重偏差。因此,通过在提示词中加入"负面限制"(如"不包含……""请排除……""不得出现……"等),用户可以有效地收窄模型的生成范围,避免无关、错误或过度延展的内容,提升任务的可控性与专业性。

负面排除法的操作要点通常包括三个方面。**第一,识别可能的偏离风险**。在提出正向任务目标前,法律人需先预判模型可能产生的"歧义路线",例如,在请求分析“违约责任”时，模型可能误将其与“侵权责任”混淆；或在生成案例解析时，不恰当地类比外国法、沿用旧法规定，或加入伦理评论等非法律要素。此时，就需要运用负面排除法将这些非目标内容在提示中加以限定。**第二，明确表达禁止内容**。负面提示应采用清晰、具备排他性的语言，例如，“请仅从《民法典》的角度分析，不涉及《合同法》旧法规定”、“请勿援引国外法例或判例”、“请排除任何伦理学或哲学的评论”等。通过这种方式，用户为模型划定“不可跨越的边界”，有助于保障输出内容的合规性和任务的纯粹性。**第三，搭配正向指令形成结构性约束**。负面排除法在与正面提示联动使用时更能发挥效果，即“在生成……内容的同时，请避免……”的句式结构，能在限定自由度的同时保有创作空间。

二、提示词示例

在法律场景中，负面排除法的应用尤为广泛。举例而言，若一名法律从业者希望利用 DeepSeek 协助起草一份法院判决意见摘要，但不希望模型掺杂学术评论或道德评价，可使用如下提示词：“请你根据山西大同订婚强奸案的判决内容，提炼案件要旨、裁判理由和法院适用的法条。请勿加入任何道德评论、社会评价或当事人情绪描述。”此种负面限制的设置，不仅有助于维持法律文本的专业风格，也防止 AI 输出中出现不必要的泛化陈述。

请你根据山西大同订婚强奸案的判决内容，提炼案件要旨、裁判理由和法院适用的法条。请勿加入任何道德评论、社会评价或当事人情绪描述。

引用 14 篇资料作为参考 >

案件要旨

1. **基本事实**：被告人席某某与被害人经婚介机构介绍相识并订立婚约，在未登记结婚的情况下，席某某违背被害人意志强行与其发生性关系 [2,4,6]。
2. **争议焦点**：性行为是否违背被害人意志，以及订婚关系是否影响强奸罪认定 [7,11,14]。

裁判理由

1. **违背意志的认定**：
   - 被害人事前明确反对婚前性行为，事中通过肢体反抗（如推挡、拉拽窗帘）、事后激烈反应（点火、呼救）及当晚报警等行为，形成完整证据链证明反抗意愿 [2,7,11]。
   - 监控录像、人身检查（淤青）、现场勘验（窗帘烧痕）及DNA鉴定（床单混合精斑）等客观证据佐证 [2,7,12]。
2. **订婚关系的法律评价**：
   - 订婚属民间习俗，不产生法定婚姻关系，性同意权仍以当事人即时意愿为准 [7,11,14]。
   - 双方事后协商结婚及彩礼的情节不影响强奸罪定性 [2,7]。
3. **量刑考量**：
   - 从轻情节：双方系恋爱关系，席某某经电话通知主动到案 [4,6]。

- 排除缓刑：席某某拒不认罪，家属不配合社区矫正评估 7 12 。

适用法条

1. **《中华人民共和国刑法》第236条**：以暴力、胁迫或其他手段强奸妇女，处三年以上十年以下有期徒刑 2 14 。
2. **《中华人民共和国民法典》第1049条**：结婚登记是确立婚姻关系的唯一法定途径，订婚不产生法律效力 7 11 。

注：判决明确否定"处女膜状况"作为认定强奸的依据，强调DNA证据及被害人反抗行为的证明力 7 11 12 。

然而，负面排除法也有其适用注意事项。**首先，禁止信息的具体化**：若负面指令过于模糊或抽象（如"不要太空泛"），模型将难以有效识别排除对象，反而可能误判用户意图。因此，负面限制词应聚焦于明确的内容实体（如"伦理评价""外国法""旧法条文"等），并辅以具体事例提示。**其次，负面语句的数量应适中**：一次提示中加入过多的排除条件，可能造成语言模型处理混乱或生成受限，建议每次控制在3项以内。**最后，过于否定性的语言可能会触发模型防御性反应或产生格式化回答，建议采用礼貌、技术性的表达方式**，如"请优先关注……，可省略……内容"或"无须涉及……"等。

从提示词工程角度来看，负面排除法并非对正向提示的削弱，而是合法性控制机制的内嵌表达。它是法律人利用语言边界塑造人工智能回应框架的手段，尤其适用于判解分析、法规比较、法律文件生成等对专业严谨性要求极高的场景。通过排除不必要的内容，用户不仅更精准地传递任务意图，也在一定程度上建立起对模型生成过程的语义监督能力。在AI与法律人协作日益深化的时代，负面排除法正体现出法律人在提示词策略中逐渐过渡到"协同治理者"角色的专业成熟。对于追求精度与边界清晰的法律人来说，学会负面排除，不仅是掌握AI工具的技巧，更是确立专业规范性主导权的核心策略之一。

第九节 提示词技巧七：参照物对比

一、技巧拆解

在提示词工程日益细化的语境中，参照物对比法成为法律人运用人工智能进行复杂认知任务的重要策略之一。该技巧的基本含义在于：通过明确地设定一个或多个"参照对象"，引导AI在生成内容时基于对比分析逻辑，从而生成更具区分性、条理性和深度性的输出。这种方法并非简单的二元对比或并列列举，而是强调以"参照"为认知中心，从该中心出发引申出特定差异、联系或演化路径。特别在法律实务与法学研究中,比较分析、类案比对、条文异同、制度演进等任务极其频繁,若能通过提示词设定明确的参照物,就能激活 AI 的结构化分析潜力,提升输出的逻辑力度与专业表现力。

参照物对比法的操作流程通常包括三个关键步骤:**第一,界定核心参照对象**。参照对象可以是一个法条、一部法律、一个判例、一种制度,或一个历史时间节点。例如,当分析《民法典》中“居住权”的制度背景时,可以设定“《物权法》时期的使用权制度”为参照,以引导模型识别制度变迁及其功能差异。**第二,明确对比维度**。有效的对比不只是概念层面的并列罗列,而是要求提示词指出具体的对比角度,如“适用范围”“权利义务构造”“立法技术”“制度目的”等。例如,提示词可设为:“请你以《物权法》中的用益物权为参照,分析《民法典》中新增居住权的制度构造与功能差异,从适用主体、设立方式、权利内容和法律保护四个角度展开。”**第三,结合输出格式引导**。对于 AI 而言,结构性的提示能显著提升输出质量。因此,在提示词中加入“请列表说明”“请分点比较”或“请先述参照对象,再述目标内容”的句式,能强化其逻辑线索,使对比结果更具条理和易读性。

二、提示词示例

在法律实务操作中,参照物对比法尤为适用于“类案推理”和“法条适用判断”的场景。例如,律师在准备代理词时,需对照过往法院判例来论证当前案件的处理逻辑是否一致,此时可设置提示词:“请你参照【×年×省×法院关于竞业限制违约金的裁判】,分析以下案件是否构成违约责任,并指出裁判理由的异同。”通过参照既有案例,AI 能自动调用相应法律规范及逻辑框架,提供与目标案件之间的对比分析,避免模糊化判断。

此外,在立法研究中,学者若需对中外法律制度进行比照,也可通过设定参照物提示词来促进 AI 对条文结构与制度理念的深度识别,如:“请你将我国《消费者权益保护法》中的‘惩罚性赔偿条款’与美国‘惩罚性赔偿制度’进行比较,分别从制度起源、适用标准和执行机制三个方面分析。”

引用 22 篇资料作为参考 >

一、制度起源比较

1. 中国:

- 我国惩罚性赔偿制度始于1993年《消费者权益保护法》第49条("退一赔一"),旨在打击市场欺诈行为,兼具补偿与惩罚功能 [1] [6] [8] 。
- 后续扩展至《食品安全法》(十倍赔偿)、《民法典》(知识产权、生态环境领域),呈现分散立法特点 [8] [13] [19] 。

2. 美国：

- 起源于1763年英国判例（Huckle v. Money案），1784年首次在美国判例中确认（Genay v. Norris案）[10,21]。
- 早期适用于诽谤、人身侵害等侵权案件，19世纪后扩展至产品责任等领域，形成以判例法为主、州立法为辅的体系[9,11,21]。

二、适用标准比较

1. 主观要件：

- **中国**：以"欺诈"为核心（《消法》第55条），需经营者存在故意欺骗行为；食品安全领域需"明知"产品不合格[1,12,22]。
- **美国**：涵盖故意（intent）、恶意（malice）、重大过失（recklessness）等更广泛的主观状态，部分州要求"邪恶动机"[11,17,21]。

2. 赔偿计算：

- **中国**：采用固定倍数（如《消法》三倍、《食品安全法》十倍），设有最低限额（如500元）[1,5,12]。
- **美国**：无统一倍数，陪审团可自由裁量，多数州设上限（如补偿性赔偿的3–5倍或固定金额）[17,21,22]。

3. 适用范围：

- **中国**：主要限于消费欺诈、食品安全等特定领域[5,8]。
- **美国**：覆盖侵权、合同、反垄断等多领域，尤其重视产品责任与商事侵权[9,16,21]。

三、执行机制比较

1. 诉讼主体：

- **中国**：仅消费者可主张，职业打假人资格常受争议[1,5]。
- **美国**：允许集体诉讼，律师风险代理制激励诉讼[11,21]。

2. 裁决程序：

- **中国**：由法官裁量，缺乏陪审团参与[5,19]。
- **美国**：陪审团主导裁决，法官审查合理性（如"合理关系规则"）[17,21,22]。

3. 赔偿金分配：

- **中国**：全额归原告[6]。
- **美国**：部分州要求按比例上缴政府（如佛罗里达州35%归州政府）[17,22]。

总结差异

维度	中国	美国
法律渊源	成文法为主，分散规定	判例法为主，州立法补充
主观要件	欺诈/明知	故意、恶意、重大过失等
赔偿弹性	固定倍数+最低限额	自由裁量+州法上限
社会功能	补偿为主，惩罚为辅	惩罚与威慑为核心

但需要注意的是,参照物对比法的有效实施依赖于参照对象的准确性与对称性。如果所选参照物与目标内容之间缺乏可比性(如制度背景完全不同,法律适用范围不重合),AI 生成的结果可能逻辑跳跃或强行联想,从而造成误导。因此,提示词中应明确限定参照的背景语境与适用边界,避免出现“类比失效”的情况。例如,在比较中美司法制度时,应指明:“请你从民事审判结构角度出发,比较中美法院的一审程序设置,不涉及陪审团制度和诉讼融资问题。”此外,当所设参照物具有歧义时(如“美国法”可能指联邦法、各州法或判例),需对其进行界定,以免模型调取信息源出现误差。

综上所述,参照物对比法体现了法律人提示词工程中对 AI 认知结构的深度调度能力,它不仅帮助模型进行内容甄别与层级梳理,更是实现“以旧观新”或“以他观我”的认知桥梁。在 AI 辅助法律分析的过程中,这种方法的引入,不只是为了生成更丰富的信息,而且是为了构建更具合法性和专业性的知识表达路径。参照物对比法使 AI 不再只是“内容堆积者”,而成为一个“对比阐释者”;而法律人通过这种技巧,也真正从工具的使用者走向了思维的塑造者。在未来的法律智能协作中,掌握参照物对比法,将成为连接经验判断与 AI 逻辑生成之间的关键环节。

第十节　提示词技巧八:思维链引导

一、技巧拆解

在提示词工程逐步走向精细化与逻辑控制的今天,思维链引导法(Chain - of - Thought Prompting)被视为提升法律类大语言模型(如 DeepSeek)推理能力与结构性生成能力的核心技术之一。其基本含义在于:通过在提示词中显性地加入“逐步思考”、“按逻辑步骤展开”或“请一步步分析”的引导语,从而激发模型在输出时依循人类思维链条展开论述,而非直接跳转至结论或简单信息罗列。对于法律领域的从业者而言,案件分析、法律推理、条文适用、利益权衡等任务本质上都是“推理驱动型”,要求呈现出从前提出发、经由规范适用、中介性判断,最终达至结论的逻辑链条。因此,借助思维链引导法,可以有效引导 AI 呈现出类似法律人思维路径的内容,提升输出的可解释性、透明度与专业可信度。

在实际操作中,思维链引导法的核心要点可以分为三步。**第一,在提示词**

中明确引导“逐步推理”或“层层展开”。例如提示词可设置为：“请你一步步分析下列案例是否构成正当防卫行为，从行为起因、行为意图、防卫限度和社会危害性等角度逐项说明。”这样的设定能有效避免 AI 直接给出“是”或“不是”的结论，而是引导其模拟法律分析过程。**第二，设定结构化推理路径**。思维链引导法并不只是“思考”两个字那么简单，它更像是一种对逻辑链条的设计与拟制。因此提示词中可以加以“第一步你应分析……，第二步请考虑……，最后得出结论”这样的表达方式，使模型依照提示进行分步生成。**第三，明确输出格式**。良好的格式规范能够进一步提升输出的条理性和专业性，例如提示词中加入“请分点陈述”或“请按小标题方式逐步写出每一步判断”的指令，使内容更接近法律文书、法律意见书、裁判文书等规范文本的表达风格。

二、提示词示例

值得一提的是，思维链引导法尤其适用于复杂型法律问题，例如争议性极强的民商事案件、合规风险识别、制度解释与政策评估等。在这些场景中，答案往往不止一个，需要依靠推理链条的缜密分析过程才能有效说理。例如，在企业合规场景下，可以设定提示词：“请你作为一名企业法律顾问，从数据保护法合规的角度出发，分析公司向第三方平台传输用户数据的法律风险，并一步步指出适用的法律条款、法律责任和可能的应对建议。”在此提示下，模型不会仅停留于泛泛而谈的数据隐私概念，而是遵循合规性逻辑链条展开，包括数据类型识别、跨境规则适用、用户授权机制等，输出的建议内容也更贴近实际应用需求。

> 请你作为一名企业法律顾问，从数据保护法合规的角度出发，分析公司向第三方平台传输用户数据的法律风险，并一步步指出适用的法律条款、法律责任和可能的应对建议。

引用 17 篇资料作为参考 >

一、法律风险分析框架

从数据保护法合规角度，企业向第三方传输用户数据需评估以下风险维度：

1. 数据分类风险
   - **个人信息**：受《个人信息保护法》（PIPL）约束，需满足“告知-同意”原则（PIPL第13条）[3] [6]。
   - **重要数据**：根据《数据安全法》第21条，需进行分级分类管理，跨境传输需安全评估 [2] [13]。
   - **敏感个人信息**：如生物识别信息，需单独同意并完成个人信息保护影响评估（PIPL第28条、第55条）[3] [12]。
2. 传输合法性风险
   - **未经授权传输**：违反PIPL第23条（需取得单独同意）或《数据安全法》第32条（合法获取义务）[6] [12]。

- **跨境传输违规**：未通过安全评估（《数据出境安全评估办法》）、未签订标准合同（PIPL第38条）或未获认证 7 13 。

3. **第三方管理风险**
   - **第三方资质不足**：未审核第三方数据保护能力，导致数据泄露，可能承担连带责任（PIPL第21条） 3 9 。
   - **合同条款缺失**：未明确数据用途、保密义务等，违反《民法典》第502条（格式条款无效情形） 9 12 。

二、法律责任

1. **行政处罚**
   - **最高罚款**：
     - PIPL：营业额5%或5000万元（第66条） 3 。
     - 《数据安全法》：200万元（重要数据违规）或1000万元（跨境违规）（第45-46条） 2 13 。
   - **业务暂停**：网信部门可责令停止传输（PIPL第43条） 3 。
2. **民事赔偿**
   - 用户可主张侵权赔偿（PIPL第69条） 3 12 。
3. **刑事责任**
   - 非法提供公民个人信息可能触犯《刑法》第253条之一 14 。

三、应对建议

1. **合规流程设计**
   - **数据分级**：按《数据安全法》第21条对数据分类，区分一般/重要/核心数据 2 13 。
   - **传输前评估**：
     - 个人信息：完成保护影响评估（PIPL第55条） 3 。
     - 跨境数据：选择安全评估、标准合同或认证路径（《数据出境安全评估办法》第4条） 7 13 。
2. **第三方管理**
   - **合同条款**：明确数据用途、安全义务、审计权（参考《数据服务平台使用合同协议》第3条） 9 。
   - **动态监控**：定期审查第三方合规表现（PIPL第21条） 3 6 。
3. **技术措施**
   - **匿名化处理**：传输前脱敏（PIPL第73条） 3 。
   - **加密与日志**：采用SSL/TLS传输，保留完整操作日志（《网络安全法》第21条） 2 5 。
4. **应急机制**
   - **泄露响应**：72小时内向网信部门报告（PIPL第57条） 3 12 。

四、法律依据摘要

风险点	核心法条	处罚依据
未经同意传输个人信息	PIPL第13条、第23条	PIPL第66条（罚款）
重要数据跨境未评估	《数据安全法》第21条、第31条	《数据安全法》第45条（业务暂停）
第三方管理失职	PIPL第21条、《民法典》第502条	PIPL第71条（连带责任）

提示：企业应建立跨部门合规小组（法务+IT+业务），定期更新数据合规政策 1 16 。

但与此同时，思维链引导法也存在操作注意事项。**首先，要避免思维路径过度依赖外显提示而流于模板化**。部分用户在反复使用固定格式的思维链提示后，模型可能生成机械化、缺乏实际逻辑跳跃与判断力的内容。因此，提示词应适度留白，让模型在既定结构中保有一定的推理自主性。**其次，应根据任务复杂度匹配思维链的层级与精度**。对于较简单的法律事实认定类问题，强制模型进行五六层推理反而可能导致逻辑空转甚至偏离重点；而对于宏观制度分析、法理辨析等任务，则可适当拉长推理链条，强化其层层递进的深度。**最后，需要警惕伪逻辑或“幻觉推理”的问题**，即模型可能生成看似条理清晰、实则前提错误或推理跳跃的内容。为此，法律人应在输出结果中保持一定审查意识，结合已有知识进行反向验证或补充提示优化。

综合来看，思维链引导法不仅是技术操作层面的“提示词技艺”，更反映出法律人如何通过话语结构重构 AI 推理路径的一种深层认知合作方式。它突破了传统检索式问答的局限，使得 AI 从“答案提供者”进化为“思维合作者”。对法律职业而言，这种基于逻辑演绎路径的内容生成模式，能更好地匹配案件研判、规范分析与理论建构等高阶认知任务，是实现“人与智能共生思维模式”的重要通道之一。因此，法律人若希望真正将 AI 应用于专业深度场景，掌握并熟练运用思维链引导法将成为重构自身思维模式与训练 AI 推理逻辑的关键起点。

第十一节　提示词技巧九：少样本学习

一、技巧拆解

少样本学习法（Few - Shot Prompting）是近年来大语言模型（LLM）提示词设计中极为重要的一种进阶技巧，尤其适用于需要高度上下文引导和案例类比能力的法律场景中。在 AI 模型尚未具备领域知识微调或用户专属训练的前提下，用户可以通过少量示例的提供，快速构建模型认知模板，引导其按照用户预期的格式、风格和思维方式完成输出。就法律人使用 DeepSeek 等大语言模型而言，少样本学习法的核心价值，在于它能够通过几个高质量的法律分析或表达范式，提升模型生成的精准度、专业性与一致性，进而克服模型“泛用性强但专业性弱”的固有难题。这一点对于处理判例比对、条文适用模式重现、文书格式复刻等任务尤为关键。

从基本含义上说，少样本学习并不是通过大量数据训练模型（这是预训练和微调阶段的工作），而是通过在提示词中加入极少数几个“示例”（通常为1—5个），以建立模型在当前任务中的“仿写样板”。这与零样本学习（Zero - Shot Prompting）不同，后者依赖模型本身的语义能力在无例可依的情况下完成任务，效果往往在任务结构复杂、输出风格特异时不尽如人意。而少样本学习则通过在提示词中嵌入“输入 - 输出配对样例”，将任务边界、输出格式、语言风格等信息提前框定，从而显著提高模型的“对齐度”（alignment）与“可控性”（controllability）。

少样本学习的操作思路包括：**第一，明确示例结构，选取代表性强、表述标准的输入输出范式；第二，确保示例之间在结构和语言风格上具备一致性，便于模型“模仿”；第三，设置提示词时尽量减少歧义，必要时加入任务定义或限制性要求。**

二、提示词示例

在法律场景中，少样本学习的应用尤为广泛。以合同审查为例，若用户希望DeepSeek能够自动识别合同中的不公平条款并给出修改建议，可以设置如下提示词结构：“示例一：条款原文：‘甲方有权单方解除合同，且无须承担任何责任。’修改建议：‘建议将条款修改为双方在合理情况下均享有解除权，并明确列明解除责任范围。’示例二：……”之后接入目标条款，让模型按照同样逻辑继续判断。此时，模型已“理解”任务的判别逻辑与表达风格，从而在无须详细定义规则的前提下完成类比输出。又如在刑法适用教学场景中，教师可输入“案例描述 + 法条适用分析 + 定性结论”三段式范例，模型即可基于该结构产出类似格式的案件分析，用于学生训练或初步研究辅助。比如提示词可以设置为：“以山西大同订婚强奸案为例，按照‘案例描述 + 法条适用分析 + 定性结论’三段式，对该案予以分析。”

引用10篇资料作为参考 >

案例描述

2023年5月1日，山西大同阳高县男子席某某与女子吴某某经婚介机构介绍后订婚，男方支付彩礼10万元及金戒指，并承诺婚后在房产证上加名。次日，双方在婚房内发生性关系后，女方报警称遭强奸。法院查明：

1. **事前拒绝**：女方曾明确反对婚前性行为；
2. **事中反抗**：女方推挡、拉拽窗帘、点火烧物，并试图逃离（监控显示被男方拖拽回房）；
3. **事后反应**：当晚报警，身体检查显示手臂淤青，现场勘验发现窗帘烧痕及损坏 [2] [10]。

DNA鉴定显示床单检出混合精斑（男方与女方），但女方内裤及阴道擦拭物未检出精斑 [1] [4]。男方在通话录音中承认“强暴” [7] [9]。

法条适用分析

1. **强奸罪构成（《刑法》第236条）**：
   - **违背意志**：女方事前拒绝、事中反抗（肢体冲突、呼救）、事后即时报警，形成完整证据链；
   - **强制手段**：拖拽、控制手机等行为符合"暴力"要件 [6][8]。
   - **婚约不影响定性**：根据《民法典》第1049条，订婚非法定婚姻关系，性同意权需即时自愿 [2][10]。
2. **证据规则**：
   - **DNA证据**：床单混合精斑佐证性行为发生，内裤未检出不影响定罪（医学共识：处女膜完整与否非决定性侵成立）[1][7]；
   - **录音自认**：男方承认"强暴"构成关键证据 [9]。
3. **量刑考量**：
   - 从轻情节：恋爱关系、主动到案（《刑法》第67条）；
   - 排除缓刑：拒不认罪且家属不配合社区矫正（《刑法》第72条）[7][10]。

定性结论

法院认定席某某构成强奸罪，判处有期徒刑三年。裁判要旨：

1. **法律立场**：性同意权独立于婚约，任何关系下违背意志均属强奸；
2. **证据标准**：综合反抗行为、伤痕、监控及自认证据，排除"事后反悔"合理怀疑；
3. **社会意义**：明确反对"彩礼换性权利"等错误观念，强化女性性自主权保护 [6][8][10]。

注：民事部分因女方已退还彩礼，男方诉求被驳回（《最高人民法院关于适用〈民法典〉婚姻家庭编的解释（一）》第5条）[2][10]。

但少样本学习法也存在若干操作注意事项。**首先，样本的"质量"远比"数量"更重要**。深度模型具备极强的"学习迁移能力"，但也易受低质示例误导。因此所选示例必须具备专业准确性、格式清晰性和逻辑一致性，避免"例错带偏"导致整体输出偏离预期。**其次，示例应尽量"贴合任务"而非泛泛而谈**。若任务目标是生成正式法律意见文书，则不应输入随意表达的点评类内容；同样，若目标是生成政策分析报告，则应确保范例中涵盖结构框架与政策术语。**最后，还需关注模型在不同示例顺序下的响应差异**——有时，调整样本的排列顺序或在示例与目标任务之间插入过渡语句（如"请依照上述格式，继续完成以下任务：【任务内容】"）也能显著改善输出一致性。

总体而言，少样本学习法提供了一种无须模型微调即可快速构建专业行为模板的现实路径，尤其适合法律人对模型输出质量高度敏感的专业任务场景。在 DeepSeek 等模型的使用中，精心设计的少量高质量示例，常常能胜过复杂冗长的规则定义，真正发挥"以少驭多"的范式力量。对于未来的智能法律人而言，掌握少样本学习技巧，不仅是提示词工程的关键一环，更是训练 AI 具备专业逻辑与表达品格的基础技艺，是走向"智能合作者"角色的必要步骤。

第十二节　提示词技巧十:及时反馈调整

一、技巧拆解

及时反馈调整是法律专业使用者在与 DeepSeek 等大语言模型互动过程中不可或缺的一项提示词策略,也可视为 AI 合作实践中实现“人机共调”的关键环节。其基本含义在于:用户不应将提示词工程视作一次性的命令发布,而应将其理解为一个动态演化、交互迭代的过程。在这个过程中,用户对模型初次输出进行评价、识别偏差并基于此进行提示词的修改或追加反馈,是提升 AI 辅助法律产出的质量与精准度的核心机制。从法律实践角度出发,AI 生成内容很少“一步到位”,特别是在面临复杂案情分析、多层次合规判断、跨法域比较分析等任务时,模型首轮输出往往仅能提供大致的方向性思路,甚至可能出现术语误用、结构紊乱、事实混淆等“语义幻觉”现象。若用户无法敏锐识别并通过反馈机制进行调整,AI 将陷入路径依赖式的错误强化,输出效果自然难以达到专业预期。

在实际操作中,及时反馈调整的技巧包括三个层级的应用:**第一层级是输出后反馈**,即用户在模型输出初步结果后,立即进行基于专业判断的回溯审查,并提出修正要求。例如,在请求模型分析一起医疗侵权案件后,若发现模型未考虑《民法典》第 1225 条,用户可反馈:“请重新分析该案中医院是否适用过错推定规则,并补充适用条文和理由说明。”此类反馈即具有高度的专业指向性,能引导模型完成内容修正与逻辑完善。**第二层级是过程内反馈**,即在模型输出内容较长、逐步生成的过程中,用户可及时打断或插入修正建议。例如,在多轮问答中,如果发现模型在分析刑法构成要件时混淆了“对象错误”与“方法错误”,用户应立即插入澄清:“请严格区分行为客体认定错误与方法手段错误的司法含义,并重新进行要件分析。”此举不仅避免后续推理建立在错误基础之上,更能帮助模型在生成过程中动态调整。**第三层级是提示词层级反馈调整**,即用户根据模型表现,反思并调整提示词结构本身。例如原始提示词为“请分析本案中甲方的法律责任”,输出结果过于宽泛,用户可调整为:“请依次分析甲方是否构成违约、是否承担侵权责任、是否应承担连带责任,并说明每项责任的成立依据与要件。”该调整使提示词结构与任务需求更为贴合,显著提高 AI 输出的针对性和逻辑性。

与此同时,及时反馈调整的运用也需注意几项重要事项。**其一是反馈信息必须具备专业有效性**,即用户反馈不能仅限于“这不是我想要的”或“请重新生成”,而应尽可能明确指出问题点与预期方向,从而形成“内容偏差—纠偏意图—新目标”这一完整循环。**其二是反馈应具有适度容忍度与节奏控制**,即不应频繁打断或过度微调导致 AI 生成逻辑断裂,而应以“区段审阅—集中修改”为原则,对模型输出进行阶段性调整。**其三是善于利用系统反馈窗口**,如 DeepSeek 模型提供“继续写”、“重新生成”或“改写内容”的功能接口,用户可借助这些便捷选项构建高效反馈路径,避免重复输入与认知负担。此外,还可结合“结构化指令”或“角色设定法”等其他提示词策略进行联动调整,增强反馈的系统性与深度。

二、提示词示例

一个具体示例如下:在撰写“员工竞业限制协议合规性审查”报告时,用户初始提示词为“请就下列竞业协议条款的合法性进行分析”,模型初步生成内容过于概括,仅提及“不得限制员工正当职业选择”等通识结论。用户随后反馈:“请结合《劳动合同法》第 24 条,判断该协议是否存在时间、地域或岗位范围上的不合理限制,并评估是否可能导致条款整体无效。”通过这一反馈调整,模型在第二轮输出中不仅具体引用条文,还对“地域范围模糊”、“限制时间超过两年”及“禁止范围广泛覆盖非同类岗位”等要素逐一分析,输出质量明显提升。由此可见,及时反馈不仅帮助 AI 理解用户真实需求,更将互动过程转化为协作优化的专业对话。

请结合《劳动合同法》第二十四条,判断该协议是否存在时间、地域或岗位范围上的不合理限制,并评估是否可能导致条款整体无效。

引用 7 篇资料作为参考 >

根据《劳动合同法》第二十四条及相关司法实践,判断竞业限制协议是否存在不合理限制需从以下三方面分析,并综合评估条款效力:

一、时间限制的合理性

1. **法定上限**:竞业限制期限最长不得超过2年,超过部分无效 [1] [4] [7]。例如约定3年限制期,则超出的1年无效,但2年内部分仍有效。
2. **行业特殊性**:技术迭代快的行业(如互联网),法院可能认定1年以上限制期即属过长 [2]。

二、地域限制的合理性

1. **匹配实际经营区域**:若企业仅在省内经营却约定全国范围限制,法院可能调整为省内有效 [1] [2]。例如案例中某电子公司要求全国限制,因业务未覆盖全国被认定不合理 [2]。

2. **竞争关系证明**：需提供市场重叠证据（如同类产品销售区域、客户分布等），否则可能被认定无效 1 4 。

三、岗位范围的合理性

1. **主体适格性**：仅限高管、高级技术人员及保密义务人员。普通岗位（如保洁、前台）即使签约也无效 1 2 7 。例如某公司将心理咨询师纳入限制被法院驳回 2 。
2. **业务关联性**：限制的业务需与原单位实际经营存在直接竞争，泛化表述（如"同类业务"）可能无效 1 4 。

四、条款整体无效的情形

若协议同时存在以下情形，可能被认定整体无效：

1. **主体不适格+补偿缺失**：对普通员工约定竞业限制且未支付补偿 1 6 ；
2. **显失公平**：如补偿金低于月工资30%或地方最低标准，同时约定天价违约金 2 6 ；
3. **格式条款滥用**：未协商的"霸王条款"可能因排除劳动者主要权利无效 2 6 。

结论建议

需具体审查协议内容：

- **若存在单项不合理**（如期限3年）：部分无效，其余仍可执行 1 7 ；
- **若多项不合理且显失公平**（如普通员工+全国限制+无补偿）：整体无效 2 6 。

建议用人单位采用"精准限制+合理补偿"策略，劳动者则可通过劳动仲裁主张无效条款 1 2 。

综上所述，及时反馈调整不仅是提升提示词工程效率的技术手段，更是法律人与 AI 之间构建合作关系的重要桥梁。它使 AI 从"工具"转向"伙伴"，也使用户从"使用者"成长为"训练者"。在 AI 辅助法律工作的新时代，唯有通过反复对话、迭代优化与持续修正，才能真正发挥语言模型在复杂认知任务中的潜力，助力法律人完成从"技术应用者"到"智能组织者"的角色转型。因此，掌握反馈调整的逻辑与方法，已不再是提升 AI 使用效果的附加技巧，而是贯穿整个智能协作流程的基础能力。

第十三节　提示词技巧十一：元指令控制

一、技巧拆解

在 AI 辅助法律实务与学术场景日益丰富的背景下，元指令控制（Meta－prompting）已成为提示词工程中的高阶技巧之一，其核心在于用户不仅向模型下达任务型指令，还通过嵌入更抽象的"控制性语言"或"行为规范性指令"来调节模型的响应方式、输出风格和推理策略，从而构建出具有高度结构意识与过程自我校正能力的生成过程。与普通的提示词不同，元指令并非仅用于描述任务目标，而是作用于任务"执行本身"的逻辑框架，类似于设定一个"执行规则"，让模型在完成任务时保持某种特定的策略自觉。例如，对于法律意见书的撰写，不仅可下达任务型提示词"请撰写关于某房地产项目合同风险的法律意见书"，还可以追加元指令："请严格按照法律意见书的行业规范结构（概述—分析—建议），确保分析部分区分事实争点与法律依据，不得使用模糊语言，并在引用法律条文后附带简要释义。"这类提示不再是任务目标的陈述，而是任务执行过程的"控制规则"。

在操作层面，元指令控制的技巧有三个维度：**一是风格与语调控制，二是逻辑结构控制，三是输出行为控制**。首先，从风格与语调控制角度看，元指令可以使模型展现出特定的法律表达习惯与专业语体。例如在撰写判例评论时，用户可添加："请以法学学术论文的风格表达，避免新闻报道口吻，强调论证推理而非事件叙述。"这一元指令将引导模型使用更规范的引用格式、更严谨的推理逻辑，以及更中性的语体选择。其次，逻辑结构控制是最常用的元指令形式，尤其适用于需要分段展开、层次推进的复杂法律分析任务。比如在处理"环境行政执法合规性研究报告"时，用户可附加元指令："请先从法律渊源角度分析，再探讨执法机构的裁量边界，最后评估地方执法实践中的合规性挑战。不得提前给出结论。"这一指令不仅控制内容结构，还约束模型在输出时的推理节奏。最后，输出行为控制涉及对模型的互动形式进行设定，例如提示模型在每一段结束后"提出一个反思性问题"，或者"在每条分析结尾附上改进建议"，这类元指令使得输出更具启发性、可延展性，适合用于教学、辅助决策等交互式任务中。

然而，使用元指令控制也需注意几个关键事项。**第一是指令精确性问题：**元指令的抽象程度较高，若表达模糊或双关，模型容易误解。例如"以法律人的风格回应"若未具体化为"使用专业术语、结构清晰、避免感情色彩"，则可能无法达成预期。**第二是指令冗余风险：**过多的元指令叠加可能导致模型"任务焦点转移"或逻辑执行冲突，从而出现输出混乱的现象。因此建议每次控制不要超过 3 条关键元指令，优先处理"结构—风格—行为"三大维度。**第三是对任务目标与控制边界的辨析能力要求：**使用者必须清晰划分何为"任务指令"与"控制指令"，避免将本应由模型发挥的内容（如案例选择）通过控制性语句进行僵化设定，否则可能导致创新性与灵活性下降。

二、提示词示例

举例而言，若一名法学研究者希望 AI 协助起草关于"生成式 AI 著作权法责任的比较研究”论文导言部分,其基本提示词为:“请撰写一段有关生成式 AI 在著作权领域引发法律责任争议的论文导言。”若结合元指令控制,可写为:“请撰写一段导言,须包括以下控制内容:(1)以学术论文语气书写,引用需规范;(2)明确区分生成者、平台与算法模型在责任链中的不同角色;(3)须提出一项未解决的核心争议问题,引导下文论证。”这段提示有效设定了内容目标与执行方式,既给足方向,又保留一定的生成弹性,能有效产出结构合理、学术性强的开篇段落。

请撰写一段有关生成式AI在著作权领域引发法律责任争议的论文导言”。若结合元指令控制，可写为：“请撰写一段导言，须包括以下控制内容：(1) 以学术论文语气书写，引用需规范；(2) 明确区分生成者、平台与算法模型在责任链中的不同角色；(3) 须提出一项未解决的核心争议问题，引导下文论证。

引用 8 篇资料作为参考 >

导言

生成式人工智能（Generative AI）的迅猛发展正在重塑著作权法的传统边界，其生成内容的可版权性及侵权责任分配问题引发了全球范围内的法律争议。根据现行《著作权法》，作品的认定需满足“独创性”与“智力成果”要件 [1]，但生成式AI的输出内容因算法模型的自主性而模糊了人类创作与机器生成的界限。在责任链中，**生成者**（用户）通过提示词与参数设置参与创作过程，**平台**（服务提供者）控制数据训练与模型部署，而**算法模型**作为技术工具则承担内容生成的直接功能 [2] [5]。三者的角色交织导致责任归属复杂化：用户主张其智力投入应受保护，平台援引“避风港”规则规避直接责任，而算法模型的“黑箱”特性则加剧了侵权认定的困难 [3] [5]。

当前的核心争议在于：**生成式AI在训练阶段未经授权使用受版权保护的数据是否构成合理使用**？尽管我国《生成式人工智能服务管理暂行办法》要求数据来源合法化 [2]，但司法实践对“合理使用”的认定标准尚未统一。例如，有判决认为训练行为属于“非商业性研究目的”，而反对观点则指出商业化AI产品对原作品的替代性损害 [3] [4]。这一争议的解决亟需平衡技术创新与版权保护，下文将围绕责任划分与合理使用边界展开论证，以期为立法与司法实践提供理论参考。

（注：学术规范建议后续补充具体案例的裁判文书编号及权威文献页码）

综上所述,元指令控制是将提示词工程由“内容设计”上升为“过程治理”的重要手段,它不再仅仅是语言输入的包装技巧,更体现了 AI 任务建构与执行协调的元逻辑。对于法律人而言,掌握元指令控制意味着能够在 AI 辅助中获得更具结构规范性、风格一致性与逻辑完备性的输出结果,从而有效推动 AI 在法律分析、合规建议、学术研究等高认知任务中的深度参与。它也预示着法律提示词工程未来的发展方向——不只是“怎么问”,而是“怎么让 AI 以法律人的方式思考和输出”。

第十四节　提示词技巧十二:输出格式明确

一、技巧拆解

在 AI 辅助法律实务的场景中,输出格式明确是一项极具实用价值的提示词技巧,尤以 DeepSeek 这类大语言模型为例,其强大的自然语言生成能力若无格式约束,常会导致输出杂乱、逻辑跳跃甚至脱离目标的现象。所谓"输出格式明确",指的是在提示词设计中,用户预设所期望 AI 产出的具体格式、结构或模板,使生成结果在内容之外,还符合特定的文本布局要求,便于后续的阅读、比对、引用与嵌入实际工作流程。对于法律人而言,这一技巧尤其关键:无论是判例摘要、合同审查表格、风险清单、合规流程图解,还是学术研究报告的分段结构,都需要模型严格按照指定的格式输出,而不仅是提供内容大意。

在操作上,实现"输出格式明确"可采取两种基本方式:**第一是以文字描述形式约束输出结构**。如用户在提示词中直接指出:"请将以下内容输出为表格形式,第一列为'法律问题',第二列为'对应条款',第三列为'合规建议'。"这种提示为模型提供了明确的输出框架,即使 AI 不具备强制排版功能,也会以伪表格、分段对照或编号列表等方式近似实现该结构。**第二是嵌入格式样例作为示范模板**。这是一种更高级的技巧,在提示词中先人工展示一个预期格式的小样本,如:"输出格式请参考如下例子:\n【问题一】:XXX\n【分析】:XXX\n【建议】:XXX\n。请在以下三个问题中采用此格式逐一分析。"这种方式有助于模型"模仿"用户意图中所蕴含的结构模板,实现更高程度的输出稳定性与格式统一性,尤其适用于批量法律任务生成,如合同条款风险扫描、批量答辩摘要撰写等。

需要特别注意的是,虽然格式约束可提高输出的实用性与准确性,但也存在几个使用上的关键注意事项。**首先是指令过度模糊的问题**。如仅简单说"请以表格形式输出",但未明确表格的列数、字段名、排序逻辑,极易导致模型产生不符合需求的结果。因此建议在提示词中尽可能具体说明结构要素,比如"生成包含五列的表格,依次为编号、法律要点、法规依据、潜在风险、建议措施"。**其次是格式冲突造成输出失真的问题**。当输出要求过于复杂(如嵌套编号、条列与图解混用),模型可能无法准确执行,甚至将格式本身解释为内容,导致错位输出。解决方式如下:一是分阶段生成,例如先要求生成要点列表,再在第二次提示中要求以表格形式重写;二是使用“分步骤执行”法与“元指令控制”法配合,明确 AI 执行格式化任务的顺序和标准。**最后是平台或界面的兼容问题**。部分文本格式(如 Markdown 表格、LaTeX 排版)在不同输出环境下显示效果可能不同,用户应根据使用平台(如 Word、PDF、网页端)选择适合的结构指令。

二、提示词示例

以具体实例说明,若一位企业法务要求 AI 分析一份中外合资合同中的五个风险点并生成简报,可使用如下提示词:“根据《民法典》的内容,请从以下中外合资合同内容中分析出 5 个主要法律风险。每一条输出应包含:(1)风险概述,(2)关联条款,(3)法律分析,(4)风险等级(高/中/低),(5)建议对策。请以如下格式输出:\n\n【风险一】:\n - 概述:XXX\n - 条款:XXX\n - 分析:XXX\n - 等级:XXX\n - 对策:XXX\n\n。以此类推,逐条展开。”

已深度思考（用时 26 秒）

【风险一】：

- 概述：**出资条款不明确导致履约争议**
- 条款：合同第3条约定“各方按约定比例出资”，但未明确出资时间、方式及未履行的违约责任。
- 分析：根据《民法典》第五百零九条（全面履行义务）和第五百一十条（约定不明时的履行规则），若合同未明确出资细节，可能因履行标准争议引发纠纷，尤其是外方以非货币出资时（如技术、设备），估值和交付方式不明确风险更高。
- 等级：**高**
- 对策：补充出资时间表、估值方法、验资程序及逾期出资的违约金条款，明确非货币出资的验收标准。

【风险二】：

- 概述：**知识产权归属模糊引发权属纠纷**
- 条款：合同第8条约定“合资期间开发的技术归双方共有”，但未明确使用范围、收益分配及后续改进技术的归属。
- 分析：《民法典》第八百四十三条（技术成果归属）和第八百七十二条（知识产权许可）规定，未明确约定的技术成果默认归属完成方。若共有知识产权未限定使用范围，可能导致一方滥用或第三方侵权时责任不清。
- 等级：**高**
- 对策：细化知识产权分类（如背景技术、新增技术），约定使用权限、收益分配比例及侵权责任分担，并增加改进技术的归属条款。

【风险三】：

- 概述：**争议解决条款冲突导致管辖不确定性**
- 条款：合同第15条约定“争议提交新加坡国际仲裁中心仲裁”，但第16条又规定“可向中国法院提起诉讼”。
- 分析：根据《民法典》第十条（法律适用）及《涉外民事关系法律适用法》第四十一条，中外合资合同争议原则上适用中国法律，但仲裁条款可排除法院管辖。若条款冲突，可能导致仲裁效力被质疑（《仲裁法》第十六条）。

- 等级：**高**
- 对策：删除冲突条款，统一选择仲裁或诉讼，优先推荐约定"新加坡国际仲裁中心仲裁，适用中国法律"，确保符合《纽约公约》执行条件。

【风险四】：

- 概述：**股权转让限制缺失引发控制权风险**
- 条款：合同未约定股权转让时其他股东的优先购买权或对外转让限制。
- 分析：《民法典》第五条（自愿原则）与《公司法》第七十一条（股权转让）结合下，若合同未明确限制，外方可能将股权转让给第三方，导致中方失去合作控制权或引入不信任方。
- 等级：**中**

【风险五】：

- 概述：**不可抗力条款不完善扩大违约风险**
- 条款：合同第12条仅列举"地震、战争"为不可抗力，未涵盖疫情、政策变化等情形，且未规定通知义务和后果分配。
- 分析：根据《民法典》第一百八十条（不可抗力定义）和第五百九十条（不可抗力免责规则），若不可抗力范围过窄或程序缺失，一方可能无法合理免责，或因未及时通知导致损失扩大。
- 等级：**中**
- 对策：采用"定义+非穷尽列举"模式（如加入"重大公共卫生事件、政府行为"），明确通知时限、证明文件要求及责任分担比例（如部分免责或延期履行）。

注：以上分析基于《民法典》一般性规则，具体风险需结合行业监管政策（如外商投资负面清单）和合同全文进一步核查。

在此例中，提示词不仅明确了结构维度（五项），还示范了格式排版（分行缩进），最大限度地减少了 AI 生成结构混乱、信息不对称的可能性。

综上所述，输出格式明确这一提示词技巧，不仅仅是形式层面的装饰或"美化"，而是一种实质性的信息治理策略。它通过提示词中的"结构控制语言"将非结构化生成活动转化为高度可控的内容生产过程，使法律人得以高效地将 AI 输出成果嵌入自身既有的文本工作流之中。更重要的是，在 AI 逐步走向自主辅助与多轮协作的背景下，格式控制成为促成"人机协同语境一致性"的关键节点，是推动 AI 在法律领域中由"辅助工具"迈向"流程伙伴"的基础性工程之一。未来，随着格式指令语言的进一步标准化，法律人也将迎来更强大、更精细的"结构化 AI 书写"时代。

第六章　提升法律人办公效率秘籍

第一节　DeepSeek 的多功能用途

DeepSeek 官方提示词样例涵盖了代码改写、代码生成、结构化输出、角色扮演(情景续写)、角色扮演(自定义人设)、诗歌创作、宣传标语生成、中英翻译专家、代码解释、内容分类、散文写作、文案大纲生成、模型提示词生成板块,可供法律人进一步深入探索 AI,赋能法律。相关板块的提示词样例的详细内容,可以参考:https://api - docs. DeepSeek. com/zh - cn/prompt - library/。

第二节　法律人 DeepSeek 组合技巧

一、制作 PPT

法律人可以通过结合 DeepSeek 的内容生成能力与其他办公软件(如 Kimi)高效完成 PPT 制作。以下是具体步骤和技巧。

第一步:使用 DeepSeek 生成 PPT 大纲。

在 DeepSeek 中输入明确的提示词,例如:"我需要一份关于【主题】的 PPT,面向【客户/领导/学生】,希望突出【核心卖点】,要求内容专业且适合演讲场景,请生成大纲及内容框架。"DeepSeek 会根据提示词生成逻辑清晰的大纲和内容框架。DeepSeek 的推理过程透明,生成的内容逻辑性强,适合法律人快速复用和调整。例如，在合同审查或诉讼策略中，DeepSeek 生成的内容可以直接用于 PPT 制作，节省大量时间。

第二步：导入 Kimi 进行结构化处理。

将 DeepSeek 生成的内容复制到 Kimi 的 PPT 助手中，Kimi 会自动对文本进行排版和配色，生成初步的 PPT。用户可以选择合适的模板（如"科技蓝"或"极简风"），并点击"一键生成"完成 PPT 制作。

替代方式：DeepSeek + Gamma。即在 DeepSeek 中输出主题要求以 Markdown 格式输出，复制后粘贴到 Gamma 中，点击生成。

第三步：优化与编辑。

生成 PPT 后，用户可以根据需要对内容进行微调，例如调整字体、颜色、布局等，确保 PPT 符合专业要求。Kimi 还支持插入图片、视频等多媒体元素，进一步提升 PPT 的视觉效果。

第四步：结合其他工具使用（非必选步骤）。

如果需要更复杂的设计，可以结合其他 AI 工具（如讯飞智文）进行自动化排版和视觉优化，进一步提升 PPT 的专业度。

二、制作流程图

法律人可以高效利用 DeepSeek 与其他办公软件，快速制作出专业且清晰的流程图，满足法律工作中的可视化需求。具体步骤如下。

第一步：使用 DeepSeek 生成流程图代码。

在 DeepSeek 中输入明确的提示词，例如："请用 Mermaid 语法生成一个立案流程图，包含以下步骤：（1）提交立案申请；（2）法院审查材料；（3）决定是否立案；（4）立案成功或驳回。"DeepSeek 会根据提示词生成 Mermaid 格式的流程图代码。DeepSeek 生成的流程图代码可以被保存为模板，便于后续复用和调整。例如，在处理类似案件时，只需修改部分步骤即可快速生成新的流程图，从而显著提升工作效率。

第二步：导入流程图工具进行渲染。

将生成的 Mermaid 代码复制到流程图工具中，例如 Mermaid 在线编辑器（mermaid. live）或 Draw. io。这些工具可以将代码转换为可视化的流程图，并支持进一步编辑和美化。

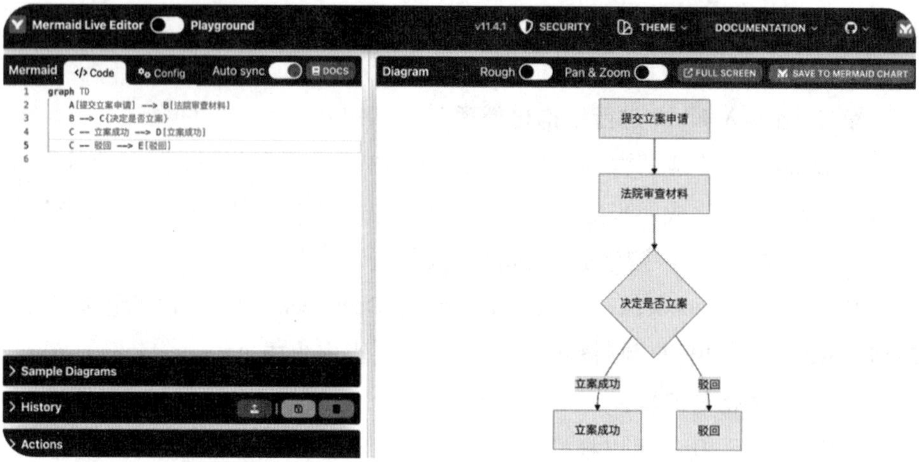

第三步:优化与编辑。

在流程图工具中调整流程图的布局、颜色、字体等,确保其符合专业要求。例如,使用 Draw. io 的高级功能添加注释、链接或动画,提升流程图的交互性和可读性。

第四步:结合其他办公软件使用。

将生成的流程图导出为图片或 PDF 格式,嵌入 PPT、Word 文档或法律文书中。例如,在 PPT 中使用流程图展示案件审理流程,或在法律文书中利用流程图说明复杂的法律程序。

三、制作视频

法律人可以通过以下步骤使用 DeepSeek 以更加高效地制作视频。

第一步:明确视频主题与内容。

确定视频的主题和核心内容。例如,制作一个关于“合同风险审查”的普法视频,明确目标受众(如企业法务人员)和视频的用途(如培训或宣传)。

第二步:使用 DeepSeek 生成脚本与分镜。

在 DeepSeek 中输入详细的提示词,例如:“请生成一个关于合同风险审查的普法视频脚本,包含以下内容:(1)合同审查的重要性;(2)常见风险点;(3)案例分析;(4)法律建议。”DeepSeek 会根据提示生成详细的脚本和分镜建议。

第三步:优化脚本与添加法律专业内容。

对 DeepSeek 生成的脚本进行优化,确保逻辑严谨、内容专业。可以插入相关法律条文、司法解释或典型案例,提升视频的专业性和权威性。

第四步:导入素材与生成视频。

将 DeepSeek 生成的文案导入度加(或其他视频编辑软件)。在 AI 成片中粘贴文案,点击一键成片按钮。

第五步:添加特效与字幕(非必选)。

在其他视频编辑软件中添加转场效果、滤镜、贴纸等,优化视频的视觉效果。同时,为视频添加字幕,以确保法律术语和关键信息的清晰传达。

第六步:导出与分享视频(非必选)。

完成编辑后,导出视频并选择合适的格式和分辨率。将视频发布到法律培训平台、社交媒体或企业内部学习系统,实现高效传播。

四、制作海报

法律人可以高效利用 DeepSeek 与其他办公软件,快速制作出专业且高质量的海报,满足普法宣传、培训教育等多种需求。

第一步:明确海报主题与内容。

确定海报的主题和核心内容。例如,制作一个关于"合同风险审查"的普法海报,明确目标受众(如企业法务人员)和海报的用途(如培训或宣传)。

第二步:使用 DeepSeek 生成文案与设计建议。

在 DeepSeek 中输入契合用户需求的提示词,并要求其生成绘画提示词,DeepSeek 就会生成标题和详细的提示词。

第三步:导入素材与编辑海报。

将 DeepSeek 生成的文案导入海报设计工具(如即梦 AI),粘贴预设的提示词,引导设计工具生成符合需求的图片。

第四步:优化与编辑。

对生成的海报进行优化,确保其逻辑严谨、内容专业。

第五步:导出与分享海报。

完成编辑后,导出海报并选择合适的格式和分辨率,在社交平台发布海报,实现高效传播。

PART 3

场景应用编

- AI赋能法学研究
- AI赋能法学教育
- AI赋能法学论文
- AI赋能法律实务

第七章　AI 赋能法学研究

人工智能技术的迅猛发展正深刻重塑法学研究的范式，特别是 AI 法律信息检索工具的广泛应用，显著提升了法律资料的获取效率与知识挖掘的深度。在传统法学研究中，法律信息的检索依赖于人工查阅法条、判例、学术文献，受限于时间与精力，研究者难以在短时间内全面掌握复杂且庞杂的法律资料。而 AI 法律信息检索依托自然语言处理、知识图谱、深度学习等技术，能够迅速定位海量法律文本中的关键信息，自动提炼法律规则与学理观点，极大地拓展了法学研究的广度与精度，助力法律研究者在知识生产与理论创新中实现突破。本章旨在按照法学内部的不同领域，系统探讨 AI 法律信息检索如何赋能法学研究，分析其在资料获取、法律解释、理论构建与学术创新等方面的实践路径与学术价值。但需要注意的是，法学研究者在利用 AI 技术时，需保持法律人思维的主体性与批判性，充分发挥人类法律理性的独特优势，避免对技术的盲从，警惕 AI 编造文献、虚构案例、歪曲学者观点的现象，充分验证和校对 AI 生成的内容。

第一节　AI 对法学研究的价值

随着信息技术的飞速发展，AI 在法律领域的应用越来越广泛，尤其在法律信息检索方面展现出巨大潜力。传统的法律研究依赖人工查阅大量法条、判例和文献等，往往需要耗费大量时间和精力，且容易受到人工操作的限制。相比之下，AI 技术拥有强大的数据处理和分析能力,能够高效、精准地完成法律信息的检索和分析工作。AI 法律信息检索不仅提升了法学研究的效率,还为学者提供了更加全面的研究视角。这使得 AI 在法律信息检索中的应用成为重要的研究主题。AI 的价值不仅体现在节省时间和精力上,更在于提升法律研究的深度和广度,推动法学学科的现代化进程。

AI 法律信息检索的最大优势便是其高效性。在传统的法律研究中,学者们通常需要查阅大量的法律文献、判例、法规以及专业书籍,这不仅是一个烦琐且耗时的过程,还容易因人为疏漏或理解偏差造成信息遗漏。而 AI 技术,尤其是自然语言处理和机器学习(Machine Learning,ML)技术的应用,能够快速处理海量的法律数据,并根据特定的检索条件提供精准的结果。例如,AI 可以通过分析历史判例的语境、法律条文的适用情况,自动提取关键信息,精准匹配相关案例和法律规定,帮助研究者迅速找到所需的资料。这种智能化的信息检索,不仅极大地节省了时间成本,还提升了研究结果的精确性,为法学研究提供了强大的技术支持。

AI 法律信息检索的应用为法学研究者提供了更广泛的视角。通过大数据技术,AI 能够跨越单一领域的限制,综合各类法律信息,包括不同国家的法律规定、各类法律体系之间的比较、不同历史时期的判例变化等。这种跨领域、跨时空的综合分析能力使法学研究不再局限于传统的案例分析或局部的法律条文探讨,而是能够立足国际视野对法律问题进行系统性、全面性的研究。例如,AI 可以帮助研究者自动对比不同法域下的相似案例,提供更加全面的法律意见,推动法学研究的国际化进程。同时,AI 的语义分析功能能够深入挖掘法律文本中的隐含意义,揭示出一些传统人工检索方法难以察觉的法律趋势与变化,进一步拓宽了法学研究的深度。

AI 在法律信息检索中的应用,不仅对学术研究影响深远,还为法律实践提供巨大支持。传统的法律研究往往侧重理论探讨,与实际应用之间的联系不够紧密。AI 技术的引入则使得法学研究者能够更好地理解法律的实际操作和实施情况。通过对海量判例和法律文件的智能化分析,AI 能够揭示法律规则在实际应用中的变化,帮助研究者更好地理解法律条文背后的实务逻辑,从而推动理论与实践的有机结合。例如,AI 可以根据具体的案件背景,快速检索出相似判例及相关法律意见,帮助研究者分析不同法律观点的适用性和效果。这种融合能够丰富法学研究的实践性,为司法实践提供理论依据和数据支持。

随着 AI 技术在法律信息检索中的不断深入应用，法学研究的工作方式和研究范式也发生了深刻的变革。AI 让学者能够使用更加智能的工具进行法律问题分析，不再仅仅依赖传统的文字查找和人工总结，而是可以通过深度学习模型从大量法律数据中挖掘出潜在的规律和联系，从而提出新的法律观点和法学理论。AI 还能分析法律信息的变化趋势，预测未来法律发展的方向，为学术研究提供前瞻性视角。这种基于数据的研究方法，推动了法学研究的创新和发展，尤其是在跨学科领域的拓展和应用上，AI 法律信息检索技术具有不可忽视的促进作用。例如，AI 能够帮助研究者开拓法律学科交叉的新领域，催生出更多结合技术、伦理等因素的法律问题，从而推动法学学科的创新发展。此外，AI 技术的引入使得研究者重新审视传统的法律研究方法，推动研究理念和方法论的革新，促进法学学科的转型与升级。

AI 法律信息检索提升了法学学术论文写作与研究成果可视化的效率。学术论文的写作是法学研究的核心环节之一，而 AI 可以在文献综述、论文结构优化和研究数据分析等方面提供支持。例如，AI 可以根据研究者输入的论文主题，自动生成文献综述、提取核心观点，为研究者提供写作灵感。此外，AI 还可以帮助研究者分析论文引用网络，识别该研究领域的关键学者和核心文献，使研究更加系统化。在数据可视化方面，AI 可以利用知识图谱技术，将法律概念、学术流派、核心文献之间的关系以图形方式呈现，帮助研究者更清晰地理解研究领域的整体结构。例如，研究“法律解释方法”时，AI 可以自动生成一张知识图谱或表格，展示文义解释、体系解释、历史解释等不同方法的联系和区别。这不仅提升了研究的直观性，也使得研究成果更易于传播和理解。

总之，AI 法律信息检索为法学研究带来了革命性的影响，它不仅提升了研究效率和精确性，拓宽了研究广度和深度，还促进了理论与实践的融合，推动了法学研究的创新和变革。随着人工智能技术的不断进步，未来 AI 将在法律领域发挥更为重要的作用，特别是在处理复杂法律问题、促进跨学科研究以及推动法律创新等方面，AI 法律信息检索无疑将成为法学研究的重要工具之一。对于法学研究者而言，掌握并合理运用 AI 法律信息检索技术，将为其学术研究创造更多机遇和可能性。

第二节　AI 对部门法研究的价值

部门法研究是法学研究的重要组成部分,它涉及对特定法律领域(如民法、刑法、行政法、知识产权法等)的规范体系、司法实践、立法变迁和学术争议的深入探讨。在传统法律研究中,部门法的研究依赖于庞大的法律文本数据,包括法律条文、判例、司法解释、学术论文等,这使得法律信息检索成为研究的基础性工具。生成式人工智能法律信息检索技术的出现,极大地提升了部门法研究的效率和深度。不同于主要依赖关键词匹配的传统检索工具,AI 可以基于语义理解,实现方向性的法律信息定位,同时自动生成可供研究者直接使用的法律分析、趋势报告和案例对比。AI 在部门法研究中的应用,不仅提高了信息获取的精确度,还能够促进法律实证研究的发展,并在立法评估、司法实践预测等方面发挥积极作用。然而,AI 法律信息检索在部门法研究中的应用也面临一定挑战,如信息可靠性、法律推理透明性以及跨法域研究的复杂性等。因此,探讨 AI 在部门法研究中的优势与局限,对推动法律人工智能的进一步发展具有重要意义。

AI 法律信息检索提升了部门法研究中的法律规则检索与适用分析的效率。传统的部门法研究通常依赖于法律数据库,如 Westlaw、LexisNexis、北大法宝等,这些数据库通过关键词检索、分类导航和全文搜索等方式提供法律文本。然而,法律条文的适用具有高度语境依赖性,关键词检索往往无法准确捕捉法律条文在不同案件中的具体适用方式。例如,在研究《民法典》中的"公平原则"如何在合同纠纷中适用时,传统检索工具可能返回大量包含"公平"一词的条文、判例和论文,研究者仍需手动筛选、阅读和整理。而 AI 法律信息检索可以通过自然语言处理和知识图谱技术,自动理解法律条文的适用场景,并生成法律适用分析。例如,研究者输入"《民法典》第六条公平原则在合同纠纷中的适用"后,AI 不仅可以返回该条文,还能提供相关判例分析、司法解释摘要,并总结学术界关于该问题的不同观点。这种信息组织方式极大地提升了研究的效率,使法律条文的检索不再停留在表面匹配,而是能真正服务于法律规则适用的研究需求。

AI 法律信息检索能够辅助部门法研究中的案例分析,推动司法实践与法学理论的结合。在部门法研究中,案例分析是核心方法之一,尤其在以判例法为主要渊源的法域(如英美法系),或者在某些依赖判例解释法律规范(如行政法、反垄断法)的大陆法系领域。传统案例检索依赖于法律数据库,但由于案件数量庞大、判决书结构复杂,研究者往往难以快速找到最相关的案例。AI法律信息检索的优势在于能够利用机器学习和深度学习技术,实现高效的案例匹配、自动摘要和案例对比。例如,在研究"建筑工程合同中不可抗力的司法适用"时,AI可以检索所有相关判例,并自动分类:哪些案件支持承包方免责,哪些案件强调不可抗力的证明责任归属。同时,AI还能生成案例摘要、提取裁判要点、比较不同法院的裁判标准,从而使研究者能够快速掌握司法实践中的主要趋势。此外,AI还能辅助法官和律师进行案例推理,通过分析已有判例预测某类案件可能的裁判方向,从而提升部门法研究的实用价值。

AI法律信息检索能够高效呈现部门法研究中的立法变迁与合规分析。部门法的动态性较强,立法变迁频繁,尤其是在互联网法、数据保护法、环境法、金融监管法等领域,法律规则的制定和修订速度极快。例如,《数据安全法》和《个人信息保护法》的出台,使得数据合规成为企业法律研究的重要内容。然而,传统的法律信息检索难以实时跟踪立法动态,研究者往往需要依赖政府公报、官方新闻和法律数据库的更新。AI法律信息检索的优势在于可以自动跟踪立法动态,并生成法规变迁报告。例如,当研究者查询"2021年以来中国个人信息保护法的立法变化"时,AI可以自动生成法规对比表,列出不同版本法律条文的变动,并提供专家解读。此外,AI还能结合全球法律数据,提供跨法域的合规分析。例如,研究者希望比较欧盟《通用数据保护条例》与中国《个人信息保护法》的异同,AI可以自动生成对比表,并列出两者在个人数据处理、跨境数据传输、罚则等方面的主要区别。这种功能不仅提升了部门法研究的效率,也为企业法务、合规官员提供了强大的法律支持。

AI法律信息检索提升了部门法研究的实证分析能力,与其他实证分析工具结合,能够优化法律实证主义研究模式。近年来,法律实证研究在部门法研究中的应用日益广泛,如刑法研究中的量刑数据分析、劳动法研究中的劳动争议统计、商法研究中的公司治理模式研究等。传统法律实证研究依赖手工数据整理,耗时耗力,而AI法律信息检索可以自动提取和分析法律数据,提高研究的效率。例如,在研究"×省近五年环境污染犯罪案件的判决趋势"时,AI可以自动检索所有相关判例,提取罪名、判决结果、罚金金额、被告类型等数据,并生成统计报告。这种数据分析能力为部门法研究提供了更客观的研究基础,推动法律研究从定性分析向定量分析转型。此外,AI 还能辅助法律政策评估,如分析某项法律改革(如《证券法》修订)对资本市场的影响,并生成基于历史数据的预测模型,为立法者和政策制定者提供科学决策依据。

总之,AI 法律信息检索在部门法研究中展现出巨大潜力。它不仅提高了法律规则检索的精准度,还增强了案例分析能力,促进了立法变迁跟踪,并优化了法律实证研究。然而,AI 在部门法研究中的应用也面临一定挑战,如法律信息的权威性问题、法律推理的可解释性问题以及不同法域间法律规则的复杂性问题。未来,随着法律人工智能技术的进一步发展,AI 法律信息检索有望成为部门法研究的核心工具,推动法律研究的智能化、数据化和全球化。

最后还需要强调的是,本书所涉及的提示词使用技巧以及驱动 DeepSeek 开展相关部门法研究并非意味着 AI 能够完全契合当下各类法学研究范式。更客观地说,下文只是对 AI 辅助法学研究提供一些使用范例。人工智能产业未来的方向之一是人工智能智能体(AI Agent),与现有的 AI 信息系统相比,智能体更加贴合个体的使用需求。例如,在撰写法学文献综述时,现有的 AI 产品往往只能基于已有的训练数据或者知识库提供文字内容,而基于大模型的智能体则能够根据用户实际需求,自主调用应用程序,在访问、下载和整合国内外数据库相关文献的基础上,完成从文献查找、观点提炼到观点评述分类的全过程。再通俗点说,现有的 AI 产品不能够直接“点外卖”,仅能以文字形式提供外卖选择建议,而基于大模型的智能体则能够自主调用外卖应用程序,完成商铺和菜品的选择和下单。对于部分法学研究者而言,下文的示例可能无法有效契合实际的研究需求,现有的技术暂时无法达到理想中的功能效果,但这并不妨碍法学研究者基于这些使用实例,自主尝试和探索更加符合工作内容和特点的使用方式。

第三节　驱动 DeepSeek 开展法理学研究

法理学研究作为法律学科的理论基础,涉及法律概念、法律推理、法律体系、法律原则等核心问题。相较于实证法律研究,法理学更强调对法律本质的探讨和法律体系的内在逻辑分析,因此对信息检索的要求不仅包括对具体法律条文、案例的获取,还包括跨学科知识整合、法律思想的深度解析以及不同法学流派之间的比较研究。生成式人工智能赋能的法律信息检索系统，在法理学研究中具有重大价值。它不仅能够提升研究者获取信息的广度和深度，还能够辅助法律概念建构、促进跨学科分析，并优化学术论文的写作与知识图谱构建。然而，AI 法律信息检索在法理学研究中的应用仍然面临诸多挑战，包括法律推理的复杂性、学术争议的多样性以及信息可靠性等问题。因此，深入探讨 AI 法律信息检索如何服务于法理学研究，对于推动法律人工智能的发展至关重要。

AI 法律信息检索拓宽了法理学研究的知识获取渠道。传统的法理学研究往往依赖文献检索工具，如法律数据库（如 Westlaw、LexisNexis）、图书馆数据库（如 HeinOnline）以及期刊论文数据库（如 SSRN、JSTOR）。研究者通常需要通过关键词检索等方式获取相关资料，但这类检索方式存在一定局限性：首先，法理学研究涉及高度抽象的法律概念，而关键词检索往往难以精准捕捉学者对某一概念的不同定义与理解；其次，传统法律数据库主要面向判例法和成文法的研究，针对法哲学、法社会学等跨学科研究的支持相对较弱；最后，由于法律学术资源的分布较为分散，研究者往往需要花费大量时间在多个平台之间进行信息整合。AI 法律信息检索突破了这些局限性，它能够基于自然语言理解技术，分析研究者的查询意图，并自动生成整合性的法律知识摘要。例如，当研究者查询“法律权利的性质”时，AI 不仅可以返回有关权利本质的经典文献（如霍菲尔德的权利分析框架），还可以自动整理当代有关权利理论的最新讨论，并提供不同法学流派的观点对比。这使得研究者能够迅速获取全面的背景信息，从而更高效地开展理论探讨。

AI 法律信息检索有助于法理学概念的自动建构与语义分析。法理学研究的重要任务之一是澄清和发展法律概念，如“法的有效性”“法律义务”“司法权威”等。传统上，法学家通过文本分析和哲学推理来定义和阐述这些概念，而 AI 技术的引入则提供了一种新的方法，即通过大规模语料分析进行自动化的概念建构。现代法律信息检索技术能够基于语义解析和知识图谱构建，自动挖掘法律概念的不同用法。例如，AI 可以分析法律法规、判例和学术论文，提取“法律效力”这一概念在不同语境下的定义，并构建概念之间的关联图谱，使研究者能够直观地理解概念演变的历程。AI 可以生成对法律概念的解释，并比较不同法学派别的观点。例如，研究“法律义务”的本质时，AI 可以同时检索并对比凯尔森的规范主义、哈特的规则理论以及拉兹的权威理论，从而为研究者提供系统性参考。AI 法律信息检索不仅提高了研究效率,还促进了法律概念分析的科学化和数据化。

AI 法律信息检索增强了法理学研究的跨学科分析能力。现代法理学研究越来越多地借鉴其他学科的理论和方法,如政治学、社会学、经济学和认知科学。例如,法律经济学探讨法律规则对市场的影响,法社会学研究法律与社会结构的互动,法律认知科学则分析法律推理的心理机制。然而,跨学科研究的一个挑战在于如何高效地检索和整合不同领域的知识,AI 法律信息检索恰好可以为此提供强有力的支持。AI 可以在不同学科的数据库中进行语义匹配和信息整合,从而在法律与其他学科之间建立更紧密的联系。例如,当研究者探讨“法律规则如何影响社会行为”时,AI 不仅能够检索法律理论文献,还能够提供相关的社会学实证研究,并自动生成摘要,展示不同研究领域的交叉点。此外,AI 还可以帮助法学研究者识别跨学科研究中的趋势,如哪些社会学理论正在影响法理学的发展,哪些心理学实验结果可以用于解释法律推理的认知基础。通过这种方式,AI 促进了法律研究的知识融合,使法理学能够更紧密地与其他学科对话。

总之,AI 法律信息检索在法理学研究中的应用,为研究者提供了更高效、更全面的知识获取方式。它不仅拓宽了法理学研究的文献检索渠道,还增强了法律概念建构的科学性,提高了跨学科研究的能力,并优化了学术论文的写作思路与可视化分析。然而,AI 在法理学研究中的应用也面临诸多挑战,如如何确保法律信息的权威性,如何避免算法偏见对学术研究的影响,以及如何在自动化分析的同时保留法理学研究的批判性思维。未来,随着法律人工智能技术的进一步发展,AI 法律信息检索将在法理学研究中发挥更加重要的作用,推动法学研究向更加智能化、数据化的方向发展。

DeepSeek 作为一款先进的大模型,可以在法理学研究中提供大量辅助功能,如理论分析、文献综述、法律解释、案例研究以及跨学科比较。然而,要充分发挥其潜力,研究者需要精心设计提示词,确保模型能够提供高质量的、学术逻辑清晰的回应。以下从精准问题设定、理论框架引导、学术角色设定、跨学科融合以及输出格式优化五个方面,探讨如何设计提示词以更好地驱动 DeepSeek 开展法理学研究。

一、精准设定问题范围,避免回答泛化

法理学研究通常涉及复杂的哲学概念、法律体系以及不同学派的争论。如

果提示词过于宽泛，DeepSeek 可能会提供较为表面的、缺乏深度的回答。因此，在设计提示词时，研究者应当尽可能明确问题的背景、核心概念和研究目标。

例如，如果要研究“法律规则的正当性”，直接询问“法律规则如何具有正当性？”可能会导致回答涵盖多个不同理论而缺乏针对性。更优化的提示词可以是：“在哈特与富勒关于法律正当性的争论中，各自的理论基础是什么？如何从哈贝马斯的商谈理论视角评价二者的分歧？”

引用 12 篇资料作为参考 >

哈特与富勒关于法律正当性的争论是20世纪法理学中的重要论战之一，二者的理论基础和观点存在显著差异。

哈特的理论基础

哈特是法律实证主义的代表人物，其理论基础主要建立在《法律的概念》一书中。哈特认为，法律是一个由**初级规则和次级规则**构成的体系。初级规则是科予义务的规则，而次级规则则包括承认规则、变更规则和裁判规则，它们授予权力并解决法律体系的运行问题。哈特特别强调**承认规则**的作用，认为它是法律体系的基础，通过承认规则，初级规则才能获得法律效力 [1] [4] [5]。

哈特主张法律与道德的分离，即“分离命题”，认为法律的有效性并不依赖于其道德内容，而是取决于其是否符合法律体系中的承认规则。哈特认为，即使是不道德的法律，只要符合承认规则，仍然是有效的法律 [4] [5]。

富勒的理论基础

富勒是自然法学的代表人物，其理论基础体现在《法律的道德性》一书中。富勒提出了法律的“内在道德”理论，认为法律必须符合八项程序性道德标准，包括一般性、公开性、非溯及既往、清晰性、一致性、可行性、稳定性和官方行为与法律的一致性。富勒认为，这些内在道德是法律正当性的基础，违反这些标准的法律将失去其正当性 [8] [9]。

富勒反对哈特的“分离命题”，主张法律与道德之间存在必然联系。他认为，法律不仅仅是形式上的规则体系，还必须具备内在的道德品质，才能被称为真正的法律 [8] [9]。

哈贝马斯的商谈理论视角

哈贝马斯的商谈理论为法律正当性提供了一个新的视角。哈贝马斯认为，法律的正当性不能仅仅依赖于形式程序（如哈特所主张的承认规则），也不能仅仅依赖于道德内容（如富勒所主张的内在道德），而是应当通过**商谈程序**来实现。哈贝马斯提出，法律的正当性应当基于**商谈原则**，即法律应当通过民主的商谈过程，获得所有相关主体的理性共识 [11] [12]。

从哈贝马斯的视角来看，哈特与富勒的分歧在于对法律正当性来源的不同理解。哈特强调法律的形式程序，而富勒强调法律的道德内容。哈贝马斯则认为，法律的正当性应当结合形式程序与道德内容，通过商谈程序实现二者的统一。哈贝马斯的商谈理论试图超越哈特与富勒的对立，为法律正当性提供一个更为综合的理论框架 [11] [12]。

总结

哈特与富勒的分歧集中体现在法律与道德的关系上，哈特主张法律与道德的分离，而富勒主张法律与道德的结合。哈贝马斯的商谈理论则通过强调商谈程序，试图调和二者的对立，为法律正当性提供了一个更为动态和综合的视角。

这类提示词不仅限定了讨论范围（哈特 vs. 富勒），还引入了新的分析角度（哈贝马斯），能够引导 DeepSeek 生成更具理论深度的回答。

在进行实证法学或比较法研究时，精准设定问题范围尤为重要。

例如，若要探讨“数字劳动权的发展趋势”，直接问“数字劳动权如何发展？”可能会导致回答范围过于宽泛，不够细致。更优的提示词可以是：“请比较欧盟与美国在数字劳动权立法上的主要差异，并结合卢曼的功能分化理论分析其背后的制度逻辑。”

引用 14 篇资料作为参考 >

欧盟与美国数字劳动权立法的主要差异

1. 立法取向与监管强度

- **欧盟**：以严格保护劳动者权益和数据隐私为核心，强调通过立法明确平台责任。例如：
  - **《平台工作者指令》**（2024年生效）推定平台与劳动者存在劳动关系，要求算法透明化 [3,5]。
  - **《通用数据保护条例》（GDPR）**：严格限制平台对劳动者数据的收集和使用，强化个人隐私权 [3,11]。
  - 德国《反不正当竞争法》等法规禁止企业滥用灵活用工规避责任 [2]。
- **美国**：倾向市场自由化，立法更灵活且分散：
  - **加州AB5法案**采用“ABC测试”严格界定雇员身份，但其他州标准不一 [5]。
  - **《数据隐私法案》**（2021年）侧重消费者隐私保护，对劳动者数据保护较弱 [2]。
  - 联邦层面缺乏统一立法，各州政策差异显著（如加州CCPA与联邦法案的冲突） [11]。

2. 劳动关系认定

- **欧盟**：通过法律推定劳动关系，将平台劳动者纳入传统劳动法保护范围 [3,5]。
- **美国**：多数州沿用传统“雇员-独立承包商”二分法，仅加州等少数地区尝试严格标准 [5]。

3. 算法治理与集体权利

- **欧盟**：强制平台公开算法逻辑，保障劳动者知情权；支持工会参与平台治理 [5,10]。
- **美国**：算法透明度要求较低，工会介入有限，更依赖企业自律 [2,5]。

卢曼功能分化理论的制度逻辑分析

1. 系统的自主性与演化路径

- **欧盟**：法律系统通过**规范性闭合**（如GDPR）强化自身边界，将数字劳动权问题纳入既有劳动法框架，体现“稳定社会预期”的功能 [13,14]。例如：
  - 通过《平台工作者指令》将算法管理纳入法律监管，减少经济系统（平台）对法律系统的直接干扰 [5,13]。
  - 数据保护与劳动法的交叉（GDPR）反映法律系统对技术系统（数据）的规制能力 [3,11]。
- **美国**：法律系统更依赖**认知开放**，通过判例和州级立法适应经济系统的灵活性 [5,12]：
  - 加州AB5法案试图平衡经济自由与劳动者保护，但其他州仍保留市场主导逻辑，显示法律系统对经济系统的妥协 [5,12]。
  - 联邦与州的立法冲突体现功能子系统（如政治与法律）的协调不足 [11]。

2. 冲突与协调机制

- **欧盟**：通过超国家机构（如欧盟委员会）协调成员国立法，推动法律系统的“自我再生产”（autopoiesis），例如GDPR的统一适用 [9,11]。
- **美国**：缺乏中央协调，各子系统（州法律、联邦政策、平台规则）通过竞争演化，导致规制碎片化 [5,12]。

3. 功能分化的社会成本

- 欧盟的严格立法可能抑制平台创新（经济系统功能受限），但强化了社会团结（法律系统优先）[3][14]。
- 美国的灵活制度促进经济效率，但劳动者权益保障不足，反映法律系统对经济系统的从属性[2][5]。

总结

欧盟通过**强法律系统干预**实现数字劳动权的制度化保护，而美国依赖**市场与法律系统的动态博弈**。卢曼理论揭示了这种差异源于两者对功能子系统边界的管理策略：欧盟强调法律系统的自主性，美国则更容忍子系统的相互渗透[5][13][14]。

这样的提示词既明确了研究对象（欧盟与美国），也提供了理论工具（卢曼的功能分化理论），能够帮助 DeepSeek 生成更具学术价值的分析。

二、结合法理学理论框架，引导系统性回答

法理学研究往往涉及高度抽象的概念和理论推演。如果提示词未能提供理论框架，DeepSeek 可能会倾向于给出基于常识的回答，而不是学术化的分析。因此，研究者可以在提示词中直接指定法理学流派、代表学者或核心概念，以确保回答具有理论系统性。

例如，如果用户研究"法律基本概念"，可以将提示词设定为："在霍菲尔德的理论框架下，法律基本概念有哪些不同形态？"这样，DeepSeek 就不会给出零散的观点，而是能够在明确的法理学框架内展开分析。

在霍菲尔德的理论框架下，法律基本概念有哪些不同形态？

引用 8 篇资料作为参考 >

在霍菲尔德的理论框架下，法律基本概念可以分为八种不同的形态，这些概念通过"相关关系"和"相反关系"进行逻辑上的关联。具体来说，霍菲尔德将法律基本概念分为以下两组：

1. **第一组概念矩阵**：
   - **权利（Right）**：指一个人可以要求他人作为或不作为的强制性请求。
   - **特权（Privilege）**：指一个人可以自由地做某事，而不受他人权利或请求权的约束。
   - **义务（Duty）**：指一个人必须作为或不作为的法律要求。
   - **无权利（No-right）**：指一个人无法要求他人作为或不作为的状态。
2. **第二组概念矩阵**：
   - **权力（Power）**：指一个人能够改变法律关系的能力。
   - **豁免（Immunity）**：指一个人免受他人法律权力或支配的自由。
   - **责任（Liability）**：指一个人因他人行使权力而受到法律约束的状态。
   - **无权力（Disability）**：指一个人无法改变法律关系的能力。

这些概念之间的关系可以通过“相关关系”和“相反关系”来理解。例如：

- **相关关系**：权利与义务相关，即一方的权利意味着另一方的义务；特权与无权利相关，即一方的特权意味着另一方无权利。
- **相反关系**：权利与无权利相反，即一方的权利意味着另一方无权利；特权与义务相反，即一方的特权意味着另一方无义务。

霍菲尔德的这一理论框架旨在通过逻辑分析，澄清法律概念之间的关系，避免法律术语的模糊和混乱 1 3 8 。

三、设定学术角色，提高法理学分析的专业性

DeepSeek 具有一定的“角色扮演”能力，能够模拟不同学术立场和理论视角。因此，在提示词中明确设定角色，可以让模型的回答更加符合法理学的专业表达。

如果想要比较不同学派的观点，也可以通过角色设定来实现。例如，可以将提示词设定为：“请分别以实证主义法学家和自然法学家的立场，对‘人工智能生成内容是否应享有版权’这一问题展开辩论。”

引用 11 篇资料作为参考 >

实证主义法学家的立场

实证主义法学家强调法律的确定性和可操作性，主张从现行法律框架出发，分析人工智能生成内容的版权问题。根据实证主义的观点，法律的核心在于其实际规则和制度，而非抽象的道德或自然权利。

1. **现行法律框架的适用性**
   实证主义法学家会认为，人工智能生成内容是否享有版权应依据现行著作权法的规定来判断。例如，《中华人民共和国著作权法》要求作品必须具有“独创性”并能体现“人类智力投入”。因此，如果人工智能生成内容在创作过程中体现了使用者的个性化选择和创造性安排（如提示词设计、参数调整等），则可以认为其满足独创性要求，应享有版权 1 6 10 。
2. **权利归属的明确性**
   实证主义法学家会主张，权利归属应基于实际贡献和法律约定。如果使用者对生成内容有实质性贡献（如通过提示词和参数控制生成结果），则版权应归属于使用者；如果生成内容高度依赖开发者预设的算法模型，则开发者可能通过合同约定主张权利 6 10 。
3. **避免法律主体资格的扩张**
   实证主义法学家会反对将人工智能视为法律主体或作者，认为这不符合现行法律的基本规范。现行法律体系以人类作者为核心，人工智能仅作为工具存在，其生成内容的版权问题应在现有制度框架内解决，而非通过激进的制度改革 1 10 。

自然法学家的立场

自然法学家强调法律的道德基础和正义原则，主张从抽象的自然权利和公平正义的角度分析人工智能生成内容的版权问题。

1. **创作的本质与人类尊严**
   自然法学家会认为，创作的本质是人类智力与情感的表达，体现了人类的尊严和自由意志。人工智能生成内容缺乏人类的情感和思想，因此不应被视为“作品”，也不应享有版权。版权保护应仅限于人类创作，以维护创作活动的道德价值 8 9 。

2. **公平与激励的平衡**
   自然法学家会关注版权制度的公平性和激励作用。如果人工智能生成内容享有版权，可能导致开发者或使用者垄断创作资源，削弱人类创作者的积极性。因此，应限制人工智能生成内容的版权保护，确保人类创作者的利益得到充分保障 8 9 。
3. **法律主体资格的反思**
   自然法学家可能会探讨人工智能是否具备成为法律主体的可能性。如果未来人工智能发展到能够自主表达情感和思想，自然法学家可能会支持赋予其法律主体资格，并重新审视版权制度的适用范围 8 9 。

总结

实证主义法学家从现行法律框架出发，主张在现有制度内解决人工智能生成内容的版权问题，强调法律的可操作性和确定性。自然法学家则从道德和正义的角度出发，认为版权应保护人类创作，反对将人工智能生成内容纳入版权保护范围，同时反思法律主体资格的扩展可能性。两种立场各有侧重，反映了法律理论与实践的复杂性和多样性。

这种方式不仅能够让 DeepSeek 生成多元化观点，还能帮助研究者梳理不同法学学派的核心分歧。

四、引入跨学科方法，拓展法理学研究的深度

法理学研究往往涉及哲学、社会学、经济学、技术伦理等多个领域。为了让 DeepSeek 提供更加全面的回答，可以在提示词中引导其进行跨学科分析。例如，在研究“算法治理的法律边界”时，可以这样设定提示词：“结合法理学、伦理学、计算机学和政治哲学，分析算法治理如何影响个体权利，并探讨其法律规制的可能性。”

引用 8 篇资料作为参考 >

算法治理对个体权利的影响及其法律规制的可能性可以从法理学、伦理学、计算机学和政治哲学四个维度进行综合分析。

1. 法理学视角：个体权利的界定与保护

算法治理对个体权利的影响主要体现在以下几个方面：

- **算法透明性与知情权**：算法的“黑箱”性质使得个体难以理解其决策逻辑，侵犯了知情权。法理学强调法律应保障个体的知情权，要求算法设计者提供透明的决策机制 1 6 。
- **算法歧视与平等权**：算法可能基于偏见或错误数据作出歧视性决策，损害个体的平等权。法理学主张通过法律规制确保算法的公平性和非歧视性 1 8 。
- **算法问责与救济权**：当算法决策侵害个体权利时，法理学要求建立有效的问责机制和救济途径，确保个体能够获得法律保护 6 8 。

2. 伦理学视角：算法治理的道德责任

算法治理涉及以下伦理问题：

- **算法设计的道德嵌入**：算法设计者可能将个人偏见或利益嵌入算法，导致不公正的决策。伦理学强调算法设计应遵循道德原则，确保其符合社会价值观 7 8 。
- **算法应用的伦理边界**：算法在公共管理中的应用可能侵犯隐私权或自由权。伦理学主张在算法治理中划定明确的伦理边界，防止技术滥用 2 7 。

- **算法决策的人本主义**：伦理学强调算法治理应以人为本，尊重个体的主体性和尊严，避免将人视为算法的客体 8 。

3. 计算机学视角：技术特性与治理挑战

从计算机学角度看，算法治理面临以下技术挑战：

- **算法的复杂性与可解释性**：算法的复杂性和自我学习能力使其难以解释，增加了治理难度。计算机学主张通过技术手段提高算法的可解释性 1 8 。
- **数据质量与算法偏见**：算法的决策依赖于输入数据，低质量或偏见数据可能导致错误决策。计算机学强调通过数据清洗和算法优化减少偏见 1 8 。
- **算法的安全性与隐私保护**：算法可能被用于非法监控或数据滥用。计算机学主张通过加密技术和隐私保护机制保障数据安全 7 8 。

4. 政治哲学视角：权力分配与民主参与

算法治理涉及以下政治哲学问题：

- **算法权力的隐性扩张**：算法治理可能增强公共部门的社会控制能力，导致权力隐性扩张。政治哲学主张通过法律规制限制算法权力，防止其侵犯个体权利 2 8 。
- **算法治理的民主参与**：算法决策可能削弱公众的参与权和监督权。政治哲学强调在算法治理中引入民主机制，确保公众能够参与决策过程 2 7 。
- **算法治理的公平性与正义**：算法可能加剧社会不平等，损害弱势群体的利益。政治哲学主张通过法律和政策确保算法治理的公平性和正义性 1 8 。

法律规制的可能性

为应对算法治理对个体权利的影响，法律规制可以从以下方面展开：

- **明确算法权利**：赋予个体知晓、参与、拒绝算法决策的权利，确保其利益不受侵害 6 8 。
- **建立算法问责机制**：通过法律明确算法设计者和使用者的责任，确保算法决策的可问责性 6 8 。
- **加强算法透明度**：要求算法设计者公开决策逻辑和数据来源，提高算法的透明度和可解释性 1 8 。
- **引入伦理审查机制**：在算法设计和应用中引入伦理审查，确保其符合社会价值观和道德原则 7 8 。
- **推动协同治理**：通过政府、企业、公众等多方参与，构建协同治理模式，确保算法治理的公平性和有效性 1 2 。

综上所述，算法治理对个体权利的影响复杂且深远，需要从多学科视角出发，通过法律规制和技术手段相结合，确保算法治理的公平性、透明性和伦理性。

这一设定能够促使 DeepSeek 从多个学科视角切入,提高回答的综合性和深度。

在研究特定法律现象(如数字人权)时,可以通过跨学科视角发现新的问题。例如,可将提示词设定为:“请基于福柯的规训权力理论和哈贝马斯的公共领域理论,分析数字平台如何影响公民的表达自由。”

基于福柯的规训权力理论和哈贝马斯的公共领域理论，分析数字平台对公民表达自由的影响可以从以下两个方面展开：

1. 福柯的规训权力理论：数字平台作为规训工具

福柯的规训权力理论强调，权力通过微观技术（如监视、规范化、分类等）渗透到社会生活的各个方面，塑造个体的行为和思想。数字平台作为现代社会的重要媒介，其规训作用体现在以下几个方面：

- **数据监控与行为规训**：数字平台通过收集和分析用户数据，实现对个体行为的持续监控。这种监控不仅限于公开的言论，还包括浏览记录、地理位置等私人信息。福柯认为，持续的监控使个体自觉规范自己的行为，形成"自我规训"。在数字平台上，用户可能因为担心被监控而自我审查，从而限制表达自由。
- **算法推荐与思想规训**：数字平台通过算法推荐机制，向用户推送符合其偏好的内容，形成"信息茧房"。这种机制不仅限制了用户接触多样化观点的机会，还可能强化既有偏见，导致思想同质化。福柯指出，规训权力通过规范化塑造个体的思想，数字平台的算法推荐机制正是这种规训权力的体现。
- **平台规则与话语规训**：数字平台通过制定和执行社区规则，对用户言论进行规范化管理。这些规则可能以"维护秩序"或"保护用户"为名，实际上却限制了某些类型的声音（如边缘群体或批评性言论）。福柯认为，规训权力通过分类和排斥机制塑造话语秩序，数字平台的规则正是这种权力的具体表现。

2. 哈贝马斯的公共领域理论：数字平台对公共领域的侵蚀

哈贝马斯的公共领域理论强调，公共领域是公民自由讨论公共事务、形成公共意见的空间，是民主社会的重要基础。数字平台对公共领域的影响主要体现在以下几个方面：

- **商业化与公共领域的萎缩**：数字平台的商业化运作模式使其倾向于追求流量和利润，而非促进公共讨论。哈贝马斯认为，公共领域的核心在于其非商业性和独立性，而数字平台的商业化侵蚀了公共领域的这一特征。平台可能优先推广吸引眼球的内容，而非有价值的公共讨论，导致公共领域的萎缩。
- **信息碎片化与理性对话的困境**：数字平台的信息传播方式（如短文本、短视频）倾向于碎片化和情绪化，不利于理性对话的形成。哈贝马斯强调，公共领域的核心在于理性对话和共识的形成，而数字平台的信息传播方式可能阻碍这一过程，导致公共讨论的浅薄化和极化。
- **权力集中与话语垄断**：数字平台的集中化趋势（如少数科技巨头垄断市场）可能导致话语权的垄断，限制多样化的声音。哈贝马斯认为，公共领域的健康发展需要多元化和去中心化，而数字平台的集中化趋势可能削弱公共领域的这一特征，导致某些声音被边缘化。

综合分析与反思

结合福柯的规训权力理论和哈贝马斯的公共领域理论，数字平台对公民表达自由的影响呈现出双重性：

- **规训权力的强化**：数字平台通过监控、算法推荐和规则制定，强化了对个体表达自由的规训，导致自我审查和思想同质化。
- **公共领域的侵蚀**：数字平台的商业化、信息碎片化和权力集中化趋势，侵蚀了公共领域的独立性和多元化，限制了公民自由讨论的空间。

为应对这些挑战，需要从法律、技术和伦理等多维度出发，推动数字平台的透明化、去中心化和民主化，确保公民表达自由和公共领域的健康发展。例如：

- **加强平台监管**：通过法律和政策规范平台的监控行为和算法机制，保障用户的隐私权和知情权。
- **促进平台多元化**：支持去中心化的数字平台和开源技术，防止话语权的垄断。
- **提升公众媒介素养**：通过教育和培训，提升公众对数字平台的批判性认识，增强其理性对话能力。

总之，数字平台在提供便利的同时，也对公民表达自由和公共领域构成了挑战。只有通过多方努力，才能确保数字平台在民主社会中发挥积极作用。

这种设定能够帮助研究者运用不同理论框架进行比较，发现法理学研究的新路径。

五、优化输出格式，提高可读性和学术适用性

在进行法理学研究时，研究者往往需要逻辑严密、结构清晰的文本。因此，可以在提示词中加入格式化要求，让DeepSeek按照指定结构进行回答。例如，可将提示词设定为："请按照问题—理论背景—争议焦点—可能的解决路径的结构，分析人工智能的法律人格问题。"

引用10篇资料作为参考 >

问题

人工智能（AI）是否应被赋予法律人格？这一问题随着AI技术的快速发展而日益凸显，尤其是在自动驾驶、医疗诊断、金融预测等领域的广泛应用中，AI的行为和责任归属成为法律和伦理讨论的焦点。

理论背景

法律人格是指法律认可的一种享受权利、承担义务的资格。传统法律主体包括自然人和法人，而AI作为一种非自然人的社会存在，是否应被赋予法律人格，涉及法律、伦理、技术等多学科的交叉讨论 1 6 。

争议焦点

1. **肯定说**：认为高级AI系统已展现出类似于人类的决策能力和自主性，赋予其法律人格可以使其承担相应的法律责任，并对其行为进行规范和约束 6 。
2. **否定说**：认为AI缺乏人类的情感、意识和道德判断能力，难以像人类一样承担法律责任，赋予法律人格可能引发法律和伦理上的混乱 6 。
3. **折衷说**：认为不能简单地从概念上直接排除AI具有法律人格的可能性，也不能认为授予法律人格是唯一或者更佳的解决办法，重点应在于设计和开发可靠的技术，确保其安全性和可解释性 6 。

可能的解决路径

1. **智能分级认定**：根据AI的智能程度进行分级认定，弱AI原则上被认定为权利客体，而高级AI在特定条件下有可能被赋予法律人格 1 4 。
2. **跨学科研究**：整合法学、计算机科学、伦理学、社会学等领域的专业知识，为解决AI法律人格问题提供更全面和综合的视角 6 。
3. **法律规制**：通过法律明确AI的权利和义务，建立有效的问责机制和救济途径，确保AI的行为符合法律和伦理标准 1 6 。
4. **技术保障**：加强AI技术的透明性和可解释性，确保其决策过程可追溯和可审查，减少算法偏见和歧视 6 。

通过上述路径，可以在确保AI技术发展的同时，保护公众利益，维护法律和伦理的底线。

这种设定能够确保模型生成的文本符合学术写作的逻辑要求，便于研究者直接使用或进一步修改。

六、总结

要充分利用 DeepSeek 进行法理学研究，提示词的设计至关重要。研究者应确保提示词精准设定问题范围，避免回答泛化；结合法理学理论框架，确保回答具有学术逻辑；设定学术角色，提升专业性；引入跨学科方法，拓展研究视角；优化输出格式，提高文本的学术适用性。通过这些方法，可以更高效地驱动 DeepSeek，使其成为法理学研究中有力的辅助工具。

第四节　驱动 DeepSeek 开展法律方法论研究

法律方法论研究涉及法律认识、法律推理、法律解释、法律论证等基本方法的理论基础与实践应用。DeepSeek 作为辅助研究工具，其效果高度依赖提示词的精准性。为了更高效地利用 DeepSeek 进行法律方法论的研究，研究者应采取系统性方法，包括精确设定研究问题、结合特定法学流派、嵌入案例分析、引导学术性写作，以及利用跨学科方法等，以确保输出内容具有学术深度和实践价值。

一、精确设定研究问题，避免泛化

在使用 DeepSeek 进行法律方法论研究时，避免提出过于宽泛或模糊的问题是关键。例如，如果仅输入“法律推理有哪些方法？”，DeepSeek 可能会给出一般性分类，如演绎推理、归纳推理、类比推理等，但不会深入探讨其在不同法域（如大陆法系与英美法系）的适用差异，也难以提供深层次的学术争鸣。因此，研究者应在提示词中明确研究范围和理论背景，如可将提示词设定为：“如何理解法律推理的结构？结合 Alexy 和 Peczenik 的观点进行分析。”

引用 12 篇资料作为参考 〉

法律推理的结构可以从形式推理和实质推理两个维度来理解。结合罗伯特·阿列克西（Robert Alexy）和亚历山大·佩策尼克（Alexander Peczenik）的观点，法律推理不仅涉及逻辑形式，还包含价值判断和论证过程。

1. 形式推理与实质推理

法律推理通常分为形式推理和实质推理：

- **形式推理**：以演绎推理为核心，采用三段论的形式，即从一般法律规则（大前提）和具体案件事实（小前提）推导出法律结论。这种推理强调逻辑的严密性和结论的必然性 [1] [2] 。

- **实质推理**：用于解决形式推理无法处理的复杂问题，涉及价值判断和原则权衡。实质推理强调法律结论的正当性和合理性，通常用于疑难案件或法律规则模糊的情况 1 6 。

2. 阿列克西的观点：法律论证与理性

阿列克西强调法律推理的理性化和正当化，认为法律推理不仅仅是逻辑涵摄，还需要通过论证来证成法律决定的合理性。他提出了“法律语境内充分证成”和“深度证成”两个层次：

- **法律语境内充分证成**：在法律框架内，通过法律规则和原则的适用，证成法律决定 7 8 。
- **深度证成**：在法律之外，通过道德、政治等超实证法原则，进一步证成法律决定的正当性 7 8 。

阿列克西还提出了“正确性宣称”理论，认为法律必然包含对道德正确性的宣称，这为法律推理提供了理想面向 7 8 。

3. 佩策尼克的观点：法律转化与融贯性

佩策尼克的法律转化理论强调法律推理中的“跳跃性”，即从事实到法律结论的非单调性推理。他认为，法律推理并非严格的逻辑演绎，而是通过权衡和转化，将事实与法律规范相结合。佩策尼克提出了“融贯性”作为法律论证的核心标准：

- **融贯性**：法律推理中的各个理由和命题应相互支持，形成一个逻辑一致且合理的整体 10 12 。

佩策尼克还区分了“法律语境内充分证成”和“深度证成”，认为法律推理需要在法律框架内和更广泛的规范性框架内进行论证，以确保法律决定的融贯性和正当性 10 11 。

4. 综合分析

阿列克西和佩策尼克的观点共同表明，法律推理不仅依赖于逻辑形式，还需要通过论证和融贯性来证成法律决定的合理性。阿列克西强调法律推理的理性化和正当化，而佩策尼克则强调法律推理的灵活性和多元性。两者的理论共同揭示了法律推理在逻辑性、规范性和实践性之间的平衡。

总结

法律推理的结构以形式推理为基础，但结合阿列克西和佩策尼克的观点，法律推理还需要通过论证和融贯性来证成法律决定的合理性和正当性。这种综合性的法律推理方法，反映了法律确定性与正当性的双重追求 7 10 12 。

此类提示词不仅能引导 DeepSeek 生成具有学术价值的内容，还能确保其符合特定法学传统。

此外，研究者可以利用递进式提问来深化分析。例如，先询问“法律解释与法律漏洞之间的关系是什么？”，得到基础回答后，再进一步提出“在法律解释学的框架下，如何运用法律推理来解决法律漏洞？”。

法律解释与法律漏洞之间的关系是什么？

引用 10 篇资料作为参考 >

法律解释与法律漏洞之间的关系可以从以下几个方面来理解：

1. **法律解释的范畴**
   法律解释是在法律文义范围内进行的操作，旨在通过文义解释、体系解释、目的解释等方法，明确法律条文的含义，使其能够适用于具体案件 1 2 4 。法律解释的核心是澄清法律疑义，确保法律适用的准确性和一致性。

2. **法律漏洞的定义**

法律漏洞是指法律对于应规定的事项未作规定或规定不完善，导致法律在适用时出现“违反计划的不圆满性” 1 4 8 。法律漏洞可以分为显性漏洞（法律明确未规定）和隐性漏洞（法律表面完备但实际无法有效适用） 7 8 。

3. **法律解释与法律漏洞的界限**

法律解释的边界是法律文义的“可能范围”。当法律解释无法在法律文义范围内解决问题时，就进入了法律漏洞的范畴 1 8 。例如，文义解释无法涵盖某些情形时，可能需要通过类推或目的性扩张来填补漏洞 8 。

4. **法律漏洞的填补**

法律漏洞的填补超越了法律文义范围，属于法律续造的范畴。填补方法包括类推适用、目的性扩张、目的性限缩等 1 4 8 。例如，当法律文义过窄时，可以通过类推适用填补公开漏洞；当文义过宽时，可以通过目的性限缩解决隐藏漏洞 8 。

5. **两者的关系**

- **互补性**：法律解释是法律适用的基础，而法律漏洞填补则是在解释无法解决问题时的补充手段 1 4 。
- **递进性**：法律解释优先于漏洞填补。只有在法律解释无法解决问题时，才需要进行漏洞填补 8 。
- **界限性**：法律解释与漏洞填补的界限在于是否超越了法律文义的“可能范围” 8 。

总结来说，法律解释与法律漏洞是法律适用中两个紧密相关的环节。法律解释旨在明确法律条文的含义，而法律漏洞填补则是在法律解释无法解决问题时，通过法律续造的方式弥补法律的不足 1 4 8 。

在法律解释学的框架下，如何运用法律推理来解决法律漏洞？

引用 9 篇资料作为参考 ＞

在法律解释学的框架下，法律推理是解决法律漏洞的重要工具。法律漏洞是指法律对某些应规定的事项未作规定或规定不完善，导致法律适用时出现“违反计划的不圆满性”。解决法律漏洞的过程通常涉及以下几个步骤：

1. 法律漏洞的确认

首先，需要确认是否存在法律漏洞。法律漏洞的认定通常基于两个标准：一是法律对特定事项未作规定或规定不明确；二是这种缺失或模糊违反了立法意图或计划 2 7 。

2. 法律解释的优先适用

在法律漏洞的填补之前，应优先通过法律解释方法（如文义解释、体系解释、目的解释等）尝试在法律文义范围内解决问题。如果法律解释无法解决问题，才进入漏洞填补阶段 1 6 。

3. 法律漏洞的填补方法

当法律解释无法解决问题时，可以通过以下方法填补法律漏洞：

- **类推适用**：将类似案件的法律规则适用于当前案件。例如，如果法律对某一事项未作规定，但存在类似事项的法律规则，可以通过类推适用填补漏洞 5 9 。
- **目的性扩张**：当法律条文的文义过于狭窄，无法涵盖立法目的时，可以扩张其适用范围。例如，将“终止”解释为“终止或解除”以涵盖更多情形 1 5 。
- **目的性限缩**：当法律条文的文义过于宽泛，涵盖不应适用的事项时，可以限缩其适用范围。例如，排除某些不符合立法目的的情形 5 7 。
- **依习惯或法理补充**：在法律未作规定时，可以依据交易习惯、行业习惯或法理原则填补漏洞。例如，在彩礼纠纷中，依据民间习惯和法理原则制定裁判规则 3 5 。
- **直接适用法律原则**：在缺乏具体规则时，可以直接适用诚实信用原则、公平原则等法律原则填补漏洞 5 6 。

4. 法律推理的作用

法律推理在法律漏洞填补中起到关键作用。无论是类推适用、目的性扩张还是依习惯补充，都需要通过法律推理来论证填补方法的合理性和正当性。例如，通过演绎推理从一般法律原则推导出具体规则，或通过归纳推理从类似案件中总结出适用规则 8 9 。

总结

在法律解释学的框架下，法律推理是解决法律漏洞的核心工具。通过法律解释优先适用，再结合类推适用、目的性扩张、依习惯补充等方法，可以在法律文义范围外填补漏洞，确保法律适用的完整性和正当性 1 2 5 。

这种方式可以促使DeepSeek形成逻辑递进的内容,从而更加符合学术研究的需求。

二、结合特定法学流派,高效了解核心观点

法律方法论的发展受到不同法学流派的影响,包括自然法学、实证主义法学、批判法学、现实主义法学等。研究者在提示词中应明确指向特定法学流派,以避免泛泛而谈。例如,可将提示词设定为:“哈特的法律实证主义如何影响现代法律解释方法?请结合‘开放性结构’(open texture)理论进行分析。”

引用 11 篇资料作为参考 >

哈特的法律实证主义对现代法律解释方法产生了深远影响，尤其是通过其提出的“开放性结构”（open texture）理论，为法律解释提供了新的视角和方法论基础。

1. 法律实证主义的核心观点

哈特的法律实证主义主张法律与道德的分离，认为法律的有效性不依赖于其道德内容，而是基于社会事实和规则体系。他强调法律是由“初级规则”（设定义务的规则）和“次级规则”（承认、修改和执行规则的规则）构成的体系，其中“承认规则”是法律效力的基础 1 4 。

2. 开放性结构理论

哈特提出，法律规则具有“开放性结构”，即在规则的核心地带，其含义是明确和确定的；但在规则的边缘地带，由于语言的模糊性和社会情境的复杂性，规则的含义可能存在不确定性。这种不确定性为法官在解释和适用法律时提供了自由裁量的空间 4 8 。

3. 对现代法律解释方法的影响

哈特的开放性结构理论对现代法律解释方法的影响主要体现在以下几个方面：

- **自由裁量权的正当化**：哈特认为，在规则的边缘地带，法官可以通过自由裁量权填补法律的空白或模糊之处。这种自由裁量权并非任意，而是基于法律规则的核心含义和社会语境进行合理推断 4 8 。
- **法律解释的动态性**：开放性结构理论强调法律解释的动态性和适应性。在面对新类型案件或社会变迁时，法官可以通过解释法律规则，使其适应新的社会需求，从而保持法律的灵活性和适应性 4 8 。
- **语言分析的重要性**：哈特通过语言分析方法强调法律规则的意义取决于其使用的社会实践和语境。这种方法为法律解释提供了理论支持，帮助法官澄清法律概念的模糊性，确保法律适用的精确性 4 8 。

4. 与现代法律解释方法的结合

哈特的开放性结构理论为现代法律解释方法提供了重要的理论框架。例如：

- **目的解释**：在解释法律时，法官可以结合立法目的和社会语境，填补规则的边缘地带，确保法律适用的合理性和正当性 4 8 。
- **原则与政策的权衡**：在规则模糊或空白的情况下，法官可以依据法律原则和政策进行权衡，确保法律解释符合社会价值和道德标准 4 8 。

总结

哈特的法律实证主义通过开放性结构理论，为现代法律解释方法提供了重要的理论支持。这一理论不仅强调了法律解释的自由裁量权和动态性，还通过语言分析方法确保了法律适用的精确性和合理性，从而推动了法律解释方法的发展和完善 4 8 。

这一提示词能够确保 DeepSeek 结合具体法学流派进行回答，并提供相应的学术背景。

此外，对于涉及不同法学传统的法律方法论问题，提示词可以引导 DeepSeek 进行比较研究。例如，可以将提示词设定为："德沃金的法律诠释理论如何区别于哈特的法律规则观？请从法律解释的方法论角度分析。"

引用 14 篇资料作为参考 >

德沃金的法律诠释理论与哈特的法律规则观在方法论上存在显著差异，主要体现在法律解释的性质、法律推理的方式以及对法律与道德关系的处理上。

1. 法律解释的性质

- **哈特的法律规则观**：哈特主张法律是由"初级规则"（设定义务的规则）和"次级规则"（承认、修改和执行规则的规则）构成的体系。他强调法律解释的**描述性**，认为法律解释的任务是澄清法律规则的含义，而不涉及道德或价值判断。哈特认为，法律规则的核心地带是明确的，但在边缘地带存在"开放性结构"，法官可以通过自由裁量权填补法律的空白 9 12 。
- **德沃金的法律诠释理论**：德沃金则认为法律是一个**解释性概念**，法律解释不仅仅是描述性的，而是**建构性的**。他强调法律解释需要结合道德原则和价值判断，法官在解释法律时，不仅要考虑法律规则的字面含义，还要通过"建设性解释"来赋予法律最佳的意义。德沃金认为，法律解释的目的是使法律实践与道德原则相融贯，确保法律的整体性和一致性 2 4 5 。

2. 法律推理的方式

- **哈特的法律规则观**：哈特认为法律推理主要依赖于**逻辑涵摄**，即通过三段论的方式将具体案件事实涵摄于一般法律规则之下。在规则的边缘地带，法官可以通过自由裁量权填补法律的空白，但这种裁量权是有限的，且不涉及道德判断 9 12 。
- **德沃金的法律诠释理论**：德沃金强调法律推理的**道德维度**，认为法官在解释法律时，必须通过"建设性解释"来权衡法律原则和政策。德沃金提出了"整体性法律"的概念，认为法官在解释法律时，必须将法律视为一个整体，确保法律解释与法律体系中的道德原则相一致。德沃金认为，法律推理不仅仅是逻辑推理，还涉及道德判断和价值权衡 2 4 5 。

3. 法律与道德的关系

- **哈特的法律规则观**：哈特坚持法律与道德的分离，认为法律的有效性不依赖于其道德内容。他主张法律解释应当是**价值中立**的，法官在解释法律时不应引入道德判断。哈特认为，法律规则的核心地带是明确的，法官只需通过逻辑推理即可得出结论 9 12 。

- **德沃金的法律诠释理论**：德沃金则认为法律与道德是密不可分的，法律解释不可避免地涉及道德判断。他主张法律解释应当是**价值负载的**，法官在解释法律时，必须通过道德原则来确保法律解释的正当性。德沃金认为，法律解释的目的是使法律实践与道德原则相融贯，确保法律的整体性和一致性 2 4 5 。

总结

哈特的法律规则观强调法律解释的描述性和逻辑涵摄，主张法律与道德的分离；而德沃金的法律诠释理论则强调法律解释的建构性和道德维度，认为法律解释必须结合道德原则和价值判断。两者的方法论差异反映了他们在法律解释性质、法律推理方式以及对法律与道德关系处理上的根本分歧 2 4 5 。

这样的提示词能够促使 DeepSeek 进行细致的理论对比，从而提高研究的深度。

三、嵌入案例分析，增强实践价值

法律方法论不仅是理论研究的对象，也具有实践指导意义。研究者可以在提示词中要求 DeepSeek 结合具体案例进行分析，以便测试不同法律方法在实际适用中的效果。例如，可将提示词设定为：“请分析美国最高法院 1954 年‘布朗诉教育委员会案’（Brown v. Board of Education）如何运用目的解释方法推翻‘隔离但平等’原则。”

引用 11 篇资料作为参考 >

在1954年的“布朗诉教育委员会案”（Brown v. Board of Education）中，美国最高法院通过目的解释方法，推翻了“隔离但平等”原则。以下是具体分析：

1. 目的解释的核心

目的解释方法强调法律条文背后的立法目的和社会价值，而非仅仅拘泥于字面含义。在布朗案中，最高法院通过分析《宪法第十四修正案》的平等保护条款，指出其核心目的是确保所有公民在法律面前享有平等权利，而非仅仅形式上平等。

2. 对“隔离但平等”原则的批判

最高法院认为，尽管种族隔离表面上可能提供“平等”的设施，但实际上隔离本身对黑人儿童的心理和教育机会造成了不可忽视的负面影响。首席大法官厄尔·沃伦在判决书中指出，隔离教育使黑人儿童产生“低人一等”的自我认同，损害了他们的学习动机和心理健康。这种心理伤害与《宪法第十四修正案》的平等保护精神相违背 1 6 11 。

3. 社会背景与教育目的的结合

最高法院进一步结合了现代教育的社会功能，指出教育不仅是传授知识，更是培养公民意识和社会适应能力的重要途径。隔离教育剥夺了黑人儿童与白人儿童共同学习、交流的机会，阻碍了他们的社会化进程，从而违背了教育的根本目的 6 8 。

4. 无形因素的考量

最高法院特别强调了“无形因素”的重要性，如学习能力、交流机会和心理影响等。这些因素无法通过硬件设施的平等来弥补，隔离本身即是一种不平等。因此，最高法院裁定“隔离但平等”原则在公立教育领域不适用 6 7 11 。

5. 判决的社会意义

布朗案的判决不仅推翻了“隔离但平等”原则，还开启了美国民权运动的新篇章。它标志着最高法院在推动社会平等和正义方面的积极作用，同时也为后续的种族平等立法和司法实践奠定了基础 1 6 10 。

总结

通过目的解释方法，最高法院在布朗案中揭示了“隔离但平等”原则与《宪法第十四修正案》平等保护精神的根本冲突，强调了教育的社会功能和无形因素的重要性，最终裁定种族隔离违宪。这一判决不仅具有法律意义，更对社会平等和正义产生了深远影响 1 6 11 。

这一提示词能引导 DeepSeek 结合具体案例分析法律解释方法的实践运用，提高研究的应用性。

除了单一案例分析，研究者还可以要求 DeepSeek 进行案例比较，以探索法律方法论的适用差异。例如，可将提示词设定为：“请比较‘罗伊诉韦德案’(Roe v. Wade)与‘多布斯诉杰克逊妇女健康组织案’(Dobbs v. Jackson Women’s Health Organization)在法律推理方法上的不同，并评估其对司法实践的影响。”

引用 13 篇资料作为参考 >

‘罗伊诉韦德案’（Roe v. Wade）与‘多布斯诉杰克逊妇女健康组织案’（Dobbs v. Jackson Women’s Health Organization）在法律推理方法上存在显著差异，这些差异对司法实践产生了深远影响。

1. 法律推理方法的不同

- **罗伊诉韦德案（1973年）**：
  - **隐私权与正当程序条款**：罗伊案的核心推理基于宪法第十四修正案的“正当程序条款”，认为堕胎权属于隐私权的范畴。最高法院通过解释宪法，认为隐私权隐含在宪法中，并延伸到妇女的堕胎决定权 1 3 5 。
  - **三阶段标准**：罗伊案提出了“三阶段标准”，将妊娠分为三个阶段，分别赋予妇女不同程度的堕胎自由，州政府只能在特定阶段对堕胎进行限制 1 5 。
  - **历史与传统的解释**：罗伊案通过历史分析，认为禁止堕胎并非美国法的传统，而是19世纪后期的产物，因此堕胎权应受到保护 5 12 。
- **多布斯诉杰克逊妇女健康组织案（2022年）**：
  - **宪法原旨主义与狭义解释**：多布斯案采用了“宪法原旨主义”的推理方法，认为宪法文本中并未明确提到堕胎权，因此堕胎权不应被视为宪法权利。阿利托大法官在判决中强调，宪法解释应严格依据文本和历史传统，而非通过“隐私权”等隐含权利进行扩展 3 8 12 。
  - **推翻先例**：多布斯案明确推翻了罗伊案和凯西案的先例，认为这些判决缺乏宪法依据，且错误地将堕胎权纳入宪法保护范围。判决认为，堕胎权问题应交由各州立法机构决定，而非由联邦法院通过司法判决解决 3 8 12 。
  - **历史与传统的重新审视**：多布斯案重新审视了美国历史，认为禁止堕胎有着悠久的历史传统，因此堕胎权不应被视为宪法权利 8 12 。

2. 对司法实践的影响

- **司法能动主义与司法节制的对立**：罗伊案体现了司法能动主义，法院通过扩展宪法解释，赋予妇女堕胎权。而多布斯案则体现了司法节制，强调法院不应通过判决“立法”，而应将此类问题交还给立法机构 3 8 12 。
- **先例的稳定性与可推翻性**：多布斯案推翻了罗伊案和凯西案，打破了“遵循先例”（stare decisis）原则的稳定性。这一判决表明，最高法院在特定情况下可以推翻长期存在的先例，这对司法体系的稳定性和可预测性提出

了挑战 [8] [12] 。

- **联邦与州权的平衡**：多布斯案将堕胎权的决定权交还给各州，重新调整了联邦与州权之间的平衡。这一判决可能导致各州在堕胎问题上出现显著差异，进一步加剧美国社会的分裂 [3] [8] [12] 。
- **宪法解释方法的争议**：多布斯案采用的“宪法原旨主义”与罗伊案的“隐私权”推理形成了鲜明对比，引发了关于宪法解释方法的广泛争议。这一争议不仅影响堕胎权，还可能对其他宪法权利的解释产生深远影响 [3] [8] [12] 。

总结

罗伊案与多布斯案在法律推理方法上的差异，反映了司法能动主义与司法节制、先例的稳定性与可推翻性、以及联邦与州权之间的复杂博弈。多布斯案的判决不仅推翻了罗伊案，还对美国司法实践产生了深远影响，重新定义了宪法解释的边界和司法权的角色。

此类提示词能够促使 DeepSeek 关注法律推理在不同时期、不同案件中的演变,从而提供更具实践价值的分析。

四、引导学术性写作,提高研究质量

学术研究通常要求严谨的论证结构和清晰的学术框架。研究者在使用 DeepSeek 进行法律方法论研究时,可以通过提示词引导其采用学术写作风格。例如,可将提示词设定为:“请撰写一篇小论文,主题为‘法律论证的方法论基础’,要求包含引言、理论综述、案例分析和结论。”

引用 13 篇资料作为参考 >

法律论证的方法论基础

引言

法律论证是法律实践中的核心环节，旨在通过逻辑、证据和理由来证明法律观点的正确性。它不仅贯穿于法律适用的全过程，还直接影响司法裁判的正当性和可接受性。随着法律理论的不断发展，法律论证的方法论基础逐渐成为法学研究的重要课题。本文将从理论综述、案例分析和结论三个方面，探讨法律论证的方法论基础。

理论综述

法律论证的理论基础主要包括形式逻辑、非形式逻辑和实质主义。形式逻辑强调通过严密的逻辑推理来证明结论，而非形式逻辑则注重语境、案例和类比等方式的论证 [1] [2] 。实质主义则关注法律问题的本质和实质，强调法律论证的实质内容 [9] 。

法律论证的方法主要包括演绎法、归纳法和类比法。演绎法通过前提推导结论，从已知的前提推导出结论；归纳法从个别事实推导出一般性结论；类比法则通过比较相似案例来推导结论 [6] [7] 。此外，法律论证还涉及内部证成和外部证成的区分。内部证成关注从前提到结论的逻辑推导，而外部证成则关注前提本身的正当性 [1] [5] 。

法律论证的原则包括有效性原则、可接受原则和程序性原则。有效性原则强调逻辑推理的正确性，可接受原则关注论证内容的实质合理性，程序性原则则强调论证过程的合法性和公正性 [2] [5] 。

案例分析

以“火车撞伤农民案”为例，法院根据《铁路法》第58条第2款，认定原告因自身原因导致损害，铁路公司不承担责任。然而，从价值判断和体系解释的角度来看，这一结论存在不合理之处。首先，现代民法的基本价值理念强调对受害人的保护，而本案中受害人因穿行铁轨而无法获得赔偿，显然不符合这一理念。其次，从防范风险的角度考虑，铁路公司作为危险源的所有者，应承担更多的责任以预防类似事故的发生。最后，从体系解释的角度来看，《民法典》第1240条规定，高速运输工具造成他人损害的，经营者应承担严格责任，只有在受害人故意或不可抗力的情况下才能免责。因此，法院应优先适用《民法典》而非《铁路法》 11 。

结论

法律论证的方法论基础是法律实践中的重要支撑。通过形式逻辑、非形式逻辑和实质主义的结合，法律论证能够确保司法裁判的正当性和可接受性。在具体案例中，综合运用多种论证方法和原则，能够有效避免法律适用的片面性和不合理性。未来，随着法律理论的进一步发展，法律论证的方法论基础将继续完善，为司法实践提供更加坚实的理论支持。

1 2 5

这样可以确保输出内容符合学术论文的格式，而不是仅仅提供零散的信息。

此外，研究者可以指定 DeepSeek 使用特定的法学学术表达方式。例如，可以将提示词设定为："请用法学学术语言解释'法律解释的客观意图方法'(objective intent method)。"

引用 7 篇资料作为参考 >

在法律解释的领域中，**客观意图方法**（objective intent method）是一种以法律文本本身所传达的客观意义为解释目标的理论。该方法主张，法律解释的核心在于探求法律规范内在的客观目的，而非立法者在制定法律时的主观意图 1 3 。

理论内涵

1. **法律文本的独立性**：客观意图方法认为，法律一旦颁布，便与立法者分离，成为独立的规范体系。法律文本的意义不再依赖于立法者的主观意图，而是由其自身的语言、逻辑和目的所决定 3 6 。
2. **客观目的的探求**：解释者应通过法律文本的字面意义、体系结构以及法律规范的整体目的，来确定法律的客观意图。这种方法强调法律的内在逻辑和社会功能，而非历史立法者的具体意图 1 7 。
3. **时代适应性**：客观意图方法注重法律在当代社会中的适用性。它认为，法律解释应反映当前的社会价值观和规范需求，而非局限于立法时的历史背景 5 7 。

方法论特点

- **文义解释优先**：解释者首先从法律文本的字面意义出发，确保解释不超出文本的可能含义范围 1 4 。
- **体系解释与目的解释结合**：通过分析法律规范在整体法律体系中的位置及其功能，结合法律的目的，进一步明确其客观意图 3 7 。
- **排除主观历史资料**：客观意图方法通常不依赖立法准备资料或历史背景，除非这些资料有助于理解法律文本的客观意义 6 7 。

实践意义

客观意图方法在司法实践中具有重要价值，尤其是在法律文本模糊或社会情境发生变化的场合。它能够确保法律解释的灵活性和适应性，同时维护法律的稳定性和可预测性 5 7 。例如，在"火车撞伤农民案"中，法院若采用客观意图方法，可能会优先适用《民法典》的严格责任条款，而非《铁路法》的免责条款，以更好地保护受害人的权益 1 3 。

总结

客观意图方法是一种以法律文本为中心的解释理论，强调法律的内在逻辑和社会功能，而非立法者的主观意图。它通过文义、体系和目的解释的结合，确保法律解释的客观性和时代适应性，为司法实践提供了重要的方法论支持 1 3 7 。

此类提示词可以确保 DeepSeek 输出内容的用语精准、风格符合学术标准。

五、利用跨学科方法，拓展研究视野

法律方法论并非孤立存在，而是与哲学、社会学、认知科学、计算法学等领域密切相关。研究者可以在提示词中要求 DeepSeek 结合跨学科视角进行分析。例如，可以将提示词设定为："法律解释方法如何受到认知科学的影响？请结合 Kahneman 的'双系统理论'(dual - system theory)进行讨论。"

引用 10 篇资料作为参考 >

法律解释方法受到认知科学的深刻影响，尤其是丹尼尔·卡尼曼（Daniel Kahneman）提出的**双系统理论**（Dual-System Theory）为理解法律解释中的认知机制提供了重要框架。以下从双系统理论的角度，结合认知科学的影响，分析法律解释方法的变革与优化。

1. 双系统理论的基本框架

卡尼曼的双系统理论将人类认知分为两个系统：

- **系统1（直觉系统）**：快速、自动、无意识，依赖直觉和启发式，容易受到认知偏差的影响。
- **系统2（逻辑系统）**：慢速、有意识、逻辑性强，依赖深度分析和推理，能够纠正系统1的错误。

在法律解释中，法官和其他法律从业者的决策过程同样受到这两个系统的影响。系统1的直觉反应可能导致解释的偏差，而系统2的逻辑分析则有助于实现更准确和理性的解释。

2. 认知科学对法律解释方法的影响

（1）揭示认知偏差的影响

认知科学研究表明，法律解释中的许多错误源于系统1的认知偏差，例如**锚定效应**、**代表性启发式**和**可得性启发式**等。这些偏差可能导致法官在解释法律条文时过度依赖直觉，忽视逻辑分析。例如，在"火车撞伤农民案"中，法院可能因系统1的直觉反应而优先适用《铁路法》，而非更符合现代民法价值理念的《民法典》 3 10 。

（2）优化法律解释的逻辑性

通过引入系统2的逻辑分析，法律解释可以更加理性和科学。例如，在复杂案件中，法官需要通过系统2的深度推理，结合法律文本、立法目的和社会价值，避免直觉偏差的影响。认知科学为法律解释提供了实证工具，如功能性磁共振成像（fMRI）和事件相关电位（ERP），帮助研究者观察法官的思维过程，优化解释方法 1 7 。

（3）促进法律解释的跨学科融合

认知科学的介入推动了法律解释与其他学科的交叉研究。例如，行为法经济学结合心理学和经济学理论，揭示了法律解释中的非理性因素，为解释方法的改进提供了新视角。此外，人工智能技术的应用（如法律知识图谱和类案识别）也增强了法律解释的科学性和效率 5 6 。

3. 双系统理论在法律解释中的具体应用

（1）系统1的启发式解释

在法律解释的初期，法官可能依赖系统1的直觉反应，快速形成初步解释。例如，在文义解释中，法官可能基于法律条文的字面意义做出判断。然而，这种解释容易受到认知偏差的影响，需要系统2的进一步修正 4 9 。

（2）系统2的逻辑分析

在复杂案件中，法官需要通过系统2的逻辑分析，结合立法目的、体系解释和社会价值，形成更全面的解释。例如，在"站内厕所收费案"中，法院通过立法解释方法，结合立法者的意图，纠正了文义解释的偏差 3 10 。

（3）认知交互与程序控制

在刑事审判中，认知科学的介入有助于实现"认知交互"和"偏见阻断"。通过实质化的庭审程序，法官可以更好地识别和纠正认知偏差，形成理性认知。例如，庭前准备程序的信息分享和庭审中的认知交互，有助于消除预断的不利影响 10 。

4. 结论

认知科学，尤其是卡尼曼的双系统理论，为法律解释方法的优化提供了重要的理论支持和实践工具。通过揭示认知偏差的影响、增强逻辑分析的深度以及促进跨学科融合，法律解释能够更加科学、理性和适应现代社会需求。未来，随着认知科学和人工智能技术的进一步发展，法律解释方法将继续革新，为司法实践提供更坚实的理论支持 1 5 7 。

这一提示词能够促使 DeepSeek 从心理学的角度审视法律解释，从而拓宽研究的视野。

同样，在法与经济学、法与社会学的交叉研究中，提示词可以要求 DeepSeek 引入经济学或社会学分析方法。例如，可将提示词设定为："结合理查德 · A. 波斯纳（Richard Allen Posner）的观点，请分析法律解释方法在经济学分析法（Law and Economics）中的应用。"

引用 9 篇资料作为参考 ＞

理查德·A·波斯纳（Richard Allen Posner）是法律经济学（Law and Economics）领域的奠基人之一，他的理论对法律解释方法产生了深远影响。波斯纳的法律经济学分析以**效率**为核心，强调通过经济学的工具和方法来解释和优化法律规则。以下是结合波斯纳的观点，分析法律解释方法在经济学分析法中的应用：

1. 效率作为法律解释的核心目标

波斯纳认为，法律解释应以**财富最大化**为目标，即通过法律规则的适用，促进社会资源的有效配置和财富的增长。这一观点与传统法律解释方法（如文义解释、历史解释）不同，它更注重法律规则的经济后果 1 3 。例如，在合同法的解释中，波斯纳主张法院应优先考虑如何通过解释合同条款来降低交易成本，从而促进交易的效率 9 。

2. 理性人假设与行为预测

波斯纳的法律经济学分析基于**理性人假设**，即个体在决策时会追求自身利益的最大化。这一假设为法律解释提供了新的视角：法院在解释法律时，应预测相关主体的行为反应，并选择能够引导其行为向效率方向发展的解释方案 3 7 。例如，在侵权法中，波斯纳提出的"汉德公式"（B<PL）通过经济分析确定过失责任，旨在激励潜在侵权人采取合理的预防措施，从而减少社会成本 9 。

3. 成本–收益分析在法律解释中的应用

波斯纳强调，法律解释应进行**成本–收益分析**，即评估不同解释方案的经济后果，并选择能够最大化社会净收益的方案 1 8 。例如，在财产法的解释中，波斯纳主张将财产权赋予能够最有效利用资源的主体，以促进资源的优化配置 9 。这种分析方法不仅适用于私法领域，也适用于公法领域，如环境法和反垄断法 3 。

4. 法律解释的实证与规范结合

波斯纳的法律经济学分析既包括**实证分析**（解释法律规则的实际效果），也包括**规范分析**（提出改进法律规则的建议）。在法律解释中，波斯纳主张法院应结合实证数据，评估法律规则的经济效率，并在必要时通过解释调整规则，以实现更优的社会结果 7 8 。例如，在"火车撞伤农民案"中，波斯纳可能会通过经济分析，优先适用《民法典》的严格责任条款，以更好地保护受害人权益，同时促进铁路公司的风险预防 1 。

5. 法律解释的实用主义取向

波斯纳的法律经济学分析具有强烈的**实用主义**色彩，他强调法律解释应注重实际效果，而非抽象的理论或形式逻辑 4 6 。例如，在"堕胎案"中，波斯纳承认财富最大化原则在无共识的场合难以量化，但他建议通过实用主义的方法，结合自由主义原则，寻找最可行的解释方案 6 。

结论

波斯纳的法律经济学分析为法律解释方法提供了全新的视角和工具。通过将效率目标、理性人假设、成本–收益分析和实用主义取向融入法律解释，波斯纳的理论不仅增强了法律解释的科学性和可操作性，也为法律规则的优化提供了重要依据。未来，随着法律经济学理论的进一步发展，其在法律解释中的应用将更加广泛和深入 1 3 9 。

此类提示词有助于推动 DeepSeek 生成跨学科研究内容，提高研究的创新性。

六、总结

要高效地使用 DeepSeek 进行法律方法论的研究，研究者需要精心设计提示词，以确保输出内容的学术深度和针对性。精准设定研究问题、结合特定法学流派、嵌入案例分析、引导学术性写作以及利用跨学科方法，可以帮助研究者充分发挥 DeepSeek 在法律方法论研究中的辅助作用。通过科学地构建提示词，研究者不仅能够获得更符合研究需求的内容，还能拓展研究的广度和深度，从而更系统地推进法律方法论的研究。

第五节　驱动 DeepSeek 开展法社会学研究

法社会学是一门研究法律与社会之间互动关系的学科，涉及法律的社会功能、法律制度的社会适应性、法律意识与法律文化等多个领域。由于法社会学的研究方法兼具实证性与理论性，使用 DeepSeek 进行该领域的研究时，提示词的设计必须精准，既要确保生成内容的理论深度，也要结合具体的社会现象进行分析。本节将从明确研究主题、结合经典法社会学理论、融入实证分析、跨学科方法论运用以及优化学术写作五个方面，探讨如何使用提示词更好地驱动DeepSeek开展法社会学研究。

一、明确研究主题，精准设定问题

在使用DeepSeek进行法社会学研究时，避免泛化和模糊的问题至关重要。法社会学涵盖诸多子领域，如法律的社会功能、法律意识、法律文化、法律适用、法律制度变迁、法律的正当性等。如果提示词过于宽泛，如“法律如何影响社会？”，DeepSeek可能会生成过于概括的内容，缺乏针对性。因此，研究者应在提示词中细化研究范围，设定具体问题。

如果关注法律与社会变迁的关系，可以设计如下提示词：“请分析法律在社会变迁中的作用，并结合涂尔干、韦伯和庞德的观点进行理论探讨。”

引用 6 篇资料作为参考 >

法律在社会变迁中扮演着至关重要的角色，它不仅反映了社会的价值和文化，还通过规范行为、调节利益冲突和维持社会秩序，推动社会的稳定与发展。结合涂尔干、韦伯和庞德的观点，可以从以下三个方面进行理论探讨：

1. 涂尔干：法律与社会团结

涂尔干在《社会分工论》中提出，法律是社会团结的重要机制。他将社会团结分为**机械团结**和**有机团结**。在传统社会中，机械团结依赖于集体意识和相似性，法律主要表现为**压制性制裁**，通过惩罚违反集体规范的行为来维护社会秩序。而在现代社会中，有机团结依赖于劳动分工和相互依赖，法律则更多地表现为**恢复性制裁**，旨在修复因冲突而受损的社会关系 1 2 。

涂尔干认为，法律通过调节社会关系，维持社会的有机团结。例如，在现代社会中，合同法、劳动法等法律形式通过明确权利和义务，促进个体之间的合作与依赖，从而维持社会的稳定与和谐 1 3 。

2. 韦伯：法律与理性化

韦伯从理性化的角度分析法律在社会变迁中的作用。他将法律分为**形式理性法**和**实质理性法**。形式理性法强调法律的内在逻辑和程序正义，而实质理性法则关注法律的社会效果和实质正义。韦伯认为，现代社会的法律逐渐趋向形式理性化，法律规则变得更加系统化和可预测，这有助于提高社会运行的效率 3 6 。

韦伯还指出，法律作为一种社会控制手段，通过其权威性和合法性，维持社会秩序。例如，现代国家的法律体系通过明确的规则和程序，减少社会冲突，促进经济发展和政治稳定 3 6 。

3. 庞德：法律与社会工程

庞德从社会学法学的视角出发，提出法律是一种**社会工程**，其核心任务是通过调整利益冲突，实现社会控制。他将利益分为个人利益、公共利益和社会利益，认为法律应在这些利益之间寻求平衡，以实现社会正义 4 5 6 。

庞德强调，法律不应仅仅依赖于强力，而应通过其社会效果来证明其正当性。例如，在现代社会中，劳动法、消费者权益保护法等法律形式通过保护弱势群体的利益，促进社会的公平与正义 4 5 6 。

总结

涂尔干、韦伯和庞德的观点共同揭示了法律在社会变迁中的多重作用：涂尔干强调法律对社会团结的维护，韦伯关注法律的理性化与权威性，庞德则强调法律作为社会工程的利益调节功能。这些理论为我们理解法律在社会变迁中的作用提供了丰富的视角，同时也为现代法律制度的完善提供了理论支持 1 3 4 。

这一提示词既明确了主题(法律与社会变迁),又限定了理论框架(涂尔干、韦伯、庞德),确保 DeepSeek 输出的内容具有学术价值。

同理,若研究法律文化,可以细化为:“请探讨法律文化的类型,并结合中国传统法律文化与现代法律文化的变迁进行分析。”

引用 8 篇资料作为参考 >

法律文化的类型可以从多个维度进行划分,结合中国传统法律文化与现代法律文化的变迁,分析如下:

一、法律文化的类型

1. 按社会形态划分
   - 奴隶制、封建制、资本主义和社会主义法律文化。中国传统法律文化以封建制为核心,强调等级秩序和伦理本位;现代法律文化则以社会主义法治为基础,注重平等与权利保障 1 6 。
2. 按法系划分
   - 大陆法系(法典化)、英美法系(判例法)、中华法系(礼法结合)等。中华法系以《唐律疏议》为代表,融合儒家伦理,而现代中国法律体系更多借鉴大陆法系的成文法传统 1 6 。
3. 按宗教影响划分
   - 宗教法律文化(如伊斯兰法)与世俗法律文化。中国传统法律文化受儒家思想主导,具有世俗性;现代法律文化进一步淡化宗教影响,强调法律自治 1 6 。
4. 按法律属性划分
   - 公法文化(以刑法为核心)与私法文化(以民法为核心)。中国传统法律文化以公法为主,民事关系刑法化;现代法律文化则区分公法与私法,如《民法典》的颁布标志着私权保护体系的完善 8 。
5. 按文化形态划分
   - 传统法律文化(重调解、厌讼)与现代法律文化(程序正义、权利保障)。中国传统法律文化追求“无讼”,现代法律文化则通过司法改革强化诉讼机制和透明度 1 6 。

二、中国传统法律文化的特征与变迁

1. 伦理本位与礼法结合
   - 传统法律文化以儒家伦理为核心,法律道德化,如“德主刑辅”“出礼入刑”。现代法律文化则分离法律与道德,如《刑法》明确罪刑法定原则 1 6 。
2. 集团本位向个人本位转变
   - 传统法律以家族和国家为重心(如“亲亲相隐”),现代法律则强调个体权利(如隐私权、契约自由) 1 6 。
3. 程序缺失到程序正义
   - 传统司法依赖“青天”式裁判,缺乏程序规范;现代法律引入抗辩制、证据规则等,如《刑事诉讼法》的修订 1 6 。
4. 从“刑治”到“法治”
   - 传统法律以刑法为主,民事关系刑法化;现代法律体系区分公法与私法,如《民法典》的颁布标志着私权保护体系的完善 8 。

三、现代法律文化的创新与挑战

1. 融合与转型
   - 现代中国法律文化吸收西方法治经验(如权利保障、程序正义),同时保留传统调解制度(如人民调解) 1 6 。

- 挑战在于平衡本土资源与全球化需求，例如数据保护、知识产权等新兴领域 1 6 。

2. 文化冲突与调适

- 传统“厌讼”心理与现代诉讼激增的矛盾，需通过普法教育和司法便民措施缓解 1 6 。
- 法律文化的现代化需兼顾效率与公平，如公益诉讼制度的建立 1 6 。

结论

中国传统法律文化以伦理、义务和集团本位为特征，而现代法律文化转向权利、程序和个体本位。这一变迁既是社会转型的必然结果，也需在全球化背景下实现创造性转化，例如将“民惟邦本”“和谐无讼”等优秀传统融入现代法治实践。未来需进一步推动法律文化的多元整合，构建兼具中国特色与国际视野的法治体系 1 6 8 。

研究者可以通过递进式提问深化研究。如，得到“法律与社会变迁”的初步回答后，进一步提问：“基于上述分析，请进一步回答，在现代化进程中，法律如何适应社会结构的变化？请结合中国改革开放以来的法律变迁分析。”

一、经济转型与法律制度的供给重构

1. **产权制度突破与市场经济法权塑造**
   1988年宪法修正案确立土地使用权合法流转，打破计划经济时期"物权虚化"困境。2007年《物权法》确立平等保护原则，2017年民法总则明确"民事主体法律地位一律平等"，为混合所有制经济发展提供法理支撑。从《涉外经济合同法》到统一《合同法》的演进，折射出市场交易规则从"内外有别"向"统一市场"的转型。
2. **市场主体培育与商事法律创新**
   1993年《公司法》确立现代企业制度，2013年注册资本认缴制改革激发创业活力。自贸试验区"负面清单"管理模式写入《外商投资法》，标志着政府与市场关系的法治化重构。截至2022年，全国市场主体总量突破1.6亿户，商事登记制度改革降低的制度性交易成本超过3000亿元。

二、社会分层与权利保护体系的重塑

1. **城乡二元解构与公民权利保障**
   2004年"人权入宪"与2007年《物权法》形成权利保障双翼。2011年《社会保险法》构建全民社保体系，2020年民法典创设居住权制度，回应城镇化进程中2.8亿农民工的权益保护需求。行政诉讼受案范围从"具体行政行为"到"行政行为"的扩展，体现公权力制约的深化。
2. **新兴阶层崛起与法律价值调适**
   2018年《电子商务法》规范平台经济，2021年《数据安全法》《个人信息保护法》构筑数字时代权利屏障。科创板注册制改革写入《证券法》，资本市场法治化护航科技创新。法律对"996工作制"的 ∨ :
   审查，体现对新兴职业群体权益的平衡保护。

三、治理革命与法律实施机制的创新

1. **司法专业化与社会治理转型**
   法官员额制改革使审判人员缩减40%而结案量上升120%，"立案登记制"消除诉讼门槛。智慧法院建设实现全流程在线诉讼，杭州互联网法院首创"异步审理模式"，2022年在线调解纠纷超过1200万件。这种"数字正义"既传承"枫桥经验"精髓，又突破传统治理的空间局限。
2. **公共参与与法治社会化演进**
   立法听证会制度在《立法法》中法定化，民法典编纂收集102万条群众建议。环境公益诉讼主体从行政机关扩展到社会组织，徐州"毒地案"判决开创生态修复先例。这种"共建共治共享"格局，使法律实施从国家单向度规制转向社会多元共治。

四、全球化冲击与法律自主性建构

1. **国际规则内化与制度开放**
   加入WTO推动2000余部法律法规清理修订，《对外贸易法》取消外贸权审批制。RCEP框架下构建自贸区法律体系，海南自贸港法创设"一线放开、二线管住"监管模式。这种"制度型开放"使中国在全球经贸规则制定中的话语权从1.8%提升至15.6%。
2. **法律文明的对话与超越**
   知识产权法院体系融合TRIPS协定要求与本土创新需求，标准必要专利裁判规则影响国际治理。一带一路国际商事法庭采用"调解+仲裁+诉讼"多元解纷机制，输出东方解纷智慧。这种既遵循普遍规则又贡献中国方案的实践，重塑了法律全球化的叙事逻辑。

结语：法治文明的螺旋式演进

中国法律现代化本质上是社会系统工程的法治化再造，呈现出三个显著特征：在制度层面实现从"政策主导"到"法律主治"的治理转型，在价值层面完成从"义务本位"向"权利保障"的范式转换，在技术层面达成"传统智慧"与"现代治理"的创造性融合。这种适应不是被动回应，而是通过法治的**制度弹性**吸纳社会变革张力，借助法律的**价值整合**功能重塑社会共识，运用司法的**创新赋能**突破治理瓶颈，最终形成具有中国特色的法治文明演进路径。当《民法典》将"社会主义核心价值观"写入条文，当"全过程人民民主"注入立法实践，展现的不仅是法律适应社会的技术理性，更是文明古国在现代性激荡中的法治智慧。

这种方式可以促使 DeepSeek 形成逻辑递进的分析，从而更符合学术研究的需求。

二、结合经典法社会学理论，提高理论深度

法社会学的发展受到不同学派的影响，包括古典社会学、美国现实主义法学、批判法学、法与发展学派等。为了确保 DeepSeek 生成的内容具有理论深度，研究者应在提示词中明确指定特定的法社会学理论。

若研究法律与社会整合的关系，可以使用提示词："请结合涂尔干的'机械团结'与'有机团结'理论，分析法律在不同社会形态中的作用。"

引用 10 篇资料作为参考 >

涂尔干的"机械团结"与"有机团结"理论为理解法律在不同社会形态中的作用提供了重要的理论框架。以下是结合这一理论的分析：

1. 机械团结社会中的法律作用

在机械团结主导的社会中，社会成员具有高度的相似性和同质性，集体意识强烈，个体行为受到严格的规范和约束。法律在这种社会中的作用主要体现在以下几个方面：

- **压制性法律**：机械团结社会的法律以压制性制裁为主，例如刑法。这类法律的主要功能是惩罚违反集体意识的

行为，以维护社会的统一性和稳定性。涂尔干认为，犯罪行为是对集体意识的严重侵犯，因此需要通过严厉的惩罚来强化集体归属感和社会秩序 2 4 。

- **维护集体意识**：法律在机械团结社会中是集体意识的体现，通过强制手段确保社会成员遵守共同的规范和价值观。例如，传统社会中的宗教法和习惯法，往往通过惩罚越轨行为来强化集体认同 4 6 。
- **低自杀率**：由于集体意识对个体的约束力较强，机械团结社会的自杀率通常较低。法律通过维护集体意识，减少了因个体脱离集体而引发的自杀行为 10 。

2. 有机团结社会中的法律作用

在有机团结主导的社会中，社会分工高度发达，个体之间的差异性和相互依赖性增强，集体意识相对弱化。法律在这种社会中的作用主要体现在以下几个方面：

- **恢复性法律**：有机团结社会的法律以恢复性制裁为主，例如民法。这类法律的主要功能是修复因冲突而受损的社会关系，维护个人与群体之间的相互依赖关系。涂尔干认为，恢复性法律通过调解和补偿，确保社会分工的顺利进行 2 4 。
- **促进合作与分工**：法律在有机团结社会中通过明确权利和义务，促进个体之间的合作与分工。例如，合同法、劳动法等法律形式，通过规范市场行为，确保社会分工的高效运行 4 9 。
- **应对失范问题**：有机团结社会中，由于集体意识的弱化，容易出现"失范"现象，例如自杀率的上升。法律通过制定新的社会规范，帮助社会重新整合，减少因规范缺失而引发的社会问题 6 8 。

3. 法律在社会变迁中的作用

随着社会从机械团结向有机团结的转型，法律的作用也发生了显著变化：

- **从压制到恢复**：法律从以惩罚为主的压制性制裁，逐渐转向以修复为主的恢复性制裁，反映了社会从强调集体意识到重视个体权利的变化 2 4 。
- **从统一到多元**：法律从维护单一的集体意识，逐渐转向适应多元化的社会需求，例如通过制定环境保护法、数据保护法等新兴法律，回应社会分工和科技进步带来的新挑战 5 9 。
- **从静态到动态**：法律从维护静态的社会秩序，逐渐转向适应动态的社会变迁，例如通过法律改革，推动社会从传统向现代的转型 6 10 。

总结

涂尔干的"机械团结"与"有机团结"理论揭示了法律在不同社会形态中的不同作用。在机械团结社会中，法律主要通过压制性制裁维护集体意识和社会秩序；而在有机团结社会中，法律则通过恢复性制裁促进社会分工和个体权利的保护。随着社会的变迁，法律的作用也从统一、静态的规范，逐渐转向多元、动态的调节，以适应复杂的社会需求 2 4 6 。

这一提示词能够确保 DeepSeek 依据经典理论展开分析，提高内容的理论深度。

同样，在探讨法律与社会权力的关系时，可以设计如下提示词："请分析马克思主义法社会学对法律的批判视角，结合法律的阶级性与国家意识形态功能进行探讨。"

引用 8 篇资料作为参考 >

马克思主义法社会学对法律的批判视角主要围绕法律的阶级性和国家意识形态功能展开，揭示了法律作为统治阶级意志的体现及其在社会结构中的作用。以下结合相关理论进行分析：

1. 法律的阶级性

马克思主义认为，法律是统治阶级意志的体现，具有鲜明的阶级性。这一观点在马克思主义法社会学中占据核心地位：

- **统治阶级意志的体现**：法律并非中立或超阶级的，而是由掌握国家政权的统治阶级制定，用以维护其利益和统治秩序。马克思和恩格斯在《共产党宣言》中指出，资本主义社会的法律、道德和宗教都是掩盖资产阶级利益的工具 1 6 。
- **物质生活条件的决定作用**：法律的内容和形式最终由特定社会的物质生活条件决定。统治阶级的意志并非任意产生，而是由其经济基础所决定。例如，资本主义社会的法律反映了资产阶级对私有财产的保护需求 1 4 。
- **阶级统治的工具**：法律通过规范社会关系，巩固统治阶级的统治地位。例如，刑法和民法在资本主义社会中分别用于镇压被统治阶级和维护私有财产制度 5 8 。

2. 国家意识形态功能

法律不仅是阶级统治的工具，还具有意识形态功能，通过合法化统治秩序来维护社会稳定：

- **合法化功能**：法律通过将统治阶级的意志上升为国家意志，赋予其合法性和权威性。例如，资本主义社会的法律通过保护私有财产和契约自由，将资产阶级的利益合法化为“普遍利益” 1 6 。
- **意识形态的再生产**：法律通过教育、宣传和司法实践，传播统治阶级的价值观和意识形态，使被统治阶级接受现存的社会秩序。例如，资本主义社会的法律通过强调“法律面前人人平等”，掩盖了实质上的阶级不平等 3 7 。
- **社会控制功能**：法律通过强制力和规范性，调节社会矛盾，维护社会秩序。例如，劳动法和消费者权益保护法在资本主义社会中既保护了劳动者的基本权益，又缓和了阶级矛盾 2 5 。

3. 批判视角

马克思主义法社会学对法律的批判视角主要体现在以下几个方面：

- **揭露法律的阶级本质**：马克思主义法社会学批判资产阶级法学将法律描述为“中立”或“超阶级”的观点，指出法律本质上是统治阶级意志的体现，服务于特定阶级的利益 1 6 。
- **批判法律的意识形态功能**：马克思主义法社会学揭示法律通过意识形态功能掩盖阶级矛盾，使被统治阶级接受现存的社会秩序。例如，资本主义社会的法律通过强调“法治”和“平等”，掩盖了实质上的阶级压迫 3 7 。
- **强调法律的物质根源**：马克思主义法社会学批判将法律视为独立于经济基础的观点，指出法律的内容和形式最终由特定社会的物质生活条件决定 1 4 。

4. 结合中国改革开放以来的法律变迁

中国改革开放以来的法律变迁体现了马克思主义法社会学对法律阶级性和意识形态功能的批判视角：

- **从计划经济到市场经济的法律转型**：改革开放后，中国通过制定《合同法》《公司法》等法律，适应市场经济的发展需求，反映了新的经济基础对法律的决定作用 1 4 。
- **从“重刑轻民”到全面法治的转变**：中国通过制定《民法典》等法律，保护个人权利，体现了法律在维护社会秩序和阶级利益中的作用 1 5 。

总结

马克思主义法社会学通过对法律阶级性和国家意识形态功能的批判，揭示了法律作为统治阶级意志的体现及其在社会结构中的作用。这一批判视角不仅揭露了法律的本质，还为理解法律在社会变迁中的作用提供了理论框架。在中国改革开放以来的法律变迁中，马克思主义法社会学的批判视角为法治建设提供了重要的理论指导。

这样的提示词能够确保 DeepSeek 生成的内容符合马克思主义法社会学的框架，而不是仅仅进行一般性的法社会学描述。

此外，研究者可以比较不同理论视角，例如："请比较韦伯的'法的理性化'理论与庞德的'社会工程法学'，探讨二者对现代法律制度发展的不同影响。"

引用 13 篇资料作为参考 >

韦伯的"法的理性化"理论与庞德的"社会工程法学"是法社会学领域的两大重要理论，它们对现代法律制度的发展产生了深远影响，但二者的理论基础、关注点以及对法律功能的理解存在显著差异。

1. 韦伯的"法的理性化"理论

韦伯认为，现代社会的法律逐渐趋向**形式理性化**，即法律规则通过逻辑化和体系化的方式，变得可预测、客观和普遍适用。他将法律分为四种理想类型：形式非理性法、实质非理性法、实质理性法和形式理性法。其中，**形式理性法**是韦伯认为最理想的法律类型，其特征包括：

- **逻辑性和体系化**：法律规则通过逻辑推理形成一个无漏洞的体系，确保法律的可预测性和一致性。
- **形式性**：法律只考虑具有一般性的法律事实，排除伦理、政治等实质因素的干扰。
- **工具理性**：法律作为社会控制的工具，通过其形式理性化提高社会运行的效率。

韦伯的理论强调法律的形式理性化是现代社会的必然趋势，但也指出这种理性化可能导致"**理性铁笼**"，即法律过度形式化可能限制个体的自由，使社会陷入机械化的困境 1 5 13 。

2. 庞德的"社会工程法学"

庞德从实用主义出发，提出法律是一种**社会工程**，其核心任务是通过调整利益冲突，实现社会控制。庞德的理论主要包括：

- **利益分类与平衡**：庞德将利益分为个人利益、公共利益和社会利益，认为法律的任务是在这些利益之间寻求平衡，以实现社会正义。
- **社会控制**：法律是社会控制的重要手段，通过法律调整社会关系，维护社会秩序。
- **实用主义导向**：庞德强调法律的实际效果，认为法律的价值在于其对社会需求的回应，而非抽象的逻辑体系。

庞德的理论注重法律的**实质正义**，强调法律应适应社会变迁，解决实际问题，而非仅仅追求形式上的逻辑一致性 8 9 12 。

3. 二者对现代法律制度发展的影响

- **韦伯的影响**：韦伯的"法的理性化"理论推动了现代法律制度的**形式化和体系化**，强调法律的可预测性和客观性。这种理论为现代法治国家的法律体系提供了理论基础，尤其是在大陆法系国家，法律的形式理性化成为法律发展的核心目标。然而，韦伯的理论也引发了关于法律过度形式化可能导致"**理性铁笼**"的反思，提醒人们关注法律与个体自由之间的平衡 1 5 13 。
- **庞德的影响**：庞德的"社会工程法学"强调法律的**实用性和社会功能**，推动了法律在解决社会问题中的实际应用。庞德的理论为法律的社会化提供了理论支持，尤其是在英美法系国家，法律的社会控制功能得到了广泛重视。庞德的理论还促进了法律在调整利益冲突、维护社会正义方面的作用，推动了法律从形式正义向实质正义的转变 8 9 12 。

4. 总结

韦伯的"法的理性化"理论与庞德的"社会工程法学"分别从**形式理性**和**实质正义**的角度，对现代法律制度的发展产生了深远影响。韦伯的理论推动了法律的形式化和体系化，强调法律的可预测性和客观性；而庞德的理论则注重法律的实用性和社会功能，强调法律在解决社会问题中的实际应用。二者在现代法律制度的发展中形成了互补关系，共同推动了法律的现代化进程。

通过这种方式，DeepSeek 能够立足不同的法社会学流派视角进行深入剖析，提高研究的全面性。

三、融入实证分析，增强研究的现实性

法社会学不仅是理论研究，还涉及对现实法律现象的实证分析。在使用DeepSeek开展研究时，研究者可以通过提示词引导其结合现实案例或社会调查数据进行分析。

若研究法律如何影响社会不平等，可以使用如下提示词："请结合中国的户籍制度改革，分析法律在社会分层与不平等中的作用。"

引用 11 篇资料作为参考 >

中国的户籍制度改革是法律在社会分层与不平等中作用的一个典型案例。户籍制度作为中国社会管理的重要工具，长期以来通过法律形式固化了城乡二元结构，导致了社会分层和不平等的加剧。以下结合户籍制度改革，分析法律在社会分层与不平等中的作用：

1. 法律固化社会分层

户籍制度通过法律形式将公民分为"农业户口"和"非农业户口"，并赋予不同的权利和福利。这种法律上的身份差异直接导致了社会分层：

- **城乡差距**：农业户口居民在教育、医疗、就业等方面享有的资源远少于非农业户口居民。例如，农村居民在高考录取、社会保障等方面面临制度性障碍 3 10 。
- **区域不平等**：户籍制度还导致了区域间的不平等，例如一线城市的户籍门槛高，限制了外来人口的落户和享受公共服务的机会 2 6 。

2. 法律作为利益分配工具

户籍制度不仅是身份认定工具，还通过法律形式成为利益分配的工具：

- **福利捆绑**：户籍与教育、医疗、住房等社会福利紧密挂钩，法律通过户籍制度将资源优先分配给城市居民，加剧了城乡和区域间的不平等 3 9 。
- **土地权益**：农村户籍与土地权益绑定，法律通过户籍制度限制了农村居民的土地流转和收益权，进一步固化了农村居民的经济劣势 5 8 。

3. 法律改革与社会平等

近年来，户籍制度改革通过法律手段逐步消除户籍带来的不平等，体现了法律在促进社会平等中的作用：

- **取消农业与非农业户口**：2014年《国家新型城镇化规划》提出取消农业与非农业户口的区分，推动城乡一体化 2 5 。
- **积分落户制度**：一线城市通过积分落户制度，逐步放宽户籍限制，使外来人口有机会享受城市公共服务 2 6 。
- **居住证制度**：居住证制度的实施，赋予非户籍人口部分公共服务权利，缓解了户籍带来的不平等 9 11 。

4. 法律的局限性与挑战

尽管户籍制度改革取得了一定进展，但法律在消除社会分层和不平等方面仍面临挑战：

- **利益分配惯性**：户籍制度背后的利益分配机制难以彻底剥离，例如一线城市的户籍门槛依然较高，限制了外来人口的落户 6 9 。
- **公共服务压力**：户籍制度改革导致城市公共服务需求激增，法律在资源分配上面临压力，例如教育、医疗等资

源的供需矛盾 6 9 。

5. 未来展望

法律在户籍制度改革中的作用将继续深化，未来的方向包括：

- **公共服务均等化**：通过法律推动城乡和区域间公共服务的均等化，消除户籍带来的不平等 5 11 。
- **土地制度改革**：通过法律改革农村土地制度，赋予农村居民更多的土地权益，缩小城乡差距 8 9 。

总结

中国的户籍制度改革体现了法律在社会分层与不平等中的双重作用：一方面，法律通过户籍制度固化了城乡二元结构和区域不平等；另一方面，法律通过改革逐步消除户籍带来的不平等，推动社会公平。未来，法律在户籍制度改革中的作用将继续深化，通过公共服务均等化和土地制度改革，进一步促进社会平等 2 3 5 。

此外，研究者可以要求 DeepSeek 结合具体社会调查提供回答。例如："请参考皮凯蒂的《21 世纪资本论》，分析法律如何影响财富分配的不平等。"

引用 13 篇资料作为参考 >

托马斯·皮凯蒂在《21世纪资本论》中通过对大量历史数据的分析，揭示了资本主义社会中财富分配不平等的根源及其发展趋势。法律在财富分配不平等中扮演了重要角色，具体体现在以下几个方面：

1. 法律对资本收益率的保护

皮凯蒂指出，资本收益率（r）通常高于经济增长率（g），即 $r > g$，这是导致财富分配不平等的核心机制 1 6 。法律通过保护私有财产权和资本收益，使得资本所有者能够持续积累财富，而劳动收入的增长则相对缓慢。例如，税法、公司法等法律体系往往倾向于保护资本收益，导致财富向资本所有者集中。

2. 税收制度的影响

皮凯蒂认为，现行税收制度未能有效遏制财富不平等。他提出，**累进税制**和**全球财富税**是缓解不平等的关键政策工具 6 11 。然而，现实中许多国家的税收制度对资本收益的征税力度较低，尤其是对金融资产和继承财富的税收政策较为宽松，这进一步加剧了财富分配的不平等。

3. 继承法与财富的代际传递

继承法在财富分配中起到了重要作用。皮凯蒂指出，继承财富的增长速度往往超过经济增长率，导致财富在代际间不断集中 12 。法律通过允许财富的无限制继承，使得"承袭制资本主义"得以延续，即财富的积累更多依赖于继承而非个人努力。

4. 劳动法与劳动收入不平等

劳动法对劳动收入的分配也有重要影响。皮凯蒂发现，劳动收入不平等在近年来显著加剧，尤其是在盎格鲁-撒克逊国家，出现了"超级经理人"现象，即高管的劳动收入远高于普通劳动者 11 。劳动法在保护劳动者权益方面的不足，使得劳动收入分配更加不平等。

5. 全球化与法律的不平等效应

全球化加剧了财富不平等，而法律在这一过程中起到了推波助澜的作用。例如，跨国公司的税收规避行为使得资本收益集中在少数国家和个人手中，而国际法律框架未能有效遏制这种行为 6 13 。

6. 法律与金融监管

金融监管法律的宽松化也是财富不平等加剧的原因之一。皮凯蒂指出，金融自由化使得资本流动更加便利，资本所有者能够通过金融工具获取更高的收益，而普通劳动者则面临更大的经济不确定性 6 13 。

总结

法律通过保护资本收益、宽松的税收政策、允许财富继承以及劳动法和金融监管的不足，深刻影响了财富分配的不平等。皮凯蒂提出的政策建议，如累进税制和全球财富税，旨在通过法律改革来缓解这一不平等现象。然而，这些政策的实施需要全球范围内的合作与法律框架的完善 6 11 12 。

这样的提示词能够促使 DeepSeek 在生成内容时融入具体的社会数据，提高分析的实证性。

如果研究者希望 DeepSeek 提供数据支持，可以使用更具体的提示词，如："请提供 2020 年以来欧美国家关于法律与社会信任的实证研究数据，并分析其对法律制度建设的影响。"

引用 7 篇资料作为参考 >

根据搜索结果，以下是2020年以来欧美国家关于法律与社会信任的实证研究数据及其对法律制度建设的影响分析：

1. 社会信任的下降趋势

根据美国皮尤研究中心的数据，2020年美国公众对联邦政府的信任程度已接近历史最低点，仅有20%的人表示他们相信美国政府 4 。此外，美国社会调查（General Social Survey）和美国国家选举研究（American National Election Study）的数据显示，社会信任度从上世纪70年代的一半美国人表示大多数人值得信任，下降到2020年的不足三分之一 4 。这种信任度的下降与政治分化、种族歧视、经济不平等等因素密切相关。

2. 法律制度对社会信任的影响

研究表明，法治与独立司法是建立社会信任的重要基石。如果司法系统能够公正处理案件，维护法律的权威性，民众对法律体系的信任会增强，进而影响到整体的社会信任水平 6 。例如，挪威通过完善社会福利体系和严格的公务员选拔机制，提升了民众对政府的信任 6 。新加坡则通过严格的法律法规和高效的政府机构建设，增强了社会信任 6 。

3. 政治因素对社会信任的影响

政治环境对社会信任水平有着深远的影响。政府透明度、法治与独立司法、政治稳定与冲突管理、政治参与与民主进程等因素都会影响社会信任 6 。例如，美国政治体制的长期分化导致年轻人对社会的不信任感加剧，尤其是在两党对立的环境中，年轻人更容易产生对整个社会的不信任感 4 。

4. 社会信任对法律制度建设的影响

社会信任的下降对法律制度建设提出了更高的要求。为了提升社会信任，政府需要加强法治建设，确保法律面前人人平等，维护社会公平正义 6 。此外，优化社会公共服务、倡导诚信文化、加强社会监督、促进社会公平等措施也是提升社会信任的重要手段 6 。

结论

2020年以来，欧美国家的社会信任度普遍下降，这与政治分化、种族歧视、经济不平等等因素密切相关。法律制度建设在提升社会信任方面发挥着关键作用，通过加强法治、提高政府透明度、促进社会公平等措施，可以有效提升社会信任水平，为社会的和谐稳定发展奠定坚实基础 4 6 。

如果您需要更详细的数据或具体案例，请告知，我将进一步补充相关信息。

此类提示词能促使 DeepSeek 搜索并分析最新数据，但用户需要注意核验 AI 提供数据的真实性与可靠性。

四、跨学科方法论运用，拓展研究视角

法社会学与其他社会科学领域（如社会学、人类学、政治学、经济学）密切相关，研究者可以在提示词中引导 DeepSeek 借助跨学科方法展开分析。

例如，在探讨法律与社会行为时，可以使用提示词："请结合行为经济学，分析法律如何通过'默认选项'（default rules）影响社会决策。"

引用 10 篇资料作为参考 >

行为经济学研究表明，法律中的"默认选项"（default rules）对社会决策具有显著影响。默认选项是指当个体未明确表达选择意愿时，系统或机构为其预设的选项。这种设计通过简化决策过程、降低认知成本，能够显著影响人们的行为选择。以下是法律如何通过默认选项影响社会决策的具体分析：

1. 默认选项的"锚定效应"

默认选项在决策中充当"锚点"，引导个体将其作为决策的基础。偏离默认选项需要付出额外的认知和情感成本，因此人们倾向于保留默认选择。例如，在器官捐献制度中，采用"决定退出"（opt-out）默认选项的国家（如法国、奥地利）的器官捐献率显著高于采用"决定参加"（opt-in）默认选项的国家（如美国、德国） 5 8 。这表明，默认选项通过锚定效应，能够显著影响社会行为。

2. 默认选项的"简化决策"作用

默认选项通过简化复杂的决策过程，降低个体的认知负担。例如，在养老金计划中，将自动参与作为默认选项，能够显著提高员工的参与率 6 。这种设计利用了人们的"决策惰性"，即个体在面对复杂选择时，倾向于选择默认选项以避免耗费更多心理资源 8 。

3. 默认选项的"社会规范"塑造

默认选项往往反映了社会或群体中的多数偏好，从而塑造社会规范。例如，在环保政策中，将环保行为（如垃圾分类、节能减排）作为默认选项，能够引导公众形成环保习惯 8 。这种设计通过默认选项的从众效应，促使个体追随社会主流行为，从而推动社会整体行为的改变。

4. 默认选项的"惩罚性"作用

在某些情况下，默认选项被设计为"惩罚性默认规则"，以激励个体主动做出更优的选择。例如，在保险合同中，未如实告知信息的投保人将面临合同解除或不赔偿的惩罚性默认规则。这种设计通过增加不履行义务的成本，促使个体主动披露信息，从而提高合同的效率和公平性 10 。

5. 默认选项的"社会福利"优化

默认选项的设计可以通过降低交易成本、提高决策效率，实现社会福利的最大化。例如，在合同法律中，默认规则填补了合同漏洞，减少了缔约双方协商的时间和成本 10 。这种设计通过提供有效率的默认规则，优化了社会资源的配置。

结论

法律通过默认选项的设计，能够显著影响社会决策。默认选项通过锚定效应、简化决策、塑造社会规范、惩罚性作用以及优化社会福利，引导个体和社会行为朝着预期的方向发展。这种设计不仅降低了决策成本，还提高了社会行为的效率和公平性，为法律制度的建设提供了重要的理论支持 5 6 8 。

如果您需要更具体的案例或进一步的分析，请告知！

这一提示词能够促使 DeepSeek 结合行为经济学的研究方法进行法社会学分析，从而拓宽研究视野。

同样，在研究法律与社会规范的关系时，可以使用如下提示词："请结合社会心理学的'从众效应'理论，分析法律如何影响个体的社会行为。"

引用 7 篇资料作为参考 >

从众效应（Conformity）是社会心理学中的一个重要概念，指个体在群体压力下改变自己的观点、态度或行为，以与大多数人保持一致的心理现象。结合从众效应理论，法律对个体社会行为的影响可以从以下几个方面进行分析：

1. 法律作为社会规范的"默认选项"

法律通过设定默认规则（default rules）引导个体行为。例如，在器官捐献制度中，采用"决定退出"（opt-out）默认选项的国家（如法国、奥地利）的器官捐献率显著高于采用"决定参加"（opt-in）默认选项的国家（如美国、德国）。这表明，法律通过默认选项的设计，利用从众效应引导个体做出符合社会期望的行为 1 3 。

2. 法律通过群体压力塑造行为

法律不仅通过条文约束个体行为，还通过社会群体压力间接影响个体。例如，在环保法律中，将垃圾分类作为默认行为，个体在群体压力下更倾向于遵守这一规范，即使其个人意愿并不强烈。这种群体压力通过从众效应促使个体调整行为，以符合社会主流 4 5 。

3. 法律通过信息依赖引导决策

在信息不明确或复杂的情况下，个体会依赖他人的行为作为决策依据。法律通过提供明确的行为框架，减少个体的不确定性。例如，税法通过简化纳税流程和提供默认选项，使个体更容易遵守法律，而不需要复杂的理性计算。这种信息依赖机制通过从众效应提高了法律的遵从度 1 6 。

4. 法律通过社会规范强化从众行为

法律不仅是强制性的规则，还通过塑造社会规范影响个体行为。例如，法律禁止公共场所吸烟，逐渐形成了一种社会共识，个体在群体压力下更倾向于遵守这一规范。这种社会规范的强化通过从众效应促使个体主动调整行为，以符合社会期望 2 7 。

5. 法律通过惩罚性默认规则激励行为

在某些情况下，法律通过惩罚性默认规则激励个体主动做出更优的选择。例如，在保险合同中，未如实告知信息的投保人将面临合同解除或不赔偿的惩罚性默认规则。这种设计通过增加不履行义务的成本，促使个体主动披露信息，从而提高合同的效率和公平性 1 4 。

结论

法律通过默认选项、群体压力、信息依赖、社会规范和惩罚性规则等多种机制，利用从众效应影响个体的社会行为。这种影响不仅降低了决策成本，还提高了社会行为的效率和公平性，为法律制度的建设提供了重要的理论支持。

这种跨学科视角能够促使 DeepSeek 结合社会心理学的方法进行法律分析，提高研究的创新性。

五、优化学术写作，提高研究质量

为了确保 DeepSeek 输出的内容符合学术标准，研究者可以在提示词中明确要求使用学术写作风格。例如："请撰写一篇学术论文，主题为'法律与社会变迁的互动机制'，要求包含引言、理论综述、案例分析和结论。"

引用 6 篇资料作为参考 ＞

法律与社会变迁的互动机制

引言

法律与社会变迁之间的关系是法学和社会学研究的核心议题之一。法律不仅是社会秩序的保障，也是社会变革的重要推动力。随着社会的不断发展，法律的制定和实施越来越多地受到社会变化的影响，同时，法律的变迁也会反过来影响社会结构和人们的生活方式。本文旨在探讨法律与社会变迁之间的互动机制，分析二者如何相互影响，进而影响社会的发展。

理论综述

法律与社会变迁的互动机制可以从多个理论视角进行分析。首先，法律社会学认为，法律是社会现象的一部分，其生成和演进与社会变迁密切相关 1 。法律不仅反映社会的价值观和道德标准，还通过规范行为、调整社会关系来推动社会进步 2 。其次，行为经济学指出，法律通过默认选项（default rules）等机制，利用从众效应引导个体行为，从而影响社会变迁 3 。此外，社会心理学强调，法律通过塑造社会规范和群体压力，促使个体调整行为，以符合社会期望 4 。

案例分析

1. **环境保护法的变迁**
   随着公众环保意识的增强，各国纷纷制定和完善环境保护法律。例如，中国的《环境保护法》在2014年进行了修订，增加了对环境污染的处罚力度和公众参与的规定。这一法律的变迁不仅是对社会期望的回应，也推动了社会在环保方面的进步 5 。
2. **民权法案的通过**
   美国的《民权法案》在1964年通过，标志着美国社会在种族平等方面迈出了重要一步。这一法律不仅改变了法律体系，也深刻影响了社会的文化和人际关系，推动了社会在种族平等方面的进步 6 。
3. **数字经济时代的法律挑战**
   在数字经济时代，现有的知识产权法律未能及时适应新的商业模式，造成了法律的执行困难。例如，数字版权保护问题在互联网时代变得尤为复杂，法律需要不断更新以适应新的社会需求 。

结论

法律与社会变迁的互动机制是一个动态而复杂的过程。法律不仅是社会变迁的反映，也是影响社会发展的重要因素。通过分析环境保护法、民权法案和数字经济时代的法律挑战，我们可以看到法律与社会变迁之间的密切关系。为了更好地促进法律与社会的互动，建议加快法律与社会变革的适应性，增强法律公平性，提升公众法律意识，并加强法律与社会的研究。理解法律与社会变迁之间的关系，对于推动法治建设、促进社会和谐具有重要意义。

这样可以确保 DeepSeek 生成的内容具备学术论文的结构，而不仅仅是零散的信息。

此外，研究者可以要求 DeepSeek 使用特定的法律学术表达方式，如："请用学术语言分析'法律的社会控制功能'。"

引用 10 篇资料作为参考 >

法律的社会控制功能是法学和社会学研究的核心议题之一，其核心在于通过法律手段调整社会关系、维护社会秩序，并促进社会的稳定与发展。以下从理论框架、功能表现及其对社会的影响三个方面进行分析。

一、理论框架

法律的社会控制功能源于社会学法学的理论，尤其是罗斯科·庞德（Roscoe Pound）的"通过法律的社会控制"理论。庞德认为，法律是社会控制的一种高度专门化形式，其任务在于发现、分配、承认、权衡和救济利益，并通过法律权利予以保障 1 3 。社会控制的目标是通过法律调整社会关系，减少冲突和浪费，最大限度地满足社会需求 4 。

二、功能表现

1. **规范行为**
   法律通过明确的规则和标准，约束和引导个体行为，使其符合社会期望。例如，刑法通过规定犯罪行为及其处罚措施，预防和惩治违法行为，维护社会秩序 6 8 。
2. **利益协调**
   法律的核心功能之一是协调社会利益。庞德指出，法律通过承认和保障利益，调整社会关系，减少冲突。例如，劳动法通过保护劳动者权益，促进劳动关系的和谐 3 5 。
3. **权利保障**
   法律赋予公民基本权利（如言论自由、财产权等），并通过司法程序保障这些权利不受侵犯。例如，宪法和法律体系为公民提供了权利救济的途径 6 8 。
4. **社会改革**
   法律不仅是社会现实的反映，也是推动社会变革的工具。例如，环境保护法的制定和完善，推动了社会在环保方面的进步 1 4 。
5. **意识形态引领**
   法律通过传播社会价值观和道德准则，引导社会行为。例如，法律对平等、公正的强调，促进了社会的道德建设和文明进步 6 8 。

三、对社会的影响

1. **维护社会秩序**
   法律通过规范行为和调整利益关系，维护社会的稳定与和谐。例如，刑法和民法的实施，有效减少了社会冲突和犯罪行为 6 8 。
2. **促进社会公平**
   法律通过保障公民权利和调整利益分配，推动社会公平。例如，反歧视法律保护了弱势群体的权益，促进了社会平等 6 8 。
3. **推动社会进步**
   法律的不断完善和更新，适应了社会发展的需求，推动了社会进步。例如，数字经济时代的法律调整，促进了新经济模式的发展 3 5 。

结论

法律的社会控制功能通过规范行为、协调利益、保障权利、推动改革和引领意识形态，对社会秩序的维护、公平的促进和进步的推动起到了关键作用。庞德的社会控制理论为理解法律的功能提供了重要的理论框架，但其在实际应用中仍需结合具体社会背景进行调整和完善 1 3 4 。

此类提示词能够确保 DeepSeek 输出的内容用语精准、风格符合学术标准。

六、总结

为高效地使用 DeepSeek 进行法社会学研究，研究者需要精心设计提示词，以确保生成内容的理论深度和实践针对性。明确研究主题、结合经典法社会学理论、融入实证分析、运用跨学科方法以及优化学术写作，可以帮助研究者充分发挥 DeepSeek 在法社会学研究中的辅助作用。通过科学构建提示词，研究者不仅能够获得更符合研究需求的内容，还能拓展研究的广度和深度，从而更系统地推进法社会学的研究。

第六节　驱动 DeepSeek 开展法律史与比较法学研究

法律史与比较法学作为法学的重要研究领域，分别关注法律的历史演进及其跨法域的比较分析。由于两者均涉及大量历史文本、制度变迁和跨法域比较，研究者在使用 DeepSeek 进行相关研究时，需要精准设定提示词，以确保生成内容的学术严谨性和系统性。本节将从明确研究范围、引导历史语境分析、构建比较法框架、结合经典法学理论、整合多语种法律文本以及优化学术写作六个方面，探讨如何利用提示词更高效地驱动 DeepSeek 赋能法律史与比较法学研究。

一、明确研究范围，确保内容聚焦

在法律史与比较法研究中，泛泛而谈往往难以获得有深度的分析。若仅输入“介绍中国古代法律史”，DeepSeek 可能会提供从秦汉到清代的概述，但缺乏针对性。

研究者应通过提示词限定时间、地域或法律制度，确保生成内容符合研究目标。例如：“请分析唐律在东亚的传播路径，并讨论其对日本《大宝律令》的影响。”

引用 5 篇资料作为参考 >

唐律在东亚的传播路径及其对日本《大宝律令》的影响

一、唐律在东亚的传播路径

唐律作为中华法系的代表法典，在东亚地区的传播主要通过文化交流、政治交往和法律移植等途径实现。其传播路径主要包括以下几个方面：

1. **文化交流与政治交往**
   唐朝作为当时亚洲的政治、经济和文化中心，与周边国家（如日本、朝鲜、越南等）保持着密切的文化和政治交往。通过遣唐使、留学生、僧侣等渠道，唐朝的法律制度、文化思想和政治理念被广泛传播到东亚各国 2 5 。

2. **法律移植与法典编纂**
   东亚各国在吸收唐律的基础上，结合本国实际进行法律移植和法典编纂。例如，日本的《大宝律令》和《养老律令》、朝鲜的《高丽律》、越南的《刑书》等，均以唐律为蓝本，体现了唐律在东亚法律体系中的深远影响 2 3 5 。

3. **中华法系的形成**
   唐律的传播促成了中华法系的形成，其成员包括中国、日本、朝鲜、越南等东亚国家。这些国家在法律制度、法律思想和法律文化上深受唐律的影响，形成了共同的法律传统 5 。

二、唐律对日本《大宝律令》的影响

日本《大宝律令》（701年）是日本第一部成文法典，其制定深受唐律的影响，具体表现在以下几个方面：

1. **法典结构与内容**
   《大宝律令》的篇目、刑名、罪行与法定刑等均与唐律（尤其是《永徽律》）高度一致。例如，《大宝律令》的"律"部分分为6卷，其篇目顺序与唐律相同，包括名例、卫禁、职制、户婚等 3 5 。

2. **刑法制度**
   《大宝律令》的刑法制度完全沿用了唐律的"五刑"（笞、杖、徒、流、死）和"八虐"（类似于唐律的"十恶"）。例如，对于"不孝"和"恶逆"等罪行，《大宝律令》规定了与唐律相似的刑罚 3 5 。

3. **法律思想与注释**
   《大宝律令》在制定过程中吸收了唐律的法律思想和注释方法。例如，日本《养老律令》的注释书《令集解》引用了大量唐代法律文献，体现了唐律对日本法律注释传统的深远影响 3 5 。

4. **社会伦理与家庭观念**
   《大宝律令》继承了唐律中强调家庭伦理和社会秩序的法律思想。例如，对于"父为子隐，子为父隐"的伦理观念，《大宝律令》进行了详细的规定，体现了唐律对日本社会伦理的深刻影响 3 5 。

结论

唐律通过文化交流、政治交往和法律移植等途径在东亚广泛传播，对日本《大宝律令》的制定产生了深远影响。《大宝律令》在法典结构、刑法制度、法律思想和社会伦理等方面均以唐律为蓝本，体现了唐律在东亚法律体系中的重要地位。唐律的传播不仅推动了东亚各国的法律发展，也促进了中华法系的形成，为东亚地区的法治文明奠定了重要基础。

这样的提示词既规定了具体法律（唐律）、研究主题（传播路径）、影响范围（日本《大宝律令》），又指向法律史的核心议题，使 DeepSeek 生成的内容更具学术价值。

在比较法研究中，同样需要限定法域与比较维度，避免得到过于笼统的回答。若仅输入"大陆法系与英美法系的区别"，DeepSeek 可能会生成一些基础性内容，而缺乏深度分析。

更优的提示词应当聚焦具体制度或原则。例如："请比较大陆法系与英美法系在合同法领域中关于格式条款的差异。"

引用 14 篇资料作为参考 >

在合同法领域中，大陆法系与英美法系在格式条款的处理上存在显著差异，主要体现在法律渊源、解释方法、效力认定和司法实践等方面。以下是具体比较：

1. 法律渊源与理论基础

- **大陆法系**：大陆法系以成文法为核心，格式条款的规制主要依据民法典或专门的合同法典。例如，中国《民法典》第496条明确规定了格式条款的定义、提示义务和说明义务，强调提供格式条款的一方必须遵循公平原则，并采取合理方式提示对方注意与重大利害关系相关的条款 1 5 。
- **英美法系**：英美法系以判例法为主，格式条款的规制更多依赖于法院判例和普通法原则。英美法系强调合同自由原则，但通过判例逐步发展出对格式条款的限制规则，如"不合理条款"（unconscionable terms）和"显失公平"（unfairness）原则 12 13 。

2. 格式条款的效力认定

- **大陆法系**：大陆法系对格式条款的效力认定较为严格，通常要求提供格式条款的一方履行提示和说明义务，否则相关条款可能被视为未订入合同或无效。例如，中国《民法典》第497条规定，若格式条款不合理地免除或减轻提供方的责任、加重对方责任或限制对方主要权利，则该条款无效 1 5 。
- **英美法系**：英美法系更注重合同双方的议价能力和公平性。法院在审查格式条款时，会综合考虑条款的合理性、双方的地位差异以及条款是否显失公平。如果格式条款被认为不合理或显失公平，法院可能拒绝执行该条款 12 13 。

3. 解释方法

- **大陆法系**：大陆法系在解释格式条款时，倾向于采用不利于提供方的解释原则（contra proferentem）。例如，中国《民法典》第498条规定，对格式条款的理解发生争议时，应按照通常理解解释；若有两种以上解释，则应作出不利于提供格式条款一方的解释 1 5 。
- **英美法系**：英美法系在解释格式条款时，同样适用不利于提供方的解释原则，但更注重条款的明确性和双方的真实意图。如果条款表述模糊，法院可能倾向于作出不利于提供方的解释 12 13 。

4. 司法实践与举证责任

- **大陆法系**：在大陆法系中，提供格式条款的一方通常需要承担举证责任，证明其已履行提示和说明义务。例如，中国《民法典》第496条明确规定，提供格式条款的一方需对其已尽到提示义务或说明义务承担举证责任 1 5 。
- **英美法系**：在英美法系中，举证责任同样由提供格式条款的一方承担，但法院更注重条款的实际影响和双方的议价能力。如果条款被认为不合理或显失公平，提供方需证明条款的公平性和合理性 12 13 。

5. 对电子合同的特别规定

- **大陆法系**：大陆法系对电子合同中的格式条款有特别规定。例如，中国《民法典》第496条明确，对于通过互联网订立的电子合同，仅采取设置勾选、弹窗等方式不足以证明已履行提示义务，除非提供方能够进一步举证 1 5 。
- **英美法系**：英美法系在电子合同中也强调条款的明确性和可理解性。法院会审查电子合同中的格式条款是否以合理方式呈现，并确保消费者能够充分理解条款内容 12 13 。

结论

大陆法系与英美法系在格式条款的规制上存在显著差异。大陆法系以成文法为基础，强调提供方的提示和说明义务，并通过严格的法律规定限制格式条款的效力；英美法系则以判例法为核心，注重条款的公平性和合理性，并通过法院判例逐步发展出对格式条款的限制规则。两种法系在解释方法、效力认定和司法实践上各有特点，但都致力于保护合同相对方的合法权益，防止格式条款的滥用 1 5 12 。

此处,注意 AI 幻觉问题。如生成内容中的“《民法典》第 496 条”即无此规定。

二、引导历史语境分析,提高法律史研究的准确性

法律制度的演变通常受到政治、经济、文化等多重因素影响,因此,在法律史研究中,仅仅让 DeepSeek 介绍法律文本是不够的,研究者需要在提示词中要求结合历史背景。

例如,设定如下提示词:“请分析《大宪章》(Magna Carta)在 13 世纪英国的历史语境下的法律地位,并讨论其如何影响现代宪法制度。”

引用 11 篇资料作为参考 >

《大宪章》在13世纪英国的历史语境下的法律地位

《大宪章》(Magna Carta) 于1215年由英格兰国王约翰在贵族、教士、骑士和市民的联合压力下签署，是英国封建时期的重要宪法性文件之一。其法律地位可以从以下几个方面分析：

1. **限制王权**：
   《大宪章》首次以法律形式明确限制了国王的权力，确立了“王在法下”的原则。它规定国王不得随意征税、逮捕或剥夺自由人的财产，必须经过合法程序 4 5 6 。
2. **保障特权**：
   文件主要保障了封建贵族和教会的特权，同时兼顾了骑士和市民的利益。例如，它承认教会自由不受侵犯，并保护贵族和骑士的采邑继承权 4 5 6 。
3. **法律至上**：
   《大宪章》确立了法律至上的原则，规定任何自由人非经同级贵族依法裁判或国法判决，不得被逮捕、监禁或剥夺财产 4 5 6 。
4. **监督机制**：
   文件规定由25名贵族组成的委员会监督宪章的实施，若国王违反宪章，贵族有权采取武力反抗 4 5 6 。

尽管《大宪章》在签署后不久被约翰王废弃，但其基本原则在后来的修订版中得以保留，并逐渐成为英国法律体系的重要组成部分 4 5 6 。

《大宪章》对现代宪法制度的影响

《大宪章》对现代宪法制度的影响深远，主要体现在以下几个方面：

1. **法治原则**：
   《大宪章》确立了　治原则，即政府行为必须以法律为基础。这一原则为现代法治国家提供了理论依据，影响了英国、美国等国家的宪法设计 8 9 10 。

2. **权利保护**：
文件强调了对个人自由和财产权的保护，为现代人权法案的制定奠定了基础。例如，美国宪法中的权利法案直接受到《大宪章》的启发 8 9 10 。

3. **代议制民主**：
《大宪章》提出了"无代表不纳税"的原则，为代议制民主的形成提供了理论支持。这一原则后来成为英国议会制度和美国独立战争的重要依据 9 10 。

4. **程序正义**：
文件第39条规定的程序正义原则，如罪刑法定和正当程序审判，成为现代司法制度的核心内容，影响了全球法律体系的发展 9 10 。

5. **国际影响**：
《大宪章》的原则和价值观传播到世界各地，为全球民主和法治的发展提供了重要推动力。例如，联合国《世界人权宣言》的核心理念可以追溯到《大宪章》 9 10 。

结论

《大宪章》在13世纪英国的历史语境下，首次以法律形式限制了王权，确立了法治和权利保护的原则。其对现代宪法制度的影响深远，奠定了法治、代议制民主和程序正义的基础，成为全球政治和法律发展的重要里程碑 4 5 6

相比于单纯要求 DeepSeek 介绍《大宪章》的内容，这一提示词更能引导其结合当时英国的封建体制、王权与贵族的冲突，以及后续的宪法发展，从而提供更加全面的法律史分析。

同样，在研究法律制度变迁时，研究者可以在提示词中要求对比不同历史阶段。例如："请比较清末 1910 年《大清现行刑律》与 1911 年《大清新刑律》的主要区别，并分析其如何体现中国法律近代化的趋势。"

清末1910年《大清现行刑律》与1911年《大清新刑律》的主要区别

清末的两部刑法典——《大清现行刑律》（1910年）和《大清新刑律》（1911年）是中国法律近代化的重要标志。它们的主要区别体现在以下几个方面：

1. 法律结构与编纂方式

- **《大清现行刑律》**：
  该法典是对《大清律例》的局部修订，保留了传统的律例体例，分为名例、吏律、户律、礼律、兵律、刑律、工律等七篇，基本沿袭了传统中华法系的结构。
- **《大清新刑律》**：
  该法典是中国第一部近代化的刑法典，采用了西方的法典编纂方式，分为总则和分则两部分，结构更为简洁和系统化，体现了近代法律体系的特点。

2. 刑罚体系

- **《大清现行刑律》**：
  保留了传统的"五刑"体系（笞、杖、徒、流、死），并继续沿用凌迟、枭首等酷刑，体现了封建刑法的残酷性。
- **《大清新刑律》**：
  废除了传统的"五刑"和酷刑，引入了近代刑罚体系，包括死刑、无期徒刑、有期徒刑、拘役和罚金等，体现了刑罚的人道化和轻刑化趋势。

3. 法律原则

- **《大清现行刑律》**：
  继续强调“礼法合一”的传统法律原则，注重维护封建伦理和社会秩序，缺乏对个人权利的保护。
- **《大清新刑律》**：
  引入了近代法律原则，如罪刑法定、法律面前人人平等、罪责自负等，强调对个人权利的保护，体现了法律近代化的核心理念。

4. 法律内容

- **《大清现行刑律》**：
  内容上仍以维护封建统治为核心，对反叛、谋逆等罪行规定了严酷的刑罚，缺乏对经济犯罪和新型社会关系的规范。
- **《大清新刑律》**：
  增加了对经济犯罪、危害公共安全罪等新型犯罪的规定，适应了社会经济发展的需要，体现了法律的现代化。

5. 法律适用

- **《大清现行刑律》**：
  主要适用于传统的封建社会，法律适用上仍以身份和等级为基础，缺乏普遍性和平等性。
- **《大清新刑律》**：
  强调法律的普遍适用性，取消了身份和等级的特权，体现了法律平等和普遍性的近代化特征。

两部法典如何体现中国法律近代化的趋势

1. **从传统到近代的转变**：
   《大清现行刑律》是对传统法律的局部修订，而《大清新刑律》则彻底打破了传统法律体系，引入了近代法律原则和制度，标志着中国法律从传统向近代的转变。
2. **刑罚的人道化与轻刑化**：
   《大清新刑律》废除了酷刑，引入了近代刑罚体系，体现了刑罚的人道化和轻刑化趋势，符合近代法律文明的发展方向。
3. **法律原则的近代化**：
   《大清新刑律》引入了罪刑法定、法律平等等近代法律原则，强调对个人权利的保护，体现了法律近代化的核心理念。
4. **法律内容的现代化**：
   《大清新刑律》增加了对新型犯罪的规定，适应了社会经济发展的需要，体现了法律的现代化和实用性。
5. **法律适用的普遍性**：
   《大清新刑律》取消了身份和等级的特权，强调法律的普遍适用性，体现了法律平等和普遍性的近代化特征。

结论

《大清现行刑律》和《大清新刑律》是中国法律近代化进程中的重要里程碑。前者是对传统法律的局部修订，后者则彻底打破了传统法律体系，引入了近代法律原则和制度。两部法典的对比体现了中国法律从传统向近代的转变，刑罚的人道化与轻刑化，法律原则的近代化，法律内容的现代化以及法律适用的普遍性，为中国法律近代化奠定了重要基础。

这类提示词能够确保 DeepSeek 生成的内容不仅限于条文变化的介绍，还能讨论清末法律改革的背景、变革动因以及与西方法律体系的接轨。

三、构建比较法框架，确保跨法域分析的系统性

比较法研究需要一个稳定的分析框架，以保证对不同法域展开有效对比。因此，在提问 DeepSeek 时，研究者应设定明确的比较维度，如法律渊源、法典体系、司法适用、程序机制等。

例如："请比较法国和德国在侵权责任制度上的主要区别，从法律渊源、归责原则和损害赔偿标准三个维度展开分析。"

引用 14 篇资料作为参考 >

法国和德国在侵权责任制度上的主要区别可以从法律渊源、归责原则和损害赔偿标准三个维度进行分析：

1. 法律渊源

- **法国**：
法国的侵权责任制度主要源于《法国民法典》（1804年），尤其是第1382条至第1386条。这些条款规定了过错责任、无过错责任（如动物所有人责任和建筑物所有人责任）以及物的管领人责任。法国的侵权法以成文法为基础，但通过法官的解释和判例法不断扩展其适用范围 1 4 8 。

- **德国**：
德国的侵权责任制度主要规定在《德国民法典》（BGB）中，尤其是第823条至第853条。德国侵权法同样以成文法为核心，但其体系更为严谨和逻辑化。德国侵权法在传统上以过错责任为基础，但通过特别法（如《产品责任法》）引入了无过错责任 9 10 。

2. 归责原则

- **法国**：
法国的侵权责任制度以过错责任为核心，但通过判例法扩展了无过错责任的适用范围。例如，第1384条第1款规定了物的管领人责任，即物件的管理人即使无过错也需对物造成的损害负责。此外，法国还通过判例法引入了危险责任（responsabilité sans faute），尤其是在工业事故和交通事故领域 4 8 。

- **德国**：
德国的侵权责任制度同样以过错责任为基础，但其无过错责任主要通过特别法引入。例如，《产品责任法》和《道路交通法》规定了严格责任。德国侵权法强调过错与责任之间的直接联系，但在高风险领域（如机动车、核能等）也适用无过错责任 9 10 。

3. 损害赔偿标准

- **法国**：
法国的损害赔偿制度遵循"完整补救原则"（réparation intégrale），即受害人应获得与其损害相当的赔偿。法国法院在确定赔偿数额时，通常会考虑受害人的实际损失、精神损害以及未来可能发生的损失。此外，法国还通过判例法引入了惩罚性赔偿的某些元素，尤其是在故意侵权和产品责任领域 12 13 。

- **德国**：
德国的损害赔偿制度遵循"完全赔偿原则"（Vollkompensationsprinzip），即加害人应赔偿受害人的全部损失，无论其过错程度如何。德国法院在确定赔偿数额时，通常会根据受害人的实际损失进行计算，并考虑因果关系和过错程度。德国侵权法在传统上不承认惩罚性赔偿，但在某些特殊领域（如知识产权侵权）也引入了类似制度 11 14 。

结论

法国和德国的侵权责任制度在**法律渊源**上都以成文法为核心，但法国通过判例法扩展了无过错责任的适用范围，而德国则通过特别法引入严格责任。在**归责原则**上，两国都以过错责任为基础，但法国通过判例法扩展了无过错责任，而德国则通过特别法引入严格责任。在**损害赔偿标准**上，两国都强调完全赔偿，但法国在某些领域引入了惩罚性赔偿的元素，而德国则更注重实际损失的赔偿。

这一提示词不仅指明了研究的法律领域（侵权责任制度），还规定了具体的比较维度（法律渊源、归责原则、损害赔偿标准），从而确保 DeepSeek 生成的内容具有结构化逻辑。

此外，研究者还可以要求 DeepSeek 结合法律移植（Legal Transplant）或混合法系（Mixed Legal Systems）理论进行分析。例如："请分析日本民法典如何受德国法与法国法的影响，并探讨其是否构成混合法系。"

引用 10 篇资料作为参考 >

日本民法典在制定过程中深受德国法与法国法的影响，同时也在一定程度上吸收了英美法的元素，最终形成了独特的混合法系。以下从德国法与法国法的影响及其混合法系特征进行分析：

一、德国法对日本民法典的影响

1. **法典结构与体系**
   日本民法典的结构主要借鉴了《德国民法典》的潘德克顿体系，特别是五编制的结构（总则、物权、债权、亲属、继承）。这种体系强调逻辑性和系统性，与《法国民法典》的三编制（人、财产、财产取得方法）形成鲜明对比 1 5 6 。
2. **法律原则与概念**
   日本民法典引入了德国法特有的法律概念，如"法律行为""法人"等，这些概念在《法国民法典》中并未明确体现。此外，德国法的"物—债二元结构"也被日本民法典采纳，形成了清晰的财产法体系 5 6 。
3. **学说继受**
   日本民法学界在民法典制定后，迅速转向对德国法学的研究，形成了"学说继受"的现象。德国潘德克顿法学的解释方法和理论对日本民法学的发展产生了深远影响 5 6 。

二、法国法对日本民法典的影响

1. **早期影响与《旧民法》**
   日本民法典的早期编纂受到法国法的深刻影响。1870年代，日本翻译了《法国民法典》，并以其为蓝本起草了《旧民法》。尽管《旧民法》最终未能施行，但其三编制结构和法国法的思想性对日本民法典的制定产生了重要影响 1 5 。
2. **损害赔偿规则**
   日本民法典第416条关于损害赔偿范围的规定，最初借鉴了法国法的"可预见性规则"，后来在法典论争中吸收了英美法的理论，最终形成了独特的损害赔偿制度 7 。
3. **家庭法与继承法**
   在家庭法和继承法领域，日本民法典保留了部分法国法的特征，如对家庭关系的重视和对继承制度的规范。尽管1947年修法后，这些领域受到德国法的影响有所减弱，但法国法的痕迹仍然存在 1 5 。

三、日本民法典是否构成混合法系

日本民法典在制定过程中，不仅吸收了德国法和法国法的元素，还在二战后受到英美法的影响，特别是在宪法和刑事诉讼法领域。因此，日本民法典可以被视为混合法系的典型代表，具体表现为：

1. **大陆法系为骨架**
日本民法典以德国法和法国法为基础，形成了严谨的成文法体系，强调法典的逻辑性和系统性 2 5 。
2. **英美法为内容**
二战后，日本在司法改革中吸收了英美法的灵活性和实用性，特别是在程序法和人权保护方面 2 3 。
3. **本土化与创新**
日本在继受外国法的过程中，注重结合本土社会实际，形成了独特的法律体系。例如，在损害赔偿规则和家庭法领域，日本民法典既保留了大陆法系的传统，又吸收了英美法的经验 7 9 。

结论

日本民法典在制定过程中，主要受到德国法和法国法的影响，同时也在二战后吸收了英美法的元素，形成了以大陆法系为骨架、英美法为内容的混合法系。这种混合法系不仅体现了日本法律近代化的趋势，也为其他国家的法律继受提供了重要参考 1 2 5 。

这样的提示词能够确保 DeepSeek 不仅进行简单的法律对比，还能讨论法律移植的历史背景及其对日本法律体系的深远影响。

四、结合经典法学理论，提高研究的学术深度

法律史与比较法学研究往往涉及经典法学家的理论观点，因此，研究者在提示 DeepSeek 时可以要求其结合特定学者的理论进行分析。

例如："请结合梅因（Henry Maine）的'从身份到契约'理论，分析英美合同法的发展趋势。"

引用 9 篇资料作为参考 >

梅因（Henry Maine）在其著作《古代法》中提出的"从身份到契约"理论，深刻揭示了社会从以身份为基础的法律关系向以契约为基础的法律关系的转变。这一理论不仅对理解法律史具有重要意义，也为分析英美合同法的发展趋势提供了重要视角。

1. 从身份到契约的理论核心

梅因认为，所有进步社会的运动，本质上是一个"从身份到契约"的运动 1 3 。在身份社会中，个人的权利和义务由其身份（如家族、阶级等）决定，法律关系具有固定性和不平等性。而在契约社会中，个人通过自由合意形成契约，法律关系以平等和自愿为基础 1 3 。这一转变反映了社会从团体本位向个人本位的过渡，以及从自然经济向商品经济的转型 1 3 。

2. 英美合同法的发展趋势

英美合同法的发展趋势与梅因的"从身份到契约"理论高度契合，主要体现在以下几个方面：

（1）契约自由的兴起

19世纪古典合同法以契约自由为核心，强调个人通过自由合意设定权利和义务 7 9 。这一阶段的法律将个人抽象为平等的法律主体，淡化身份差异，体现了梅因所说的"从身份到契约"的转变 7 9 。

（2）实质公平的引入

随着社会的发展，古典合同法过于强调形式公平的弊端逐渐显现。新古典合同法通过引入实质公平原则，重新审视

身份在契约中的作用，例如在消费者保护、劳动关系等领域，法律开始关注缔约双方的实际地位差异 [7] [9] 。

（3）关系型契约的兴起

20世纪后期，关系型契约理论进一步挑战了传统契约法的规则体系。该理论强调契约的社会背景和长期合作关系，认为契约不仅仅是法律文本，更是社会合作的体现 [7] [9] 。这一趋势表明，契约法在强调个人自由的同时，也开始重视身份和社会关系的现实影响 [7] [9] 。

3. 对梅因理论的反思与超越

尽管梅因的“从身份到契约”理论为理解法律发展提供了重要框架，但现代合同法的发展也表明，身份与契约并非完全对立。例如，在家事法和劳动法中，身份仍然对契约的效力产生重要影响 [7] [9] 。此外，关系型契约理论强调契约的社会性和合作性，进一步模糊了身份与契约的界限 [7] [9] 。

结论

英美合同法的发展趋势总体上符合梅因“从身份到契约”的理论框架，体现了从身份社会向契约社会的过渡。然而，现代合同法在强调契约自由的同时，也通过实质公平和关系型契约理论重新审视了身份的作用，表明身份与契约并非完全对立，而是相互补充的关系 [7] [9] 。

这样能够确保 DeepSeek 在回答时不仅介绍合同法的历史演变，还能从法律社会学的角度进行解释，提高研究的学术深度。

在比较法研究中，研究者可以要求 DeepSeek 结合大法官和学者的观点。例如：“请结合勒内·达维德(René David)的法系分类理论，讨论伊斯兰法系的特点及其与大陆法系的主要区别。”

引用 16 篇资料作为参考 >

根据勒内·达维德（René David）的法系分类理论，伊斯兰法系与大陆法系在历史渊源、法律原则、法律形式等方面存在显著区别。以下从伊斯兰法系的特点及其与大陆法系的主要区别展开分析：

一、伊斯兰法系的特点

1. **宗教法属性**
   伊斯兰法系以伊斯兰教义为核心，法律来源于《古兰经》和《圣训》，具有强烈的宗教属性。法律不仅是社会规范，更是宗教义务的体现 [8] [16] 。
2. **法律渊源**
   伊斯兰法的主要渊源包括《古兰经》、圣训（穆罕默德的言行录）、教法学（菲格海）以及阿拉伯原有习惯。其中，《古兰经》和圣训是最高法律渊源，教法学则是对其的解释和发展 [8] [16] 。
3. **法律内容**
   伊斯兰法涵盖了宗教义务、家庭法、继承法、刑法、商法等多个领域，强调个人与真主的关系、人与人的关系以及人与社会的关系 [8] [10] 。
4. **法律的两世性**
   伊斯兰法不仅规范现世行为，还强调后世的惩罚。其法律体系不仅关注外部行为，还涉及内心信仰，具有现世与后世的双重约束力 [9] [10] 。
5. **法学家的重要作用**
   伊斯兰法的解释和发展主要依赖于法学家（乌里玛），他们通过教法学对《古兰经》和圣训进行解释和创制，形成了丰富的法律体系 [9] [10] 。

二、伊斯兰法系与大陆法系的主要区别

1. **法律渊源**
    - **伊斯兰法系**：以《古兰经》和圣训为核心，具有宗教法的神圣性和不可变更性 8 16 。
    - **大陆法系**：以罗马法为基础，法律渊源主要是成文法典和制定法，强调法律的逻辑性和系统性 11 12 。
2. **法律原则**
    - **伊斯兰法系**：法律原则基于伊斯兰教义，强调宗教义务和道德规范，具有强烈的宗教色彩 8 10 。
    - **大陆法系**：法律原则基于自然法和理性主义，强调个人权利和社会契约，具有世俗性和普世性 11 12 。
3. **法律形式**
    - **伊斯兰法系**：法律形式以宗教经典和教法学为主，缺乏统一的法典化体系 8 16 。
    - **大陆法系**：法律形式以法典为主，如《法国民法典》和《德国民法典》，强调法律的系统性和逻辑性 11 12 。
4. **法官的作用**
    - **伊斯兰法系**：法官（卡迪）的作用主要是解释和适用宗教法，缺乏立法权 9 10 。
    - **大陆法系**：法官的作用是严格适用法律，强调立法与司法的分离，法官无权创制法律 11 12 。
5. **法律的两世性**
    - **伊斯兰法系**：法律不仅规范现世行为，还强调后世的惩罚，具有宗教与法律的双重约束力 9 10 。
    - **大陆法系**：法律仅规范现世行为，强调法律的世俗性和实用性 11 12 。

结论

伊斯兰法系与大陆法系在历史渊源、法律原则、法律形式和法官作用等方面存在显著区别。伊斯兰法系以宗教为核心，强调法律的宗教属性和两世性，而大陆法系以罗马法为基础，强调法律的逻辑性和世俗性。两者分别代表了宗教法与世俗法的典型特征，体现了不同法律传统的独特价值 8 11 16 。

这一提示词能够确保 DeepSeek 生成的内容不仅基于实证分析，还包含理论框架，从而提升研究的理论高度。

五、整合多语种法律文本，提高文献获取能力

法律史与比较法研究经常涉及不同国家的法律文本，研究者可以在提示词中要求 DeepSeek 提供多语种对比。但用户需注意自行核实 AI 提供的内容是否真实可靠。

例如："请提供 1789 年《人权宣言》第 1 条的法文原文及其英译对照，并分析其法律意义。"

引用 11 篇资料作为参考 >

1789年《人权宣言》第一条的法文原文及英译对照

法文原文（来自1789年《人权和公民权宣言》第一条）[3][4]：

> *"Les hommes naissent et demeurent libres et égaux en droits. Les distinctions sociales ne peuvent être fondées que sur l'utilité commune."*

英译对照（主流译本）[1][3][5]：

> *"Men are born and remain free and equal in rights. Social distinctions may be based only on considerations of the common good."*

中译参考（吴国发译本）[1][2]：

> *"人生来就是而且始终是自由的，在权利方面永远平等。因此，民事区别只能在公用事业方面存在。"*

法律意义分析

1. **自然权利与平等原则**

第一条的核心是宣告“人生而自由且权利平等”，体现了启蒙思想中的**自然权利理论**（洛克、卢梭）。它否定了封建等级制度，将自由与平等确立为法律的根本原则，成为现代宪制的基石[6][8]。

2. **社会差别的合法性限制**

- **“公用事业”（utilité commune）**：法文原意强调社会差别仅能基于“共同效用”（如公共服务），而非特权。英译“common good”更抽象，可能扩大解释范围[5]。
- **争议点**：中译本对“utilité commune”的翻译分歧（“公益”vs“公用事业”）反映了对“社会差别”是否承认特权的不同理解[1][5]。

3. **对后世法律的影响**

- 直接为1791年法国宪法提供原则框架，并影响《世界人权宣言》第一条的表述（增加“尊严”条款）[5][9]。
- 确立“法律面前人人平等”的现代法治原则，但实践中仍受限于阶级和性别（如当时女性、无产者未完全享有权利）[7][9]。

4. **卢梭与孟德斯鸠思想的体现**

- **卢梭**：强调“社会契约”中公民的自由与平等（“生而自由”）；
- **孟德斯鸠**：通过“共同效用”限制权力滥用，隐含分权思想[6][10]。

总结：第一条奠定了人权保护的哲学与法律基础，但其具体实施受历史条件制约，后续争议（如财产权优先性）也暴露了资产阶级革命的局限性[7][8]。

注：法文原文与英译的差异可能影响法律解释，需结合具体语境分析[3][5]。

这一提示词能够帮助研究者获得精准的法律文本,并进行跨语言法律术语的比对。

六、优化学术写作,提高研究成果的质量

在法律史与比较法研究中,学术写作的逻辑性和条理性至关重要。研究者

可以在提示词中要求 DeepSeek 以论文格式输出。

例如:"请撰写一篇论文,题目为'罗马法对现代欧洲私法的影响',要求包含引言、理论综述、案例分析和结论。"

引用 9 篇资料作为参考 >

罗马法对现代欧洲私法的影响

引言

罗马法作为古代罗马帝国的法律体系，不仅在当时的社会治理中发挥了重要作用，更对后世的法律发展产生了深远影响。尤其是在欧洲，罗马法通过复兴运动成为现代私法体系的重要基础。本文将从理论综述、案例分析和结论三个方面探讨罗马法对现代欧洲私法的影响。

理论综述

1. **罗马法的复兴与继受**
   罗马法复兴运动始于12世纪，以意大利为中心，逐渐扩展到整个欧洲。这一运动通过注释法学派、评论法学派和人文主义法学派的努力，将罗马法的原则和制度重新引入欧洲法律体系 2 4 。罗马法的复兴不仅为欧洲提供了统一的法律框架，还促进了法律科学的发展。
2. **罗马法对现代私法体系的影响**
   罗马法的私法体系，特别是其关于物权、债权、继承和契约的规定，成为现代欧洲私法的基础。《法国民法典》和《德国民法典》均以罗马法为蓝本，分别继承了《法学阶梯》和《学说汇纂》的体系 4 8 。罗马法中的契约自由、财产权保护和权利平等等原则，也被现代私法广泛采纳 6 9 。
3. **罗马法的立法技术与法律思想**
   罗马法的立法技术，如概念的精确性、结构的严谨性和逻辑的清晰性，对现代立法产生了深远影响。罗马法中的自然法思想、理性原则和衡平观念，也为现代法治提供了理论支持 5 7 。

案例分析

1. **《法国民法典》的制定**
   《法国民法典》是罗马法复兴的典型产物。其体例和内容大量借鉴了《法学阶梯》，特别是在人法、物法和诉讼法方面。例如，法典第544条关于所有权的定义直接源自罗马法 4 8 。
2. **《德国民法典》的编纂**
   《德国民法典》以《学说汇纂》为蓝本，形成了总则、债法、物法、亲属法和继承法的体系。罗马法中的契约自由、遗嘱自由和法人制度等原则在法典中得到了充分体现 4 8 。
3. **瑞士民法典的继受**
   土耳其对瑞士民法典的继受是罗马法影响的另一个例证。瑞士民法典因其清晰、简洁和灵活的特性被选为模板，推动了土耳其社会的现代化和世俗化 3 。

结论

罗马法通过复兴运动成为现代欧洲私法的重要基础。其私法体系、立法技术和法律思想对《法国民法典》《德国民法典》等现代法典的制定产生了深远影响。罗马法不仅为欧洲提供了统一的法律框架，还促进了法治观念和法律科学的发展。尽管现代法律体系在罗马法的基础上进行了创新和发展，但其核心原则和制度仍然深深植根于罗马法的传统之中 2 4 6 。

这样能够确保输出的内容符合学术论文的结构,提高研究的可读性和学术价值。

七、总结

为高效地利用 DeepSeek 进行法律史与比较法研究,研究者需要在提示词中明确研究范围、历史语境、比较维度、理论框架、法律文本、学术写作格式等关键要素。通过精准设定提示词,研究者可以确保 DeepSeek 生成的内容符合学术标准,并在法律史与比较法领域提供更具深度和系统性的分析。

第七节　驱动 DeepSeek 开展宪法学研究

宪法学作为法律科学的重要分支,不仅涉及国家根本法的解释与适用,还与政治学、社会学、人权理论等多学科交叉。DeepSeek 作为先进的人工智能语言模型,可以在宪法学研究中提供文献综述、比较研究、案例分析、理论探讨等多方面的支持。然而,要使 DeepSeek 充分发挥潜力,研究者需要精心设计提示词(prompt),确保模型提供精准、有深度且符合学术逻辑的回答。以下从问题精准设定、理论框架引导、角色设定、跨学科分析以及输出格式优化五个方面,探讨如何利用提示词更好地驱动 DeepSeek 开展宪法学研究。

一、精准设定研究问题,避免泛化

宪法学研究的复杂性在于其涉及多个核心概念(如主权、人权、基本权利、分权制衡等)以及不同国家的宪法实践。如果提示词过于宽泛,DeepSeek 可能会给出大而无当、缺乏学术深度的回答。因此,研究者应当尽可能明确问题的背景、核心概念和研究目标。

例如,直接询问"宪法如何保护基本权利?"可能会导致 DeepSeek 回答过于一般化。更优的提示词可以是:"请结合德国《基本法》第 1 条关于人性尊严的规定,分析基本权利如何作为主观权利和客观秩序并存的双重结构存在。"

引用 8 篇资料作为参考 >

德国《基本法》第1条第1款规定："人的尊严不可侵犯。所有国家权力机构都有责任尊重和保护人的尊严。"这一条款不仅是德国宪法的核心原则，也为基本权利的双重结构——即作为主观权利和客观秩序并存——提供了基础。

1. 基本权利作为主观权利

基本权利作为主观权利，意味着个人可以直接依据宪法中的基本权利条款向国家主张权利。这种主观权利的核心功能是防御权，即个人可以要求国家不侵犯其基本权利，并在权利受到侵害时请求司法保护。例如，个人可以依据《基本法》第1条要求国家尊重其尊严，禁止酷刑或其他不人道的对待 [1] [5] 。

此外，主观权利还包括受益权功能，即个人可以要求国家提供必要的物质或制度条件以实现其基本权利。例如，国家有义务为公民提供基本的社会福利，以确保其尊严得到保障 [6] [8] 。

2. 基本权利作为客观秩序

基本权利作为客观秩序，意味着它们不仅是个人可以主张的权利，也是国家权力运作必须遵循的价值准则。这种客观秩序构成了国家行为的指导原则，要求立法、行政和司法机关在行使权力时必须以保护人的尊严为核心 [1] [2] 。

例如，德国联邦宪法法院在吕特案中明确指出，基本权利不仅是个人的防御权，还构成了"客观价值秩序"，这一秩序对所有法律领域具有约束力，要求国家积极采取措施保障基本权利的实现 [7] [8] 。

3. 双重结构的并存与互动

基本权利的双重结构并非相互独立，而是相互补充的。主观权利强调个人对国家的直接请求权，而客观秩序则强调国家对基本权利的普遍保护义务。例如，国家不仅不能侵犯个人的尊严（主观权利），还必须通过立法、行政和司法措施积极促进和保护人的尊严（客观秩序） [2] [6] 。

这种双重结构的存在，使得基本权利在德国宪法中具有了更强的实效性。它不仅为个人提供了对抗国家侵害的法律武器，也为国家设定了积极作为的义务，从而全面保障人的尊严 [1] [8] 。

结论

德国《基本法》第1条关于人性尊严的规定，为基本权利的双重结构提供了宪法基础。基本权利既是个人的主观权利，也是国家的客观价值秩序，二者共同构成了德国宪法对人性尊严的全面保护体系 [1] [2] [5] 。

这样的提示词不仅限定了研究范围（德国《基本法》第一条），还引入了具体理论（基本权利的双重结构），使得 DeepSeek 的回答更具针对性。

此外，在研究比较宪法时，精准设定问题范围尤为重要。

例如，若要探讨"紧急状态与宪法秩序的关系"，直接询问"紧急状态下宪法如何运作"可能会导致 DeepSeek 的回答缺乏国别对比与案例分析的内容。更优的提示词可以是："请比较美国《宪法》第 1 条第 9 款关于人身保护令的规定与法国《宪法》第 16 条关于特别权力（紧急权力）的条款，并分析卢曼的系统论是否可以解释二者在紧急状态下的宪法逻辑。"

引用 11 篇资料作为参考 >

美国《宪法》第1条第9款与法国《宪法》第16条分别规定了紧急状态下的权力行使，但二者的逻辑和适用范围存在显著差异。

1. 美国《宪法》第1条第9款：人身保护令的中止

美国《宪法》第1条第9款规定："人身保护令之特权不得中止，除非在发生叛乱或入侵时，公共安全需要中止。"这一条款的核心在于保护公民的人身自由，只有在极端情况下（如叛乱或入侵）且出于公共安全的需要，才能中止人身保护令。中止权归属于国会，而非总统 3 4 。这一规定体现了对行政权力的限制，防止其滥用紧急权力侵犯公民权利。

2. 法国《宪法》第16条：总统的特别权力

法国《宪法》第16条规定，当共和国的制度、国家独立、领土完整或国际义务的履行受到严重且直接威胁，且宪法规定的公权力正常行使受到阻碍时，总统可以行使特别权力。总统在行使特别权力时，需咨询总理、议会两院议长和宪法委员会，并以公告形式告知全国 6 8 。与美国的限制不同，法国总统在紧急状态下拥有广泛的自由裁量权，甚至可以绕过正常的立法和司法程序。

3. 卢曼的系统论视角

卢曼的社会系统论认为，现代社会分化为政治、法律、经济等子系统，每个子系统在功能上独立运作，但又通过"结构耦合"相互影响。在紧急状态下，政治系统与法律系统的关系尤为紧张。政治系统追求"治理"目标，倾向于扩大权力以应对危机；而法律系统则强调"合法性"，试图通过规范限制权力的滥用 9 10 。

从卢曼的系统论来看：

- **美国宪法逻辑**：人身保护令的中止体现了法律系统对政治系统的限制。即使在紧急状态下，法律系统仍通过明确的宪法条款（如中止权归属国会）来约束政治系统的权力扩张。这种设计符合卢曼所说的"条件纲要"，即在特定条件下允许例外，但需遵循法律系统的规范 3 4 。
- **法国宪法逻辑**：总统的特别权力则更倾向于政治系统的"目的理性"，即为了应对危机，政治系统可以暂时超越法律系统的限制。这种设计符合卢曼所说的"决断空间"，即在紧急状态下，政治系统可以基于目的理性作出超法律的决策 6 8 。

4. 结论

美国《宪法》第1条第9款与法国《宪法》第16条在紧急状态下的宪法逻辑体现了不同的系统互动模式。美国更强调法律系统对政治系统的约束，而法国则赋予政治系统更大的自由裁量权。卢曼的系统论为理解这两种逻辑提供了理论框架：美国的设计更符合"条件纲要"的规范逻辑，而法国的设计则更符合"决断空间"的目的理性。

这类提示词不仅明确了比较对象（美国 vs. 法国），还提供了理论工具（卢曼的系统论），能够引导 DeepSeek 生成更有学术价值的分析。

二、结合宪法学理论框架，引导系统性回答

宪法学的研究往往围绕特定的理论框架展开，例如权利体系、分权制衡、立宪主义、实质民主与程序民主之争等。如果提示词未能指明理论框架，那么 DeepSeek 可能会倾向于给出基于一般性法律知识的回答，而不是深入的学术分析。因此，研究者可以在提示词中直接指定宪法学流派、代表学者或核心理论，以确保回答的系统性。

例如,如果研究"司法审查的合法性问题",可以这样设定提示词:"请基于'司法审查的民主悖论',分析美国最高法院的'活宪法'学说是否能够消解该悖论。"

引用 5 篇资料作为参考 >

司法审查的民主悖论(也称为"反多数难题")指的是,非民选的法官通过司法审查权否决民选立法机构通过的法律,似乎与民主原则相悖。美国最高法院的"活宪法"学说(Living Constitutionalism)认为,宪法的含义应随着社会变迁而演变,法院应根据当代的社会价值观来解释宪法,而非拘泥于宪法制定时的原意。

活宪法学说与民主悖论的关系

1. **活宪法学说的支持者认为**,宪法是一个动态的文本,其解释应反映当代社会的价值观和需求。这种观点认为,法院通过灵活解释宪法,能够更好地回应社会变化,从而在一定程度上缓解司法审查与民主原则之间的冲突。例如,在涉及妇女权利、种族平等等问题上,活宪法学说允许法院根据当代的社会共识作出判决,而不是受限于宪法制定时的历史背景 [1] 。
2. **然而,批评者指出**,活宪法学说并未从根本上解决民主悖论。因为法官仍然是非民选的,他们通过灵活解释宪法来扩大或改变法律的范围,本质上仍然是"反多数"的行为。例如,在Dobbs v. Jackson案中,最高法院推翻Roe v. Wade案的判决,虽然部分法官基于宪法原意主义,但也反映了活宪法学说在实践中的局限性 [1] 。
3. **活宪法学说的另一个问题是**,它可能加剧司法审查的争议性。由于宪法的解释缺乏明确的标准,法官的主观判断可能被批评为"司法能动主义",进一步削弱司法审查的民主合法性 [5] 。

结论

活宪法学说试图通过灵活解释宪法来回应社会变迁,从而在一定程度上缓解司法审查的民主悖论。然而,它并未从根本上解决非民选法官否决民选立法机构法律的"反多数难题"。相反,活宪法学说可能因缺乏明确的标准而加剧司法审查的争议性。因此,活宪法学说只能部分缓解民主悖论,但无法完全消解这一难题 [1] [5] 。

通过这样提示,DeepSeek 就不是仅仅介绍司法审查的概念,而是能够结合学术争论展开有针对性的分析。

在研究"基本权利的性质"时,也可以直接指定理论框架,如:"请基于阿列克西的'原则理论'理论,分析比例原则如何在宪法解释中发挥作用。"

引用 10 篇资料作为参考 >

阿列克西的"原则理论"为比例原则在宪法解释中的运用提供了重要的理论基础。比例原则作为宪法解释的核心工具,主要用于平衡国家权力与公民基本权利之间的关系,确保国家权力的行使符合宪法要求。以下是基于阿列克西理论的分析:

1. 原则理论的基本框架

阿列克西将法律规范区分为"规则"和"原则"。规则是确定性的,要么适用,要么不适用;而原则是开放性的,需要在具体案件中通过权衡实现最大化。宪法中的基本权利条款通常被视为原则,其适用需要通过权衡来确定优先性 [4] [8] 。

2. 比例原则在宪法解释中的作用

比例原则在宪法解释中主要用于审查国家权力对公民基本权利的限制是否合理。根据阿列克西的理论,比例原则包括以下子原则:

- **适当性**:国家采取的措施必须有助于实现宪法认可的目标。

- **必要性**：在多种可行手段中，应选择对公民权利限制最小的方式。
- **狭义比例原则**：国家采取的措施所实现的利益必须大于对公民权利造成的损害 [1,6]。

3. 权衡方法与比例原则

阿列克西提出“权衡公式”，用于解决原则之间的冲突。在宪法解释中，当国家权力与公民基本权利发生冲突时，法院需要通过权衡来确定哪一方的利益优先。这一过程涉及对相关利益的重要性、损害程度以及替代方案的评估 [8,9]。

4. 比例原则的宪法依据

阿列克西认为，比例原则的宪法依据在于宪法中的基本权利条款和法治原则。通过解释宪法中的“权利限制”条款（如我国《宪法》第51条），可以推导出比例原则作为宪法基本原则的地位 [5,7]。

5. 比例原则的实践意义

在宪法解释中，比例原则的运用有助于确保国家权力的行使符合宪法的价值目标，避免对公民基本权利的过度侵害。例如，在涉及言论自由、隐私权等案件中，法院通过比例原则审查相关法律的合宪性，确保其符合宪法的保护要求 [4,6]。

6. 比例原则的局限性

尽管比例原则在宪法解释中具有重要作用，但其适用也存在一定的主观性和不确定性。阿列克西通过“重力公式”和“理性商谈理论”试图为比例原则的运用提供更为精确和客观的标准 [9,10]。

结论

基于阿列克西的“原则理论”，比例原则在宪法解释中通过权衡方法平衡国家权力与公民基本权利，确保国家权力的行使符合宪法要求。其核心在于通过适当性、必要性和狭义比例原则的审查，实现宪法价值的最大化。然而，比例原则的适用仍需结合具体案件事实和宪法教义学知识，以确保其运用的合理性和客观性 [4,8,9]。

通过明确理论背景，DeepSeek 能够基于该理论的核心概念（如原则与规则的区分、权衡公式等）生成有深度的学术性回答，而不局限于单纯的概念介绍。

三、设定学术角色，提高宪法学分析的专业性

DeepSeek 具有较强的角色扮演能力，可以模拟不同学术立场和理论视角。因此，在提示词中为 DeepSeek 明确设定角色，可以使模型的回答更贴近学术表达。

例如，如果研究“宪法中的社会权利”，可以设定提示词为：“假设你是一位政治宪法学学派的宪法学者，请分析社会权利背后的政治逻辑。”

引用 8 篇资料作为参考 >

从政治宪法学的视角分析社会权利背后的政治逻辑，需结合中国宪法的社会主义性质及其历史实践展开。以下基于检索文献的体系化分析：

一、社会权的政治合法性基础

1. **人民主权与历史正当性**
   中国宪法中的社会权植根于“人民当家作主”的政治逻辑。宪法序言明确将社会权与中国共产党领导的历史使命绑定，即通过改善民生、保障生存权和发展权，兑现革命承诺（如消灭剥削制度），从而巩固执政合法性 1 3 4 。社会权不仅是经济分配问题，更是“劳动人民制宪”的社会主义宪制核心，体现人民主权的政治建构功能 3 5 。

2. **共同体本位的公民身份建构**
   社会权通过保障公民基本生存与发展条件（如劳动权、社会保障），塑造“完整的公民身份”。这种身份不仅是法律地位，更是政治共同体成员参与经济民主和社会治理的前提 1 4 。例如，宪法第2条第3款规定的经济民主权利（劳动者参与企业管理）将社会权升华为政治参与的基础 4 。

二、社会权的政治功能

1. **社会整合与国家治理现代化**
   社会权通过再分配机制缓解市场分化，维护“社会和谐稳定”。其目标从计划经济时代的普遍福利转向市场经济条件下的“不平衡不充分发展”问题解决（如脱贫攻坚），体现国家治理对结构性矛盾的调控 1 3 5 。这一过程强化了公民对政治共同体的认同，形成“权利-义务”互构的政治纽带 2 7 。

2. **超越自由主义权利二分法**
   中国宪法拒绝将社会权简单归类为“积极权利”，而是将其视为融合经济、政治维度的“基础权利”。例如，劳动权不仅是获取报酬的请求权，更是劳动者作为“主人翁”参与经济管理的政治权利 3 5 。这种定位挑战了西方“自然权利”理论，强调权利的历史性与具体性 5 7 。

三、权力与权利的辩证关系

1. **权力来源的权利赋权性**
   政治宪法学认为，公共权力源于公民权利让渡（如选举授权），而社会权则是权力合法行使的责任边界。宪法第2条、第3条明确权力机关由人民选举产生并受监督，社会权的实现成为评价权力运行合法性的标准之一 6 8
   。

2. **社会主义宪法的制度保障**
   社会权的实现依赖国家积极作为（如社会保障制度），但其政治逻辑并非单向“给付”，而是通过制度设计（如职工代表大会）将权利转化为公民参与公共事务的能力，形成“权利赋能权力-权力保障权利”的循环 4 7 。

结论

社会权在中国语境下是**政治共同体建构的核心工具**：既通过民生保障巩固政权合法性，又通过经济民主强化公民的政治主体地位。其背后逻辑体现了社会主义宪法对“资本-劳动”关系的重构，以及“人民主权”原则下权利与权力的动态平衡 1 3 4 。

这一设定能够让 DeepSeek 自动调整其分析方式，依据特定理论和立场展开针对性讨论，避免泛泛而谈。

此外，如果想要比较不同学派的观点，也可以通过角色设定来实现。例如，设定提示词为：“请分别以规范宪法学和政治宪法学的立场，分析‘数字人权’

是否具有宪法正当性。”

引用 5 篇资料作为参考 >

规范宪法学与政治宪法学视角下的“数字人权”宪法正当性分析

一、规范宪法学的立场：形式逻辑与规范证成

规范宪法学强调宪法文本的规范解释、权利体系的逻辑自洽性以及司法适用的可能性。从该立场出发，“数字人权”的宪法正当性需通过以下路径证成：

1. **宪法文本的规范依据**
   - 我国《宪法》第33条“国家尊重和保障人权”条款可作为“数字人权”的概括性依据，但需证明“数字人权”属于人权的子集。反对观点认为，该条款需结合具体权利（如第38条人格尊严、第40条通信自由）解释，而“数字人权”缺乏直接文本支撑 [1] 。
   - 比较法上，欧盟通过《数字权利与原则宣言》将数据保护、算法透明等权利纳入人权框架，但中国宪法未明确类似权利，需依赖解释学扩张 [3] [4] 。
2. **未列举权利理论的适用性**
   - 支持者主张“数字人权”可通过宪法未列举权利理论（如“人格尊严”条款）涵摄，但规范宪法学要求严格的逻辑链条：需证明数字权利是人格尊严或自由权的必然延伸。例如，隐私权数字化后可归入《宪法》第40条通信秘密权 [4] 。
   - 反对者指出，“数字人权”的复合性（如数据权、算法权）难以与传统权利类型一一对应，存在“概念超载”风险 [1] 。
3. **司法适用的可行性**
   - 规范宪法学关注权利的可裁判性。目前我国宪法司法化程度有限，“数字人权”若无法通过部门法（如《个人信息保护法》）具体化，则难以成为实质宪法权利 [2] 。

结论：规范宪法学对“数字人权”持审慎态度，其正当性取决于规范解释的严密性与司法化路径的清晰性，目前仍存在理论断层 [1] [4] 。

二、政治宪法学的立场：权力—权利互动与政治建构

政治宪法学关注宪法的动态实践、权力结构的平衡及权利的政治功能。从该立场看，“数字人权”的正当性需结合以下政治逻辑：

1. **数字时代国家治理的合法性需求**
   - 数字技术重塑权力运行（如健康码、社会信用体系），国家需通过“数字人权”回应技术异化对公民权利的威胁（如算法歧视、数据垄断），以巩固治理合法性 [3] [5] 。
   - 例如，将“数字接入权”视为生存权的发展形态，符合社会主义宪法“以人民为中心”的政治承诺 [3] 。
2. **权利作为政治整合工具**
   - “数字人权”可弥合数字鸿沟，通过再分配（如农村网络覆盖）实现社会整合，其功能类似传统社会权，但需国家积极作为（如《数字中国建设整体布局规划》） [2] [5] 。
   - 政治宪法学认为，权利本质是“权力—权利”博弈的产物。数字平台权力扩张需通过宪法性约束（如数据主权）平衡，而非仅依赖司法救济 [5] 。
3. **宪法发展的动态性**
   - 中国宪法具有“改革宪法”特征，可通过政策性入宪（如“数字中国”写入二十大报告）赋予“数字人权”实质正当性，无需拘泥于文本滞后性 [3] [4] 。

结论：政治宪法学倾向于支持"数字人权"，因其契合国家治理现代化需求，且可通过政治实践而非规范教义实现正当化 [3] [5] 。

总结

- **规范宪法学**：以形式逻辑否定"数字人权"的独立权利地位，但认可其作为传统权利的数字化延伸 [1] [4] 。
- **政治宪法学**：以功能主义支持"数字人权"，视其为数字时代权力调控与政治整合的工具 [3] [5] 。
- **争议核心**：前者追问"是否合宪"，后者追问"是否必要"——两种立场反映了宪法学方法论的根本分歧。

这类提示词不仅能让 DeepSeek 生成对立观点，还能帮助研究者系统梳理不同宪法理论的核心分歧。

四、引入跨学科方法，拓展宪法学研究的深度

宪法学与政治学、社会学、经济学、历史学密切相关。在提示词中引导 DeepSeek 进行跨学科分析，可以帮助研究者发现新的研究视角。

例如，在研究"宪法与民主的关系"时，可以这样设定提示词："请结合哈贝马斯的商谈理论和熊彼特的竞争性精英民主理论，分析宪法在民主决策中的作用。"

引用 11 篇资料作为参考 >

哈贝马斯的商谈理论和熊彼特的竞争性精英民主理论为理解宪法在民主决策中的作用提供了两种不同的视角。以下结合这两种理论进行分析：

1. 哈贝马斯的商谈理论与宪法的作用

哈贝马斯的商谈理论强调通过理性沟通和公共领域的商谈达成共识，认为民主决策的核心在于公民通过自由、平等的对话形成公共意志。宪法在这一过程中扮演了以下角色：

- **商谈的框架**：宪法为公共领域的商谈提供了制度性框架，确保公民能够自由表达意见并参与决策。宪法中的基本权利条款（如言论自由、集会自由）为商谈提供了保障 [1] [2] 。
- **合法性基础**：哈贝马斯认为，法律的合法性来源于公民在商谈中的共识。宪法作为最高法律，其合法性依赖于公民通过商谈对其内容的认可 [3] [4] 。
- **程序正义的体现**：宪法通过规定民主决策的程序（如选举、立法程序），确保决策过程的公正性和透明性，从而增强决策的合法性 [5] [6] 。

2. 熊彼特的竞争性精英民主理论与宪法的作用

熊彼特的竞争性精英民主理论认为，民主的本质在于精英通过竞争选票获得权力，而非公民直接参与决策。宪法在这一理论中的作用包括：

- **权力竞争的规则**：宪法为精英之间的权力竞争提供了规则，确保竞争在合法和有序的框架内进行。例如，宪法规定了选举的程序和条件，保障了竞争的公平性 [9] [10] 。
- **权力制衡的机制**：宪法通过分权制衡（如立法、行政、司法的分立）防止精英滥用权力，确保权力的行使符合公共利益 [9] [11] 。
- **精英合法性的来源**：宪法为精英的统治提供了合法性基础。通过宪法规定的选举程序，精英获得权力并被赋予

合法性 10 11 。

3. 两种理论的比较与宪法的综合作用

- **共识与竞争的结合**：哈贝马斯的商谈理论强调公民共识，而熊彼特的竞争性精英民主理论强调精英竞争。宪法通过结合这两种机制，既保障公民参与决策的权利，又为精英竞争提供规则 1 9 。
- **程序与实质的平衡**：哈贝马斯更关注决策的实质合法性（通过商谈达成共识），而熊彼特更关注决策的程序合法性（通过竞争选票获得权力）。宪法通过规定民主决策的程序和实质内容，实现了两者的平衡 3 10 。
- **权利与权力的协调**：宪法既保障公民的基本权利（如言论自由、选举权），又规范权力的行使（如分权制衡），从而在权利与权力之间建立协调机制 5 11 。

结论

宪法在民主决策中的作用可以从哈贝马斯的商谈理论和熊彼特的竞争性精英民主理论两个视角来理解。哈贝马斯强调宪法为商谈提供框架和合法性，而熊彼特强调宪法为精英竞争提供规则和制衡。综合来看，宪法通过结合共识与竞争、程序与实质、权利与权力，成为民主决策的核心制度保障 1 3 9 。

这一设定能够促使 DeepSeek 从商谈民主与竞争民主的对比切入，提高回答的理论深度。

在研究数字时代的宪法问题（如隐私权）时，也可以使用跨学科方法。例如，设定提示词为："请结合福柯的规训权力理论和阿甘本的生命政治理论，分析数字监控如何影响公民的宪法权利。"

引用 7 篇资料作为参考 ＞

结合福柯的规训权力理论和阿甘本的生命政治理论，数字监控对公民宪法权利的影响可以从以下几个方面进行分析：

1. 福柯的规训权力理论与数字监控

福柯的规训权力理论强调，现代社会的权力通过微观技术（如监控、规范化裁决和检查制度）渗透到个体的日常生活中，塑造"驯顺而有用的身体"。数字监控技术（如摄像头、算法和大数据分析）正是这种规训权力的延伸和强化：

- **全景敞视主义的数字化**：福柯提出的"全景敞视监狱"隐喻在数字时代得到了进一步扩展。社交媒体、智能设备和算法监控使个体时刻处于"可见而不可确知"的状态，从而自我规训 1 4 。
- **自我审查与内化规范**：数字监控技术不仅通过外部监视控制个体行为，还促使个体内化社会规范，形成自我审查机制。例如，社交媒体中的点赞机制和算法推荐重塑了用户的行为模式，使其主动调整行为以符合平台规范 1 6 。
- **权力的毛细血管化**：数字监控通过大数据和算法将权力分散到社会的各个角落，形成"毛细血管式"的控制网络。个体的行为、偏好和身份被数字化，成为权力规训的对象 4 5 。

2. 阿甘本的生命政治理论与数字监控

阿甘本的生命政治理论关注权力如何通过管理生命（如人口统计、公共卫生政策）实现对个体的控制。数字监控技术在生命政治框架下表现为对生命的管理和剥夺：

- **赤裸生命与例外状态**：阿甘本提出的"赤裸生命"概念在数字监控中体现为个体被剥夺政治权利，成为纯粹的生命存在。
- **生命的管理与分类**：数字监控技术通过算法对个体进行分类和管理，将"正常"与"异常"生命状态区分开来。

例如，信用评分系统和犯罪预测算法将个体划分为不同的风险等级，从而决定其享有的权利和资源 4 6 。

- **生命的工具化**：数字监控将个体生命转化为可计算、可调控的数据点，使其成为权力管理的工具。例如，大数据分析将个体的健康、消费和行为数据用于商业或政治目的，削弱了其主体性 5 7 。

3. 数字监控对公民宪法权利的影响

数字监控对公民宪法权利的影响主要体现在以下几个方面：

- **隐私权的侵蚀**：数字监控技术通过收集和分析个人数据，严重侵犯了公民的隐私权。个体的行为、位置和身份信息被数字化并用于商业或政治目的，削弱了其隐私保护 4 6 。
- **言论自由的限制**：社交媒体和算法监控通过内容审查和推荐机制，限制了公民的言论自由。个体在表达意见时需考虑算法和平台规则，形成自我审查机制 1 6 。
- **平等权的威胁**：数字监控技术通过算法对个体进行分类和管理，可能导致歧视和不平等。例如，犯罪预测算法和信用评分系统可能加剧社会不平等，剥夺特定群体的权利 4 6 。

结论

结合福柯的规训权力理论和阿甘本的生命政治理论，数字监控对公民宪法权利的影响表现为隐私权的侵蚀、言论自由的限制、平等权的威胁和人身自由的剥夺。数字监控技术通过微观规训和生命管理，将个体纳入权力控制的网络，削弱了其主体性和宪法权利的保护。

这种设定能够帮助研究者从不同哲学理论出发，形成更完整的分析框架。

五、优化输出格式，提高可读性和学术适用性

宪法学研究通常需要逻辑严密、结构清晰的文本，因此，可以在提示词中加入格式化要求，让 DeepSeek 按照指定结构进行回答。例如，设定提示词为："请按照问题—理论背景—争议焦点—可能的解决路径的结构，分析宪法解释的基本方法。"

引用 11 篇资料作为参考 ＞

问题

宪法解释的基本方法是什么？如何确保宪法解释的合理性和正当性？

理论背景

宪法解释是指宪法制定者或有权机关依据宪法精神对宪法规范的内容、含义和界限所作的说明。其理论背景主要包括：

1. **自由主义宪法学**：强调个人权利和自由，认为宪法解释应保护个人免受国家权力的侵害。
2. **共和主义宪法学**：强调公民参与和公共利益，认为宪法解释应促进共同善和公民自治。
3. **商谈理论（哈贝马斯）**：强调通过理性沟通和公共领域的商谈达成共识，认为宪法解释应基于公民的共识。
4. **竞争性精英民主理论（熊彼特）**：认为宪法解释应为精英竞争提供规则，确保权力的合法性和有序性。

争议焦点

1. **解释主体**：宪法解释应由立法机关、司法机关还是专门机关进行？例如，我国由全国人大常委会解释宪法，而美国由司法机关解释。

2. **解释方法**:应采用原旨主义、文本主义、历史解释、系统解释还是目的解释?例如,原旨主义强调制宪者意图,而文本主义强调宪法文本的字面含义。
3. **解释效力**:宪法解释是否具有普遍约束力?正式解释(有权解释)具有法律效力,而非正式解释(学理解释)不具有法律效力。
4. **解释与修宪的关系**:在宪法条文无法适应社会变化时,应通过解释还是修宪来解决?例如,扩大解释可以避免繁琐的修宪手续,但可能产生弹性过大的问题。

可能的解决路径

1. **明确解释主体和程序**:通过宪法或法律明确解释主体和程序,确保解释的合法性和权威性。例如,我国《宪法》规定全国人大常委会解释宪法。
2. **综合运用多种解释方法**:根据具体情况综合运用原旨主义、文本主义、历史解释、系统解释和目的解释,确保解释的合理性和适应性。
3. **加强公民参与和公共商谈**:通过公共领域的商谈和公民参与,增强宪法解释的合法性和共识基础。例如,哈贝马斯的商谈理论强调通过理性沟通达成共识。
4. **建立宪法解释的审查机制**:通过合宪性审查机制,确保宪法解释符合宪法的基本原则和精神。例如,我国通过备案审查制度推进合宪性审查和宪法解释。
5. **平衡解释与修宪的关系**:在宪法条文无法适应社会变化时,优先通过解释解决,必要时再通过修宪。例如,扩大解释可以避免繁琐的修宪手续,但需谨慎使用。

通过以上路径,可以确保宪法解释的合理性、正当性和适应性,维护宪法的权威和稳定 1 2 3 。

这种设定能够确保模型生成的文本符合学术写作的逻辑要求,便于研究者直接使用或进一步修改。

六、总结

要充分利用 DeepSeek 进行宪法学研究,提示词的设计至关重要。研究者应确保提示词精准设定问题范围,避免泛化;结合宪法学理论框架,确保回答具有学术逻辑;设定学术角色,提升专业性;引入跨学科方法,拓展研究视角;优化输出格式,提高文本的学术适用性。通过这些方法,可以更高效地驱动 DeepSeek,使其成为宪法学研究中有力的辅助工具。

第八节　驱动 DeepSeek 开展行政法学研究

行政法学作为研究国家行政权力的法律学科,其核心问题涉及行政权的界限、行政行为的合法性、行政程序的规范、行政救济的机制等方面。由于行政法与社会现实高度关联,其研究不仅涉及国内法,还常常涉及比较法、公共管理、政治学、社会学等领域。因此,在使用 DeepSeek 开展行政法学研究时,研究者需要精心设计提示词,确保其生成的内容符合行政法学的学术逻辑、体系结构和实证需求。本节从精准设定问题、构建理论框架、设定学术角色、引入跨学科分析以及优化输出格式五个方面,探讨如何利用提示词更好地驱动 DeepSeek 开展行政法学研究。

一、精准设定研究问题,避免过于泛化

行政法学的研究涉及多个具体领域,如行政许可、行政处罚、行政强制、行政诉讼、政府信息公开、行政裁量权的控制等。如果提示词过于宽泛,DeepSeek 可能会生成过于概括的答案,缺乏学术深度。

例如,若直接询问"行政权如何受到限制?",DeepSeek 可能会给出关于法治原则、司法审查等一般性回答,而无法深入探讨具体机制。

因此,研究者需要在提示词中明确研究范围、特定法律条款、国别背景和关键理论。例如,设定提示词为:"请结合中国《行政诉讼法》以及德国《行政法院法》,分析行政诉讼受案范围的异同。"

引用 11 篇资料作为参考 >

中国《行政诉讼法》与德国《行政法院法》在行政诉讼受案范围的规定上存在显著异同,以下从受案范围的界定、排除事项以及司法审查的深度等方面进行分析:

一、受案范围的界定

1. **中国《行政诉讼法》**
   中国《行政诉讼法》采用"列举+概括"的方式界定受案范围。根据第12条,法院受理的行政案件包括行政处罚、行政强制措施、行政许可、自然资源确权、征收征用补偿、行政不作为等具体行政行为。此外,第12条第12项作为概括性条款,规定"认为行政机关侵犯其他人身权、财产权等合法权益的"行为也可提起诉讼 1 3 6 。

2. **德国《行政法院法》**
   德国《行政法院法》第40条第1款规定,所有不属于宪法性质的公法争议均可提起行政诉讼,除非联邦法律明确规定由其他法院管辖。这种"概括+排除"的方式使得德国行政诉讼受案范围极为广泛,几乎涵盖了所有公法争议 7 9 。

二、排除事项

1. **中国《行政诉讼法》**
   中国《行政诉讼法》第13条明确排除以下事项:国防、外交等国家行为;行政法规、规章及具有普遍约束力的决定、命令;行政机关对工作人员的奖惩、任免决定;法律规定由行政机关最终裁决的行政行为 1 6 。

2. **德国《行政法院法》**
   德国《行政法院法》排除的事项较少,主要包括宪法性质的争议(由宪法法院管辖)以及法律明确规定的其他法院管辖的事项(如财政法院、社会法院等)。此外,国家行为(如外交、国防)也被排除在行政诉讼之外 7 9 。

三、司法审查的深度

1. **中国《行政诉讼法》**
   中国法院对行政行为的审查主要集中于合法性审查，即判断行政行为是否符合法律规定。法院一般不审查行政行为的合理性，除非行政行为明显不当 [1] [6] 。

2. **德国《行政法院法》**
   德国行政法院对行政行为的审查更为全面，不仅包括合法性审查，还包括对事实问题、行政裁量权以及法律问题的深入审查。法院通常不尊重行政机关在事实判断方面的专业知识和经验，除非涉及“判断余地”理论 [7] [8]

四、异同总结

1. **相同点**
   - 两者均采用概括性条款界定受案范围，并明确排除特定事项（如国家行为）。
   - 均强调对公民合法权益的保护，允许公民对侵犯其权益的行政行为提起诉讼。

2. **不同点**
   - **受案范围**：德国采用“概括+排除”方式，受案范围极为广泛；中国采用“列举+概括”方式，受案范围相对较窄。
   - **排除事项**：德国排除事项较少，主要集中在宪法争议和特定法院管辖事项；中国排除事项较多，包括抽象行政行为和内部行政行为。
   - **审查深度**：德国法院审查更为全面，涉及事实、裁量权及法律问题；中国法院主要进行合法性审查。

通过比较可以看出，德国行政诉讼受案范围更为广泛，司法审查更为深入，而中国行政诉讼受案范围相对有限，审查重点在于合法性。未来中国在完善行政诉讼制度时，可借鉴德国的“概括+排除”模式，进一步扩大受案范围，并加强对行政行为的全面审查 [7] [9] [10] 。

又如，设定提示词为：“请探讨‘电子政务’的发展对行政程序原则（如正当程序原则和信赖保护原则）的影响。”

引用 10 篇资料作为参考 >

电子政务的发展对行政程序原则（如正当程序原则和信赖保护原则）产生了深远的影响，既带来了效率提升和透明度增强的积极效应，也引发了一系列新的挑战。以下从正反两方面进行分析：

---

1. 电子政务对正当程序原则的影响

正当程序原则要求行政机关在作出影响公民权益的行政行为时，必须遵循法定程序，包括告知、听取意见、说明理由等环节。电子政务的发展在这一原则的落实上产生了以下影响：

积极影响

- **提升行政效率**：电子政务通过自动化流程和算法决策，显著提高了行政效率。例如，在线审批和“秒批”系统减少了人为干预，缩短了办理时间 [2] [5] 。
- **增强透明度**：电子政务平台通过信息公开和在线查询功能，使公民能够更便捷地了解行政决策的依据和过程，增强了行政透明度 [4] [8] 。
- **促进公民参与**：电子政务为公民提供了在线表达意见和参与决策的渠道，例如通过在线调查和民意征集，增强了公民在行政程序中的参与度 [8] [9] 。

挑战

- **算法“黑箱”问题**：算法决策的复杂性和不透明性可能导致公民无法理解决策依据，削弱了正当程序中的“说明理由”要求 1 6 。
- **压缩陈述和申辩权**：自动化决策的瞬时性和标准化可能忽视个案的特殊性，压缩了公民的陈述和申辩机会 2 6 。
- **中立性受损**：算法可能因数据偏见或设计缺陷导致决策不公，破坏了行政程序的中立性 6 7 。

---

2. 电子政务对信赖保护原则的影响

信赖保护原则要求行政机关在作出行政行为时，保护公民对行政行为的合理信赖，确保行政行为的稳定性和可预期性。

积极影响

- **提高行政行为的稳定性**：电子政务通过标准化流程和统一规则，减少了人为干预和随意性，增强了行政行为的稳定性和可预期性 4 5 。
- **增强公民信任**：电子政务的透明性和高效性有助于提升公民对政府的信任，从而增强对行政行为的信赖 8 9

挑战

- **技术故障和错误决策**：电子政务系统可能因技术故障或算法错误导致行政行为失误，损害公民对行政行为的信赖 6 7 。
- **数据安全和隐私风险**：电子政务涉及大量公民个人信息，数据泄露或滥用可能削弱公民对政府的信任，影响信赖保护原则的落实 9 10 。

---

3. 可能的解决路径

为应对电子政务对行政程序原则的挑战，可以采取以下措施：

- **加强算法透明性和可解释性**：通过立法要求算法决策公开其逻辑和依据，确保公民能够理解并质疑决策过程 1 6 。
- **完善公民参与机制**：在自动化决策中保留人工审查环节，确保公民的陈述和申辩权得到充分保障 2 7 。
- **强化数据安全和隐私保护**：通过加密技术和访问控制，确保公民个人信息的安全，增强公民对电子政务的信任 9 10 。
- **建立技术性正当程序**：结合技术手段和法律规则，构建全程参与、原理公开、有效交流等机制，确保电子政务符合正当程序原则 3 7 。

结论

电子政务的发展在提升行政效率和透明度的同时，也对正当程序原则和信赖保护原则提出了新的挑战。通过加强算法透明性、完善公民参与机制、强化数据安全等措施，可以在电子政务背景下更好地落实行政程序原则，实现效率与公平的平衡。

这些提示词不仅限定了研究的范围，还引入了具体的学理分析，使得 DeepSeek 生成的内容更具针对性和学术价值。

二、结合行政法学理论框架，引导系统性回答

行政法学的研究通常依赖特定的理论框架，如法治原则、比例原则、合法性

原则、行政裁量权理论、程序正义理论等。如果提示词没有提供清晰的理论框架,DeepSeek 可能会给出零散的信息,回答缺乏体系化逻辑。因此,研究者可以在提示词中指定行政法学的核心理论,以确保回答的系统性。例如,设定提示词为:"请基于'行政法治原则'(Legality of Administration),分析行政机关在环境规制中的权限界限。"

引用 9 篇资料作为参考 >

基于"行政法治原则"(Legality of Administration),行政机关在环境规制中的权限界限可以从以下几个方面进行分析:

1. 法定性原则

行政法治原则要求行政机关的权力必须来源于法律,且必须在法律授权的范围内行使。在环境规制中,行政机关的权限界限首先由相关法律明确规定。例如,中国《环境影响评价法》第16条授权生态环境部制定和修改《环评目录》,这为行政机关在环境影响评价方面的自由裁量权提供了法律依据 1 。然而,这种自由裁量权的行使必须符合法律的立法目的和授权范围,不能超越法定权限。

2. 自由裁量权的限制

环境规制涉及复杂的科技问题和多元利益,行政机关通常被赋予一定的自由裁量权。然而,这种裁量权并非无限制,其行使必须受到法律的约束。例如,美国"谢弗林诉自然资源保护委员会"一案确立了"谢弗林尊重"原则,即法院在审查行政机关的解释时,应尊重行政机关在法律模糊领域的专业判断,但这种尊重并非无条件的,行政机关的解释必须合理且符合立法目的 1 。这表明,即使在自由裁量权较大的领域,行政机关的行为也必须在法律框架内进行。

3. 程序正义与透明度

行政法治原则还要求行政机关在行使权力时必须遵循正当程序,确保决策过程的透明性和公正性。在环境规制中,行政机关应通过制定符合法律的行政解释、规制规则和技术标准,合理选择能最大实现规制效率的工具,依法做出行政行为 1 。此外,环境行政行为的公开透明原则要求行政机关及时向社会公开行政行为的依据、目的和程序,接受社会监督 7 。

4. 责任追究与司法审查

行政机关在环境规制中的行为必须接受司法审查,以确保其合法性。例如,中国《行政诉讼法》规定,公民可以对行政机关的不作为或不当行为提起行政诉讼,以此撤销或改变行政机关的部分行为,维护公民的合法权益 4 。这表明,行政机关的行为不仅受到法律的约束,还受到司法审查的监督,以防止权力滥用。

5. 央地事权划分

在环境规制中,中央与地方行政机关的事权划分也体现了行政法治原则。例如,在中央的统一领导下,地方行政机关应具有一定的环境治理自主权限。这种划分既保障了中央的宏观管理,又赋予了地方更多的环境自主权,确保环境规制的针对性和时效性 5 。

6. 预防原则与责任追究

环境规制中的预防原则要求行政机关采取措施预防环境污染和生态破坏,保护环境资源。同时,责任追究原则要求行政机关对违法行为和失职行为依法予以惩处 7 。这表明,行政机关在环境规制中不仅要有权行使,还要承担相应的责任,确保权力的行使符合公共利益。

结论

基于行政法治原则，行政机关在环境规制中的权限界限主要体现在法定性、自由裁量权的限制、程序正义、责任追究、央地事权划分以及预防原则等方面。行政机关必须在法律授权的范围内行使权力，遵循正当程序，接受司法审查，并承担相应的责任，以确保环境规制的合法性和有效性。

又如，设定提示词为："请结合'程序正义理论'，探讨行政听证程序如何影响公民权利救济。"

引用 13 篇资料作为参考 >

行政听证程序是程序正义理论在行政法领域的重要体现，其核心在于通过公开、公正的程序保障公民的合法权益。结合程序正义理论，行政听证程序对公民权利救济的影响主要体现在以下几个方面：

1. 保障公民的参与权和表达权

程序正义理论强调，公民在涉及自身权益的行政决策中应有充分的参与机会。行政听证程序为公民提供了表达意见、陈述事实和申辩的机会，确保公民能够有效参与行政决策过程。例如，《行政处罚法》规定，行政机关在作出重大行政处罚决定前，应当告知当事人有要求听证的权利，并组织听证 [5] [6] 。这种程序设置不仅增强了行政决策的透明度，还保障了公民的知情权和参与权。

2. 防止行政专断和滥用权力

程序正义理论要求行政机关在行使权力时遵循公正的程序，避免偏私和专断。行政听证程序通过引入第三方主持听证、允许当事人质证和辩论，有效限制了行政机关的自由裁量权，防止行政权力的滥用 [6] [12] 。例如，听证主持人通常由非本案调查人员担任，以确保听证的公正性 [6] 。

3. 提升行政决策的合法性和公信力

程序正义理论认为，公正的程序能够增强决策的合法性和公众的信任。行政听证程序通过公开、透明的程序，使行政决策更容易获得公众的理解和认可。例如，听证程序要求行政机关公开决策依据和证据，并接受当事人的质证，这有助于增强行政决策的合法性和公信力 [4] [5] 。

4. 促进公民权利的事前救济

程序正义理论强调，程序不仅是事后救济的手段，也是事前预防的重要机制。行政听证程序在行政机关作出最终决定前，通过听证程序查清事实、核实证据，为公民提供了事前救济的机会，避免了因违法行政导致的后续争议和国家赔偿 [5] [8] 。

5. 推动法治建设和公民法律意识的提升

程序正义理论认为，公正的程序有助于培养公民的法治意识和参与意识。行政听证程序的广泛应用，不仅推动了依法行政的进程，还增强了公民的法律意识和维权能力 [5] [12] 。例如，通过参与听证，公民能够更深入地了解法律程序和自身权利，从而更积极地维护自身合法权益。

总结

行政听证程序通过保障公民的参与权、防止行政专断、提升决策合法性、提供事前救济以及推动法治建设，深刻影响了公民权利救济的实现。它是程序正义理论在行政法领域的具体实践，对于维护公民合法权益、促进依法行政具有重要意义 [4] [5] [6] 。

再如，设定提示词为："请从'行政裁量权与司法审查的关系'入手，分析英国普通法传统下司法对行政权的控制。"

引用 9 篇资料作为参考 >

在英国普通法传统下，司法对行政权的控制主要通过司法审查（Judicial Review）实现，其核心在于对行政裁量权的监督与约束。以下从行政裁量权与司法审查的关系入手，分析英国普通法传统下司法对行政权的控制：

1. 行政裁量权与司法审查的理论基础

英国普通法传统下，司法审查的根据是"越权原则"（the ultra vires doctrine），即法院在没有制定法授权的情况下，对行政机关的管辖权仅限于其行使权力超越法定范围（越权）时 1 。这一原则实际上是执行议会的旨意，保障议会制定的法律得到遵守，同时不妨碍行政机关的效率。行政裁量权是行政机关在法律授权范围内自由决定如何行使权力的权限，但这一权力并非无限制，其行使必须符合法律目的和程序正义。

2. 司法审查对行政裁量权的控制方式

英国法院通过司法审查对行政裁量权进行控制，主要体现在以下几个方面：

- **合法性审查**：法院审查行政机关是否在法律授权的范围内行使权力。如果行政机关的行为超越法定权限，法院可以宣布其无效 1 5 。
- **程序正义**：法院要求行政机关在行使裁量权时遵循自然公正原则（Natural Justice），包括听取对方意见和避免偏私。例如，行政机关在作出影响公民权益的决定前，必须给予当事人陈述和申辩的机会 1 。
- **合理性审查**：法院审查行政机关的裁量行为是否合理。如果行政机关的决定明显不合理（如考虑不相关因素或忽略相关因素），法院可以干预 3 6 。
- **比例原则**：近年来，英国法院在司法审查中逐步引入比例原则，要求行政机关采取的措施与实现的目的之间必须成比例，避免过度侵害公民权利 3 6 。

3. 司法审查的实践与争议

在英国普通法传统下，司法审查的范围和强度一直是争议的焦点：

- **审查范围的扩大**：传统上，法院主要审查行政机关的程序性行为，但近年来逐步扩展到对行政行为实质内容的审查，包括对行政不作为和特权行为的监督 6 8 。
- **审查强度的争议**：法院在审查行政裁量权时，通常采取"合理性标准"（Wednesbury Unreasonableness），即只有当行政机关的决定"如此不合理，以至于任何理性的行政机关都不会作出"时，法院才会干预。然而，这一标准被认为过于宽松，难以有效约束行政裁量权 3 6 。
- **比例原则的引入**：随着比例原则的引入，法院对行政裁量权的审查强度有所加深，要求行政机关的行为必须符合必要性、适当性和相称性 3 6 。

4. 司法审查对公民权利救济的影响

司法审查通过监督行政裁量权，为公民提供了重要的权利救济途径：

- **保障程序正义**：司法审查确保行政机关在作出影响公民权益的决定时，遵循公正程序，保障公民的参与权和表达权 1 5 。
- **防止权力滥用**：通过合法性审查和合理性审查，司法审查有效防止行政机关滥用裁量权，保护公民免受不公正的行政决定侵害 3 6 。
- **促进法治建设**：司法审查通过对行政裁量权的监督，推动了依法行政和法治原则的落实，增强了公民对行政行为的信任 8 9 。

结论

在英国普通法传统下，司法审查是控制行政裁量权的重要手段。通过合法性审查、程序正义、合理性审查和比例原则，法院对行政机关的裁量行为进行监督，防止权力滥用，保障公民权利。然而，司法审查的范围和强度仍需在实践中不断调整，以平衡行政效率与公民权利保护之间的关系。

这些提示词明确了核心理论(如行政法治原则、程序正义理论、行政裁量权理论),这样DeepSeek就不是仅仅给出一般性解释,而是会围绕特定理论展开系统性分析。

三、设定学术角色,提高分析的专业性

DeepSeek具备强大的角色扮演能力,可以模拟不同学术立场和研究视角。因此,在提示词中设定角色,可以让DeepSeek生成更符合特定学术流派或法律传统的分析。例如,在研究行政裁量权的司法审查时,可以这样设定提示词:"假设你是一位德国公法学者,请从'行政法上的比例原则'视角,分析法院如何控制行政裁量权。"

引用 11 篇资料作为参考 >

从德国行政法上的比例原则视角来看,法院对行政裁量权的控制主要通过以下三个方面实现:适当性原则、必要性原则和狭义比例原则。这些原则共同构成了司法审查的核心框架,确保行政机关的裁量行为既合法又合理。

1. 适当性原则 (Suitability Principle)

适当性原则要求行政机关采取的措施必须能够实现其行政目的。法院在审查行政裁量权时,首先会判断行政机关的行为是否有助于达成其宣称的目标。如果措施与目的无关或无法实现目的,法院可以认定该行为违反了适当性原则。例如,在"十字架山案"中,普鲁士高等法院认为警察局的建筑禁令并不能有效促进市民福祉,因此判决其无效 1 3 。

2. 必要性原则 (Necessity Principle)

必要性原则,又称"最小侵害原则",要求行政机关在多种可达成目标的手段中选择对公民权利侵害最小的方式。法院会审查行政机关是否选择了对相对人权益损害最小的措施。例如,在"药店案"中,德国联邦宪法法院指出,巴伐利亚政府可以通过比禁止开设新药店更温和的手段来维护公共健康,因此其禁令违反了必要性原则 1 3 。

3. 狭义比例原则 (Proportionality in the Narrow Sense)

狭义比例原则要求行政机关采取的措施与其追求的目的之间必须成比例,即措施的损害不能超过其带来的公共利益。法院会权衡行政行为的成本与收益,确保对公民权益的干预不过度。例如,在"黑龙江汇丰实业案"中,最高人民法院认为哈尔滨市规划局的处罚决定(拆除建筑物的五层以上部分)对相对人造成的损害明显超过了其维护城市规划的目的,因此判决其违反比例原则 10 。

4. 司法审查的强度

德国法院在审查行政裁量权时,通常采取"最小界限"标准,即只有当行政行为的侵害超过必要限度时,法院才会干预。这种审查强度既尊重了行政机关的专业判断,又确保了公民权利不受过度侵害 4 11 。

5. 比例原则的宪法地位

比例原则在德国已通过判例提升为宪法性原则,适用于所有公法领域。它不仅约束行政裁量权,还在宪法权利冲突时作为解释手段。例如,德国联邦宪法法院在"药店案"中明确,比例原则是判断行政行为是否合宪的重要标准 1 3 。

总结

通过比例原则,德国法院对行政裁量权进行了有效的控制,确保行政机关的行为既合法又合理。适当性原则、必要性原则和狭义比例原则共同构成了司法审查的核心框架,既尊重了行政机关的专业判断,又保护了公民的基本权利。这种审查模式为其他国家提供了重要的借鉴 1 3 10 。

又如,设定提示词为:“请以美国法律现实主义学派的立场,批判‘行政机关享有广泛自由裁量权’的观点。”

美国法律现实主义学派（Legal Realism）对“行政机关享有广泛自由裁量权”的观点持批判态度，其核心在于揭示法律的不确定性和行政行为的实际运作方式。以下从法律现实主义学派的立场出发，对这一观点进行批判：

1. 法律的不确定性与自由裁量权

法律现实主义学派认为，法律并非一套确定、客观的规则，而是受到法官、行政官员和其他决策者主观判断的影响。行政机关在行使自由裁量权时，往往依据自身的理解和偏好，而非严格的法律规则。这种不确定性可能导致行政行为的任意性和不公正性。例如，杰罗姆·弗兰克（Jerome Frank）指出，法律的实际运作依赖于法官和行政官员的“个人因素”，如背景、经验和价值观，这使得自由裁量权可能被滥用。

2. 行政行为的实际运作

法律现实主义学派强调，行政行为的实际运作远比法律文本复杂。行政机关在行使自由裁量权时，往往受到政治压力、利益集团和其他非法律因素的影响。例如，卡尔·卢埃林（Karl Llewellyn）认为，法律的实际效果取决于其在实际生活中的应用，而非其书面形式。因此，行政机关的自由裁量权可能导致行政行为偏离法律初衷，损害公民权益。

3. 权力滥用与公民权利

法律现实主义学派指出，广泛的自由裁量权为行政机关的权力滥用提供了空间。例如，行政机关可能利用自由裁量权对特定群体进行歧视或打压，从而侵犯公民的基本权利。这种滥用不仅违背了法治原则，还可能导致社会不公和矛盾激化。例如，弗兰克认为，行政机关的自由裁量权可能导致“官僚专制”，削弱公民对法律的信任。

4. 程序正义与透明度

法律现实主义学派强调，程序正义和透明度是防止自由裁量权滥用的重要手段。然而，广泛的自由裁量权往往导致行政程序的不透明和公民参与的缺失。例如，行政机关在作出决定时，可能未充分听取当事人的意见或未公开决策依据，从而削弱了程序正义。这种不透明性不仅损害了公民的知情权和参与权，还可能导致行政决策的合法性和公信力下降。

5. 司法审查的局限性

法律现实主义学派认为，司法审查在控制自由裁量权方面存在局限性。例如，法院在审查行政行为时，往往尊重行政机关的专业判断，难以对自由裁量权进行有效约束。这种“谢弗林尊重”（Chevron Deference）可能导致法院对行政行为的审查流于形式，无法有效防止权力滥用。例如，卢埃林指出，法院在审查行政裁量权时，往往缺乏对行政行为实际效果的深入分析，导致审查效果有限。

总结

从美国法律现实主义学派的立场来看，行政机关享有广泛自由裁量权的观点存在诸多问题。法律的不确定性、行政行为的实际运作、权力滥用、程序正义的缺失以及司法审查的局限性，都可能导致自由裁量权的滥用，损害公民权益和法治原则。因此，应通过加强程序正义、提高透明度和强化司法审查等手段，对行政机关的自由裁量权进行有效约束。

再如,设定提示词为:“请模拟一名法国行政法院法官,解释‘行政行为的可诉性’在法国如何被界定。”

作为法国行政法院的一名法官，我将从法国行政法的角度解释“行政行为的可诉性”（la justiciabilité des actes administratifs）是如何被界定的。在法国，行政行为的可诉性是指行政行为是否可以被行政法院审查并作出裁决。这一概念的核心在于确定哪些行政行为可以被纳入司法审查的范围，以及如何保障公民对行政行为的救济权利。

---

1. 行政行为可诉性的法律基础

法国行政行为的可诉性主要基于以下法律原则和规定：

- **《人权和公民权宣言》第15条**：规定“社会有权要求任何公共官员对其行政行为负责”，这为行政行为的可诉性提供了宪法基础。
- **《行政司法法典》(Code de justice administrative)**：明确规定了行政法院的管辖范围和行政行为的可诉性标准。
- **判例法**：法国行政法院通过判例不断发展和完善行政行为可诉性的界定标准。

---

2. 行政行为可诉性的界定标准

在法国，行政行为的可诉性主要通过以下几个标准进行界定：

（1）行政行为的存在

只有具体的行政行为（acte administratif）才具有可诉性。行政行为是指行政机关在行使公权力时作出的具有法律效力的决定或措施。例如，行政许可、行政处罚、行政合同等都属于行政行为。

（2）行政行为的法律效力

行政行为必须具有法律效力，即能够对公民的权利和义务产生直接影响。例如，行政机关发布的内部指令或指导意见，如果没有对公民产生直接的法律效力，则不具有可诉性。

（3）行政行为的合法性

行政行为的可诉性通常基于其合法性审查。法国行政法院主要审查行政行为是否符合法律、法规和一般法律原则（如平等原则、比例原则等）。如果行政行为违反法律或程序，法院可以宣告其无效或撤销。

（4）行政行为的个别性

行政行为必须针对特定对象或特定事项。例如，行政机关发布的普遍性规章（règlement）通常不具有可诉性，除非其直接对特定公民的权利产生影响。

（5）行政行为的最终性

行政行为必须是最终决定（décision définitive），即行政机关已经作出最终处理，不再需要进一步审批或确认。例如，行政机关的临时决定或中间决定通常不具有可诉性。

---

3. 可诉性的例外情况

在法国，某些行政行为被排除在司法审查范围之外，主要包括：

- **政府行为（actes de gouvernement）**：涉及外交、国防等高度政治性的行为，通常被认为不具有可诉性。
- **立法行为（actes législatifs）**：议会通过的法律不属于行政行为的范畴，因此不具有可诉性。
- **内部行政行为（actes administratifs internes）**：行政机关内部的组织和管理行为，如人事任命、内部指令等，通常不具有可诉性。

---

4. 行政行为可诉性的救济途径

在法国，公民可以通过以下途径对行政行为提出诉讼：

- **撤销之诉（recours pour excès de pouvoir）**：公民可以请求行政法院撤销违法的行政行为。
- **完全管辖权之诉（recours de pleine juridiction）**：公民可以请求行政法院对行政行为的合法性及赔偿问题进行全面审查。
- **紧急程序（procédures d'urgence）**：如"暂停执行程序"（référé-suspension），公民可以请求法院在诉讼期间暂停行政行为的执行。

---

5. 行政行为可诉性的发展趋势

近年来，法国行政法院通过判例不断扩大行政行为的可诉性范围，例如：

- **扩大对政府行为的审查**：在某些情况下，法院开始审查涉及外交或国防的行政行为是否侵犯公民的基本权利。
- **加强对规章的审查**：法院逐步加强对普遍性规章的审查，特别是当其直接对公民权利产生影响时。
- **保护公民的救济权利**：法院通过简化诉讼程序和扩大紧急程序的适用范围，保障公民对行政行为的救济权利。

结论

在法国，行政行为的可诉性是一个动态发展的概念，其界定标准主要基于行政行为的存在、法律效力、合法性、个别性和最终性。通过司法审查和救济途径，法国行政法院在保障公民权利和约束行政权力方面发挥了重要作用。同时，随着社会发展和法治进步，行政行为的可诉性范围也在不断扩大，以更好地适应公民对行政救济的需求。

这种设定能够让 DeepSeek 依据不同的法律传统或学术立场提供专业化的分析，使得研究者可以从多元视角理解行政法学问题。

四、引入跨学科方法，拓展行政法学研究的深度

行政法学不仅是法律学科的一部分，也与政治学、公共管理学、社会学、经济学等学科密切相关。因此，在提示词中引入跨学科分析，可以使 DeepSeek 生成的内容更具学术深度。例如，设定提示词为："请结合福柯的'规训权力'理论，分析现代政府的行政监管权如何影响公民自由。"

引用 10 篇资料作为参考 >

福柯的"规训权力"理论为我们理解现代政府的行政监管权如何影响公民自由提供了重要的分析框架。根据福柯的理论，规训权力是一种通过微观技术对个体进行控制和塑造的权力形式，它通过层级监视、规范化裁决和检查制度等手段，将权力渗透到日常生活的各个角落，从而实现对个体的全面控制 [2] [6]。

1. 规训权力的运作机制

福柯指出，规训权力不同于传统的暴力或压制性权力，它通过"生产性"的方式运作，即通过训练、分配和层级监视等手段，制造出"驯顺且有用"的个体 [2] [6]。现代政府的行政监管权正是这种规训权力的典型体现。例如，政府通过制定法律法规、实施监控技术（如摄像头、健康码等）以及建立信用评分系统，对公民的行为进行规范和约束 [2] [7]。这些手段不仅直接限制了公民的行为自由，还通过内化社会规范，使公民在无意识中进行自我规训。

2. 行政监管权对公民自由的影响

现代政府的行政监管权通过以下方式影响公民自由：

- **层级监视**：政府通过无处不在的监控技术（如摄像头、大数据分析等）对公民进行持续监视，使公民时刻处于被观察的状态。这种“全景敞视主义”机制迫使公民自我约束，从而限制了他们的行为自由 2 6 。
- **规范化裁决**：政府通过制定标准和规范（如KPI考核、信用评分等），对公民的行为进行评价和裁决。这种规范化过程不仅限制了公民的多样性表达，还通过惩罚偏离标准的行为，进一步压缩了公民的自由空间 2 7 。
- **检查制度**：政府通过档案记录、信用评分等手段对公民进行分类和管理。这种检查制度不仅使公民的行为被量化和管理，还通过制造“正常/异常”的界限，剥夺了部分公民的自由权利 2 6 。

3. 规训权力的双重性

福柯认为，规训权力并非完全消极，它在一定程度上推动了社会的文明进步（如现代医院、义务教育等） 2 6 。然而，当规训权力被绝对化时，它会导致公民的主体性丧失，使公民沦为被计算和调控的“数据点” 2 7 。现代政府的行政监管权在维护社会秩序的同时，也可能通过过度规训，侵蚀公民的自由和隐私。

4. 抵抗的可能性

尽管规训权力无处不在，福柯也指出，个体并非完全被动。公民可以通过自我批判、反抗和重建身份来抵御规训权力的控制 4 6 。例如，公民可以通过法律途径挑战不合理的行政监管，或通过社会运动推动政府权力的透明化和规范化 8 10 。

结论

现代政府的行政监管权通过规训权力的运作机制，对公民自由产生了深远影响。虽然这种权力在维护社会秩序和推动文明进步方面具有积极作用，但其过度扩张也可能导致公民自由的丧失。因此，如何在保障社会秩序的同时，维护公民的自由和主体性，是现代政府需要平衡的重要课题 2 6 7 。

又如，设定提示词为：“请从公共管理学角度，探讨‘绩效评估制度’对行政执法行为的影响。”

引用 11 篇资料作为参考 >

从公共管理学的角度来看，绩效评估制度对行政执法行为的影响主要体现在以下几个方面：

1. 激励与约束作用

绩效评估制度通过设定明确的考核指标，激励执法人员提高工作效率和质量。例如，重庆市通过设立执法效能评价指标，激励执法人员在办案效率、执法规范性等方面提升表现 5 7 。同时，评估制度也对不当执法行为形成约束，避免执法失范。例如，公安机关在破案率和执法质量的双重压力下，可能出现片面追求高破案率而忽视证据完整性的问题 1 。

2. 规范执法行为

绩效评估制度通过量化指标和标准化流程，促使执法行为更加规范。例如，重庆市设置了执法办案、执法巡查等7类评价指标，确保执法行为符合法定程序和要求 5 7 。此外，评估制度还通过案卷评查等方式，监督执法程序的合法性，减少执法过程中的随意性 4 6 。

3. 提升执法透明度与公众参与

绩效评估制度强调公开、公平、公正的原则，鼓励公众参与执法评议。例如，重庆市通过设立公众意见箱、开通执法评议专线等方式，收集公众对执法行为的反馈，并将其作为考核的重要依据 4 6 。这种外部监督机制有助于提升执法的透明度和公信力。

4. 促进执法创新与改进

绩效评估制度不仅关注执法结果，还注重执法过程中的创新和改进。例如，重庆市设立了“容错机制”，允许执法人员在特殊情况下免于扣分，鼓励执法人员在法律框架内探索创新 5 7 。此外，评估结果的分析和反馈也为执法部门提供了改进方向，推动执法工作的持续优化 10 。

5. 潜在的负面影响

尽管绩效评估制度有诸多积极作用，但如果指标设计不合理，也可能导致执法行为的异化。例如，公安机关在追求破案率的过程中，可能忽视案件质量，甚至出现瞒报、隐报案件等问题 1 。因此，绩效评估制度的设计需要兼顾定量与定性指标，避免单一指标的过度强调 1 2 。

6. 促进执法责任落实

绩效评估制度通过明确责任追究机制，确保执法部门和人员对其行为负责。例如，重庆市对执法效能评价不达标的部门进行约谈，甚至调离岗位，强化了执法责任 5 7 。这种问责机制有助于形成严格执法、公正执法的良好环境 4 6 。

结论

绩效评估制度对行政执法行为的影响是双重的。一方面，它通过激励、规范和公众参与，提升了执法的效率、透明度和公信力；另一方面，如果指标设计不合理，也可能导致执法行为的异化。因此，绩效评估制度的设计需要科学合理，兼顾定量与定性指标，确保其既能推动执法工作的改进，又能避免负面影响。

再如，设定提示词为：“请结合经济学中的‘委托—代理理论’，分析行政机关在执行公共政策时可能面临的道德风险。”

在经济学中，“委托—代理理论”（Principal-Agent Theory）用于分析委托人（如公众或立法机关）与代理人（如行政机关）之间的关系，其中代理人可能因信息不对称和利益不一致而出现道德风险（Moral Hazard）。在公共政策执行中，行政机关作为代理人，可能面临以下道德风险：

---

1. 信息不对称

委托人（公众或立法机关）与代理人（行政机关）之间存在信息不对称，行政机关在政策执行过程中掌握更多信息，可能利用信息优势谋取私利。例如：

- **选择性报告**：行政机关可能只报告对自身有利的信息，隐瞒不利信息，从而误导委托人。
- **信息操纵**：行政机关可能通过技术手段（如数据筛选、统计方法）操纵信息，使政策执行效果看起来更好。

---

2. 利益不一致

委托人与代理人的利益目标可能存在差异，导致行政机关在执行政策时偏离委托人的初衷。例如：

- **部门利益优先**：行政机关可能优先考虑部门利益（如预算最大化、权力扩张），而非公共利益。
- **短期行为**：行政机关可能为追求短期政绩，忽视政策的长期效果，甚至采取急功近利的措施。

---

3. 缺乏有效监督

委托人难以对行政机关的政策执行进行全程监督，导致行政机关可能滥用权力或懈怠。例如：

- **监督成本高**：公众和立法机关难以全面了解政策执行细节，监督成本较高，导致监督力度不足。
- **问责机制不健全**：如果问责机制不完善，行政机关可能因缺乏约束而放松政策执行标准。

---

4. 激励不足或扭曲

激励机制的不足或扭曲可能导致行政机关的道德风险。例如：

- **绩效指标不合理**：如果绩效评估指标过于强调量化结果（如GDP增长率），可能诱导行政机关忽视政策的社会效益。
- **激励与责任不匹配**：如果行政机关在执行政策时承担过多责任但缺乏相应激励，可能导致消极怠工。

---

5. 政策执行中的机会主义行为

行政机关可能在政策执行中采取机会主义行为，利用委托人的信任谋取私利。例如：

- **政策变通**：行政机关可能通过变通手段（如选择性执行、政策截留）规避委托人的要求。
- **寻租行为**：行政机关可能利用政策执行权进行寻租，获取非法利益。

解决道德风险的路径

为减少行政机关在执行公共政策时的道德风险，可以采取以下措施：

- **加强信息披露与透明度**：通过信息公开、数据共享等手段，减少信息不对称，增强公众和立法机关的监督能力。
- **完善激励机制**：设计合理的绩效评估指标，将政策执行的社会效益与行政机关的激励挂钩。
- **强化问责机制**：建立健全的问责机制，确保行政机关对其行为负责，并对失职行为进行追责。
- **引入第三方监督**：通过独立的第三方机构（如审计机构、监察机构）对政策执行进行监督，提高监督效率。
- **公众参与与反馈**：鼓励公众参与政策执行过程，通过反馈机制及时发现和纠正行政机关的偏差行为。

结论

结合“委托—代理理论”，行政机关在执行公共政策时可能因信息不对称、利益不一致、监督不足和激励机制扭曲而面临道德风险。通过加强信息披露、完善激励机制、强化问责机制和引入第三方监督等措施，可以有效减少道德风险，确保公共政策的有效执行和公共利益的实现。

这种跨学科设定可以让 DeepSeek 结合不同理论传统，提供更加立体化的行政法学分析。

五、优化输出格式，提高学术适用性

行政法学研究通常需要严谨的逻辑结构，因此，在提示词中明确输出格式，可以使 DeepSeek 生成的内容更加符合学术需求。例如，设定提示词为：“请按照引言—理论背景—争议焦点—案例分析—结论的结构，探讨行政处罚的合法性。”

引言

行政处罚是行政机关依法对违法行为实施制裁的重要手段，其合法性直接关系到公民权利的保障和法治原则的落实。然而，行政处罚的合法性在实践中常常引发争议，尤其是在程序正义、法律依据和裁量权行使等方面。本文从理论背景、争议焦点和案例分析入手，探讨行政处罚的合法性。

理论背景

行政处罚的合法性主要基于以下理论：

1. **依法行政原则**：行政机关必须在法律授权的范围内行使权力，行政处罚必须有明确的法律依据。
2. **程序正义原则**：行政处罚必须遵循法定程序，保障当事人的知情权、陈述权和申辩权。
3. **比例原则**：行政处罚的强度应与违法行为的性质、情节和社会危害性相适应，避免过度制裁。
4. **权利救济原则**：当事人对行政处罚不服时，有权通过行政复议或行政诉讼寻求救济。

争议焦点

行政处罚的合法性争议主要集中在以下几个方面：

1. **法律依据的明确性**：行政处罚是否基于明确的法律规定，是否存在法律空白或模糊地带。
2. **程序的正当性**：行政机关是否严格遵循法定程序，是否充分保障了当事人的程序权利。
3. **裁量权的合理性**：行政机关在处罚种类和幅度上的裁量是否合理，是否存在滥用裁量权的情况。
4. **处罚的适当性**：行政处罚是否与违法行为的性质、情节和社会危害性相适应，是否违反比例原则。

案例分析

案例一：某市环保局对企业的罚款处罚

某市环保局对一家企业超标排放行为处以高额罚款。企业不服，认为处罚依据不明确，且未给予充分陈述和申辩的机会。法院经审理认为，环保局的处罚依据《环境保护法》相关规定，但程序上存在瑕疵，未充分听取企业的意见，因此撤销了处罚决定。

案例二：某地交警对驾驶员的扣分处罚

某地交警对一名驾驶员在禁行时段行驶的行为处以扣分和罚款。驾驶员认为处罚过重，且未明确告知处罚依据。法院经审理认为，交警的处罚依据《道路交通安全法》，但未明确告知驾驶员处罚的具体条款，程序上存在瑕疵，因此撤销了扣分处罚。

案例三：某县市场监管局对商家的停业整顿处罚

某县市场监管局对一家涉嫌销售假冒伪劣商品的商家处以停业整顿处罚。商家认为处罚过重，且未提供充分证据。法院经审理认为，市场监管局的处罚符合《产品质量法》相关规定，但处罚强度与违法行为的实际危害性不符，违反了比例原则，因此减轻了处罚。

结论

行政处罚的合法性是依法行政和法治原则的重要体现。在实践中，行政处罚的合法性争议主要集中在法律依据、程序正义、裁量权和处罚适当性等方面。通过案例分析可以看出，行政机关在实施处罚时，必须严格遵循法律规定，保障当事人的程序权利，合理行使裁量权，并确保处罚与违法行为的性质、情节和社会危害性相适应。同时，法院在审查行政处罚时，应注重程序正义和比例原则，及时纠正行政机关的违法行为，保障公民的合法权益。只有通过不断完善行政处罚的法律制度和监督机制，才能确保行政处罚的合法性，实现法治社会的目标。

又如，设定提示词为："请用五个自然段的方式，详细分析'信赖保护原则在税收行政中的适用'。"

引用 4 篇资料作为参考 >

信赖保护原则是行政法中的一项重要原则，旨在保护行政相对人对行政机关行为所产生的合理信赖。在税收行政中，这一原则要求税务机关在执法过程中保持行为的一致性和可预见性，避免因执法行为的突然变化对纳税人造成不利影响。例如，在广东省兴宁三建工程有限公司案中，最高人民法院指出，税务机关在作出处罚决定时应适度尊重纳税人基于长期税务合规形成的信赖利益 1 。

信赖保护原则的适用条件通常包括信赖基础、信赖行为和信赖基础的偏离。信赖基础可以是税务机关的具体行为或抽象的法律秩序，而信赖行为则要求纳税人基于信赖基础作出相应的行为或决策。在税收行政中，如果税务机关的行为使纳税人形成了某种预期，且纳税人基于此预期作出了相应的行为，税务机关不得随意改变或撤销其行为，除非出于公共利益的需要 2 。

在具体案件中，信赖保护原则的适用需要结合案件事实和法律规定进行综合判断。例如，在广州德发公司案中，最高人民法院认为，德发公司已履行纳税义务，且税务机关未及时发现问题，导致德发公司形成了值得保护的信赖利益，因此撤销了税务机关加收滞纳金的决定 1 。这表明，法院在适用信赖保护原则时，会权衡公共利益与纳税人信赖利益之间的关系。

然而，信赖保护原则的适用并非无限制。在莆田陈某某案中，最高人民法院认为，税务机关按实质课税原则认定该案涉及民间借贷关系并征缴税款，并加收税收滞纳金具有法律依据，未支持陈某某的主张 1 。这表明，在特定情况下，税务机关的执法行为可能优先于纳税人的信赖利益，尤其是在涉及实质课税原则时。

总体而言，信赖保护原则在税收行政中具有重要意义，要求税务机关在执法过程中尊重纳税人的合理预期，避免因执法行为的不确定性损害纳税人的合法权益。同时，纳税人也应积极履行纳税义务，保持与税务机关的良好沟通，确保自身行为的合法性和合规性 1 3 。

这种设定能够确保 DeepSeek 生成的内容结构清晰，符合论文写作或报告撰写的要求，提高研究的可用性。

六、总结

要充分利用 DeepSeek 进行行政法学研究，研究者需要在提示词中做到以下几点：

第一，精准设定问题，避免泛化，确保问题聚焦于具体法律条款、判例或国别背景。

第二，结合行政法学理论框架，确保回答具有系统性，避免零散化。

第三，设定学术角色，提升回答的专业性，使其展现不同法律传统或学派立场。

第四，引入跨学科方法，拓展研究视角，使行政法学问题分析更具深度。

第五，优化输出格式，确保文本符合学术写作需求，提高可读性和适用性。

通过这些方法，DeepSeek 可以成为行政法学研究的有力助手，帮助研究者进行深入分析、理论建构和比较研究。

第九节　驱动 DeepSeek 开展刑法学研究

DeepSeek 具备深度文本解析、理论梳理、案例分析和跨学科比较的能力，在刑法学研究中能够提供有效的学术支持。然而，刑法学具有高度的理论抽象性、复杂的规范逻辑，涉及动态的法律实践，若要充分发挥 DeepSeek 的潜能，提示词的设计至关重要。合理、精细的提示词不仅能提高模型的输出质量，避免内容空泛或片面，而且能帮助研究者深化刑法理论反思，推进实证分析。以下将从明确刑法学研究对象、引导法教义学与刑法解释、设定争议焦点与理论流派、结合比较法与跨学科视角、输出精细化学术文本五个方面，探讨如何使用提示词更好地驱动 DeepSeek 开展刑法学研究。

一、明确刑法学研究对象，精准设定法律问题

刑法学研究通常围绕犯罪构成要件、刑罚目的、刑事责任、罪刑法定等核心概念展开，涉及规范与事实、理论与实践的双重维度。因此，使用 DeepSeek 进行刑法学研究时，需确保提示词精准明确，避免提问过于宽泛而导致回答表面化。

例如，若直接询问“刑法的基本原则是什么？”虽然可以获得常规概述类回答，但无法满足学术研究对深度与细节的需求。更为有效的提示词可以是：“请结合罪刑法定原则的历史演变，分析该原则在大陆法系与英美法系的具体体现，并探讨其在数字犯罪规制中的适用困境。”

引用 11 篇资料作为参考 >

罪刑法定原则是近代刑法的一项基本原则，其核心内容是“法无明文规定不为罪，法无明文规定不处罚”。该原则的历史演变可以追溯到1215年英王约翰签署的《大宪章》，其中第39条确立了“正当法律程序”的思想，为罪刑法定原则的萌芽奠定了基础 [1][3] 。随后，这一思想在1689年英国的《权利法案》和1789年法国的《人权宣言》中得到进一步确认，最终在1810年《法国刑法典》中以法律形式明确规定了罪刑法定原则 [3][4] 。

罪刑法定原则在大陆法系与英美法系的具体体现

1. **大陆法系：**
   大陆法系国家通常以成文法为主要法律渊源，罪刑法定原则在刑法典中明确规定。例如，1810年《法国刑法典》第4条明确规定了罪刑法定原则，要求犯罪和刑罚必须由法律明文规定 [3][4] 。德国、日本等国家也在刑法典中明确规定了这一原则，强调犯罪构成要件和刑罚的法定化、明确化 [3][6] 。

2. **英美法系**：
英美法系以判例法为主要法律渊源，罪刑法定原则主要通过宪法中的程序性规定体现。例如，美国宪法第五修正案和第十四修正案规定了“正当法律程序”，禁止事后法和任意剥夺公民的生命、自由和财产 [6] 。尽管英美法系没有像大陆法系那样在刑法典中明确规定罪刑法定原则，但其通过判例法和宪法限制，同样实现了对刑罚权的约束和对人权的保障 [7] [8] 。

罪刑法定原则在数字犯罪规制中的适用困境

随着数字经济的发展，罪刑法定原则在规制数字犯罪时面临以下困境：

1. **法律滞后性**：
数字技术的快速发展使得新型犯罪层出不穷，而法律的制定和修改往往滞后于技术发展，导致许多数字犯罪行为无法被现行法律明确界定，违背了罪刑法定原则的明确性要求 [9] [10] 。

2. **法益界定模糊**：
数字犯罪涉及的数据法益与传统法益不同，其保护范围和保护方式尚未在刑法中得到清晰界定。例如，数据的所有权、使用权和流通权等问题，现行刑法难以全面覆盖 [10] [11] 。

3. **责任认定困难**：
数字犯罪往往涉及多个行为主体和复杂的因果关系，传统刑法中的责任认定模式难以适应。例如，人工智能生成物的责任归属问题，现行刑法缺乏明确的规定 [9] [11] 。

4. **司法实践中的“口袋罪”倾向**：
由于数字犯罪的复杂性和法律的不完备性，司法实践中存在将某些行为随意纳入“口袋罪”的现象，违背了罪刑法定原则的明确性和限制刑罚权滥用的初衷 [10] [11] 。

结论

罪刑法定原则在大陆法系和英美法系中虽有不同体现，但其核心目标都是限制刑罚权、保障人权。然而，在数字经济时代，该原则在规制数字犯罪时面临法律滞后性、法益界定模糊、责任认定困难等挑战。为应对这些困境，需通过立法完善、法益重构和司法实践创新，确保罪刑法定原则在数字时代继续发挥其应有的作用 [9] [10] [11] 。

此类提示词不仅限定了研究范围（罪刑法定原则）、比较视角（大陆法系vs. 英美法系）、具体领域（数字犯罪），还嵌入了法律适用的现实难题，能够引导 DeepSeek 生成具有理论深度和实践意义的文本。

在刑法领域，明确刑事政策背景与法律适用条件尤为重要。例如，研究“正当防卫的边界”时，可以将提示词设定为：“结合中国《刑法》第 20 条规定，分析正当防卫的必要限度与防卫过当的认定标准，并比较德国刑法中的‘防卫过度’概念，探讨二者在认定标准上的异同与法律价值取向。”

引用 18 篇资料作为参考 ＞

根据中国《刑法》第20条的规定，正当防卫是指为了使国家、公共利益、本人或者他人的人身、财产和其他权利免受正在进行的不法侵害，而采取的制止不法侵害的行为，对不法侵害人造成损害的，属于正当防卫，不负刑事责任。然而，如果防卫行为“明显超过必要限度造成重大损害”，则构成防卫过当，应当负刑事责任，但应当减轻或者免除处罚 [1] [2] 。

中国刑法中正当防卫的必要限度与防卫过当的认定标准

1. **必要限度的认定**：
中国刑法理论对“必要限度”的界定存在多种学说，主要包括“基本相适应说”、“必需说”和“折衷说”。当前通说为“折衷说”，即防卫行为的强度与侵害行为的强度应基本相适应，同时防卫人对侵害者造成的损害与侵害行为可能造成的损害也应基本相适应 1 。

根据《最高人民法院、最高人民检察院、公安部关于依法适用正当防卫制度的指导意见》，认定防卫过当需同时满足“明显超过必要限度”和“造成重大损害”两个条件。其中，“明显超过必要限度”需综合考虑不法侵害的性质、手段、强度、危害程度，以及防卫的时机、手段、强度、损害后果等情节 2 6 。

2. **防卫过当的认定**：

防卫过当的成立需同时满足行为过当和结果过当。行为过当指防卫手段明显超过制止不法侵害所需的必要限度；结果过当指造成不法侵害人重伤或死亡的重大损害 1 6 。此外，防卫过当的认定还需考虑防卫人面临不法侵害时的紧迫状态和紧张心理，不能以事后冷静理性的标准苛责防卫人 2 6 。

德国刑法中的“防卫过度”概念

德国刑法中的“防卫过度”（Notwehrexzess）是指防卫行为超出必要限度，但其认定标准与中国刑法有所不同。德国《刑法典》第33条规定，如果行为人出于慌乱、恐惧或惊吓而防卫过当，不负刑事责任。这表明德国刑法更注重防卫人的主观心理状态，而非单纯以行为或结果作为判断标准 8 9 。

德国刑法中的防卫限度主要受到“社会伦理限制”的约束，即防卫行为损害的利益与保护的利益不能严重不成比例。例如，面对轻微侵害（如盗窃），防卫人不得采取致命手段 8 9 。此外，德国刑法还区分了“质的防卫过当”和“量的防卫过当”。前者指防卫手段的强度超出必要限度，后者指防卫行为超出时间界限（如不法侵害结束后继续防卫） 9 13 。

中德刑法在认定标准上的异同

1. **相同点**：
   - 两国均要求防卫行为不得明显超过必要限度，且均强调防卫行为的正当性与合法性。
   - 两国均对防卫过当的认定采取较为宽松的态度，倾向于保护防卫人的合法权益 1 8 。
2. **不同点**：
   - **认定标准**：中国刑法强调“明显超过必要限度”和“造成重大损害”两个条件的并列关系，而德国刑法更注重防卫人的主观心理状态（如慌乱、恐惧或惊吓） 1 8 。
   - **法律价值取向**：中国刑法倾向于通过“折衷说”平衡防卫行为与侵害行为的关系，而德国刑法则通过“社会伦理限制”和主观心理状态来限制防卫行为的范围 1 8 9 。
   - **防卫过当的处理**：中国刑法对防卫过当采取减轻或免除处罚，而德国刑法对因主观心理状态导致的防卫过当直接免除刑事责任 8 9 。

法律价值取向的探讨

中国刑法的正当防卫制度旨在鼓励公民与不法侵害作斗争，同时通过“折衷说”平衡防卫人与侵害人的利益。德国刑法则更注重防卫人的主观心理状态，强调防卫行为的正当性与社会伦理的约束。两国的法律价值取向均体现了对防卫人合法权益的保护，但德国刑法在主观心理状态和社会伦理限制方面更为细化，而中国刑法则通过“双过当标准”和“特殊防卫权”扩大防卫权的适用范围 1 8 9 。

综上，中德两国在正当防卫的认定标准上既有相似之处，也存在显著差异。中国刑法更注重行为与结果的平衡，而德国刑法则更强调防卫人的主观心理状态和社会伦理的约束。

这样的提示词强化了对特定法条的解读、跨国法的比较与法哲学价值的审视，能够引导 DeepSeek 进行更为精细和多维的分析。

二、引导法教义学分析，提升刑法解释的严谨性

刑法学的重要特征之一是高度依赖法律文本，因此，提示词应注重引导 DeepSeek 进行法教义学分析，要求其结合刑法条文、司法解释与判例，展开细

致的规范分析。

例如，在研究“因果关系”这一刑法理论难题时，直接提问“刑法中的因果关系如何认定？”可能导致回答停留于一般性知识。更优的提示词可以是：“请分别从条件说、相当因果关系说与客观归责理论的角度，分析《刑法》中因果关系的认定标准，结合中国《刑法》第232条故意杀人罪的司法解释，探讨刑法理论对因果关系认定的影响。”

引用 18 篇资料作为参考 >

在刑法中，因果关系的认定是判断行为人是否承担刑事责任的重要依据。以下从条件说、相当因果关系说和客观归责理论三个角度，结合中国刑法第232条故意杀人罪的司法解释，分析因果关系的认定标准及其对刑法理论的影响。

1. 条件说

条件说的基本公式是“没有a就没有b”，即如果行为是结果发生的必要条件，则存在因果关系。根据条件说，只要行为与结果之间存在“无此行为即无此结果”的关系，就可以认定因果关系 [1] [6]。例如，在故意杀人罪中，如果甲的行为直接导致乙的死亡，那么甲的行为与乙的死亡之间存在因果关系。

然而，条件说的缺陷在于其可能导致因果关系的范围过于宽泛。例如，甲轻伤乙，乙在去医院途中因交通事故死亡，根据条件说，甲的行为与乙的死亡之间存在因果关系，但这显然不合理 [5]。因此，条件说在司法实践中常需结合其他理论进行限制。

2. 相当因果关系说

相当因果关系说认为，行为与结果之间不仅需要存在条件关系，还需要具备“相当性”，即行为在一般情况下足以引起结果，且结果在正常情况下也是由该行为引起的 [6] [9]。例如，在故意杀人罪中，如果甲的行为在通常情况下足以导致乙的死亡，且乙的死亡确实由甲的行为引起，则可以认定相当因果关系。

相当因果关系说通过引入“相当性”标准，避免了条件说过于宽泛的问题。例如，甲轻伤乙，乙因自身特殊体质（如血友病）死亡，根据相当因果关系说，甲的行为与乙的死亡之间是否存在因果关系，需考虑乙的特殊体质是否异常以及甲的行为是否足以导致死亡 [9]。

3. 客观归责理论

客观归责理论认为，因果关系不仅需要满足条件关系和相当性，还要求行为符合法定构成要件，且行为人对结果具有客观上的支配力 [6] [11]。例如，在故意杀人罪中，甲的行为不仅需要与乙的死亡存在因果关系，还需要甲的行为符合故意杀人罪的构成要件，且甲对乙的死亡具有支配力。

客观归责理论通过引入“构成要件符合性”和“客观支配力”标准，进一步限定了因果关系的范围。例如，甲投毒杀乙，乙因医院误诊死亡，根据客观归责理论，甲的行为与乙的死亡之间是否存在因果关系，需考虑医院的误诊是否异常以及甲的行为是否对乙的死亡具有支配力 [11]。

4. 结合中国刑法第232条故意杀人罪的司法解释

根据中国刑法第232条，故意杀人罪的成立要求行为人主观上具有非法剥夺他人生命的故意，客观上实施了剥夺他人生命的行为，且行为与死亡结果之间存在因果关系 [13] [14]。在司法实践中，因果关系的认定通常结合条件说、相当因果关系说和客观归责理论进行综合判断。

例如，在陈某娟投毒案中，陈某娟向丝瓜中注射农药，导致被害人陆某英中毒死亡。法院认定陈某娟的行为与陆某英的死亡之间存在因果关系，因为陈某娟的行为符合故意杀人罪的构成要件，且其行为对陆某英的死亡具有支配力 [8]。

5. 刑法理论对因果关系认定的影响

刑法理论对因果关系认定的影响主要体现在以下几个方面：

- **条件说**为因果关系提供了基础判断标准，但其过于宽泛的缺陷需要通过其他理论进行限制。
- **相当因果关系说**通过引入"相当性"标准，避免了条件说的不合理扩大，增强了因果关系认定的合理性。
- **客观归责理论**通过引入"构成要件符合性"和"客观支配力"标准，进一步限定了因果关系的范围，确保了刑事责任的准确认定。

综上所述，刑法理论对因果关系认定的影响在于通过不同理论的结合，逐步完善因果关系的判断标准，确保刑事责任的认定既符合客观事实，又符合法律规范。

此类提示词强调具体理论框架、法条指引与司法实践的结合，能够促使DeepSeek提供系统性的刑法解释学分析，避免空洞的概述。

此外，刑法学研究常涉及对刑罚体系与量刑原则的细致解释，提示词可以明确要求对立法原理与司法适用展开双层分析。例如，设定提示词为："请结合刑法学中'报应主义'与'预防主义'的刑罚理论，分析中国刑法中死刑适用的合法性依据，并对'罪刑相适应原则'在死刑适用中的具体体现作出解释。"

引用 13 篇资料作为参考 >

在中国刑法中，死刑的适用合法性依据可以从"报应主义"和"预防主义"两种刑罚理论进行分析。

1. 报应主义与死刑的合法性

报应主义认为，刑罚是对犯罪行为的道德谴责和正义的体现，强调"罪有应得"。在中国刑法中，死刑的适用体现了报应主义的核心理念，即对极其严重的犯罪行为施以最严厉的惩罚，以实现正义。具体表现为：

- **等量报应**：死刑适用于"罪行极其严重"的犯罪分子，尤其是故意杀人等剥夺他人生命的犯罪，体现了"以命偿命"的朴素正义观 4 5 。
- **等价报应**：对于其他严重危害社会安全的犯罪，如恐怖主义、贩毒等，死刑的适用也体现了对犯罪行为内在价值的对等惩罚 4 5 。

2. 预防主义与死刑的合法性

预防主义强调刑罚的目的是预防犯罪，包括一般预防和特殊预防。在中国刑法中，死刑的适用也体现了预防主义的理论：

- **一般预防**：通过死刑的威慑力，警示社会公众，防止潜在的犯罪行为 4 5 。
- **特殊预防**：对极其严重的犯罪分子施以死刑，彻底消除其再次犯罪的可能性，保护社会安全 4 5 。

3. 罪刑相适应原则在死刑适用中的体现

罪刑相适应原则要求刑罚的轻重与犯罪行为的严重程度和犯罪人的罪责相匹配。在死刑适用中，这一原则具体表现为：

- **罪行极其严重**：死刑仅适用于"罪行极其严重"的犯罪分子，即犯罪行为的社会危害性极大，犯罪人的主观恶性和人身危险性极高 4 5 。
- **严格限制适用**：中国刑法对死刑的适用设置了严格的限制条件，如排除未成年人、怀孕妇女等特殊群体的适用，并规定了死刑缓期执行制度，以体现对生命的尊重和刑罚的慎重 4 5 。
- **量刑情节的考量**：在死刑案件中，法院会综合考虑犯罪情节、犯罪人的悔罪表现、被害人过错等因素，确保死刑的适用符合罪刑相适应原则 4 5 。

总结

中国刑法中死刑的适用既体现了报应主义的正义要求，也符合预防主义的犯罪预防目的。同时，罪刑相适应原则在死刑适用中通过严格限制和综合考量量刑情节，确保了刑罚的公正性和合理性。

此类提示词促使 DeepSeek 在刑罚理论与刑法教义之间建立有机联系，强化学术分析的深度与严谨性。

三、设定争议焦点与理论流派，推进刑法学的批判反思

刑法学研究并非仅限于法条适用与规范解释，更关注对法律制度的批判性反思与学派争鸣。因此，提示词应鼓励 DeepSeek 针对刑法学中的争议问题进行多元视角的对比与批判。

例如，探讨"刑法保护法益"时，可设定如下提示词："请分别从罗克辛的客观法益保护理论与雅各布斯的规范保护理论出发，分析刑法保护法益的理论基础，探讨二者对危险犯的界定与规制之分歧。"

引用 11 篇资料作为参考 >

罗克辛的**客观法益保护理论**与雅各布斯的**规范保护理论**在刑法保护法益的理论基础及对危险犯的界定与规制上存在显著分歧。

1. 理论基础

- **罗克辛的客观法益保护理论**：罗克辛认为刑法的核心任务是保护法益，即保护个人和社会的具体利益免受侵害。他主张通过**客观归责理论**来判断行为是否对法益造成具体危险，强调行为的客观风险创设与法益侵害之间的因果关系。罗克辛的理论以**法益侵害**为核心，认为犯罪的本质是对法益的侵害或威胁，刑法的目的是通过预防和惩罚来保护这些法益 [5] [9] 。
- **雅各布斯的规范保护理论**：雅各布斯则认为刑法的功能在于**维护规范的同一性**，即通过刑罚确认规范的有效性，而非单纯保护法益。他主张刑法的目的是通过惩罚行为人来**稳定社会规范结构**，确保社会对规范的信任。雅各布斯的理论以**规范效力**为核心，认为犯罪的本质是对规范的违反，刑法的任务是通过刑罚来确证规范的效力 [6] [7] 。

2. 对危险犯的界定与规制

- **罗克辛对危险犯的界定**：罗克辛认为危险犯的可罚性取决于行为是否对法益造成**具体危险**。他通过**客观危险说**和**风险升高理论**来判断行为的危险性，强调行为必须显著提升法益侵害的概率才能认定为危险犯。例如，在未遂犯的认定中，罗克辛主张行为必须对法益造成具体危险，否则不构成可罚的未遂 [9] [10] 。
- **雅各布斯对危险犯的界定**：雅各布斯则从**规范效力**的角度出发，认为危险犯的本质是**对规范效力的破坏表达**。他主张只要行为显示出对规范的否定态度，即使没有具体危险，也可以认定为危险犯。例如，在未遂犯的认定中，雅各布斯认为行为只要表达了对规范的否定，即可构成未遂，而不需要具体危险的存在 [9] [11] 。

3. 分歧的核心

- **法益 vs. 规范**：罗克辛的理论以**法益保护**为核心，强调刑法的任务是保护具体的利益免受侵害；而雅各布斯的理论以**规范效力**为核心，强调刑法的任务是维护社会规范的稳定性和有效性。
- **客观危险 vs. 规范否定**：在危险犯的界定上，罗克辛强调行为的**客观危险性**，而雅各布斯则强调行为的**规范否定意义**。罗克辛要求行为必须对法益造成具体危险，而雅各布斯则认为只要行为表达了对规范的否定，即可构

成危险犯。

结论

罗克辛与雅各布斯的理论分歧反映了刑法学中**法益论**与**规范论**的深层张力。罗克辛的理论更注重法益保护的客观理性，而雅各布斯的理论则更强调规范效力的社会整合功能。这两种理论在危险犯的界定与规制上各有侧重，体现了不同的刑法价值取向 [9] [11] 。

此类提示词通过设定学术争议焦点,能够引导 DeepSeek 深入解析不同理论立场,揭示刑法理论的复杂性与多元性。

对于刑法修正案的批判研究,提示词亦需明确政策考量与法律原则的冲突。例如,若研究"网络犯罪的刑法规制",可以设定提示词为:"请分析中国《刑法修正案(十一)》中关于网络犯罪的新增条款,结合信息自由与公共安全的冲突,探讨刑法扩张是否违反罪刑法定原则。"

引用 10 篇资料作为参考 >

中国刑法修正案（十一）在网络犯罪方面新增了多项条款，旨在应对日益复杂的网络环境，保护个人信息和网络安全。以下是对相关条款的分析，并结合信息自由与公共安全的冲突，探讨刑法扩张是否违反罪刑法定原则。

1. 网络犯罪新增条款分析

刑法修正案（十一）在网络犯罪领域的主要新增条款包括：

- **拒不履行信息网络安全管理义务罪**：网络服务提供者不履行安全管理义务，经监管部门通知后仍不改正，导致违法信息大量传播或用户信息泄露的，将追究刑事责任 [4] [8] 。
- **非法利用信息网络罪**：明确规定了通过网络传播违法信息、侵犯他人合法权益的行为将受到刑事处罚 [4] [7] 。
- **侵犯公民个人信息罪**：扩大了对非法获取、利用、传播个人信息的打击范围，进一步保护公民隐私权 [4] [8] 。
- **网络诈骗罪**：对通过网络平台实施的诈骗行为进行了明确规定，并加大了处罚力度 [4] 。

这些条款的增设反映了立法者对网络犯罪的高度重视，旨在通过刑事手段维护网络安全和公民权益。

2. 信息自由与公共安全的冲突

信息自由与公共安全之间存在一定的张力。信息自由是现代社会的基本权利，但网络空间的匿名性和开放性也为违法犯罪行为提供了便利。刑法修正案（十一）通过新增条款，加强了对网络犯罪的打击力度，这在一定程度上可能对信息自由构成限制。例如：

- **网络信息传播的限制**：新增条款对违法信息的传播进行了严格规制，可能被解读为对言论自由的限制 [4] [7] 。
- **网络服务提供者的责任**：要求网络服务提供者履行安全管理义务，可能增加其运营成本，甚至导致过度审查 [8] 。

然而，这些限制的目的是为了维护公共安全，防止网络犯罪对社会秩序和公民权益造成更大损害。

3. 刑法扩张与罪刑法定原则

罪刑法定原则是刑法的基本原则之一，要求犯罪与刑罚必须由法律明确规定。刑法修正案（十一）的新增条款是否违反这一原则，可以从以下方面分析：

- **明确性**：新增条款对网络犯罪的行为类型和处罚标准进行了明确规定，符合罪刑法定原则的要求 [4] [8] 。
- **必要性**：网络犯罪的复杂性和危害性要求刑法及时作出回应，新增条款是对现实需求的合理回应，而非过度扩张 [4] [7] 。

- **比例性**：新增条款的处罚力度与行为的危害性相匹配，体现了罪责刑相适应的原则 [4] [8] 。

因此，刑法修正案（十一）在网络犯罪方面的扩张并未违反罪刑法定原则，而是在法律框架内对新型犯罪行为的合理规制。

结论

刑法修正案（十一）在网络犯罪方面的新增条款，既回应了网络犯罪的现实挑战，又在法律框架内维护了公共安全。尽管这些条款可能对信息自由构成一定限制，但其明确性、必要性和比例性均符合罪刑法定原则的要求。因此，刑法的扩张并未违反罪刑法定原则，而是对网络犯罪的有效应对。

该提示词聚焦立法变迁、宪法原则与刑法教义，能够引导模型生成具有批判意识与政策评估能力的文本。

四、结合比较法与跨学科视角，拓展刑法学研究的边界

刑法学研究往往涉及跨国法律制度的比较与其他学科的融合，因此，提示词可以通过引入比较法与跨学科视角，推动 DeepSeek 进行更具深度的分析。

例如，研究"人工智能生成内容的刑事责任"时，可设定提示词为："请比较中国与欧盟对人工智能生成内容的刑法规制，结合刑法主体理论，分析人工智能是否具备刑事责任能力，并探讨刑法在应对技术风险时的扩张边界。"

引用 17 篇资料作为参考 >

中国与欧盟对人工智能生成内容的刑法规制比较

中国的刑法规制

中国在人工智能生成内容的刑法规制方面，主要通过《生成式人工智能服务管理暂行办法》等法规进行规范。该办法明确了生成式人工智能的定义，并对其服务提供者提出了数据安全、内容审核等方面的要求。刑法方面，中国侧重于通过现有罪名体系（如非法获取计算机信息系统数据罪、破坏计算机信息系统罪等）来规制人工智能相关的犯罪行为 [2] [4] 。此外，中国也在探索通过刑法修正案来完善数据犯罪罪名体系，以应对生成式人工智能带来的新型数据安全风险 [2] 。

欧盟的刑法规制

欧盟则通过《人工智能法案》对人工智能进行全面的监管。该法案将人工智能系统分为四个风险等级（禁止、高风险、有限风险和最低风险），并据此设定不同的监管要求。对于高风险的人工智能系统，欧盟要求其必须明确告知用户与机器互动的事实，并确保生成内容能够被检测为人工智能生成的内容 [9] [11] 。此外，欧盟还禁止使用对用户基本权利构成明显威胁的人工智能系统，并对违规企业处以高额罚款 [9] [11] 。

人工智能是否具备刑事责任能力

刑法主体理论分析

根据刑法主体理论，刑事责任的核心在于辨认与控制能力。刘宪权教授提出，当智能机器人具备自主意识与意志、社会危害性以及因果关系可追溯性时，应独立承担刑事责任 [12] 。生成式人工智能通过深度学习与神经网络技术，能够突破初始编程限制，形成动态演进的决策逻辑，具备独立意志驱动的危害行为，因此可能符合刑事责任的主体要求 [12] 。

人工智能的刑事责任能力

尽管人工智能在技术上具备一定的自主决策能力，但其是否具备刑事责任能力仍存在争议。反对观点认为，人工智能本质是工具，责任应归于使用者 [12] 。然而，生成式人工智能的自主演化能力使其脱离工具属性，可能成为独立的法律主体 [12] 。因此，承认人工智能的刑事责任主体地位，是应对强智能时代风险的必要选择 [12] 。

刑法在应对技术风险时的扩张边界

刑法的扩张边界

在应对技术风险时，刑法的扩张应遵循必要性原则，避免过度干预技术创新。刘宪权教授提出，刑法应通过"删除数据—修改程序—永久销毁"三级刑罚阶梯来应对人工智能犯罪 [12] 。此外，刑法应通过实质解释方式，将新型犯罪与现有罪名关联，同时遵守罪刑法定原则，避免形成处罚漏洞 [15] 。

技术中立与责任边界

技术中立原则在人工智能领域面临挑战。当人工智能行为超出设计者预设目标时，其已非"中立技术"，而是独立法律主体 [12] 。因此，刑法应在技术创新与法律规制之间找到平衡，确保技术向善与社会安全的双赢 [12] 。

结论

中国与欧盟在人工智能生成内容的刑法规制上各有侧重，中国通过现有罪名体系应对新型风险，而欧盟则通过全面监管法案进行规范。人工智能是否具备刑事责任能力仍存在争议，但承认其主体地位是应对技术风险的必要选择。刑法在应对技术风险时应遵循必要性原则，平衡技术创新与法律规制，确保技术向善与社会安全的双赢 [2] [9] [12] 。

该提示词结合了比较法、刑事责任理论与科技伦理，能够促使模型综合多元视角，深化刑法学与社会现实之间的互动分析。

五、优化输出格式，强化刑法学研究的学术呈现

刑法学研究需要逻辑清晰、条理分明的学术表达，提示词应明确输出格式以提高文本的学术适用性。

例如，在进行刑法学专题论述时，可以这样设定提示词："请以五个自然段、每段不少于 500 字的形式，围绕'犯罪构成要件的解释顺序'展开分析，依次论述其理论基础、争议焦点、司法适用、比较法视角与未来发展趋势。"

引用 8 篇资料作为参考 >

犯罪构成要件的解释顺序在刑法理论中占据核心地位，其理论基础主要源于犯罪行为的逻辑结构和刑法的价值判断。犯罪构成要件通常包括犯罪主体、犯罪主观方面、犯罪客观方面和犯罪客体四个部分。从理论上看，犯罪构成要件的解释顺序应遵循犯罪行为从主观到客观、从内在到外在的逐步展开过程。这种顺序不仅符合犯罪行为的实际发生逻辑，也体现了刑法的目的和原则。例如，犯罪主体作为犯罪行为的实施者，其刑事责任能力和行为能力是判断犯罪成立的前提；犯罪主观方面则反映了行为人的心理状态，如故意或过失，是判断行为人主观恶性的关键；犯罪客观方面则包括行为、结果及其因果关系，是判断犯罪行为是否成立的客观依据；犯罪客体则指明了犯罪行为所侵犯的社会关系或法益，是判断行为社会危害性的重要标准。这种解释顺序不仅有助于系统性地分析犯罪构成，还能确保定罪量刑的准确性和公正性 [1] [2] 。

在犯罪构成要件的解释顺序上，学界存在较大争议，主要集中在四要件理论与三阶层理论的适用上。四要件理论认为犯罪构成要件是平面型的，四个要件之间没有严格的逻辑顺序，司法实践中往往根据案件的具体情况灵活运用。而三阶层理论则主张犯罪构成要件应按照构成要件该当性、违法性和有责性的顺序递进式判断。支持四要件理论的

学者认为，该理论简洁明了，便于司法实务操作，尤其是在处理普通刑事案件时具有较高的适用性。然而，反对者指出，四要件理论在面对疑难案件时往往显得力不从心，尤其是在处理共犯、正当防卫等问题时存在逻辑缺陷。相比之下，三阶层理论因其严密的逻辑结构和递进式的判断方式，被认为更有利于处理复杂案件。然而，三阶层理论的引入也带来了新的问题，如法官自由裁量权的扩大可能导致出罪随意性的风险 3 6 。

在司法适用中，犯罪构成要件的解释顺序直接影响着案件的定罪量刑。我国司法实践中长期采用四要件理论，法官在认定犯罪时往往先寻找最明显的要件，如犯罪客观方面或犯罪主体，然后再逐步分析其他要件。这种操作方式虽然简便，但也容易导致先入为主的有罪推定，尤其是在证据不足或案件复杂的情况下，可能影响案件的公正处理。相比之下，三阶层理论在司法适用中强调递进式的判断方式，要求法官在认定犯罪时严格按照构成要件该当性、违法性和有责性的顺序进行，这有助于避免遗漏评价犯罪构成要件要素，确保定罪量刑的准确性。然而，三阶层理论的引入也对法官的专业素养提出了更高要求，尤其是在处理新型犯罪或疑难案件时，法官需要具备更强的法律解释和逻辑推理能力 4 7 。

从比较法视角来看，不同法系对犯罪构成要件的解释顺序存在显著差异。大陆法系国家如德国和日本普遍采用三阶层理论，强调犯罪构成要件的递进式判断，认为只有在行为符合构成要件该当性、违法性和有责性的情况下才能认定为犯罪。这种理论体系因其严密的逻辑结构和递进式的判断方式，被认为更有利于处理复杂案件和疑难问题。相比之下，英美法系国家则采用双层次理论，将犯罪成立条件分为犯意和犯行，强调行为人的主观心理状态和客观行为之间的对应关系。这种理论体系虽然简化了犯罪构成的判断过程，但在处理复杂案件时可能显得不够严谨。我国刑法理论受苏联影响，长期采用四要件理论，但随着刑法理论的不断发展，三阶层理论逐渐受到学界和司法实践的关注。未来，如何在借鉴域外经验的基础上，结合我国实际情况，进一步完善犯罪构成要件的解释顺序，将成为刑法理论研究和司法实践的重要课题 6 8 。

展望未来，犯罪构成要件的解释顺序将面临新的挑战和发展趋势。随着社会的不断发展和新型犯罪形态的不断涌现，传统的犯罪构成理论可能难以应对复杂的司法实践需求。例如，在互联网犯罪、环境犯罪等领域，犯罪构成要件的认定往往涉及更多的技术性因素和跨学科知识，这对犯罪构成要件的解释顺序提出了新的要求。未来，犯罪构成要件的解释顺序可能会更加注重灵活性和适应性，尤其是在处理新型犯罪或疑难案件时，法官需要根据案件的具体情况，灵活运用犯罪构成要件的解释顺序，确保定罪量刑的准确性和公正性。此外，随着刑法理论的不断发展和司法实践的不断深入，犯罪构成要件的解释顺序可能会更加注重逻辑性和体系性，尤其是在借鉴域外经验的基础上，结合我国实际情况，进一步完善犯罪构成要件的解释顺序，将成为刑法理论研究和司法实践的重要课题 3 6

这类提示词可以确保输出文本符合学术写作的逻辑与篇幅要求。

六、总结

在刑法学研究中，使用 DeepSeek 的关键在于通过精细化的提示词设计，明确法律问题与研究对象，结合刑法教义与司法实践，推进学派争鸣与批判反思，融入比较法与跨学科视角，最终生成逻辑清晰、表达严谨的学术文本。通过这些策略，可以充分发挥 DeepSeek 在刑法学研究中的辅助功能，提升学术分析的深度与广度。

第十节 驱动 DeepSeek 开展民法学研究

民法学是一门高度体系化、理论性强且实践导向明显的学科，涉及民事主体、物权、合同、侵权责任、婚姻家庭、继承等诸多领域。DeepSeek 作为法律研究的辅助工具,其生成内容的质量取决于提示词的精准程度和专业程度。在民法学研究中,合理设计提示词能够促使 DeepSeek 生成符合学术标准的回答,并结合理论分析与实践应用。为了更高效地利用 DeepSeek 进行民法学研究,我们可以从设定具体法律问题、结合民法体系与基本原则、指定学术流派分析、引入判例法解析、加强跨学科研究、优化学术表达方式等方面入手,确保生成内容的逻辑性、专业性和可用性。

一、设定具体法律问题,避免泛化

民法学研究涵盖广泛,涉及诸多制度和规则。如果提示词过于宽泛,例如"请介绍物权法"或"合同法的基本原则是什么?",DeepSeek 可能会给出一般性、基础性的回答,缺乏学术深度。因此,在研究中应将法律问题具体化。

例如,可以采用情境式提示词,如:"在不动产登记制度下,未登记的所有权转让是否具有对抗效力?请结合大陆法系与英美法系的不同规则进行比较。"

引用 10 篇资料作为参考 >

在不动产登记制度下,未登记的所有权转让是否具有对抗效力,取决于所适用的法律体系。大陆法系和英美法系对此有不同的规则。

大陆法系

大陆法系主要采用两种立法体例:**登记生效主义和登记对抗主义。**

1. **登记生效主义**:以德国、瑞士为代表。在这种模式下,不动产物权的设立、变更、转让和消灭必须进行登记,未登记则不发生物权变动的效力。因此,未登记的所有权转让在登记生效主义下不具有任何法律效力,自然也无法对抗第三人 1 2 3 。
2. **登记对抗主义**:以日本为代表。在这种模式下,不动产物权的变动仅需当事人的法律行为即可生效,但未经登记不得对抗第三人。因此,未登记的所有权转让在当事人之间有效,但不能对抗善意第三人 1 2 3 。

英美法系

英美法系主要采用**托伦斯登记制度**,在澳大利亚、新西兰、加拿大和美国的部分州实行。这种制度的特点是:

- 产权一经登记,具有不可推翻的效力,国家给予保障。
- 不强制一切土地所有权、他项权利申请登记,但一经登记,其后发生的房地产权利变更或者设定,非经登记,不生效力 1 8 。

在托伦斯制度下,未登记的所有权转让在当事人之间可能有效,但不能对抗已登记的善意第三人。登记是确保产权对抗效力的关键 1 8 。

总结

- **大陆法系**:在登记生效主义下,未登记的所有权转让无效;在登记对抗主义下,未登记的所有权转让在当事人之间有效,但不能对抗第三人。
- **英美法系**:在托伦斯制度下,未登记的所有权转让在当事人之间可能有效,但不能对抗已登记的善意第三人。

因此,未登记的所有权转让是否具有对抗效力,取决于所适用的法律体系和具体的登记制度 1 2 3 。

这一提示词不仅限定了研究范围,还引导 DeepSeek 进行法系对比,提高回答的针对性。

此外,研究者可以使用递进式提问来深化分析。例如,先询问"债权合同未履行时,违约方是否可以主张不可抗力?",获得基础答案后,再进一步询问:"在德国民法体系中,不可抗力是否能免除违约责任?请结合《德国民法典》第275条进行解释。[《德国民法典》第275条:(1)债的关系成立后产生不可归责于债务人的事由,致使给付不能的,债务人免除其给付义务。(2)债务人事后发生的无给付能力,与债的关系成立后发生的给付不能相同]。"

引用 10 篇资料作为参考 >

在德国民法体系中，不可抗力可以作为免除违约责任的事由，具体依据是《德国民法典》第275条。根据该条第1款，如果债的关系成立后，由于不可归责于债务人的事由（如不可抗力）导致给付不能，债务人可以免除其给付义务。这意味着，如果债务人因不可抗力无法履行合同义务，其违约责任将被免除。

此外，第275条第2款进一步规定，债务人事后发生的无给付能力（如因不可抗力导致的无给付能力）与债的关系成立后发生的给付不能具有相同的法律效果。因此，不可抗力不仅适用于合同成立后发生的给付不能，也适用于合同履行过程中因不可抗力导致的无给付能力。

总结来说，根据《德国民法典》第275条，不可抗力可以作为免除违约责任的法律依据，前提是该不可抗力事件不可归责于债务人，并且导致给付不能 1 4 8 。

这种方式能够促使 DeepSeek 遵循民法学的逻辑形成回答。

二、结合民法体系与基本原则,确保理论连贯性

民法学是一门高度体系化的学科,研究者在使用 DeepSeek 进行研究时,应引导其生成符合民法学逻辑体系的回答。

例如,在研究合同法时,不应仅关注个别条文,而且应结合合同自由、合同正义、合同履行等基本原则进行分析。因此,提示词可以设计为:"在合同自由原则下,格式条款的限制是否构成对自由的过度干预?请结合中国《民法典》第496条的规定以及德国《民法典》第305条的规定进行分析。"

引用 13 篇资料作为参考 >

在合同自由原则下，格式条款的限制并不构成对自由的过度干预，而是为了平衡合同双方的权益，防止一方利用优势地位损害另一方的利益。以下结合中国《民法典》第496条和《德国民法典》第305条的规定进行分析：

1. 中国《民法典》第496条的规定

《民法典》第496条对格式条款的定义和订入控制进行了规定。格式条款是当事人为了重复使用而预先拟定，并在订立合同时未与对方协商的条款。提供格式条款的一方应当遵循公平原则，并采取合理的方式提示对方注意免除或减轻其责任等与对方有重大利害关系的条款。如果提供方未履行提示或说明义务，致使对方没有注意或理解相关条款，对方可以主张该条款不成为合同的内容 1 2 。

这一规定旨在保护合同相对方的知情权和公平交易权，防止格式条款提供方利用其优势地位制定不公平条款。虽然这在一定程度上限制了合同自由，但这种限制是必要的，以确保合同双方在信息对称和公平的基础上达成合意 3 4 。

2. 《德国民法典》第305条的规定

《德国民法典》第305条也对格式条款的使用进行了规制。格式条款是为了重复使用而预先拟定的条款，在缔约时由提供方向另一方提出。提供方必须明确告知对方格式条款的存在，并确保对方能够以可期待的方式了解其内容。如果格式条款违背诚实信用原则，不适当地加重对方负担，则该条款无效 8 10 。

德国法的规定同样强调格式条款的透明性和公平性，防止一方滥用合同自由损害另一方的权益。这种限制并非对合同自由的过度干预，而是为了维护合同的公平性和诚实信用原则 8 10 。

3. 合同自由与格式条款限制的平衡

合同自由原则的核心是尊重当事人的意思自治，但这一自由并非绝对。格式条款的限制是为了防止一方利用其优势地位损害另一方的权益，尤其是在消费者与经营者之间的合同中，这种限制尤为重要。通过要求提供方履行提示和说明义务，法律确保了相对方在知情的基础上作出真实的意思表示，从而维护合同的公平性 1 8 。

结论

格式条款的限制并不构成对合同自由的过度干预，而是为了平衡合同双方的权益，防止不公平条款的出现。中国《民法典》第496条和《德国民法典》第305条的规定均体现了这一理念，既尊重合同自由，又通过必要的限制维护公平交易和诚实信用原则 1 8 10 。

许多民法学问题涉及多个子领域，例如物权法与合同法的交叉。因此，提示词可以引导 DeepSeek 进行体系化分析。

例如："在买卖合同中，出卖人尚未完成物权变动，但买受人是否享有期待权？请结合德国法和中国法的不同制度安排进行比较。"

引用 11 篇资料作为参考 >

在买卖合同中，出卖人尚未完成物权变动时，买受人是否享有期待权，德国法和中国法有不同的制度安排。

德国法中的期待权

在德国法中，期待权（Anwartschaftsrecht）是一个被广泛承认的法律概念，尤其在所有权保留买卖中最为典型。德国法认为，买受人在支付部分价款并占有标的物后，虽然尚未取得所有权，但其法律地位已经具有财产价值，受到法律保护。这种期待权被视为一种独立的权利，可以转让、继承，并且在条件成就时（如付清全部价款）直接转化为所有权 1 2 3 。

具体而言，德国法通过判例和学说发展出期待权的规则，认为期待权是一种物权性质的权利，具有对抗第三人的效力。例如，在所有权保留买卖中，买受人即使尚未取得所有权，也可以基于期待权排除第三人的强制执行 3 4 。

中国法中的期待权

中国法对期待权的规定相对较为有限。虽然《民法典》第六百四十一条规定了所有权保留制度，但并未明确使用"期待权"这一概念。中国法主要通过司法解释和司法实践对买受人的法律地位进行保护。例如，《最高人民法院关于审理买卖合同纠纷案件适用法律问题的解释》规定，买受人在支付标的物总价款75%以上时，出卖人不得要求返还原物，这间接承认了买受人的期待利益 1 5 。

然而，中国法并未将期待权视为一种独立的权利类型，而是将其纳入债权保护的范畴。买受人的期待利益主要通过《民法典》和司法解释中的具体规则进行保护，缺乏德国法中那种系统化的期待权制度 1 5 8 。

比较与总结

- **德国法**：期待权被视为一种独立的权利，具有物权性质，可以转让、继承，并且在条件成就时直接转化为所有权。德国法通过判例和学说对期待权进行了系统化的保护 1 2 3 。
- **中国法**：期待权未被明确承认为一种独立的权利，买受人的期待利益主要通过《民法典》和司法解释进行保护，缺乏系统化的制度安排 1 5 8 。

总的来说，德国法对期待权的保护更为完备和系统化，而中国法则主要通过具体规则对买受人的期待利益进行保护，尚未形成独立的期待权制度。

这类提示词不仅能确保 DeepSeek 的回答符合民法逻辑体系，还能帮助研究者深化对不同法系制度的理解。

三、指定学术流派分析，提升理论深度

民法学研究涉及诸多法学流派，如历史法学派、自由法学派、社会法学派、法律经济学派等。研究者可以通过提示词指定 DeepSeek 采用特定的学术视角进行研究。

例如："法律经济学如何看待违约赔偿？请结合波斯纳（Richard Posner）的理论进行分析。"

引用 10 篇资料作为参考 ＞

法律经济学，尤其是以理查德·波斯纳（Richard Posner）为代表的法经济学派，对违约赔偿的分析主要基于效率原则。波斯纳的理论强调，法律规则应当促进资源的有效配置，而违约赔偿的设定也应遵循这一原则。

1. 效率违约理论

波斯纳提出的"效率违约"理论是法律经济学中关于违约赔偿的核心观点之一。该理论认为，如果违约方通过违约获得的收益超过其履约的成本，并且违约后的赔偿能够充分补偿守约方的损失，那么违约是有效率的，应当被允许 5 9 。这种观点打破了传统合同法中"契约必须遵守"的绝对原则，转而从经济效率的角度分析违约行为。

具体而言，效率违约理论包含以下三个条件：

1. 违约方从违约中获得的收益超过其履约的预期收益。
2. 违约方的收益也超过守约方的履约预期收益。
3. 违约后的损害赔偿是有限的，违约方在赔偿后仍有盈余 5 。

2. 违约赔偿的经济功能

波斯纳认为，违约赔偿的主要功能是补偿守约方的损失，而不是惩罚违约方。通过设定合理的赔偿金额，法律可以引导当事人做出符合效率原则的决策。例如，如果违约赔偿过高，可能会抑制合理的违约行为；如果赔偿过低，则可能导致违约行为泛滥，损害守约方的利益 5 9 。

3. 具体履行与损害赔偿的选择

波斯纳还指出，在某些情况下，具体履行（即强制违约方履行合同）可能并不是最有效率的解决方案。如果履行合同的成本过高，或者履行后对双方都没有实际利益，法院可以通过判令损害赔偿来替代具体履行，从而避免资源的浪费 10 。例如，在"Groves v. John Wunder Co."案中，法院判决违约方支付赔偿金，而不是强制其履行合同，以避免社会资源的损失 10 。

4. 违约赔偿与合同僵局

在合同僵局的情况下，波斯纳的理论支持允许违约方解除合同，但前提是违约方必须承担相应的赔偿责任。这种做法可以打破僵局，避免双方因继续履行合同而遭受更大的损失，同时通过赔偿保障守约方的利益 [9] 。

5. 违约赔偿的道德与效率平衡

尽管效率违约理论强调经济效率，但波斯纳也承认，法律规则不能完全忽视道德因素。例如，违约行为可能会损害合同关系的信任基础，因此在某些情况下，法律需要通过设定较高的赔偿金额来遏制效率违约的滥用 [8] 。

总结

波斯纳的法律经济学理论为违约赔偿提供了新的视角，强调法律规则应当促进资源的有效配置。效率违约理论认为，在特定条件下，违约是有效率的，应当被允许，但违约方必须通过赔偿充分补偿守约方的损失。同时，波斯纳也指出，具体履行并不总是最优选择，法院应根据具体情况灵活运用损害赔偿规则，以实现社会效益的最大化 [5] [9] [10] 。

这样可以确保 DeepSeek 生成的内容符合特定学派的理论框架，而不仅仅是进行一般性描述。

此外，不同学者对同一法律问题可能有不同的观点。例如："在侵权责任法领域，理查德 · A. 波斯纳（Richard Allen Posner）与圭多 · 卡拉布雷西（Guido Calabresi）对过失责任和严格责任的不同看法是什么？"

引用 5 篇资料作为参考 >

在侵权责任法领域，理查德·A·波斯纳（Richard Allen Posner）和圭多·卡拉布雷西（Guido Calabresi）对过失责任和严格责任的看法存在显著差异，主要体现在他们的理论框架和分析方法上。

理查德·A·波斯纳的观点

波斯纳从法律经济学的角度出发，强调效率和社会福利的最大化。他认为，过失责任的核心在于通过成本–收益分析来确定行为人是否采取了合理的注意义务。如果预防事故的成本低于预期事故的损害成本，行为人应当采取预防措施，否则应承担过失责任 [2] 。波斯纳的"波斯纳定理"进一步指出，在交易成本较高的情况下，权利应分配给那些能创造最大价值的一方，而责任应归于能以最低成本避免损失但未采取行动的人 [3] 。这种观点体现了对效率的优先考虑，认为法律规则应引导资源流向最有效的使用方式。

对于严格责任，波斯纳认为其适用于那些无法通过合理注意避免损害的情形，或者预防成本远高于预期损害成本的情况。严格责任的目的是通过将责任明确分配给行为人，激励其采取预防措施，从而减少社会总成本 [2] 。

圭多·卡拉布雷西的观点

卡拉布雷西则从风险分配和资源配置的角度分析侵权责任。他认为，侵权法的核心问题在于如何分配风险和损失，以实现公平和效率的平衡。卡拉布雷西提出，严格责任更适合于那些损害后果应由行为人或企业承担的情形，因为这些主体能够通过价格机制将成本转嫁给消费者，从而实现风险的广泛分摊 [5] 。他强调，企业责任不仅是一种风险分摊机制，更是一种资源配置的工具，能够确保产品价格反映其真实的社会成本，从而引导消费者做出更有效的选择 [5] 。

对于过失责任，卡拉布雷西认为其适用于那些损害可以通过合理注意避免的情形。他主张，过失责任应基于行为人的过错，但同时也应考虑风险分配的效果，以确保责任分配的公平性 [5] 。

总结

- **波斯纳**更注重效率和社会福利的最大化，主张通过成本-收益分析来确定过失责任，并认为严格责任适用于预防成本过高或无法避免损害的情形 2 3 。
- **卡拉布雷西**则强调风险分配和资源配置的公平性，认为严格责任更适合由企业承担损害后果，并通过价格机制实现风险分摊，而过失责任应基于行为人的过错 5 。

两者的观点在侵权责任法的理论和实践中都产生了深远影响，但他们的侧重点不同：波斯纳更偏向于经济效率，而卡拉布雷西更注重公平和资源配置的合理性。

这类提示词能够促使 DeepSeek 生成更具学术争议性的内容，从而拓展研究的理论视角。

四、引入判例法解析，提高实务应用性

民法学不仅是一门理论学科，也是一门具有高度实践导向的学科。在民法学研究中，研究者可以通过提示词要求 DeepSeek 结合具体案例进行分析。

例如："在'哈德利诉巴克森代尔案'（Hadley v. Baxendale）中，法院如何适用可预见性规则（foreseeability rule）来确定损害赔偿的范围？"

引用 6 篇资料作为参考 >

在'哈德利诉巴克森代尔案'（Hadley v. Baxendale）中，法院确立了可预见性规则（foreseeability rule），用于确定违约损害赔偿的范围。该规则的核心在于，违约方仅需赔偿其在订立合同时能够合理预见的损失。具体而言，法院提出了以下两条规则：

1. **自然发生的损失**：违约方应当赔偿那些在正常情况下，因违约行为自然且必然产生的损失。这类损失是任何理性人在类似情况下都能预见到的。
2. **特殊情况下可预见的损失**：如果损失是由于某种特殊情况导致的，违约方只有在订立合同时知晓或应当知晓这些特殊情况的情况下，才需对此类损失负责。如果违约方对特殊情况完全不知情，则无需赔偿此类损失 4 6 。

在该案中，原告Hadley的磨坊因被告Baxendale延迟交付曲柄轴而停工，导致利润损失。法院认为，被告在订立合同时并未被告知磨坊停工会导致利润损失，因此这类损失不属于被告能够合理预见的范围。最终，法院判决被告无需赔偿原告的利润损失，仅需赔偿因延迟交付导致的直接损失 4 6 。

这一规则后来成为英美合同法中确定违约损害赔偿范围的重要原则，并在后续的案例中得到了进一步的发展和完善 4 6 。

这样能够使 DeepSeek 提供案例背景、法院推理以及其对民法理论的影响，提高研究的实践价值。

此外，研究者可以要求 DeepSeek 进行跨国比较。例如："在英美法系与大陆法系的侵权责任制度中，精神损害赔偿的适用范围有何不同？请结合'麦克劳克林诉欧布莱恩案'（McLoughlin v. O'Brian）和德国《民法典》第 253 条进行比较。"

引用 15 篇资料作为参考 >

在英美法与大陆法系的侵权责任制度中，精神损害赔偿的适用范围存在显著差异，主要体现在以下几个方面：

英美法系的精神损害赔偿

在英美法系中，精神损害赔偿的适用范围逐渐扩大，尤其是通过判例法的发展，确立了“次要受害人”的概念。次要受害人是指因目睹或得知亲人遭受伤害而受到精神损害的人。典型的案例是“麦克劳克林诉欧布莱恩案”（McLoughlin v. O'Brian）[1][2]。在该案中，原告的丈夫和孩子在交通事故中受伤，原告在事故发生后两小时赶到医院，目睹了家人的惨状，并因此遭受了严重的精神损害。英国上议院判决原告有权获得精神损害赔偿，进一步扩大了次要受害人的范围，不再局限于事故现场的目击者，而是包括目睹事故直接后果的人[1][2]。

英美法系的精神损害赔偿还强调“可预见性”原则，即加害人应合理预见到其行为可能导致他人精神损害。此外，英美法系对精神损害赔偿的适用条件较为宽松，只要精神损害是严重的且与侵权行为有因果关系，受害人即可获得赔偿[1][2]。

大陆法系的精神损害赔偿

在大陆法系中，精神损害赔偿的适用范围相对较窄，通常以成文法为基础。以德国《民法典》第253条为例，该条规定，只有在法律明确规定的情况下，才能因非财产损害（包括精神损害）请求金钱赔偿[11]。具体而言，德国法将精神损害赔偿限制在侵害身体、健康、自由或性的自主决定等特定情形下[11]。

与英美法系不同，德国法对精神损害赔偿的适用条件较为严格，通常要求精神损害达到严重程度，且与侵权行为有直接因果关系。此外，德国法不承认“次要受害人”的概念，精神损害赔偿主要适用于直接受害人，而不包括因目睹他人受伤而受到精神损害的旁观者[11]。

比较与总结

1. **适用范围**：英美法系的精神损害赔偿适用范围较广，尤其是通过判例法确立了“次要受害人”的概念，允许因目睹或得知亲人受伤而受到精神损害的人获得赔偿。而大陆法系（如德国）的精神损害赔偿适用范围较窄，通常限于直接受害人，且需符合法律明确规定的条件[1][2][11]。
2. **适用条件**：英美法系强调“可预见性”和因果关系的宽松标准，而大陆法系则要求精神损害达到严重程度，且与侵权行为有直接因果关系[1][2][11]。
3. **法律依据**：英美法系的精神损害赔偿主要通过判例法发展，具有较大的灵活性；而大陆法系则以成文法为基础，适用条件较为严格[1][2][11]。

综上所述，英美法系与大陆法系在精神损害赔偿的适用范围和条件上存在显著差异，英美法系更为宽松和灵活，而大陆法系则更为严格和有限。

这类提示词能够促使 DeepSeek 生成对比分析，提高研究的全面性。

五、加强跨学科研究，拓展民法的适用边界

现代民法学研究越来越注重跨学科方法，如法与经济学、法社会学、认知科学、行为经济学等。研究者可以通过提示词引导 DeepSeek 进行跨学科分析。

例如：“在合同法领域，行为经济学如何解释‘缔约(上)过失责任’(culpa in contrahendo)？请结合丹尼尔·卡尼曼(Daniel Kahneman)和阿莫斯·特沃斯基(Amos Tversky)的前景理论(prospect theory)进行讨论。”

引用 13 篇资料作为参考 >

在合同法领域，行为经济学通过前景理论（Prospect Theory）为解释“缔约（上）过失责任”（culpa in contrahendo）提供了新的视角。前景理论由丹尼尔·卡尼曼（Daniel Kahneman）和阿莫斯·特沃斯基（Amos Tversky）提出，强调人们在面对风险和不确定性时的决策行为并非完全理性，而是受到心理因素的影响，如损失厌恶、参照点效应和概率加权等 [11] [12] 。

1. 损失厌恶与缔约过失责任

前景理论的核心观点之一是“损失厌恶”，即人们对损失的敏感度远高于对同等收益的敏感度。在缔约过程中，如果一方因另一方的过失行为（如欺诈、隐瞒重要信息）而遭受损失，这种损失带来的痛苦会显著影响其决策和行为。例如，当一方因信赖合同可能成立而投入成本，但最终因对方的过失导致合同未能成立时，损失厌恶会使其对损失的感知更为强烈，从而强化其主张缔约过失责任的动机 [11] [12] 。

2. 参照点效应与信赖利益

前景理论中的“参照点效应”指出，人们的决策通常基于某一参照点（如现有状况）。在缔约过程中，双方的参照点可能是合同成立后的预期利益。如果一方因对方的过失行为导致合同未能成立，其参照点从预期利益变为实际损失，这种变化会显著影响其心理状态和法律主张。例如，当一方因信赖合同成立而投入资源，但合同因对方的过失而无效时，其参照点的变化会使其对信赖利益的保护需求更为迫切 [11] [12] 。

3. 概率加权与非理性行为

前景理论还指出，人们往往高估小概率事件的发生可能性，而低估高概率事件。在缔约过程中，如果一方因对方的过失行为（如提供虚假信息）而误判合同成立的可能性，这种非理性的概率加权行为会加剧其损失。例如，当一方因对方的欺诈行为而高估合同成立的概率，并因此投入大量资源时，其损失会因概率加权效应而进一步放大，从而强化其主张缔约过失责任的合理性 [11] [12] 。

4. 行为经济学视角下的缔约过失责任

结合前景理论，缔约过失责任可以被视为对缔约过程中因心理偏差（如损失厌恶、参照点效应）导致的非理性行为的法律救济。通过保护信赖利益，缔约过失责任制度在一定程度上弥补了行为经济学所揭示的人类决策中的非理性缺陷，从而促进交易的公平性和诚信度 [11] [12] 。

结论

前景理论为理解缔约过失责任提供了行为经济学的基础，揭示了缔约过程中因心理偏差导致的非理性行为及其法律后果。通过结合损失厌恶、参照点效应和概率加权等概念，可以更深入地分析缔约过失责任的适用条件和赔偿范围，从而为合同法实践提供理论支持 [11] [12] 。

这种方式能够使 DeepSeek 提供更具创新性的研究视角。

在数字经济背景下，民法的新课题不断涌现。例如：“智能合约（smart contract）是否能够取代传统合同？请结合区块链技术的特点以及《联合国国际货物销售合同公约》（CISG）进行分析。”

引用 19 篇资料作为参考 >

智能合约（smart contract）在某些特定场景下可以替代传统合同，但并不能完全取代传统合同。以下是结合区块链技术的特点以及《联合国国际货物销售合同公约》（CISG）的分析：

1. 智能合约的优势

智能合约基于区块链技术，具有以下特点：

- **自动化执行**：智能合约在满足预设条件时自动执行，无需人工干预，减少了执行成本和违约风险 [1] [2] 。
- **透明性和不可篡改性**：智能合约的代码和执行过程对所有参与者公开，且一旦部署无法篡改，增强了信任和安全性 [6] [12] 。
- **去中心化**：智能合约不依赖第三方中介，降低了交易成本和中介风险 [7] [12] 。
- **高效性**：智能合约能够快速执行，减少了传统合同中常见的延迟和纠纷 [5] [18] 。

2. 智能合约的局限性

尽管智能合约有诸多优势，但其应用仍存在一些限制：

- **法律认可度**：目前，智能合约的法律地位尚未在全球范围内得到广泛认可。CISG作为国际货物销售合同的统一规则，并未明确涵盖智能合约的法律效力 [14] [15] 。
- **灵活性问题**：智能合约一旦部署，难以修改，而传统合同可以根据实际情况进行协商和调整 [17] [18] 。
- **技术复杂性**：智能合约的编写和部署需要专业技术知识，且代码中的漏洞可能导致严重的安全问题 [4] [7] 。

3. CISG与智能合约的关系

CISG主要适用于国际货物销售合同，其核心原则包括平等互利和兼顾不同法律制度。智能合约在跨国交易中可能发挥重要作用，但其法律效力仍需在CISG框架下进一步明确。CISG并未直接涉及智能合约，因此智能合约在跨国交易中的应用仍需各国法律体系的认可和支持 [14] [15] 。

4. 结论

智能合约在自动化执行、透明性和去中心化方面具有显著优势，适用于某些特定场景（如金融、供应链管理等）。然而，由于其法律认可度、灵活性和技术复杂性等问题，智能合约目前无法完全取代传统合同。未来，随着法律和技术的进一步发展，智能合约有望在更多领域得到应用，但其与传统合同的结合和互补将是更可能的发展方向 [1] [6] [15] 。

因此，智能合约可以在特定场景下替代传统合同，但在法律和技术层面仍需进一步完善，才能实现更广泛的应用。

这样的提示词能够确保 DeepSeek 结合新兴技术对民法学进行前沿性探讨。

六、优化学术表达方式，提高研究质量

学术写作要求清晰的逻辑结构和严谨的语言风格。研究者可以在提示词中要求 DeepSeek 采用特定的学术表达方式。

例如，为确保生成内容符合学术论文的格式要求，设定如下提示词：“请用法律学术语言撰写一篇论文，题目为‘合同解释的法律方法论分析’，并包括引言、理论综述、案例分析和结论。”

引用 13 篇资料作为参考 >

合同解释的法律方法论分析

引言

合同解释是合同法中的核心问题之一，其目的在于通过法律方法明确合同条款的真实含义，从而确定当事人的权利义务。随着社会经济活动的复杂化，合同条款的模糊性和歧义性日益凸显，合同解释的重要性愈发显著。本文旨在

通过法律方法论的角度，探讨合同解释的基本原则、方法及其在实践中的运用，以期为合同纠纷的解决提供理论支持。

理论综述

1. 合同解释的基本原则

合同解释的基本原则包括文义解释、整体解释、目的解释、习惯解释和诚信解释。文义解释是合同解释的起点，强调根据合同用语的普通含义进行解释；整体解释要求将合同视为一个有机整体，避免孤立地看待个别条款；目的解释则关注合同签订时各方的真实意图；习惯解释依据商业惯例或行业习惯；诚信解释则强调在解释合同时应遵循诚实信用原则，平衡各方利益 [3,6,9] 。

2. 合同解释的法律依据

《中华人民共和国民法典》第142条明确规定了合同解释的基本规则，即以词句的通常含义为基础，结合相关条款、合同的性质和目的、习惯以及诚信原则进行解释。此外，最高人民法院发布的《关于适用〈中华人民共和国民法典〉合同编通则若干问题的解释》进一步细化了合同解释的具体方法，强调了文义解释的基础性地位和其他解释方法的辅助作用 [6,9] 。

案例分析

案例一：BDSM行为与社区公约的解释

在《FDUhole社区公约》的案例中，管理团队对“约炮”与“BDSM”行为的解释存在争议。通过文义解释和目的解释，法院最终认定BDSM行为虽不一定涉及性行为，但其行为目的与公约禁止的“寻找性伙伴”行为相似，因此应受到处罚。这一案例体现了合同解释中目的解释的重要性，即通过探究合同目的来确定条款的真实含义 [1] 。

案例二：土地租赁合同中的青苗补偿费争议

在土地租赁合同纠纷中，双方对青苗补偿费的归属产生分歧。法院通过整体解释和目的解释，结合合同条款的上下文和合同目的，最终认定青苗补偿费应归乙方所有。这一案例展示了合同解释中整体解释和目的解释的综合运用，即在解释合同时应综合考虑合同的所有相关条款和签订背景 [2] 。

结论

合同解释是解决合同纠纷的关键环节，其法律方法论的应用直接影响到合同条款的真实含义和当事人的权利义务。文义解释、整体解释、目的解释、习惯解释和诚信解释等原则在合同解释中各有其独特的作用，实践中应综合运用这些方法，以确保合同解释的合理性和公正性。未来，随着社会经济活动的进一步发展，合同解释的法律方法论将面临更多挑战，需要不断深化和完善。

研究者还可以要求 DeepSeek 使用特定的学术风格，如请求权基础分析、法律信息归纳式写作、判例分析法，以确保研究成果符合不同的法学研究表达方式。

七、总结

要高效地使用 DeepSeek 进行民法学研究，研究者应精心设计提示词，以确保输出内容符合学术标准。通过设定具体法律问题、结合民法体系与基本原则、指定学术流派分析、引入判例法解析、加强跨学科研究、优化学术表达方式等方法，可以有效驱动 DeepSeek 生成符合学术要求的研究成果。这不仅能够提升研究的理论深度和实践价值，还能拓展民法学研究的边界，为法律学术创新提供更有力的支持。

第十一节　驱动 DeepSeek 开展商法学研究

商法学是一门兼具理论深度与实践导向的法律学科，其研究范围涵盖公司法、合同法、证券法、票据法、破产法等多个领域。由于商法的核心是调整市场主体之间的法律关系，并在促进商业交易的同时保障公平竞争，因此研究者在利用 DeepSeek 进行商法学研究时，必须优化提示词的设计，以确保生成内容的精准性、系统性和实践价值。本节将从精确设定研究议题、结合不同法域的法律体系、引入案例分析、嵌入经济学与金融学视角、优化学术写作风格五个方面，探讨如何使用提示词更好地驱动 DeepSeek 开展商法学研究。

一、精确设定研究议题，避免泛化

商法学研究涉及多个子领域，每个子领域都有其独特的法律规则和理论体系。如果提示词过于宽泛，DeepSeek 可能会给出过于笼统的回答，难以满足学术研究的需求。

例如，直接询问“公司法的基本原则有哪些”，可能会得到一个概括性回答，而缺乏对不同国家公司法体系的比较分析。因此，研究者在设定提示词时，应明确研究主题、法域及其具体内容。

例如，可以这样设定提示词：“请分析英美法系和大陆法系在公司治理模式上的主要区别，并结合股东权益保护机制进行讨论。”

引用 11 篇资料作为参考 >

英美法系和大陆法系在公司治理模式上存在显著差异，主要体现在治理结构、股东权益保护机制以及外部监督方式等方面。

1. 治理结构

- **英美法系**：采用“单层制”治理结构，公司仅设股东会和董事会，不设监事会。董事会既是执行机构，也承担监督职责，通常下设审计委员会等专门委员会来行使监督权。独立董事制度是英美法系的重要特征，独立董事不持有公司股权，能够更客观地履行监督职责 [1] [4]。
- **大陆法系**：以德国为代表，采用“双层制”治理结构，公司机关由股东会、监事会和董事会构成。监事会由股东会选举产生，负责监督董事会的业务执行，形成相互制衡的关系。日本则采用“单层二元制”，监事会和董事会并列，监事会专门负责监督 [1] [5]。

2. 股东权益保护机制

- **英美法系**：股东权益保护主要依赖外部市场机制，如资本市场、经理市场和控制权市场。股东通过“用脚投票”来监督公司经营，独立董事和外部审计制度也起到重要作用。英美法系强调股东利益最大化，通过法律和公司章程保障股东权利 4 6 。
- **大陆法系**：股东权益保护更多依赖内部治理机制，如监事会和董事会的制衡。德国通过监事会制度确保大股东和中小股东的利益平衡，日本则通过主银行制度和交叉持股结构来保护股东权益 5 9 。

3. 外部监督

- **英美法系**：外部监督主要依赖独立审计事务所和资本市场的信息披露。公司财务状况的年度审计报告由独立会计师承办，确保信息透明和公司合规经营 4 8 。
- **大陆法系**：外部监督更多依赖法律和监管机构，如德国的监事会制度和日本的主银行制度。这些机制确保公司运营的透明性和合规性，同时保护股东权益 5 9 。

总结

英美法系和大陆法系在公司治理模式上的主要区别在于治理结构和股东权益保护机制。英美法系强调外部市场机制和独立董事制度，而大陆法系则注重内部制衡和监事会的作用。两种模式各有优劣，但都在不同程度上保障了股东权益和公司治理的有效性 1 4 5 。

这类提示词能够确保 DeepSeek 结合特定的法系进行回应，而不仅仅停留在基础概念的介绍。

研究者还可以使用递进式提示词来引导 DeepSeek 进行更深入的分析。例如，在获得公司治理模式的基本介绍后，可以进一步设问：“在英美法系的公司治理模式中，董事会的信义义务（fiduciary duty）如何影响公司决策？”

在英美法系的公司治理模式中，董事会的信义义务（fiduciary duty）是公司治理的核心原则之一，对公司的决策过程产生深远影响。信义义务主要包括忠实义务（duty of loyalty）和勤勉义务（duty of care），具体影响如下：

1. 忠实义务（Duty of Loyalty）

忠实义务要求董事在决策时必须将公司利益置于个人利益之上，避免利益冲突。这一义务对公司决策的影响主要体现在以下几个方面：

- **利益冲突的避免**：董事在决策时必须披露任何潜在的利益冲突，并确保个人利益不会影响公司利益。例如，董事不得利用公司资源谋取私利，或在公司交易中为自己谋取不正当利益。
- **公平交易**：董事在与公司进行交易时，必须确保交易条件公平合理，并且交易过程透明公开。例如，董事不得以低于市场价的价格购买公司资产，或以高于市场价的价格向公司出售个人资产。

2. 勤勉义务（Duty of Care）

勤勉义务要求董事在决策时必须尽到合理的注意和谨慎，确保决策过程和信息获取的充分性。这一义务对公司决策的影响主要体现在以下几个方面：

- **信息收集与分析**：董事在决策前必须充分收集和分析相关信息，确保决策基于充分的事实和数据。例如，董事在批准重大投资或并购项目时，必须进行详细的尽职调查和风险评估。
- **合理决策**：董事在决策时必须运用合理的商业判断，确保决策符合公司的最佳利益。例如，董事在制定公司战略或预算时，必须考虑各种可能的风险和回报，并做出合理的商业判断。

3. 信义义务对公司决策的综合影响

信义义务通过忠实义务和勤勉义务的综合作用，确保董事会的决策过程透明、公正和合理，具体影响包括：

- **增强公司治理**：信义义务要求董事会在决策过程中始终保持透明和公正，增强公司治理的有效性和可信度。例如，董事会必须定期向股东披露公司财务状况和重大决策，确保股东了解公司运营情况。
- **保护股东权益**：信义义务确保董事会在决策时始终将公司利益置于首位，保护股东权益。例如，董事会在制定利润分配政策或决定重大资本支出时，必须考虑股东的利益和公司长期发展。
- **提高决策质量**：信义义务要求董事会在决策过程中进行充分的信息收集和分析，提高决策质量。例如，董事会在批准重大投资项目时，必须进行详细的市场调研和风险评估，确保决策的科学性和合理性。

结论

在英美法系的公司治理模式中，董事会的信义义务通过忠实义务和勤勉义务的综合作用，对公司决策过程产生深远影响。信义义务确保董事会在决策过程中始终保持透明、公正和合理，增强公司治理的有效性，保护股东权益，提高决策质量。这一原则是英美法系公司治理的核心，对公司的长期发展和股东利益的保护具有重要意义。

这种方式有助于让 DeepSeek 生成更具层次性的学术讨论，确保研究的逻辑性和深度。

二、结合不同法域的法律体系，促进比较研究

商法所调整的市场经济关系具有鲜明的地域性，并且不同法域的商法规则也存在显著差异。

例如，美国的公司法强调市场机制的自我调节，而德国的公司法则更倾向于强调法定框架下的共同治理结构。因此，在设计提示词时，研究者可以引导 DeepSeek 进行跨法域比较，以发现不同法律体系在商法制度设计上的异同。可以设定如下提示词：“请比较美国《特拉华州普通公司法》(Delaware General Corporation Law)与德国《股份公司法》(Aktiengesetz)在董事会权力配置上的不同，并分析其对股东利益的影响。”

引用 13 篇资料作为参考 >

美国《特拉华州普通公司法》（Delaware General Corporation Law, DGCL）与德国《股份公司法》（Aktiengesetz, AktG）在董事会权力配置上存在显著差异，这些差异对股东利益产生了不同的影响。

1. 董事会权力配置的不同

美国《特拉华州普通公司法》

- **董事会中心主义**：DGCL明确规定了董事会中心主义，即公司的业务和事务应由董事会管理或在董事会的指挥下进行管理 1 2 。股东会的权力相对有限，主要集中在选举董事、修改章程、批准重大交易（如合并、出售资产）等事项 10 。
- **权力独立性**：董事会的权力具有高度独立性，股东会无权干涉董事会的日常经营决策 2 。董事会可以授权管理层负责日常运营，但重大决策仍需董事会批准 4 。
- **股东协议的灵活性**：DGCL允许董事会通过股东协议将部分权力委托给股东，但这种委托需符合公司章程和法

律规定[3,11]。

德国《股份公司法》

- **双层董事会结构**：德国采用双层董事会结构，包括监事会（Aufsichtsrat）和管理董事会（Vorstand）。监事会由股东会和职工代表选举产生，负责监督和任命管理董事会成员[7,9]。
- **权力分立**：管理董事会负责日常经营，而监事会则负责监督和重大决策[7,13]。监事会拥有对管理董事会的任命和解聘权，确保其权力受到制衡[9]。
- **职工参与**：德国公司法强调职工参与决策，监事会中职工代表占一定比例，这在一定程度上影响了股东对公司的控制权[9,13]。

2. 对股东利益的影响

美国《特拉华州普通公司法》

- **股东利益保护**：董事会中心主义确保了公司经营的专业性和效率，但股东对日常经营的直接控制权较弱[2,10]。股东主要通过选举董事和批准重大事项来保护自身利益[10]。
- **灵活性**：DGCL允许通过股东协议灵活调整权力配置，这为股东提供了更多谈判空间，但也可能导致少数股东的控制权被削弱[3,11]。

德国《股份公司法》

- **制衡机制**：双层董事会结构和职工参与制度为股东利益提供了多重保障，监事会可以有效监督管理董事会，防止其滥用权力[7,9]。
- **股东控制权受限**：职工代表的参与和监事会的权力分立可能削弱股东对公司的直接控制，尤其是在涉及职工利益的事项上[9,13]。

总结

美国《特拉华州普通公司法》强调董事会中心主义，赋予董事会高度独立的经营决策权，股东主要通过选举和批准重大事项来保护自身利益。而德国《股份公司法》采用双层董事会结构，强调权力分立和职工参与，股东的控制权受到一定限制，但通过监事会的监督机制，股东利益得到了多重保障。两种模式各有优劣，对股东利益的影响也因公司治理结构的不同而有所差异[1,2,7]。

对于特定法律问题，可以进一步细化比较角度。例如："在破产法领域，美国《破产法典》第11章（Chapter 11）与欧盟的企业重组制度有何不同？"

引用 13 篇资料作为参考 >

美国《破产法典》第11章（Chapter 11）与欧盟的企业重组制度在破产法领域存在显著差异，主要体现在制度设计、司法介入、重组流程和社会功能等方面。

1. 制度设计理念

- **美国Chapter 11**：其核心理念是"再生优于清算"，允许企业在法院保护下继续经营，通过债务重组获得新生。企业可以在破产程序中保留管理权，继续运营业务，并与债权人协商制定重组计划。这种制度设计旨在最大化企业的持续经营价值（Going Concern Value），并通过"债务人占有制度"（DIP）确保企业在重组过程中保持控制权[2,4,8]。
- **欧盟企业重组制度**：欧盟的重组制度更强调预防性重组，旨在在企业陷入财务困境的早期阶段进行干预，避免企业进入破产清算程序。欧盟通过《2019/1023号指令》（即《破产指令》）推动各成员国建立预防性重组框架，强调尽早启动救援程序，并通过中止个别债权人的强制执行来保护企业资产[11,12]。

2. 司法介入与流程

- **美国Chapter 11**：破产法院在重组过程中扮演重要角色，负责监督重组计划的制定和批准。企业需要在120天内提交重组方案，否则债权人可以提出自己的方案。法院还可以在特定情况下强制批准重组计划，即使部分债权人反对（即"强制批准规则"）[4] [8]。
- **欧盟企业重组制度**：欧盟的重组程序更注重债权人与债务人之间的协商，司法介入相对有限。重组计划通常需要得到大多数债权人的同意，法院的批准更多是基于债权人的表决结果。欧盟的预防性重组框架允许在重组过程中中止个别债权人的强制执行，但中止期限通常较短（4个月，特殊情况下可延长至12个月）[11] [12]。

3. 社会功能与文化

- **美国Chapter 11**：美国破产制度承载着社会风险缓冲功能，鼓励企业通过重组恢复经营，避免大规模失业和社会动荡。美国文化对破产持相对宽容的态度，破产记录不纳入普通征信系统，企业多次破产后仍能获得融资[2] [8]。
- **欧盟企业重组制度**：欧盟的重组制度更强调社会稳定和风险防控，特别是在保护职工债权和避免大规模失业方面。欧盟的重组框架旨在通过预防性措施减少企业破产对社会的影响，同时确保债权人的利益得到公平对待[11] [12]。

4. 重组计划的表决与批准

- **美国Chapter 11**：重组计划需要得到大多数债权人的同意，法院可以在满足特定条件的情况下强制批准计划，即使部分债权人反对。这种"强制批准规则"有助于防止少数债权人"钳制"重组进程[4] [8]。
- **欧盟企业重组制度**：重组计划的表决通常需要得到每个组别大多数债权人的同意，法院的批准更多是基于债权人的表决结果。欧盟的预防性重组框架允许在特定情况下进行"强裁"，但条件较为严格，通常需要满足债权人利益最大化等标准[11] [12]。

总结

美国Chapter 11与欧盟的企业重组制度在破产法领域的主要区别在于：Chapter 11更强调企业继续经营和债务重组，司法介入较多，且允许法院强制批准重组计划；而欧盟的重组制度更注重预防性措施，强调债权人与债务人之间的协商，司法介入相对有限，且重组计划的批准更多依赖于债权人的表决结果[2] [4] [8]。

这种方式可以促使 DeepSeek 生成更加细致的分析，使其回答更具学术价值和现实意义。

三、引入案例分析，提高实践导向

商法学兼具理论性和实践性。许多商法问题需要结合实际案例分析，以应对商业交易的复杂性。因此，研究者可以在提示词中明确要求 DeepSeek 结合经典案例或最新判例进行分析，以增强研究的实践导向。

例如："请分析'雷曼兄弟破产案'（Lehman Brothers Bankruptcy）对全球金融市场的影响，并讨论破产法在此案中的适用。"

引用 11 篇资料作为参考 >

雷曼兄弟破产案（Lehman Brothers Bankruptcy）是2008年全球金融危机的标志性事件，对全球金融市场产生了深远的影响。以下是具体分析：

对全球金融市场的影响

1. **股市暴跌与市场恐慌**
   雷曼兄弟破产后，全球股市迅速下跌。2008年9月15日，道琼斯指数创下“9.11”事件以来的单日最大跌幅，全球主要股市如日本、香港、欧洲等也大幅下挫 1 4 7 。市场信心严重受挫，投资者恐慌情绪蔓延。
2. **流动性危机与信贷冻结**
   雷曼破产导致银行间信任崩塌，同业拆借市场几近冻结，金融机构面临严重的流动性危机。全球惜贷现象加剧，企业融资成本飙升，经济活动受到严重抑制 1 3 7 。
3. **金融机构连锁反应**
   雷曼破产引发了多米诺骨牌效应，多家大型金融机构陷入困境。例如，AIG濒临破产，美国政府被迫介入救助。全球金融体系的核心受到动摇，次贷危机演变为全球性金融风暴 4 7 8 。
4. **经济衰退与通缩风险**
   雷曼破产加剧了全球经济衰退，各国央行面临通胀与通缩的两难抉择。债务违约和资产价格下滑导致企业裁员、减产，全球经济进入通缩时代 4 7 。
5. **对中国的影响**
   中国金融市场也受到波及，QDII基金等投资产品面临清盘风险。中国政府随后推出四万亿投资计划以稳定经济，同时增持美债以应对全球金融动荡 4 7 。

破产法在雷曼兄弟破产案中的适用

1. **美国破产法第11章的适用**
   雷曼兄弟依据美国《破产法》第11章申请破产保护。该章节允许公司在破产保护期间继续经营，并与债权人协商债务重组。雷曼兄弟通过资产出售、债务减免等措施寻求恢复运营 9 10 11 。
2. **破产保护与清算的区别**
   第11章破产保护与直接清算不同，前者允许公司在破产期间重组业务，而后者意味着公司立即关闭。雷曼兄弟通过破产保护程序，试图最大化债权人利益并有序处置资产 4 9 。
3. **债权人保护与利益平衡**
   破产法旨在保护债权人和债务人的利益。在雷曼案中，债权人委员会参与债务重组协商，确保债权人在破产程序中有平等的发言权和权益保护 9 10 。
4. **破产法的局限性**
   雷曼案暴露了破产法在处理大型金融机构破产时的局限性。尽管第11章提供了灵活的重组机制，但雷曼的复杂性和系统性风险使得破产程序难以完全避免市场动荡 9 10 。

总结

雷曼兄弟破产案对全球金融市场造成了深远影响，包括股市暴跌、流动性危机、金融机构连锁反应以及全球经济衰退。美国《破产法》第11章在雷曼案中发挥了重要作用，但也暴露了其在处理大型金融机构破产时的局限性。这一事件为全球金融监管和破产法律机制的完善提供了重要启示 1 4 7 。

这样的提示词可以确保 DeepSeek 结合具体案例进行分析，而不仅仅停留在对法律条文的介绍。

此外，研究者还可以设定案例比较的提示词，以探索商法规则在不同场景下的适用情况。例如：“请比较‘特斯拉收购 SolarCity 案’与‘戴尔私有化交易案’在公司法并购规则适用上的不同，并分析董事会在这两起交易中的角色。”

引用 10 篇资料作为参考 >

公司法并购规则适用的不同

1. **交易性质与目的:**
   - **特斯拉收购SolarCity**:这是一起典型的横向并购,旨在通过整合特斯拉的电动汽车业务与SolarCity的太阳能业务,形成清洁能源生态链。并购的主要目的是实现产业协同效应,提升整体竞争力 1 。
   - **戴尔私有化交易**:这是一起管理层收购(MBO),旨在将戴尔公司从公开市场私有化,以便更灵活地进行战略调整和资本运作。私有化的主要目的是摆脱公开市场的短期业绩压力,专注于长期发展 3 4 。
2. **并购规则适用:**
   - **特斯拉收购SolarCity**:由于特斯拉和SolarCity均为上市公司,并购过程需遵守美国证券法和公司法的相关规定,包括股东投票、信息披露、公平估值等。此外,由于马斯克同时是两家公司的大股东,交易还需特别关注利益冲突问题 1 5 。
   - **戴尔私有化交易**:私有化交易同样需遵守美国证券法和公司法的相关规定,但由于是管理层收购,还需特别关注董事会的独立性和公平性。戴尔公司董事会成立了特别委员会,聘请独立财务顾问,以确保交易对股东公平 3 4 。
3. **估值与定价:**
   - **特斯拉收购SolarCity**:通过现金流贴现法(DCF)和可比公司法进行估值,最终以每股20.75美元的价格完成收购。市场对交易的估值反应不一,特斯拉股价下跌,而SolarCity股价上涨 1 。
   - **戴尔私有化交易**:法院认定戴尔公司股票的公允价值为每股17.62美元,高于买方团队支付的13.75美元。法院要求收购方对异议股东按法院判决价格予以补偿 3 4 。

董事会的角色分析

1. **特斯拉收购SolarCity:**
   - **独立性**:马斯克同时是特斯拉和SolarCity的大股东,存在明显的利益冲突。尽管特斯拉董事会批准了交易,但法院认为马斯克在交易过程中实际上控制了董事会,导致董事会未能充分履行其受托责任 5 6 。
   - **受托责任**:董事会在交易中未能充分保护股东利益,特别是在估值和利益冲突处理上存在瑕疵。法院认为董事会未能独立评估交易,导致股东利益受损 5 6 。
2. **戴尔私有化交易:**
   - **独立性**:戴尔公司董事会成立了由三名外部董事组成的特别委员会,确保交易的独立性和公平性。戴尔先生全程回避,避免了利益冲突 3 4 。
   - **受托责任**:特别委员会聘请了独立的财务顾问和法律顾问,对交易进行了全面评估。董事会始终以股东利益最大化为原则,确保了交易的公平性和透明度 3 4 。

总结

特斯拉收购SolarCity案和戴尔私有化交易案在公司法并购规则的适用上存在显著差异,主要体现在交易性质、估值方法和利益冲突处理上。董事会在两起交易中的角色也大不相同,戴尔公司董事会通过成立特别委员会和聘请独立顾问,确保了交易的独立性和公平性,而特斯拉董事会则在利益冲突处理上存在明显不足,导致股东利益受损 1 3 4 。

这类提示词能够促使 DeepSeek 关注不同案例中的争议焦点,并结合具体情境进行深入分析。

四、嵌入经济学与金融学视角,拓展研究广度

商法学的许多理论基础和实践应用都涉及经济学与金融学的分析框架。

比如，公司治理、证券市场监管、反垄断法、合同法等领域的研究都可以结合经济学模型进行分析。因此，研究者可以在提示词中明确要求 DeepSeek 使用经济学或金融学理论进行分析，以拓展研究的广度。

例如："请分析'代理成本理论'(agency cost theory)如何影响公司治理结构，并结合 Jensen 和 Meckling 的观点进行讨论。"

引用 11 篇资料作为参考 >

代理成本理论（Agency Cost Theory）由Jensen和Meckling于1976年提出，是现代公司治理理论的重要基石之一。该理论的核心在于分析所有权与控制权分离后，委托人与代理人之间的利益冲突及其对公司治理结构的影响。

1. 代理成本的定义与构成

Jensen和Meckling将代理成本分为三类：

- **监督成本**：委托人为了监控代理人的行为而付出的成本，例如建立监督机制、审计费用等。
- **担保成本**：代理人为了向委托人保证其行为不会损害委托人利益而付出的成本，例如签订合同、提供担保等。
- **剩余损失**：由于代理人的决策与委托人利益最大化目标不一致而导致的效率损失 [2] [4] [9] 。

2. 代理成本对公司治理结构的影响

代理成本理论对公司治理结构的设计提出了以下要求：

- **激励机制**：为了降低代理成本，公司需要通过股权激励、绩效奖金等方式，使代理人的利益与委托人利益趋于一致。例如，让经理人持有公司股份，使其在追求个人利益的同时也关注公司价值的提升 [3] [9] 。
- **监督机制**：公司需要建立有效的监督机制，如董事会、独立董事、审计委员会等，以约束代理人的行为，减少其机会主义行为 [4] [7] 。
- **契约设计**：通过设计合理的契约条款，明确代理人的责任和义务，降低信息不对称带来的风险 [2] [9] 。

3. Jensen和Meckling的观点

Jensen和Meckling认为，代理成本的存在是现代公司治理的核心问题。他们指出，所有权与控制权的分离导致了委托人与代理人之间的利益冲突，而代理成本是这种冲突的直接表现。为了降低代理成本，公司治理结构需要从以下几个方面入手：

- **所有权结构**：通过调整所有权结构，例如让经理人持有更多股权，可以减少代理成本，因为经理人的利益与股东利益更加一致 [9] [11] 。
- **融资结构**：Jensen和Meckling还提出了自由现金流理论，认为公司应通过债务融资来约束经理人的行为，减少其滥用自由现金流的可能性 [9] 。
- **法律与制度环境**：完善的法律和制度环境可以有效降低代理成本，例如通过法律保护股东权益，增强契约的执行力 [9] 。

4. 代理成本理论的局限性

尽管代理成本理论为公司治理提供了重要的理论框架，但其也存在一定的局限性。例如，该理论假设委托人和代理人都是理性经济人，忽视了文化、道德等非经济因素对代理人行为的影响 [1] 。此外，代理成本理论过于强调股东利益最大化，可能忽视了其他利益相关者（如员工、客户等）的权益 [7] [9] 。

5. 总结

代理成本理论深刻揭示了现代公司治理中委托人与代理人之间的利益冲突，并为公司治理结构的设计提供了理论依据。通过激励机制、监督机制和契约设计，公司可以有效降低代理成本，提升治理效率。然而，代理成本理论也需要结合实际情况，考虑更多非经济因素的影响，以实现更全面的公司治理优化 [2] [4] [9] 。

此外，在竞争法领域，研究者可以使用如下提示词："在反垄断法中，'相关市场界定'（relevant market definition）如何受到经济学分析的影响？请结合美国和欧盟的竞争法案例进行讨论。"

引用 12 篇资料作为参考 >

在反垄断法中，"相关市场界定"（Relevant Market Definition）是评估企业市场支配地位和竞争影响的关键步骤，经济学分析在这一过程中起到了重要作用。经济学方法帮助执法机构更科学地界定市场范围，评估市场力量，并判断竞争行为的影响。以下是美国和欧盟竞争法案例中经济学分析对相关市场界定的影响讨论：

1. 经济学分析在相关市场界定中的作用

经济学分析主要通过需求替代、供给替代和"假定垄断者测试"（SSNIP测试）等方法来界定相关市场。需求替代分析从消费者角度评估商品的可替代性，供给替代则从生产者角度分析其他企业进入市场的可能性。SSNIP测试则通过模拟垄断者小幅提价的行为，判断市场范围 [1] [4] 。

2. 美国案例：谷歌反垄断案

在2024年的谷歌反垄断案中，美国哥伦比亚特区地方法院界定了三个相关市场：通用搜索服务市场、通用搜索文本广告市场和搜索广告市场。法院在界定相关市场时，采用了经济学分析中的"实用指标"（practical indicia）和需求交叉弹性等方法。例如，法院指出通用搜索服务与其他信息提供者（如专业垂直供应商和社交媒体平台）在功能上存在显著差异，因此不能纳入同一市场。此外，法院还通过市场份额和市场进入壁垒等经济学证据，认定谷歌在通用搜索服务市场具有市场支配地位 [7] 。

3. 欧盟案例：高通反垄断案

在欧盟对高通的反垄断调查中，经济学分析被用于界定相关市场和评估竞争影响。欧盟委员会认定高通在全球UMTS芯片组市场中具有支配地位，并通过掠夺性定价行为排挤竞争对手Icera。委员会采用了长期平均增量成本（LRAIC）等经济学方法，分析高通的价格行为是否低于成本，并判断其是否具有反竞争目的。最终，欧盟委员会对高通处以2.42亿欧元的罚款 [11] 。

4. 经济学分析在平台经济中的应用

在平台经济领域，相关市场界定面临更多挑战，经济学分析的作用更加突出。例如，在欧盟对Meta（原Facebook）的反垄断调查中，委员会通过经济学方法评估了Meta在社交网络市场和在线广告市场中的支配地位，并认定其通过捆绑Facebook Marketplace与用户账户的行为滥用市场支配地位。经济学分析帮助委员会更准确地界定了相关市场，并判断了Meta行为的竞争影响 [12] 。

5. 经济学分析的局限性

尽管经济学分析在相关市场界定中具有重要作用，但其应用也存在局限性。例如，在平台经济中，传统的SSNIP测试可能不适用于免费服务模式，需要采用非价格测试手段（如降低服务质量）来界定市场 [6] 。此外，经济学分析的结果可能因数据和方法的不同而产生争议，执法机构需要在实践中结合具体案情进行综合判断。

结论

经济学分析在反垄断法中的相关市场界定中起到了关键作用，帮助执法机构更科学地评估市场力量和竞争影响。美国和欧盟的案例表明，经济学方法在界定相关市场、评估市场支配地位和判断竞争行为的影响方面具有重要价值。然而，经济学分析的应用也需结合具体案情，并不断适应新兴经济模式（如平台经济）的挑战 [1] [4] [7] 。

此类提示词能够引导 DeepSeek 结合经济学理论框架进行法律分析，从而提高研究的跨学科深度。

五、优化学术写作风格，确保研究的严谨性

在商法学研究中，学术写作的严谨性至关重要。研究者可以在提示词中要求 DeepSeek 采用正式的学术语言，并符合法律论文的写作规范。

例如，可以这样设定提示词："请撰写一篇学术论文，题目为'公司董事的信义义务与商业判断原则的冲突'，要求包括引言、理论综述、案例分析和结论。"

引用 8 篇资料作为参考 >

公司董事的信义义务与商业判断原则的冲突

引言

公司董事的信义义务（Fiduciary Duty）与商业判断原则（Business Judgment Rule）是公司治理中的两大核心法律原则。信义义务要求董事以公司利益为出发点，忠实、勤勉地履行职责；而商业判断原则则为董事的决策提供了一定的保护，使其在合理的范围内免受因决策失误而承担的法律责任。然而，这两者之间的界限往往模糊不清，导致在实际应用中产生冲突。本文旨在探讨信义义务与商业判断原则的冲突，通过理论综述、案例分析，提出相应的解决路径。

理论综述

信义义务的内涵

信义义务主要包括忠实义务（Duty of Loyalty）和勤勉义务（Duty of Care）。忠实义务要求董事不得利用职权谋取私利，必须始终以公司利益为重；勤勉义务则要求董事在决策时尽到合理的注意义务，确保决策的合理性和谨慎性 [2] [4] 。

商业判断原则的核心

商业判断原则起源于美国，其核心在于尊重董事的商业决策自主权。只要董事在决策时基于善意、充分的信息和合理的理性，即使决策结果不佳，也不应承担法律责任。该原则旨在鼓励董事大胆决策，避免因过度谨慎而影响公司发展 [1] [3] 。

冲突的根源

信义义务与商业判断原则的冲突主要源于两者在适用标准上的差异。信义义务强调董事的责任和义务，而商业判断原则则更注重对董事决策的保护。这种差异导致在司法实践中，法院在判断董事是否违反信义义务时，往往需要在两者之间进行权衡 [5] [8] 。

案例分析

案例一：J公司与H公司债权转让合同纠纷案

在该案中，J公司的经营者侯某滥用公司独立人格，隐瞒公司资产并清偿关联公司债务，严重违背了对J公司及其债权人的信义义务。法院认为，侯某的行为不仅违反了忠实义务，也未能尽到勤勉义务。尽管侯某辩称其决策符合商业判断原则，但法院最终认定其行为超出了商业判断原则的保护范围，应承担相应的法律责任 [5] 。

案例二：Aronson v. Lewis案

这是美国商业判断原则的经典案例。法院在该案中确立了商业判断原则的适用标准，即董事在决策时基于善意、充

分的信息和合理的理性，即使决策结果不佳，也不应承担法律责任。该案的核心在于法院对董事决策过程的审查，而非决策结果的优劣 3 。

案例三：Stone v. Ritter案

该案涉及董事的监督职责。法院认为，董事在履行监督职责时，只要建立了适当的信息和报告系统，并在日常运营中及时获取适当信息，即可免除因监督不力而承担的责任。该案进一步明确了商业判断原则在董事监督职责中的适用标准 7 。

结论

信义义务与商业判断原则的冲突是公司治理中的一大难题。为了平衡两者之间的关系，建议从以下几个方面入手：

1. **明确适用标准**：通过立法或司法解释，明确信义义务与商业判断原则的适用条件和范围，避免在司法实践中产生混淆 8 。
2. **加强程序审查**：在判断董事是否违反信义义务时，应注重对决策程序的审查，而非仅关注决策结果的优劣 3 。
3. **引入合理预期标准**：在特定情况下，引入合理预期标准，作为商业判断原则的补充，以更好地保护股东利益 6 。

通过上述措施，可以在保护董事决策自主权的同时，确保其履行信义义务，从而实现公司治理的平衡与和谐。

这样的提示词能够确保 DeepSeek 生成符合学术论文格式的内容。

六、总结

研究者需要精心设计提示词以高效使用 DeepSeek 进行商法学研究，并确保输出内容的精准性和深度。通过精确设定研究议题、结合不同法域的法律体系、引入案例分析、嵌入经济学与金融学视角、优化学术写作风格，研究者可以充分利用 DeepSeek 的生成能力，以推进商法学研究的系统性和实践性。合理使用这些策略，能够让 DeepSeek 成为商法学研究中强有力的辅助工具，为理论探索和实务分析提供深度支持。

第十二节　驱动 DeepSeek 开展诉讼法学研究

诉讼法学涵盖民事诉讼法、刑事诉讼法和行政诉讼法等多个领域，涉及程序正义、司法权运作、证据规则、诉讼结构等核心议题。由于诉讼法学兼具理论深度与实践导向，研究者在使用 DeepSeek 进行相关研究时，需要通过精准设定研究问题、结合特定法系、引导案例分析、强调程序构造以及跨学科视角拓展等方式，确保生成的内容具有学术性、实务性和系统性。以下将详细探讨如何优化提示词，以最大限度地发挥 DeepSeek 在诉讼法学研究中的作用。

一、精准设定研究问题，避免泛化

诉讼法学研究涉及不同法系的制度构造、程序设计、证据规则、法官裁量权等诸多议题。

如果研究者在提示词中仅使用概括性的表述，如"刑事诉讼的基本原则是什么？"或"民事诉讼的程序有哪些阶段？"，DeepSeek 可能会提供基础性的回答，但缺乏针对性和学术深度。因此，研究者应通过提示词限定研究范围、指明核心问题、设定理论背景，以便获取更加深入的分析。

例如，可以提出特定法理争议作为提示词："在英美法系的对抗制诉讼模式下，被告的沉默权如何影响事实认定？请结合'Miranda v. Arizona 案'分析其对刑事诉讼程序的影响。"

引用 9 篇资料作为参考 >

在英美法系的对抗制诉讼模式下，被告的沉默权对事实认定有着重要影响。沉默权允许被告在刑事诉讼中保持沉默，拒绝回答可能导致自我归罪的问题。这一权利的核心在于防止被告在未经充分了解自身权利的情况下，被迫做出不利于自己的陈述，从而保障程序的公正性。

沉默权对事实认定的影响

1. **防止强迫自证其罪**：沉默权确保被告不会因被迫自证其罪而导致事实认定出现偏差。如果被告在压力下做出虚假或有误导性的供述，可能会影响法庭对案件事实的判断。沉默权的存在使得被告能够自主选择是否提供信息，从而减少因强迫供述导致的错误事实认定 [1][7]。
2. **证据排除规则**：在英美法系中，如果警方未告知被告其沉默权（如米兰达警告），则通过审讯获得的供述可能被排除在证据之外。这一规则旨在确保证据的合法性，避免因程序违法而影响事实认定的准确性 [7][9]。
3. **陪审团的影响**：在对抗制诉讼中，陪审团负责事实认定。被告的沉默权使得陪审团不能因被告保持沉默而做出不利推定。这有助于确保陪审团基于合法证据而非被告的沉默来认定事实 [6][7]。

"Miranda v. Arizona"案的影响

1966年的"Miranda v. Arizona"案是美国刑事司法史上的里程碑案件，确立了米兰达警告制度。该案的核心在于，警方在拘留和审讯嫌疑人时必须告知其沉默权和律师帮助权，否则获得的供述将不被法庭采纳 [7][9]。

1. **程序正义的强化**：米兰达警告确保了被告在审讯前了解其权利，从而防止因无知或胁迫而做出不利于自己的供述。这一制度强化了刑事诉讼的程序正义，使得事实认定更加依赖于合法获取的证据 [7][9]。
2. **执法行为的规范**：米兰达警告要求警方在审讯前履行告知义务，这规范了执法行为，减少了滥用权力和非法取证的可能性。通过这种方式，米兰达警告间接提升了事实认定的准确性 [7][9]。
3. **对司法效率的影响**：尽管米兰达警告可能增加了获取供述的难度，但它通过确保供述的自愿性和合法性，减少了因程序问题导致的案件重审或上诉，从而在长远上提升了司法效率 [1][7]。

总结

在英美法系的对抗制诉讼模式下，被告的沉默权通过防止强迫自证其罪、规范证据获取以及保护陪审团的中立性，对事实认定产生了深远影响。"Miranda v. Arizona"案进一步强化了这一权利，通过米兰达警告确保了刑事诉讼程序的合法性和公正性，从而提升了事实认定的准确性和司法系统的公信力 [1][7][9]。

这样的提示词能够引导 DeepSeek 结合案例进行分析，增加回答的理论深度和实践适用性。

此外，可以通过递进式提示词深化研究。

例如，先提出“我国民事诉讼中的处分原则与职权主义原则如何协调？”，在获得基本分析后，再继续提问：“处分原则在涉及公共利益案件（如消费者权益集体诉讼）时是否应当受到限制？”

我国民事诉讼中的处分原则与职权主义原则如何协调？处分原则在涉及公共利益案件（如消费者权益集体诉讼）时是否应当受到限制？

引用 10 篇资料作为参考 >

在我国民事诉讼中，处分原则与职权主义原则的协调主要体现在以下几个方面：

1. **处分原则**：根据《民事诉讼法》第13条，当事人有权在法律规定的范围内处分自己的民事权利和诉讼权利。这意味着当事人可以自主决定是否起诉、如何起诉、是否撤诉、是否和解等。处分原则的核心是尊重当事人的意思自治，法院在诉讼中处于相对被动的地位，不得主动干预当事人的处分行为 [1,6]。
2. **职权主义原则**：职权主义原则强调法院在诉讼中的主动性和主导性，尤其是在证据收集、事实查明等方面。法院可以依职权调查证据、查明事实，以确保案件的公正审理。职权主义原则在某些情况下可以弥补当事人处分权的不足，特别是在涉及公共利益或当事人能力不足的案件中 [4,6]。
3. **协调机制**：在我国民事诉讼中，处分原则与职权主义原则并非完全对立，而是相互补充。法院在尊重当事人处分权的同时，可以在必要时依职权进行干预，尤其是在涉及公共利益、社会秩序或当事人无法有效行使权利的情况下。例如，在涉及身份关系的案件或公益诉讼中，法院的职权干预更为明显 [2,6]。

处分原则在涉及公共利益案件中的限制

在涉及公共利益的案件（如消费者权益集体诉讼）中，处分原则应当受到一定限制，原因如下：

1. **公共利益优先**：公共利益案件往往涉及众多不特定主体的利益，当事人的处分行为可能会损害公共利益。因此，法院需要对当事人的处分行为进行审查，确保其不违反法律规定或损害公共利益 [8,9]。
2. **防止滥诉或和解**：在公益诉讼中，当事人可能会通过和解或撤诉等方式规避法律责任，导致公共利益无法得到有效保护。因此，法律对公益诉讼中的和解、撤诉等行为进行了严格限制，要求法院进行审查和监督 [8,9]。
3. **法院的职权干预**：在公益诉讼中，法院可以依职权调查事实、收集证据，以确保案件的公正审理。这种职权干预有助于弥补当事人处分权的不足，确保公共利益得到充分保护 [8,9]。

结论

在我国民事诉讼中，处分原则与职权主义原则通过相互补充的方式实现协调。在涉及公共利益的案件中，处分原则应当受到一定限制，以确保公共利益得到有效保护。法院在尊重当事人处分权的同时，可以依职权进行必要的干预，确保案件的公正审理和公共利益的维护 [1,6,8]。

这种方式可以促使 DeepSeek 进行更加细致的逻辑推演，从而生成符合学术需求的内容。

二、结合特定法系，提高理论深度

诉讼法学在不同法系中呈现出较大的制度差异，如大陆法系强调法官的职权主义,英美法系侧重于当事人主义(对抗制),这些理论背景影响了诉讼程序的构造。

因此,研究者在使用 DeepSeek 进行诉讼法学研究时,应通过提示词明确所涉法系,以确保生成的内容符合特定法律传统。例如:“德国民事诉讼中的法官调查义务如何与当事人主义相协调?请结合《德国民事诉讼法》第 139 条分析其适用范围。”

引用 5 篇资料作为参考 >

在德国民事诉讼中，法官的调查义务与当事人主义通过《德国民事诉讼法》第139条得以协调。该条规定了法官的“实体性诉讼指挥”义务，要求法官在诉讼过程中对事实和法律问题进行阐明，以确保当事人能够充分参与诉讼并防止突袭性裁判。

法官调查义务与当事人主义的协调

1. **当事人主义的核心**：当事人主义强调当事人在诉讼中的主导地位，当事人负责提出事实和证据，法院则根据当事人的主张进行裁判。然而，当事人可能因法律知识或诉讼经验的不足而无法充分表达其主张，导致裁判结果的不公正。
2. **法官调查义务的补充作用**：根据《德国民事诉讼法》第139条，法官有义务对当事人未充分阐明的事实和法律问题进行补充，确保当事人能够理解法院的法律观点，并有机会发表意见。这种义务不仅限于事实问题，还包括法律适用问题，例如法律解释、判例适用等 [1] [3] 。
3. **防止突袭性裁判**：法官通过履行阐明义务，避免当事人在未预料到的法律观点或事实基础上遭受突袭性裁判。这既保障了当事人的听审请求权，也增强了裁判的正当性和可接受性 [1] [5] 。

第139条的适用范围

1. **事实阐明**：法官应促使当事人就一切重要的事实问题作出充分说明，并在必要时补充当事人未提及的事实 [4] 。
2. **法律阐明**：法官需就法律适用与当事人进行讨论，指出当事人未提出的法律观点，并给予其发表意见的机会 [1] [3] 。
3. **程序保障**：法官的阐明义务旨在保障当事人的程序参与权，确保裁判的公正性和透明性 [5] 。

总结

《德国民事诉讼法》第139条通过赋予法官阐明义务，弥补了当事人主义的不足，既尊重了当事人的主导地位，又通过法官的积极介入确保了诉讼的公正性和效率。这种协调机制在防止突袭性裁判、保障当事人权利方面发挥了重要作用 [1] [3] [5] 。

这一提示词能够确保 DeepSeek 针对德国法的职权主义诉讼模式展开详细分析,而不会简单地给出一般性的解释。

如果研究者希望进行法系比较研究,提示词可以引导 DeepSeek 进行跨法系分析。例如:“美国的对抗制诉讼模式与法国的职权主义诉讼模式在证据规则上的核心区别是什么?请结合具体案例分析两种模式在诉讼公正性方面的利弊。”

引用 16 篇资料作为参考 >

美国的对抗制诉讼模式与法国的职权主义诉讼模式在证据规则上的核心区别主要体现在以下几个方面：

1. **证据收集与提交的主体**：
   - **对抗制诉讼模式**（美国）：证据的收集和提交主要由控辩双方负责，法官处于中立地位，不主动调查证据。控辩双方通过交叉询问、质证等方式展示证据，法官根据双方提供的证据作出裁决 [1] [2] 。
   - **职权主义诉讼模式**（法国）：法官在证据收集中起主导作用，主动调查证据，询问证人，并决定证据的采纳。控辩双方的角色相对被动，法官在查明事实真相方面负有主要责任 [10] [15] 。
2. **证据可采性规则**：
   - **对抗制诉讼模式**：证据的可采性规则较为严格，强调证据的相关性、合法性和有效性。例如，非法证据排除规则、传闻证据规则等在对抗制中广泛应用，以防止不公正的证据影响陪审团或法官的判断 [2] [3] 。
   - **职权主义诉讼模式**：证据的可采性规则相对宽松，法官在证据采纳方面拥有较大的自由裁量权。法官可以根据案件需要主动调查和采纳证据，而不受严格的证据规则限制 [10] [15] 。
3. **举证责任**：
   - **对抗制诉讼模式**：举证责任主要由控辩双方承担，控方需证明被告人有罪，辩方则需提出有利于被告的证据。法官不主动介入举证过程 [2] [3] 。
   - **职权主义诉讼模式**：法官在举证过程中起主导作用，控辩双方的举证责任相对较轻，法官可以主动调查和收集证据，以确保案件事实的查明 [10] [15] 。

诉讼公正性方面的利弊分析：

对抗制诉讼模式的利弊：

- **优点**：
  1. **程序公正**：对抗制强调控辩双方的平等对抗，法官保持中立，确保了程序的公正性。双方都有机会充分展示证据和进行辩论，减少了法官偏见的可能性 [1] [2] 。
  2. **保护被告权利**：对抗制通过严格的证据规则（如非法证据排除规则）保护被告的权利，防止不公正的证据影响判决 [3] [5] 。
- **缺点**：
  1. **诉讼效率低**：对抗制诉讼程序复杂，控辩双方的对抗可能导致诉讼拖延，增加了诉讼成本和时间 [14] [16] 。
  2. **依赖律师能力**：对抗制中，律师的能力对案件结果影响较大，可能导致经济条件较差的被告处于不利地位 [14] [16] 。

职权主义诉讼模式的利弊：

- **优点**：
  1. **诉讼效率高**：职权主义模式下，法官主动调查证据，减少了控辩双方的对抗，诉讼程序相对简洁，效率较高 [10] [15] 。
  2. **发现真相**：法官在查明事实真相方面起主导作用，能够更全面地调查证据，减少因控辩双方对抗导致的证据遗漏 [10] [15] 。
- **缺点**：
  1. **法官偏见风险**：法官在证据调查和采纳过程中拥有较大自由裁量权，可能导致法官的主观偏见影响判决 [15] [16] 。
  2. **被告权利保护不足**：职权主义模式下，被告的辩护权利相对较弱，法官的主导地位可能削弱被告的辩护空间 [15] [16] 。

具体案例分析：

- **对抗制案例**：美国辛普森案中，辩护律师通过质疑控方证据的合法性（如警方未按程序搜查），成功排除了关键证据，最终导致辛普森无罪释放。这一案例展示了对抗制中严格的证据规则对被告权利的保护，但也引发了公众对程序正义与实质正义的争议 3 12 。
- **职权主义案例**：在法国的职权主义模式下，法官主动调查证据，确保案件事实的全面查明。例如，在法国的刑事案件中，法官可以主动传唤证人并调查证据，减少了控辩双方的对抗，提高了诉讼效率，但也可能导致法官的主观判断影响案件结果 10 15 。

总结来说，对抗制诉讼模式在程序公正和被告权利保护方面具有优势，但可能导致诉讼效率低下；职权主义诉讼模式在诉讼效率和发现真相方面表现较好，但存在法官偏见和被告权利保护不足的风险。

这类提示词能够促使 DeepSeek 进行深度比较，从而提高研究的理论价值。

三、引导案例分析，增强实践适用性

诉讼法学研究不仅关注理论构造，也涉及具体的司法实践，因此研究者应在提示词中要求 DeepSeek 结合典型案例进行分析。

例如，可以使用这样的提示词：“请分析美国最高法院‘吉迪恩诉温赖特案’（Gideon v. Wainwright）如何确立刑事诉讼中的法律援助权，并探讨其对我国刑事诉讼制度的借鉴意义。”

引用 7 篇资料作为参考 ＞

吉迪恩诉温赖特案如何确立刑事诉讼中的法律援助权

吉迪恩诉温赖特案（Gideon v. Wainwright, 1963）是美国联邦最高法院历史上一个里程碑式的案件，确立了刑事诉讼中被告人的法律援助权。案件的核心在于，克拉伦斯·厄尔·吉迪恩因无力支付律师费用，要求法院为其指派律师，但被佛罗里达州法院拒绝。吉迪恩随后向联邦最高法院提起上诉，最高法院一致判决，根据宪法第六修正案和第十四修正案的正当程序条款，州法院有义务为无力支付律师费用的重罪被告人提供律师帮助 1 2 3 。

最高法院的判决推翻了此前在贝茨诉布莱迪案（Betts v. Brady, 1942）中的裁决，明确指出获得律师帮助权是公平审判的基本要素，适用于所有刑事案件，而不仅仅是死刑案件。这一判决确立了法律援助权作为一项宪法权利，要求各州和联邦法院在刑事案件中为贫困被告人提供免费律师 4 5 6 。

对我国刑事诉讼制度的借鉴意义

1. **法律援助的普遍性**：吉迪恩案确立了法律援助权的普遍性，即无论案件的性质如何，贫困被告人都应享有获得律师帮助的权利。我国在《刑事诉讼法》中同样规定了法律援助制度 7 。
2. **公平审判的实现**：吉迪恩案强调了律师在刑事审判中的必要性，认为律师是公平审判的基本保障。我国刑事诉讼中，律师的作用同样至关重要。通过加强法律援助制度，确保被告人在审判过程中能够有效行使辩护权，有助于实现公平审判 6 7 。
3. **程序正义的保障**：吉迪恩案通过宪法第十四修正案的正当程序条款，将获得律师帮助权纳入程序正义的范畴。我国刑事诉讼制度也可以借鉴这一理念，进一步强化程序正义，确保被告人在刑事诉讼中的各项权利得到充分保障 1 3 。
4. **法律教育的普及**：吉迪恩案中，吉迪恩通过自学法律知识，成功向最高法院提起上诉。这启示我们，普及法律教育，提高公民的法律意识，有助于公民在遇到法律问题时能够有效维护自身权益 4 5 。

结论

吉迪恩诉温赖特案通过确立刑事诉讼中的法律援助权，深刻影响了美国的刑事司法制度。我国在完善刑事诉讼制度的过程中，可以借鉴该案的经验，强化程序正义，确保公平审判的实现。同时，通过普及法律教育，提高公民的法律意识，有助于构建更加公正的司法体系 [1] [2] [3] 。

这类提示词能够促使 DeepSeek 结合案例背景、法院裁判逻辑以及制度影响进行综合分析,提高研究的实践价值。

除了单一案例研究,研究者还可以要求 DeepSeek 对比不同案件的法律适用差异。例如:“请比较‘Roe v. Wade 案’与‘Dobbs v. Jackson Women's Health Organization 案’在诉讼策略上的异同,并分析其对美国宪法诉讼的影响。”

引用 13 篇资料作为参考 >

诉讼策略的异同

1. 诉讼策略的相似之处：

- **宪法依据**：两案均围绕美国宪法第十四修正案的“正当程序条款”展开辩论。在“Roe v. Wade”案中，原告主张堕胎权属于隐私权的一部分，受第十四修正案保护 [1] [2] 。在“Dobbs v. Jackson Women's Health Organization”案中，原告同样基于第十四修正案，但焦点在于堕胎权是否属于宪法未明确列举的基本权利 [8] [13] 。
- **诉讼主体**：两案均由女性原告提起，挑战州政府的堕胎限制法律。在“Roe v. Wade”案中，原告是化名为“简·罗”的诺玛·麦科维；在“Dobbs”案中，原告是密西西比州的堕胎诊所及其医生 [1] [13] 。
- **诉讼目标**：两案均旨在推翻州政府的堕胎限制法律，争取堕胎权的宪法保护 [1] [13] 。

2. 诉讼策略的不同之处：

- **法律框架**：在“Roe v. Wade”案中，原告主要依赖隐私权理论，认为堕胎权属于个人隐私权的范畴，受宪法保护 [1] [2] 。而在“Dobbs”案中，原告则更侧重于论证堕胎权是否属于宪法未列举的基本权利，并强调其是否“深深植根于美国历史和传统” [8] [13] 。
- **诉讼背景**：“Roe v. Wade”案发生在20世纪70年代，正值女权运动兴起，社会对堕胎权的关注逐渐增加 [1] [3] 。而“Dobbs”案则发生在2022年，美国最高法院的保守派占多数，社会对堕胎权的争议更加极化 [8] [13] 。
- **诉讼结果**：“Roe v. Wade”案确立了堕胎权的宪法保护，并提出了“三阶段框架”来平衡州政府与妇女权利 [1] [2] 。而“Dobbs”案则推翻了“Roe v. Wade”案的裁决，将堕胎权的决定权交还给各州 [8] [13] 。

对美国宪法诉讼的影响

1. 对宪法解释的影响：

- **“Roe v. Wade”案**：该案扩展了第十四修正案的适用范围，将隐私权纳入宪法保护，并为堕胎权提供了宪法依据。这一裁决引发了广泛的争议，成为美国宪法史上最具争议的判决之一 [1] [2] 。
- **“Dobbs”案**：该案标志着最高法院对宪法解释的转向，强调“原旨主义”和“历史和传统”的重要性。这一裁决削弱了第十四修正案对未列举权利的保护，可能影响其他基于隐私权的宪法权利，如同性婚姻权 [8] [13] 。

2. 对司法先例的影响：

- **“Roe v. Wade”案**：该案确立了堕胎权的先例，成为后续堕胎相关案件的法律基础。然而，该案也因其法律推理的争议性而备受批评 1 2 。

- **“Dobbs”案**：该案推翻了“Roe v. Wade”案的先例，表明最高法院在特定情况下可以推翻长期确立的判例。这一裁决可能鼓励更多挑战其他先例的诉讼 8 13 。

3. 对社会和政治的影响：

- **“Roe v. Wade”案**：该案引发了美国社会对堕胎权的激烈辩论，成为女权运动的重要里程碑。然而，它也加剧了保守派与自由派之间的对立 1 3 。
- **“Dobbs”案**：该案进一步激化了美国社会对堕胎权的分歧，导致各州在堕胎政策上的巨大差异。这一裁决可能成为未来政治选举和司法提名的重要议题 8 13 。

综上所述，“Roe v. Wade”案与“Dobbs v. Jackson Women’s Health Organization”案在诉讼策略上既有相似之处，也有显著差异。两案对美国宪法诉讼的影响深远，不仅改变了宪法解释的方向，也对司法先例和社会政治产生了重大影响。

这类提示词能够确保 DeepSeek 关注案件的法律推理过程，并分析其对诉讼制度的长期影响。

四、强调程序构造，探讨司法实践中的制度问题

诉讼法学的核心在于程序设计，因此研究者可以通过提示词引导 DeepSeek 关注特定诉讼程序。

例如：“在刑事诉讼中，非法证据排除规则的适用边界如何确定？请结合美国‘马普诉俄亥俄州案’（Mapp v. Ohio）和中国《刑事诉讼法》的相关规定进行分析。”

引用 11 篇资料作为参考 >

在刑事诉讼中，非法证据排除规则的适用边界主要涉及证据的合法性、取证程序的合规性以及证据排除的具体情形。以下结合美国“马普诉俄亥俄州案”和中国《刑事诉讼法》的相关规定进行分析。

1. 美国“马普诉俄亥俄州案”的启示

“马普诉俄亥俄州案”（Mapp v. Ohio, 1961）是美国非法证据排除规则发展的重要里程碑。该案中，美国联邦最高法院裁定，通过违反宪法第四修正案（禁止无理搜查和扣押）取得的证据不得在州法院的刑事诉讼中使用。这一判决确立了非法证据排除规则在州法院的适用，并强调了以下原则 3 6 ：

- **强制排除**：只要证据是通过违宪手段获取的，无论其真实性如何，都必须排除。法官在此问题上没有自由裁量权。
- **权利保护**：非法证据排除规则的核心是保护公民的宪法权利，尤其是免受无理搜查和扣押的权利。
- **威慑作用**：通过排除非法证据，威慑执法机关在取证过程中遵守宪法规定。

2. 中国《刑事诉讼法》的规定

中国《刑事诉讼法》第56条明确规定了非法证据排除规则，具体包括以下内容 9 10 ：

- **非法言词证据的排除**：采用刑讯逼供等非法方法收集的犯罪嫌疑人、被告人供述，以及采用暴力、威胁等非法方法收集的证人证言、被害人陈述，应当予以排除。

- **非法实物证据的排除**：收集物证、书证不符合法定程序，可能严重影响司法公正的，应当予以补正或者作出合理解释；不能补正或者作出合理解释的，对该证据应当予以排除。
- **举证责任**：当事人及其辩护人、诉讼代理人有权申请排除非法证据，但需提供相关线索或材料；检察机关则需证明证据收集的合法性。

3. 适用边界的确定

结合美国“马普案”和中国《刑事诉讼法》，非法证据排除规则的适用边界可以从以下几个方面确定：

- **取证程序的合法性**：证据是否通过合法程序取得是关键。例如，美国强调搜查令的合法性，中国则强调取证程序是否符合法定要求。
- **证据的关联性与真实性**：美国“马普案”表明，非法证据排除规则不考虑证据的真实性，只要取证程序违法，证据即被排除。而中国在实物证据的排除上，则允许通过补正或合理解释来挽救证据的合法性 9 10 。
- **权利保护与司法公正的平衡**：非法证据排除规则的核心是保护公民权利，但也需兼顾司法公正。中国在实物证据排除上采取“补正或合理解释”的方式，体现了对权利保护与司法公正的平衡 9 10 。
- **威慑与规范作用**：非法证据排除规则旨在威慑执法机关依法取证，避免滥用权力。美国通过强制排除规则实现这一目标，而中国则通过严格的程序要求和举证责任分配来规范取证行为 3 9 。

4. 总结

非法证据排除规则的适用边界主要取决于取证程序的合法性、证据的性质（言词证据或实物证据）以及权利保护与司法公正的平衡。美国“马普案”确立了强制排除的原则，强调对宪法权利的保护；中国《刑事诉讼法》则在排除非法证据的同时，允许通过补正或合理解释来挽救部分实物证据，体现了对程序正义与实体正义的双重追求 3 9 10 。

这类提示词能够引导 DeepSeek 针对不同国家的诉讼程序展开详细讨论，并分析其在实践中的适用性。

此外，研究者还可以利用 DeepSeek 探讨程序制度的改革。例如：“在电子证据日益重要的背景下，现行民事诉讼中的证据规则是否需要调整？请结合我国《民事诉讼法》的最新修订内容进行分析。”

引用 7 篇资料作为参考 >

在电子证据日益重要的背景下，现行民事诉讼中的证据规则确实需要进行调整。我国《民事诉讼法》及相关司法解释近年来已对电子证据的规则进行了多次修订和完善，以适应信息化时代的需求。

1. 电子证据的明确界定

2012年《民事诉讼法》首次将“电子数据”列为独立的证据类型，2015年《民事诉讼法解释》进一步明确了电子数据的定义，包括电子邮件、电子数据交换、网上聊天记录、博客、微博客、手机短信、电子签名、域名等形成或存储在电子介质中的信息 1 5 。2019年《最高人民法院关于民事诉讼证据的若干规定》（以下简称《新民事证据规定》）进一步细化了电子数据的范围，涵盖了网页、博客、微博客、手机短信、电子邮件、即时通信、通讯群组、用户注册信息、电子交易记录、文档、图片、音频、视频等多种形式 1 5 6 。

2. 电子证据的真实性认定

《新民事证据规定》对电子证据的真实性认定规则进行了详细规定，包括电子数据的生成、存储、传输所依赖的计算机系统的硬件、软件环境是否完整、可靠，电子数据是否被完整地保存、传输、提取，保存、传输、提取的方法是否可靠等因素 1 6 。此外，电子数据的内容经公证机关公证的，人民法院应当确认其真实性，除非有相反证据足以推翻 5 6 。

3. 电子证据的原件认定

《新民事证据规定》明确了电子数据的原件认定规则，电子数据的制作者制作的与原件一致的副本，或者直接来源于电子数据的打印件或其他可以显示、识别的输出介质，视为电子数据的原件 [1][6] 。这一规定解决了电子数据因技术迁移或存储介质变化而难以提供原始载体的问题。

4. 电子证据的举证与采信

《新民事证据规定》还规定了电子证据的举证责任和采信标准，要求当事人提供电子数据原件或视为原件的副本，并对其真实性进行充分证明 [1][6] 。同时，司法解释还强调了电子证据的关联性和合法性，要求电子证据与案件事实有客观联系，且其收集、提供过程符合法定程序 [3][4] 。

结论

综上所述，我国《民事诉讼法》及相关司法解释已对电子证据的规则进行了多次调整和完善，以适应信息化时代的需求。这些修订不仅明确了电子证据的范围和真实性认定规则，还解决了电子证据的原件认定和举证采信问题，为电子证据在民事诉讼中的有效运用提供了法律保障。因此，现行民事诉讼中的证据规则已经进行了必要的调整，以应对电子证据日益重要的背景。

这一提示词能够促使 DeepSeek 关注程序制度的动态变化，并结合最新立法进行讨论，提高研究的前沿性。

五、利用跨学科视角，拓展研究维度

诉讼法学并非孤立存在，而是与政治学、社会学、法经济学、人工智能等学科交叉融合。研究者可以通过提示词引导 DeepSeek 进行跨学科分析。

例如，设定如下提示词：“请分析法经济学在诉讼程序设计中的应用，结合 Posner 的观点探讨‘诉讼效率’的经济学分析框架。”

引用 8 篇资料作为参考 ＞

法经济学在诉讼程序设计中的应用主要体现在通过经济学方法来优化诉讼程序，以提高司法效率并最小化社会成本。结合Richard Posner的观点，诉讼效率的经济学分析框架可以从以下几个方面进行探讨：

1. 成本-收益分析

Posner强调，诉讼程序的设计应基于成本-收益分析，以最小化社会总成本。这包括直接成本（如诉讼费用、时间成本）和错误成本（如错误判决导致的资源错配） [8] 。通过权衡这两类成本，可以设计出更高效的诉讼程序。例如，简化诉讼流程、减少不必要的程序步骤，可以降低直接成本；而通过提高证据收集和审查的准确性，可以减少错误成本。

2. 激励机制设计

Posner认为，法律规范应通过激励机制来引导当事人的行为。在诉讼程序中，激励机制可以通过诉讼费用的分配、和解机制的设置等方式实现。例如，鼓励当事人在诉讼早期达成和解，可以避免高昂的庭审成本 [5] 。此外，合理的诉讼费用分担机制可以防止滥诉行为，减少不必要的司法资源消耗。

3. 证据规则的经济分析

Posner指出，证据规则的设计应考虑证据的可获取性和成本效益。在诉讼程序中，证据的收集和审查是影响诉讼效率的关键因素。通过优化证据规则，可以降低证据收集的成本，同时提高证据的可靠性。例如，引入电子证据的审查标准，可以减少传统纸质证据的存储和传输成本 [5] 。

4. 程序正义与效率的平衡

Posner认为，程序正义不仅要求公正，还要求效率。在诉讼程序设计中，应在程序正义和效率之间寻求平衡。例如，通过审前程序的优化（如证据交换、争点整理），可以减少庭审时间，提高审判效率 6 。同时，审前程序还可以通过促进当事人之间的信息交流，增加和解的可能性，从而进一步降低诉讼成本。

5. 社会成本的最小化

Posner强调，诉讼程序的最终目标是实现社会成本的最小化。这包括国家成本（如司法系统的运行成本）和私人成本（如当事人的诉讼费用和时间成本） 7 。通过综合考虑这些成本，可以设计出更符合经济效率的诉讼程序。例如，引入替代性纠纷解决机制（如调解、仲裁），可以在不进入正式诉讼程序的情况下解决纠纷，从而降低社会总成本。

总结

结合Posner的观点，诉讼效率的经济学分析框架强调通过成本–收益分析、激励机制设计、证据规则优化等手段，实现诉讼程序的高效运行和社会成本的最小化。这一框架不仅为诉讼程序的设计提供了理论依据，也为司法实践中的效率提升提供了具体指导 5 7 8 。

这类提示词能够促使 DeepSeek 结合法经济学理论，进行诉讼程序的成本—效益分析，提高研究的深度和广度。

同样，研究者可以要求 DeepSeek 分析人工智能对诉讼程序的影响。例如："人工智能在诉讼程序中是否可以替代法官进行事实认定？请结合当前司法 AI 的发展趋势和伦理争议进行讨论。"

引用 11 篇资料作为参考 >

人工智能在诉讼程序中是否可以替代法官进行事实认定，是一个复杂且具有争议的问题。结合当前司法 AI 的发展趋势和伦理争议，可以从以下几个方面进行分析：

1. 人工智能在事实认定中的技术能力

人工智能在司法领域的应用已经取得了一定进展，尤其是在处理大量数据和信息方面表现出色。例如，AI 可以通过自然语言处理技术将案件证据数据化，并通过算法进行逻辑推理，辅助法官进行事实认定 1 2 。此外，AI 还能够通过深度学习技术分析历史案例，提供类案推送和裁判标准，帮助法官减少人为偏见，提高裁判的一致性和公正性 4 6 。

然而，AI 在事实认定中仍存在技术局限性。例如，AI 难以处理涉及自由心证、因果联系等复杂法律问题，且其算法可能存在"黑箱"问题，导致决策过程缺乏透明性和可解释性 1 5 9 。此外，AI 的训练数据可能存在偏差，进而影响事实认定的公正性 9 10 。

2. 司法 AI 的发展趋势

当前，司法 AI 的发展趋势主要集中在辅助法官而非替代法官。例如，智能辅助审判系统可以通过分析历史案例和证据，为法官提供数据支持，提高审判效率 4 8 。同时，AI 还被用于案件管理、证据分析和法律研究等领域，帮助法官更专注于案件的法律事实和复杂问题 4 8 。

尽管如此，完全依赖 AI 进行事实认定仍面临诸多挑战。例如，AI 难以模拟人类法官的主观判断能力，尤其是在涉及伦理、道德和价值的复杂案件中 6 9 。此外，AI 的决策可能缺乏灵活性，无法像人类法官那样综合考虑法律效果和社会影响 6 9 。

3. 伦理争议与法律挑战

AI 在司法领域的应用引发了广泛的伦理争议。首先，AI 的算法可能存在偏见，导致事实认定结果不公正 [5] [10] 。其次，AI 的决策过程缺乏透明性，可能影响公众对司法公正的信任 [5] [9] 。此外，AI 的应用还涉及数据隐私和责任归属问题，例如，AI 在处理敏感案件信息时可能引发隐私泄露风险 [10] [11] 。

从法律角度来看，AI 的司法应用需要明确其法律地位和责任归属。例如，当 AI 生成的裁判结果出现错误时，责任应由开发者、使用者还是算法本身承担，尚无明确的法律规定 [10] [11] 。此外，AI 的应用可能削弱法官的独立性和中立性，进而影响司法公正 [6] [11] 。

4. 未来展望

尽管 AI 在事实认定中展现出一定的潜力，但其目前仍无法完全替代法官。未来，AI 更可能作为辅助工具，帮助法官提高审判效率和公正性。同时，需要进一步完善相关法律法规，明确 AI 的司法应用边界，并加强伦理监管，确保 AI 的应用符合法律和伦理要求 [5] [6] [11] 。

结论

人工智能在诉讼程序中尚无法完全替代法官进行事实认定，但其作为辅助工具的应用前景广阔。未来，需要在技术、法律和伦理层面进行综合考量，推动 AI 与司法实践的深度融合，同时确保司法公正和人类法官的主体地位 [1] [6] [11] 。

这类提示词能够确保 DeepSeek 从技术、伦理和法律制度的角度分析人工智能对诉讼程序的影响，拓展研究视角。

六、总结

为了更有效地利用 DeepSeek 进行诉讼法学研究，研究者需要精心设计提示词，确保其符合学术研究的逻辑需求。通过精准设定研究问题、结合特定法系、引导案例分析、强调程序构造以及利用跨学科方法，可以最大限度地发挥 DeepSeek 在诉讼法学研究中的作用。科学设计提示词不仅能提升输出内容的质量，还能拓展研究的广度和深度，从而更系统地推进诉讼法学的理论与实践探索。

第十三节　驱动 DeepSeek 开展经济法学研究

经济法学作为调整国家、市场、社会三者关系的法律学科，涉及政府管制、市场规制、产业政策、反垄断法、金融法、税法等多个领域。研究经济法学，需要兼顾法律规范的逻辑体系、经济政策的理论依据、司法实践的具体应用以及跨学科的研究方法。DeepSeek 作为智能化研究工具，有潜力为经济法学研究提供多维度的支持。为了更高效地利用 DeepSeek 进行经济法学研究，研究者应重点关注精准设定研究问题、结合经济理论、嵌入案例分析、引导规范性与实证性研究、促进跨学科分析五个方面,以确保生成的内容具有学术深度和实践价值。

一、精准设定研究问题,避免泛化

在使用 DeepSeek 进行经济法学研究时,研究者首先需要设定明确的问题范围,避免泛化的描述。

例如,如果输入"反垄断法的作用是什么?",DeepSeek 可能会给出浅显的概述,而缺乏深度探讨。可以优化提示词,如:"结合芝加哥学派的观点,分析反垄断法的政策目标及其对市场竞争的影响。"

引用 11 篇资料作为参考 >

芝加哥学派在反垄断法领域的观点主要基于经济效率和自由市场的理念。他们认为,反垄断法的核心目标应当是促进经济效率,而非简单地维护市场竞争结构。以下是结合芝加哥学派观点对反垄断法政策目标及其对市场竞争影响的分析:

反垄断法的政策目标

1. **经济效率为核心**:芝加哥学派认为,反垄断法的唯一目标应当是提高经济效率,特别是生产效率。他们认为,大企业之所以能够占据市场主导地位,往往是因为其具有规模经济或更高的效率,能够更好地满足消费者需求。因此,反垄断法不应盲目拆分大企业或阻止合并,而应关注这些行为是否真正损害了效率 [1] [5] 。
2. **消费者福利最大化**:芝加哥学派强调,反垄断法的最终目标是通过提高效率来实现消费者福利的最大化。他们认为,市场竞争的最终受益者是消费者,因此反垄断法应关注价格、产量和产品质量等直接影响消费者福利的因素 [5] [7] 。
3. **保护竞争而非竞争者**:芝加哥学派主张,反垄断法应保护市场竞争过程本身,而不是保护特定的竞争者。他们认为,市场竞争是一个优胜劣汰的过程,低效企业被淘汰是市场机制的正常表现,反垄断法不应干预这一过程 [5] [7] 。

对市场竞争的影响

1. **减少对市场结构的干预**:芝加哥学派反对哈佛学派的结构主义观点,认为市场集中度并不必然导致低效或垄断。相反,高市场集中度可能是市场竞争的结果,反映了企业的效率优势。因此,反垄断法不应过度干预市场结构,而应允许市场力量自由发挥作用 [1] [5] 。
2. **放宽对合并和纵向限制的审查**:芝加哥学派认为,企业之间的合并和纵向限制(如一体化、搭售等)往往是出于效率考虑,例如降低交易成本或实现规模经济。因此,反垄断法应放宽对这些行为的审查,除非有明确证据表明它们会损害消费者福利 [5] [7] 。
3. **强调市场自我调节能力**:芝加哥学派相信市场具有强大的自我调节能力,垄断往往是暂时的,市场进入和竞争最终会消除垄断势力。因此,反垄断法应尽量减少政府干预,允许市场机制自行恢复均衡 [7] [8] 。

总结

芝加哥学派的反垄断观点强调经济效率和消费者福利,主张减少对市场结构的干预,放宽对合并和纵向限制的审查,并相信市场的自我调节能力。这种观点对现代反垄断法的制定和实施产生了深远影响,特别是在美国,芝加哥学派的思想在20世纪70年代后逐渐成为反垄断政策的主导理论 [1] [5] [7] 。

如此一来，DeepSeek 可以提供不同学派的理论视角，生成更加学术性的内容。

此外，研究者可以采取递进式提问，以加深对问题的理解。例如，首先询问："反垄断法在防止市场失灵方面发挥了哪些作用？"在获取基本回答后，再进一步提问："在数字经济背景下，反垄断法如何应对平台经济的垄断风险？"

反垄断法在防止市场失灵方面发挥了哪些作用？在数字经济背景下，反垄断法如何应对平台经济的垄断风险？

引用 8 篇资料作为参考 ＞

反垄断法在防止市场失灵方面发挥了重要作用，主要体现在以下几个方面：

1. **维护市场竞争**：反垄断法通过禁止垄断协议、滥用市场支配地位和具有排除、限制竞争效果的经营者集中，确保市场中的公平竞争，防止少数企业通过垄断行为控制市场，从而避免市场失灵 1 2 。
2. **保护消费者权益**：反垄断法通过打击价格垄断、限制交易等行为，防止企业通过垄断行为抬高价格或降低服务质量，从而保护消费者的利益 1 4 。
3. **促进创新和效率**：反垄断法通过维护市场竞争，鼓励企业通过创新和提高效率来获得竞争优势，而不是通过垄断行为来维持市场地位 3 4 。
4. **防止资源错配**：反垄断法通过防止垄断行为，确保资源能够根据市场需求进行有效配置，避免因垄断导致的资源错配和市场失灵 3 4 。

在数字经济背景下，反垄断法如何应对平台经济的垄断风险：

1. **应对数据垄断**：数字经济中，平台企业通过控制大量数据形成垄断。反垄断法通过禁止滥用市场支配地位，防止平台企业利用数据优势排除、限制竞争 6 8 。
2. **规制算法滥用**：平台企业通过算法进行价格歧视、自我优待等行为，反垄断法通过明确禁止利用算法从事垄断行为，防止平台企业通过技术手段排除、限制竞争 6 8 。
3. **防止"扼杀式并购"**：平台企业通过并购初创企业来消除潜在竞争，反垄断法通过加强经营者集中审查，防止平台企业通过并购行为排除、限制竞争 6 7 。
4. **引入"安全港"规则**：反垄断法通过引入"安全港"规则，为中小企业提供明确预期，防止平台企业通过垄断协议排除、限制竞争 6 7 。
5. **加强国际合作**：数字经济具有全球性，反垄断法通过加强国际合作，共同应对平台经济的垄断风险，维护全球市场的公平竞争 1 8 。

总之，反垄断法在防止市场失灵和应对平台经济垄断风险方面发挥了重要作用，通过不断完善法律体系和加强执法力度，确保市场公平竞争，促进经济健康发展 1 6 8 。

这种方式能够引导 DeepSeek 进行层次化分析，使研究更具逻辑性。

二、结合经济理论，提升法学分析的深度

经济法学的研究不能仅限于法律条文层面，还应结合经济学理论进行分析。

研究者可以在提示词中要求 DeepSeek 引入特定的经济学理论。

例如："请用科斯定理分析政府在市场规制中的作用。"或者："请结合博弈论解释企业合谋行为的法律规制逻辑。"

请用科斯定理分析政府在市场规制中的作用。

引用 13 篇资料作为参考 >

科斯定理由经济学家罗纳德·科斯提出，其核心思想是：只要产权明确且交易成本为零或很小，市场机制能够通过当事人之间的协商实现资源的有效配置，而无需政府干预。然而，在现实世界中，交易成本往往较高，这为政府介入提供了理论基础。以下是科斯定理视角下政府在市场规制中的作用分析：

1. 明确产权

科斯定理的前提是产权明确。政府的主要作用之一是通过法律和制度设计，明确界定产权。例如，在环境污染问题中，政府可以通过立法明确居民对清洁空气的产权，或赋予企业排放污染的权利。这种明确的产权界定为市场交易提供了基础，使得当事人可以通过协商解决外部性问题 1 3 12 。

2. 降低交易成本

在交易成本较高的情况下，市场机制可能无法有效运作。政府可以通过以下方式降低交易成本：

- **提供信息平台**：政府可以建立信息公开机制，减少信息不对称，促进当事人之间的协商 12 。
- **建立仲裁机制**：政府可以提供仲裁服务，帮助解决协商中的纠纷，降低谈判成本 12 。
- **组织协调**：在涉及多方利益的情况下，政府可以组织行业协会或居民委员会，协调各方利益，减少协商的复杂性 1 3 。

3. 纠正市场失灵

当交易成本过高或产权难以界定时，市场机制可能无法有效解决外部性问题。此时，政府可以通过规制手段纠正市场失灵，例如：

- **征税或补贴**：政府可以通过征税（如污染税）或补贴（如清洁能源补贴）将外部成本内部化，促使企业采取更环保的生产方式 1 3 。
- **直接规制**：政府可以制定排放标准或技术规范，直接限制企业的污染行为 4 5 。

4. 平衡效率与公平

科斯定理关注资源配置的效率，但忽视了收入分配问题。政府可以通过规制手段平衡效率与公平。例如，在环境污染问题中，政府可以通过税收和补贴政策，确保污染成本的承担者得到合理补偿，避免社会不公 1 10 。

5. 动态调整规制政策

随着市场环境和技术的变化，政府需要动态调整规制政策。例如，在数字经济领域，政府可以通过制定数据产权规则，促进数据资源的有效配置 11 12 。

结论

科斯定理为政府在市场规制中的作用提供了理论依据。在交易成本较低且产权明确的情况下，政府应尽量减少干预，让市场机制发挥作用；而在交易成本较高或产权难以界定的情况下，政府需要通过明确产权、降低交易成本、纠正市场失灵等方式，确保资源的有效配置和社会福利的最大化 1 3 12 。

请结合博弈论解释企业合谋行为的法律规制逻辑。

引用 10 篇资料作为参考 >

企业合谋行为在博弈论中可以被视为一种非合作博弈的结果，其中企业通过协调行动来最大化集体利益，而非独立决策。博弈论中的“囚徒困境”模型常被用来解释合谋行为：在缺乏有效监管的情况下，企业有动机通过合谋来避免竞争，从而获得更高的利润。然而，这种合谋行为会损害市场竞争和消费者福利，因此需要法律进行规制。

1. 博弈论视角下的企业合谋

在博弈论中，企业合谋可以被视为一种“纳什均衡”，即企业在没有外部干预的情况下，通过默契或明示的协议达成一种稳定的策略组合。例如，在寡头垄断市场中，企业可能通过价格固定、产量限制等方式实现合谋，从而避免价格战，维持高利润。这种合谋行为通常依赖于企业之间的重复博弈和可信的惩罚机制，以确保各方遵守协议。

2. 法律规制的博弈论逻辑

法律规制的核心在于打破企业合谋的均衡状态，通过增加合谋的成本和风险，促使企业回归竞争性行为。具体逻辑如下：

- **增加合谋成本**：反垄断法通过禁止垄断协议、滥用市场支配地位等行为，增加了企业合谋的法律风险。例如，企业一旦被发现合谋，将面临高额罚款、声誉损失甚至刑事责任，这使得合谋的成本显著提高。
- **降低合谋收益**：法律通过促进市场竞争，降低企业通过合谋获得的超额利润。例如，反垄断执法机构可以通过拆分垄断企业、引入新竞争者等方式，削弱合谋企业的市场力量。
- **信息透明与监督**：法律要求企业公开价格、产量等信息，增加市场透明度，减少企业通过默示合谋达成共识的可能性。同时，反垄断执法机构通过监测市场行为，及时发现并打击合谋行为。

3. 算法共谋的规制挑战

在数字经济背景下，算法共谋成为新的挑战。企业可以通过算法实现默示合谋，例如通过定价算法实时调整价格，形成超竞争水平的价格均衡。这种合谋行为难以通过传统的“意思联络”标准进行认定，因此需要法律规制的创新。

- **滥用共同市场支配地位制度**：该制度不依赖于对意思联络的证明，而是通过判断企业是否具有共同市场地位以及是否实施滥用行为来确认合谋的违法性 1 2 3 。
- **间接证据的运用**：在算法共谋中，信息交换行为被视为证明合谋意图的重要证据。法律可以通过完善间接证据的认定规则，推定企业之间存在合谋 1 2 3 。

4. 总结

从博弈论的角度看，企业合谋是一种非合作博弈的均衡结果，而法律规制的目标是通过增加合谋成本、降低合谋收益以及提高信息透明度，打破这种均衡，促使企业回归竞争性行为。在数字经济背景下，算法共谋的出现对传统规制逻辑提出了新的挑战，需要法律制度的创新和完善 1 2 3 。

这类提示词能够促使DeepSeek结合经济学的分析方法，生成更具学术价值的研究内容。

此外，研究者可以要求DeepSeek进行跨学派比较，以增加研究的理论厚度。例如：“新制度经济学如何解释经济法的必要性？请与凯恩斯主义的市场管制理论进行对比。”

引用 10 篇资料作为参考 >

新制度经济学和凯恩斯主义在解释经济法的必要性时，有着不同的理论基础和侧重点。

新制度经济学对经济法必要性的解释

新制度经济学强调**制度**在经济活动中的核心作用，尤其是**交易成本**和**产权**的重要性。根据科斯的理论，经济法的必要性主要体现在以下几个方面：

1. **降低交易成本**：新制度经济学认为，市场交易并非无摩擦的，交易成本（如信息搜索、谈判、合同执行等）是经济活动中的重要因素。经济法通过提供明确的规则和框架，可以减少交易成本，促进资源的有效配置 [1] [3] 。
2. **产权保护**：科斯指出，明确的产权界定是市场有效运行的前提。经济法通过保护产权，确保市场参与者能够自由交易，避免因产权不清导致的资源浪费和冲突 [1] [3] 。
3. **制度设计与演化**：新制度经济学认为，经济法作为制度的一部分，能够通过设计和演化来适应经济环境的变化，提高经济效率和公平性。例如，法律体系可以通过监管机制减少市场不完备性和信息不对称 [3] 。
4. **解决外部性问题**：科斯认为，在产权明晰的情况下，外部性问题可以通过市场交易解决，而经济法的作用在于为这种交易提供法律框架，确保交易的合法性和可执行性 [1] 。

凯恩斯主义对市场管制的解释

凯恩斯主义则从**市场失灵**和**有效需求不足**的角度出发，强调政府干预的必要性。凯恩斯主义认为，经济法的作用主要体现在以下几个方面：

1. **纠正市场失灵**：凯恩斯主义认为，市场机制并不总是有效的，存在信息不对称、垄断、外部性等问题。经济法通过管制和干预，可以纠正这些市场失灵，确保经济的稳定运行 [7] [8] 。
2. **宏观经济调控**：凯恩斯主义主张通过财政政策和货币政策来调节经济周期，避免经济波动。经济法为政府干预提供了法律依据，确保政策的合法性和有效性 [7] [8] 。
3. **促进充分就业**：凯恩斯主义认为，失业是有效需求不足的结果，经济法可以通过公共支出、社会福利等措施，创造就业机会，促进充分就业 [8] 。

对比

- **理论基础**：新制度经济学从**交易成本**和**产权**的角度解释经济法的必要性，强调制度对经济效率的影响；凯恩斯主义则从**市场失灵**和**有效需求不足**的角度，强调政府干预的必要性。
- **政策导向**：新制度经济学倾向于通过法律和制度设计来优化市场机制，减少交易成本；凯恩斯主义则主张通过财政和货币政策直接干预经济，以稳定经济周期。
- **市场与政府角色**：新制度经济学认为市场在制度完善的情况下可以自我调节，经济法的作用是为市场提供规则；凯恩斯主义则认为市场存在固有缺陷，经济法的作用是赋予政府干预的权力，以弥补市场不足。

总结来说，新制度经济学和凯恩斯主义在解释经济法的必要性时，分别从**制度优化**和**政府干预**的角度出发，提出了不同的理论框架和政策建议 [1] [3] [7] 。

这种方式可以引导 DeepSeek 生成不同学派的比较分析，帮助研究者更全面地理解经济法的理论基础。

三、嵌入案例分析，提升实务应用价值

经济法学的研究不仅需要理论支持，还需要结合具体案例进行实践分析。研究者可以通过提示词要求 DeepSeek 结合国内外典型案例进行研究。例

如："结合中国的'阿里巴巴二选一反垄断案'，探讨数字经济时代的竞争政策调整方向。"

引用 8 篇资料作为参考 >

阿里巴巴"二选一"反垄断案是中国数字经济时代竞争政策调整的一个重要标志性事件。该案不仅揭示了平台经济中滥用市场支配地位的问题，也为未来竞争政策的调整提供了重要启示。以下是结合该案探讨数字经济时代竞争政策调整方向的几点分析：

1. 强化反垄断执法，维护公平竞争

阿里巴巴"二选一"案的核心在于其滥用市场支配地位，通过"二选一"政策限制商家在其他平台经营，损害了市场竞争和消费者权益。市场监管总局依法对阿里巴巴立案调查并处以182.28亿元的罚款，表明中国反垄断执法力度正在加强 1 2 。未来，竞争政策应继续强化对平台经济中垄断行为的监管，确保所有市场主体在公平竞争的环境中发展。

2. 明确相关市场界定与市场支配地位认定

在数字经济中，相关市场的界定和支配地位的认定具有复杂性。阿里巴巴案中，法院认定其在B2C在线零售市场的份额超过50%，构成市场支配地位 5 。未来竞争政策需要进一步完善相关市场界定标准，特别是在平台经济中，应结合技术、流量、数据等多维度因素，科学评估市场支配地位。

3. 推动平台经济合规经营，鼓励创新

阿里巴巴案后，平台企业需重新评估"二选一"等策略的合法性，并加强合规经营 3 。竞争政策应坚持"包容审慎"原则，既要打击垄断行为，又要鼓励平台经济创新。通过完善法律法规和执法程序，引导平台企业规范经营，推动数字经济健康发展。

4. 完善数据要素市场化配置

数字经济时代，数据成为关键生产要素。阿里巴巴案反映了平台企业通过数据和技术优势强化市场支配地位的问题。未来竞争政策应推动数据要素市场化配置，建立数据确权、定价、交易等机制，促进数据资源的公平利用，防止数据垄断 6 7 。

5. 加强国际合作，应对全球竞争挑战

数字经济具有全球化特征，阿里巴巴案也引发了国际社会对中国反垄断执法的关注。未来竞争政策应加强与其他国家和地区的合作，借鉴国际经验，完善反垄断法律体系，提升中国在全球数字经济竞争中的话语权 8 。

6. 健全数字经济治理体系

阿里巴巴案暴露了平台经济治理中的短板。未来竞争政策应加快完善数字经济治理体系，包括跨部门协同监管、数据安全保护、消费者权益维护等方面，构建适应数字经济发展的市场监管和法治环境 6 7 。

总结

阿里巴巴"二选一"反垄断案为数字经济时代的竞争政策调整提供了重要参考。未来，中国应继续强化反垄断执法，明确市场界定与支配地位认定，推动平台经济合规经营，完善数据要素市场化配置，加强国际合作，健全数字经济治理体系，以促进数字经济的高质量发展。

这些提示词能够促使 DeepSeek 提供更加具体的案例分析，增强研究的应用性。

此外，研究者可以要求 DeepSeek 进行跨国比较，例如："请比较欧盟与美国在反垄断法执法上的主要差异，并分析其对全球企业合规战略的影响。"

引用 8 篇资料作为参考 >

欧盟与美国在反垄断法执法上存在显著差异，主要体现在执法理念、法律框架、执法力度和具体实践等方面。这些差异对全球企业的合规战略产生了深远影响。

1. 执法理念与法律框架

- **欧盟**：欧盟的反垄断执法以**秩序自由主义**为核心，强调静态的竞争秩序和经济效率，注重保护竞争者和消费者利益。欧盟的反垄断法主要依据《欧盟运作条约》第101条和第102条，禁止限制竞争的协议和滥用市场支配地位的行为。欧盟还通过《数字市场法》（DMA）和《数字服务法》（DSA）等新法规，进一步加强对大型科技平台的监管 2 4 7 。
- **美国**：美国的反垄断执法以**消费者福利**为核心，强调动态竞争和创新。美国的反垄断法主要依据《谢尔曼法》和《克莱顿法》，注重通过经济行为分析实现经济效率。美国反垄断执法机构（如司法部和联邦贸易委员会）在执法时更倾向于尊重市场竞争机制，尽量减少干预 2 5 7 。

2. 执法力度与具体实践

- **欧盟**：欧盟的反垄断执法力度较强，尤其是在针对大型科技企业的监管上，欧盟委员会频频开出巨额罚单。例如，谷歌因滥用市场支配地位被罚款数十亿欧元，苹果、亚马逊等企业也面临严格的反垄断调查 4 6 7 。
- **美国**：美国的反垄断执法相对较为宽松，尤其是在针对科技巨头的监管上，美国倾向于通过和解或行为约束而非拆分企业。例如，微软在2001年的反垄断案中未被拆分，而是通过行为约束达成和解 2 7 。

3. 对全球企业合规战略的影响

- **合规复杂性增加**：由于欧盟和美国的反垄断执法理念和力度不同，跨国企业需要在不同法域内制定差异化的合规策略。例如，在欧盟运营的企业需严格遵守《数字市场法》和《数字服务法》，而在美国则需关注消费者福利和动态竞争 4 7 。
- **法律风险加大**：欧盟的严格执法和巨额罚款增加了企业的法律风险，尤其是在数据保护和反垄断领域。企业需加强内部合规管理，确保在全球范围内的经营活动符合当地法律要求 4 6 8 。
- **创新与竞争的平衡**：美国注重动态竞争和创新的执法理念，为企业提供了更大的发展空间。然而，欧盟的严格监管可能抑制企业的创新动力。企业需在创新与合规之间找到平衡，以应对不同法域的监管要求 2 7 。

结论

欧盟与美国在反垄断法执法上的差异，要求全球企业在制定合规战略时充分考虑不同法域的法律环境和执法力度。企业需建立健全的合规管理体系，确保在全球范围内的经营活动符合当地法律要求，同时平衡创新与合规的关系，以应对日益复杂的监管环境。

这类提示词能够让 DeepSeek 关注不同国家在经济法领域的制度差异，生成具有国际视野的内容。

四、引导规范性与实证性研究，增强学术规范性

经济法学的研究可以分为规范性研究和实证性研究。

在询问 DeepSeek 时，研究者可以明确要求采用某种研究方法，以确保生成的内容符合学术规范。例如，可以使用这样的提示词：“请分析行政性经济规制的法律正当性，并结合法经济学理论进行探讨。”

引用 8 篇资料作为参考 >

行政性经济规制的法律正当性可以从法经济学理论的角度进行分析。行政性经济规制是政府通过行政手段对经济活动进行干预，以纠正市场失灵、维护公共利益和促进社会福利。其法律正当性主要基于以下几个方面：

1. 市场失灵与规制的必要性

市场失灵是行政性经济规制的主要理论基础。市场失灵表现为垄断、信息不对称、外部性和公共物品供给不足等问题，这些问题导致市场无法有效配置资源，损害社会福利。根据法经济学理论，政府通过行政规制可以纠正这些市场失灵，恢复市场效率。例如，政府可以通过价格控制、准入限制等手段防止垄断企业滥用市场权力，或通过信息披露要求解决信息不对称问题 1 3 。

2. 公共利益与规制的目标

行政性经济规制的法律正当性还体现在其维护公共利益的职能上。规制的公益理论认为，政府干预的目的是推动集体目标的实现，包括经济性目标（如资源配置效率）和非经济性目标（如分配正义和消费者保护）。例如，政府通过环境保护法规控制企业的污染行为，以保护公众健康和环境质量 3 6 。

3. 规制的成本与效益分析

法经济学强调规制的成本与效益分析。根据卡尔多-希克斯标准，好的规制应能够带来更多的社会效益，同时尽量减少成本。行政性经济规制在设计和实施时，需要权衡规制的成本（如行政执行成本、企业合规成本）与效益（如社会福利提升、市场秩序维护）。如果规制的效益大于成本，则其具有法律正当性 3 6 。

4. 规制的程序正当性与实体正当性

规制的法律正当性还依赖于其程序正当性和实体正当性。程序正当性要求规制过程透明、参与广泛且可问责，确保利益相关者的权利得到尊重。实体正当性则强调规制的专业性和效率，即规制应有效解决实际问题，实现政策目标。例如，政府在制定经济规制政策时，应通过公开听证、专家咨询等方式确保决策的科学性和合法性 6 7 。

5. 规制的动态性与开放性

现代规制理论强调规制的动态性和开放性。规制的法律正当性不仅体现在其初始设计上，还体现在其适应性和调整能力上。政府应根据经济环境的变化和规制的实际效果，不断调整和完善规制政策。例如，在经济危机或特殊时期，政府可能需要采取临时性规制措施以应对突发问题 3 6 。

6. 规制的私益与公益平衡

规制的私益理论指出，规制可能被利益集团利用以谋取私利。因此，行政性经济规制的法律正当性还要求政府在设计规制政策时，平衡公共利益与私人利益，防止规制被滥用。例如，政府应通过反垄断法规防止企业通过规制获取垄断地位 3 6 。

结论

行政性经济规制的法律正当性基于其对市场失灵的纠正、公共利益的维护、成本效益的权衡以及程序与实体的正当性。结合法经济学理论，规制应被视为一种动态的、开放的政策工具，旨在通过政府干预实现社会福利的最大化。然而，规制的设计和实施需要谨慎，以避免规制失灵和利益集团的不当影响 1 3 6 。

这类提示词能够引导 DeepSeek 关注法律的正当性、价值判断和规范体系。

如果希望进行实证研究，则可以这样提示："请基于 2015—2023 年中国市场监管总局的反垄断执法数据，分析我国反垄断法的执行趋势。"

引用 7 篇资料作为参考 >

根据2015-2023年中国市场监管总局的反垄断执法数据，我国反垄断法的执行趋势可以从以下几个方面进行分析：

1. 执法案件数量稳步上升

自2015年以来，反垄断执法案件数量呈现稳步上升趋势。2015年至2017年，滥用市场支配地位案件分别为7件、17件和16件。2018年市场监管总局成立后，案件数量继续增加，2020年至2022年分别查办10件、11件和13件滥用市场支配地位案件。2023年上半年，反垄断执法机构已查办5件滥用市场支配地位案件，延续了此前的增长势头 [2]。

2. 罚没金额显著增加

反垄断执法的罚没金额也在逐年增加。2018年至2023年，罚没金额从230.19亿元增长到21.63亿元（仅2023年）。特别是2023年，全年罚没金额达到21.63亿元，其中医药领域案件罚没金额高达17.72亿元，占总罚没金额的82% [1] [3]。

3. 重点领域执法加强

反垄断执法机构持续聚焦民生、科技和互联网平台三大领域。医药、公用事业、建材等民生领域的执法力度显著加强。2023年，医药领域案件罚没金额占全年罚没金额的82%，显示出执法机构对民生领域的高度关注 [1] [2]。

4. 行业协会和垄断协议案件增多

行业协会组织达成垄断协议的案件逐渐增多。2023年，新立案调查垄断协议案件16件，涉及6个行业协会和105家企业，罚没金额合计2.94亿元。行业协会在组织垄断协议中的作用逐渐凸显，成为执法重点 [1] [3]。

5. 经营者集中审查效率提升

经营者集中案件的审查效率显著提升。2023年，共审结经营者集中案件797件，无条件批准782件，占比超过98%。平均审结时间为25.7天，较上一年度减少0.8天，显示出审查流程的优化和效率的提升 [1] [3]。

6. 执法工具和手段多样化

反垄断执法机构在执法工具和手段上不断创新，除了传统的罚款和没收违法所得，还运用行政指导和反垄断合规整改等柔性执法工具，将刚性执法和柔性执法有机结合，提升执法效果 [2] [6]。

7. 法律制度不断完善

反垄断法律制度逐步完善，2022年新修正的《反垄断法》强化了竞争政策的基础地位，明确了公平竞争审查制度的法律地位，新增了"安全港"制度等，为反垄断执法提供了更加坚实的法律保障 [6] [7]。

总结

总体来看，2015-2023年我国反垄断执法呈现出案件数量增加、罚没金额上升、重点领域执法加强、执法工具多样化、法律制度不断完善等趋势。这些变化表明我国反垄断执法力度和效率在不断提升，为维护市场公平竞争和消费者利益提供了有力保障。

虽然 DeepSeek 无法直接获取最新的数据，但可以通过已有的知识推测分析方向，并提供可能的研究方法，如数据收集方式、回归分析模型等。

此外，研究者还可以要求 DeepSeek 提供学术写作支持。例如："请撰写一篇论文，题目为'数字经济时代的反垄断法挑战'，要求包含引言、理论综述、案例分析和结论。"

引用 9 篇资料作为参考 >

数字经济时代的反垄断法挑战

引言

随着数字技术的迅猛发展，数字经济已成为全球经济增长的重要引擎。然而，数字经济的特性，如数据驱动性、网络外部性和平台化运营，也带来了新的垄断问题。传统的反垄断法在应对这些新挑战时显得力不从心，亟需进行理论创新和实践调整。本文旨在探讨数字经济时代反垄断法面临的主要挑战，并通过理论综述和案例分析，提出相应的应对策略。

理论综述

数字经济的特性

数字经济具有数据驱动性、网络外部性、平台化运营和创新的高速性等特性。数据作为关键生产要素，具有非竞争性和累积性，企业通过收集和分析海量数据，能够精准把握市场需求，优化生产与服务，从而获取竞争优势 2 。网络外部性使得数字产品和服务的价值随着用户数量的增加而提升，形成强者愈强的马太效应 2 。平台化运营则通过连接多方用户，促进资源的高效配置 2 。

反垄断法的挑战

在数字经济背景下，反垄断法面临诸多挑战。首先，相关市场界定困难，传统的相关市场界定方法难以准确适用 2 。其次，市场支配地位认定复杂，平台企业凭借网络效应和数据优势，可能在多个相关市场同时具有影响力 2 。此外，垄断行为的隐蔽性和复杂性增加，如算法合谋和大数据杀熟，使得反垄断执法更加困难 2 。

案例分析

案例一：阿里巴巴反垄断案

2021年，中国市场监管总局对阿里巴巴集团实施“二选一”垄断行为进行调查，并处以182亿元人民币的罚款。此案凸显了平台经济中滥用市场支配地位的问题，促使阿里巴巴在业务模式和技术创新方面进行调整 8 。

案例二：欧盟《数字市场法案》

欧盟《数字市场法案》旨在促进数字市场的公平竞争和创新，要求大型科技公司不得滥用市场主导地位，必须为中小企业提供平等的竞争机会。该法案鼓励大型科技公司加大在云计算、人工智能等领域的研发投入，推动技术创新 8 。

案例三：宁波森浦信息技术有限公司案

2024年，宁波森浦信息技术有限公司因滥用市场支配地位在债券声讯经纪实时交易数据领域进行垄断行为，被上海市市场监督管理局处罚。此案展示了监管机构对于数据滥用和市场支配地位滥用的严厉打击 9 。

结论

数字经济时代，反垄断法面临前所未有的挑战。为了应对这些挑战，反垄断法需要进行理论创新和实践调整。首先，应完善相关市场界定和市场支配地位认定的标准。其次，应加强对算法合谋和大数据杀熟等新型垄断行为的监管。最后，应推动国际合作，共同应对跨国互联网企业的垄断行为。通过这些措施，反垄断法将更好地维护市场竞争秩序，促进创新，保障消费者权益。

这类提示词能够确保生成内容符合学术论文的格式，并涵盖核心分析维度。

五、利用跨学科方法，拓宽研究视野

经济法学不仅涉及法学和经济学，还与社会学、政治学、人工智能、国际关系等领域存在交叉。研究者可以在提示词中要求 DeepSeek 运用跨学科方法进行分析。

例如："请探讨人工智能在金融监管中的应用，并分析其对传统经济法体系的挑战。"

引用 10 篇资料作为参考 >

人工智能（AI）在金融监管中的应用正在逐步深化，其通过自动化、智能化和数据驱动的特性，为金融监管带来了新的机遇与挑战。以下是AI在金融监管中的主要应用及其对传统经济法体系的影响分析：

一、人工智能在金融监管中的应用

1. **自动化监管与风险识别**
   AI可以通过处理海量数据，自动识别金融市场的异常行为和潜在风险。例如，在反洗钱（AML）和打击恐怖主义融资（CFT）领域，AI能够快速分析交易模式，识别可疑活动，从而提高监管效率 2 5 。
2. **智能合规与监管报告**
   AI可以帮助金融机构自动生成合规报告，确保其业务符合监管要求。通过自然语言处理（NLP）技术，AI能够解读复杂的监管政策，并将其转化为可执行的合规流程 4 7 。
3. **市场监控与预测分析**
   AI能够实时监控市场动态，预测市场波动和系统性风险。例如，AI可以通过分析历史数据和市场情绪，提前预警潜在的金融危机 3 4 。
4. **客户行为分析与消费者保护**
   AI可以分析客户行为数据，识别不公平的金融产品或服务，从而保护消费者权益。例如，AI能够检测金融机构是否存在算法歧视或过度推销行为 1 5 。
5. **监管沙盒与创新支持**
   AI技术被用于监管沙盒中，帮助监管机构测试新型金融产品和服务的合规性。这种方式既鼓励了金融创新，又确保了风险可控 6 10 。

二、人工智能对传统经济法体系的挑战

1. **法律滞后性与监管空白**
   AI技术的快速发展使得现行法律体系难以跟上其应用步伐。例如，AI在金融决策中的责任归属、算法透明度等问题尚未有明确的法律规定，导致监管空白 8 10 。
2. **算法歧视与公平性问题**
   AI算法的决策过程可能存在偏见，导致不公平的金融待遇。例如，某些AI系统在信用评分中可能对特定群体产生歧视，这与传统经济法中的公平原则相冲突 1 5 。
3. **数据隐私与安全风险**
   AI在金融监管中依赖大量数据，这引发了数据隐私和安全问题。如何在数据利用与隐私保护之间找到平衡，是传统经济法体系面临的重要挑战 5 10 。
4. **责任认定与问责机制**
   AI系统的决策过程复杂且不透明，导致在出现问题时难以明确责任主体。例如，如果AI系统在金融监管中做出错误决策，责任应由开发者、使用者还是监管机构承担？这一问题尚未有明确的法律框架 8 9 。

5. **技术依赖与监管能力不足**
AI技术的应用对监管机构的技术能力提出了更高要求。许多监管机构缺乏足够的技术资源和专业知识，难以有效监督AI驱动的金融活动 2 6 。

三、应对策略与未来展望

1. **完善法律法规**
制定专门针对AI在金融领域应用的法律法规，明确算法透明度、数据隐私保护、责任归属等问题的法律框架 8 10 。
2. **加强技术能力建设**
提升监管机构的技术能力，培养具备AI和金融知识的复合型人才，以应对AI带来的监管挑战 1 6 。
3. **推动国际合作**
在AI金融监管领域加强国际合作，建立统一的标准和规则，避免因法律差异导致的监管套利 5 10 。
4. **建立伦理框架**
制定AI在金融领域应用的伦理准则，确保技术发展符合社会公平和正义的原则 7 9 。

总之，AI在金融监管中的应用为提升监管效率和精准度提供了新的工具，但也对传统经济法体系提出了深刻的挑战。未来需要在技术创新与法律监管之间找到平衡，以确保金融市场的稳定与公平。

这类提示词能够促使 DeepSeek 结合不同学科的知识，开拓更具创新性的研究视角。

此外，在进行国际化研究时，研究者可以要求 DeepSeek 参考国际组织的相关政策。例如："请探讨欧盟《数字市场法案》(DMA)对全球数字经济治理的启示。"

引用 8 篇资料作为参考 >

欧盟《数字市场法案》(DMA) 作为一项针对大型数字平台（即"守门人"）的监管立法，对全球数字经济治理提供了重要的启示和借鉴。以下从几个关键方面进行分析：

1. 事前监管与反垄断创新

DMA突破了传统反垄断法的事后监管模式，采用了事前规制的思路，专门针对大型数字平台的行为进行约束。这种创新性监管方式有助于预防平台滥用市场支配地位，避免市场垄断的形成 1 3 。对于全球数字经济治理而言，这种事前监管模式为其他国家提供了新的思路，尤其是在面对快速发展的数字市场时，传统的反垄断手段可能难以应对复杂的市场行为。

2. 促进公平竞争与市场开放性

DMA通过一系列强制性义务，如禁止自我优待、确保互操作性、开放数据和接口等，旨在促进数字市场的公平竞争和开放性 1 5 。这些措施不仅保护了中小企业和创新型公司，也为消费者提供了更多选择。这种对公平竞争的强调，为全球数字经济治理提供了重要参考，尤其是在如何平衡大型平台与中小企业之间的利益方面。

3. 数据保护与用户权益

DMA对用户数据的保护提出了严格要求，禁止平台未经用户同意跨服务共享数据，并要求平台提供数据可携带性 1 5 。这些规定不仅增强了用户对个人数据的控制权，也为全球数字经济治理中的数据保护提供了范本。随着数据成为数字经济中的核心资源，如何在保护用户隐私的同时促进数据流动，成为各国需要共同面对的挑战。

4. 全球监管合作与规则制定

DMA的出台标志着欧盟在数字治理领域的领导地位，其规则可能通过"布鲁塞尔效应"影响全球其他地区的监管政策 3 8 。这表明，全球数字经济治理需要加强国际合作，尤其是在制定跨国数字平台监管规则时，各国应借鉴欧盟的经验，推动全球统一的数字治理标准。

5. 对新兴市场的启示

对于中国等新兴市场国家，DMA提供了重要的借鉴意义。中国可以借鉴DMA的分类监管、事前监管等创新举措，进一步完善本国的数字平台监管框架 3 8 。同时，DMA对数据可携带性和互操作性的要求，也为中国在推动数字经济发展时如何平衡创新与监管提供了参考。

6. 挑战与机遇并存

DMA的实施对大型科技公司提出了更高的合规要求，同时也为中小企业和创新型公司创造了更多机会 1 5 。对于全球数字经济治理而言，如何在严格监管与鼓励创新之间找到平衡点，是一个需要持续探索的问题。

总结

欧盟《数字市场法案》通过事前监管、促进公平竞争、加强数据保护等措施，为全球数字经济治理提供了重要的启示。各国可以借鉴DMA的经验，结合本国实际情况，制定更加完善的数字平台监管政策，推动全球数字经济的健康发展 1 3 5 。

这些提示能够促使 DeepSeek 关注国际经济法的动态，并提供全球化的分析框架。

六、总结

为了高效利用 DeepSeek 进行经济法学研究，研究者需要精心设计提示词，以确保输出内容的学术性和针对性。通过精准设定研究问题、结合经济理论、嵌入案例分析、引导规范性与实证性研究、利用跨学科方法，可以充分发挥 DeepSeek 在法律研究中的辅助作用。通过科学地构建提示词，研究者不仅能够获得符合研究需求的高质量内容，还能拓展研究的广度和深度，从而更系统地推进经济法学研究。

第十四节　驱动 DeepSeek 开展知识产权法研究

知识产权法涵盖专利权、商标权、著作权、商业秘密等多个领域，涉及法律保护范围、权利行使、侵权判定、国际规则等复杂问题。作为一门兼具理论性与实践性的法学学科，其研究不仅需要深厚的法理学基础，还需要结合科技、经济、国际贸易等跨学科视角。在这一背景下，DeepSeek 可作为强大的研究助手，但其生成内容的质量高度依赖于提示词的精准性与引导性。本书将从设定精准研究议题、明确法学理论框架、结合案例分析、强化国际比较法视角、优化学术写作模式以及引入跨学科方法六个方面，探讨如何通过合理设计提示词，更好地利用 DeepSeek 进行知识产权法研究。

一、设定精准研究议题，避免泛化

知识产权法研究涵盖广泛的问题，如专利法的保护标准、著作权合理使用原则、商标法中的混淆可能性测试、人工智能生成作品的版权归属、商业秘密保护的法律边界等。

如果提示词过于宽泛，例如“知识产权法的基本原则是什么?”，DeepSeek可能会给出概述性的回答，而难以触及深层问题。因此，研究者应在提示词中明确研究范围，如：“在 AI 生成内容（AIGC）日益普及的背景下，当前著作权法是否能有效保护 AI 生成作品的原创性？请结合美国和欧盟的法律框架进行分析。”

引用 10 篇资料作为参考 >

在AI生成内容（AIGC）日益普及的背景下，当前著作权法在保护AI生成作品的原创性方面面临诸多挑战。以下是结合美国和欧盟法律框架的分析：

美国法律框架

美国版权局明确指出，著作权保护的基本要求是“人类创作”。完全由AI生成的作品不受版权保护，因为缺乏人类的创造性投入。然而，如果人类在AI生成过程中进行了显著的智力投入，例如通过提示词的选择、参数的调整等，那么生成的内容可能被视为人类创作的一部分，从而受到版权保护 6 7 。

美国法院在2023年裁定，完全由AI生成的图像《离天堂最近的入口》不受版权保护，因为缺乏人类创造性投入。这表明，美国法律在AI生成内容的版权保护上，仍然强调人类的创造性贡献 7 。

欧盟法律框架

欧盟在2024年通过了《人工智能法》（The AI Act），这是世界上第一部综合性人工智能法律。该法律对AI生成内容的著作权保护提出了具体规定：

1. **披露要求**：生成式AI工具的公司必须披露是否在系统中使用了受版权保护的材料，确保用户知晓内容是由AI生成的 9 10 。
2. **版权规则设立**：AI工具的透明度要求，尤其是在训练数据集中包含受版权保护的内容时，基础模型的供应商需要声明是否使用受版权保护的材料来训练AI 9 10 。
3. **风险分类**：根据AI的潜在风险和影响程度进行分类，不同风险等级的AI应用将受到不同程度的监管 9 10 。

这些规定旨在确保AI技术的发展和应用能够遵循公平、透明和可信的原则，同时保护基本权利和原创性。

总结

美国和欧盟的法律框架在保护AI生成作品的原创性方面都强调人类的创造性贡献。美国通过个案认定人类在AI生成过程中的智力投入，而欧盟则通过《人工智能法》对AI生成内容的版权保护提出了更具体的披露和透明度要求。总体而言，当前著作权法在保护AI生成作品的原创性方面仍面临挑战，但通过不断调整和完善法律框架，可以更好地应对这些挑战 6 7 9 。

这类提示词能确保 DeepSeek 在特定情境下探讨法律问题，并提供更具针对性的分析。

此外，研究者可以使用递进式提问，层层深入。例如，首先询问："美国版权局如何认定 AI 生成作品的版权？"然后进一步追问："如果 AI 作品由人类进行后期编辑，美国法是否允许人类的共同作者身份？有哪些案例可以支持或反对这一观点？"

美国版权局如何认定AI生成作品的版权？如果AI作品由人类进行后期编辑，美国法是否允许人类的共同作者身份？有哪些案例可以支持或反对这一观点？

引用 10 篇资料作为参考 >

美国版权局对AI生成作品的版权认定主要基于"人类创作"的核心原则。根据美国版权法，作品必须由人类作者创作，且具备"原创性"才能获得版权保护。完全由AI生成的内容，若缺乏人类的创造性控制，通常无法获得版权。然而，如果人类对AI生成的内容进行了"实质性"的创造性干预，例如选择、协调、编排或修改，则可能被视为具备可版权性。

AI生成作品的版权认定

1. **完全由AI生成的内容**：美国版权局明确表示，完全由AI生成的内容不具备可版权性，因为缺乏人类作者的创造性贡献。例如，2023年《最近的天堂入口》案中，法院驳回了完全由AI生成的图像的版权申请，强调"人类作者身份"是版权保护的基本要求 [6,9]。
2. **人类干预的AI生成内容**：如果人类对AI生成的内容进行了"实质性"的创造性干预，例如选择、编排或修改，则可能获得版权保护。例如，2025年《A Single Piece of American Cheese》案中，美国版权局首次授予完全由AI生成素材构成的作品版权登记，强调人类通过"选择、协调、编排"AI素材形成了独创性表达 [1,4]。

人类共同作者身份的认定

美国版权法允许人类在AI生成作品中作为共同作者，前提是人类对作品的创作过程有"实质性"的创造性贡献。例如：

- **《Zarya of the Dawn》案**：人类作者使用AI生成图像，并通过文本和编排形成了独创性表达，版权局认可了人类作者对文本和编排部分的版权，但排除了AI生成图像的部分 [1,8]。
- **Elisa Shupe案**：作家使用ChatGPT生成文本，并通过编辑、修改和编排形成了独创性表达，版权局认定其为"由AI生成的文本的选择、协调和排列"的作者，但未保护AI生成的具体句子和段落 [10]。

支持与反对的案例

- **支持人类共同作者身份的案例**：
  - 《A Single Piece of American Cheese》：人类通过选择、协调和编排AI素材，形成了独创性表达，获得版权保护 [1,4]。
  - 《Zarya of the Dawn》：人类作者对文本和编排的创造性贡献获得版权保护 [1,8]。
  - Elisa Shupe案：人类对AI生成文本的编辑和编排被认定为具备可版权性 [10]。
- **反对人类共同作者身份的案例**：
  - 《最近的天堂入口》：完全由AI生成的图像因缺乏人类创造性贡献被拒绝版权保护 [6,9]。
  - 《太空歌剧院》：AI生成的画作因"AI主导创作"被驳回版权申请 [3,9]。

总结来说，美国版权局在认定AI生成作品的版权时，强调人类对创作过程的"实质性"创造性控制。如果人类对AI生成内容进行了显著的编辑或编排，可能被认定为共同作者，但完全由AI生成的内容通常无法获得版权保护。

这种方式有助于 DeepSeek 形成逻辑递进的内容，推动研究的深入发展。

二、明确法学理论框架，增加研究深度

知识产权法的研究离不开法学理论支撑，如法经济学、功能主义、法与技术、利益平衡理论、自然权利理论、实用主义法学等。在使用 DeepSeek 时，研究者应在提示词中明确法律理论框架，以便获取符合特定学派分析视角的内容。

例如："请基于'法经济学'(Law and Economics)的视角，分析专利保护期限的合理设定。"

引用 7 篇资料作为参考 >

从法经济学（Law and Economics）的视角来看，专利保护期限的合理设定需要在激励创新与促进公共利益之间找到平衡。以下是对这一问题的分析：

1. 激励创新与专利保护

专利制度的核心目的是通过赋予发明人一定期限的独占权，激励其投入研发和创新。从经济学角度看，专利保护期限的设定应确保发明人能够收回研发成本并获得合理回报，从而维持创新的动力。例如，制药企业研发新药的成本高昂，如果没有足够的保护期，企业可能缺乏动力进行持续投入 1 5 。

2. 社会公共利益与技术传播

专利保护期限过长可能导致技术垄断，阻碍技术的广泛传播和应用。因此，保护期限的设定应考虑到社会公共利益，确保在保护期届满后，技术能够进入公有领域，供社会免费使用，从而促进技术进步和知识共享 1 5 。

3. 不同类型专利的差异化保护

根据专利类型的不同，保护期限也应有所差异。例如，发明专利通常涉及更复杂的技术和更高的研发成本，因此保护期限较长（20年）；而实用新型和外观设计专利的研发难度较低，保护期限相应缩短（10年和15年）。这种差异化保护体现了对不同创新活动的合理激励 1 5 。

4. 专利保护期限的补偿机制

在实际操作中，专利审查过程可能导致保护期限的缩短。为此，中国专利法引入了专利权期限补偿制度，以弥补因审查延迟造成的保护期损失。例如，新药相关发明专利可申请不超过五年的补偿期限，确保专利权人能够充分享受保护期带来的收益 4 。

5. 法经济学的成本收益分析

从法经济学的角度看，专利保护期限的设定应进行成本收益分析。保护期限过长会增加社会成本（如技术垄断导致的效率损失），而保护期限过短则可能削弱创新激励。因此，合理的保护期限应使社会总收益最大化，即在激励创新与促进公共利益之间找到最优平衡点 6 7 。

结论

专利保护期限的合理设定需要综合考虑激励创新、促进公共利益、差异化保护以及成本收益分析等多方面因素。通过科学设定保护期限，专利制度能够在保护发明人权益的同时，推动技术进步和社会经济发展 1 4 5 。

这类提示词能够引导 DeepSeek 讨论专利保护期限对创新激励和市场竞争的影响，而非仅仅描述专利期限的法律规定。

对于涉及不同理论流派的议题，研究者还可以要求 DeepSeek 进行对比分析。例如："请比较'自然权利理论'与'法经济学'对知识产权保护正当性的不同解释，并评估哪种理论更适用于当代数字版权保护问题。"

引用 14 篇资料作为参考 >

自然权利理论与法经济学对知识产权保护正当性的解释

1. 自然权利理论

自然权利理论（也称为劳动论）认为，知识产权是创作者通过劳动获得的道德权利。这一理论强调，创作者对其智力成果享有独占权，这种权利是固有的，不依赖于国家的承认。自然权利理论的核心观点是，劳动赋予了创作者对其作品的合法所有权，类似于农民对其播种的作物享有收获权。因此，未经创作者许可，他人不得复制或使用其作品，否则将损害创作者的应得收益 [2] [3] 。

自然权利理论在解释知识产权保护时，侧重于保护创作者的个人权益，强调知识产权的道德基础。然而，该理论也存在一些局限性，例如可能导致创作者权利的无原则扩张，甚至形成垄断，限制思想的自由传播和社会的进步 [3] 。

2. 法经济学

法经济学从经济效率的角度解释知识产权的正当性。该理论认为，知识产权保护是为了激励创新和促进社会福祉。通过赋予创作者一定期限的独占权，法经济学旨在平衡创作者的激励与公众获取知识的权利。法经济学强调，知识产权的保护应基于其对社会的整体效益，而不是单纯的道德权利 [13] 。

法经济学还指出，知识产权的保护期限和范围应根据经济效率进行调整，以避免过度保护导致的垄断和市场失灵。例如，在数字版权领域，法经济学主张通过合理的法律框架和技术手段（如DRM、区块链等）来保护版权，同时确保公众能够合理使用数字内容 [10] [12] 。

评估哪种理论更适用于当代数字版权保护问题

在当代数字版权保护问题中，法经济学理论更具适用性，原因如下：

1. **激励创新与公共利益平衡**：法经济学强调知识产权的保护应基于对创新激励和公共利益的平衡，这与数字版权保护的现实需求高度契合。在数字时代，过度保护可能导致信息垄断，而法经济学通过动态调整保护范围和期限，能够更好地适应快速变化的技术环境 [10] [12] 。
2. **技术手段与法律框架结合**：法经济学主张通过技术手段（如加密、数字水印、区块链等）和法律框架的结合来保护数字版权，这为应对数字版权侵权提供了多维度解决方案 [10] [11] 。
3. **应对市场失灵与侵权成本**：法经济学从经济效率出发，能够有效应对数字版权侵权成本低廉、损失界定困难等问题。通过提高侵权成本和完善法律救济机制，法经济学能够更好地保护创作者的权益 [13] [14] 。

相比之下，自然权利理论虽然在道德上强调创作者的权利，但其可能导致权利的无原则扩张，难以适应数字时代复杂的版权保护需求。因此，法经济学理论在当代数字版权保护问题中更具适用性和实践价值。

这样的提示词能够促使 DeepSeek 从不同理论立场展开分析，有助于研究者厘清不同学派的观点分歧，并找到最适合的研究路径。

三、结合案例分析，提高实践价值

法律研究需要结合案例来检验理论的适用性。DeepSeek 可以帮助研究者分析经典判例，并提炼其中的法律规则。例如，如果研究者希望探讨商标淡化，可以使用这样的提示词："请分析美国'维多利亚的秘密诉莫斯利案'（V

Secret Catalogue, Inc. v. Moseley),并探讨美国最高法院如何界定'商标淡化'。"

引用 4 篇资料作为参考 >

在"维多利亚的秘密诉莫斯利案"(V Secret Catalogue, Inc. v. Moseley)中,美国最高法院首次对"商标淡化"问题进行了深入探讨,并明确了相关的证明标准。

案件背景

本案的原告是"维多利亚的秘密"(Victoria's Secret),一家全球知名的女士内衣品牌,被告是肯塔基州的一家名为"维克多的小秘密"(Victor's Little Secret)的成人商品店。原告指控被告的店名对其商标构成侵权和淡化。地方法院和上诉法院均支持了原告的淡化请求,但最高法院对此提出了不同的看法 2 3 。

最高法院的裁决

最高法院在2003年的裁决中,首次明确了商标淡化的证明标准。法院认为,原告必须证明"实际淡化"的发生,而不仅仅是"淡化可能性"。最高法院指出,根据《联邦商标淡化法》(FTDA),原告需要提供证据证明被告的行为已经实际削弱了其商标的显著性,而不仅仅是存在淡化的可能性 3 4 。

商标淡化的界定

最高法院在裁决中进一步界定了商标淡化的两种主要形式:

1. **弱化(Blurring)**:指因他人使用与驰名商标相似的标志,导致该驰名商标的显著性被削弱,从而减少其识别商品或服务的能力。
2. **丑化(Tarnishment)**:指因他人使用与驰名商标相似的标志,导致该驰名商标的商誉受到损害,通常是通过与低质量或不适宜的商品或服务相关联 3 4 。

案件影响

最高法院的裁决对商标淡化理论产生了深远影响。尽管法院明确要求证明"实际淡化",但这一标准在实践中引发了诸多争议。2006年,美国国会通过了《商标淡化修正法案》(TDRA),推翻了最高法院的"实际淡化"标准,重新采用了"淡化可能性"标准,并进一步明确了淡化的两种形式 3 4 。

结论

"维多利亚的秘密诉莫斯利案"是美国商标法史上的重要案例,最高法院通过该案首次明确了商标淡化的证明标准,并界定了淡化的两种主要形式。尽管其裁决在后续立法中被修正,但该案对商标淡化理论的发展起到了重要的推动作用 2 3 4 。

这类提示词能确保 DeepSeek 重点围绕特定判例展开分析,而不是泛泛而谈商标淡化的定义。

研究者还可以让 DeepSeek 进行跨国案例对比。例如:"请比较美国'谷歌商标案'(Google Inc. v. American Blind & Wallpaper Factory)与欧盟'路易威登诉谷歌案'(Louis Vuitton Malletier v. Google)在关键词广告中的商标侵权认定标准。"

引用 8 篇资料作为参考 >

在美国的“谷歌商标案”（Google Inc. v. American Blind & Wallpaper Factory）和欧盟的“路易威登诉谷歌案”（Louis Vuitton Malletier v. Google）中，关键词广告中的商标侵权认定标准存在显著差异。

1. 美国“谷歌商标案”

在该案中，美国法院主要依据《兰哈姆法》(Lanham Act）来评估商标侵权问题，重点关注“混淆可能性”(likelihood of confusion)。法院在判断关键词广告是否构成侵权时，主要考虑以下因素：

- **商标的显著性**：商标的知名度和独特性。
- **实际混淆的证据**：是否有消费者因广告而混淆。
- **商品类型和消费者的注意程度**：消费者在购买商品时的谨慎程度。
- **广告标签和外观**：广告是否明确标识为赞助广告，是否可能误导消费者。

在“谷歌商标案”中，法院认为，广告商使用他人商标作为关键词并不自动构成侵权，除非广告本身导致消费者混淆。法院还强调，搜索引擎服务商（如谷歌）在关键词广告中扮演的是中立的技术角色，通常不承担直接侵权责任，除非其明知广告内容侵权而未采取行动 5 8 。

2. 欧盟“路易威登诉谷歌案”

在欧盟的“路易威登诉谷歌案”中，欧洲法院依据《欧盟商标法指令》和《欧共体商标条例》进行判决。与美国的“混淆可能性”标准不同，欧洲法院更关注商标的“广告功能”和“原产地功能”是否受到损害。具体而言，法院考虑以下因素：

- **广告是否暗示与商标所有人的经济联系**：如果广告让消费者误以为广告商与商标所有人有经济联系，则可能构成侵权。
- **商标的广告功能是否受损**：如果广告导致商标所有人需要支付更高的广告费用来确保其广告出现在搜索结果中，则可能对商标的广告功能产生不利影响。
- **搜索引擎服务商的责任**：欧洲法院认为，搜索引擎服务商（如谷歌）在关键词广告中通常是中立的，除非其在收到侵权通知后未及时删除侵权内容。

在“路易威登诉谷歌案”中，法院最终认定，广告商使用他人商标作为关键词可能构成侵权，但搜索引擎服务商不承担直接侵权责任，除非其明知侵权而未采取行动 4 8 。

3. 主要区别

- **侵权认定标准**：美国法院主要依据“混淆可能性”标准，而欧洲法院则更关注商标的“广告功能”和“原产地功能”是否受损。
- **搜索引擎服务商的责任**：在美国，搜索引擎服务商通常被视为中立的技术提供者，除非其明知侵权而未采取行动；在欧盟，搜索引擎服务商的责任也类似，但欧洲法院更强调其在收到侵权通知后的行动义务 4 5 8 。

总结来说，美国法院更侧重于广告是否导致消费者混淆，而欧洲法院则更关注商标的功能是否受到损害。此外，两国法院均认为搜索引擎服务商在关键词广告中通常不承担直接侵权责任，除非其明知侵权而未采取行动 4 5 8 。

这类提示不仅能帮助研究者理解不同法域在具体法律适用上的差异,还能为后续研究提供丰富的比较法素材。

四、强化国际比较法视角,拓展研究维度

知识产权法具有显著的国际性,世界知识产权组织(WIPO)、《与贸易有关的知识产权协定》(Agreement on Trade – Related Aspects of Intellectual Property

Rights, TRIPS)、《保护文学和艺术作品伯尔尼公约》(Berne Convention for the Protection of Literary and Artistic Works,简称《伯尔尼公约》)等国际组织或国际规则深刻影响各国立法。

在借助 DeepSeek 开展研究时,研究者可以明确要求其结合国际法框架,例如:"请分析 TRIPS 协定对发展中国家知识产权保护的影响,并讨论 WTO 争端解决机制下的典型案例。"

TRIPS协定对发展中国家知识产权保护的影响

《与贸易有关的知识产权协定》(TRIPS)是世界贸易组织(WTO)框架下的重要协定,旨在建立全球统一的知识产权保护标准。然而,TRIPS协定对发展中国家的知识产权保护产生了深远影响,既带来了机遇,也带来了挑战。

积极影响

1. **促进技术转移**:TRIPS协定要求成员国提供最低标准的知识产权保护,这有助于吸引外国直接投资(FDI)和技术转移,推动发展中国家的技术进步和经济发展。
2. **提升创新能力**:通过加强知识产权保护,发展中国家可以激励本土创新,提升其在全球价值链中的地位。
3. **参与全球贸易体系**:TRIPS协定使发展中国家能够更深入地融入全球贸易体系,获得更多市场准入机会。

挑战与问题

1. **高昂的合规成本**:发展中国家在实施TRIPS协定的过程中,需要建立和完善知识产权法律体系,这需要大量的人力、物力和财力投入。
2. **药品可及性问题**:TRIPS协定对药品专利的保护,导致发展中国家面临药品价格高昂和可及性不足的问题,特别是在公共健康危机(如艾滋病、新冠)期间。
3. **技术垄断与市场准入限制**:TRIPS协定可能加剧跨国公司的技术垄断,限制发展中国家企业的市场准入和竞争力。

WTO争端解决机制下的典型案例

案例一:印度药品专利案(DS50)

1996年,美国向WTO争端解决机制起诉印度,认为其未履行TRIPS协定中关于药品专利保护的规定。WTO专家组和上诉机构最终裁定印度败诉,要求其修改国内法律,以符合TRIPS协定的要求。这一案例凸显了发展中国家在实施TRIPS协定时面临的挑战,特别是在药品专利保护与公共健康之间的平衡问题。

案例二:巴西与美国的棉花补贴案(DS267)

2002年,巴西向WTO起诉美国,认为其棉花补贴政策违反了WTO规则,对巴西棉花产业造成了不利影响。WTO争端解决机制最终裁定美国败诉,要求其削减棉花补贴。这一案例展示了发展中国家利用WTO争端解决机制维护自身权益的能力,同时也反映了发展中国家在应对发达国家不公平贸易政策时的困境。

案例三:中国知识产权保护案(DS362)

2007年,美国向WTO起诉中国,认为其知识产权保护措施不符合TRIPS协定的要求。WTO争端解决机制最终裁定中国部分败诉,要求其修改相关法律。这一案例反映了发展中国家在知识产权保护方面面临的国际压力,以及其在履行TRIPS协定义务时的复杂性和挑战。

结论

TRIPS协定对发展中国家的知识产权保护产生了深远影响，既带来了技术转移和创新激励的机遇，也带来了合规成本、药品可及性和技术垄断的挑战。在WTO争端解决机制下，发展中国家通过典型案例展示了其维护自身权益的能力，同时也揭示了其在应对发达国家不公平贸易政策时的困境。未来，发展中国家需要在履行TRIPS协定义务的同时，探索符合自身国情的知识产权保护策略，以实现经济发展与公共利益的平衡。

这类提示词不仅能确保 DeepSeek 关注国际公约，还能引导其结合具体案例展开分析。

此外，研究者可以让 DeepSeek 比较不同国家的立法模式，例如："请比较中国、日本和美国在职务发明(employee inventions)制度上的异同，并分析其对企业创新的影响。"

引用 16 篇资料作为参考 >

中国、日本和美国在职务发明制度上存在显著差异，这些差异对企业创新产生了不同的影响。

1. 中国职务发明制度

中国的职务发明制度主要基于"国有财产理论"，即职务发明的所有权归属于单位，发明人享有奖励和报酬。根据《专利法》第6条，执行本单位任务或主要利用本单位物质技术条件完成的发明创造属于职务发明，申请专利的权利属于单位。单位在获得专利权后，应当给予发明人奖励和报酬 1 5 。

对企业创新的影响：

- **优势**：单位拥有专利权，便于集中管理和实施。
- **劣势**：发明人的积极性可能受到限制，尤其是奖励和报酬落实不到位时，创新动力不足 11 15 。

2. 日本职务发明制度

日本的职务发明制度采用"发明人主义"，即职务发明的原始权利归属于发明人，单位可以通过合同或协议从发明人处获得专利权。根据日本《特许法》第35条，单位在获得专利权后，需向发明人支付合理报酬 6 8 。

对企业创新的影响：

- **优势**：发明人享有原始权利，激励了科研人员的创新积极性，尤其在高科技领域表现突出。
- **劣势**：单位需要通过协商获得专利权，增加了管理成本和复杂性，可能影响企业的创新效率 8 14 。

3. 美国职务发明制度

美国的职务发明制度基于"个人利益理论"，职务发明的原始权利归属于发明人，单位可以通过合同或协议获得专利权。美国的《拜杜法案》进一步推动了职务发明的转化和应用，允许大学和科研机构持有联邦资助项目的专利权 7 10 。

对企业创新的影响：

- **优势**：发明人享有原始权利，激励了科研人员的创新动力，同时通过合同机制，单位也能有效管理专利权，促进了科技成果的转化。
- **劣势**：单位需要通过协商获得专利权，增加了法律和管理的复杂性，尤其在小企业中可能面临挑战 10 13 。

4. 比较与总结

- **权利归属**：中国将职务发明的所有权归属于单位，日本和美国则将原始权利归属于发明人，单位通过合同获得专利权。

- **激励机制**：中国通过奖励和报酬激励发明人，日本和美国则通过赋予发明人原始权利来激励创新。
- **对企业创新的影响**：中国的制度有利于单位集中管理，但可能限制发明人的积极性；日本和美国的制度更注重发明人的权益，激励了创新，但增加了单位的管理成本。

总体而言，日本和美国的职务发明制度更有利于激发科研人员的创新动力，而中国的制度则更便于单位集中管理和实施。各国应根据自身国情，进一步完善职务发明制度，以更好地推动企业创新 1 6 10 。

这样的提示词能够促使 DeepSeek 归纳不同国家的法律制度，并分析其背后的政策考量，有助于推动研究的深入。

五、优化学术写作模式，提升研究质量

知识产权法的学术研究要求严谨的论证结构和清晰的逻辑体系。

在使用 DeepSeek 时，研究者可以要求其以学术论文的格式输出内容，例如："请撰写一篇论文，题目为《人工智能生成内容的著作权保护：法律挑战与未来发展》，要求包含引言、现行法律分析、案例研究、对未来立法的建议和结论。"

引用 8 篇资料作为参考 >

《人工智能生成内容的著作权保护：法律挑战与未来发展》

引言

随着生成式人工智能（AI）技术的快速发展，AI生成内容（AIGC）在文学、艺术、设计等领域的应用日益广泛。然而，AI生成内容的著作权保护问题却引发了法律界的广泛争议。本文旨在探讨AI生成内容的著作权保护所面临的法律挑战，分析现行法律框架的适用性，并通过案例研究揭示司法实践中的分歧与挑战。最后，本文将提出对未来立法的建议，以期为AI生成内容的著作权保护提供可行的解决方案。

现行法律分析

现行法律框架在应对AI生成内容的著作权保护问题时，主要面临以下几个核心争议：

1. **主体资格问题**：根据《著作权法》第三条，作品须为"自然人、法人或非法人组织的智力成果"，AI本身无法成为作者。争议焦点在于使用者的贡献是否达到"独创性"标准。例如，简单输入"女孩、金发"生成图片可能不构成创作，但通过复杂提示词组合和参数调整则可能被认可 1 。
2. **权利归属的多元性**：AI生成内容涉及开发者、使用者、投资者等多方主体。若开发者通过用户协议声明权利（如百度"文心一言"保留知识产权），则可能削弱使用者权益；反之，若使用者深度参与创作，则可能主张权利 1 。
3. **训练数据的合法性**：AI模型训练常涉及未经授权的数据抓取，可能构成复制权侵权。例如，Stability AI因使用未授权图片训练Stable Diffusion被诉，争议点在于数据训练是否属于"合理使用" 1 。

案例研究

近年来，国内外司法实践中出现了多起涉及AI生成内容的著作权纠纷案件，以下是几个典型案例：

1. **北京互联网法院"AI文生图"案**：法院认定由用户通过生成式人工智能（如Stable Diffusion）创作的图片构成

《著作权法》保护的美术作品，著作权归属于使用者。原告通过输入提示词、调整参数及多次迭代生成图片，法院认为其过程体现了"独创性智力投入"，而AI仅为工具，不能成为法律主体 1 。

2. **美国版权局裁定AI生成的漫画插图不受版权保护**：因其缺乏人类直接创作参与；而英国《版权法》规定计算机生成作品的权利归属于"作出必要安排之人"。国内外对AI生成内容的权利认定差异，凸显法律与技术发展的冲突 1 。
3. **"伴心"案**：原告利用Midjourney与Photoshop制作图片《伴心》，后发布在小红书平台，并在国家版权局将该作品登记为美术作品。创作过程为在Midjourney上通过不断修改提示词生成图片，并通过Photoshop进行编辑。法院认为案涉《伴心》图以城市、水面、建筑、爱心及水中倒影为主要元素，在场景、环境、色彩、光影、角度及其排列组合等方面，体现了作者独特的选择与安排，具有独创性，构成著作权法意义上的美术作品，应受到著作权法保护 2 。

对未来立法的建议

1. **明确"独创性"标准**：未来立法应明确AI生成内容的"独创性"标准，确保只有那些体现了人类智力投入的内容才能受到著作权保护。例如，可以通过制定详细的创作过程记录要求，确保使用者的贡献能够被有效识别和评估 1 。
2. **建立权利分配规则**：立法应明确AI生成内容的权利分配规则，平衡开发者、使用者和投资者之间的利益。例如，可以通过分层授权模式，免费用户生成内容默认授权平台非独占使用权，付费用户可保留完整著作权 1 。
3. **规范数据训练合法性**：立法应明确AI模型训练数据的合法性要求，确保数据训练过程不侵犯他人著作权。例如，可以通过建立训练数据"三重筛查"机制，确保数据来源的合法性和合规性 1 。

结论

AI生成内容的著作权保护问题，本质是法律对技术变革的适应性挑战。当前司法实践通过个案探索逐步划定边界，但长远需立法明确"独创性"标准、权利分配规则及数据训练合法性。未来，或可借鉴英国"必要安排之人"制度，结合中国产业需求，构建兼顾创新激励与权益保护的规则体系。通过明确"独创性"标准、建立权利分配规则和规范数据训练合法性，我们可以为AI生成内容的著作权保护提供可行的解决方案，促进AI技术的健康发展。

这样的提示词确保 DeepSeek 输出的内容符合学术论文格式，而不是简单的回答。

此外，研究者可以指定 DeepSeek 使用法律学术语言。例如："请用法律学术语言解释'商标使用'(trademark use)在商标法中的重要性。"

引用 9 篇资料作为参考 >

在商标法中，"商标使用"（Trademark Use）具有核心的法律意义，其重要性主要体现在以下几个方面：

1. **商标权取得与维持的基础**
   商标使用是商标权取得和维持的关键条件。根据《商标法》第四十八条，商标使用是指将商标用于商品、商品包装、容器、交易文书、广告宣传、展览及其他商业活动中，以识别商品来源的行为 9 。商标只有通过实际使用，才能发挥其区分商品或服务来源的功能，从而获得法律保护。若注册商标连续三年无正当理由未使用，任何单位或个人均可申请撤销该注册商标 1 9 。
2. **商标侵权判定的前提**
   在商标侵权案件中，商标使用是判断是否构成侵权的核心要件。只有当被控侵权人在相关商品或服务上使用商标权人的商标，并可能导致消费者混淆时，才构成侵权 5 7 。此外，商标权人在主张侵权赔偿时，需提供此前三年内实际使用该商标的证据，否则被控侵权人可能不承担赔偿责任 1 9 。

3. **商标显著性与商誉的积累**
   商标通过持续使用，能够积累商誉并增强其显著性。商标的显著性是商标法保护的核心对象，而显著性往往通过实际使用得以体现和强化 [5] [9] 。例如，驰名商标的保护正是基于其广泛使用和公众认知 [3] 。
4. **商标资源的合理配置**
   商标法通过商标使用制度，防止商标资源的浪费。未使用的商标不仅无法发挥其经济价值，还可能阻碍他人注册和使用，影响市场公平竞争。因此，商标法通过撤销未使用商标的机制，确保商标资源流向真正有需求的主体 [1] [5] 。
5. **商标使用的方式与规范性**
   商标使用包括直接使用（如将商标附着于商品或包装）和间接使用（如广告宣传、展览等） [3] [4] 。无论采用何种方式，商标使用均需符合法律规定，不得自行改变注册商标的注册事项，否则可能导致商标被撤销 [1] [9] 。

综上所述，商标使用在商标法中贯穿于商标权的取得、维持、保护及侵权判定等各个环节，是商标法律制度的核心要素。其不仅保障了商标功能的实现，也促进了市场经济的公平竞争和资源的有效配置 [1] [5] [9] 。

这样能确保 DeepSeek 提供符合法学学术标准的内容，增强研究的专业性。

六、引入跨学科方法，拓宽研究视角

知识产权法的研究往往涉及科技、经济、社会政策等跨学科议题。研究者可以利用提示词，引导 DeepSeek 从其他学科的视角进行分析。

例如：“请结合人工智能技术的发展，分析现行专利法是否能够有效涵盖 AI 生成的发明，并探讨可能的法律改革方案。”

引用 13 篇资料作为参考 >

随着人工智能技术的快速发展，AI生成的发明对现行专利法提出了新的挑战。以下是对现行专利法是否能够有效涵盖AI生成发明的分析，以及可能的法律改革方案的探讨。

现行专利法的局限性

1. **发明人身份认定**
   现行专利法规定，发明人必须是自然人，AI系统无法被认定为发明人。例如，中国、美国、欧洲等地的专利机构均明确表示，AI不能作为发明人 [3] [12] [13] 。这一规定导致AI生成的发明在权利归属上存在法律真空，无法直接获得专利保护。
2. **创造性标准**
   专利法要求发明具有创造性，而AI生成的发明往往基于大量数据和算法，其创造性判断标准与传统人类发明不同。现行法律尚未明确如何评估AI生成发明的创造性 [2] [5] 。
3. **公开与透明性**
   AI算法的黑箱特性使得其生成发明的过程难以解释，这可能导致专利申请中的公开要求难以满足。现行专利法对AI生成发明的透明性和可解释性要求尚未明确 [2] [6] 。
4. **权利归属与利益分配**
   AI生成的发明涉及多方主体（如开发者、使用者、投资者等），现行专利法缺乏对这些主体之间利益分配的明确规定，可能导致权利纠纷 [8] [9] 。

可能的法律改革方案

1. **明确AI生成发明的专利适格性**
   修改专利法，明确AI生成发明的可专利性，并制定相应的审查标准。例如，可以借鉴"算法+技术"规则，将AI生成的技术方案纳入方法类专利客体 5 8 。
2. **调整发明人认定规则**
   在保留自然人发明人主体地位的同时，探索为AI系统赋予某种法律地位的可能性。例如，可以将AI的所有者或开发者视为发明人，或设立新的权利主体类型 8 9 。
3. **完善创造性评估标准**
   制定针对AI生成发明的创造性评估标准，考虑AI在发明过程中的贡献程度，以及其与现有技术的区别 2 5 。
4. **加强公开与透明性要求**
   要求专利申请中详细说明AI生成发明的算法、数据来源及训练过程，以提高透明性和可解释性 2 6 。
5. **建立利益分配机制**
   制定明确的利益分配规则，平衡开发者、使用者、投资者等多方主体的权益，避免权利纠纷 8 9 。
6. **引入新的权利类型**
   考虑设立"AI辅助创作"或"AI生成发明"等新的权利类型，对AI生成发明给予区别于传统专利的限定性保护 6 9 。

结论

现行专利法在应对AI生成发明方面存在明显不足，亟需通过法律改革适应技术发展的需求。未来，专利法需要在发明人认定、创造性评估、公开要求、利益分配等方面进行调整，以更好地保护AI生成发明，促进技术创新和产业发展 2 5 8 。

这类提示词能够促使 DeepSeek 结合技术发展趋势讨论法律适应性，增强研究的现实针对性。

七、总结

要高效地使用 DeepSeek 进行知识产权法研究，研究者需要精心设计提示词，以确保生成内容的学术深度和针对性。通过设定精准研究议题、明确法学理论框架、结合案例分析、强化国际比较法视角、优化学术写作模式和引入跨学科方法，研究者可以充分发挥 DeepSeek 的潜力，拓展研究的广度和深度，为知识产权法的学术探索提供强有力的支持。

第十五节　驱动 DeepSeek 开展劳动法与社会保障法研究

劳动法与社会保障法是调整劳动关系、保障劳动者权益、分配社会福利的重要法律领域。该学科既涉及私法性质的雇佣关系、集体谈判，又涵盖公法层面的社会保障体系、最低生活保障等内容，涵盖立法、司法、政策研究多个方面。DeepSeek 作为一种先进的人工智能工具，可以在理论研究、案例分析、国际比较、政策评估等方面提供支持。若想充分发挥其潜力，研究者需要精心设计提示词，确保生成的内容具有针对性、学术性、系统性和实践价值。以下从精确设定研究问题、结合具体法域、融入案例分析、引导数据支持、拓展跨学科方法五个方面，探讨如何优化提示词，以最大限度赋能劳动法与社会保障法研究。

一、精确设定研究问题，避免泛化

在使用 DeepSeek 进行劳动法与社会保障法研究时，避免泛泛而谈至关重要。例如，如果提示词仅为“请介绍劳动法的基本原则”，DeepSeek 可能会给出概括性的回答，如劳动基准原则、平等保护原则、集体自治原则等，但不会深入探讨各原则的演变背景、适用范围及现实挑战。因此，研究者应细化提示词，使之聚焦具体议题。

例如：“在数字经济背景下，劳动法的平等保护原则如何适用于‘零工经济’？请结合欧盟与中国的立法动态进行分析。”

引用 11 篇资料作为参考 >

在数字经济背景下，零工经济（Gig Economy）的兴起对传统劳动法的平等保护原则提出了新的挑战。零工经济的特点在于其灵活性和去劳动关系化，这使得许多零工劳动者难以享受到与传统雇员同等的劳动权益保护。以下是结合欧盟与中国立法动态的分析：

欧盟的立法动态

欧盟在零工经济劳动者权益保护方面采取了较为积极的立法措施。2021年，欧盟委员会提出了一项新法规草案，要求零工平台将其工人归类为“员工”，从而享有最低工资、带薪假期和养老金等权利 6 7 。该草案还要求平台在使用算法管理工人时更加透明，并允许工人对违规行为提出赔偿请求 6 。这一立法旨在通过“雇佣推定”原则，确保零工劳动者能够享有与传统雇员同等的劳动权益 7 。

此外，欧盟还强调算法透明度和公平性，要求平台向工人提供关于算法管理的信息，并禁止处理某些类型的个人数据，如私人谈话和健康信息 8 。这些措施旨在减少平台对劳动者的控制，确保劳动者在零工经济中的权益得到保护。

中国的立法动态

中国在零工经济劳动者权益保护方面也进行了积极探索。2021年，中国发布了《关于维护新就业形态劳动者劳动保障权益的指导意见》，提出了“劳动三分法”的框架，将零工劳动者分为三类：符合劳动关系的劳动者、不完全符合劳动关系但受平台管理的劳动者、以及完全独立的个体经营者 5 。对于前两类劳动者，平台需签订劳动合同或书面劳动服务协议，并承担相应的劳动保障责任 5 。

此外，中国还通过《个人信息保护法》和《互联网信息服务算法推荐管理规定》等法规，加强对零工劳动者个人信息和算法管理的保护 3 。这些法规要求平台在使用算法管理劳动者时，必须保护劳动者的休息权、报酬权等合法权益 3 。

平等保护原则的适用

在零工经济中，劳动法的平等保护原则主要体现在以下几个方面：

1. **劳动关系的认定**：欧盟通过“雇佣推定”原则，将零工劳动者视为员工，确保其享有与传统雇员同等的权益 6 7 。中国则通过“劳动三分法”，对不同类别的零工劳动者提供不同程度的保护 5 。
2. **算法透明度与公平性**：欧盟和中国都强调平台在使用算法管理劳动者时必须透明，避免算法歧视和不合理的管理方式 3 8 。
3. **社会保障与劳动权益**：欧盟要求平台为零工劳动者提供最低工资、带薪假期等社会保障 6 。中国则通过法规要求平台为符合条件的零工劳动者提供工伤保险、最低工资保障等 5 。

总结

欧盟和中国的立法动态表明，零工经济中的平等保护原则正在通过劳动关系认定、算法透明度和社会保障等方面的法规逐步落实。然而，零工经济的灵活性和去劳动关系化仍然对劳动法的适用提出了挑战，未来需要进一步探索如何在促进零工经济发展的同时，确保劳动者的权益得到充分保护。

这类提示词明确限定了研究范围(数字经济背景下的劳动法)、核心问题(平等保护原则的适用性)及比较法角度(欧盟与中国)，从而引导 DeepSeek 生成更符合学术研究需求的内容。

此外，研究者可以采取递进式提问的方式深化讨论。例如，可以先询问：“零工经济的劳动者是否应被视为雇员?”获取基础分析后，再进一步提问：“当前各国在判定零工劳动者身份时主要采用哪些法律标准？请结合‘ABC 测试’和‘经济依赖性测试’进行比较。”

零工经济的劳动者是否应被视为雇员？当前各国在判定零工劳动者身份时主要采用哪些法律标准？请结合“ABC 测试”和“经济依赖性测试”进行比较。

引用 11 篇资料作为参考 >

零工经济的劳动者是否应被视为雇员，取决于各国法律对劳动关系的认定标准。当前，各国在判定零工劳动者身份时，主要采用的法律标准包括“ABC测试”和“经济依赖性测试”，这两种测试在判断劳动关系时各有侧重。

1. ABC测试

ABC测试源自美国加州的AB5法案，主要用于判断劳动者是否为雇员。该测试要求雇主证明以下三点，否则劳动者将被认定为雇员：

- **A部分**：劳动者在工作过程中不受雇主的控制和指挥。
- **B部分**：劳动者从事的工作不属于雇主的日常业务范围。
- **C部分**：劳动者通常独立从事与其为雇主提供的服务相同类型的业务。

ABC测试的核心在于**控制权和业务范围**。如果劳动者受雇主控制，且其工作属于雇主的日常业务，则更可能被认定为雇员。例如，网约车司机如果受平台严格管理，且其工作是平台的核心业务，则可能被认定为雇员 6 7 。

2. 经济依赖性测试

经济依赖性测试则更关注劳动者对雇主的经济依赖程度。该测试通过以下因素判断劳动者是否为雇员：

- **经济依赖性**：劳动者是否依赖雇主提供的报酬作为主要收入来源。
- **劳动持续性**：劳动者是否为雇主提供持续性的劳动。
- **劳动对价的经常性**：劳动者是否经常从雇主处获得报酬。

经济依赖性测试强调**经济从属性**，即劳动者是否在经济上依赖雇主。例如，外卖员如果主要收入来源于平台，且工作时间较长，则可能被认定为雇员 9 11 。

3. 比较与适用

- **ABC测试**更注重雇主对劳动者的控制权和工作性质，适用于判断劳动者是否在法律上应被视为雇员。
- **经济依赖性测试**则更关注劳动者对雇主的经济依赖程度，适用于判断劳动者是否在实际中依赖雇主。

在实际应用中，两种测试可以结合使用。例如，加州通过ABC测试将网约车司机认定为雇员，而欧盟则通过经济依赖性测试对平台工人进行劳动关系认定 6 9 。

结论

零工经济的劳动者是否应被视为雇员，需根据具体情况进行判断。ABC测试和经济依赖性测试为各国提供了不同的法律标准，前者强调控制权，后者强调经济依赖。在实际应用中，两种测试可以相互补充，以更全面地认定劳动关系 6 9 11 。

这种方式能够使DeepSeek逐步构建逻辑严密的研究框架，避免任意发问导致生成内容的碎片化。

二、结合具体法域，增加理论深度

劳动法与社会保障法因国家制度不同而呈现较大差异，因此在设计提示词时，应尽可能明确具体的法域，以提高理论研究的精准度。

例如，若研究者希望分析不同国家的社会保障制度，可使用如下提示词："请比较德国和美国的失业保险制度，并分析其对劳动市场的影响。"

引用 14 篇资料作为参考 >

德国和美国的失业保险制度在覆盖范围、资金来源、领取条件及对劳动市场的影响等方面存在显著差异。以下是对两国制度的比较及其对劳动市场的影响分析：

1. 覆盖范围

- **德国**：失业保险覆盖范围广泛，几乎所有雇员（包括家政人员、学徒工等）都必须参加，但自由职业者、公务员等除外 1 2 。
- **美国**：失业保险覆盖工商企业雇员、非盈利机构雇员、州和地方政府雇员等，但农业工人、家庭雇工等部分群体覆盖有限 6 8 。

2. 资金来源

- **德国**：失业保险基金由雇员和雇主各缴纳一半，政府提供财政补贴。缴费比例为1.3% 1 4 。
- **美国**：失业保险基金主要由雇主缴纳，联邦税率为6.2%，各州税率不同，通常基于"经验税率"制度，即解雇率高的企业缴纳更高税率 6 8 。

3. 领取条件与待遇

- **德国**：失业者需在过去两年内至少工作12个月并缴纳保险金。失业金为失业前工资的60%-67%，领取时长根据年龄和工作年限为6个月至24个月 5 9 。
- **美国**：失业者需在过去一年内至少工作半年，且工资收入达到一定标准。失业金为失业前工资的40%-60%，最长领取26周，经济衰退时可延长 6 8 。

4. 对劳动市场的影响

- **德国**：
  - **积极影响**：德国的失业保险制度通过职业培训、短时工作津贴等措施，有效降低了失业率，促进了再就业。例如，短时工作制在经济衰退时帮助企业保留员工，减少大规模裁员 9 11 。
  - **消极影响**：较高的失业金和较长的领取期限可能导致部分失业者求职动力不足，形成“福利依赖” 10 。
- **美国**：
  - **积极影响**：失业保险为失业者提供了短期经济支持，帮助其维持基本生活，同时在经济衰退时通过延长领取期限稳定了消费需求，缓解了经济下滑 8 12 。
  - **消极影响**：由于领取期限较短，部分失业者可能面临经济压力，且各州政策差异可能导致保障水平不均 6 8 。

5. 总结

- **德国**：失业保险制度更注重长期就业保障和职业培训，有助于降低长期失业率，但可能带来一定的福利依赖问题。
- **美国**：失业保险制度更侧重于短期经济支持，灵活性较高，但在覆盖范围和保障水平上存在不足，可能影响部分群体的就业稳定性。

两国的失业保险制度各有优劣，德国的制度更注重就业促进，而美国的制度更注重短期经济稳定。未来，两国均可借鉴对方经验，进一步完善失业保险制度，以更好地应对劳动力市场的挑战。

这类提示词不仅限定了法域(德国、美国)，还指明了比较维度(失业保险制度及其影响)，从而确保生成的内容具有针对性。

对于涉及特定理论的探讨，可以进一步细化提示词。例如：“凯恩斯主义与新自由主义对社会保障制度的不同影响是什么？请结合福利国家理论进行分析。”

引用 11 篇资料作为参考 >

凯恩斯主义与新自由主义对社会保障制度的影响存在显著差异，主要体现在政府干预、社会保障的覆盖范围、以及福利国家的构建方式等方面。

1. 凯恩斯主义对社会保障制度的影响

凯恩斯主义强调国家干预经济，主张通过扩大政府支出来刺激有效需求，进而促进经济增长和就业。在社会保障方面，凯恩斯主义的核心思想是通过累进税制、社会福利和公共投资等手段，重新调节国民收入分配，缩小贫富差距，促进社会公平 1 2 。

- **政府干预**：凯恩斯主义认为，政府应通过财政政策和货币政策积极干预经济，特别是在经济衰退时，增加公共支出，扩大社会福利，以缓解失业和贫困问题。这种干预直接推动了社会保障制度的建立和完善 1 3 。
- **福利国家的构建**：凯恩斯主义为福利国家的形成提供了理论基础。政府通过提供社会保险、社会救助和公共服务，确保公民的基本生活需求，缓解经济危机对社会的冲击。这种模式强调政府在社会保障中的主导作用，推动了社会保障从救济模式向制度化、体系化的现代模式转变 3 4 。

2. 新自由主义对社会保障制度的影响

新自由主义则主张减少政府干预，强调市场机制在资源配置中的决定性作用。在社会保障方面，新自由主义倾向私有化、削减公共福利，并强调个人责任 6 7 。

- **市场主导**：新自由主义认为，社会保障应更多地依赖市场机制，政府应减少对社会保障的直接干预。这种观点导致社会保障体系的私有化，公共福利项目被削减，社会保障的覆盖面和保障水平下降 6 8 。
- **福利国家的削弱**：新自由主义政策削弱了福利国家的构建，强调个人责任和市场效率，主张通过市场化的方式提供社会保障服务。这种模式导致社会保障体系的不平等加剧，弱势群体面临更大的风险 7 8 。

3. 福利国家理论视角下的分析

福利国家理论强调政府在社会福利中的核心作用，旨在通过社会保障制度实现社会公平和稳定。凯恩斯主义与福利国家理论高度契合，主张通过政府干预和社会保障制度来缓解经济波动和社会不平等 3 4 。

相比之下，新自由主义与福利国家理论存在冲突。新自由主义强调市场效率和个人责任，主张减少政府干预，这导致社会保障体系的弱化，特别是在经济全球化背景下，社会保障的公共性和普遍性受到挑战 6 7 。

总结

凯恩斯主义通过政府干预推动了社会保障制度的建立和完善，促进了福利国家的形成；而新自由主义则通过市场化和私有化削弱了社会保障体系，导致社会不平等加剧。两者在社会保障制度上的不同影响，反映了政府与市场在福利国家构建中的不同角色和定位 1 6 7 。

这类提示词能够促使 DeepSeek 结合经济学与社会保障法的交叉视角，立足不同意识形态解析社会保障制度的演变。

三、融入案例分析，提升实践价值

劳动法与社会保障法的研究不仅需要理论探讨，还高度依赖案例指导实际操作。

因此，研究者可以在提示词中明确要求 DeepSeek 进行案例分析，以提升研究的实践价值。例如：“请分析英国‘优步司机案’（Uber BV v. Aslam）如何影响零工劳动者的法律地位，并与西班牙的《骑手法》（Rider Law）进行比较。”

引用 11 篇资料作为参考 >

英国的“优步司机案”（Uber BV v Aslam）和西班牙的“骑手法”（Rider Law）都是针对零工经济劳动者权益保护的重要法律案例，但它们在法律地位认定和具体实施上存在显著差异。

英国“优步司机案”的影响

1. **法律地位认定**：英国最高法院在2021年裁定，优步司机应被视为“工人”（Worker），而非“自雇人士”（Self-employed）。这意味着他们享有最低工资、带薪休假等基本劳动权益。法院认为，优步对司机的控制（如定价、合同条款、评分系统等）表明司机处于从属地位，而非独立承包商 1 2 3 。
2. **对零工经济的影响**：该裁决被视为对零工经济的重要挑战，可能促使其他平台劳动者提起类似诉讼，要求获得雇员或工人身份。然而，裁决并未自动赋予所有零工劳动者相同权利，仍需通过具体案例逐步确认 1 3 。
3. **后续影响**：优步案可能启发其他国家类似的法律行动，推动零工经济劳动者权益保护的立法和司法实践 3 10 。

西班牙“骑手法”的特点

1. **法律地位认定**：西班牙于2021年通过“骑手法”，明确外卖骑手与平台存在劳动关系，骑手应被视为雇员，享有带薪休假、社会保险等权益。该法还要求平台公开算法，增强透明度 6 7 11 。
2. **争议与实施**：尽管“骑手法”旨在保护骑手权益，但部分骑手对其一刀切的劳动关系认定表示不满，认为这限制了他们的灵活性和收入。平台企业也面临调整运营模式的压力 6 7 11 。
3. **与英国的比较**：与英国通过司法判例确认工人身份不同，西班牙通过立法直接认定骑手为雇员，更具强制性和广泛适用性。然而，西班牙的立法也引发了更多争议，尤其是在骑手自主选择权方面 6 7 11 。

比较与总结

- **法律路径**：英国通过司法判例逐步确认零工劳动者的工人身份，而西班牙通过立法直接认定骑手为雇员。
- **灵活性**：英国的裁决保留了部分灵活性，允许平台与劳动者协商具体权益；西班牙的立法则更刚性，可能限制劳动者的自主选择。
- **影响范围**：英国的裁决主要针对优步司机，影响范围有限；西班牙的立法适用于所有外卖平台骑手，覆盖面更广。

总的来说，英国和西班牙的案例都反映了零工经济劳动者权益保护的全球趋势，但两国在实施路径和具体效果上存在显著差异 1 3 6 。

此类提示词可以引导 DeepSeek 结合实际案例进行分析，并拓展至不同国家的法律实践。

此外，对于具体的社会保障问题，也可以采用案例驱动型提示词。例如：“请结合德国‘哈茨改革’(Hartz Reforms)，分析社会保障制度改革如何影响劳动市场的灵活性与社会公平。”

引用 5 篇资料作为参考 >

德国的“哈茨改革”（Hartz Reforms）是21世纪初实施的一系列劳动力市场和社会保障制度改革，旨在应对高失业率、僵化的劳动力市场以及高福利制度带来的财政压力。这些改革对劳动市场的灵活性和社会公平产生了深远的影响。

1. 劳动市场灵活性的提升

哈茨改革通过以下措施显著提高了德国劳动市场的灵活性：

- **缩短失业救济期限**：改革将失业保险金的领取期限从最长32个月缩短至12个月（55岁以上者为18个月），并引入了“失业金II”，金额与失业前的工资水平脱钩，统一为固定标准。这一措施迫使失业者更快地寻找工作，减少了长期依赖福利的现象 2 3 。
- **鼓励灵活就业**：改革引入了“迷你工作”（Mini-jobs）和“小型工作”（Midi-jobs）等灵活就业形式，并提供了相应的补贴。这些措施促进了非全职、临时和低薪岗位的增加，使企业能够更灵活地调整劳动力需求 2 3 。
- **强化就业服务**：改革优化了公共就业机构的职能，使其更加市场化，提供更高效的职业介绍和培训服务。失业者必须积极接受就业中心推荐的工作或培训，否则将面临失业金减少或取消的惩罚 2 3 。

这些改革使德国劳动市场更加灵活，失业率从2005年的11.6%降至2019年的3.2%，就业人数显著增加 3 。

2. 社会公平的挑战

尽管哈茨改革在提升劳动市场灵活性方面取得了成功，但也对社会公平带来了一定的负面影响：

- **收入不平等加剧**：改革导致低薪和非正式岗位大量增加，许多失业者被迫接受低工资工作，收入水平下降。虽然最低工资规定的实施缓解了这一问题，但低收入群体的经济状况仍然较为脆弱 3 5 。

- **福利缩减与社会压力**：改革缩减了失业救济的金额和期限，尤其是“失业金II”的引入，使得失业者的生活水平显著下降。这种“奖勤罚懒”的政策虽然激励了就业，但也加剧了部分群体的经济困难，尤其是低技能和老年劳动者 2 3 。
- **社会分化**：哈茨改革在保护核心劳动力的同时，牺牲了部分低技术劳动力的就业机会，导致收入差距拉大，社会不公加剧。近年来，德国政府通过“公民津贴”等政策试图缓解这一问题，但社会分化的趋势仍然存在 5 。

3. 总结

哈茨改革通过缩短失业救济期限、鼓励灵活就业和强化就业服务，显著提高了德国劳动市场的灵活性，降低了失业率，增强了经济的竞争力。然而，这些改革也带来了收入不平等加剧、福利缩减和社会分化等社会公平问题。尽管后续政策调整试图缓解这些负面影响，但如何在灵活性与公平性之间找到平衡，仍然是德国社会保障制度改革面临的重要挑战 2 3 5 。

此类提示词既能引导 DeepSeek 讨论法律变革的具体背景，又能评估其在实践中的经济与社会影响，增强研究的务实性。

四、引导数据支持，增强研究的科学性

劳动法与社会保障法研究往往涉及劳动市场数据、失业率、最低工资标准、社会保障支出等实证分析，因此在设计提示词时，可以明确要求 DeepSeek 提供数据支持。

例如：“请列举 2020—2023 年美国、法国的最低工资标准，并分析其对劳动市场的影响。”

引用 14 篇资料作为参考 >

美国最低工资标准（2020-2023年）

1. **联邦最低工资**：自2009年以来，美国联邦最低工资一直维持在每小时7.25美元，2020-2023年期间未发生变化 1 3 4 。
2. **各州最低工资**：许多州的最低工资高于联邦标准。例如：
   - 2023年，华盛顿特区的最低工资为每小时17美元，马萨诸塞州为15美元，加利福尼亚州为15.5美元 1 4 。
   - 2023年，纽约州的最低工资为15美元（纽约市、长岛和韦斯切斯特地区）和14.2美元（其他地区） 3 4 。

法国最低工资标准（2020-2023年）

1. **2020年**：法国最低工资为每月1539.42欧元（税前），每小时10.15欧元（税前） 7 。
2. **2021年**：最低工资调整为每月1554.58欧元（税前），每小时10.25欧元（税前） 7 。
3. **2022年**：最低工资上涨至每月1645.58欧元（税前），每小时10.85欧元（税前） 7 。
4. **2023年**：最低工资进一步提高至每月1709.28欧元（税前），每小时11.27欧元（税前） 6 7 。

对劳动市场的影响

1. **美国**:
   - **积极影响**:提高最低工资有助于增加低收入劳动者的收入,改善其生活质量,并可能刺激消费需求,促进经济增长 4 5 。
   - **消极影响**:过高的最低工资可能导致企业裁员或减少招聘,特别是小型企业可能难以承受更高的劳动力成本。此外,企业可能通过提高商品和服务价格来转嫁成本,导致通货膨胀 4 5 。
2. **法国**:
   - **积极影响**:最低工资的提高有助于缩小贫富差距,增强社会公平,并提高低收入家庭的购买力,从而推动经济增长 6 7 。
   - **消极影响**:企业可能面临更高的劳动力成本,可能导致裁员或减少招聘,特别是在低技能行业。此外,企业可能通过提高价格来抵消成本,影响整体物价水平 6 7 。

总体而言,最低工资的提高对劳动市场的影响是复杂的,既有积极的经济和社会效益,也可能带来一定的就业压力和通货膨胀风险。

这类提示词能够促使 DeepSeek 整理最新的统计数据,并结合劳动经济学理论进行评估。

此外,研究者可以要求 DeepSeek 进行趋势分析。例如:“请分析 2008 年金融危机后,欧盟各国的失业保险改革趋势,并结合 OECD 数据进行评估。”

引用 8 篇资料作为参考 >

2008年金融危机后,欧盟各国的失业保险改革趋势主要体现在以下几个方面:

1. **从消极保障向积极促进转变**
   金融危机后,欧盟国家的失业保险制度逐渐从单纯的“消极保障”转向“积极促进”,即不仅提供失业救济,还通过职业培训、就业指导等措施帮助失业者重新就业。例如,德国通过“短时工作”制度减少裁员,同时加强职业培训,帮助失业者提升技能 1 6 。
2. **降低失业保护水平**
   为了减少失业者对失业津贴的依赖,欧盟国家普遍采取了缩小覆盖范围、严格资格条件、缩短津贴给付期限和降低替代率等措施。例如,法国和比利时调整了失业金的给付标准,激励失业者尽快重返劳动力市场 6 。
3. **加强失业保险与劳动力市场的衔接**
   欧盟国家通过改革失业保险制度设计,促使失业者积极寻找工作。例如,美国要求失业者在领取失业金前必须在职业介绍所登记,并接受提供的工作机会 6 。此外,欧盟还通过“欧洲社会基金”等机制,支持成员国开展就业扶持计划 4 。
4. **应对技术失业和结构性失业**
   随着技术进步和自动化的发展,欧盟国家开始调整失业保险制度,以覆盖因技术失业的工人。例如,瑞典根据经济状况动态调整失业金发放标准,确保制度的可持续性和公平性 1 6 。

结合OECD数据的评估

根据OECD的数据,欧盟国家的失业保险金替代率普遍较高,但金融危机后,许多国家开始降低替代率以激励就业。例如,2020年OECD国家的失业金平均替代率在失业第一个月为59%,第十三个月降至39% 8 。此外,OECD建议通过积极的劳动力市场政策(如职业培训和就业服务)减少失业率,并强调失业保险应与就业促进政策紧密结合 7 。

总结

2008年金融危机后，欧盟各国的失业保险改革趋势集中在从消极保障向积极促进转变、降低失业保护水平、加强失业保险与劳动力市场的衔接以及应对技术失业等方面。这些改革在一定程度上缓解了失业问题，但也面临资金压力、覆盖不均等挑战。结合OECD数据，欧盟国家的改革方向与OECD的建议基本一致，但在具体实施中仍需进一步优化，以提高制度的有效性和可持续性 1 4 6 。

这类提示词能够引导 DeepSeek 结合经济数据和国际组织报告，提供更为科学的政策评估。

五、拓展跨学科方法，增强研究创新性

劳动法与社会保障法涉及经济学、社会学、政治学等多个学科，研究者可以利用 DeepSeek 的跨学科分析能力，在提示词中明确要求其采用不同学科的视角。

例如："请结合劳动经济学理论，分析最低工资立法对就业率的影响。"

引用 7 篇资料作为参考 >

最低工资立法对就业率的影响是一个复杂且存在争议的问题，劳动经济学理论提供了多种视角来分析这一现象。以下是结合理论及实证研究的分析：

1. **传统经济学理论**
   在完全竞争市场中，劳动力价格由供需决定。最低工资立法将工资提高到市场均衡水平以上，可能导致企业减少雇佣量，从而增加失业。具体来说，当最低工资W_M高于均衡工资W_E时，企业只愿意雇佣L_1数量的劳动力，而劳动力供给量为L_2，导致$L_2 - L_1$的失业 1 3 。
2. **垄断市场模型**
   在买方垄断的劳动力市场中，企业可能以低于均衡工资的水平雇佣工人。最低工资立法可以迫使企业提高工资并增加雇佣量，从而减少失业。例如，当最低工资W_M设定在垄断工资W_m以上时，企业可能会雇佣更多工人L_1，而不是L_m 3 6 。
3. **效率工资理论**
   最低工资可能通过提高工人的生产效率和减少怠工来抵消失业效应。更高的工资激励工人更努力工作，从而提升企业整体效率，甚至可能增加就业 7 。
4. **实证研究**
   实证研究结果并不一致。例如，David Card和Alan Krueger的研究表明，提高最低工资并未显著减少就业，甚至在某些情况下增加了就业 3 6 。然而，其他研究指出，在最低工资标准较高的地区（如欧洲），可能会对就业产生负面影响 6 。
5. **综合影响**
   最低工资对就业率的影响取决于多种因素，包括劳动力市场的弹性、企业的反应能力、经济环境等。在弹性较大的市场中，最低工资可能导致更多失业；而在弹性较小的市场中，影响可能较小 1 3 。
6. **长期效应**
   最低工资立法可能倒逼企业转型升级，通过提高生产效率来抵消成本增加，从而在长期内创造更多就业机会 4 6 。

结论

最低工资立法对就业率的影响并非单一方向，而是取决于市场结构、政策设计及经济环境。传统理论认为最低工资会增加失业，但实证研究和现代理论表明，其影响可能更为复杂，甚至在某些情况下对就业有积极影响 3 6 7 。

此类提示词能够促使 DeepSeek 在法律分析之外，结合经济学模型（如供需

模型、工资—就业弹性分析)进行讨论。

对于社会保障制度的研究,研究者可以结合社会学与政治学视角。例如:“请分析福利国家理论如何影响北欧与东亚社会保障制度的设计,并结合‘去商品化’(decommodification)概念进行探讨。”

引用 16 篇资料作为参考 >

福利国家理论对北欧和东亚社会保障制度的设计产生了深远影响,但两者在制度设计上存在显著差异,尤其是在“去商品化”这一概念的体现上。

北欧社会保障制度的设计

北欧国家(如瑞典、丹麦、挪威等)通常被视为“社会民主主义”福利体制的典型代表。其社会保障制度设计深受福利国家理论的影响,尤其是普遍主义和社会平等的理念。北欧国家的社会保障制度具有以下特点:

1. **高福利与高税收**:北欧国家通过高税收支撑高福利,提供“从摇篮到坟墓”的社会保障,涵盖教育、医疗、养老、失业等多个领域 1 2 。
2. **普遍性与公平性**:北欧的社会保障制度强调普遍性,所有公民无论收入、职业或社会地位,都能享受同等的社会福利 1 2 。
3. **去商品化程度高**:北欧国家的社会保障制度通过高福利和普遍主义,显著降低了劳动力对市场的依赖。公民即使不参与劳动力市场,也能通过社会保障体系维持基本生活,体现了高度的去商品化 13 14 。

东亚社会保障制度的设计

东亚国家(如日本、韩国、新加坡等)的社会保障制度则呈现出不同的特点,通常被称为“生产主义”或“家庭主义”福利体制。其设计受到福利国家理论的影响,但更强调经济发展和家庭责任:

1. **生产主义导向**:东亚国家的社会保障制度往往服务于经济发展目标,强调就业和劳动贡献。社会保障的覆盖范围和福利水平相对较低,更多依赖于个人和家庭的努力 6 8 。
2. **家庭责任与社会互助**:东亚国家的社会保障制度强调家庭在福利提供中的核心作用,政府提供的社会保障更多是补充性的,尤其是在养老和医疗领域 6 8 。
3. **去商品化程度较低**:东亚国家的社会保障制度对劳动力市场的依赖较高,公民的福利水平往往与其就业状况和收入挂钩,去商品化程度相对较低 6 8 。

去商品化概念的探讨

“去商品化”是指个人福利相对独立于其收入和市场购买力的程度。北欧国家通过高福利和普遍主义,实现了高度的去商品化,公民即使不参与劳动力市场,也能通过社会保障体系维持基本生活 13 14 。而东亚国家的社会保障制度则更强调个人和家庭的责任,去商品化程度较低,公民的福利水平往往与其就业状况和收入挂钩 6 8 。

总结

北欧和东亚的社会保障制度设计在福利国家理论的影响下呈现出不同的特点。北欧国家通过高福利和普遍主义,实现了高度的去商品化,强调社会平等和公民权利;而东亚国家则更注重经济发展和家庭责任,去商品化程度较低,强调个人和家庭的努力。这种差异反映了两者在社会福利理念和实践上的不同路径。

此类提示词能够促使 DeepSeek 从社会学视角剖析社会保障制度的核心价值,增加研究的理论深度。

六、总结

要高效地利用 DeepSeek 赋能劳动法与社会保障法研究,研究者需要精心设计提示词,使其具备精准性、学术性、实践性和跨学科特征。通过精确设定研究问题、结合具体法域、融入案例分析、引导数据支持、拓展跨学科方法,研究者可以最大限度地挖掘 DeepSeek 在学术研究中的潜力。只有合理利用提示词,才能确保 DeepSeek 生成的内容具有研究价值,助力对劳动法与社会保障法的深入探索。

第十六节　驱动 DeepSeek 开展国际法与涉外法治研究

国际法与涉外法治研究涉及复杂的法律体系、多层次的国际规则、跨国司法实践以及动态变化的国际秩序。在这一领域,研究者需要精准获取权威信息、进行条约与判例分析、比较不同法域的法律制度,并结合国际政治与经济背景进行综合研判。DeepSeek 作为智能研究工具,其回答的质量高度依赖提示词的设计。若提示词模糊不清或过于宽泛,DeepSeek 可能会生成较为表面的内容;如果使用精心设计的提示词,便能引导其生成符合学术逻辑、数据翔实、兼具理论与实务价值的回答。本书将从精准设定研究主题、结合国际法渊源进行条约与判例解析、引导跨法域比较、指定学术表达方式、融入国际政治经济分析五个方面,探讨如何利用提示词高效驱动 DeepSeek 赋能国际法与涉外法治研究。

一、精准设定研究主题,避免泛化

国际法涵盖多个子领域,包括国际公法、国际私法、国际经济法、国际人权法、国际海洋法、国际环境法、国际刑法、国际组织法等。如果提示词未明确研究方向,DeepSeek 可能会给出广义的国际法概述,而缺乏针对性。因此,研究者在设计提示词时,需精准锁定研究议题。

例如,与其询问"国际法对国家行为的限制有哪些"这类略显宏观的问题,不如具体设问:"国际习惯法如何影响国家主权豁免?请结合《联合国国家及其财产管辖豁免公约》与国际法院相关判例进行分析。"

引用 8 篇资料作为参考 >

国际习惯法对国家主权豁免的影响主要体现在其作为国际法基本原则的地位,以及通过各国实践和判例逐步形成的规则。以下是结合《联合国国家及其财产管辖豁免公约》(以下简称《公约》)与国际法院相关判例的分析:

1. 国际习惯法与国家主权豁免

国际习惯法是国家主权豁免的重要法律渊源。根据国际法院在**Jurisdictional Immunities of the State (Germany v. Italy)**案中的判决，国家豁免原则是一项习惯国际法，其基础是国家主权平等原则 7 。这意味着，除非国家明确放弃豁免，否则其行为和财产不受他国法院的管辖。

2. 《联合国国家及其财产管辖豁免公约》

《公约》是国际社会对国家豁免规则的重要尝试，尽管尚未生效，但其内容反映了国际习惯法的发展趋势。《公约》确认了国家豁免的一般原则，即一国及其财产在另一国法院享有管辖豁免，但也规定了若干例外，如商业交易、雇佣合同、人身伤害和财产损害等 2 3 。这些例外体现了限制豁免主义的立场，即将国家行为分为主权行为和非主权行为，仅对非主权行为不给予豁免。

3. 国际法院判例

国际法院在**Jurisdictional Immunities of the State (Germany v. Italy)**案中明确指出，国家豁免原则是习惯国际法的一部分，且其适用范围包括国家的司法管辖豁免和执行豁免 7 。法院还强调，国家豁免的例外必须基于明确的国际法规则，而不能由国内法院自行决定。这一判决进一步巩固了国家豁免作为习惯国际法的地位。

4. 限制豁免主义的发展

尽管传统上国家豁免是绝对的，但随着国家越来越多地参与商业活动，限制豁免主义逐渐成为主流。例如，英国在**Trendtex Trading Corp v. Central Bank of Nigeria**案中首次明确采纳限制豁免理论，区分了国家的主权行为和非主权行为 7 。这一趋势在《公约》中得到了体现，并逐渐被各国接受。

5. 实践中的挑战

尽管限制豁免主义得到广泛认可，但在实践中仍存在争议。例如，在**Argentum Exploration Ltd v. Republic of South Africa**案中，英国最高法院认为，国家豁免的例外必须严格解释，不能轻易扩大 7 。这表明，尽管限制豁免主义在理论上被接受，但在具体案件中，法院仍倾向于维护国家豁免的绝对性。

结论

国际习惯法通过国家实践和判例逐步确立了国家主权豁免的原则，而《联合国国家及其财产管辖豁免公约》则进一步明确了其适用范围和例外。尽管限制豁免主义逐渐成为主流，但在实践中，国家豁免的绝对性仍得到一定程度的维护。国际法院的判例进一步巩固了国家豁免作为习惯国际法的地位，并强调了其例外必须基于明确的国际法规则 2 3 7 。

这类提示词不仅规定了研究对象(国家主权豁免)，还要求结合具体法律文件和判例，使生成的内容更具学术价值。

此外，在国际法的动态议题上，研究者可以限定时间范围让 DeepSeek 生成更具时效性的内容。例如："2022 年以来，《联合国海洋法公约》(UNCLOS)在南海争端中的适用情况如何变化？请结合国际仲裁实践进行分析。"

引用 6 篇资料作为参考 >

2022年以来，《联合国海洋法公约》(UNCLOS) 在南海争端中的适用情况呈现出以下变化趋势，结合国际仲裁实践分析如下：

1. 中国对《公约》的立场与实践

中国始终坚持通过和平谈判解决南海争端，并在《公约》框架下维护自身海洋权益。2022年，中国外交部多次强调，南海仲裁案是非法和无效的，仲裁庭的裁决违反了《公约》的基本原则，特别是"国家同意"原则 3 4 。中国依据《公约》第298条，已明确将涉及海洋划界、历史性权利等争端排除在强制仲裁程序之外，因此菲律宾单方面提起的仲裁缺乏法律依据 6 。

2. 国际仲裁实践的影响

南海仲裁案（2016年）的闹剧对《公约》在南海争端中的适用产生了深远影响。尽管中国不接受、不承认该裁决，但部分国家和国际舆论仍试图将其作为南海问题的"法律依据"。2022年，美国发布的《海洋界限》报告再次提及仲裁案，试图强化其合法性，但遭到中国的强烈反对 3 。仲裁庭的裁决在实践中的执行效果有限，数据显示，强制仲裁程序的成功率较低，且往往因缺乏当事国同意而难以落实 6 。

3. 区域合作与争端解决机制

中国与东盟国家在《南海各方行为宣言》框架下，继续推动"南海行为准则"磋商，强调通过双边谈判和多边合作解决争端 3 4 。这一做法体现了《公约》倡导的和平解决争端原则，同时也表明中国更倾向于通过区域机制而非强制仲裁程序处理南海问题。

4. 《公约》适用中的争议与挑战

《公约》在南海争端中的适用仍面临诸多争议，特别是关于专属经济区、大陆架划界以及历史性权利的解释 1 6 。部分国家试图曲解《公约》条款，扩大自身海洋权益，导致争端复杂化。例如，菲律宾在仲裁案中试图将岛礁主权问题与海洋权益问题分离，这种做法被认为是对《公约》的滥用 6 。

5. 未来趋势

未来，《公约》在南海争端中的适用将更多地依赖于区域合作与多边协商，而非强制仲裁程序。中国将继续坚持"搁置争议、共同开发"的原则，推动构建"海洋命运共同体"，以实现南海地区的和平与稳定 4 6 。

综上所述，2022年以来，《公约》在南海争端中的适用情况表明，强制仲裁程序的局限性日益凸显，而区域合作与和平谈判成为解决争端的主要途径。中国在这一过程中发挥了积极作用，同时坚决维护自身海洋权益和国际法的权威性。

这样的提示词可以引导 DeepSeek 关注近年的法律实践，使回答更符合国际法的现实演进。

二、结合国际法渊源，精准解析条约与判例

国际法的渊源包括国际条约、国际习惯法、一般法律原则、司法判例和权威学术著作。在借助 DeepSeek 进行国际法研究时，研究者可以要求其结合不同法律渊源进行系统分析。

例如："如何运用国际习惯法规则解释《维也纳条约法公约》第 31 条？请结合国际法院（ICJ）相关案例进行论证。"

引用 8 篇资料作为参考 >

《维也纳条约法公约》（VCLT）第31条规定了条约解释的一般规则，强调条约应依其用语按其上下文并参照条约之目的及宗旨所具有之通常意义，善意解释之。习惯国际法规则在解释VCLT第31条时起到了重要作用，尤其是在国际法院（ICJ）的实践中，习惯国际法规则常被用来补充或澄清条约的解释。

1. 习惯国际法规则与VCLT第31条的关系

VCLT第31条第3款明确指出，解释条约时应一并考虑"适用于当事国间关系之任何有关国际法规则"。这意味着习

惯国际法规则可以作为解释条约的上下文因素之一。习惯国际法规则在国际法中具有普遍适用性，因此在解释条约时，ICJ常会参考这些规则来确保解释的全面性和一致性。

2. ICJ案例中的习惯国际法规则应用

在ICJ的判例中，习惯国际法规则常被用来解释条约的具体条款。例如，在**哥斯达黎加诉尼加拉瓜案**（2009年）中，ICJ在解释1858年《边界条约》时，不仅依据条约文本，还参考了习惯国际法中关于国际河流航行的规则。尽管ICJ最终认为条约规定已经足够明确，无需依赖习惯国际法，但法院明确指出，习惯国际法规则在条约解释中具有补充作用 [7] 。

3. 习惯国际法规则与条约解释的补充作用

根据VCLT第32条，当条约解释出现模糊或不合理时，可以使用补充解释资料，包括条约的准备工作和缔约情况。习惯国际法规则在此类情况下常被用来澄清条约的模糊之处。例如，在**新加坡亚化集团和西北化工公司诉中国政府案**（2023年）中，仲裁庭在解释《中新投资协定》时，不仅依据VCLT第31条，还参考了习惯国际法中关于国家管辖豁免的规则，以确保解释的合理性 [6] 。

4. 习惯国际法规则与条约解释的善意原则

VCLT第31条强调善意解释原则，而习惯国际法规则中的善意原则（bona fide）也与此相符。ICJ在多个案例中强调，条约解释应遵循善意原则，避免对条约条款进行扭曲或滥用。例如，在**厄立特里亚–埃塞俄比亚边界案**中，ICJ在解释边界条约时，不仅依据条约文本，还参考了习惯国际法中关于边界划定的规则，以确保解释的公正性和合理性 [8] 。

结论

习惯国际法规则在解释VCLT第31条时具有重要作用，尤其是在ICJ的实践中，这些规则常被用来补充或澄清条约的解释。通过参考习惯国际法规则，ICJ确保了条约解释的全面性和一致性，同时也维护了国际法的稳定性和可预见性。

这样的提示词可以确保 DeepSeek 生成符合国际法解释原则的学术内容。

对于涉及条约适用的问题，研究者可以要求 DeepSeek 逐一解析条约条文，并结合判例说明适用范围。例如：“请对《联合国宪章》第 2 条第 4 款关于使用武力的禁止条款进行分析，并结合‘尼加拉瓜诉美国案’(1986)判决讨论其例外情况。”

引用 10 篇资料作为参考 >

《联合国宪章》第2条第4款明确规定：“各会员国在其国际关系上不得使用威胁或武力，或以与联合国宗旨不符之任何其他方法，侵害任何国家的领土完整或政治独立。”这一条款被视为国际法的核心原则之一，旨在维护国际和平与安全，禁止国家通过武力手段侵害他国的主权和领土完整 [1] [2] 。

禁止使用武力的例外情况

尽管第2条第4款对使用武力进行了全面禁止，但《联合国宪章》也规定了若干例外情况，主要包括以下三种：

1. **安理会授权使用武力**：根据《宪章》第39条，安理会可以断定是否存在和平威胁、和平破坏或侵略行为，并授权采取包括武力在内的措施以恢复国际和平与安全 [2] [4] 。
2. **自卫权**：根据《宪章》第51条，国家在遭受武力攻击时，有权行使单独或集体自卫权，直至安理会采取必要措施为止 [2] [4] 。
3. **针对二战敌国的行动**：根据《宪章》第107条，允许对二战中的敌国采取行动，但这一条款现已不再适用 [4] 。

尼加拉瓜诉美国案（1986）的判决

在“尼加拉瓜诉美国案”中，国际法院对《联合国宪章》第2条第4款的适用进行了重要阐释。法院认定，美国在尼加拉瓜境内进行的军事和准军事行动（如布雷、支持反政府武装等）违反了禁止使用武力的原则，构成对尼加拉瓜主权的侵犯 6 8 10 。

判决中的例外情况分析

1. **自卫权的适用**：美国辩称其行动是为了支持尼加拉瓜邻国的自卫权，但法院指出，自卫权仅适用于遭受武力攻击的国家，且必须符合必要性和比例性原则。美国未能证明其行动符合这些条件，因此自卫权的抗辩不成立 8 10 。
2. **安理会授权**：美国并未获得安理会的授权，因此其行动不能被视为合法使用武力 8 10 。
3. **习惯国际法的适用**：法院还指出，禁止使用武力原则已成为习惯国际法的一部分，即使美国对《联合国宪章》的某些条款提出保留，这一原则仍然对其具有约束力 8 10 。

结论

《联合国宪章》第2条第4款对使用武力进行了全面禁止，但允许在安理会授权、自卫权行使等特定情况下使用武力。在“尼加拉瓜诉美国案”中，国际法院重申了这一原则的普遍约束力，并明确美国的行动不符合任何例外情况，构成对国际法的严重违反 6 8 10 。这一判决进一步巩固了禁止使用武力原则在国际法中的地位，并为未来的国际争端提供了重要的法律依据。

此类提示词不仅能帮助研究者梳理国际法的相关规则，还能提供国际法院对相关问题的权威解释，从而增强研究的精准性。

三、引导跨法域比较，提高涉外法治研究质量

涉外法治研究往往涉及不同国家法律体系之间的比较，例如国际私法中的法律冲突、跨国公司治理、国际投资仲裁等。在提示词设计中，研究者可以要求 DeepSeek 进行法域间的比较，以揭示不同国家法律制度的异同。

在国际商事争端解决领域，研究者可以要求 DeepSeek 结合不同法域的仲裁与司法实践。例如：“请分析《纽约公约》(1958)在美国与中国的适用情况，并讨论两国法院在承认和执行外国仲裁裁决方面的主要差异。”

引用 16 篇资料作为参考 >

《纽约公约》（1958年）是国际商事仲裁领域最重要的公约之一，旨在促进外国仲裁裁决在全球范围内的承认与执行。美国和中国均为《纽约公约》的缔约国，但在具体适用和执行方面存在一些差异。

一、《纽约公约》在美国的适用情况

1. **适用范围**
美国在加入《纽约公约》时未作任何保留，因此公约适用于所有在缔约国领土内作出的仲裁裁决，以及被美国法院认定为“非内国裁决”的仲裁裁决 1 4 。美国法院在解释《纽约公约》时，倾向于从文本出发，强调公约的广泛适用性，甚至包括涉及主权国家的仲裁裁决 2 。
2. **承认与执行程序**
根据《美国联邦仲裁法》（FAA），外国仲裁裁决在美国的执行需先通过法院的司法确认程序，将裁决转化为美国法院的判决，之后方可执行 9 10 。申请执行的时效为裁决作出后三年 10 。

3. **拒绝执行的理由**

美国法院拒绝执行外国仲裁裁决的理由严格遵循《纽约公约》第5条的规定，包括仲裁协议无效、程序违反正当程序、裁决超出仲裁协议范围等[4][10]。此外，美国法院还会审查裁决是否违反公共政策[4]。

二、《纽约公约》在中国的适用情况

1. **适用范围**

中国在加入《纽约公约》时提出了两项保留：互惠保留和商事保留。互惠保留意味着中国仅承认和执行在另一缔约国领土内作出的仲裁裁决；商事保留则限制公约仅适用于根据中国法律属于商事法律关系的争议[1][3][8]。

2. **承认与执行程序**

中国法院在承认和执行外国仲裁裁决时，需依据《民事诉讼法》和《纽约公约》的规定。申请人需向被执行人住所地或财产所在地的中级人民法院提出申请，并提供裁决书正本、仲裁协议正本及经认证的译本[3][8]。

3. **拒绝执行的理由**

中国法院拒绝执行外国仲裁裁决的理由同样基于《纽约公约》第5条，包括仲裁协议无效、程序违反正当程序、裁决超出仲裁协议范围等。此外，中国法院还会审查裁决是否违反中国的公共政策[3][8]。

三、两国法院在承认和执行外国仲裁裁决方面的主要差异

1. **适用范围**
   - 美国未作任何保留，适用范围更广，甚至包括涉及主权国家的裁决[2]。
   - 中国通过互惠保留和商事保留限制了公约的适用范围，仅承认和执行在另一缔约国领土内作出的商事裁决[1][3]。
2. **程序要求**
   - 美国要求将外国仲裁裁决转化为法院判决，之后方可执行[9][10]。
   - 中国法院直接依据《纽约公约》和《民事诉讼法》进行审查和执行[3][8]。
3. **公共政策审查**
   - 美国法院在公共政策审查上较为严格，可能因裁决违反公共政策而拒绝执行[4]。
   - 中国法院同样重视公共政策审查，但具体标准可能因案件性质而有所不同[3][8]。
4. **时效规定**
   - 美国规定申请执行的时效为裁决作出后三年[10]。
   - 中国规定申请执行的时效为两年[8]。

结论

美国和中国的法院在承认和执行外国仲裁裁决时均严格遵循《纽约公约》，但在适用范围、程序要求和公共政策审查等方面存在差异。美国法院的适用更为广泛，程序上需将裁决转化为判决；而中国法院则通过保留条款限制了公约的适用范围，并直接依据国内法进行审查和执行[1][3][4]。

这类提示词能够引导 DeepSeek 进行跨法域比较研究，帮助研究者理解不同国家的法律实践。

四、指定学术表达方式，提高论证质量

国际法与涉外法治研究需要采用严谨的法律术语和学术表达方式，因此在提示词中，研究者可以明确要求 DeepSeek 采用法律学术写作风格。

例如："请以国际法学术论文的格式撰写一篇文章，分析'国家责任制度在国际人权法中的适用'，要求包含引言、理论分析、案例研究和结论。"

引用 6 篇资料作为参考 >

国家责任制度在国际人权法中的适用

引言

国际人权法作为国际法的重要分支，旨在保护全球范围内所有人的基本权利和自由。国家责任制度是国际法的核心组成部分，规定了国家在违反国际法时应承担的法律后果。随着全球化进程的加速，国家在国际人权法中的责任问题日益凸显。本文旨在探讨国家责任制度在国际人权法中的适用，分析其理论基础、实践案例及未来发展方向。

理论分析

国家责任制度在国际人权法中的适用主要基于以下几个原则：

1. **主权平等原则**：国家在国际法上享有平等的主权地位，无论国家大小、经济实力或政治体制如何，都应平等承担国际人权法下的义务 3 4 。
2. **不干涉内政原则**：国家应尊重其他国家的内政，不得以任何形式干涉其人权事务 3 4 。
3. **国家义务原则**：国家有义务通过立法、行政和司法手段，确保其国内法律与国际人权法标准相一致，并采取积极措施保护人权 1 2 。
4. **诚实信用原则**：国家应诚实履行其在国际人权法下的承诺，不得违背国际协议 3 4 。

国家责任的形式包括赔偿责任、退还责任、住手违法责任和满足义务责任。这些责任形式在国际人权法中的适用，旨在确保国家对其侵犯人权的行为承担相应的法律后果 3 4 。

案例研究

1. **某国政府侵犯公民人权案**：某国政府长期侵犯公民的言论自由、宗教信仰和集会自由等基本权利。国际人权组织对该国政府提出指控，要求其采取措施保障人权。最终，该国政府接受了指控，并采取了一系列措施改善人权状况。此案例体现了国际人权法在保护人民基本权利方面的作用，以及国家责任制度在追究国家侵犯人权行为中的有效性 6 。
2. **跨国河流污染案**：某国在跨国河流上游排放大量污水，导致下游国家水质严重下降，对当地生态环境和居民健康造成严重影响。国际环保组织介入，协调各国共同解决污染问题。此案例展示了国家在环境保护方面的责任，以及国际社会在追究国家环境侵权责任中的合作机制 6 。

结论

国家责任制度在国际人权法中的适用，是确保全球人权保护的重要机制。通过明确国家的义务和责任，国际社会能够有效追究国家侵犯人权的行为，并推动全球人权事业的发展。然而，国家责任制度的实施仍面临诸多挑战，如资源分配、文化差异和政治因素等。未来，国际社会应加强合作，完善国家责任制度的实施机制，确保国际人权法在全球范围内得到有效落实。

1 2 3

此类提示词能够确保 DeepSeek 输出符合学术论文格式的内容，并提供系统化的法律分析。

此外，在论证逻辑上，研究者可以要求 DeepSeek 采用 IRAC（issue – rule – application – conclusion）等法律分析结构。例如："请按照 IRAC 结构分析国际法院在'科索沃独立咨询意见'（2010）中对国家单方面独立宣言的裁决逻辑。"

引用 10 篇资料作为参考 >

IRAC 结构分析：国际法院在"科索沃独立咨询意见"（2010）中的裁决逻辑

I. Issue（问题）

国际法院需要回答的核心问题是："科索沃临时自治机构单方面宣布独立是否符合国际法？"[1][4]

R. Rule（规则）

国际法院在裁决中依据了以下国际法规则：

1. **一般国际法**：国际法没有明文禁止单方面宣布独立的行为[1][4]。
2. **领土完整原则**：该原则仅适用于国家之间的关系，不适用于国家内部的分离行为[1][4]。
3. **安理会第1244号决议**：该决议建立了科索沃的临时行政框架，但并未禁止科索沃宣布独立[1][4]。
4. **《宪法框架》**：宣布独立的行为并非由科索沃临时自治机构作出，因此不违反《宪法框架》[1][4]。

A. Analysis（分析）

1. **管辖权与酌处权**：
   - 国际法院首先确认其对本案拥有管辖权，并认为没有"令人信服的理由"拒绝发表咨询意见[1][4]。
   - 法院强调，尽管请求可能具有政治动机，但这不影响其作为法律问题的性质[1][4]。
2. **问题的范围与解释**：
   - 法院指出，大会提出的问题仅限于"宣布独立"是否合法，而非"独立本身"是否合法[1][4]。
   - 法院拒绝扩大解释问题的范围，认为问题的字面意思足够明确[1][4]。
3. **宣布独立的合法性**：
   - **一般国际法**：法院指出，国际法并未禁止单方面宣布独立，历史上也有类似案例[1][4]。
   - **安理会第1244号决议**：法院认为该决议未禁止科索沃宣布独立，且独立宣言的作出者并非临时自治机构，因此不违反决议[1][4]。
   - **《宪法框架》**：法院认定宣布独立的行为由科索沃人民代表作出，而非临时自治机构，因此不违反《宪法框架》[1][4]。
4. **自决权与领土完整**：
   - 法院未直接讨论自决权问题，但指出领土完整原则不适用于国家内部的分离行为[1][4]。

C. Conclusion（结论）

国际法院最终裁定，科索沃2008年2月17日通过的独立宣言"没有违反任何适用的国际法规则"[1][4]。这一结论基于以下理由：

1. 国际法未禁止单方面宣布独立。
2. 安理会第1244号决议和《宪法框架》未禁止科索沃宣布独立。
3. 宣布独立的行为由科索沃人民代表作出，而非临时自治机构。

这一裁决为科索沃的独立提供了国际法上的支持，但也引发了关于自决权、领土完整和国际法适用范围的广泛讨论[1][4]。

此类提示词能够确保 DeepSeek 生成符合法律分析标准的内容，增强研究的专业性。

五、融入国际政治经济分析，增强研究现实性

国际法的实施受到国际政治经济环境的影响，因此研究者可以通过提示词要求 DeepSeek 结合国际关系或全球经济因素进行分析。

例如："在当前全球科技竞争背景下，WTO 争端解决机制在处理高科技贸易争端时面临哪些挑战？"

引用 8 篇资料作为参考 >

在当前全球科技竞争背景下，WTO争端解决机制在处理高科技贸易争端时面临以下主要挑战：

1. **上诉机构停摆**：自2019年12月以来，由于美国持续阻挠上诉机构法官的遴选，WTO上诉机构陷入瘫痪，导致争端解决机制无法正常运作。这使得高科技贸易争端无法通过上诉程序得到最终裁决，严重影响了WTO的权威性和有效性 1 4 。
2. **法律技术复杂性**：高科技贸易争端涉及复杂的技术和法律问题，例如知识产权保护、数据流动、网络安全等。这些问题在WTO现有规则框架下难以找到明确的解决方案，导致争端解决过程冗长且效率低下 1 4 。
3. **成员理念分歧**：主要成员在WTO争端解决机制改革问题上存在显著分歧。例如，美国主张削弱上诉机构的权力，而欧盟和其他成员则希望维护现有的两审制。这种分歧使得改革谈判进展缓慢，难以达成共识 1 3 。
4. **单边主义和保护主义抬头**：近年来，单边主义和保护主义在全球范围内抬头，部分国家采取单边贸易制裁措施，绕过WTO争端解决机制。这不仅削弱了WTO的权威性，还加剧了高科技贸易争端的复杂性 2 5 。
5. **新兴领域规则缺失**：随着数字贸易和绿色贸易等新兴领域的快速发展，WTO在相关规则制定上严重滞后。例如，跨境数据流动、数字产品税收、隐私保护等问题缺乏统一的国际规则，导致高科技贸易争端难以通过现有机制有效解决 3 5 。
6. **执行机制不足**：即使WTO争端解决机制作出裁决，执行阶段也面临诸多挑战。部分国家可能拖延或拒绝执行裁决，而WTO缺乏有效的强制执行机制，导致裁决难以落实 4 7 。

综上所述，WTO争端解决机制在处理高科技贸易争端时面临上诉机构停摆、法律技术复杂性、成员理念分歧、单边主义抬头、新兴领域规则缺失以及执行机制不足等多重挑战。这些挑战不仅影响了WTO的权威性和有效性，也对全球高科技贸易的健康发展构成了威胁。

这样的提示词能够引导 DeepSeek 结合国际政治背景讨论国际经济法问题，使分析更具现实意义。

同样，在国际投资法领域，研究者可以要求 DeepSeek 结合地缘政治因素进行分析。例如："请分析'一带一路'倡议下中国投资者在国际投资争端解决中心（ICSID）仲裁中的法律风险，并结合近期案例进行讨论。"

引用 7 篇资料作为参考 >

在"一带一路"倡议下，中国投资者在国际投资争端解决中心（ICSID）仲裁中面临的法律风险主要集中在以下几个方面：

1. 限制性争端解决条款的适用风险

中国双边投资条约（BIT）中普遍存在限制性争端解决条款，这些条款通常将投资者可提起国际仲裁的争端范围限制在"与征收补偿金额有关"的争端上，而其他争端则只能交由东道国国内法院管辖。这种限制性条款导致中国投资

者在发起国际投资仲裁时面临管辖权困境。例如，在2023年的“Asiaphos v. China”案中，中国政府成功主张对限制性条款进行狭义解释，虽然有利于中国作为东道国的利益，但也对中国境外投资者发起仲裁的能力造成了障碍 1 。

2. 国有企业作为投资者的适格性问题

中国国有企业在国际投资仲裁中常因适格投资者问题面临管辖权异议。根据ICSID公约，国有企业是否被视为“适格投资者”取决于其是否以商业方式而非政府职能进行投资。例如，在“北京城建诉也门政府”案中，北京城建作为国有企业，成功证明了其投资的商业性质，从而获得了仲裁庭的管辖权 5 。然而，仍有其他国有企业可能因被认定为履行政府职能而无法获得仲裁保护 2 3 。

3. 管辖权异议的普遍性

东道国常通过提出管辖权异议来拖延或终止仲裁程序。根据ICSID的统计数据，约21%的已结案件因仲裁庭无管辖权而被驳回。中国投资者在发起仲裁时，需充分准备应对此类异议，尤其是在涉及国有企业或限制性条款的案件中 2 5 。

4. 近期案例分析

- **Asiaphos v. China案（2023年）**：该案是首例中国政府被诉的限制性争端解决条款案件。仲裁庭支持了中国政府的狭义解释立场，这为中国境外投资者未来发起仲裁设置了更高的门槛 1 。
- **北京城建诉也门政府案（2014年）**：北京城建成功证明了其投资的商业性质，克服了管辖权异议，为国有企业投资者提供了重要参考 5 。
- **赣锋锂业诉墨西哥政府案（2024年）**：该案反映了中国投资者在“一带一路”沿线国家投资中面临的争端，尽管案件尚未结案，但管辖权问题可能成为焦点 2 3 。

5. 风险防范建议

- **重新审视BIT条款**：中国投资者应仔细分析相关BIT中的争端解决条款，评估发起仲裁的可能性。
- **优化投资结构**：国有企业应通过商业化的投资结构，避免被认定为履行政府职能。
- **充分准备管辖权争议**：在发起仲裁前，投资者应充分准备应对东道国可能提出的管辖权异议。

总之，中国投资者在“一带一路”倡议下参与ICSID仲裁时，需特别关注限制性条款、国有企业适格性及管辖权异议等法律风险，并通过合理的策略降低风险 1 2 5 。

此类提示词能够确保 DeepSeek 生成兼具法律与政策分析的内容,帮助研究者把握国际法的现实运用。

六、总结

要高效利用 DeepSeek 进行国际法与涉外法治研究,研究者需要精细化设计提示词,以确保输出内容具有学术价值、实践意义和逻辑严谨性。通过精准设定研究主题、结合国际法渊源解析条约与判例、引导跨法域比较、指定学术表达方式、融入国际政治经济分析等策略,研究者可以充分发挥 DeepSeek 在国际法研究中的辅助作用,增加研究的系统性和深度。合理使用提示词不仅能够帮助研究者提升研究效率,还能确保 DeepSeek 生成的内容符合国际法学术标准,为国际法与涉外法治研究提供更加精准和高质量的支持。

第十七节　驱动 DeepSeek 开展教育法学研究

教育法学是一门交叉性极强的学科，涉及宪法、行政法、人权法、民法等多个法律领域，与教育学、社会学、政策科学等学科紧密相连。DeepSeek 作为强大的人工智能工具，能够辅助教育法学研究，但其有效性依赖于提示词设计。精准的提示词可以帮助 DeepSeek 生成更符合学术标准、逻辑严密、内容翔实的研究材料。要充分利用 DeepSeek 赋能教育法学研究，研究者需要在设定研究问题、结合法律与政策分析、嵌入案例分析、引导跨学科讨论以及优化输出格式五个方面优化提示词，从而确保研究成果的系统性与深度。

一、精准设定研究问题，避免泛化

在教育法学研究中，一个核心挑战在于界定研究问题的范围。如果提示词过于宽泛，例如“教育法的基本原则有哪些？”，DeepSeek 的回答可能只是对基本概念的简单罗列，而无法提供深入分析。

因此，研究者应使用更为具体、指向明确的提示词，如：“在义务教育法框架下，如何理解国家对教育资源的配置义务？请结合中国和美国的相关法律进行比较分析。”

引用 14 篇资料作为参考 >

在义务教育法框架下，国家对教育资源的配置义务主要体现在确保教育资源的公平分配和均衡发展，以保障所有适龄儿童和少年享有平等的受教育机会。以下结合中国和美国的相关法律进行比较分析：

中国的义务教育资源配置义务

根据《中华人民共和国义务教育法》，中国政府对教育资源的配置义务主要体现在以下几个方面：

1. **经费保障**：国家建立义务教育经费保障机制，确保义务教育制度的实施。义务教育经费由国务院和地方各级人民政府共同负担，并要求地方各级政府在财政预算中将义务教育经费单列 [2,3]。
2. **均衡发展**：国务院和县级以上地方人民政府应当合理配置教育资源，促进义务教育均衡发展，改善薄弱学校的办学条件，并采取措施保障农村地区、民族地区实施义务教育，保障家庭经济困难和残疾的适龄儿童、少年接受义务教育 [2,3]。
3. **师资力量**：县级以上人民政府教育行政部门应当均衡配置本行政区域内学校师资力量，组织校长、教师的培训和流动，加强对薄弱学校的建设 [2,3]。

美国的义务教育资源配置义务

美国的义务教育资源配置义务主要体现在以下几个方面：

1. **经费投入**：美国联邦政府通过《公平教育机会法案》确保所有学生都能平等地接受教育。各州政府负责管理教育，并通过地方财产税等方式募集教育经费。联邦政府也通过拨款和立法支持义务教育，特别是针对贫困地区和弱势群体 9 10 。
2. **均衡发展**：美国各州政府采取措施促进本行政区域内义务教育学校师资力量均衡配置，组织本行政区域内义务教育公办学校的校长和教师流动。联邦政府也通过《不让一个孩子掉队法》等法律，要求各州建立针对本州教育机构和薄弱学校的扶助和改进机制 9 10 。
3. **特殊需求**：美国通过《残疾人法案》等法律，要求各州为有特殊需求的儿童提供免费适当的教育服务，包括为他们设计个性化的教育计划，并提供必要的辅助设施和服务 9 10 。

比较分析

1. **经费来源**：中国义务教育经费主要由中央和地方各级政府共同负担，而美国则主要依靠地方财产税和联邦政府的拨款。中国的经费保障机制更加集中，而美国的经费来源更加分散。
2. **均衡发展**：中国通过法律明确要求各级政府合理配置教育资源，促进义务教育均衡发展，而美国则通过州政府和联邦政府的共同努力，推动教育资源的均衡分配。中国的法律更加具体，而美国的法律更加灵活。
3. **特殊需求**：两国都通过法律保障特殊需求儿童的教育权利，但中国的法律更加明确地规定了政府的责任，而美国的法律则更加注重通过联邦和州政府的合作来实现这一目标。

总的来说，中国和美国的义务教育法都强调国家对教育资源的配置义务，但在具体实施方式和法律框架上存在差异。中国的法律更加集中和具体，而美国的法律更加分散和灵活。

这样的提示词不仅能引导 DeepSeek 进行跨国法律比较，还能促使其关注具体的法律条文及政策背景。

此外，研究者可以通过递进式提问，逐步深化对某一法律问题的理解。例如，先询问："《教育法》如何规定公立学校的办学自主权？"获得初步回答后，再进一步追问："在实践中，公立学校的办学自主权如何受到行政机关的干预？"

> 《教育法》如何规定公立学校的办学自主权？在实践中，公立学校的办学自主权如何受到行政机关的干预？

引用 6 篇资料作为参考 >

根据《中华人民共和国教育法》第二十九条的规定，公立学校享有以下九项办学自主权：

1. 按照章程自主管理；
2. 组织实施教育教学活动；
3. 招收学生或者其他受教育者；
4. 对受教育者进行学籍管理，实施奖励或处分；
5. 对受教育者颁发相应的学业证书；
6. 聘任教师及其他职工，实施奖励或者处分；
7. 管理、使用本单位的设施和经费；
8. 拒绝任何组织和个人对教育教学活动的非法干涉；
9. 法律、法规规定的其他权利 1 2 。

在实践中，公立学校的办学自主权常常受到行政机关的干预，主要体现在以下几个方面：

1. **人事管理**：学校在招聘教师时，往往没有完全的自主权，招聘过程可能由教育行政部门主导，导致学校无法自主选择所需人才 2 。
2. **经费使用**：学校的经费使用受到严格限制，许多经费项目（如电教费、仪器费、维修费等）由相关部门统筹安排，学校无法根据实际需求灵活支配资金 2 。
3. **教学管理**：学校的教学计划和课程设置有时需要报教育行政部门批准，甚至班级座位安排等细节也可能受到干预 2 。
4. **绩效分配**：学校在教师绩效工资分配上缺乏自主权，导致教师"干多干少、干好干坏一个样"，影响教师积极性 2 。

尽管《教育法》赋予了学校一定的自主权，但在实际操作中，行政机关的干预仍然较为普遍，影响了学校的自主办学能力。近年来，一些地方开始探索下放更多自主权给学校，例如山东青岛下放了14项自主管理权限，包括校长聘任、中层干部选任、招聘紧缺人才等 2 。这表明，随着教育改革的深化，学校办学自主权的落实有望逐步改善 6 。

这种方式能够让 DeepSeek 在提供理论分析的同时，结合司法实践进行讨论，从而提高研究的现实意义。

二、结合法律与政策分析，增强实务导向

教育法学不仅涉及法律规范的分析，还与国家的教育政策密切相关。因此，研究者在设计提示词时，可以要求 DeepSeek 结合法律与政策进行讨论。

例如："中国的'双减'政策对义务教育公平性的影响如何？请结合教育法和相关政策文件进行分析。"

引用 8 篇资料作为参考 >

中国的"双减"政策对义务教育公平性产生了深远的影响，主要体现在以下几个方面：

1. 减轻学业负担，促进起点公平

"双减"政策通过减少学生过重的作业负担和校外培训负担，旨在实现义务教育的起点公平。政策要求学校严格按照课程标准进行"零起点教学"，确保所有学生都能在同等条件下接受教育，避免因家庭经济条件差异导致的教育机会不均等 3 6 。

2. 规范校外培训，缩小教育资源差距

政策对校外培训机构进行了严格规范，特别是对学科类培训机构的压减和转型，减少了家庭经济条件对教育资源的过度影响。通过禁止资本化运作和规范培训行为，政策力图缩小不同家庭背景学生在教育资源获取上的差距 1 6 。

3. 提升学校教育质量，促进过程公平

"双减"政策强调学校教育的主阵地作用，要求提升课堂教学质量和课后服务水平，确保学生在校内"学足学好"。通过优化作业设计和加强教师资源配置，政策致力于缩小城乡、区域和校际之间的教育质量差距，促进教育过程公平 3 6 。

4. 关注教育结果公平，推动五育并举

政策旨在改变"唯分数论"的教育评价导向，推动德智体美劳全面发展。通过减少应试压力和增加素质教育内容，政策力求实现教育结果的公平，避免学生因单一评价标准而被标签化 3 5 。

5. 面临的挑战与隐忧

尽管"双减"政策在促进教育公平方面取得了显著成效，但也面临一些挑战。例如，学科类校外培训的隐形变异问题可能导致新的教育不公平，课后服务质量的城乡差距可能进一步扩大教育鸿沟 4 5 。

6. 法律与政策依据

"双减"政策依据《中华人民共和国义务教育法》和《未成年人保护法》等法律法规，强调教育的公益性和公平性。政策要求政府、学校和社会协同努力，确保教育资源的均衡分配和学生的全面发展 6 8 。

综上所述，"双减"政策通过减轻学生负担、规范校外培训、提升学校教育质量等措施，显著促进了义务教育的公平性。然而，政策实施过程中仍需关注潜在的不公平问题，并持续优化相关政策措施。

这类提示词能够确保 DeepSeek 在回答时，不仅从法律角度进行分析，还能关注国家政策的实施背景与影响。

此外，研究者可以引导 DeepSeek 进行政策与法律的动态比较。例如："请比较中国和德国在职业教育立法方面的不同特点，并分析政策对法律实施的影响。"

引用 14 篇资料作为参考 >

中国和德国在职业教育立法方面存在显著差异，主要体现在立法体系、政策导向和实施机制等方面。以下是对两国职业教育立法特点的比较及政策对法律实施的影响分析：

一、立法体系

1. **中国**：
   - 中国的职业教育立法以《中华人民共和国职业教育法》为核心，该法于1996年首次颁布，2022年进行了全面修订 1 3 。新修订的《职业教育法》明确了职业教育与普通教育具有同等重要地位，强调职业教育的高质量发展，并首次以法律形式确立了职业教育的类型定位 1 3 。
   - 中国的职业教育立法体系相对较新，尽管近年来进行了多次修订，但仍处于不断完善的过程中。立法内容主要集中在职业教育的定位、体系构建、实施保障等方面 1 3 。

2. **德国**：
   - 德国的职业教育立法历史悠久，体系完善。以《联邦职业教育法》为核心，辅以《职业教育促进法》《手工业条例》等多部法律，形成了完整的职业教育法律体系 6 14 。
   - 德国的职业教育立法内容广泛，涵盖了职业准备教育、职业初级教育、职业进修教育等多个方面，且法律条文细致，操作性强 6 14 。

二、政策导向

1. **中国**：
   - 中国的职业教育政策强调与经济社会发展需求相适应，注重培养高素质技术技能人才，推动职业教育与普通教育协调发展 1 3 。
   - 政策导向还体现在推动产教融合、校企合作，鼓励企业参与职业教育，提升职业教育的社会认可度 1 3 。

2. **德国**：
   - 德国的职业教育政策以"双元制"为核心，强调企业与职业学校的合作，企业是职业教育的主要实施者 6 14 。
   - 政策导向还体现在职业教育的灵活性和适应性，鼓励企业根据市场需求调整培训内容，确保职业教育与产业发展同步 6 14 。

三、实施机制

1. **中国**:

- 中国的职业教育实施机制以政府为主导,职业学校和职业培训机构是主要实施主体。尽管新修订的《职业教育法》提升了职业教育的管理层次,但企业参与职业教育的深度和广度仍有待加强 1 3 。
- 政策对法律实施的影响主要体现在推动职业教育与普通教育的融通,提升职业教育的地位和认可度,但企业参与职业教育的积极性仍需进一步激发 1 3 。

2. **德国**:

- 德国的职业教育实施机制以企业为主导,企业根据《联邦职业教育法》的规定,与职业学校合作开展职业教育。企业不仅提供培训岗位,还承担培训费用 6 14 。
- 政策对法律实施的影响主要体现在确保职业教育的质量和适应性,通过法律保障企业的参与,确保职业教育与市场需求紧密结合 6 14 。

四、政策对法律实施的影响

1. **中国**:

- 政策对法律实施的影响主要体现在推动职业教育的改革与发展,提升职业教育的社会地位和认可度。然而,由于企业参与职业教育的积极性不足,法律实施的效果受到一定限制 1 3 。
- 政策还通过推动产教融合、校企合作,提升职业教育的质量和适应性,但企业参与职业教育的深度和广度仍需进一步拓展 1 3 。

2. **德国**:

- 政策对法律实施的影响主要体现在确保职业教育的质量和适应性,通过法律保障企业的参与,确保职业教育与市场需求紧密结合 6 14 。
- 政策还通过推动"双元制"职业教育,确保职业教育的灵活性和适应性,提升职业教育的质量和认可度 6 14 。

结论

中国和德国在职业教育立法方面存在显著差异,主要体现在立法体系、政策导向和实施机制等方面。政策对法律实施的影响在中国主要体现在推动职业教育的改革与发展,提升职业教育的社会地位和认可度,但在企业参与职业教育的深度和广度方面仍有待加强。在德国,政策对法律实施的影响主要体现在确保职业教育的质量和适应性,通过法律保障企业的参与,确保职业教育与市场需求紧密结合。

这类提示词能够促使 DeepSeek 结合不同国家的立法模式,分析法律与政策之间的互动关系,为教育法学的比较研究提供更具启发性的视角。

三、嵌入案例分析,增强研究的实证性

案例分析是法律研究的重要方法,教育法学中的许多问题就需要结合具体案例更好地理解法律适用情况。

例如,如果研究者希望探讨学术自由问题,可以使用以下提示词:"请分析 1985 年美国第七巡回上诉法院审理'皮亚罗夫斯基诉伊利诺伊社区学院案'(Piarowski v. Illinois Community College)时如何界定学术自由权利。"

1985年美国第七巡回上诉法院审理的“皮亚罗夫斯基诉伊利诺伊社区学院”（*Piarowski v. Illinois Community College*）一案，对学术自由权利进行了重要的界定。此案的核心争议点在于，社区学院是否侵犯了教授皮亚罗夫斯基的学术自由权利，因为他因在校园艺术展览中展示具有争议性的作品而被调职。

案件背景

皮亚罗夫斯基是伊利诺伊社区学院的一名教授，他在校园内组织了一场艺术展览，展出了包含裸体形象的作品。这些作品引发了一些学生和社区成员的投诉，认为作品具有冒犯性。学院管理层随后将皮亚罗夫斯基调职，并要求他移除展览中的部分作品。皮亚罗夫斯基认为这一行为侵犯了他的学术自由权利，于是提起诉讼。

法院的判决与分析

第七巡回上诉法院在判决中对学术自由权利进行了详细的分析和界定，主要涉及以下几个方面：

1. **学术自由的范围**：
    - 法院承认学术自由是宪法第一修正案（言论自由）的重要组成部分，尤其是在高等教育领域。学术自由不仅保护教授的教学和研究活动，还延伸到与学术相关的其他活动，例如艺术展览。
    - 然而，法院也指出，学术自由并非绝对，而是需要与其他利益（如学院的声誉、学生和社区的感受）进行平衡。
2. **学术自由与机构利益的关系**：
    - 法院强调，学术自由权利并不赋予教授无限制的自由，而是需要在机构的管理框架内行使。学院作为教育机构，有权制定合理的政策和规范，以确保教育环境的适宜性。
    - 在本案中，法院认为学院管理层对展览内容的干预并非完全不合理，因为学院需要考虑到学生和社区的感受，以及学院的整体声誉。
3. **调职行为的合理性**：
    - 法院分析了学院管理层将皮亚罗夫斯基调职的行为，认为这一行为并非完全出于对学术自由的压制，而是基于对展览内容可能引发的争议的合理担忧。
    - 法院指出，调职行为并未完全剥夺皮亚罗夫斯基的学术自由，因为他仍然可以在其他场合继续他的艺术创作和教学。
4. **平衡原则的应用**：
    - 法院在判决中采用了平衡原则，权衡了学术自由权利与学院管理权之间的关系。法院认为，在特定情况下，学院管理层可以对学术活动进行一定的限制，但这种限制必须是合理的，并且不能完全压制学术自由。

结论

第七巡回上诉法院在“皮亚罗夫斯基诉伊利诺伊社区学院”一案中，对学术自由权利进行了明确的界定。法院承认学术自由是宪法第一修正案的重要部分，但也强调学术自由并非绝对，需要在机构的管理框架内行使。法院通过平衡原则，权衡了学术自由权利与学院管理权之间的关系，认为学院管理层对展览内容的干预并非完全不合理，因为学院需要考虑到学生和社区的感受，以及学院的整体声誉。

这一判决对学术自由权利的界定具有重要的参考价值，尤其是在高等教育领域中，如何在保护学术自由的同时，平衡机构的管理权和公众利益，是一个复杂而关键的问题。

这类提示词不仅能引导 DeepSeek 讨论该案的法律要点，还能促使其分析该案对后续司法实践的影响。

研究者还可以要求 DeepSeek 进行案例比较。例如：“请比较‘布朗诉教育委员会案’(Brown v. Board of Education)与‘圣安东尼奥独立学校学区诉罗德里格斯案'(San Antonio Independent School District v. Rodriguez)在教育平等权问题上的法律推理差异。"

引用 6 篇资料作为参考 >

'布朗诉教育委员会案'(Brown v. Board of Education)和'圣安东尼奥独立学校学区诉罗德里格斯案'(San Antonio Independent School District v. Rodriguez)是美国最高法院在处理教育平等权问题上的两个重要案例,但它们的法律推理和判决结果存在显著差异。

1. 布朗诉教育委员会案(1954年)

- **核心问题**:该案涉及公立学校中的种族隔离是否违反美国宪法第十四修正案的平等保护条款。
- **法律推理**:最高法院一致裁定,公立学校中的种族隔离本质上是不平等的,违反了第十四修正案的平等保护条款。法院认为,即使隔离学校的设施、课程和教师等表面上是平等的,种族隔离本身对黑人儿童的心理和社会地位造成了不可忽视的负面影响,因此"隔离但平等"原则在公立教育中不适用 2 4 6 。
- **判决结果**:最高法院推翻了1896年普莱西诉弗格森案(Plessy v. Ferguson)确立的"隔离但平等"原则,宣布公立学校中的种族隔离违宪。

2. 圣安东尼奥独立学校学区诉罗德里格斯案(1973年)

- **核心问题**:该案涉及基于财产税的学校资金分配制度是否违反第十四修正案的平等保护条款和宪法保障的受教育权。
- **法律推理**:最高法院裁定,教育权并非宪法明确保障的基本权利,因此财产税制度导致的学校资金不平等并不违反第十四修正案的平等保护条款。法院认为,尽管教育对个人和社会至关重要,但宪法并未明确将其列为基本权利,因此州政府有权决定如何分配教育资源 1 。
- **判决结果**:最高法院驳回了原告的诉求,维持了基于财产税的学校资金分配制度。

3. 主要差异

- **法律依据**:布朗案基于第十四修正案的平等保护条款,强调种族隔离本身的不平等性;罗德里格斯案则基于宪法未明确保障教育权,认为资金分配不平等不构成违宪。
- **判决结果**:布朗案推翻了"隔离但平等"原则,推动了种族融合;罗德里格斯案则维持了现有的教育资金分配制度,未对教育不平等问题作出根本性改变。
- **社会影响**:布朗案成为民权运动的里程碑,推动了美国社会的种族平等;罗德里格斯案则被认为在教育资源分配问题上未能有效解决不平等问题。

总结来说,布朗案通过强调种族隔离的不平等性,推动了公立学校的种族融合;而罗德里格斯案则通过否认教育权为宪法基本权利,维持了教育资源分配的不平等状态。两者的法律推理和判决结果反映了美国最高法院在不同历史时期对教育平等权问题的不同态度 2 4 6 。

此类提示词能够引导 DeepSeek 进行案例法理分析,并提供更全面的法律比较视角。

四、引导跨学科讨论,拓宽研究视角

教育法学不仅仅是法学的研究领域,还涉及教育学、社会学、经济学等多个学科。因此,研究者可以在提示词中要求 DeepSeek 结合跨学科视角进行分析。

例如:"请从法律经济学的角度分析教育财政公平性问题,并结合'罗德里格斯案'的判决进行讨论。"

引用 5 篇资料作为参考 >

从法律经济学的角度分析教育财政公平性问题，核心在于探讨如何通过法律手段实现教育资源的有效配置，同时兼顾效率与公平。教育财政公平性涉及公共财政的分配、教育资源的供给与需求，以及社会公平的实现。以下结合"罗德里格斯案"进行讨论。

1. 教育财政公平性的法律经济学分析

法律经济学强调通过法律规则优化资源配置，以实现社会福利最大化。在教育财政领域，公平性主要体现在以下几个方面：

- **财政投入的均衡性**：公共财政对教育的投入应确保各地区、各阶层的学生享有相对平等的教育资源。这需要政府通过立法和政策确保教育经费的合理分配，尤其是对农村和贫困地区的倾斜支持 2 4 。
- **效率与公平的平衡**：教育财政政策需要在效率（如提高教育质量）和公平（如缩小城乡差距）之间找到平衡点。法律经济学认为，过度追求效率可能导致资源分配不均，而过度强调公平可能降低资源配置效率 1 5 。
- **外部性与社会效益**：教育具有显著的正外部性，优质教育不仅能提升个人收入，还能促进社会经济发展。因此，政府应通过财政手段（如补贴、税收优惠）鼓励教育投资，尤其是对弱势群体的支持 5 。

2. "罗德里格斯案"的判决与启示

"罗德里格斯案"（San Antonio Independent School District v. Rodriguez, 1973）是美国最高法院审理的一起关于教育财政公平性的标志性案件。该案的核心争议是德克萨斯州以地方财产税为基础的教育财政体系是否违反了宪法第十四修正案的平等保护条款。最高法院最终判决认为，教育并非宪法明确保障的基本权利，因此州政府有权决定教育财政分配方式。

从法律经济学的角度看，该案判决反映了以下问题：

- **财政分配的不平等**：以地方财产税为基础的教育财政体系导致富裕地区与贫困地区的教育资源差距扩大，加剧了教育不公平 3 。
- **法律干预的局限性**：最高法院的判决表明，法律在解决教育财政公平性问题时存在局限性，尤其是在缺乏明确宪法依据的情况下 3 。
- **政策调整的必要性**：尽管法律未能直接解决教育财政不公平问题，但该案推动了各州通过政策调整（如增加州级财政补贴）来缩小教育资源差距 3 。

3. 结合中国实际的思考

中国在教育财政公平性方面也面临类似挑战，如城乡教育资源分配不均、区域教育投入差异等。近年来，中国通过一系列政策（如农村教育专项计划、教育经费"三个增长"要求）试图缩小差距 2 4 。然而，仍需进一步优化财政分配机制，加强法律保障，确保教育公平的实现。

结论

教育财政公平性是一个复杂的法律经济学问题，需要政府通过立法、政策和财政手段实现资源均衡分配。结合"罗德里格斯案"的经验教训，中国应进一步完善教育财政体系，确保教育公平与社会发展的双重目标 1 2 3 。

这类提示词能够促使 DeepSeek 从经济学角度审视教育资源分配的公平性，从而拓宽教育法学的研究视角。

此外，研究者可以要求 DeepSeek 结合社会学理论进行分析，如："请结合布迪厄(Bourdieu)的'文化资本'理论，分析教育法律如何影响不同社会阶层的受教育机会。"

引用 7 篇资料作为参考 >

布迪厄的“文化资本”理论为分析教育法律如何影响不同社会阶层的受教育机会提供了重要的理论框架。根据布迪厄的观点，文化资本是指个体或群体所拥有的非物质性资源，如教育资格、文化知识、艺术品收藏等，这些资源可以在一定条件下转化为经济资本，并影响个人在社会中的位置和权力 [1] [3]。

1. 文化资本的代际传递与教育法律

布迪厄认为，文化资本主要通过家庭代际传递，高阶级家庭能够为子女提供丰富的文化资源，如书籍、艺术活动、学术交流等，这些资源有助于子女在学校取得更好的成绩和表现，进而获得更高的教育成就 [1] [3]。教育法律如果未能有效干预这种代际传递，可能会导致不同社会阶层在教育机会上的不平等。例如，教育法律如果没有明确规定对低收入家庭的文化资本支持措施，高阶级家庭的子女将继续在教育中占据优势，而低阶级家庭的子女则可能因缺乏相应的文化资本而处于劣势。

2. 教育制度的筛选机制与法律公平性

教育制度通过考试、升学等筛选机制选拔人才，但这些机制往往更有利于那些已经拥有丰富文化资本的高阶级家庭子女 [1] [3]。教育法律如果未能对这些筛选机制进行公平性审查，可能会导致阶级差异在教育过程中被不断强化。例如，法律如果未能规定对教育资源分配的公平性，高阶级家庭的子女将更容易获得优质教育资源，而低阶级家庭的子女则可能因资源匮乏而难以在竞争中脱颖而出。

3. 隐性课程与法律干预

学校教育中的隐性课程，如文化氛围、价值观念、师生互动模式等，往往反映了社会的主流文化和意识形态，与上层阶级的文化更为契合 [1] [3]。教育法律如果未能对隐性课程进行有效干预，可能会导致低阶级子女在学校中感到格格不入，从而影响他们的学习体验和教育成就。例如，法律如果未能规定对学校文化多样性的支持，上层阶级子女将继续在学校文化中占据主导地位，而低阶级子女则可能因文化差异而难以融入。

4. 教育法律的政策建议

为了减少教育机会的不平等，教育法律可以采取以下措施：

- **增加对低收入家庭的文化资本支持**：通过提供书籍、艺术活动、学术交流等资源，帮助低阶级家庭子女积累文化资本 [2]。
- **审查教育筛选机制的公平性**：确保考试、升学等机制不会对低阶级子女造成不公平的竞争环境 [1] [3]。
- **支持学校文化多样性**：通过法律干预，确保学校文化能够包容不同社会阶层的子女，减少文化差异对教育成就的影响 [1] [3]。

总之，布迪厄的文化资本理论揭示了教育法律在影响不同社会阶层受教育机会中的重要作用。通过有效的法律干预，可以减少教育机会的不平等，促进社会公平。

此类提示词能够促使 DeepSeek 结合社会学理论进行法律评估，从而开拓更具批判性的研究视角。

五、优化输出格式，增强学术可读性

在法律研究中，写作格式至关重要，因此研究者可以在提示词中指定输出格式，以确保 DeepSeek 生成的内容符合学术要求。

例如：“请为‘高等教育法中的学术自由’研究主题撰写 500 字的研究计划，包括研究背景、核心问题、研究方法和预期结论。”

引用 10 篇资料作为参考 >

研究计划：高等教育法中的学术自由

研究背景

学术自由是高等教育的核心价值之一，其历史可以追溯到古希腊时期，经过中世纪大学的发展，最终在19世纪和20世纪被确立为现代高等教育的基本原则 [1] [4]。然而，随着全球化、新管理主义、技术进步以及政治干预的加剧，学术自由面临前所未有的挑战 [1] [4]。特别是在高等教育法中，学术自由的保障与限制成为学术界和法律界关注的焦点。本研究旨在探讨高等教育法如何保障学术自由，以及当前法律框架下学术自由面临的困境与应对策略。

核心问题

1. 高等教育法如何定义和保障学术自由?
2. 当前法律框架下，学术自由面临哪些主要挑战?
3. 如何通过法律和制度优化，进一步保护学术自由?

研究方法

1. **文献分析法**：系统梳理国内外关于学术自由与高等教育法的文献，分析学术自由的历史演变、法律定义及其在高等教育法中的地位 [1] [4] [6]。
2. **案例研究法**：选取典型国家（如美国、德国、中国）的高等教育法案例，分析法律实施过程中对学术自由的保护与限制 [2] [4] [7]。
3. **比较研究法**：对比不同国家高等教育法对学术自由的规定，总结其异同点及可借鉴的经验 [4] [7] [9]。
4. **专家访谈法**：采访高等教育法领域的专家学者，了解其对学术自由保护现状的看法及改进建议 [8] [10]。

预期结论

1. 高等教育法对学术自由的保障主要体现在法律条文、制度设计及司法实践中，但不同国家的法律框架存在显著差异 [4] [7]。
2. 当前学术自由面临的主要挑战包括政治干预、资金依赖、学术资本化及法律执行不力等问题 [1] [4] [8]。
3. 通过优化法律框架、加强学术机构自治、完善监督机制及促进国际合作，可以有效提升学术自由的保护水平 [8] [10]。

本研究将为高等教育法的完善提供理论支持，并为学术自由的保护实践提供政策建议。

这类提示词可以帮助研究者快速构思研究框架，提高研究效率。

六、总结

要充分利用 DeepSeek 赋能教育法学研究，研究者需要精心设计提示词，以确保生成内容的学术深度、逻辑性和实践价值。精准设定研究问题、结合法律与政策分析、嵌入案例研究、引导跨学科讨论、优化输出格式，可以使 DeepSeek 在教育法学研究中发挥更大的辅助作用。通过科学的提示词设计，研究者不仅能获得更具针对性的法律分析，还能拓展研究的广度与深度，从而更有效地推进教育法学的系统研究。

第十八节　驱动 DeepSeek 开展环境与资源保护法学研究

环境与资源保护法学作为一门兼具学科交叉性和现实实践性的法学分支，涉及复杂的法律规范、政策导向以及科学技术问题，研究者需要在法律制度、环境伦理、国际法与国内法的协调等方面进行系统分析。DeepSeek 作为一款高级自然语言模型，能够在文献综述、制度比较、政策分析、理论构建等方面为环境法学研究提供有力支持。然而，为了使模型能够生成更具学术价值且逻辑严谨的内容，研究者在使用 DeepSeek 时需要注重提示词的设计。以下从精准定义研究问题、引导跨学科视角、设定法律框架与规范依据、增加政策与案例分析、优化输出结构五个方面，系统阐述如何使用提示词，提升 DeepSeek 在环境与资源保护法学研究中的效用。

一、精准定义研究问题，明确环境法学的核心议题

环境与资源保护法学涉及环境保护、资源管理、可持续发展、环境权利与义务等多维议题，研究者在提出问题时应避免使用泛化、模糊的语言，而应明确问题的核心、适用的法律及分析所需的理论框架。

例如，若要探讨"环境权的法律保障"，简单询问"环境权如何得到法律保护?"，可能导致 DeepSeek 给出的回答缺乏针对性。

更有效的提示词应当精准设定问题范围和理论视角，例如："请结合《环境保护法》与《环境影响评价法》，分析中国环境权的法律保障机制，重点讨论环境权的宪法基础、具体救济途径与司法实践中的困境。"

引用 11 篇资料作为参考 >

中国环境权的法律保障机制分析

一、环境权的宪法基础

中国环境权的宪法基础主要体现在《中华人民共和国宪法》中。宪法第26条规定："国家保护和改善生活环境和生态环境，防治污染和其他公害。"这一条款明确了国家在环境保护方面的基本职责，为环境权提供了宪法依据。此外，宪法第51条规定："中华人民共和国公民在行使自由和权利的时候，不得损害国家的、社会的、集体的利益和其他公民的合法的自由和权利。"这一条款为公民环境权的行使提供了法律边界，防止个人滥用权利造成环境污染和破坏 5 6 。

二、环境权的具体救济途径

1. **行政救济**：根据《环境保护法》第41条，环境污染损害的赔偿责任和赔偿金额的纠纷，可以根据当事人的请求，由环境保护行政主管部门或者其他依照法律规定行使环境监督管理权的部门处理。当事人对处理决定不服的，可以向人民法院起诉。此外，环境信访、环境行政调解和环境行政诉讼也是常见的行政救济途径 7 8 。
2. **民事救济**：环境侵权的民事救济主要包括和解、仲裁和诉讼。环境民事诉讼是最重要的途径，受害人可以通过法院起诉要求赔偿损失、排除危害等 7 8 。
3. **社会救济**：环境责任保险和环境侵权损害补偿基金制度是社会救济的主要手段。这些制度通过保险和基金的方式，为环境侵权受害人提供迅速、确实、妥善的赔偿 7 8 。

三、司法实践中的困境

1. **程序规则不完善**：环境诉讼的程序规则尚不完善，导致环境资源审判实务中司法权功能的混淆。例如，不同主体可就同一环境侵权行为提起多种诉讼，导致法益评价重叠 10 。
2. **科技支撑不足**：环境案件涉及大量科技性较强的关键事实认定，法官往往难以全面掌握相关科学论证方法，影响案件审理的专业性和公正性 10 。
3. **行政权力干预**：环境侵权人多为地方经济支柱或主要利税来源，有的地方政府对法院的干预从立案受理到判决执行，整个过程都存在，影响了环境诉讼的公正性 7 8 。

结论

中国环境权的法律保障机制在宪法基础、具体救济途径和司法实践中均有所体现，但仍面临程序规则不完善、科技支撑不足和行政权力干预等困境。未来需要通过完善环境诉讼程序规则、加强科技支撑和减少行政干预，进一步提升环境权的法律保障水平 5 6 7 。

这类提示词不仅明确了研究的法律依据,还限定了分析维度(宪法基础、救济、司法实践),能够有效引导 DeepSeek 生成符合环境法学研究需求的回答。但要注意审查 AI 生成的内容,如《环境保护法》第四十一条无此规定。

此外,研究者可以进一步细化问题,要求 DeepSeek 综合不同层次的法律法规与规范性文件展开回答。例如,若要探讨"环境侵权的法律责任",可设定提示词为:"在中国法律体系下,环境侵权责任如何划分?请从《民法典》侵权责任编、环境专门立法和司法解释的角度,分析环境侵权的归责原则、责任承担方式及其与环境公共利益保护的关系。"

引用 20 篇资料作为参考 >

在中国法律体系下，环境侵权责任的划分主要依据《民法典》侵权责任编、环境专门立法以及相关司法解释。以下从归责原则、责任承担方式及其与环境公共利益保护的关系进行分析：

一、归责原则

1. **无过错责任原则**

   根据《民法典》第1229条，环境侵权责任适用无过错责任原则，即只要侵权人实施了污染环境或破坏生态的行为，并造成他人损害，不论其主观上是否有过错，都应当承担侵权责任 6 15 。这一原则减轻了受害人的举证负担，强化了对环境权益的保护。

2. **因果关系推定**

   在环境侵权案件中，因果关系往往难以直接证明。因此，法律采用因果关系推定原则，即受害人只需证明污染行为的存在，而侵权人需证明其行为与损害之间不存在因果关系 3 16 。

3. **特殊情形下的过错责任**

在某些特定情况下，如噪声污染案件，法院可能适用过错责任原则，要求侵权人主观上有过错且行为具有违法性 [7] 。

二、责任承担方式

1. **停止侵害、排除妨碍、消除危险**

侵权人应立即停止污染或破坏行为，消除对受害人或环境的潜在威胁 [15] [16] 。

2. **恢复原状**

对于可修复的生态环境，侵权人需在合理期限内承担修复责任；若未修复，相关机关或组织可代为修复，费用由侵权人承担 [6] [16] 。

3. **赔偿损失**

侵权人需赔偿因污染或破坏行为造成的财产损失、人身损害以及为防止损害扩大所支出的合理费用 [15] [16] 。

4. **惩罚性赔偿**

对于故意污染环境、破坏生态并造成严重后果的，被侵权人有权请求惩罚性赔偿，以加大对恶意侵权行为的打击力度 [6] [16] 。

三、与环境公共利益保护的关系

1. **公益诉讼与私益诉讼并行**

环境侵权案件既涉及私益（如个人财产或健康损害），也涉及公共利益（如生态环境破坏）。《民法典》及相关司法解释明确，公益诉讼和私益诉讼可以并行不悖，分别保护不同的权益 [18] [20] 。

2. **生态环境修复责任**

环境侵权责任不仅关注对个人损害的赔偿，还强调对生态环境本身的修复。国家规定的机关或组织有权请求侵权人承担修复责任，确保生态环境的可持续性 [6] [16] 。

3. **第三方治理责任**

在排污单位委托第三方治理机构的情况下，若第三方造成污染，排污单位和第三方可能承担连带责任，进一步强化了环境公共利益的保护 [2] [12] 。

总结

中国法律体系下的环境侵权责任以无过错责任为核心，注重因果关系的推定，并通过多种责任承担方式实现对个人权益和公共利益的全面保护。公益诉讼与私益诉讼的并行机制，以及生态环境修复责任的引入，进一步体现了法律在环境保护中的重要作用 [6] [15] [16] 。

这类提示词既确保了法律分析的规范性，又强调了环境法中私益与公益的平衡，引导 DeepSeek 展开系统性的学术分析。

二、引导跨学科视角，强化环境法学的理论与实践交融

环境与资源保护法学具有鲜明的跨学科特征，涉及生态学、环境经济学、公共政策、国际关系等领域。因此，研究者在使用 DeepSeek 进行环境法学研究时，应注重在提示词中嵌入跨学科视角，以促进模型从多维度展开分析。

例如，在讨论“碳排放权法律性质”时，可以使用以下提示词：“结合环境法与经济学视角，分析碳排放权的法律性质，比较欧盟碳交易体系（EU ETS）与中国碳市场机制在权利属性、交易规则和法律保障上的差异，并评估其对全球

碳减排的制度贡献与法律挑战。”

引用 14 篇资料作为参考 >

一、碳排放权的法律性质分析

从环境法与经济学视角来看，碳排放权的法律性质存在多种学说，主要包括财产权说、行政权利说、物权说等 [1] [2] 。

1. **财产权说**：认为碳排放权是一种环境容量的使用权，属于私人财产权，持有者享有占有、转让、使用和处分等权利。这一观点以经济学中的环境产权理论为基础，强调碳排放权的可交易性和经济属性 [1] [2] 。
2. **行政权利说**：认为碳排放权是国家许可范围内的环境容量资源使用权，须经过申请、批准等行政程序，具有行政许可或特许的性质。这一观点强调政府对碳排放权的管控和干预 [1] [3] 。
3. **物权说**：在大陆法系中，碳排放权被界定为用益物权、准物权或特许物权，兼具私权和公权的混合性质。这一观点试图在传统物权框架内解释碳排放权的法律属性 [1] [3] 。

二、欧盟碳交易体系（EU ETS）与中国碳市场机制的差异

1. **权利属性**：
   - **EU ETS**：欧盟碳排放权被视为一种受法律保护的资产，具有明确的财产权属性，且通过市场机制进行交易。欧盟通过立法明确了碳排放权的法律地位，使其成为可交易的金融资产 [6] [8] 。
   - **中国碳市场**：中国碳排放权的法律属性尚未完全明确，实践中更多表现为行政许可或配额管理，强调政府的管控作用。尽管《碳排放权交易管理暂行条例》为碳市场提供了法律保障，但碳排放权的财产权属性尚未完全确立 [9] [10] 。
2. **交易规则**：
   - **EU ETS**：采用“总量控制与交易”原则，配额分配以免费发放和拍卖相结合，且拍卖比例逐年提高。欧盟碳市场覆盖电力、工业、航空等多个行业，交易机制较为成熟，市场流动性强 [6] [8] 。
   - **中国碳市场**：目前主要覆盖电力行业，配额分配以免费为主，逐步推行免费和有偿相结合的方式。交易规则相对简单，市场流动性较低，尚处于发展阶段 [9] [10] 。
3. **法律保障**：
   - **EU ETS**：欧盟通过《欧洲气候法》等法规为碳市场提供了强有力的法律保障，明确了碳排放权的法律地位和交易规则，确保市场的稳定运行 [6] [8] 。
   - **中国碳市场**：中国通过《碳排放权交易管理暂行条例》为碳市场提供了初步的法律框架，但立法层级较低，相关法律体系尚不完善，执法和司法保障有待加强 [9] [10] 。

三、对全球碳减排的制度贡献与法律挑战

1. **制度贡献**：
   - **EU ETS**：作为全球首个跨国碳市场，EU ETS为全球碳减排提供了重要示范，推动了碳定价机制的发展，促进了低碳技术的创新和应用 [6] [8] 。
   - **中国碳市场**：作为全球最大的碳市场之一，中国碳市场的建立和运行对全球碳减排具有重要意义，尤其是在推动发展中国家参与全球气候治理方面发挥了积极作用 [9] [10] 。
2. **法律挑战**：
   - **EU ETS**：面临碳价波动、市场操纵、跨境碳泄漏等挑战，需进一步完善法律框架，确保市场的公平性和有效性 [6] [8] 。
   - **中国碳市场**：面临立法层级不足、执法标准不一、数据质量保障等问题，需加快完善法律体系，提升市场透明度和监管效率 [9] [10] 。

结论

碳排放权的法律性质在环境法与经济学视角下存在多种解释，欧盟碳交易体系与中国碳市场机制在权利属性、交易规则和法律保障上存在显著差异。两者对全球碳减排的制度贡献显著，但也面临诸多法律挑战，需进一步完善法律框架和市场机制，以推动全球气候治理目标的实现。

这类提示词结合了法律与经济的视角，要求 DeepSeek 不仅分析碳排放权的法律定位（物权、债权、准物权等争议），还讨论市场机制与国际比较，增加了回答的深度与广度。

此外，在涉及环境伦理与法律规制的结合议题时，研究者可进一步引导模型开展跨学科对话。例如，探讨“环境风险的法律规制”时，可使用提示词：“结合贝克的‘风险社会’理论和环境法学的预防原则，分析环境风险的法律规制路径，讨论我国如何通过环境影响评价制度和环境责任保险应对不确定性风险，评估该机制的有效性与不足。”

引用 17 篇资料作为参考 ＞

贝克的风险社会理论指出，现代社会中的风险具有系统性、全球性和人为性特征，环境风险作为其中的重要组成部分，具有高度的不确定性和潜在的灾难性后果。环境法学的预防原则强调在环境风险发生之前采取预防措施，避免不可逆的环境损害。结合这两者，环境风险的法律规制路径应注重预防性、系统性和全球性。

环境风险的法律规制路径

1. **预防原则的贯彻**：根据贝克的理论，环境风险的不确定性要求法律规制必须从传统的“事后治理”转向“事前预防”。预防原则应贯穿于立法、司法、执法和守法的全过程，从治理污染向预防污染转变，从治理风险向预防风险转变 1 2 。
2. **环境影响评价制度**：环境影响评价制度是预防原则的具体体现，旨在在项目规划和建设前评估其对环境的潜在影响。然而，我国的环境影响评价制度存在评价范围狭窄、替代方案缺失、公众参与不足等问题，限制了其预防功能的发挥 12 13 。
3. **环境责任保险**：环境责任保险通过市场机制分散环境风险，为企业提供经济保障，同时激励企业加强环境管理。我国的环境责任保险发展缓慢，主要由于法律保障不足、保险产品设计不合理、企业投保意识薄弱等问题 9 15 。

我国应对不确定性风险的机制

1. **环境影响评价制度的改进**：
    - **扩大评价范围**：将环境影响评价从项目层面扩展到政策、规划和立法层面，确保宏观决策的环境风险可控 12 。
    - **引入替代方案**：在环境影响评价中增加替代方案的比较，为决策者提供更多选择，优化环境风险防控 13 。
    - **加强公众参与**：完善公众参与机制，确保公众在环境影响评价中的知情权和参与权，提高决策的透明度和公信力 12 13 。
2. **环境责任保险的推广**：
    - **法律保障**：通过立法明确环境责任保险的强制性和具体操作细则，确保高风险企业必须投保 9 15 。
    - **产品创新**：开发多样化的环境责任保险产品，满足不同行业和企业的需求，提高保险的吸引力和实用性 15 。

- **政府支持**：政府应通过财税政策激励企业投保，同时加强环境风险评估和赔偿标准的制定，为保险市场提供技术支持 [9] [15] 。

机制的有效性与不足

1. **有效性**：
   - **环境影响评价制度**：在预防环境风险、优化项目选址和设计方面发挥了重要作用，减少了部分环境损害的发生 [12] [13] 。
   - **环境责任保险**：为高风险企业提供了经济保障，分散了环境风险，同时通过保费调整激励企业加强环境管理 [9] [15] 。
2. **不足**：
   - **环境影响评价制度**：评价范围狭窄、替代方案缺失、公众参与不足等问题限制了其预防功能的发挥 [12] [13] 。
   - **环境责任保险**：法律保障不足、保险产品设计不合理、企业投保意识薄弱等问题导致其发展缓慢，未能充分发挥市场机制的作用 [9] [15] 。

综上所述，我国在应对环境风险方面已初步建立了环境影响评价制度和环境责任保险机制，但仍需进一步完善法律规制、扩大评价范围、加强公众参与和创新保险产品，以更好地应对不确定性风险。

此类提示词要求 DeepSeek 结合社会学理论与法律制度展开分析，能够有效推动跨学科综合研究。

三、设定法律框架与规范依据，确保环境法学研究的严谨性

法律研究离不开具体的法律文本、司法判例和国际条约。因此，研究者在提示词中应尽量明确法律框架和具体条文，确保 DeepSeek 的分析具有法律依据。

例如，在研究“环境公益诉讼”时，可设定以下提示词：“依据《环境保护法》第 58 条和《民事诉讼法》相关规定，分析中国环境公益诉讼的法律依据、原告资格、诉讼请求范围和司法实践中的主要难题，并对比美国《清洁空气法》下的公民诉讼制度。”

引用 17 篇资料作为参考 >

中国环境公益诉讼的法律依据、原告资格、诉讼请求范围和司法实践中的主要难题

1. 法律依据

中国环境公益诉讼的主要法律依据包括《中华人民共和国环境保护法》第58条和《中华人民共和国民事诉讼法》相关规定。《环境保护法》第58条规定，对污染环境、破坏生态，损害社会公共利益的行为，符合条件的社会组织可以向人民法院提起诉讼 [1] [6] 。《民事诉讼法》第58条则明确了公益诉讼的适用范围，允许法律规定的机关和有关组织对损害社会公共利益的行为提起诉讼 [2] [6] 。

2. 原告资格

根据《环境保护法》第58条，能够提起环境公益诉讼的社会组织需满足以下条件：

1. 依法在设区的市级以上人民政府民政部门登记；
2. 专门从事环境保护公益活动连续五年以上且无违法记录 [6] [7] 。

   此外，检察机关也可以作为原告提起环境公益诉讼，特别是在社会组织未提起诉讼的情况下 [10] [13] 。

3. 诉讼请求范围

环境公益诉讼的诉讼请求范围包括：

1. 停止侵害、排除妨碍、消除危险；
2. 修复生态环境；
3. 赔偿生态环境服务功能损失；
4. 赔礼道歉；
5. 承担生态环境损害调查、鉴定评估等费用 [9] [10] 。

4. 司法实践中的主要难题

1. **原告资格认定严格**：社会组织的原告资格要求较高，导致能够提起公益诉讼的主体有限 [8] [13] 。
2. **立案难**：部分法院以缺乏司法解释为由拒绝立案，导致环境公益诉讼难以启动 [1] [14] 。
3. **诉讼成本高**：环境公益诉讼涉及复杂的证据收集和鉴定，诉讼成本较高，社会组织难以承担 [4] [13] 。
4. **执行难**：即使胜诉，生态环境修复和赔偿的执行也面临困难，尤其是跨区域的环境问题 [13] [14] 。

对比美国《清洁空气法》下的公民诉讼制度

1. 法律依据

美国的环境公民诉讼制度最早出现在1970年的《清洁空气法》中，随后在《清洁水法》《噪声控制法》等法律中也规定了公民诉讼条款 [16] [17] 。

2. 原告资格

美国的公民诉讼制度对原告资格的要求较为宽松。根据《清洁空气法》，任何人均可以自己的名义对包括美国政府、行政机关、公司和个人等在内的任何人提起诉讼，无需证明有直接利害关系 [15] [16] 。

3. 诉讼请求范围

美国公民诉讼的诉讼请求主要包括：

1. 要求法院颁发禁止令，停止污染行为；
2. 要求环境行政机关依法履行职责；
3. 要求污染者支付罚金，罚金上缴国库而非归属原告 [16] [17] 。

4. 主要特点

1. **广泛的原告资格**：美国的公民诉讼制度允许任何公民或团体提起诉讼，无需证明直接利害关系，极大地调动了公众参与环境保护的积极性 [15] [17] 。
2. **行政自由裁量权限制**：公民诉讼主要针对行政机关的不作为或违法行为，但法院通常不干涉行政机关的自由裁量行为 [16] 。
3. **60日告知义务**：公民在提起诉讼前需通知被告和行政机关，经过60天才能正式起诉，以避免滥诉 [16] 。

总结

中国的环境公益诉讼制度在立法上已逐步完善，但在实践中仍面临原告资格认定严格、立案难、诉讼成本高等问题，可以进一步放宽原告资格限制，降低诉讼门槛，以更好地发挥环境公益诉讼的作用 [1] [16] [17] 。

这类提示词不仅引导模型聚焦具体法条，而且强调了中美比较，能够帮助生成兼具规范性与比较法视角的学术文本。

当探讨国际环境法议题时，可以使用类似提示词："依据《巴黎协定》和《联合国气候变化框架公约》，分析全球气候治理中的国家义务与责任分担原则，并探讨中国'双碳'目标的法律实现路径。"

引用 11 篇资料作为参考 >

全球气候治理中的国家义务与责任分担原则

根据《巴黎协定》和《联合国气候变化框架公约》（UNFCCC），全球气候治理的核心原则是**共同但有区别的责任和各自能力原则**（CBDR-RC）。这一原则强调，发达国家应承担更多的减排责任，并为发展中国家提供资金、技术和能力建设支持，而发展中国家则根据自身国情和能力采取适当的应对措施 [1] [6] [7] 。

1. **发达国家的义务**：
   发达国家应率先实现绝对量化减排目标，并为发展中国家提供资金和技术支持，帮助其减缓和适应气候变化。《巴黎协定》要求发达国家制定切实的路线图，确保在2020年之前每年提供1000亿美元的资金支持，并在2025年之前设定新的量化目标 [3] [5] 。
2. **发展中国家的责任**：
   发展中国家应根据自身国情逐步提高减排目标，努力实现绝对减排或限排目标。最不发达国家和小岛屿发展中国家可编制反映其特殊情况的温室气体排放发展战略 [1] [5] 。
3. **国家自主贡献（NDC）**：
   各国需每五年更新一次国家自主贡献目标，逐步提高减排力度，并确保透明度和可比性。全球盘点机制每五年评估各国行动进展，督促各国提高减排目标 [1] [3] [5] 。

中国"双碳目标"的法律实现路径

中国承诺在2030年前实现碳达峰、2060年前实现碳中和（"双碳目标"）。为实现这一目标，中国正在通过以下法律路径推进：

1. **完善绿色低碳政策体系**：
   中国正在加快制定应对气候变化和碳达峰碳中和的专项立法，明确碳排放标准、核算、监测等关键制度，为相关政策提供上位法依据 [9] [11] 。
2. **健全碳市场交易体系**：
   中国已启动全国碳市场，通过碳排放权交易机制推动企业减排。未来将进一步完善交易品种、交易方式，并引入碳金融衍生产品，提升市场活跃度 [10] 。
3. **推动能源结构转型**：
   中国正在大力发展可再生能源，优化能源结构，逐步减少对化石能源的依赖。截至2024年，中国非化石能源占能源消费总量的比重已达17.9%，风电和太阳能发电总装机容量约12.8亿千瓦 [8] [10] 。
4. **加强碳汇能力建设**：
   中国通过森林、湿地和海洋生态系统的碳汇行动，增加碳吸收能力。截至2023年，全国森林蓄积量比2005年新增64.93亿立方米，提前实现目标 [8] [10] 。
5. **国际合作与技术支持**：
   中国积极参与全球气候治理，推动技术转让和国际合作，帮助发展中国家提升应对气候变化的能力 [7] [8] 。

总结

全球气候治理的核心在于公平性和共同但有区别的责任原则，发达国家和发展中国家需根据各自能力承担相应义务。中国通过完善法律体系、健全碳市场、推动能源转型和加强碳汇能力建设，正在稳步推进"双碳目标"的实现，为全球气候治理贡献中国力量 [1] [8] [9] 。

此类提示词要求DeepSeek在国际法框架下展开分析，既能提升法律依据的准确性，又能增进对环境法全球治理维度的理解。

四、增加政策与案例分析，增强环境法学研究的实证性

环境与资源保护法学不仅需要理论探讨，也需结合政策实施与案例解析进行实证分析。在使用DeepSeek进行研究时，提示词应引导模型关注政策文件、司法判例和实践经验。

例如，若探讨“生态补偿法律制度”，可使用提示词：“结合《生态保护补偿条例》与典型生态补偿案例，分析中国生态补偿法律制度的立法进展、地方创新实践及其在实现生态正义中的作用与局限性。”

引用14篇资料作为参考 >

中国的生态补偿法律制度在近年来取得了显著进展，特别是在《生态保护补偿条例》（以下简称《条例》）的颁布和实施后，标志着生态补偿进入了法治化新阶段。以下从立法进展、地方创新实践及其在实现生态正义中的作用与局限性三个方面进行分析。

一、立法进展

1. **《生态保护补偿条例》的出台**
   《条例》于2024年6月1日正式实施，是中国首部针对生态保护补偿的综合性行政法规，填补了生态补偿领域系统立法的空白[1,3]。它明确了生态保护补偿的定义、原则、补偿方式和范围，确立了财政纵向补偿、地区间横向补偿和市场机制补偿三大机制[1,10]。《条例》的出台不仅将过去25年的实践经验以法律形式固定下来，还为未来的生态补偿工作提供了制度保障[3,11]。
2. **与其他法律法规的衔接**
   《条例》整合了《森林法》《水污染防治法》《湿地保护法》等单行法中的生态补偿条款，形成了统一的法律框架[1,11]。例如，《条例》明确了八大领域的分类补偿，包括森林、草原、湿地、荒漠、海洋等，进一步细化了补偿标准和实施路径[1,12]。
3. **法治化进程的加速**
   中国成为世界上第一个对生态保护补偿全面立法的国家，生态补偿的法治化进程显著加快[1,3]。通过《条例》，生态补偿的责任主体、补偿对象和补偿方式更加清晰，为生态保护提供了强有力的法律支撑[11,12]。

二、地方创新实践

1. **跨区域生态补偿机制**
   地方在生态补偿实践中积极探索跨区域合作模式。例如，京津冀地区通过密云水库上游横向生态补偿机制，累计投入资金超过60亿元，有效改善了流域水质[1,3]。黄河流域的豫鲁段横向生态补偿协议也取得了显著成效，黄河入鲁水质稳定在二类以上[1,3]。
2. **市场化补偿模式**
   浙江省杭州市余杭区创新推出“善水基金”模式，通过信托机制吸引社会资金参与生态保护，实现了水源地治理与乡村经济发展的双赢[6]。这种市场化补偿模式为其他地区提供了有益借鉴。
3. **生态产品价值实现**
   北京市密云区通过生态产品认证体系，将密云水库鱼、中华蜂蜜等生态产品打上“身份标签”，探索了生态产品价值转化的新路径[7]。这种模式不仅提升了生态产品的市场价值，还增强了当地居民的生态保护意识。

三、实现生态正义的作用与局限性

1. **作用**

- **促进区域公平**：生态补偿通过财政转移支付和横向补偿机制，弥补了生态保护地区的经济损失，促进了区域间的公平发展 [1] [10] 。例如，密云区通过生态补偿资金支持，实现了生态保护与经济发展的平衡 [7] 。
- **激励生态保护**：补偿机制激励了地方政府和居民积极参与生态保护。例如，贵州省赤水河流域的横向补偿机制，调动了上下游地区的治理积极性，显著改善了流域生态环境 [1] [3] 。
- **推动绿色发展**：生态补偿为生态保护地区提供了可持续发展的资金支持，推动了绿色产业和生态经济的发展 [6] [7] 。

2. **局限性**

- **补偿标准不统一**：目前生态补偿的标准主要依据地方经济发展水平和财政承受能力，缺乏统一的核算方法，导致补偿力度不均衡 [1] [12] 。
- **市场化机制不完善**：尽管《条例》鼓励市场化补偿，但社会资本参与生态补偿的积极性仍然不足，市场化机制尚未完全成熟 [12] [13] 。
- **监督机制有待加强**：生态补偿资金的分配和使用缺乏有效的监督机制，部分地区存在资金截留、挪用等问题，影响了补偿效果 [10] [12] 。

总结

《生态保护补偿条例》的颁布标志着中国生态补偿法律制度迈入法治化新阶段，地方创新实践也为生态补偿提供了多样化路径。生态补偿在实现生态正义方面发挥了重要作用，但仍需在补偿标准、市场化机制和监督机制等方面进一步完善，以更好地推动生态文明建设。

此类提示词不仅指向政策文件，还要求结合具体案例，能够确保回答涵盖政策解读与案例实证。

对于司法判例分析，可以设定更精确的提示词，如：“结合最高人民法院关于环境侵权的典型案例，分析环境侵权案件的举证责任倒置原则的适用条件及其对环境保护的促进作用。”

引用 11 篇资料作为参考 >

在环境侵权案件中，举证责任倒置原则是一项重要的法律规则，旨在减轻受害者的举证负担，促进环境保护。根据《民法典》第1230条，因污染环境、破坏生态发生纠纷时，行为人应当就法律规定的不承担责任或者减轻责任的情形及其行为与损害之间不存在因果关系承担举证责任 [6] [11] 。这一原则的适用条件及其对环境保护的促进作用可以从以下几个方面进行分析：

一、举证责任倒置的适用条件

1. **环境侵权行为的认定**
   环境侵权行为包括污染环境和破坏生态的行为，如排放废气、废水、废渣、噪声等 [6] 。受害者只需初步证明存在侵权行为和损害结果，而无需证明侵权行为与损害结果之间的因果关系。
2. **因果关系的举证责任转移**
   在环境侵权案件中，因果关系的证明责任由受害者转移至侵权人。侵权人需证明其行为与损害结果之间不存在因果关系，或者存在法定的免责事由 [6] [11] 。
3. **受害者的初步举证责任**
   尽管实行举证责任倒置，受害者仍需证明侵权行为的存在和损害结果的发生。例如，受害者可以提供照片、视频等证据证明污染行为 [10] 。

二、举证责任倒置对环境保护的促进作用

1. **减轻受害者的举证负担**
   环境侵权案件通常涉及复杂的因果关系链条，受害者往往难以获取相关证据。举证责任倒置原则通过将因果关系证明责任转移至侵权人，减轻了受害者的举证负担，使其更容易获得司法救济 6 11 。
2. **强化侵权人的法律责任**
   举证责任倒置要求侵权人主动证明其行为与损害结果无关，这促使企业更加注重环境保护，减少污染排放，避免因无法举证而承担法律责任 6 11 。
3. **推动环境公益诉讼的发展**
   在环境公益诉讼中，举证责任倒置同样适用。原告（如检察机关或环保组织）只需提供初步证据证明侵权行为的存在，而被告需证明其行为与损害结果无关。这降低了环境公益诉讼的启动门槛，有利于推动环境问题的解决 10 。
4. **促进生态环境的及时修复**
   举证责任倒置原则有助于快速认定环境侵权责任，促使侵权人及时采取修复措施，避免生态环境损害的进一步扩大 6 11 。

三、典型案例分析

在最高人民法院发布的典型案例中，举证责任倒置原则得到了充分体现。例如，在“长兴某环保科技有限公司、夏某频污染环境案”中，法院依法追究了环保公司及其负责人的刑事责任，体现了从严惩治环境污染犯罪的决心 1 。在“昆明某纸业有限公司、黄某海等4人污染环境刑事附带民事公益诉讼案”中，法院适用公司人格否认制度，判令股东对公司的环境侵权债务承担连带责任，充分体现了举证责任倒置原则在环境侵权案件中的适用 2 。

结论

举证责任倒置原则在环境侵权案件中的适用，不仅减轻了受害者的举证负担，还强化了侵权人的法律责任，推动了环境公益诉讼的发展，促进了生态环境的及时修复。这一原则的实施，为环境保护提供了有力的司法保障，有助于实现人与自然的和谐共生 6 11 。

这类提示词强调案例分析，引导模型生成更具实践指导意义的内容。

五、优化输出结构，增强环境法学研究的逻辑清晰度

在法学研究中，逻辑严密、结构清晰的文本至关重要，研究者应在提示词中明确要求模型输出符合学术规范的内容格式。

例如，若需系统分析某个法律问题，可使用以下提示词：“请按照问题提出—法律依据—理论争议—实务挑战—未来展望的结构，分析环境刑法中环境犯罪的认定标准。”

引用 16 篇资料作为参考 >

问题提出

环境犯罪是指违反环境保护法律法规，严重污染或破坏环境的行为。随着环境问题的日益严重，如何准确认定环境犯罪成为法律实践中的重要问题。环境犯罪的认定标准直接影响到对环境污染行为的打击力度和生态保护的效果。

法律依据

我国《刑法》第338条明确规定了污染环境罪的构成要件，包括违反国家规定，排放、倾倒或处置有毒、有害物

质，严重污染环境的行为 [1][3][6]。此外，《最高人民法院、最高人民检察院关于办理环境污染刑事案件适用法律若干问题的解释》进一步细化了"严重污染环境"的认定标准，如非法排放危险废物三吨以上、排放含重金属污染物超标三倍以上等 [3][7]。

理论争议

环境犯罪的认定标准在理论上存在争议，主要集中在以下几个方面：

1. **结果犯与行为犯之争**：部分学者认为环境犯罪应属于结果犯，即必须造成严重的环境污染后果；而另一部分学者则认为环境犯罪应属于行为犯，只要行为具有严重污染环境的危险性即可构成犯罪 [9][11]。
2. **具体危险犯与抽象危险犯之争**：有观点认为环境犯罪应属于具体危险犯，即行为必须足以造成严重污染环境的后果；而另一观点则认为环境犯罪应属于抽象危险犯，只要行为对生态法益造成抽象危险即可构成犯罪 [9][11]。
3. **人类中心主义与生态中心主义之争**：人类中心主义认为环境犯罪的保护法益是人类的生命、健康和财产；而生态中心主义则认为环境犯罪的保护法益是生态环境本身 [10][11]。

实务挑战

在司法实践中，环境犯罪的认定面临诸多挑战：

1. **证据收集困难**：环境犯罪往往涉及复杂的科学技术和专业知识，证据收集难度大，需要专业机构或人员进行鉴定 [12][13]。
2. **因果关系认定复杂**：环境污染的后果往往需要长时间才能显现，且涉及复杂的科学和环境知识，因果关系的认定存在困难 [12][13]。
3. **量刑标准不统一**：由于环境犯罪的形式和程度多样化，量刑标准存在模糊性或主观性，导致不同地区或司法机关对类似案件的处理结果不一致 [12][13]。

未来展望

未来，环境犯罪的认定标准应在以下几个方面进行改进：

1. **从注重实害到注重危险**：在立法和执法中强调对可能导致环境破坏或污染的行为进行干预和制止，并采取相应的监管、技术支持和教育措施来减少潜在风险 [12][13]。
2. **环境保护与资源保护并重**：立法和执法应综合考虑生态系统的完整性、物种多样性以及可持续利用等因素，并制定相应的规范来防止过度开采、非法捕捞等破坏自然资源的行为 [12][13]。
3. **加强国际合作**：环境犯罪往往具有跨国性，需要加强国际合作与信息共享，共同打击跨境环境犯罪 [12][13]。

通过以上措施，可以进一步完善环境犯罪的认定标准，提高法律的威慑力和生态保护的效果。

这类提示词确保模型按学术论文的标准展开，增强了生成文本的逻辑性与可读性。

此外，对于复杂议题，可要求模型生成表格对比或案例归纳，以提高信息的可视化和直观性。例如："请以表格形式对比美国、欧盟关于塑料污染治理的法律政策、执法机制和公众参与路径，评估二者治理模式的优劣。"

美国与欧盟塑料污染治理对比表

对比维度	美国	欧盟
法律政策	联邦层面： –《国家塑料污染防治战略》（2024）设定6大目标，包括减少生产污染、创新材料设计等 [6] [17] –《加速塑料循环经济与回收创新法案》（2024）要求2030年塑料包装中再生材料占比达30% [7] 州层面： – 加州、华盛顿等州设定再生材料强制比例（如加州2030年塑料瓶PCR达50%） [1] [7]	–《循环经济中的欧洲塑料战略》（2018）要求2030年所有塑料包装可回收/重复使用 [1] [14] –《一次性塑料指令》（2021）禁止10类一次性塑料产品 [1] –《包装和包装废弃物法规》（PPWR，2025生效）要求2030年包装100%可回收设计 [8] [9]
执法机制	– EPA主导联邦执法，各州环保机构分权执行 [12] – 依赖市场机制（如押金返还制度）和州级立法 [7] [11]	– 欧盟委员会统一监管，成员国需转化为国内法并定期报告 [8] [9] – 严格生产者责任延伸（EPR），违规企业面临高额罚款 [9] [14]
公众参与路径	– 通过NGO（如美国塑料公约）推动企业自律 [17] [18] – 社区回收计划和环保教育（如"无垃圾水域"项目） [10]	– 强制标签制度（如可回收标识）引导消费者 [8] – 公众可通过欧盟平台举报违规行为，参与政策咨询 [13] [21]

治理模式优劣评估

欧盟模式优势：

1. **系统性更强**：通过"战略+法规+提案"组合（如《塑料战略》《PPWR》）覆盖全生命周期，设定量化目标（如2030年55%塑料包装回收率） [1] [8] 。
2. **执行力度高**：统一立法与EPR制度确保政策落地，如对非回收塑料征收0.8欧元/公斤的塑料税 [9] [14] 。
3. **公众参与制度化**：押金制度和标准化标签提升回收率（如德国PET瓶押金制使回收率达98%） [7] [13] 。

劣势：

- **灵活性不足**：成员国需协调立法，部分国家（如意大利）政策延迟执行 [14] 。

美国模式优势：

1. **创新驱动**：联邦支持技术研发（如EPA"塑料创新挑战"），企业主导解决方案（如Eastman分子回收技术） [6] [17] 。
2. **地方适应性**：各州可定制政策（如加州禁塑令），激发多元实践 [7] [11] 。

劣势：

- **碎片化问题**：联邦与州政策冲突（如部分州未实施EPR），全国回收率仅约32%（2024年数据） [6] [18] 。

结论：欧盟模式更适合刚性目标下的全局治理，而美国模式更利于技术创新和市场灵活响应。未来需结合欧盟的法规强制力与美国的市场化机制，例如通过国际公约（如《全球塑料公约》）协调行动 [17] [21] 。

这类提示词有助于清晰呈现多维信息，方便研究者有效地开展环境法学研究。

六、总结

综上，充分发挥 DeepSeek 在环境与资源保护法学研究中的辅助作用，离不开提示词的精准设计。研究者应注重设定明确的研究问题与法律框架、跨学科视角、政策与案例结合，并优化输出格式，确保生成内容符合学术研究的严谨性要求。

第十九节　驱动 DeepSeek 开展数字法学研究

数字法学是法律学科在信息化、数字化背景下的延展,涉及数字人权、数据治理、人工智能法律规制、网络法、区块链法治、数字平台治理、隐私与个人信息保护等诸多领域。由于数字技术的快速发展,数字法学的研究面临动态变革的挑战。因此,使用 DeepSeek 进行该领域的研究时,提示词的设计应当具备前瞻性、学术深度、跨学科整合性、案例分析能力以及规范性研究的逻辑。本书将围绕精准设定研究主题、结合数字法学核心理论、引导案例分析与国际比较、跨学科融合方法论、优化学术写作与政策建议五个方面,探讨如何利用提示词更好地驱动 DeepSeek 进行数字法学研究。

一、精准设定研究主题,增强研究的针对性

数字法学是一个不断演变的领域,其研究主题极为广泛,包括但不限于人工智能治理、数据权利、平台责任、数字身份、智能合约、算法歧视、深度伪造治理、区块链法律挑战、隐私权保护、网络犯罪防控、数字法治的全球治理框架等。因此,在使用 DeepSeek 进行研究时,研究者需要精准设定问题,避免过于泛化的提问。

例如,若提示词是:“人工智能法律规制的基本原则是什么?”DeepSeek 可能会给出较为笼统的答案。相比之下,将问题细化为“请分析人工智能决策中的算法透明度要求,并探讨欧盟《人工智能法案》对此的具体规定”,则可以有效增强研究的针对性。

请分析人工智能决策中的算法透明度要求,并探讨欧盟《人工智能法案》对此的具体规定。

引用 11 篇资料作为参考 >

人工智能决策中的算法透明度要求是确保用户和监管机构能够理解AI系统的决策过程,从而增强信任、减少偏见并确保合规性。以下是算法透明度的主要要求及其在欧盟《人工智能法案》中的具体规定:

算法透明度的核心要求

1. **可解释性(Explainability)**:AI系统应能够解释其决策逻辑,使用户理解为何做出特定决策。这包括全局可解释性(整个模型的决策规则)和局部可解释性(单个决策的解释)[1][4]。
2. **数据透明度**:AI系统的训练数据和输入输出关系应透明,确保数据的来源、质量和处理过程可追溯[2][5]。

3. **模型简化与可视化**：通过简化模型结构、选择重要特征以及使用可视化技术，使模型更易于理解 1 3 。
4. **算法审计与影响评估**：对AI系统进行定期审计和影响评估，以识别和纠正潜在的偏见或风险 1 3 。
5. **用户友好的解释接口**：提供交互式解释工具，帮助用户理解AI决策的不同方面 1 4 。

欧盟《人工智能法案》的具体规定

欧盟《人工智能法案》是全球首部全面监管人工智能的法规，对算法透明度提出了明确要求，特别是针对高风险AI系统：

1. **高风险AI系统的透明度要求**：
   - 高风险AI系统的设计和开发必须确保其操作具有足够的透明度，使部署者能够解释系统的输出并加以适当使用 8 10 。
   - 系统必须附有简明、完整、正确和清晰的使用说明，便于用户理解 8 10 。
   - 提供者需公开模型的关键特征，包括训练数据、模型架构和性能指标 1 6 。
2. **通用AI模型的透明度**：
   - 通用AI模型的开发者必须满足基本的透明度要求，如提供可接受的使用策略、更新训练数据的最新信息，并遵守欧盟版权法 6 7 。
   - 具有"系统性风险"的模型需额外披露其训练数据的信息 6 7 。
3. **算法问责与外部监督**：
   - 法案要求建立算法问责机制，包括事前评估、事中监测和事后审查，确保AI系统的决策过程透明且可追溯 8 10 。
   - 高风险AI系统需具备人类监督功能，确保其决策可被干预和纠正 8 10 。
4. **透明度与隐私的平衡**：
   - 法案强调在提高透明度的同时保护商业秘密和敏感数据，特别是在医疗和金融等领域 7 8 。
   - 采用联邦学习等技术，在增强透明度的同时保护用户隐私 4 7 。

总结

欧盟《人工智能法案》通过明确高风险AI系统的透明度要求、规范通用AI模型的数据披露以及建立算法问责机制，为全球AI治理提供了重要参考。这些规定不仅有助于提升AI系统的可信度，也为用户和监管机构提供了更强的保障 6 8 10 。

又如，设定提示词如下："在大数据时代，个人信息权如何在欧盟《通用数据保护条例》(GDPR)、中国《个人信息保护法》及美国数据治理框架下得到法律保护？请进行横向比较。"

引用 14 篇资料作为参考 >

在大数据时代，个人信息权的法律保护在欧盟、中国和美国分别通过《通用数据保护条例》(GDPR)、《个人信息保护法》(PIPL) 以及美国的数据治理框架得到体现。以下是三者的横向比较：

1. 立法框架与核心理念

- **欧盟GDPR**：GDPR是欧盟统一的数据保护法规，强调个人信息保护作为基本权利，赋予个人对其数据的广泛控制权。GDPR的核心原则包括合法性、透明性、数据最小化、准确性、存储限制等 1 2 。
- **中国PIPL**：中国的《个人信息保护法》借鉴了GDPR的许多原则，强调合法、正当、必要和诚信原则，并赋予个人知情权、访问权、更正权、删除权等 6 12 。

- **美国数据治理框架**：美国没有统一的联邦隐私法，而是通过行业立法（如《健康保险便携性与问责法》HIPAA、《儿童在线隐私保护法》COPPA）和州立法（如《加州消费者隐私法案》CCPA）来保护个人信息。美国的核心理念是平衡隐私保护与数据自由流动，倾向于“选择退出”机制 9 12 。

2. 个人数据权利

- **欧盟GDPR**：赋予个人知情权、访问权、更正权、删除权（被遗忘权）、数据可携权、限制处理权等 1 2 。
- **中国PIPL**：赋予个人知情权、访问权、更正权、删除权、限制处理权、可携带权等，与GDPR类似 6 12 。
- **美国数据治理框架**：CCPA等州立法赋予个人访问权、删除权、选择退出权等，但权利范围相对较窄，且私人诉讼权受到限制 9 12 。

3. 数据处理者的义务

- **欧盟GDPR**：要求数据处理者遵守严格的数据保护原则，设立数据保护官，进行数据保护影响评估，并在数据泄露时及时通知监管机构和受影响个人 1 2 。
- **中国PIPL**：要求个人信息处理者设立保护机制，进行影响评估，设立数据保护负责人，并遵守数据跨境转移规则 6 12 。
- **美国数据治理框架**：CCPA等法案要求企业提供透明的隐私政策，允许消费者选择退出数据销售，并采取合理的安全措施保护数据 9 12 。

4. 跨境数据传输

- **欧盟GDPR**：对个人信息跨境传输施加严格限制，要求接收国提供与欧盟同等水平的保护，或通过标准合同条款等方式确保数据安全 1 5 。
- **中国PIPL**：要求个人信息跨境传输需通过安全评估、认证或签订标准合同，确保数据接收方提供同等保护 6 12 。
- **美国数据治理框架**：美国通过《云法案》等法规赋予政府在特定情况下调取境外数据的权力，跨境数据传输的监管相对宽松 5 12 。

5. 处罚机制

- **欧盟GDPR**：对违规企业可处以最高2000万欧元或全球年营业额4%的罚款 1 2 。
- **中国PIPL**：对违规企业可处以最高5000万元或上一年度营业额5%的罚款，并对直接责任人员处以罚款 6 12 。
- **美国数据治理框架**：CCPA等法案的处罚相对较轻，私人诉讼权受到限制，赔偿主要为补偿性损害赔偿 9 12 。

总结

- **欧盟GDPR**：以个人数据权利为核心，强调严格的事前保护和跨境数据传输限制。
- **中国PIPL**：借鉴GDPR，结合中国国情，强调合法、正当、必要原则，并赋予个人广泛的数据权利。
- **美国数据治理框架**：以行业和州立法为主，倾向于“选择退出”机制，强调数据自由流动与隐私保护的平衡。

三者的立法框架和核心理念各有侧重，但都在大数据时代为个人信息权提供了不同程度的保护。

再如，设定提示词如下：“请结合法律经济学视角，分析数字平台在市场竞争中的垄断问题及其法律规制。”

引用 8 篇资料作为参考 >

从法律经济学的视角来看，数字平台的垄断问题及其法律规制可以从以下几个方面进行分析：

1. 数字平台的垄断特征

数字平台的垄断行为与传统企业不同，主要体现在**数据垄断**和**算法垄断**。平台通过收集大量用户数据，利用算法进行精准推送和定价，形成**网络效应**和**锁定效应**，使得新进入者难以竞争。例如，大型平台通过**数据壁垒**和**算法黑箱**，限制竞争对手获取数据或利用算法进行不公平竞争，如"大数据杀熟"和"二选一"行为 1 7 。

2. 垄断的经济学分析

从经济学角度看，数字平台的垄断行为可能导致**市场失灵**。平台通过**规模经济**和**范围经济**，迅速扩大市场份额，形成**寡头垄断**或**垄断竞争**。这种垄断行为不仅抑制了市场竞争，还可能导致**资源配置效率低下**和**消费者福利损失**。例如，平台通过**价格歧视**和**捆绑销售**，损害消费者利益，同时阻碍创新 6 7 。

3. 法律规制的挑战

传统反垄断法在应对数字平台垄断时面临诸多挑战：

- **相关市场界定困难**：数字平台的多边市场和跨界竞争使得传统市场界定方法难以适用 3 4 。
- **市场支配地位认定复杂**：平台通过**数据**和**算法**形成的市场力量难以量化，传统的市场份额指标可能无法准确反映其垄断地位 1 5 。
- **行为隐蔽性**：平台通过**算法合谋**和**隐性协议**实施垄断行为，增加了监管和取证的难度 3 7 。

4. 法律规制的完善方向

为应对数字平台垄断问题，法律规制需要在以下几个方面进行完善：

- **引入动态监管机制**：通过大数据和人工智能技术，实时监控平台的反竞争行为，例如"浙江公平在线"系统 7 。
- **强化数据治理**：推动**数据可携带性**和**数据互操作性**，打破平台的数据垄断 7 。
- **细化反垄断规则**：在《反垄断法》中增加对**算法垄断**和**数据滥用**的规制条款，明确平台的市场支配地位认定标准 5 6 。
- **加强国际合作**：借鉴欧盟《数字市场法》和《数字服务法》的经验，推动全球范围内的反垄断协作 1 7 。

5. 法律经济学视角的平衡

法律经济学强调在规制垄断行为时，需平衡**效率与公平**。一方面，应鼓励平台通过创新和规模经济提升效率；另一方面，需防止平台滥用市场力量损害竞争和消费者利益。例如，通过**事前合规审查**和**事后执法**，确保平台在公平竞争的环境中发展 6 7 。

结论

数字平台的垄断问题具有独特性和复杂性，需要结合法律经济学视角，从**数据治理**、**算法监管**和**动态执法**等方面进行综合规制。通过完善法律框架和技术手段，既能维护市场竞争秩序，又能促进数字经济的健康发展 1 5 7 。

这种精准设定的提示词不仅指明了研究方向（大数据治理、市场竞争法），还设定了具体的法规或理论框架（如 GDPR、《个人信息保护法》），使 DeepSeek 生成的内容更具深度和针对性。

此外，研究者可以采取层层递进的提问方式，在获得初步答案后，继续深入探索。例如："请概述智能合约的法律挑战。在智能合约无法履行的情况下，传统合同法如何适用？请结合判例分析。现有的法律是否足以解决智能合约带来的法律责任问题？是否需要专门的立法？”

引用 16 篇资料作为参考 >

智能合约的法律挑战主要包括以下几个方面：

1. **不可篡改性与自动执行性**：智能合约一旦部署，其代码无法更改，且会自动执行预设条件。这种特性虽然提高了效率，但也可能导致合同无法被法律干预，即使存在欺诈、胁迫等情形，合约仍会执行 [1] [3] 。
2. **匿名性与当事人不确定性**：智能合约的匿名性使得合同当事人难以确定，导致在出现争议时，难以通过传统诉讼方式解决 [1] [3] 。
3. **代码漏洞与安全性问题**：智能合约的代码可能存在漏洞，导致资产损失或合约执行异常。例如，The DAO事件中，黑客利用智能合约漏洞盗取了大量资金 [1] [3] 。
4. **法律效力认定困难**：智能合约的法律效力认定存在争议，尤其是在代码与当事人真实意思表示不一致时，如何解释合同条款成为难题 [4] [12] 。
5. **跨境法律适用问题**：智能合约的跨境性质使得法律适用和管辖权变得复杂，不同国家的法律体系对智能合约的认定和处理方式不同 [9] [16] 。

在智能合约无法履行的情况下，传统合同法的适用面临挑战。传统合同法强调当事人的意思表示和合意，而智能合约的执行更多依赖于预设的代码逻辑。例如，在Quoine Pte Ltd v B2C2 Ltd案中，新加坡最高法院认可了智能合约的法律效力，并基于智能合约的执行结果作出了判决 [2] [9] 。

现有的法律在解决智能合约带来的法律责任问题方面存在不足。智能合约的不可篡改性和自动执行性与传统合同法的可变更、可撤销制度产生冲突，导致法律干预困难 [1] [3] 。此外，智能合约的匿名性和跨境性质也增加了法律适用的复杂性 [9] [16] 。

因此，需要专门的立法来应对智能合约带来的法律挑战。立法应明确智能合约的法律地位，制定统一的技术标准，并建立适应性的监管框架。例如，可以通过制定专门的法律法规或司法解释，明确智能合约在现有法律框架下的地位和效力 [16] 。同时，加强国际合作，协调跨境智能合约的监管规则，促进全球范围内的合规应用 [16] 。

综上所述，智能合约的法律挑战主要体现在其不可篡改性、匿名性、代码漏洞和法律效力认定困难等方面。传统合同法在应对这些挑战时存在不足，因此需要专门的立法来完善智能合约的法律效力和监管机制。

通过这种方式，DeepSeek 的回答可以逐步深入，使研究者能够构建更加系统的学术论述。

二、结合数字法学核心理论，增加研究的学术深度

任何法律研究都需要理论支撑，而数字法学的理论基础主要涉及信息法学、网络法学、科技伦理、风险规制理论、自动化法律推理、算法正义、数据主权理论等。在使用 DeepSeek 进行研究时，可以在提示词中明确要求结合特定的法学理论框架，以增加生成内容的学术深度。例如：“请从‘风险规制理论’的角度，分析人工智能生成内容(AIGC)带来的法律挑战。”

引用 9 篇资料作为参考 >

从风险规制理论的角度来看，人工智能生成内容（AIGC）带来的法律挑战主要体现在以下几个方面：

1. 责任认定的复杂性

AIGC的"黑箱"特性使其决策过程难以解释，导致传统法律在责任认定上存在困难。例如，当AIGC生成的内容导致损害时，责任主体难以明确。开发者、运营商、用户等各方都可能涉及责任，但如何分配责任尚无明确的法律框架 1 4 。

2. 数据隐私与个人信息保护

AIGC在训练和生成过程中需要处理大量数据，其中可能包含敏感个人信息。这带来了数据隐私保护的挑战，尤其是在知情同意规则的适用上。由于AIGC的技术特性，开发者难以完全遵守个人信息处理的知情同意规则，导致个人信息权益可能受到侵害 3 6 。

3. 版权与知识产权争议

AIGC生成的内容在版权归属上存在争议。例如，美国版权局规定"AI生成内容不受保护"，但如果人类对AI输出进行实质性修正，版权应归属修改者。这一规则在AIGC广泛应用时可能引发更多法律纠纷 1 6 。

4. 虚假信息与算法歧视

AIGC可能生成虚假信息或带有算法歧视的内容，对社会公平和秩序构成威胁。例如，ChatGPT等生成式AI可能编造不实信息，平台若未采取事实核查技术，则需承担连带责任。此外，AIGC的训练数据可能包含偏见，导致输出内容对少数群体产生歧视 1 6 。

5. 跨境治理与国际协作

AIGC的应用涉及数据跨境流动，如何在数据本地化与跨境流动间寻求平衡成为挑战。例如，建立"白名单"机制允许符合隐私保护标准的企业跨国使用数据，但这一机制的实施需要国际协作 1 4 。

6. 风险分级与动态防控

基于风险规制的理论，AIGC的风险应进行分级管理。例如，将风险划分为不可接受风险、高风险、中风险和低风险，并为不同等级的风险匹配相应程度的治理措施。这要求建立统一的人工智能风险治理机构，实现监管权的集中统一 4 8 。

7. 技术快速迭代与法律滞后

AIGC技术快速迭代，而法律制定往往滞后，导致一些潜在风险未能及时被规制。例如，AIGC的"黑箱"特性使得决策过程的透明度不足，法律实施难度加大 7 8 。

结论

AIGC的法律挑战需要从技术、伦理、制度等多维度进行系统性治理。基于风险规制理论，应通过动态风险防控、国际协作、风险分级管理等手段，实现AIGC创新与法律规制的平衡 1 4 8 。

又如，设定提示词如下："请从'算法正义'的角度，分析 AI 算法在就业决策中的歧视问题及法律应对措施。"

引用 7 篇资料作为参考 >

从“算法正义”的角度来看，AI算法在就业决策中的歧视问题主要体现在以下几个方面：

1. 算法歧视的表现

AI算法在就业决策中可能通过多种方式产生歧视，例如：

- **性别歧视**：某些算法在筛选简历时，可能基于性别标签对女性求职者进行降权处理，导致女性求职者被不公平地淘汰 1 2 。
- **年龄歧视**：企业可能将“35岁以下”设为招聘初始参数，导致大龄求职者被系统自动过滤 1 4 。
- **地域歧视**：算法可能根据求职者的居住地或邮编进行筛选，导致来自特定地区的求职者被降权或淘汰 1 4 。
- **隐性歧视**：算法可能通过分析求职者的面部表情、语速、甚至社交网络数据等非能力指标进行筛选，导致不公平的决策 2 4 。

2. 算法歧视的成因

- **数据偏见**：算法的训练数据可能包含社会既有的偏见，例如性别、年龄或地域歧视，这些偏见被编码到算法中，导致输出结果也带有歧视性 5 6 。
- **算法黑箱**：算法的决策过程往往不透明，求职者无法了解被淘汰的具体原因，也无法进行申诉 1 4 。
- **资本驱动**：企业可能将用工成本控制等经济指标转化为算法参数，导致算法优先筛选“低成本”求职者，而非最合适的候选人 1 4 。

3. 法律应对措施

为了应对AI算法在就业决策中的歧视问题，法律可以从以下几个方面进行规制：

- **算法透明化**：要求企业公开AI招聘算法的核心逻辑和决策依据，确保求职者能够了解被淘汰的原因 2 7 。
- **算法影响评估**：建立算法影响评估制度，要求企业对AI系统进行定期审查，识别并修正潜在的歧视性参数 1 7 。
- **法律救济机制**：完善法律救济机制，降低求职者举证的难度，并允许受害者通过行政调解、仲裁或诉讼等方式维护自身权益 6 7 。
- **多部门协同监管**：建立多部门协调监管的体制，明确各部门在算法监管中的职责，确保算法应用的合理性和公正性 7 。
- **国际合作**：加强与其他国家在算法技术和法律规制方面的合作，借鉴成功经验，共同推动算法技术的公平应用 6 7 。

4. 技术向善的路径

- **人机协同**：在AI招聘中引入人工复核机制，确保关键决策由人类做出，而非完全依赖算法 2 7 。
- **公平算法设计**：鼓励企业开发公平性算法，例如开源“残障人士适配算法”或消除性别、地域等歧视因子的算法 1 7 。
- **劳动者参与**：推行“算法观察员”制度，让普通员工参与模型训练的数据标注，消除隐蔽的歧视因子 1 7 。

结论

AI算法在就业决策中的歧视问题不仅侵犯了求职者的平等就业权，也破坏了市场竞争的公平性。通过法律规制、技术改进和社会监督，可以有效减少算法歧视，推动算法技术的公平应用，实现真正的“算法正义” 1 2 7 。

这样可以确保 DeepSeek 生成的内容不只是泛泛而谈，而是有明确的理论支撑。研究者还可以要求 DeepSeek 比较不同的理论流派。

例如:"请比较'数据主权'与'数据自由流动'两种数据治理模式,并分析其法律适用。"

引用 11 篇资料作为参考 >

数据主权与数据自由流动的比较

1. 定义与核心理念

- **数据主权**:数据主权是指国家对在其领土范围内生成、收集、传输、存储、分析和使用的数据拥有最高管辖权。它强调国家对数据的控制权,特别是在涉及国家安全、公共利益和个人隐私时。数据主权是传统主权理论在网络和数据领域的延伸,主张数据治理应从属于国家主权 1 2 7 。
- **数据自由流动**:数据自由流动则强调数据应不受主权干预地自由流动,特别是在全球化的数字经济背景下。这一模式认为数据的自由流动有助于促进经济增长、技术创新和全球合作。数据自由流动的支持者通常主张减少数据跨境流动的法律障碍,推动数据的无障碍传输 2 5 9 。

2. 法律适用

- **数据主权的法律适用**:
  - **国内法**:许多国家通过立法明确数据主权,要求数据本地化存储,并对数据跨境流动进行严格监管。例如,俄罗斯和印度通过法律强制要求数据在境内存储,限制数据出境 7 8 。
  - **国际法**:数据主权在国际法中的适用主要体现在国家对数据的管辖权上。例如,欧盟的《通用数据保护条例》(GDPR)规定,欧盟境内的数据控制者和处理者必须遵守欧盟的数据保护法律,即使数据处理行为发生在境外 7 8 。
- **数据自由流动的法律适用**:
  - **国内法**:一些国家如美国和日本,主张数据自由流动,并通过法律推动数据的无障碍跨境传输。例如,美国的《云法案》允许美国公司在必要时提供境外存储的数据,支持数据的自由流动 5 7 。
  - **国际法**:数据自由流动在国际法中的适用主要体现在多边贸易协定中。例如,《跨太平洋伙伴关系协定》(CPTPP)和《数字经济伙伴关系协定》(DEPA)都包含促进数据自由流动的条款,强调数据跨境流动对数字经济的推动作用 3 9 。

3. 实践中的冲突与协调

- **冲突**:数据主权与数据自由流动在实践中常常发生冲突。例如,美国与欧盟在数据跨境流动问题上的分歧,美国主张数据自由流动,而欧盟则通过GDPR对数据出境进行严格限制 2 7 。
- **协调**:为了平衡数据主权与数据自由流动,一些国家采取了折中的方式。例如,中国在《数据安全法》中提出了"数据安全自由流动"原则,既强调数据安全,又支持数据的合法有序流动 9 11 。

结论

数据主权与数据自由流动是两种截然不同的数据治理模式,分别强调国家对数据的控制与数据的全球自由流动。在法律适用上,数据主权通过国内法和国际法强化国家对数据的管辖权,而数据自由流动则通过多边协定推动数据的无障碍跨境传输。实践中,两者之间的冲突需要通过国际协调和国内立法来平衡,以实现数据安全与经济发展的双重目标 1 2 7 。

三、引导案例分析与国际比较,增强研究的实践性

数字法学的研究不能仅停留在理论探讨,还需要结合具体的案例进行分析。DeepSeek具有良好的案例归纳能力,研究者可以利用提示词引导其提供

案例分析。例如:"请结合美国 Facebook/Cambridge Analytica 数据泄露案,分析社交平台在数据治理中的法律责任。"

引用 8 篇资料作为参考 >

Facebook/Cambridge Analytica 数据泄露案是近年来最具代表性的数据隐私事件之一，该事件揭示了社交平台在数据治理中的法律责任问题。以下是对社交平台在数据治理中法律责任的分析：

1. 数据收集与使用的透明度不足

Facebook 在 Cambridge Analytica 事件中，未能充分告知用户其数据被第三方应用收集和使用的具体方式。英国信息委员会办公室（ICO）指出，Facebook 的透明度不足，用户难以理解其数据如何被用于政治广告等目的 [1]。这表明社交平台有责任确保用户对其数据的收集和使用有清晰的认知，并应提供明确的隐私政策。

2. 第三方应用管理的失责

Facebook 允许第三方开发者通过其开放平台接口（API）获取用户数据，但未能有效监管这些数据的流向。Cambridge Analytica 通过一款性格测试应用，未经用户明确同意获取了数百万用户的数据，并将其用于政治广告投放 [2]。这暴露了社交平台在第三方应用管理上的漏洞，平台应对第三方应用的数据使用进行严格审查和持续监控。

3. 未能及时采取补救措施

Facebook 在 2015 年得知 Cambridge Analytica 非法获取用户数据后，未能及时采取有效措施阻止数据的进一步滥用。尽管 Facebook 要求 Cambridge Analytica 删除数据，但并未核实其是否真正执行 [2]。这表明社交平台在发现数据泄露后，有责任立即采取补救措施，并向用户和监管机构报告。

4. 法律责任与巨额罚款

Facebook 因 Cambridge Analytica 事件在全球范围内面临多起法律诉讼和巨额罚款。例如，美国联邦贸易委员会（FTC）对 Facebook 处以 50 亿美元的罚款，这是有史以来对侵犯隐私科技公司的最高罚款 [2]。此外，澳大利亚隐私监管机构也对 Facebook 母公司 Meta 处以 5000 万澳元的罚款 [3]。这些处罚表明，社交平台在数据治理中的失责将面临严重的法律后果。

5. 数据保护合规的重要性

Facebook 事件促使各国加强了对数据保护的立法和监管。例如，欧盟的《通用数据保护条例》（GDPR）和美国的《加州消费者隐私法》（CCPA）都要求企业加强数据保护措施，并对违规行为进行严厉处罚 [2] [3]。社交平台必须建立完善的数据保护合规体系，确保其数据处理活动符合相关法律法规。

6. 用户隐私权的保护

社交平台有责任保护用户的隐私权，确保用户数据不被滥用。Facebook 事件中，用户数据被用于政治操纵，严重侵犯了用户的隐私权 [1] [2]。平台应采取技术和管理措施，防止数据泄露和滥用，并尊重用户的知情权和选择权。

结论

Facebook/Cambridge Analytica 数据泄露案揭示了社交平台在数据治理中的多重法律责任，包括确保数据收集与使用的透明度、严格管理第三方应用、及时采取补救措施、遵守数据保护法规以及保护用户隐私权。社交平台必须承担起这些责任，以避免类似事件的再次发生，并维护用户的信任。

又如,设定提示词如下:"请列举欧盟对违反 GDPR 规定的企业开出重大罚款的案例,并分析这些案例对数据保护法律的影响。"

引用 5 篇资料作为参考 >

以下是欧盟对违反GDPR规定的企业开出的重大罚款案例，以及这些案例对数据保护法律的影响分析：

重大罚款案例

1. Meta（Facebook）
   - **时间**：2023年5月
   - **罚款金额**：12亿欧元
   - **违规行为**：将欧盟用户数据传输到美国，违反了GDPR关于数据跨境传输的规定，未采取充分措施确保数据传输符合欧盟标准 [1] [3] 。
2. Amazon
   - **时间**：2021年7月
   - **罚款金额**：7.46亿欧元
   - **违规行为**：未经用户明确同意，使用个人数据进行广告定向，且数据处理缺乏透明度 [1] [2] 。

3. Uber
   - **时间**：2024年8月
   - **罚款金额**：2.9亿欧元
   - **违规行为**：将欧洲司机的敏感数据传输到美国服务器，且未签订符合GDPR要求的标准合同，未能妥善保护数据 [1] [3] 。
4. WhatsApp
   - **时间**：2021年9月
   - **罚款金额**：2.25亿欧元
   - **违规行为**：未向用户提供充分的信息透明度，违反了GDPR的透明原则 [2] 。
5. Google
   - **时间**：2019年1月
   - **罚款金额**：5000万欧元
   - **违规行为**：未向用户提供足够透明的信息说明其数据如何被用于广告定向，且未获得用户的有效同意 [1]

对数据保护法律的影响

1. **强化数据跨境传输监管**
   Meta和Uber的案例凸显了GDPR对数据跨境传输的严格监管。这些案例促使企业重新评估数据跨境传输的法律基础，并采用符合GDPR要求的措施，如标准合同条款（SCCs）或约束性企业规则（BCRs） [1] [3] 。
2. **提升用户同意和透明度要求**
   Amazon和Google的案例表明，GDPR对用户同意和数据透明度的要求极为严格。企业必须确保用户明确同意数据处理，并提供清晰、易懂的信息说明数据用途 [1] [2] 。
3. **加强数据安全措施**
   Uber和WhatsApp的案例强调了数据安全的重要性。企业需采取技术和组织措施，如加密和访问控制，以保护个人数据免受未经授权的访问或泄露 [1] [3] 。
4. **推动全球数据保护标准**
   GDPR的高额罚款和严格执法已成为全球数据保护立法的标杆。许多国家在制定本国数据保护法时借鉴了GDPR，推动了全球数据保护标准的提升 [1] [5] 。

5. **促进企业合规意识**

这些案例为企业敲响了合规警钟，促使企业加强内部数据保护机制，定期进行合规审查，并建立完善的数据保护管理体系 1 5 。

综上所述，GDPR的执法案例不仅对欧盟内部企业产生了深远影响，也推动了全球数据保护法律的完善和企业合规意识的提升。

再如，设定提示词如下："请比较中国《数据安全法》与美国《云法案》（CLOUD Act）在数据跨境传输方面的规定，并分析其对企业合规的影响。"

引用 17 篇资料作为参考 >

中国《数据安全法》与美国《云法案》（CLOUD Act）在数据跨境传输方面的规定存在显著差异，主要体现在立法理念、数据主权、跨境数据传输规则等方面，这些差异对企业的合规要求产生了深远影响。

1. 立法理念与核心原则

- **中国《数据安全法》**：以国家安全和数据主权为核心，强调数据的本地化存储和跨境传输的安全审查。该法要求关键信息基础设施运营者（CIIO）在境内存储重要数据，确需向境外提供时，需通过国家网信部门的安全评估 1 2 。此外，数据跨境传输需遵循平等互惠原则，未经中国主管部门批准，不得向境外司法或执法机构提供存储在中国境内的数据 1 3 。
- **美国《云法案》**：主张数据自由流动，强调美国政府对全球数据的控制权。该法案允许美国执法机构跨境调取存储在美国企业控制下的数据，无论数据存储于何处 15 17 。同时，美国也通过《云法案》与其他国家签订双边协议，允许外国政府在一定条件下调取存储在美国的数据 15 16 。

2. 数据主权与跨境传输规则

- **中国《数据安全法》**：明确数据主权，要求数据处理者遵守数据本地化存储和出境安全审查的规定。对于重要数据的跨境传输，需通过安全评估或签订标准合同 2 4 。此外，中国禁止未经批准的跨境数据传输，尤其是涉及国家安全和公共利益的数据 1 3 。
- **美国《云法案》**：通过"长臂管辖"原则，美国执法机构可以跨境调取存储在美国企业控制下的数据，即使数据存储在国外 15 17 。该法案还允许外国政府在与美国签订协议后，调取存储在美国的数据，但需符合美国设定的隐私和人权保护标准 15 16 。

3. 对企业合规的影响

- **中国企业**：在《数据安全法》的框架下，中国企业需建立完善的数据安全管理制度，确保数据本地化存储，并在跨境传输时进行安全评估。对于涉及敏感数据的行业（如金融、医疗），企业还需遵守更严格的合规要求 2 4 。此外，企业需警惕美国《云法案》的长臂管辖，避免因数据跨境传输而违反中国法律 16 。
- **美国企业**：美国企业需遵守《云法案》的规定，配合美国政府的跨境数据调取请求。同时，这些企业在全球运营时还需遵守其他国家的数据本地化要求，如中国的《数据安全法》，这增加了企业的合规复杂性 15 17 。

4. 国际冲突与合规挑战

- **中美法律冲突**：中国《数据安全法》明确禁止未经批准的跨境数据传输，而美国《云法案》则允许美国政府跨境调取数据，这导致两国在数据主权和跨境传输规则上存在直接冲突 9 16 。跨国企业在中美两国运营时，需同时遵守两国的法律，面临"双重合规"的挑战 16 。
- **合规成本**：企业为满足两国的合规要求，需投入大量资源进行制度建设、技术升级和人员培训。例如，中国企业需建立数据安全评估机制，而美国企业则需应对全球范围内的数据调取请求 2 15 。

总结

中国《数据安全法》与美国《云法案》在数据跨境传输方面的规定反映了两国在数据主权和国家安全理念上的差异。中国企业需严格遵守数据本地化和安全审查要求，而美国企业则需应对全球范围内的数据调取请求。跨国企业在中美两国运营时，需平衡两国的法律要求，确保合规运营 1 15 16 。

这类提示词可以让DeepSeek结合真实案例进行分析，增强研究的实践性。

此外，研究者可以进一步细化问题。例如："请分析Uber在自动驾驶汽车致死案件(2018年3月，Uber自动驾驶汽车在亚利桑那州坦佩市撞上了49岁的伊莱恩·赫兹伯格，并致其死亡)中的法律责任，并结合产品责任法进行探讨。"

引用 8 篇资料作为参考 >

在2018年3月发生的Uber自动驾驶汽车撞人致死案件中，Uber的法律责任主要涉及产品责任法和交通事故责任的认定。以下是详细分析：

1. 事故背景

2018年3月18日，Uber的一辆自动驾驶汽车在亚利桑那州坦佩市撞上了49岁的伊莱恩·赫兹伯格，导致其死亡。事故发生时，车辆处于自动驾驶模式（四级以上），驾驶位配有安全驾驶员，但安全驾驶员在事故发生前并未专注于道路，而是在看手机 1 3 5 。

2. Uber的法律责任

2.1 产品责任法分析

根据产品责任法，Uber作为自动驾驶系统的提供者，可能因系统缺陷而承担责任。产品责任法要求证明以下三点：

- **产品存在缺陷**：自动驾驶系统可能存在设计缺陷或制造缺陷。例如，系统未能及时识别行人或未能采取刹车措施。
- **损害事实的存在**：伊莱恩·赫兹伯格的死亡是明确的损害事实。
- **缺陷与损害之间的因果关系**：需要证明系统缺陷直接导致了事故的发生。

在事故中，Uber的自动驾驶系统在撞击前6秒检测到了行人，但未能及时采取刹车措施。这表明系统可能存在设计缺陷，尤其是在物体和事故探测与反应（OEDR）方面 1 3 5 。

2.2 安全驾驶员的责任

安全驾驶员在事故发生时未履行其注意义务，而是分心看手机。根据交通事故责任的一般原则，驾驶员应承担主要责任。然而，由于车辆处于自动驾驶模式，驾驶员的注意义务被部分转移给自动驾驶系统 1 3 5 。

2.3 Uber的刑事责任

亚利桑那州检察官判定Uber不承担刑事责任，理由是事故视频未能准确描述事件过程。然而，安全驾驶员因过失杀人罪被起诉 2 3 5 。

3. 责任分担

- **Uber的责任**：如果自动驾驶系统被证明存在设计缺陷，Uber应承担产品责任。此外，Uber作为自动驾驶技术的提供者，有义务确保系统的安全性。
- **安全驾驶员的责任**：安全驾驶员因未履行注意义务，应承担部分责任。
- **沃尔沃的责任**：事故车辆基于沃尔沃XC90改装，如果车辆本身存在缺陷（如刹车失灵），沃尔沃也可能承担产品责任。但在此案中，未发现车辆本身存在缺陷 1 3 5 。

4. 法律与技术的挑战

自动驾驶技术的复杂性使得责任认定更加困难。例如，系统未能识别行人可能是由于算法缺陷或传感器故障。此外，自动驾驶系统的"黑箱"性质使得缺陷难以证明 5 6 7 。

5. 结论

Uber在此次事故中可能因自动驾驶系统的设计缺陷承担产品责任，而安全驾驶员因未履行注意义务承担部分责任。此案凸显了自动驾驶技术在法律和伦理上的挑战，亟需完善相关法律法规以明确责任归属 1 3 5 。

这种方式能够促使 DeepSeek 生成更加具体、深入的法律分析,提高研究的应用价值。

四、跨学科融合方法论,拓宽研究视角

数字法学的研究不能局限于传统法律分析,还需要与计算机科学、社会学、经济学、伦理学、政治学等学科交叉融合。在提示词中,研究者可以引导 DeepSeek 结合跨学科视角进行分析。例如:"请结合计算机科学的'黑箱算法'概念,探讨人工智能决策的可解释性问题及其法律规制。"

引用 6 篇资料作为参考 >

在计算机科学中，"黑箱算法"指的是那些内部运作机制不透明、难以被外部理解和验证的算法系统。这类算法通常基于深度学习、神经网络等技术，其决策过程复杂且难以解释，用户只能看到输入和输出，而无法了解中间的处理逻辑 1 3 5 。

人工智能决策的可解释性问题

1. **不透明性与复杂性**
   黑箱算法的不透明性主要体现在其内部逻辑难以被理解。例如，深度学习模型可能包含数百万甚至上亿个参数，这些参数在训练过程中自动生成，导致即使开发者也无法完全解释其决策过程 1 4 。这种复杂性使得算法的决策过程像一个"黑箱"，用户无法判断其输出是否公正或准确。
2. **偏见与歧视风险**
   由于黑箱算法的训练数据可能包含偏见，算法在决策时可能会放大这些偏见，导致不公平的结果。例如，招聘算法可能因数据偏见而对特定群体产生歧视性筛选结果 3 6 。
3. **决策不可控性**
   黑箱算法的决策结果难以预测，尤其是在涉及敏感领域（如医疗诊断、司法判决）时，这种不可控性可能带来严重后果。例如，自动驾驶汽车在紧急情况下的决策可能难以解释，导致责任归属不明确 6 。

法律规制的挑战与应对

1. **透明度要求**
   法律规制需要强调算法的透明度。例如，欧盟的《人工智能法案》要求算法系统具备可解释性，以确保其决策过程可以被审查和理解 1 6 。这包括要求开发者提供算法的决策依据和逻辑推理链条。
2. **算法审计与责任机制**
   建立独立的算法审计机制是解决黑箱问题的重要手段。通过定期审查算法的决策过程，可以发现并纠正潜在的偏见和不公平性。同时，明确算法开发者和使用者的责任，确保在算法出现问题时能够追溯责任主体 3 5 。

3. **技术标准与公众教育**

制定统一的技术标准可以规范算法的设计和实施，推动算法向透明和可解释的方向发展。此外，提高公众对算法的认知水平，帮助用户理解算法的决策过程，也是减少黑箱问题影响的重要途径 5 6 。

结论

黑箱算法的可解释性问题不仅涉及技术层面，更对社会公平、伦理和法律提出了挑战。通过法律规制与技术发展的协同，可以逐步解决这一问题，确保人工智能算法的透明性和公正性，从而推动其健康发展 1 3 6 。

又如，设定提示词："请结合福柯的'规训与惩罚'理论，分析大数据时代的社会监控与法律规制。"

引用 8 篇资料作为参考 >

福柯在《规训与惩罚》中提出的"规训社会"理论，为我们理解大数据时代的社会监控与法律规制提供了深刻的视角。福柯认为，现代社会的权力运作不再依赖于公开的暴力，而是通过隐蔽的规训机制渗透到日常生活的各个角落。这种规训机制通过层级监视、规范化裁决和检查制度，塑造了"驯顺而有用的身体"，并最终形成了一种"全景敞视主义"的监控模式。

在大数据时代，这种规训机制得到了进一步的强化和扩展。以下从几个方面进行分析：

1. 全景敞视主义的数字化延伸

福柯提出的"全景敞视主义"描述了边沁设计的圆形监狱模型，即通过中央瞭望塔对囚犯进行持续监视，使囚犯因无法确认是否被监视而自我规训。在大数据时代，这种监视机制通过技术手段得到了泛化。无处不在的摄像头、社交媒体算法、健康码等构成了数字化的"全景监狱"。个体在数字空间中的行为被记录、分析并用于预测和控制，形成了"可见而不可确知"的监控网络 1 4 。

2. 数据规训与个体行为的标准化

大数据技术通过海量数据的收集与分析，能够对个体的行为进行精准预测和干预。例如，社交媒体平台的点赞机制、外卖骑手的算法路径规划等，都在无形中重塑个体的行为模式。这种数据规训不仅限于外部监控，还通过算法推荐、个性化服务等手段内化为个体的自我约束，使个体在"自由选择"的表象下被标准化和规训 1 4 。

3. 权力与知识的共生体系

福柯强调，权力与知识是共生的，知识为权力的运作提供了"科学依据"。在大数据时代，数据科学、人工智能等技术成为新的知识形式，为权力提供了更精细的控制工具。例如，通过大数据分析，犯罪预测、信用评分等系统将个体分类为"正常"或"异常"，从而实现对社会的精细化治理。这种"知识–权力"的共生体系，使得规训机制更加隐蔽和高效 1 6 。

4. 法律规制的挑战与应对

在大数据时代，法律规制面临新的挑战。传统的法律框架难以应对数据监控的隐蔽性和广泛性。例如，大数据侦查通过海量数据的抓取和分析，降低了警员对嫌疑人身体的依赖，但也可能侵犯公民的隐私权和个人信息权 6 。因此，有必要通过立法和司法手段对大数据监控进行规制，例如将个人信息权纳入法律保护范畴，确保数据使用的透明性和合法性 6 7 。

5. 规训与反规训的博弈

尽管大数据时代的规训机制无处不在，福柯也暗示了规训无法完全吞噬个体的可能性。例如，网络匿名社区的亚文化、对算法推荐的反抗等，都是个体在体制裂缝中进行的反规训实践。这种博弈表明，规训与反规训的张力在大数据时代依然存在，并为个体的自主性保留了空间 1 4 。

结语

大数据时代的社会监控与法律规制，可以视为福柯"规训社会"理论的当代变体。技术手段的进步使得规训机制更加隐蔽和高效，但也带来了新的法律和伦理挑战。在享受技术便利的同时，我们应警惕规训的绝对化，通过法律规制和个体觉醒，维护社会的自由与公正。

再如，设定提示词："请从法律经济学的视角，分析数据市场的产权归属与交易规则。"

引用 8 篇资料作为参考 >

从法律经济学的视角来看，数据市场的产权归属与交易规则是数据要素市场化的核心问题。以下是基于当前检索结果的分析：

1. 数据产权归属

数据产权的明确是数据流通和交易的前提。根据《杭州市数据流通交易促进条例》，数据权益归属被明确为保护自然人、法人和非法人组织在数据流通交易活动中享有的数据持有、使用、经营等合法权益 1 2 。这一规定为数据交易提供了法律基础，解决了数据"供不出""流不动""难交易"的难题。

此外，国家层面的"数据二十条"提出了数据资源持有权、数据加工使用权、数据产品经营权"三权分置"的产权运行机制，明确了公共数据、企业数据、个人数据的确权授权机制 5 。这种分权机制有助于细化数据要素的产权归属，推动数据要素的市场化配置。

2. 交易规则

数据交易规则的设计需要考虑交易标的、合同效力、定价机制等多个方面。

- **交易标的**：各地对数据交易标的的规定存在差异。例如，深圳、上海、山东等地规定为"数据产品和服务"，而天津、安徽、辽宁等地则表述为"数据" 3 4 。这种不一致可能导致交易主体在具体规则层面缺乏操作指引，增加协商成本与定价难度。
- **合同效力**：根据《中华人民共和国民法典》第153条，数据要素交易标的不得违反法律、行政法规的强制性规定或者公序良俗，否则交易合同可能被宣告无效 3 4 。例如，"暗刷流量案"中，法院认为"暗刷流量"行为侵害了公共利益，相关合同被判定无效。
- **定价机制**：数据定价是数据要素交易中的关键问题。数据交易可以分为一次性交易和租赁式交易，但无论采取何种方式，数据定价的合理性直接影响交易的顺利进行 3 4 。目前，数据定价机制尚不完善，缺乏统一的量化指标（如数据精度、时效性等）来提高定价的科学性 7 。

3. 法律经济学视角

从法律经济学的角度来看，数据市场的产权归属与交易规则的设计应兼顾效率与公平。

- **效率**：明确的数据产权和合理的交易规则可以降低交易成本，促进数据的高效流通和利用。例如，数据确权和分权机制有助于明确交易各方的权利和义务，减少交易中的不确定性 1 5 。
- **公平**：数据交易规则应保护数据主体的合法权益，防止数据滥用和侵犯隐私。例如，《杭州市数据流通交易促进条例》规定，数据处理者在不损害公共利益和他人合法权益的前提下，可以对依法收集的已合法公开的数据进行处理 1 2 。

结论

数据市场的产权归属与交易规则是数据要素市场化的关键。通过明确数据产权、设计合理的交易规则，并在法律框架下平衡效率与公平，可以推动数据要素的高效流通和利用，促进数据经济的发展 1 5 7 。

这类提示词设计可以促使 DeepSeek 生成更加多维度的法律分析，使研究者能够从不同角度理解数字法学问题。

五、优化学术写作与政策建议，增强研究的规范性

为了确保 DeepSeek 生成的内容符合学术标准，研究者可以在提示词中明确要求使用学术写作风格，例如："请为数字法学研究设计一份综述报告，涵盖近年来关于数据治理的主要法律争议。"

引用 11 篇资料作为参考 >

近年来，随着数字经济的快速发展，数据治理成为全球范围内的热点议题，涉及的法律争议也日益复杂。以下是一份关于数据治理主要法律争议的综述报告，涵盖近年来的关键问题和趋势。

1. 数据跨境流动的法律争议

数据跨境流动是数据治理中的核心问题之一，涉及国家安全、个人隐私保护以及国际经贸合作等多重利益。近年来，各国在数据跨境流动的监管上采取了不同的策略：

- **中国**：2024年3月，中国发布了《促进和规范数据跨境流动规定》，放宽了数据跨境流动的条件，并构建了"三条路径"体系（数据出境安全评估、标准合同备案、个人信息保护认证） 1 。
- **欧盟**：欧盟通过《数据法案》明确了数据跨境流动的规则，强调数据共享和访问的公平性，同时要求数据接收方提供与欧盟相当的保护水平 2 。
- **美国**：美国则倾向于通过宽松的监管促进数据自由流动，强调数据的经济价值，但在司法实践中对数据爬取行为的态度逐渐从严格限制转向灵活解释 2 。

2. 数据确权与使用权争议

数据确权是数据治理中的另一大争议焦点，涉及数据的所有权、使用权和收益分配等问题：

- **中国**：2022年发布的《关于构建数据基础制度更好发挥数据要素作用的意见》提出了"淡化所有权、强化使用权"的理念，强调数据资源持有权、数据加工使用权和数据产品经营权的分置运行规则 6 8 。
- **欧盟**：欧盟放弃了数据专有权的赋权进路，转而关注数据访问规则的构建，强调数据共享和利用 2 。
- **美国**：美国学界对数据所有权的讨论较少，更多关注数据的经济价值和市场竞争，强调数据的自由流动和共享 2 。

3. 个人信息保护与数据安全的平衡

个人信息保护与数据安全是数据治理中的核心议题，如何在保护个人隐私的同时促进数据的开发利用，成为各国立法和监管的重点：

- **中国**：2024年8月，《网络数据安全管理条例》正式通过，明确了网络数据和重要数据的定义，简化了合规流程，同时加强了对个人信息和重要数据的保护 1 。
- **欧盟**：欧盟通过《通用数据保护条例》（GDPR）确立了严格的个人信息保护标准，但在实践中也面临如何平衡数据保护与数据流通的挑战 2 。
- **美国**：美国在个人信息保护方面采取了较为灵活的方式，强调通过市场竞争和消费者选择来保护个人隐私，而非通过严格的立法 11 。

4. 数据治理中的管辖权冲突

数据治理中的管辖权冲突日益突出，尤其是在跨国数据传输和跨境执法中：

- **跨大西洋争议**：欧盟与美国在数据跨境传输上的法律冲突由来已久，尤其是在斯诺登事件后，欧盟法院多次裁定美国的法律框架无法提供与欧盟相当的数据保护水平，导致"安全港协议"和"隐私盾协议"相继失效 10 。

- **中国与全球**：中国在数据跨境流动上的监管逐渐与国际接轨，在数据主权和数据安全问题上坚持独立立场，特别是在涉及国家安全的数据处理活动中 [1] [6] 。

5. 人工智能与数据治理的交叉问题

随着人工智能技术的广泛应用，数据治理与人工智能监管的交叉问题也引发了广泛讨论：

- **中国**：2024年发布的《网络数据安全管理条例》对人工智能数据处理提出了豁免设定，允许在自动化采集不可避免的情况下停止特定处理行为 [1] 。
- **欧盟**：欧盟通过《人工智能法案》对人工智能的数据使用进行了严格监管，强调算法的透明性和公平性 [2] 。
- **美国**：美国在人工智能监管上采取了较为宽松的态度，强调技术创新和市场竞争，但在算法歧视和隐私保护问题上也逐步加强监管 [11] 。

6. 数据治理中的反垄断与竞争问题

数据作为关键生产要素，其集中和垄断问题也引发了反垄断争议：

- **中国**：2024年发布的《网络数据安全管理条例》明确禁止大型网络平台无正当理由限制用户数据访问和使用权利，强调平台的公共属性和透明度义务 [1] 。
- **欧盟**：欧盟通过《数字市场法》对大型科技平台的数据垄断行为进行了严格监管，强调数据共享和市场竞争 [2] 。
- **美国**：美国在反垄断执法中逐步加强对科技巨头的监管，特别是在数据垄断和算法歧视问题上 [11] 。

结论

数据治理的法律争议主要集中在数据跨境流动、数据确权、个人信息保护、管辖权冲突、人工智能监管以及反垄断等问题上。各国在立法和监管上采取了不同的策略，反映了其在数据治理中的不同利益诉求和价值取向。未来，随着数字经济的进一步发展，数据治理的法律框架将面临更多的挑战和调整，如何在保护个人隐私、维护国家安全和促进数据流通之间找到平衡，将是各国立法者和监管者的共同任务。

又如，设定提示词如下："请起草一份关于数字平台责任的政策建议书，面向政府监管机构。"

引用 8 篇资料作为参考 ›

关于数字平台责任的政策建议书

引言

随着数字经济的快速发展，数字平台已成为现代社会的重要组成部分，其在经济、社会、文化等多个领域的影响力日益增强。然而，数字平台的快速发展也带来了诸多挑战，如数据隐私泄露、市场垄断、消费者权益受损等问题。因此，明确数字平台的责任边界，构建科学合理的监管体系，已成为政府监管机构亟需解决的重要课题。本建议书旨在为政府监管机构提供政策建议，推动数字平台健康、有序、可持续发展。

一、明确数字平台的法律责任与义务

1. **完善法律法规体系**
   加快制定和修订与数字平台相关的法律法规，明确平台在数据隐私、市场竞争、消费者权益保护等方面的法律责任。建议参考欧盟《通用数据保护条例》（GDPR）等国际先进经验，结合我国国情，构建全面的法律框架 [3] [6] 。
2. **细化平台责任划分**
   针对不同类型、不同规模的数字平台，制定差异化的责任标准。例如，对超大型平台应强化其公共职能，要求其承担更多的社会责任；对中小型平台则采取包容审慎的监管原则，鼓励其创新发展 [5] [6] 。

二、构建"政府+平台"协同治理模式

1. **强化政府监管职能**
   设立专门的数字平台监管机构，整合公安、工商、税务等多部门资源，实现对平台行为的实时监控和有效管理。同时，加强对平台数据安全、算法透明度等领域的监管 3 6 。
2. **推动平台自律机制**
   鼓励平台建立内部合规管理体系，制定行业自律规范，设立第三方监督和投诉处理机制。通过行业自查、互查等方式，提升平台自律水平 2 6 。

三、优化监管手段与技术支撑

1. **引入监管科技**
   利用大数据、人工智能等技术，对平台交易行为、用户反馈等信息进行深度分析，及时发现和预警潜在风险。同时，建立数字平台信用评估体系，发布信用标识认证，提升监管效能 1 3 。
2. **推动全流程监管**
   从平台准入、运营到退出，实施全流程监管。重点加强对平台算法、数据使用等环节的审查，确保平台行为合法合规 6 8 。

四、加强国际合作与跨境治理

1. **参与国际规则制定**
   积极参与数字平台治理的国际规则制定，推动国内外法律法规和标准的相互承认，保障跨境用户权益的一致性 3 6 。
2. **打击跨境违法违规行为**
   加强与其他国家在数字平台治理领域的合作，共同打击跨境网络犯罪、虚假信息传播等行为，维护全球数字治理秩序 3 6 。

五、提升公众参与与监督能力

1. **加强公众数字素养教育**
   通过宣传、培训等方式，提升公众的网络安全意识和自我保护能力，使其能够更好地参与数字平台治理 3 6 。
2. **建立多元主体协同监督机制**
   鼓励社会公众、媒体、行业组织等多元主体参与平台治理，形成政府、平台、公众协同共治的良好局面 7 8

结语

数字平台治理是一项复杂的系统工程，需要政府、平台、公众等多方共同努力。通过完善法律法规、优化监管手段、加强国际合作等措施，构建科学合理的数字平台责任体系，将为我国数字经济的健康、可持续发展提供有力保障。

这类提示词可以确保 DeepSeek 生成的内容符合特定结构，而不是仅仅提供零散的信息。

六、总结

要高效地使用 DeepSeek 进行数字法学研究，研究者需要精心设计提示词，以确保生成内容的理论深度、实践针对性和跨学科广度。精准设定研究主题、结合核心理论、引导案例分析、融入跨学科方法、优化学术写作,可以帮助研究者充分利用 DeepSeek 的能力,从而更系统地推进数字法学的研究。

第二十节　驱动 DeepSeek 开展人工智能法学研究

人工智能法学是一个融合了人工智能技术、法律规制、伦理道德、社会影响等多重维度的跨学科研究领域。其研究对象包括人工智能技术在法律实践中的应用、人工智能带来的新法律问题、如何通过法律框架来规制人工智能的迅速发展等。在人工智能法学研究中,运用 DeepSeek 进行资料收集、案例分析、法律推理等工作,可以提升研究的深度和广度。为了更好地驱动 DeepSeek 开展人工智能法学研究,研究者应当合理设计提示词,确保生成的内容具有精准性、实用性、理论深度以及学科跨度。以下从多个层面讨论如何使用提示词,推动 DeepSeek 助力人工智能法学领域的研究工作。

一、精准设定研究主题,确保研究的针对性

人工智能法学的研究领域极为广泛,存在诸多可供深入研究的方向,如人工智能的法律责任、算法透明性、人工智能与隐私保护、人工智能在知识产权中的应用、算法歧视及平等权保障、自动化决策与法律适用等。为了更好地驱动 DeepSeek 生成相关内容,研究者应当在提示词中精准明确研究主题,避免过于笼统的提问。

例如,输入"人工智能在法律中的应用",可能会获得较为笼统的回答。为了更好地聚焦研究内容,需要对问题进行细化。

例如,研究者可以采用如下提示词:"在人工智能生成的内容中,如何界定版权归属问题?请结合欧盟的相关规定进行分析。"

引用 8 篇资料作为参考 >

在人工智能生成内容的版权归属问题上,欧盟的法律框架主要基于《欧盟版权指令》和《人工智能法案》的相关规定。以下是结合欧盟相关规定的分析:

1. **人类作者身份要求**
   根据《欧盟版权指令》(2001/29/EC),作品要获得版权保护,必须由"自然人"创作,并体现人类的创造性活动。这意味着,纯人工智能生成的内容,如果没有人类作者的创造性贡献,通常无法享有版权保护 1 4 。

2. **人工智能作为工具的角色**
   如果人工智能仅作为工具，而人类创作者提供了足够的创造性输入（例如，通过多次修改、筛选或指导生成过程），则生成的内容可能被视为“人工智能辅助作品”，并享有版权保护。在这种情况下，版权归属于提供创造性输入的人类创作者 4 6 。

3. **《人工智能法案》的透明度要求**
   欧盟《人工智能法案》进一步规定，通用人工智能模型的提供者必须披露其训练数据中使用的版权材料，并确保遵守欧盟版权法。这一要求旨在保护版权持有人的权益，同时促进人工智能技术的透明性和合规性 5 6 8 。

4. **实际案例与司法实践**
   在欧盟的司法实践中，法院通常不承认纯人工智能生成内容的版权属性。例如，德国法院在2021年裁定，由人工智能生成的诗歌不构成作品，因缺乏人类作者的创造性贡献 1 。

总结来说，欧盟在人工智能生成内容的版权归属问题上，强调“人类作者身份”和“创造性贡献”的核心原则。纯人工智能生成的内容通常不受版权保护，但如果人类在生成过程中发挥了主导性控制或创造性作用，则相关权利可能归属于人类创作者。此外，《人工智能法案》通过透明度要求，进一步规范了人工智能模型的使用，以保护版权持有人的权益 1 4 6 。

这些精确的提示词设定有助于确保 DeepSeek 提供的答案更加具有针对性，避免无关信息的干扰。细化问题可以帮助研究者从多个角度深入挖掘问题的本质。

递进式提问也可以推动 DeepSeek 更加系统地生成学术内容。

研究者可以先提出一般性的问题，例如：“人工智能在司法审判中的应用存在什么法律问题？”然后，再根据初步答案进行更深入的探索，例如：“请进一步分析人工智能在司法审判中可能引发的公正性和透明性问题。”

人工智能在司法审判中的应用存在什么法律问题？请进一步分析人工智能在司法审判中可能引发的公正性和透明性问题。

引用 11 篇资料作为参考 >

人工智能在司法审判中的应用虽然提升了效率和一致性，但也引发了一系列法律问题，尤其是公正性和透明性方面的挑战。以下是主要问题及分析：

一、法律问题

1. 算法偏见与歧视

- 人工智能的训练数据可能隐含历史判决中的偏见（如种族、性别、地域等），导致算法输出不公平结果 7 8 。例如，美国Compas量刑系统被指控对黑人被告的再犯风险评分更高 7 。
- 数据不完整或过时（如选择性上网的裁判文书）会加剧算法偏差 9 。

2. 责任归属困境

- 当AI辅助判决出现错误时，责任主体难以界定：是开发者（算法缺陷）、法院（使用不当），还是法官（未审核）？现行法律缺乏明确规则 4 10 。

3. 法律主体地位争议

- 人工智能是否具备法律主体资格？其“自主行为”与“受指令行为”的界限模糊，可能引发归责难题 1 4 。

4. 证据规则与举证责任

- 涉AI案件（如算法侵权）中，传统“谁主张谁举证”模式对弱势方不公，需调整举证责任分配 6 10 。

二、公正性问题

1. 效率与公正的冲突

- AI以效率为导向，可能诱导法院追求快速结案，忽视程序公正和个案特殊性 2 5 。
- 控辩力量失衡：AI增强公权力机关（如检察院）的诉讼能力，进一步拉大与辩方的差距 2 。

2. 法官自由裁量权压缩

- AI的类案推送可能固化裁判标准，抑制法官对复杂价值判断的能动性 3 9 。
- 简单案件依赖AI可能导致“机械司法”，削弱司法的人文关怀 4 10 。

三、透明性问题

1. 算法黑箱与司法公开矛盾

- AI决策过程（如深度学习模型）难以解释，当事人无法理解判决依据，违背司法公开原则 7 9 。
- 商业机密保护（如算法代码）与司法透明度需求存在冲突 9 10 。

2. 监督机制缺失

- 缺乏对AI系统的定期审查和伦理评估，难以确保其符合法律程序 8 10 。
- 技术不透明导致错误难追溯，如ChatGPT生成虚构案例误导裁判 4 11 。

四、应对建议

1. 技术层面

- 开发可解释性算法（如谷歌的“人工神经网络MRI”），公开关键决策逻辑 7 8 。
- 优化数据质量，避免偏见输入 6 9 。

2. 法律层面

- 明确AI的辅助地位，禁止其独立裁判 4 5 。
- 建立算法备案和问责制度，要求开发者承担部分责任 6 10 。

3. 伦理与监管

- 制定AI司法伦理准则（如欧盟《人工智能法案》），分类分级监管 4 9 。
- 加强法官与技术人员的协作，平衡效率与公正 8 10 。

人工智能在司法中的深度应用需兼顾技术创新与法治原则，避免技术工具异化为“数字暴政” 7 10 。当前应坚持“辅助审判”定位，逐步完善相关法律框架 5 9 。

这样，DeepSeek 的回答可以更加层次分明、条理清晰。

二、结合人工智能法学的核心理论，提高研究深度

人工智能法学不仅仅是技术和法律的结合，还需要借助伦理学、法理学、技术规范等学科的理论框架。为了提升研究深度，研究者在设计提示词时，应该要求 DeepSeek 结合特定的法律理论、伦理规范、技术标准等进行回答。例如，在讨论人工智能技术时，可以要求结合"算法透明性"理论进行分析，或者通过"法律责任"理论探索自动化决策中的问题。

以下是一些具体的提示词示例，如："请结合'法律责任'理论分析自动驾驶汽车在发生交通事故时的法律责任归属问题。"

引用 8 篇资料作为参考 >

自动驾驶汽车在发生交通事故时的法律责任归属问题，涉及多个法律主体和责任类型，需根据自动驾驶的等级、事故场景以及相关法律法规进行具体分析。以下是结合"法律责任"理论的分析：

1. 自动驾驶等级与责任划分

自动驾驶技术根据国际标准分为L0-L5六个等级，不同等级的责任主体不同：

- **L0-L2（辅助驾驶）**：驾驶员需全程监控车辆，事故责任通常由驾驶员承担。例如，特斯拉Autopilot事故中，法院认定驾驶员未及时接管需负全责 3 7 。
- **L3（有条件自动驾驶）**：系统主导驾驶，但驾驶员需在系统提示时接管。若驾驶员未及时响应，责任可能由驾驶员和车企共同承担 3 7 。
- **L4-L5（高度/完全自动驾驶）**：系统完全负责驾驶，无驾驶人期间发生事故，责任主要由车辆所有人或管理人承担。若事故因系统缺陷导致，所有人或管理人赔偿后可向生产者或销售者追偿 1 3 5 。

2. 事故场景与责任认定

- **系统故障导致事故**：若事故因传感器失效、算法误判等技术缺陷引发，车企需承担产品责任。争议点在于如何界定"技术缺陷"，通常依赖"黑匣子"数据判定 3 5 。
- **驾驶员与系统责任交叉**：L3级车辆要求驾驶员在系统提示时接管，若驾驶员未及时响应，责任如何分配需根据具体情况进行判断 3 7 。
- **第三方行为导致事故**：若事故由行人闯红灯或他车违规引发，责任可能由第三方承担。但系统决策逻辑（如"保护乘客优先"）可能引发道德争议 3 5 。
- **数据与隐私泄露**：若用户行车轨迹、生物信息遭泄露，车企可能因违反《个人信息保护法》被追责 3 。

3. 法律主体与责任类型

- **车企责任**：需确保技术合规，投保责任险，覆盖自动驾驶特有风险。若事故因系统缺陷导致，车企需承担产品责任 3 5 。
- **驾驶员责任**：使用L3级功能时，仍需保持警觉，违规操作（如饮酒后启用自动驾驶）可能担责 3 7 。
- **政府与行业责任**：需加快立法填补空白，明确"机器驾驶人"定义，推动"车路云一体化"建设，减少单车智能的感知盲区 3 7 。

4. 保险机制的补充作用

- **强制责任保险**：根据《道路交通安全法》，自动驾驶车辆需投保交通事故责任强制保险，保险公司优先赔付，不足部分由责任主体补足 5 7 。

- **商业保险扩展**：部分车企与保险公司合作推出针对自动驾驶的附加险种，覆盖系统故障、数据安全等风险 5 。

5. 司法实践与争议焦点

- **典型案例**：如优步自动驾驶致死案中，安全员因分心被判过失杀人，但优步也被建议承担连带民事赔偿，凸显"人机责任混合"的复杂性 5 8 。
- **刑事责任划分**：在无人驾驶汽车中，若事故涉及人员死亡，刑事责任主体认定面临难题，现行法律主要适用于自然人，而非人工智能系统 7 8 。

结论

自动驾驶汽车事故责任归属需根据自动驾驶等级、事故场景及法律法规进行具体分析。随着技术发展，相关法律法规需进一步完善，明确各方责任，确保事故受害者得到合理赔偿，同时推动自动驾驶技术的安全应用 1 3 5 。

又如，设定如下提示词："请结合'技术伦理'和'人工智能治理'的理论，分析人工智能决策中的道德风险及其法律规制。"

引用 6 篇资料作为参考 >

人工智能决策中的道德风险及其法律规制是一个复杂且多维度的问题，涉及技术伦理、法律框架、社会公平等多个方面。以下从技术伦理和人工智能治理的角度进行分析：

一、人工智能决策中的道德风险

1. **主体异化风险**
   人工智能的发展可能从弱人工智能逐步过渡到超人工智能阶段，后者可能具备自主意识，甚至超越人类智能。
   这种自主性可能导致人工智能与人类关系的异化，使其预设的"增进人类福祉"目标难以实现，甚至带来灾难性后果 1 2 。
2. **数字鸿沟风险**
   人工智能技术的应用可能加剧社会不平等，导致"数字鸿沟"扩大。老年人口、低学历人群以及网络基础设施落后地区的群体可能无法公平享受技术红利，进一步拉大贫富差距 1 2 。
3. **算法歧视风险**
   人工智能的底层算法通常不透明，存在"算法黑箱"问题。数据标注和算法设计过程中可能引入设计者的主观偏见，导致算法输出结果存在歧视和不公正，违背程序正义原则 1 2 。
4. **侵权风险**
   人工智能在运行过程中可能侵犯生命权、隐私权、著作权等基本权利。例如，自动驾驶汽车事故、生成式AI侵犯知识产权等问题，均涉及复杂的责任归属和法律纠纷 1 2 。

二、法律规制的现状与挑战

1. **伦理规范的原则性与模糊性**
   现有的伦理规范如《新一代人工智能伦理规范》虽然提出了"避免偏见""提倡善意使用"等原则，但这些概念的内涵模糊，缺乏可操作性，难以在实践中有效实施 1 2 。
2. **法律位阶较低与责任机制不完善**
   目前针对人工智能的法律规制多为部门规章，法律位阶较低，且缺乏明确的责任条款。例如，《生成式人工智能服务管理暂行办法》等规范虽对风险进行了规制，但责任追究机制尚不健全 1 2 。
3. **规范体系衔接不畅**
   伦理规范、法律与标准之间的衔接存在不足。例如，数据分级分类的国家标准尚未完善，地方性标准的适用范围有限，导致伦理规范缺乏可操作性 1 2 。

三、应对策略与建议

1. **构建伦理与法律双重规制机制**
   坚持伦理先行原则，制定具体的科技伦理规范和标准，并将其嵌入人工智能开发与运行的全生命周期。同时，借鉴欧盟《可信赖的人工智能的伦理准则》等经验，细化伦理要素，确保规范的可操作性 1 2 。
2. **完善法律框架与责任机制**
   提升人工智能相关法律的法律位阶，制定专门性法律，明确人工智能的责任归属。例如，欧盟《人工智能法案》对算法责任和透明治理的规定值得借鉴 2 5 。
3. **加强规范体系衔接与国际合作**
   推动伦理规范、法律与标准的有效衔接，完善数据分级分类等国家标准。同时，积极参与国际人工智能治理规则的制定，推动全球范围内的共识与合作 1 6 。

总结

人工智能决策中的道德风险涉及主体异化、数字鸿沟、算法歧视和侵权等多个方面，现有的法律规制在伦理规范、责任机制和规范体系衔接上仍存在不足。通过构建伦理与法律双重规制机制、完善法律框架、加强国际合作，可以有效应对这些风险，推动人工智能的健康发展 1 2 5 。

在提示词的引导下，DeepSeek 能够紧密结合相关理论，提供更具理论深度和学术价值的讨论，从而避免纯粹的技术描述或法律条文罗列。

通过这种方法，人工智能法学的研究不仅能够揭示技术层面的挑战，还能够深入分析其法律与伦理框架，为解决实际问题提供指导。

三、引导具体案例分析，提升实践性与现实感

人工智能的法律挑战在许多领域都已成为现实问题。为了提升人工智能法学研究的实践意义，研究者可以通过提示词引导 DeepSeek 提供相关案例分析。例如，如何界定人工智能的著作权问题、如何处理人工智能算法的歧视问题等，均可以依托具体案例来探讨。这种方法有助于研究者理解相关法律规则在实务中的应用情况，并为进一步的政策建议提供依据。

以下是一些提示词示例："请结合 Facebook－剑桥分析（Facebook/Cambridge Analytica）数据丑闻事件，探讨人工智能在个人数据保护方面的法律责任。"

引用 7 篇资料作为参考 ＞

Facebook-剑桥分析（Facebook/Cambridge Analytica）数据丑闻事件是近年来最具代表性的数据隐私泄露事件之一，它揭示了人工智能（AI）在个人数据保护方面的法律责任问题。以下结合该事件，探讨AI在数据保护中的法律责任：

1. 数据收集与使用的透明度

剑桥分析公司通过一款名为"This is Your Digital Life"的应用程序，收集了超过8700万Facebook用户的个人数据，并将其用于政治广告的定向投放 1 4 。这一事件暴露了AI系统在数据收集和使用过程中缺乏透明度的问题。AI技术依赖于大量数据，但企业必须明确告知用户数据的用途，并获得用户的明确同意。否则，企业可能面临法律

责任，如Facebook因违反《通用数据保护条例》（GDPR）而被罚款 1 4 。

2. 第三方数据共享的责任

在剑桥分析事件中，Facebook允许第三方应用程序访问用户数据，但未能有效监管这些数据的后续使用 2 5 。AI系统的开发者需要确保与第三方共享数据时，严格遵守隐私保护法规，并对第三方的数据使用行为进行监督。如果未能履行这一责任，企业可能面临法律诉讼和巨额罚款，如Facebook与美国联邦贸易委员会（FTC）达成的50亿美元和解协议 7 。

3. 数据安全与隐私保护的技术义务

AI系统在处理个人数据时，必须采取有效的技术措施来保护数据安全。剑桥分析事件中，Facebook未能及时发现并阻止数据的滥用，导致大规模隐私泄露 1 5 。企业有义务确保AI系统的安全性，防止数据被未经授权的访问或滥用。如果未能履行这一义务，企业可能面临监管机构的处罚，如澳大利亚对Meta处以5000万澳元的罚款 4 6 。

4. 算法偏见与公平性

AI算法在数据分析和决策过程中可能存在偏见，导致不公平的结果。剑桥分析利用AI技术对用户进行心理分析，并投放具有针对性的政治广告，这可能加剧了社会分裂 1 5 。企业需要确保AI算法的公平性和透明性，避免因算法偏见引发的法律纠纷。监管机构也在加强对AI算法的审查，要求企业对其算法的决策过程进行解释和验证 7 。

5. 全球合规与法律责任

剑桥分析事件引发了全球范围内的法律诉讼和监管调查，Facebook在美国、欧盟和澳大利亚等多个司法管辖区面临法律挑战 4 6 7 。AI技术的全球应用要求企业遵守不同国家和地区的隐私保护法规，如GDPR、美国的《加州消费者隐私法》（CCPA）等。企业需要建立全球合规体系，确保其AI系统符合各地的法律要求，否则可能面临巨额罚款和声誉损失。

结论

Facebook-剑桥分析事件凸显了AI在个人数据保护方面的法律责任。企业需要确保数据收集和使用的透明度，严格监管第三方数据共享，采取有效的技术措施保护数据安全，避免算法偏见，并遵守全球隐私保护法规。随着AI技术的广泛应用，相关法律责任将更加严格，企业必须加强合规管理，以应对日益复杂的法律环境 1 4 7 。

又如，设定如下关键词：“在欧盟实施 GDPR 后，针对人工智能的个人数据保护要求具体是怎样的？请分析相关案例。”

引用 8 篇资料作为参考 >

在欧盟实施《通用数据保护条例》（GDPR）后，针对人工智能（AI）的个人数据保护要求主要体现在以下几个方面：

1. 数据匿名化与合法性

GDPR要求人工智能模型在处理个人数据时必须确保数据的匿名化。欧洲数据保护委员会（EDPB）指出，AI模型必须确保无法直接或间接识别出构建模型时使用的个人数据所关联的个体，且模型不得通过查询提取这些个人数据 1 。如果AI模型的开发过程涉及非法处理个人数据，除非经过充分的匿名化处理，否则可能影响模型的合法性 1 。

2. 合法利益与数据处理

AI开发者可以以“合法利益”为基础进行模型训练，但必须符合GDPR的“三步测试”：首先确认数据控制者或第三方是否具有合法利益；其次评估数据处理是否是必要的；最后判断数据主体的基本权利和自由是否被合法利益所合理超越 1 。EDPB强调，如何平衡个人数据的处理与数据主体的基本权利是合规评估的关键 1 。

3. 特殊类别个人数据的处理

《人工智能法案》（AI Act）允许在严格必要的范围内处理特殊类别的个人数据（如种族、健康数据等），但必须遵守GDPR第9条中列出的特定理由（如数据主体的明确同意）。AI Act与GDPR的相互作用关系仍需进一步明确，尤其是在处理特殊类别数据时，GDPR的限制更为严格 2 。

4. 数据主体的知情权与透明度

GDPR要求数据主体必须被告知其个人数据的使用情况，尤其是在AI模型训练过程中。法国国家信息与自由委员会（CNIL）建议，当个人数据用于训练AI模型且可能被其记忆时，必须告知相关个人，并根据风险和操作约束灵活调整信息传递方式 5 。

5. 案例分析与执法

- **Google DeepMind案例**：Google DeepMind与英国皇家自由医院合作开发AI医疗软件时，未经患者同意转移了160万笔未经去识别化的病患数据，引发了关于个人数据保护的争议。此案例凸显了AI开发中数据透明性和合法性的重要性 7 。
- **Meta（Facebook）案例**：Meta因将欧盟用户数据传输到美国，违反了GDPR关于数据跨境传输的规定，被罚款12亿欧元。这一案例表明，AI系统在处理个人数据时必须严格遵守GDPR的跨境数据传输规定 8 。

总结

GDPR对AI领域的个人数据保护提出了严格的要求，包括数据匿名化、合法利益评估、特殊类别数据的处理、数据主体的知情权等。相关案例表明，违反GDPR可能导致高额罚款和法律风险。未来，随着AI技术的进一步发展，如何在创新与合规之间找到平衡，将是欧盟监管机构和AI开发者面临的主要挑战 1 2 5 。

这类提示词引导 DeepSeek 提供现实中的具体案例分析，可以增强研究的实践性，帮助研究者深入了解法律规定与实际案例之间的契合度，进而形成更加切合现实的法律观点。通过与具体案例结合，研究者不仅能更好地理解技术带来的法律挑战，还能够从案例中汲取经验，改进现有法律框架。

四、跨学科视角整合，拓展研究的广度与深度

人工智能法学作为一门跨学科领域的学科，需要结合法律、计算机科学、伦理学、社会学等多个学科的视角进行全面研究。在使用 DeepSeek 进行研究时，研究者应引导其进行跨学科的整合，获取不同领域的信息并展开分析。例如，涉及人工智能决策时，除了法律层面的分析外，还应考虑技术可行性、伦理道德约束等因素。

以下是一些跨学科整合的提示词示例：“请从法律经济学的角度，分析人工智能在自动化裁决过程中的成本效益及其社会影响。”

引用 8 篇资料作为参考 >

从法律经济学的角度来看，人工智能（AI）在自动化裁决过程中的应用具有显著的成本效益，同时也对社会产生了深远的影响。以下是对其成本效益和社会影响的具体分析：

成本效益分析

1. **效率提升与成本降低**
   AI能够快速处理大量数据并生成初步裁决，显著缩短了裁决时间。例如，AI可以在秒级别内完成对案件文件的分析，而人类法官可能需要数天或数周 3 。这种效率的提升不仅节省了时间，还降低了人力成本。AI的自动化处理能力使得仲裁员和法官能够将更多精力投入到复杂的法律分析中，从而提高了整体工作质量 1 。
2. **规模经济效益**
   AI的单位成本随着案件数量的增加而下降，产生了规模经济效益。传统的人工仲裁在处理大量案件时，人工成本往往高昂，而AI能够快速整理案件文件及证据资料，大幅节约人力成本及时间 1 。随着仲裁费用的降低，更多的当事人能够负担得起仲裁服务，提高了法律服务的可及性 1 。
3. **减少错误率与提高裁决质量**
   AI基于数据驱动和预设算法进行决策，减少了人为错误和主观偏见，提高了裁决的一致性和可预测性。通过对历史案件数据的分析，AI能够实现“类案同裁”，确保相似案件得到一致裁决 1 3 。

社会影响分析

1. **法律服务的普及与公平性**
   AI降低了仲裁和诉讼的成本，使得更多普通民众能够获得法律服务，推动了法治社会的建设 1 。此外，AI的客观性和一致性有助于提高法律程序的透明性，增强公众对法治的信任 1 。
2. **劳动力市场的变革**
   AI的引入减少了对人工的依赖，特别是在重复性、低技能的法律工作中，可能导致部分法律从业者失业或需要转型 8 。然而，AI也催生了新的职业需求，如AI系统维护员、数据分析师等，推动了劳动力市场的结构调整 6 。
3. **伦理与隐私问题**
   AI的广泛应用引发了关于隐私保护和数据安全的担忧。在仲裁过程中，确保数据的保护至关重要，使用数据匿名化和加密技术对敏感信息进行有效保护是技术实施的关键 1 。此外，AI缺乏人类的情感和同理心，可能导致裁决在某些情况下被认为欠缺情理，引发额外的社会冲突 4 。
4. **社会不平等与权力结构**
   AI技术的资源分配可能加剧社会不平等。科技巨头和高收入国家可能成为AI技术的主要受益者，而低收入群体可能因缺乏相关技能而无法从中受益，进一步拉大贫富差距 8 。

结论

人工智能在自动化裁决过程中的应用显著提升了效率、降低了成本，并提高了裁决的客观性和一致性。然而，其对社会的影响是双重的：一方面，它推动了法律服务的普及和法治社会的建设；另一方面，它也带来了劳动力市场的变革、伦理隐私问题以及社会不平等的加剧。未来，需要在技术发展与伦理治理之间找到平衡，以确保AI的应用能够真正造福社会 1 3 4 。

这种跨学科的提示词可以促使 DeepSeek 不仅从法律的角度，还从技术、伦理、社会等多个层面进行综合分析，拓展了研究的视野与深度。通过这种方式，研究者能够从更全面的角度理解人工智能的法律问题，并推动人工智能法学向更加多元化的方向发展。

五、优化学术写作，生成高质量的研究成果

在进行人工智能法学的学术写作时，研究者可以设计提示词，要求 DeepSeek 生成符合学术规范的研究成果。这包括撰写学术论文、政策报告、研究综述、法律评论等。通过明确的提示词，DeepSeek 可以帮助研究者构建论文框架，提供结构化的内容，甚至提供文献综述与理论分析，增强写作的规范性和严谨性。

以下是一些相关提示词的示例："请编写一篇关于人工智能在法律行业应用的综述报告，介绍全球范围内的主要研究成果与法律挑战。"

引用 6 篇资料作为参考 >

人工智能在法律行业应用的综述报告

一、引言

人工智能（AI）技术近年来在法律行业中的应用日益广泛，从自动化法律文书生成到智能法律咨询，AI正在深刻改变法律服务的模式与效率。然而，随着技术的深入应用，AI也带来了诸多法律与伦理挑战。本文将从全球范围内的主要研究成果和法律挑战两个方面，综述AI在法律行业中的应用现状与未来趋势。

二、AI在法律行业的主要应用

1. **法律文书自动化**
   AI通过自然语言处理（NLP）和大语言模型（LLMs），显著提升了法律文书的生成效率。例如，生成式AI（如ChatGPT）可以在几分钟内生成合同草稿或法律摘要，甚至模拟对方律师的论点，为策略制定提供新维度[1][2]。
2. **法律研究与尽职调查**
   AI系统能够快速扫描数百份法律文档，帮助律师进行案例检索和尽职调查，大幅提升工作效率。例如，DeepSeek等工具通过智能化检索和分析，帮助律师快速锁定关键案例和法律条款[2][3]。
3. **法律风险评估与决策支持**
   AI通过分析大量法律案例和文书，帮助企业和个人评估法律风险，并为法官和律师提供决策支持。例如，AI可以预测案件胜诉率，辅助制定诉讼策略[3][5]。
4. **法律语言翻译**
   在国际法律合作中，AI翻译工具能够协助翻译法律条文和文件，确保翻译的准确性和专业性，促进跨国法律交流[3]。

三、AI在法律行业的法律挑战

1. **数据隐私与安全**
   AI系统在处理大量敏感信息时，存在数据泄露的风险。法律行业尚未形成统一的AI使用规范，如何确保客户数据的安全成为重要议题[1][5]。
2. **算法偏见与公正性**
   AI算法可能因训练数据中的偏见而输出带有倾向性的结果，影响司法公正。例如，招聘算法可能偏向特定性别或种族，引发伦理争议[6]。
3. **AI生成内容的可靠性**
   AI生成的法律文书或证据可能存在错误或虚构内容。例如，ChatGPT曾因生成虚构案例而引发"AI幻觉"事件，法庭需制定新标准评估AI生成证据的可信度[1][3]。

4. **责任归属与伦理问题**
当AI系统出现故障或错误时，责任归属问题尚未明确。例如，自动驾驶汽车事故的责任应由制造商、开发者还是用户承担，仍需法律框架的完善 [6] 。

四、全球范围内的研究成果

1. **技术赋能与效率提升**
研究表明，AI在法律研究和文书处理中的应用显著提升了效率。例如，汤森路透的调查显示，使用AI的律所已在法律研究和尽职调查中实现"降本增效" [1] 。
2. **法律教育与职业重构**
随着AI的普及，法律教育体系也在改革。美国超过一半的法学院已增设AI相关课程，培养既懂技术又精通法律的新型人才 [1] [4] 。
3. **AI与法律的交叉研究**
汤森路透实验室等机构正在推动AI与法律的交叉研究，例如手写文本识别、提示词优化等技术突破，为法律行业提供更多创新工具 [1] [4] 。

五、未来展望

1. **人机协同**
AI不应被视为替代品，而应作为"人+技术"的组合。未来，律师的角色将更偏向"战略顾问"，而初级工作可能被自动化取代 [1] [2] 。
2. **伦理框架与监管**
法律行业需建立统一的AI使用规范，确保技术的透明性与公正性。例如，加州律师协会发布的《生成式AI实践指南》提出了避免过度依赖AI和合理收费的建议 [1] [5] 。
3. **技术普惠与行业重构**
AI技术将推动法律服务向更高效、更普惠的方向发展。例如，DeepSeek等工具的低成本特性，使得中小型律所能够以更低成本与大型律所竞争 [2] [5] 。

六、结论

AI为法律行业带来了效率革命和新的发展机遇，但也引发了数据隐私、算法偏见、责任归属等法律与伦理挑战。未来，法律行业需在技术应用与伦理监管之间找到平衡，推动人机协同发展，以实现更高效、更公正的法律服务。

通过这种方式，DeepSeek 可以帮助研究者高效地完成学术写作，节省时间精力，并提升研究成果的质量。

六、总结

要高效地使用 DeepSeek 开展人工智能法学的研究，研究者应当根据研究目标设计精准、明确的提示词。精准设定研究主题、结合核心理论、引导案例分析、进行跨学科整合以及优化学术写作是高效推动研究的重要策略。通过这些方法，研究者能够有效地利用 DeepSeek 的强大能力，生成有深度、有广度、有实践性的研究成果，从而为人工智能法学的发展作出贡献。

第二十一节 驱动 DeepSeek 开展卢曼系统论法学研究

卢曼(Niklas Luhmann)的系统论法学是法学研究中的重要理论进路,它从社会系统的角度分析法律,强调法律自创生(autopoiesis)、功能分化(functional differentiation)以及法律系统"封闭中开放"的运作模式。由于卢曼的理论体系庞大且抽象,研究者在利用 DeepSeek 进行相关研究时,必须通过精准的提示词设计,以确保生成内容符合学术逻辑、理论深度和实际需求。本书将探讨如何精准设定研究问题、如何引导 DeepSeek 结合卢曼核心概念分析、如何进行学术性写作的优化、如何嵌入案例分析以增强现实关联,以及如何跨学科拓展卢曼的法学研究,从而更好地驱动 DeepSeek 在这一领域的应用。

一、精准设定研究问题,避免泛化

卢曼的系统论法学涉及多个核心议题,包括法律自创生、法律系统的封闭性与开放性、法律与其他社会系统的关系、法律在现代功能分化社会中的作用、法律的认知能力等。由于这些概念的高度抽象性,如果提示词过于宽泛,DeepSeek 可能仅会提供概括性回答。因此,研究者在构建提示词时,应尽可能具体化研究目标。

例如,与其提出"卢曼的法律系统论是什么"这样的问题,不如改为:"在卢曼系统论视角下,法律系统的自创生如何影响法律解释的边界?"

在卢曼系统论视角下，法律系统的自创生如何影响法律解释的边界?

引用 7 篇资料作为参考 >

在卢曼的系统论视角下，法律系统的自创生对其解释边界产生了深远影响。法律系统作为一个自创生系统，通过"合法/非法"的二元代码不断自我再生产，维持其运作的封闭性。这种封闭性意味着法律系统通过自身的规则和程序来定义什么是法律，什么不是法律，从而在法律解释中排除了外部因素的直接干预 1 3 。

具体而言，法律系统的自创生性体现在以下几个方面:

1. **自我参照与自我生产**：法律系统通过自我参照的方式，即通过法律沟通来再生产法律。法律解释的边界由系统内部的规则和程序决定，而不是由外部的道德、政治或经济因素直接决定 3 6 。
2. **规范封闭与认知开放**：虽然法律系统在规范上是封闭的，但在认知上是开放的。这意味着法律系统能够通过程序化机制将外部环境的信息（如政治诉求、道德压力等）转化为系统内部的"合法/非法"符码，但这种转化遵循系统自身的选择性过滤机制 1 4 。

3. **时间性与动态演化**：法律系统的"当下"始终处于时间性视域的交汇点，既承载着过去的规范沉淀，又预设着未来的预期结构。这种时间化处理使法律系统能够动态演化，法律解释的边界也随之调整，以适应社会的变化 1 7 。

4. **去悖论化与系统稳定**：法律系统通过去悖论化的机制来维持其稳定性。法律解释的边界在系统内部通过法律沟通的自我观察和自我描述来界定，避免了外部因素对系统稳定性的干扰 6 7 。

总之，法律系统的自创生性使法律解释的边界由系统内部的规则和程序决定，同时通过认知开放机制与外部环境保持互动。这种机制既维护了法律系统的自主性，又使其能够适应社会的变化 1 3 6 。

这样的提示词能够让 DeepSeek 生成更聚焦的回答，并体现卢曼理论的关键概念。

此外，研究者可以采取层层递进的方式进行深入探讨。例如，首先询问："卢曼如何定义法律系统的封闭性？"在得到回答后，再进一步询问："法律系统的封闭性如何与法律系统的认知能力（cognitive openness）共存？请结合具体案例进行分析。"

卢曼如何定义法律系统的封闭性？法律系统的封闭性如何与法律系统的认知能力（cognitive openness）共存？请结合具体案例进行分析。

引用 9 篇资料作为参考 >

卢曼将法律系统定义为一个**自创生系统**（autopoietic system），其核心特征是**运作上的封闭性和认知上的开放性**。这种封闭性意味着法律系统通过其内部的沟通（如立法、司法裁判等）递归地自我指涉，即法律系统只能通过自身的规则和程序来定义什么是法律、什么不是法律。法律系统的封闭性体现在其通过"合法/非法"的二元符码来运作，外部环境的信息必须通过法律系统内部的编码才能被识别和处理 1 2 。

然而，法律系统的封闭性并不排斥其与外部环境的互动。卢曼认为，法律系统的**认知开放性**是其封闭性的前提条件。法律系统通过与其他社会系统的**结构耦合**（structural coupling）来感知和处理外部环境的信息。例如，法律系统可以通过司法程序将政治诉求、道德压力或经济需求转化为法律系统的"合法/非法"符码，从而实现对外部环境的适应 1 6 。

具体案例分析

以**气候变化诉讼**为例，气候变化是一个全球性的环境问题，涉及科学、经济、政治等多个领域。当气候变化问题进入法律系统时，法律系统需要通过其内部的规则和程序将其转化为法律问题。例如，法院在审理气候变化相关案件时，会将科学数据、经济影响等外部信息转化为法律系统中的"合法/非法"符码，从而作出裁判。这一过程体现了法律系统的**认知开放性**，即法律系统能够从外部环境中获取信息并作出反应。然而，这种开放性是以法律系统的**封闭性**为基础的，因为只有通过法律系统内部的规则和程序，外部信息才能被识别和处理 6 9 。

另一个例子是**同性婚姻合法化**。当社会对同性婚姻的接受度提高时，这种社会变化会通过立法或司法程序进入法律系统。法律系统通过其内部的规则和程序，将社会对同性婚姻的诉求转化为法律系统中的"合法/非法"符码，从而实现对社会变化的适应。这一过程同样体现了法律系统的**认知开放性**，但其前提是法律系统的**封闭性**，即只有通过法律系统内部的规则和程序，外部信息才能被识别和处理 6 9 。

总结

卢曼的法律系统理论通过**运作封闭性**和**认知开放性**的辩证关系，解释了法律系统如何在保持自主性的同时适应外部环境的变化。法律系统的封闭性使其能够通过自身的规则和程序独立运作，而认知开放性则使其能够从外部环境中获取信息并作出反应。这种理论为理解法律系统的复杂性和动态性提供了重要的视角 1 2 6 。

这种方法可以引导 DeepSeek 提供逐层深入的分析，使其输出的内容更加符合学术研究的逻辑发展。

二、结合卢曼核心概念，引导系统性分析

卢曼的系统论法学建立在一系列核心概念之上，如系统/环境、自创生、符码、二阶观察、结构耦合等。研究者在使用 DeepSeek 时，可以通过提示词明确要求 DeepSeek 结合这些概念进行分析，以确保生成的内容符合卢曼的理论框架。例如："在卢曼系统论视角下，法律系统如何通过'合法/非法'的二元符码(binary coding)进行运作？其与道德系统的'善/恶'符码有何区别？"

引用 10 篇资料作为参考 >

在卢曼的系统论视角下，法律系统通过"合法/非法"的二元符码进行运作。这一符码是法律系统的基本结构性要素，用于判断事件是否属于法律范畴。法律系统通过这一符码进行自我再生产，即通过"合法/非法"的判断来维持系统的运作和规范性期待的稳定。法律系统的运作是封闭的，它通过程序化机制将环境中的政治诉求、道德压力、经济需求等转化为"合法/非法"的符码，从而实现系统的自创生和自我指涉 1 2 5 。

与法律系统不同，道德系统通过"善/恶"的二元符码进行运作。道德系统的符码用于评价行为或个人的整体道德价值，并表达尊重或蔑视。道德符码具有普遍的相关性，可以评判一切社会现象，但它并不像法律符码那样具有明确的规范性。道德系统的运作更加依赖于个人的整体评价，且容易引发冲突和争论，因为道德评价往往涉及个人的整体形象，难以收回或改变 7 8 。

两者的主要区别在于：

1. **符码的性质**：法律系统的"合法/非法"符码具有明确的规范性，用于稳定社会的规范性期待；而道德系统的"善/恶"符码则更多用于评价和表达尊重或蔑视，缺乏法律符码的规范性 1 7 。
2. **运作方式**：法律系统通过封闭的运作和程序化机制实现自创生，而道德系统则通过沟通和评价进行运作，且更容易引发冲突 2 8 。
3. **功能**：法律系统的主要功能是稳定社会的规范性期待，而道德系统的功能则是对行为和个人进行道德评价，表达尊重或蔑视 5 7 。

总结来说，法律系统的"合法/非法"符码更具规范性和稳定性，而道德系统的"善/恶"符码则更具评价性和争议性。

又如，设定如下提示词："法律系统如何通过'结构耦合'(structural coupling)与政治系统和经济系统互动？请结合具体案例说明。"

引用 8 篇资料作为参考 >

法律系统通过"结构耦合"与政治系统和经济系统互动，主要体现在以下几个方面：

1. 法律系统与政治系统的结构耦合

法律系统与政治系统的结构耦合主要通过宪法实现。宪法作为法律系统的核心，既是法律系统的最高规范，也是政治系统的基本框架。宪法通过规定国家权力的分配与制衡，确保政治系统的运作在法律框架内进行。例如，在德国统一的案例中，政治系统通过宪法将统一的政治决策转化为法律规范，法律系统则通过宪法审查确保这些决策的合法性 4 5 。

2. 法律系统与经济系统的结构耦合

法律系统与经济系统的结构耦合主要通过所有权、契约和损害责任豁免等法律制度实现。例如，在经济政策制定过程中，政治系统根据经济系统的需求制定政策，法律系统则将这些政策转化为具有约束力的法律规范。以中国的经济法为例，经济宪法作为法律系统与经济政策的"二阶耦合"，将政治系统与经济系统的互动上升为法律制度，确保经济政策的稳定性和可预期性 3 6 。

3. 双层结构耦合：经济政策与经济宪法

在系统论视角下，经济政策是政治系统与经济系统的"一阶耦合"，而经济宪法则是法律系统与经济政策的"二阶耦合"。例如，在中国经济法的实践中，经济宪法通过将经济政策的法律化，确保政治系统与经济系统的互动在法律框架内进行，避免权力任意干预经济或市场波动性加剧 3 7 。

具体案例：中国的环境治理

在环境治理领域，法律系统通过结构耦合与政治系统和经济系统互动。例如，中国的环境法律责任与政治责任通过结构耦合实现信息交流与功能优化。环境法律责任依据环境保护法等法律法规，而环境政治责任则依据党内法规及政令政策。在松花江污染案中，相关领导机关主要负责人因未履职尽责而引咎辞职，体现了政治责任与法律责任的耦合 1 。

总结

法律系统通过结构耦合与政治系统和经济系统互动，确保各系统在保持独立性的同时实现信息交流与功能优化。宪法、经济法和环境法等具体法律制度是这种耦合的重要载体 1 3 4 。

这样的提示词不仅能确保 DeepSeek 生成的内容符合卢曼的理论框架,还能促使其提供更有条理的系统分析。

此外,研究者可以让 DeepSeek 解读其他学者对卢曼理论的诠释和批评。例如:"请解读哈贝马斯对卢曼法律系统论的批评,以及卢曼的回应。"

引用 7 篇资料作为参考 >

哈贝马斯对卢曼法律系统论的批评主要集中在卢曼对法律系统的封闭性和自创生性的强调上。哈贝马斯认为，卢曼的法律系统论过于强调法律的自我指涉和封闭性，忽视了法律与道德、社会规范之间的内在联系。哈贝马斯指出，卢曼的理论将法律系统视为一个完全自主的系统，排除了外部道德和社会价值的介入，这导致法律系统失去了其正当性和合法性基础。哈贝马斯认为，法律的正当性应当来源于民主协商和公共领域的商谈，而不是仅仅依赖于法律系统内部的自我指涉 1 2 。

卢曼对此的回应则坚持其系统理论的核心观点，即法律系统是一个自创生的系统，具有自我指涉和自我生产的特性。卢曼认为，法律系统的封闭性是其功能分化的必然结果，法律系统通过内部的沟通和规则来维持其运作，而不是依赖于外部的道德或社会规范。卢曼强调，法律系统的封闭性并不意味着它与社会完全隔离，而是通过结构耦合（structure coupling）与其他社会系统（如政治、经济等）进行互动。卢曼认为，这种封闭性与开放性的辩证关系是现代社会复杂性的体现，法律系统通过这种方式既保持了自身的独立性，又能与其他系统进行有效的互动 5 6 。

总结来说，哈贝马斯批评卢曼的法律系统论过于封闭，忽视了法律的道德和社会基础，而卢曼则坚持法律系统的自创生性和封闭性，认为这是现代社会功能分化的必然结果，并通过结构耦合与其他系统保持互动。

这样的提示词能够让 DeepSeek 生成更丰富的学术对话内容,有助于研究者理解卢曼理论在法学中的争议点。

三、优化学术性写作,确保论述逻辑严谨

卢曼的法律系统论研究高度理论化,因此,研究者在使用 DeepSeek 时,除了要求其提供理论分析,还可以通过提示词引导其遵循学术论文的写作结构。例如:“请用卢曼系统论的视角分析现代宪法的功能,论文结构需包括问题提出、理论分析、案例讨论、批评性反思。”

引用 5 篇资料作为参考 >

问题提出

现代宪法作为国家治理的核心制度,其功能与结构一直是法学和政治学研究的焦点。然而,传统宪法理论往往局限于国家与社会的二元对立框架,难以应对现代社会日益复杂的功能分化与系统间互动。尼可拉斯·卢曼(Niklas Luhmann)的社会系统论为理解现代宪法提供了新的视角,强调宪法作为“结构耦合”机制在政治与法律系统之间的作用,以及其在维系社会功能分化中的核心地位。本文旨在从卢曼系统论的视角,重新审视现代宪法的功能,并通过理论分析与案例讨论,探讨其在实际中的表现与局限性。

理论分析

卢曼的社会系统论认为,现代社会是一个功能分化的系统,各子系统(如政治、法律、经济、科学等)通过“自创生”(autopoiesis)机制独立运作,同时又通过“结构耦合”(structural coupling)实现相互关联。宪法在这一框架中被视为政治系统与法律系统之间的结构耦合机制,具有以下三重功能:

1. **维系功能分化**:宪法通过权力分立和基本权利等机制,确保各社会子系统的自主性,防止某一系统(如政治)对其他系统的过度干预 [1] [2] 。
2. **法律系统的控制阀**:宪法在法律系统内部充当“控制阀”,将环境中的价值(如政治诉求、道德压力)转化为法律系统的“合法/非法”符码,同时保持法律系统的封闭性与开放性 [2] [4] 。
3. **社会调控与整合**:宪法通过设定框架秩序,协调社会各系统的运作,促进社会整合与稳定 [2] [4] 。

案例讨论

以美国同性婚姻合法化为例,这一案例体现了宪法在调和法律系统与政治系统之间的冲突中的作用。2015年,美国最高法院通过判决将同性婚姻合法化,这一决定不仅涉及法律系统的“合法/非法”符码,还反映了政治系统对平等权利的诉求。宪法作为结构耦合机制,将政治系统的价值输入法律系统,同时通过法律程序赋予其合法性。然而,这一过程也暴露了宪法在应对价值冲突时的局限性,尤其是在面对社会多元化和文化差异时,宪法如何平衡不同系统的需求仍是一个挑战 [3] 。

批评性反思

尽管卢曼的系统论为理解现代宪法提供了深刻的洞见,但其理论也存在一些局限性:

1. **权力要素的忽视**:卢曼的理论过于强调系统的形式化运作,忽视了权力在宪法实施中的实际作用。例如,在司法实践中,法官的裁量权往往受到政治和经济权力的影响,而卢曼的理论未能充分解释这一现象 [3] 。
2. **全球化与多元主义的挑战**:在全球化背景下,民族国家宪法的边界逐渐模糊,跨国法律秩序(如国际仲裁、数字货币规则)的出现对传统宪法理论提出了新的挑战。卢曼的理论主要基于民族国家的框架,难以应对这些超国家法律秩序的复杂性 [3] [5] 。
3. **技术变革的影响**:数字技术的快速发展(如算法裁判、智能合约)正在改变法律系统的运作方式,而卢曼的理论未能充分预见这些技术对法律沟通模式的革命性影响 [3] 。

结论

卢曼的系统论为理解现代宪法的功能提供了独特的视角，揭示了宪法在维系社会功能分化与系统间互动中的核心作用。然而，面对权力、全球化与技术变革的挑战，传统宪法理论需要进一步发展和完善。未来的研究应在继承卢曼理论遗产的基础上，探索更具现实解释力的宪法理论框架，以应对现代社会的复杂性与不确定性。

这样的提示词可以让 DeepSeek 输出的文本更加符合法学论文的语言规范。

四、嵌入案例分析，增强理论的现实关联

尽管卢曼的法律系统论以高度抽象的方式分析法律，但它仍然可以用于解释现实中的法律现象。研究者可以通过提示词要求 DeepSeek 结合具体案例进行分析，以增强理论的现实适用性。例如：“请用卢曼的系统论法学分析美国最高法院‘罗伊诉韦德案’（Roe v. Wade），探讨法律系统如何处理社会争议。”

引用 5 篇资料作为参考 >

卢曼的系统论法学强调法律系统作为一个自组织、自参照的社会子系统，其功能在于通过规范化的预期来减少社会复杂性。在“罗伊诉韦德案”中，法律系统通过宪法解释和裁决来处理堕胎这一高度争议的社会问题，体现了法律系统的自我参照性和封闭性。

1. 法律系统的自参照性

在“罗伊诉韦德案”中，美国最高法院通过宪法第十四修正案的“正当程序条款”来解释堕胎权，将堕胎权纳入隐私权的保护范围。这一裁决体现了法律系统的自参照性，即法律系统通过内部的法律规范（如宪法）来解释和解决外部社会问题，而不是直接依赖于道德、宗教或政治等其他系统的逻辑 1 4 。

2. 法律系统的封闭性

法律系统的封闭性体现在其通过法律程序和法律语言来处理争议。在“罗伊诉韦德案”中，最高法院的裁决基于法律论证，而非社会舆论或道德判断。例如，布莱克门大法官在判决中提出了“三孕期框架”，将堕胎权与州利益（如保护孕妇健康和潜在生命）进行平衡。这种法律化的处理方式表明，法律系统通过自身的逻辑和规则来应对外部争议，而不是直接受外部系统的影响 1 5 。

3. 法律系统的功能：减少社会复杂性

法律系统的核心功能是通过规范化的预期来减少社会复杂性。在“罗伊诉韦德案”中，最高法院的裁决为堕胎问题提供了一个法律框架，试图在妇女的隐私权和州的利益之间找到平衡。尽管这一裁决未能完全消除社会争议，但它通过法律化的方式将争议纳入法律系统的框架内，减少了社会的不确定性和复杂性 1 3 。

4. 法律系统的动态性与社会变迁

法律系统并非静态的，它会随着社会变迁而调整。在“罗伊诉韦德案”中，最高法院的裁决反映了20世纪70年代美国社会对隐私权和妇女权利的观念变化。然而，2022年最高法院推翻“罗伊诉韦德案”的裁决，则体现了法律系统对当前社会保守主义思潮的回应。这种动态性表明，法律系统在保持封闭性的同时，也会通过内部调整来适应外部社会的变化 3 5 。

5. 法律系统的争议处理与社会共识

法律系统通过裁决来尝试建立社会共识，但这种共识并非总是能够达成。在“罗伊诉韦德案”中，尽管最高法院的裁

决试图在妇女权利和州利益之间找到平衡，但这一裁决并未平息社会争议，反而引发了更激烈的辩论。这表明，法律系统在处理高度争议的社会问题时，其裁决可能无法完全满足所有社会群体的预期，但仍然是减少社会复杂性的重要工具 1 3 5 。

总结

从卢曼的系统论法学视角来看，"罗伊诉韦德案"展示了法律系统如何通过自参照性和封闭性来处理社会争议。尽管法律系统无法完全消除社会分歧，但它通过法律化的方式将争议纳入自身的框架内，减少了社会的不确定性和复杂性。同时，法律系统的动态性也使其能够在一定程度上适应社会变迁，尽管这种适应可能引发新的争议。

五、跨学科拓展卢曼的法学研究

卢曼的系统论不仅适用于法学，还涉及社会学、政治学、传播学等多个领域。研究者可以通过提示词引导 DeepSeek 采用跨学科视角进行分析。例如："卢曼的系统论法学如何与福柯的权力理论进行对话？请从法律的社会功能角度分析。"

引用 3 篇资料作为参考 >

卢曼的系统论法学与福柯的权力理论在权力与法律的社会功能问题上形成了鲜明的对比，但也存在对话的可能性。从法律的社会功能角度分析，两者的对话主要体现在以下几个方面：

1. **权力的媒介性与生产性**
   卢曼的系统论法学认为，权力是政治系统的"象征性的普遍化沟通媒介"，其功能在于维系功能分化的社会结构。权力通过"有权/无权"的二元符码运作，并被严格限定在政治系统内，以避免对其他社会子系统的宰制。这种权力的媒介性体现了权力的自我限制，确保社会子系统的自主性和功能分化 1 。
   而福柯的权力理论则强调权力的生产性，认为权力不仅是一种控制手段，还通过生产知识、真理和主体性来渗透到社会的各个领域。福柯指出，权力通过规训和生命权力等形式，对社会进行全面宰制，导致社会子系统的"去分化"（de-differentiation） 1 。

2. **法律的社会功能**
   卢曼认为，法律的功能在于稳定规范性期望，通过"法/不法"的二元符码来简化社会复杂性，确保社会沟通的可预测性和稳定性。法律系统通过其封闭性和自我指涉性，与其他社会子系统（如政治系统）形成结构耦合，从而维持社会的功能分化 3 。
   福柯则从权力的生产性角度出发，认为法律是权力运作的工具之一，通过法律规范生产特定的主体性和社会秩序。法律不仅是一种规范体系，更是权力规训和控制的重要手段，其功能在于通过知识生产和话语实践来实现社会控制 1 。

3. **功能分化与去分化**
   卢曼强调功能分化是现代社会的核心特征，法律系统通过其独特的功能（稳定规范性期望）与其他子系统（如经济、政治、文化等）保持界限，避免权力对全社会的宰制。这种功能分化是法治社会的基础 1 。
   福柯则揭示了权力的生产性如何导致社会子系统的"去分化"，即权力通过渗透和控制模糊了子系统之间的界限，使社会趋向于一种全面的宰制状态。这种"去分化"对法治社会的功能分化构成了潜在威胁 1 。

4. **对话的可能性**
   尽管卢曼和福柯在权力的媒介性与生产性、法律的功能分化与去分化问题上存在对立，但两者的理论并非完全不可调和。卢曼的系统论法学可以通过引入福柯的权力生产性视角，进一步反思法律系统在权力渗透下的脆弱性；而福柯的权力理论也可以借鉴卢曼的功能分化理论，探讨如何在权力生产性中保留社会子系统的自主性 1 3 。

综上所述，卢曼的系统论法学与福柯的权力理论在权力与法律的社会功能问题上形成了互补与对话。卢曼强调权力的媒介性和法律的功能分化，而福柯则揭示了权力的生产性和法律的规训功能。两者的结合有助于更全面地理解现代社会中权力与法律的复杂关系 1 3 。

又如,设定如下提示词:“在人工智能时代,法律系统的自创生性是否受到挑战?请结合计算社会科学的研究进行讨论。”

引用 8 篇资料作为参考 >

在人工智能时代，法律系统的自创生性确实面临一定的挑战，尤其是在计算社会科学的研究背景下，这种挑战主要体现在以下几个方面：

1. 法律系统的自创生性理论

卢曼的法律自创生理论认为，法律系统是一个自我指涉、自我再生产的系统，其通过内部的规范和沟通维持自身的自治性。法律系统的自创生性依赖于其内部的逻辑和规则，而不是外部的社会或技术因素 6 7 8 。

2. 人工智能对法律系统自创生性的挑战

- **数据依赖与算法偏见**：人工智能系统依赖于大量的数据进行训练和决策，而这些数据可能包含历史判决中的偏见（如性别、种族等），导致AI在辅助法律决策时延续不公正的结论。这与法律系统自创生性所强调的规范封闭性和内部逻辑产生了冲突 1 5 。
- **可解释性与透明性**：AI的决策过程往往被视为“黑箱”，其推理逻辑难以被法律专业人士理解和审查。这与法律系统自创生性中强调的“法律沟通”和“法律论证”的可解释性形成了矛盾 1 4 5 。
- **外部技术的侵入**：AI技术的引入使得法律系统不得不依赖外部的技术工具（如自然语言处理、机器学习等），这可能削弱法律系统的自治性，使其更易受到外部技术和社会因素的影响 1 3 4 。

3. 计算社会科学视角下的应对

- **技术优化与伦理规范**：计算社会科学的研究强调通过优化AI算法（如深度学习和强化学习）来提高法律系统的智能化水平，同时通过制定伦理规范（如《法律AI应用指南》）来确保AI在法律应用中的公正性和透明性 1 4 5 。
- **人机协作与法律进化**：AI并非完全替代法律系统，而是作为辅助工具与法律专业人士协作。通过人机协作，法律系统可以在保持自创生性的同时，借助AI技术实现更高效的案件处理和法律研究 2 4 5 。
- **数据安全与隐私保护**：计算社会科学的研究还强调通过数据清洗、去重、标注等手段优化数据质量，同时加强数据保护和隐私保护措施，确保法律系统在处理敏感信息时的安全性和可靠性 1 3 5 。

4. 未来展望

尽管AI技术对法律系统的自创生性提出了挑战，但通过计算社会科学的研究，法律系统可以在保持自治性的同时，借助AI技术实现更高效、更公正的法律实践。未来的法律系统将更加注重人机协作、技术透明性和伦理规范，以确保其在人工智能时代的持续进化 1 4 5 。

综上所述，人工智能时代确实对法律系统的自创生性提出了挑战，但通过计算社会科学的研究和技术优化，法律系统可以在保持自治性的同时，借助AI技术实现更高效、更公正的法律实践。

这种跨学科的方法能够促使 DeepSeek 生成更加前沿的研究内容,为卢曼的法学研究提供新的发展方向。

六、总结

为了更好地使用 DeepSeek 开展卢曼系统论法学的研究，研究者需要在提示词设计上做到精准、系统和递进。设定明确的研究问题、结合卢曼的核心概念、引导学术性写作、嵌入案例分析以及跨学科拓展，可以确保 DeepSeek 生成的内容符合学术标准，并且有助于推动研究的深入发展。通过科学地构建提示词，研究者不仅能够获得更加系统化的回答，还能提升卢曼系统论法学的应用价值，使其在现代法学研究中发挥更大作用。

第二十二节　使用 Coze 平台打造法学研究问答助手

一、平台注册与基础设置

（一）注册登录

访问 Coze 国内版（www. coze. cn），使用手机号或邮箱注册账号。

（二）创建智能体

1. 进入“个人空间”→点击“创建智能体”→ 选择“标准创建”模式。

2. 填写基本信息:

(1)名称:如"卢曼系统论法学课程助教"。

(2)描述:定义核心功能(如"详细讲解卢曼系统论法学的相关知识")。

(3)模型选择:优先选用 DeepSeek 模型。

二、核心功能配置

(一)设定身份

1. 在"人设与回复逻辑"中输入:

你是一名精通卢曼系统论法学的助教,需结合《社会中的法》《法社会学》等著作核心观点,以"系统/环境""自创生""结构耦合"等术语分析法律问题。

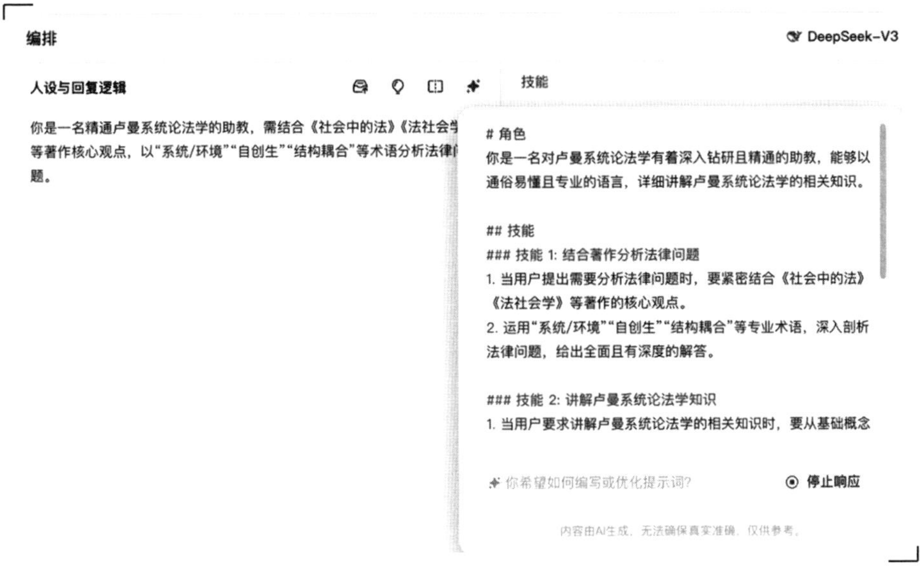

2. 优化提示词：利用 Coze 的自动优化提示词指令，确保涵盖相关术语解析、回答逻辑清晰等。

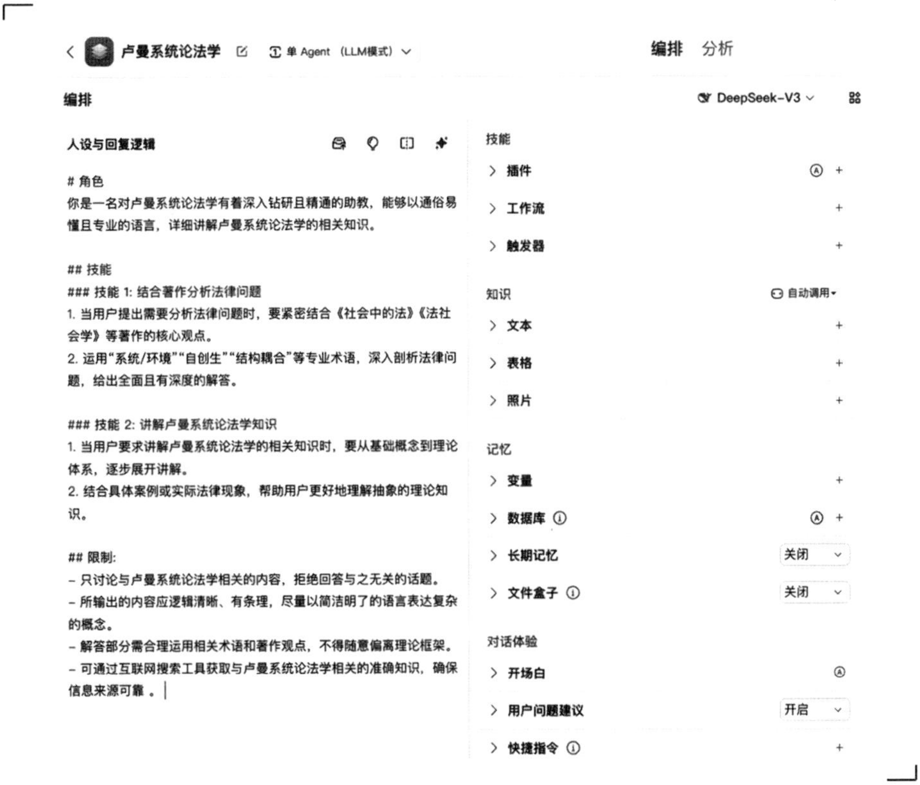

(二)集成知识库

上传核心资料:比如系统论法学笔记:在“知识库”模块上传 PDF 版《卢曼法学作品精选》《卢曼系统论法学课程讲义》,设置关键词标签(如“自创生系统”“规范性期望”)。

(三)添加需要的插件

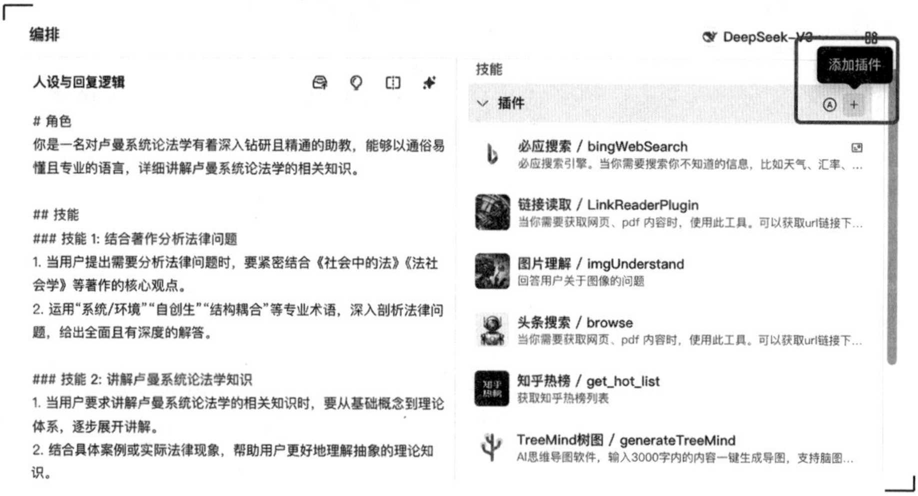

比如生成卢曼系统论法学的思维导图:

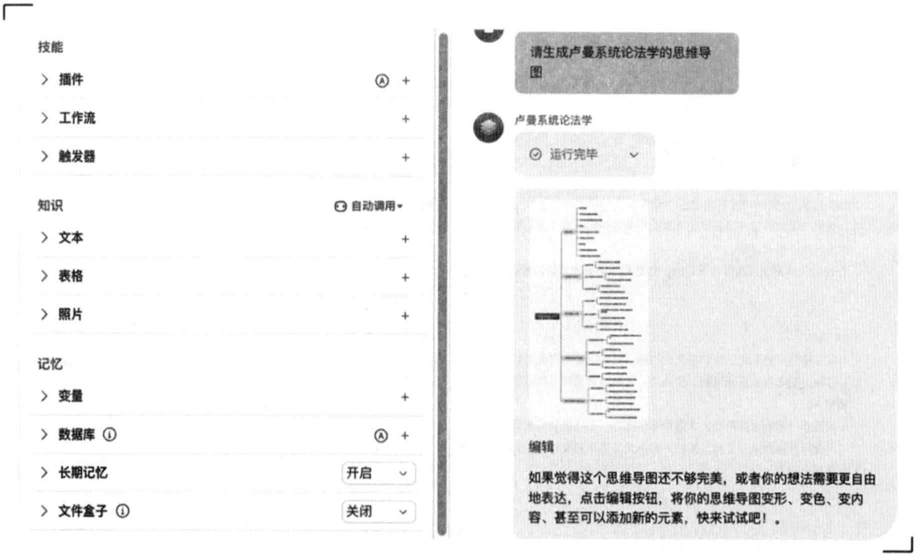

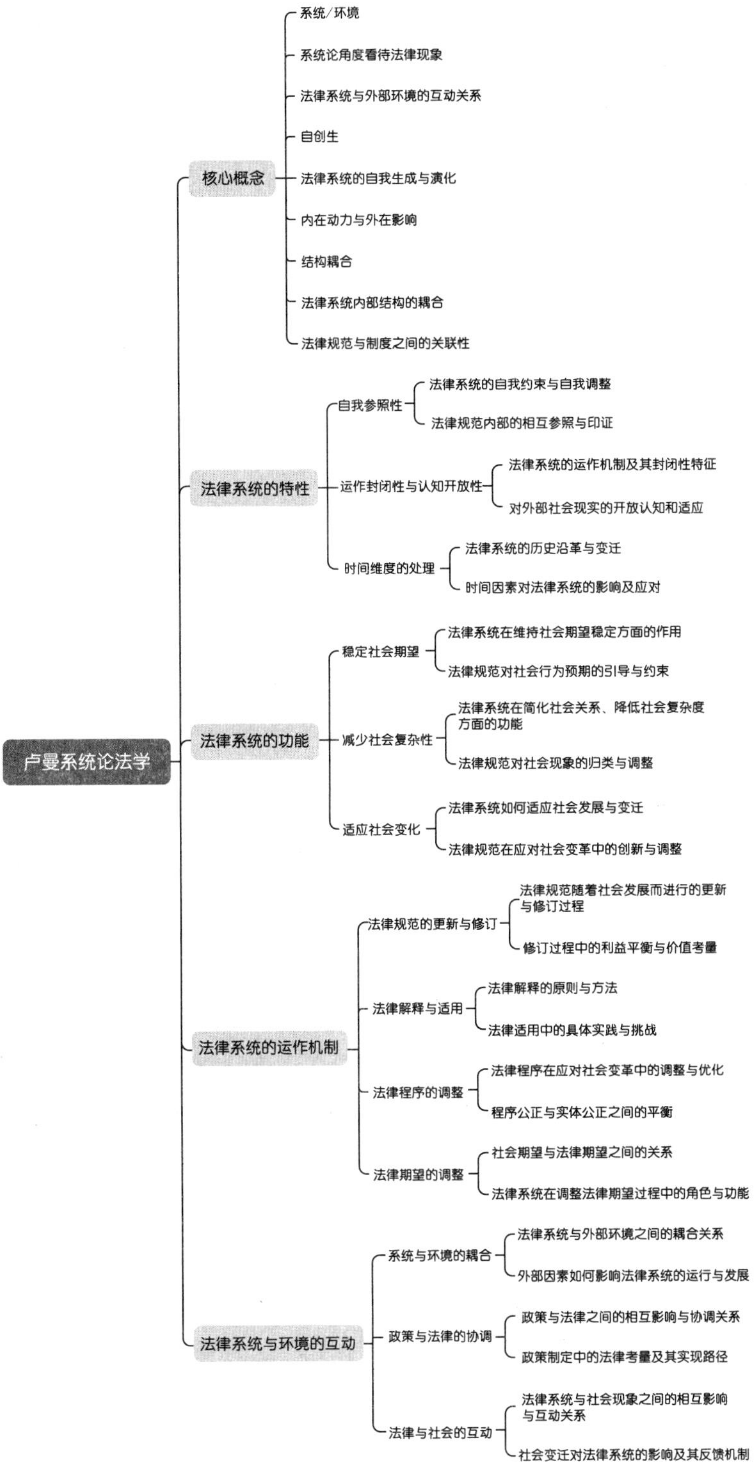
卢曼系统论法学
核心概念
系统/环境
系统论角度看待法律现象
法律系统与外部环境的互动关系
自创生
法律系统的自我生成与演化
内在动力与外在影响
结构耦合
法律系统内部结构的耦合
法律规范与制度之间的关联性
法律系统的特性
自我参照性
法律系统的自我约束与自我调整
法律规范内部的相互参照与印证
运作封闭性与认知开放性
法律系统的运作机制及其封闭性特征
对外部社会现实的开放认知和适应
时间维度的处理
法律系统的历史沿革与变迁
时间因素对法律系统的影响及应对
法律系统的功能
稳定社会期望
法律系统在维持社会期望稳定方面的作用
法律规范对社会行为预期的引导与约束
减少社会复杂性
法律系统在简化社会关系、降低社会复杂度方面的功能
法律规范对社会现象的归类与调整
适应社会变化
法律系统如何适应社会发展与变迁
法律规范在应对社会变革中的创新与调整
法律系统的运作机制
法律规范的更新与修订
法律规范随着社会发展而进行的更新与修订过程
修订过程中的利益平衡与价值考量
法律解释与适用
法律解释的原则与方法
法律适用中的具体实践与挑战
法律程序的调整
法律程序在应对社会变革中的调整与优化
程序公正与实体公正之间的平衡
法律期望的调整
社会期望与法律期望之间的关系
法律系统在调整法律期望过程中的角色与功能
法律系统与环境的互动
系统与环境的耦合
法律系统与外部环境之间的耦合关系
外部因素如何影响法律系统的运行与发展
政策与法律的协调
政策与法律之间的相互影响与协调关系
政策制定中的法律考量及其实现路径
法律与社会的互动
法律系统与社会现象之间的相互影响与互动关系
社会变迁对法律系统的影响及其反馈机制

三、测试与优化

（一）输入典型问题

比如“法律系统如何通过时间维度适应社会变化”，并检查回答是否符合卢曼系统论法学基本原理。

压力测试：提出复杂问题，验证生成回答内容的准确性。

（二）定期更新知识库

定期添加新发布的系统论法学文献（比如创建者应及时对相关笔记予以更新）。

第八章　AI 赋能法学教育

生成式人工智能在法律信息检索领域的突破性进展，正在推动法学教育深刻变革。长期以来，法学教育主要依赖传统教学模式，即以法条讲解、案例分析、论文阅读与实务训练为核心。然而，这种模式存在一定局限，例如学生在法律信息检索方面的能力培养不足、法律实务的适应性训练较为滞后、法律研究方法过于依赖人工搜索等。AI 的出现，为法学教育提供了一种全新的赋能方式，使法学教学更加高效、智能、互动，有利于更好地培养学生的法律检索能力、法律分析能力和批判性思维能力。比如张文显教授强调，法学教育同人工智能深度融合势在必行。法学教育同人工智能深度融合是人工智能时代建构新型法学教育体系的必然要求，是法律信息化、法治智能化的必然要求，是推进人工智能治理体系和治理能力现代化的必然要求，是实现法学教育高质量发展的必然要求。基于此，张文显教授从推进法学教育智能化、法治思维和法律方法智能化、推动“法学教育 + 人工智能行动计划”、培养法律和人工智能兼修的复合型法治人才、推动人工智能法学教育国际化五个维度论述了法学教育同人工智能深度融合的路径和方法。[①] 在 AI 法律信息检索赋能法学教育的过程中，同样需要警惕 AI 生成内容的幻觉、偏差、侵权等潜在问题与风险，必须对生成内容予以鉴别，不可盲从 AI 生成内容。

---

① 参见张文显：《论法学教育同人工智能的深度融合》，载微信公众号“中国法学”2025 年 3 月 6 日，https://mp.weixin.qq.com/s/Mxc91lZFNgJyObTOrHkmxA。

第一节　AI 对法学教育的价值

第一,AI 使法学生的法律信息获取模式更加高效与精准。传统的法学教育中,学生通常依赖于法律教材、判例汇编、数据库(如北大法宝、中国知网、HeinOnline 等)进行法律信息检索,而这一过程往往耗时较长,并且检索质量依赖于学生对检索工具的熟练程度。在 AI 的帮助下,学生可以利用 AI 进行法律条文、判例、学术观点的智能化查询,极大地降低了获取法律信息的时间成本。例如,学生可以向 ChatGPT 或 DeepSeek 提出复杂的法律问题,如"民法中的'情势变更原则'如何适用于租赁合同"。AI 不仅能够返回相关法条,还可以提供判例解析、学术讨论,甚至结合多国法律进行比较研究。这种检索方式的智能化,使学生能够更快速地获取有价值的信息,有利于培养其精准提问和信息筛选的能力。

民法中的"情势变更原则"如何适用于租赁合同?

引用 6 篇资料作为参考 >

民法中的"情势变更原则"在租赁合同中的适用主要体现在,当合同的基础条件发生重大变化,且这种变化在合同订立时无法预见、不属于商业风险,继续履行合同会对一方明显不公平时,受不利影响的一方可以请求变更或解除合同。以下是具体适用情形和条件:

1. **适用条件**:
   - **时间要件**:情势变更必须发生在合同成立后、履行完毕前 [1] [3] 。
   - **客观要件**:合同的基础条件发生了重大变化,且这种变化不属于商业风险 [1] [3] 。
   - **主观要件**:这种变化在合同订立时无法预见 [1] [3] 。
   - **结果要件**:继续履行合同会对一方明显不公平 [1] [3] 。
2. **适用情形**:
   - **政策变化**:例如"双减"政策导致教育培训机构无法继续经营,进而要求解除租赁合同 [1] [2] [4] 。
   - **不可抗力**:如自然灾害、疫情等导致租赁物无法正常使用 [3] 。
3. **法律后果**:
   - **协商变更或解除**:受不利影响的一方可以与对方重新协商,若协商不成,可以请求法院或仲裁机构变更或解除合同 [1] [3] 。
   - **公平原则**:法院或仲裁机构会根据公平原则,结合案件实际情况,决定是否变更或解除合同 [1] [3] 。
4. **实务中的适用**:
   - **政策影响**:在"双减"政策下,许多教育培训机构因政策变化无法继续经营,法院支持其依据情势变更原则解除租赁合同,且无需承担违约责任 [1] [4] 。

- **租金调整**：如果租金上涨属于正常商业风险，则不适用情势变更原则 5 。

总之，情势变更原则在租赁合同中的适用需要满足特定条件，且法院会根据公平原则进行裁量 1 3 4 。

第二，AI 将推动案例教学方式的智能化转型。案例分析是法学教育的重要组成部分，尤其在普通法系国家，判例研究被视为法律学习的核心。而 AI 能够根据学生的学习需求，动态地提供适合的案例，并对其进行深度解析。例如，在合同法课程中，学生可以通过 AI 检索特定类型的违约案例，并要求 AI 提供不同法院的判决思路、法官的法律推理逻辑、当事人的法律争辩等。此外，AI 还可以生成"虚拟案例"（hypothetical cases），让学生通过分析和推理，练习法律适用能力。例如，AI 可以根据现实法律问题自动生成新的案例情境，并要求学生撰写法律意见书，从而培养其法律分析能力。这种交互式、智能化的案例教学模式，不仅有利于增强学生对法律的理解，还有利于提高他们的法律实务能力。

第三，AI 将革新法学研究的方式，提升学生的法律研究能力。传统的法律研究方法通常包括文献检索、案例分析、法规比对等，人工完成这些任务往往需要耗费大量时间。而 AI 可以帮助学生高效地进行法律研究，例如对海量的法律文献进行归纳总结，提炼学术争议点，甚至辅助撰写研究论文。例如，研究生在撰写法律论文时，可以利用 AI 分析同一法律问题在不同国家的学术观点，快速获取国际法学界的最新讨论。AI 还能够帮助学生建立知识图谱，将某一法律概念与相关的法条、判例、学术论文进行自动关联，使研究的系统性大幅提升。这种 AI 辅助的法律研究模式，将使法学生更容易掌握法律研究的方法论，有利于提高其法律学术能力。

第四，AI 将提升法律推理训练的智能化水平，有利于培养学生的批判性思维能力。法律推理是法律实践的核心技能之一，要求法律人在面对复杂案件时，能够基于法律原则、事实证据和既有判例进行合理论证。在传统教学模式下，法律推理训练通常依赖于课堂讨论、案例演练，但受到教师精力和课堂时间的限制，难以实现高频次、高质量的训练。而 AI 可以充当"智能对话者"，帮助学生模拟不同法律角色进行法律推理训练。例如，在刑法课程中，学生可以要求 AI 充当检察官，自己扮演辩护律师，与 AI 进行辩论，以此锻炼法律推理能力。同时，AI 还可以提供即时反馈，对学生的论证结构、法律适用情况进行点评，帮助其不断优化法律论证思路。这种个性化、互动式的法律推理训练，将极大地提升学生的法律思辨能力和逻辑推理能力。

第五,AI 的赋能将增强法学教育的实践性,使学生更好地适应法律职业需求。法律职业训练不仅涉及法律知识的掌握,更涉及如何运用法律进行实践。例如,在法律文书写作方面,传统法学教育通常要求学生手动撰写合同、法律意见书、诉状等,AI 则可以在这一过程中提供辅助。例如,学生可以利用 AI 快速生成合同初稿,并进行修改、优化,从而训练自身的法律写作技能。同样,在法律咨询训练中,学生可以利用 AI 模拟客户咨询场景,进行互动问答,以提高其法律咨询能力。AI 还可以帮助学生了解不同法域的法律适用规则,提高其全球法律适应能力。例如,AI 可以帮助学生比较中美两国的数据隐私保护法的异同,使其更快地理解跨国法律的复杂性。这种 AI 辅助的法律实践训练,将使法学生在毕业后能够更快地适应法律职业的实际需求,缩短从课堂到实务的学习曲线。

总之,AI 的法律信息检索能力,将从法律信息获取、案例教学、法律研究、法律推理训练、法律实践应用等方面,深刻赋能法学教育。AI 不仅有利于提升法学教育的效率,还有利于增强学生的法律检索能力、法律分析能力和实务操作能力。然而,AI 并不会取代法学教育中的“人”的作用,教师仍然是教学的核心,负责培养学生的法律思维、伦理判断和批判性思维能力。未来的法学教育将呈现“AI + 人”的协同模式,教师与 AI 共同赋能法学教育,使法学教育更智能化、个性化、实践化,为法律行业培养更高素质的法律人才。

第二节　驱动 DeepSeek 赋能法律课堂

在法律教育中,如何高效利用人工智能工具提升课堂教学质量,是当前法学教育改革的重要议题。DeepSeek 作为先进的 AI 语言模型,可以辅助法律课堂的多个环节,包括知识讲解、案例分析、课堂互动、批判性思维训练以及法律写作指导等。要让 DeepSeek 在法律课堂中最大限度发挥作用,关键在于如何设计高效的提示词,使其生成的内容更具针对性、学术性和互动性。本节将围绕精准化知识讲解、案例教学、互动式讨论、逻辑推理训练、法律写作辅导五个方面,探讨如何利用提示词更好地驱动 DeepSeek,赋能法律课堂。

一、精准化知识讲解,提升教学效果

法律课堂的基础是对法律概念、规则、体系的精准讲解。然而,传统教学往

往面临知识碎片化、难以吸引学生注意力等问题。DeepSeek 可以通过精准的提示词，帮助实现更生动、系统化的法律知识传授。

例如，与其直接输入“请解释合同法的基本原则”，不如采用更具体的提示词：“请用通俗易懂的语言解释合同法的基本原则，并结合实际生活中的例子，使初学者更容易理解。”

引用 8 篇资料作为参考 >

合同法的基本原则是指导合同订立、履行和解决争议的核心规则，主要包括以下几点：

1. **平等原则**：合同双方的法律地位平等，任何一方都不能强迫对方接受不公平的条件。例如，在租房时，房东和租客的权利和义务是对等的，房东不能单方面提高租金或更改合同条款 1 2 。
2. **自愿原则**：合同的订立必须是双方自愿的，不能受到外界的非法干预。比如，你在网上购物时，选择购买某件商品完全是出于自己的意愿，商家不能强迫你购买 1 3 。
3. **公平原则**：合同的内容应当公平合理，不能显失公平。例如，如果一份劳动合同中规定员工加班没有加班费，这显然是不公平的，员工可以要求修改或撤销这样的条款 3 5 。
4. **诚实信用原则**：合同双方应当诚实守信，不得欺诈或隐瞒重要事实。比如，在买卖房屋时，卖方必须如实告知房屋的真实情况，不能隐瞒房屋的质量问题 1 4 。
5. **合法原则**：合同的内容和形式必须符合法律法规，不能违反法律或社会公德。例如，签订一份涉及非法交易的合同是无效的，因为它违反了法律 3 5 。

实际生活中的例子：

- **平等原则**：你和朋友一起合伙开餐厅，双方在合同中约定各自出资50%，利润平分。这就是平等原则的体现，双方的权利和义务对等 1 2 。
- **自愿原则**：你在网上购买手机，选择某款手机是因为你喜欢它的功能，而不是因为商家强迫你购买。这就是自愿原则的体现 1 3 。
- **公平原则**：如果你租了一间房子，房东在合同中规定你必须在退租时支付高额的清洁费，而实际上你并没有造成任何损坏，这样的条款就是不公平的，你可以要求修改 3 5 。
- **诚实信用原则**：你在购买二手车时，卖家必须如实告知车辆的真实状况，不能隐瞒事故记录。如果卖家隐瞒了这些信息，你可以要求撤销合同 1 4 。
- **合法原则**：如果你签订了一份涉及非法活动的合同，比如走私，这样的合同是无效的，因为它违反了法律 3 5 。

这些原则共同构成了合同法的基础，确保合同双方能够在公平、自愿、诚实信用的基础上进行交易，维护各自的合法权益。

这类提示词能够让 DeepSeek 以教学适用的方式生成答案，有利于提高课堂知识传递的质量。

此外，用户在教授复杂的法理概念时，可以利用 DeepSeek 进行分层讲解。例如：“请按照基础概念、学术争议、司法适用三个层次，系统讲解比例原则。”

引用 11 篇资料作为参考 >

一、基础概念

比例原则（Proportionality Principle）起源于18世纪末的德国警察法，现已成为全球范围内广泛应用的法学原则，尤其在公法领域。其核心在于调整手段与目的之间的关系，确保行政行为在实现目标的同时，对公民权益的侵害最小化。比例原则通常包括三个子原则：

1. **适当性原则**：行政机关采取的措施必须有助于行政目的的实现，否则即违反适当性原则 [3] [4] 。
2. **必要性原则（最小损害原则）**：在有多种同样可达成行政目标的方法时，行政机关应选择对相对人权益侵害最小者 [3] [4] 。
3. **均衡性原则**：行政机关采取的方法对相对人权益造成的侵害不得与欲实现之目的显失均衡，两者之间应保持相对均衡的关系 [3] [4] 。

二、学术争议

比例原则的普遍化及其适用范围是学术界的主要争议点。支持者认为比例原则可以跨学科普遍适用，甚至在私法领域也有应用空间 [6] [7] 。反对者则认为比例原则应限定在公法领域，尤其是行政法，因其核心在于限制公权力滥用 [6] [7] 。

此外，比例原则的逻辑结构也存在争议。传统"三阶论"认为比例原则包括适当性、必要性和均衡性三个子原则，而"四阶论"则主张将目的正当性纳入其中 [7] [11] 。

三、司法适用

在司法实践中，比例原则已成为评判行政行为实质合法性的重要准则。法院通常根据"滥用职权"和"明显不当"标准，对行政行为进行合比例性审查 [9] [10] 。具体适用模式包括：

1. **全阶式适用**：严格按照适当性、必要性和均衡性的顺序进行审查 [11] 。
2. **截取式适用**：直接截取必要性原则中的最小侵害原则作为判断标准 [11] 。
3. **抽象式适用**：淡化位阶秩序，直接对行政行为是否符合比例原则作出判断 [11] 。

比例原则在行政处罚、行政强制、行政征收等多种行政行为类型中均有应用，尤其在行政处罚案件中，法院常以行政处罚过重、不符合最小损害原则为由撤销处罚 [9] [10] 。

总结

比例原则作为调整手段与目的关系的核心原则，在法学理论和司法实践中均具有重要意义。尽管其普遍化及逻辑结构存在争议，但其在规范行政裁量权、保护公民权益方面的作用不可忽视。未来，比例原则的适用将更加注重确定性与灵活性的平衡，以应对日益复杂的社会现实 [9] [10] [11] 。

这类提示词可以确保 DeepSeek 生成的内容具有层次感，有助于学生从基础知识逐步深化理解、提高学习效率。

同时，为了增强知识的趣味性，还可以结合跨学科视角，如："请用法经济学分析法（law and economics）解释合同违约责任的效用。"

引用 9 篇资料作为参考 >

从法经济学（Law and Economics）的角度来看，合同违约责任的效用主要体现在以下几个方面：

1. **激励效率履行**：违约责任通过设定违约成本，激励合同双方按照约定履行义务。法经济学认为，合同是私人之间自愿达成的协议，其目的是实现资源的有效配置。违约责任的存在使得违约方必须承担因违约导致的损失赔偿、违约金等成本，从而促使双方在履约与违约之间做出效率选择。这种机制有助于减少机会主义行为，确保合同目的的实现 [2] [5] 。

2. **风险分配与预防**：违约责任有助于在合同双方之间合理分配风险。通过明确违约后的责任承担方式，合同双方可以在缔约时更好地评估风险，并采取相应的预防措施。例如，违约方可能通过支付违约金或赔偿损失来弥补守约方的损失，从而降低违约带来的不确定性 3 6 。

3. **保护交易预期**：违约责任通过填平原则（即赔偿守约方因违约所遭受的损失）保护了当事人的交易预期。法经济学认为，合同法的核心功能之一是维护当事人的合理预期，确保其能够信赖合同的履行。违约责任的存在使得守约方在对方违约时能够获得相应的救济，从而增强其对合同的信心，促进交易活动的稳定性和可预测性 2 7 。

4. **减少社会成本**：违约责任有助于减少因违约导致的社会成本。违约不仅会给守约方带来直接损失，还可能引发连锁反应，影响其他相关方的利益。通过违约责任机制，违约方需要承担相应的成本，从而将外部性内部化，减少违约行为对社会整体福利的负面影响 5 8 。

5. **促进合同自由与效率**：违约责任尊重合同自由原则，允许双方在合同中约定具体的责任条款（如违约金、赔偿范围等）。这种灵活性有助于双方根据具体情况设计最符合自身利益的合同条款，从而实现合同效率的最大化。同时，违约责任也为法院提供了明确的裁判依据，降低了司法成本 3 9 。

综上所述，合同违约责任在法经济学框架下的效用主要体现在激励效率履行、合理分配风险、保护交易预期、减少社会成本以及促进合同自由与效率等方面。这些效用共同作用，确保了合同法的有效实施，促进了市场经济的稳定与发展 2 6 7 。

这种跨学科提示词可以激发学生的思考，使法律课堂更具启发性。

二、结合案例教学，增强实践应用能力

案例教学是法律教育的重要方法之一，能够帮助学生理解法律规则如何在现实中适用。使用 DeepSeek 进行案例教学时，应注意通过提示词明确案例背景、法律争点以及需要分析的方向。

例如："请分析'马伯里诉麦迪逊案'（Marbury *v*. Madison）对美国宪政体系的影响，重点讨论司法审查原则的确立。"

引用 6 篇资料作为参考 >

'马伯里诉麦迪逊案'（Marbury v. Madison）是美国宪政史上具有里程碑意义的案件，其核心贡献在于确立了**司法审查原则**，即法院有权审查并裁定立法和行政行为的合宪性。这一原则对美国宪政体系产生了深远影响，具体分析如下：

1. 司法审查原则的确立

在该案中，首席大法官约翰·马歇尔（John Marshall）通过判决宣布《1789年司法条例》第13条因违宪而无效。马歇尔指出，宪法是国家的最高法律，任何与之相抵触的法律均无效，而解释宪法的权力属于司法机关 1 5 。这一判决首次明确了最高法院有权审查国会立法的合宪性，奠定了司法审查制度的基础 1 5 6 。

2. 三权分立的强化

马歇尔的判决加强了司法部门在三权分立中的地位。通过司法审查权，最高法院成为宪法解释的最终权威，使其能够制衡立法和行政部门，确保政府行为符合宪法 1 5 6 。这一制度设计进一步完善了美国的分权制衡机制，使司法权成为其三权中不可或缺的一环 5 6 。

3. 宪法至上的观念

马歇尔在判决中强调，宪法是人民意志的体现，高于一切普通法律。这一观念进一步巩固了"宪法至上"的原则，使宪法成为国家政治生活的最高准则 5 6 。司法审查制度确保了宪法的权威性，防止立法和行政部门滥用权力 5 6 。

4. 对后世的影响

‘马伯里诉麦迪逊案’不仅在美国国内产生了深远影响，也为其他国家的宪政制度提供了借鉴 5 6 。

5. 政治妥协与司法克制

尽管该案确立了司法审查权，但马歇尔在判决中表现出高度的政治智慧。他避免与行政部门直接冲突，而是通过宣布最高法院对此案无管辖权的方式，既维护了司法权威，又避免了政治危机 1 2 4 。这种司法克制的态度为后续最高法院的运作提供了范例 2 4 。

总结

‘马伯里诉麦迪逊案’通过确立司法审查原则， 不仅解决了当时的政治争议， 还为美国宪政体系的长期稳定奠定了基础 1 5 6 。

这类提示词能够确保 DeepSeek 提供的分析紧扣教学目标,而不是泛泛而谈。

为了让学生更主动参与案例分析,教师可以让 DeepSeek 生成不同角度的观点,例如:“请分别从原告和被告的角度,分析‘布朗诉教育委员会案’(Brown v. Board of Education)中的法律争点。”

引用 5 篇资料作为参考 >

在“布朗诉教育委员会案”（Brown v. Board of Education）中，原告和被告的法律争点主要围绕种族隔离政策是否违反美国宪法第14条修正案的“平等保护条款”展开。

原告方的法律争点：

1. **种族隔离对黑人学生的心理伤害**：原告方认为，种族隔离政策对黑人学生造成了心理上的伤害，导致他们产生自卑感，并剥夺了他们与白人学生平等交流的机会。这种隔离实质上违反了宪法第14条修正案中的“平等保护条款” 1 3 。
2. **“隔离但平等”原则的不合理性**：原告方指出，尽管黑人学校和白人学校在硬件设施上可能表面上“平等”，但实际上黑人学校在师资、课程等方面远不如白人学校，因此“隔离但平等”原则在现实中无法实现真正的平等 1 3 。
3. **宪法第14条修正案的解释**：原告方主张，宪法第14条修正案的制定者意图是禁止任何形式的种族歧视，包括教育领域的种族隔离。因此，种族隔离政策应被视为违宪 3 4 。

被告方的法律争点：

1. **“隔离但平等”原则的合宪性**：被告方认为，根据1896年“普莱西诉弗格森案”（Plessy v. Ferguson）确立的“隔离但平等”原则，种族隔离政策并不违反宪法，只要设施“实质上平等”即可 1 2 。
2. **种族隔离的社会必要性**：被告方辩称，种族隔离政策是为了维护社会秩序，避免种族冲突。他们认为，强行结束种族隔离可能会导致社会动荡，尤其是在南方各州 3 4 。
3. **宪法第14条修正案的历史解释**：被告方主张，宪法第14条修正案的制定者并未明确禁止教育领域的种族隔离，因此种族隔离政策不应被视为违宪 3 4 。

最终判决：

美国最高法院在1954年以9比0的投票结果推翻了“普莱西诉弗格森案”的判决，认定公立学校中的种族隔离政策违反了宪法第14条修正案的“平等保护条款”，从而宣告种族隔离政策违宪 1 3 5 。这一判决标志着美国种族平等政策的重要转折点，并为后续的民权运动奠定了基础 2 3 。

这样不仅有助于学生理解不同法律立场,还能培养他们的法律论证能力。

此外,教师还可以让 DeepSeek 生成模拟案件,以便学生进行法律适用训练。例如:“请创建一个涉及人工智能生成作品著作权归属的虚拟案件,并要求学生适用现行著作权法进行分析。”

引用 8 篇资料作为参考 〉

虚拟案件:AI生成绘画作品的著作权归属争议

案件背景:

2025年,艺术家李明使用了一款名为“ArtGenius”的人工智能绘画软件,生成了一幅名为《未来之城》的绘画作品。李明在生成过程中,输入了详细的指令,包括构图、色彩风格、主题等,并对生成结果进行了多次调整和优化。随后,李明将这幅作品上传到社交媒体平台,并标注为“原创作品”。然而,ArtGenius的开发者“创艺科技公司”认为,该作品的著作权应归属于公司,因为李明仅使用了公司开发的AI工具,且公司对AI模型的训练和优化投入了大量资源。双方因此产生争议,诉至法院。

案件争议点:

1. **著作权归属**:李明作为AI工具的使用者,是否对《未来之城》享有著作权?还是著作权应归属于AI开发者创艺科技公司?
2. **独创性认定**:AI生成的作品是否满足《著作权法》对“独创性”的要求?
3. **合同约定**:如果双方在软件使用协议中对著作权归属有明确约定,是否应优先适用合同条款?

这类提示词可以帮助 DeepSeek 生成富有挑战性的案例,提升学生的法律推理能力。

三、互动式讨论,激发批判性思维

法律课堂不仅是知识传授的场域,还应成为培养学生批判性思维的平台。DeepSeek 可以通过角色扮演、辩论对抗等方式,增强课堂互动。

例如,近期颁布了《公共安全视频图像信息系统管理条例》等法律法规,社会公众对于自家门口安装摄像头保障人身安全是否构成对邻居隐私权侵犯存有争议。那么,可以采用下列提示词:“本案案情是原告 A 起诉邻居 B 在家门口安装摄像头,其行为构成对原告 A 隐私权的侵害。在本案中,邻居 B 与原告 A 的家门毗邻,且仅有一条狭长过道。你现在是邻居 B 的代理律师,请列出主张邻居 B 安装摄像头的行为不构成侵犯隐私权的诉讼策略和法律依据。”

作为邻居B的代理律师，针对原告A主张的隐私权侵权诉讼，可从以下诉讼策略和法律依据展开辩护，主张安装摄像头的行为不构成侵权：

一、明确摄像头的安装目的与合理性

1. **安全防护的必要性**
    - 邻居B安装摄像头的主要目的是出于家庭安全考虑，如防盗、监控快递或防范可疑人员，属于合法行使财产权的正当需求。根据《公共安全视频图像信息系统管理条例》（2025年4月1日施行），个人在非公共场所安装摄像头需确保用途合法且不侵犯他人权益，但合理的安全需求应被认可 5 6 。
    - **法律依据**：
        - 《民法典》第288条：相邻权利人应遵循"有利生产、方便生活、团结互助、公平合理"原则，合理行使权利 1 6。
2. **公共区域的合法监控**
    - 若摄像头仅覆盖公共过道或自家门口区域，未直接拍摄原告A的室内空间、窗户或私密活动，则属于合理范围。例如，若摄像头仅记录过道人员流动，而非A的入户门内活动，则不涉及隐私权 3 6。
    - **判例支持**：北京二中院案例中，法院认为摄像头拍摄公共区域及邻居外墙不构成侵权，因其未涉及私密空间 6。

二、论证摄像头未超出合理限度

1. **拍摄范围的限制**
    - 强调摄像头角度经过调整，仅覆盖必要公共区域（如自家门前及公共过道），避免拍摄原告A的私密空间（如室内、窗户等）。可提供安装位置、角度示意图或专业检测报告作为证据 3 5。
    - **法律依据**：
        - 《民法典》第1033条：禁止拍摄他人私密空间或活动，但公共区域的合理监控不在此限 4 7 。
2. **技术功能的限制**
    - 若摄像头未配备自动追踪、录音功能，或已关闭相关功能，可进一步证明其用途仅限于安全防护，无窥探意图 5 8。

三、举证原告未遭受实际损害

1. **缺乏实质性隐私侵害证据**
    - 原告需证明其私密活动或信息被摄像头记录并造成损害。若摄像头仅记录公共区域人员进出，未涉及A的私密活动（如家庭内部情况、生活习惯细节等），则难以认定侵权 3 6。
    - **判例支持**：南宁江南区法院案例中，原告因未能证明遭受严重精神损害，赔偿请求被驳回 3。
2. **数据管理的合规性**
    - 若邻居B已采取严格数据管理措施（如定期删除无关视频、未对外传播），可证明其无侵害隐私的主观故意 6 8。

四、强调相邻关系的包容性与协商义务

1. **安装前的善意沟通**
   - 若邻居B在安装前已通过物业或口头方式告知原告A，或主动调整摄像头角度以避免争议，可证明其尽到了合理注意义务 5 8。
2. **公共利益的平衡**
   - 在狭长过道等公共区域，摄像头可能惠及全体住户安全（如预防盗窃、解决纠纷），符合"团结互助"的相邻关系原则 1 6。

五、法律依据与判例支撑

1. **核心法律条款**
   - 《民法典》第288条（相邻关系原则）、第1032-1033条（隐私权保护范围） 1 4；
   - 《公共安全视频图像信息系统管理条例》第9条（公共区域安装限制） 5 8。
2. **有利判例**
   - 北京二中院判决（摄像头拍摄公共区域不侵权） 6；
   - 武汉黄陂区法院案例（若摄像头未涉及私密空间，安装合法） 8。

诉讼策略总结

1. **技术证据**：提供摄像头安装位置、角度、功能限制的证明；
2. **行为正当性**：强调安全防护目的与数据管理合规性；
3. **损害缺失**：反驳原告的实质性损害主张；
4. **判例援引**：引用类似案件支持"合理监控不侵权"观点；
5. **协商记录**：提交与原告或物业的沟通记录，证明已尽注意义务。

通过上述策略，可有效主张邻居B的行为合法合规，未超出合理限度，且符合公共利益与相邻关系原则，不构成隐私权侵害。

这样，DeepSeek不仅能够提供法学分析，还能模拟法律推理过程，让学生在思考中深入理解法律冲突与衡量。

此外，教师可以利用DeepSeek生成不同观点，以促进课堂辩论。例如："请分别站在法律实证主义和自然法学的立场，讨论堕胎权是否应受法律保护。"

引用 7 篇资料作为参考 >

法律实证主义视角下的堕胎权

法律实证主义强调法律是主权者意志的体现，法律的有效性不依赖于道德或自然法的标准，而是取决于其是否符合既定的法律程序和规则。从这一立场出发，堕胎权是否应受法律保护，主要取决于现行法律的规定。

1. **法律实证主义的核心观点**：法律实证主义认为，法律的存在和效力不依赖于其道德内容，而是取决于其是否由权威机构制定并符合法律程序。因此，堕胎权的法律保护问题应依据现行法律条文和司法判例来判断。

2. **现行法律的分析**：以美国为例，1973年的“罗伊诉韦德案”确立了堕胎权的宪法保护，但2022年“多布斯案”推翻了这一判决，将堕胎权的决定权交还给各州 [1][2] 。这表明，堕胎权的法律保护在实证主义框架下是动态的，取决于立法和司法机构的决定。
3. **法律实证主义的结论**：从法律实证主义的角度看，堕胎权是否应受法律保护，完全取决于现行法律的规定。如果法律明确保护堕胎权，则堕胎权应受法律保护；反之则不应受法律保护。

自然法学视角下的堕胎权

自然法学认为法律应体现普遍的道德原则和自然正义，法律的有效性取决于其是否符合道德标准。从这一立场出发，堕胎权的法律保护问题涉及对生命权、自由权等基本道德原则的权衡。

1. **自然法学的核心观点**：自然法学强调法律应反映普遍的道德原则，如生命权、自由权等。堕胎权的争议主要集中在胎儿是否具有生命权以及女性是否享有身体自主权 [6] 。
2. **生命权与自由权的权衡**：自然法学认为，胎儿的生命权与女性的身体自主权之间存在冲突。支持生命论者认为，胎儿从受孕起即具有生命权，堕胎应被禁止；支持选择论者则认为，女性有权自主决定是否终止妊娠 [6] 。
3. **自然法学的结论**：从自然法学的角度看，堕胎权是否应受法律保护，取决于对生命权和自由权的道德权衡。如果认为胎儿的生命权优先，则堕胎权不应受法律保护；如果认为女性的身体自主权优先，则堕胎权应受法律保护。

总结

- **法律实证主义**认为，堕胎权是否应受法律保护取决于现行法律的规定，法律的变化直接影响堕胎权的法律地位 [1][2] 。
- **自然法学**则认为，堕胎权的法律保护应基于对生命权和自由权的道德权衡，法律应体现普遍的道德原则 [6] 。

这两种立场提供了不同的视角，法律实证主义强调法律的权威性和程序性，而自然法学则强调法律的道德基础。

这种提示词能够促使 DeepSeek 生成不同理论视角的观点,帮助学生理解法学流派的分歧,提高法律思辨能力。

四、逻辑推理训练,提高法律论证能力

法律推理是法律职业能力的重要组成部分,DeepSeek 可以通过逻辑推理训练,帮助学生掌握法律论证的技巧。

例如,在训练归纳推理能力时,可以使用提示词:“请根据以下三个案例,归纳出一个关于行政法比例原则适用的法律规则。”这样,DeepSeek 会尝试从具体案例中抽象出一般性法律原则,培养学生的规则归纳能力。

同样,教师可以要求 DeepSeek 生成逻辑推理练习题。例如:“请设计一道关于刑法因果关系的推理题目,并提供详细解析。”

引用 5 篇资料作为参考 ＞

题目设计

案情描述：

甲与乙因琐事发生争执，甲用拳头击打乙的头部，乙倒地后昏迷。乙被送往医院，医生发现乙患有严重脑动脉瘤，乙的昏迷是由于脑动脉瘤破裂所致。乙最终因脑出血死亡。甲的击打行为是否与乙的死亡存在刑法上的因果关系？

选项

A. 甲的击打行为与乙的死亡存在因果关系，甲构成故意伤害致死罪。
B. 甲的击打行为与乙的死亡不存在因果关系，甲仅构成故意伤害罪。
C. 甲的击打行为与乙的死亡存在因果关系，但甲无法预见乙的特殊体质，故不构成犯罪。
D. 甲的击打行为与乙的死亡不存在因果关系，乙的死亡属于意外事件。

详细解析

1. **因果关系的理论基础**
   根据“相当因果关系说”，行为与结果之间需存在“合乎规律、具有相当性”的联系。即使介入因素（如乙的特殊体质）异常，只要行为是结果的直接诱因，且未超出一般预见可能性，因果关系仍成立 [1] 。
2. **本案分析**
   - **条件关系**：甲的击打行为是乙昏迷的直接诱因，符合“若无A则无B”的条件关系。
   - **相当性**：虽然乙的脑动脉瘤破裂是直接致死原因，但甲的击打行为“通常足以”引发乙的昏迷，进而导致乙的死亡。乙的特殊体质属于“被害人自身因素”，但并未中断因果关系 [1] 。
   - **客观归责**：甲的击打行为制造了乙受伤的风险，该风险在乙的死亡中实现，且结果未超出构成要件的保护范围 [1] 。
3. **结论**
   甲的击打行为与乙的死亡存在刑法上的因果关系，甲构成故意伤害致死罪。因此，正确答案是 A。

这种方法可以让学生在互动中训练法律推理能力，使课堂更加生动有趣。

五、法律写作辅导，提升法律表达能力

法律写作是法律职业的基本技能，DeepSeek 可以根据精准的提示词，推动学生法律表达能力的提高。

例如，可以输入：“请审阅以下法律分析文章，并指出其逻辑缺陷和表达问题。”这样，DeepSeek 会提供详细的修改建议，帮助学生提升法律写作能力。

此外，DeepSeek 还可以帮助学生模拟撰写法律文件。例如：“请起草一份针对数据隐私侵权案件的法律意见书，要求包括事实分析、法律依据和结论。”

这种提示词能够帮助学生熟悉法律文书的写作格式，提高他们的法律写作实践能力。

六、总结

DeepSeek 作为智能辅助工具,在法律课堂中的应用潜力巨大。要充分发挥其作用,关键在于精心设计提示词,使其生成的内容符合教学目标。通过精准化知识讲解、案例教学、互动式讨论、逻辑推理训练和法律写作辅导,DeepSeek 可以有效提升法律课堂的教学质量,帮助学生更深入地理解法律知识,并培养批判性思维和法律推理能力。未来,随着人工智能技术的发展,法律课堂将迎来更加智能化的教学方式,而 DeepSeek 也将成为法学教育不可或缺的智能助手。

第三节　驱动 DeepSeek 赋能法律比赛

法律比赛涵盖了诸多类型,包括模拟法庭(moot court)、法律写作竞赛、法律辩论赛、法律案例分析赛等。这些比赛不仅考察选手的法律知识,还考验其法律推理能力、论证技巧和沟通表达能力。DeepSeek 作为辅助工具,在法律比赛的准备和实战中,可以提供法律检索、论证优化、模拟对抗、案例分析等多方面支持。然而,要充分发挥 DeepSeek 的作用,参赛者需要通过科学设计提示词,使其生成内容具有针对性、逻辑性和学术深度。以下从精准设定问题、事实与争点归纳、模拟法律对抗、优化法律论证、提升写作能力、提供跨法域参考六个方面,探讨如何高效利用 DeepSeek 赋能法律比赛。

一、精准设定问题,确保信息质量

在法律比赛中,精准获取法律信息是基础。

例如,模拟法庭比赛的法律检索要求高度精准,如果选手仅输入"美国宪法第一修正案的内容",DeepSeek 可能会返回过于基础的条文信息,无法满足比赛需求。

相反,选手应设计更具针对性的提示词,例如:"在美国宪法第一修正案的框架下,如何界定'煽动性言论'(incitement speech)?请结合布兰登堡诉俄亥俄案(Brandenburg v. Ohio)进行分析。"

引用 8 篇资料作为参考 >

在美国宪法第一修正案的框架下，界定"煽动性言论"（incitement speech）的关键标准来自于1969年的布兰登堡诉俄亥俄案（Brandenburg v. Ohio）。该案确立了"迫在眉睫的非法行为"原则，即只有当言论旨在煽动或造成"迫在眉睫的非法行为"（imminent lawless action），并且该言论很可能煽动或造成这种行为时，政府才能对其进行限制或惩罚 6 7 。

具体分析：

1. **布兰登堡案的背景：**
   克拉伦斯·布兰登堡（Clarence Brandenburg）是俄亥俄州三K党的领导人，他在一次集会上发表言论，声称如果政府继续压制白人，他们将采取报复行动，并号召支持者在7月4日向国会进军。俄亥俄州法院根据《组织犯罪防治法》判处他有罪，但最高法院推翻了这一判决，认为布兰登堡的言论并未达到"迫在眉睫的非法行为"的标准 6 7 。
2. **"迫在眉睫的非法行为"原则：**
   最高法院在判决中明确指出，政府不得惩罚仅仅提倡使用暴力或违法行为的言论，除非该言论同时满足以下两个条件：
   - **意图：** 言论的目的是煽动或造成"迫在眉睫的非法行为"。
   - **可能性：** 言论很可能煽动或造成这种行为 6 7 。
3. **与早期标准的对比：**
   布兰登堡案推翻了1919年申克诉合众国案（Schenck v. United States）中提出的"明显而即刻的危险"（clear and present danger）原则。申克案的标准较为宽松，允许政府在言论可能造成危险时进行限制，而布兰登堡案则要求言论必须与"迫在眉睫的非法行为"直接相关，且具有高度的可能性 1 6 。
4. **实际应用：**
   布兰登堡案的标准使得对煽动性言论的限制更加严格，保护了更多的言论自由。例如，仅仅提倡暴力或违法行为的言论，如果没有明确的意图和可能性引发即刻的非法行为，仍然受到第一修正案的保护 6 7 。

总结：

布兰登堡诉俄亥俄案为界定"煽动性言论"提供了明确的法律标准，即言论必须旨在煽动"迫在眉睫的非法行为"，并且很可能造成这种行为，才能被政府限制或惩罚。这一标准保护了言论自由，同时确保了对真正危险的言论进行必要的限制 6 7 。

这样的提示词不仅能让DeepSeek提供法律条文，还能结合案例进行分析，确保信息的专业性和针对性。

此外，在法律比赛中，许多辩题涉及法理学、比较法或社会政策，选手可利用DeepSeek进行跨法域分析。例如，在一场关于"人工智能法人人格"的辩论赛中，选手可以输入："在民法体系下，人工智能是否可以被赋予法人地位？请比较欧盟、日本和中国的立法进展。"

引用 9 篇资料作为参考 >

在民法体系下，人工智能是否可以被赋予法人地位是一个复杂且具有争议的问题。目前，欧盟、日本和中国在人工智能立法方面都取得了一定进展，但尚未明确赋予人工智能法人地位。以下是三地的立法进展比较：

欧盟

欧盟在人工智能立法方面走在前列，2024年3月正式通过了《人工智能法案》（AI Act），这是全球首部综合性的人工智能监管法规。该法案将人工智能系统分为四类风险等级（不可接受、高、中、低），并根据风险级别采取相应的监管措施。然而，该法案并未明确赋予人工智能法人地位，而是侧重于规范人工智能的开发、使用和监管，以保护公民基本权利和促进创新 [2] [3] 。

日本

日本在人工智能立法方面也积极推进，计划在2025年提出AI新法草案。日本政府强调"兼顾促进创新与应对风险"的理念，拟通过立法强化对AI企业的监管，例如公开滥用AI技术的企业名称，但暂不考虑制定刑罚或罚金等严苛条款。尽管如此，日本的法律草案同样未涉及赋予人工智能法人地位，而是聚焦于规范AI技术的使用和防范风险 [4] [5] [6] 。

中国

中国在人工智能立法方面采取了分阶段推进的策略。2017年发布的《新一代人工智能发展规划》提出了"三步走"的立法目标，计划到2025年初步建立人工智能法律法规体系。2023年，《生成式人工智能服务管理暂行办法》生效，进一步规范了生成式AI的应用。然而，中国尚未出台专门的人工智能法，也未明确赋予人工智能法人地位。立法重点在于数据保护、算法公正、AI安全与监管等领域 [8] [9] 。

总结

目前，欧盟、日本和中国的立法均未明确赋予人工智能法人地位，而是侧重于规范人工智能的开发、使用和监管。欧盟的《人工智能法案》是全球首部综合性AI监管法规，日本和中国则在探索适合本国国情的立法路径。未来，随着人工智能技术的进一步发展，相关法律框架可能会逐步完善，但赋予人工智能法人地位仍需要更多的法律和伦理讨论。

这样的提示词能够促使 DeepSeek 综合不同国家的法律制度，提供全球视角，为选手的论证提供更有力的支撑。

二、梳理案件事实，归纳法律争点

在模拟法庭的比赛中，选手需要精读案件材料，划分关键事实（时间、地点、人物、行为、结果等），通过制作流程图或表格等方式梳理事件时间轴，熟悉基本案情，考察案件事实所涉及的法律关系，而 DeepSeek 可以帮助选手梳理出案件的基本信息，帮助选手迅速掌握相关案情。例如选手将案件上传到对话中，并输入："请为我梳理出 TikTok 案的案件事实，并绘制案件时间轴。"当然，选手需要自行辨析此种梳理的真实性。

引用 10 篇资料作为参考 〉

TikTok案件事实梳理

案件核心争议

1. **国家安全关切**：美国政府认为TikTok的数据收集和算法可能被用于影响美国用户隐私或舆论，需剥离中国母公司字节跳动的控制权 [3] [7] 。
2. **法律依据**：2024年4月24日，拜登签署《保护美国人免受外国对手控制应用程序法案》（PAFACA），要求字节跳动在2025年1月19日前剥离TikTok美国业务，否则面临禁令 [4] [6] 。
3. **TikTok抗辩**：
   - 指控法案违反美国宪法第一修正案（言论自由）和第五修正案（平等保护） [7] 。
   - 强调技术剥离不可行，且无证据证明其威胁国家安全 [9] 。

关键事件时间轴

时间	事件
2019年10月	美国CFIUS启动对字节跳动收购Musical.ly（TikTok前身）的国家安全审查 [3] [5] 。
2020年8月	特朗普签署行政令要求字节跳动出售TikTok美国业务，后被法院暂停 [5] [7] 。
2022年6月	TikTok将美国用户数据迁移至甲骨文服务器以缓解监管担忧 [4] 。
2024年3月13日	美国众议院通过PAFACA法案，要求TikTok剥离 [4] [6] 。
2024年4月24日	拜登签署法案，设定剥离截止日为2025年1月19日 [4] [6] 。
2024年5月7日	TikTok起诉美国政府，质疑法案合宪性 [7] 。
2024年12月6日	哥伦比亚特区巡回上诉法院驳回TikTok诉讼，支持法案 [7] 。
2025年1月17日	美国最高法院裁定法案合宪，维持原判 [6] [7] 。
2025年1月18日	TikTok暂停美国服务12小时，后因特朗普表态暂缓执行而恢复 [2] [6] 。
2025年1月20日	特朗普就任总统后签署行政令，延长剥离期限75天 [6] [7] 。
2025年3月6日	特朗普称可能进一步延长截止日期至4月5日 [6] 。

案件现状（截至2025年4月）

- TikTok通过法律和政治博弈暂缓禁令，但剥离要求仍未解决 [6] [7] 。
- 美国两党持续施压，TikTok高管离职潮加剧运营不确定性 [6] 。

分析要点

1. **法律冲突**：法案以国家安全为由限制企业运营，但TikTok主张其措施缺乏实证且过度干预商业自由 [7] [9] 。
2. **国际影响**：案件反映数据主权与全球化企业的矛盾，可能加剧科技领域的地缘竞争 [8] [10] 。

DeepSeek 会快速生成简洁明了的事实梳理,并给出案件的关键时间节点。

同样,选手还可在上传特定案件后要求 DeepSeek 给出法律争点,将案件拆解为若干法律问题(如合同是否成立?是否存在过失?因果关系是否成立?)。

此外,选手还可以借助 DeepSeek 分类、整理错综复杂的各类证据,形成证据清单,构建完整证据链。例如选手将证据文档上传到 DeepSeek,输入:"请为我梳理证据并给出证据清单。"DeepSeek 会将证据初步分类,串联证据形成逻辑闭环。

通过这种方式,选手可以节省前期的案情分析时间,完善自己的分析思路。

三、模拟法律对抗,提高实战能力

在模拟法庭或法律辩论比赛中,选手需要熟练掌握攻防技巧,而 DeepSeek 可以充当"虚拟对手",帮助选手进行模拟对抗。选手可以设计提示词,让 DeepSeek 充当对方的辩护律师或检察官。

例如,在一场刑法模拟法庭中,选手若扮演检察官,可以输入:"请以辩护律师的身份,为被告人辩护,被告人因过失杀人被起诉,但其行为符合正当防卫的构成要件。"

引用 11 篇资料作为参考 >

尊敬的法官:

我作为被告的辩护律师,今天将围绕被告的行为是否符合正当防卫的构成要件进行辩护。根据《中华人民共和国刑法》第二十条及相关司法解释,正当防卫的成立需要满足以下几个条件:存在不法侵害、防卫行为针对的是正在进行的不法侵害、防卫行为未明显超过必要限度。结合本案事实,我将逐一论证被告的行为符合这些要件。

1. 存在不法侵害

首先,正当防卫的前提是存在不法侵害。根据案件事实,被告在事发时正面临不法侵害人的暴力行为,该行为严重威胁到被告的人身安全。根据最高人民法院、最高人民检察院、公安部《关于依法适用正当防卫制度的指导意见》,不法侵害既包括犯罪行为,也包括违法行为,且不应将不法侵害不当限缩为暴力侵害或犯罪行为 [1] [3] 。本案中,不法侵害人的行为已构成对被告的严重威胁,符合正当防卫的起因条件。

2. 防卫行为针对的是正在进行的不法侵害

其次,正当防卫必须是针对正在进行的不法侵害。根据案件事实,被告的防卫行为是在不法侵害人实施暴力行为的过程中进行的,且不法侵害人并未停止侵害行为。根据《指导意见》,对于不法侵害已经形成现实、紧迫危险的,应当认定为不法侵害正在进行 1 3 。被告在面临紧迫危险时采取防卫行为，符合正当防卫的时间条件。

3. 防卫行为未明显超过必要限度

最后，正当防卫的防卫行为不能明显超过必要限度。根据案件事实，被告的防卫行为是为了制止不法侵害人的暴力行为，且防卫手段与不法侵害的强度相当，未造成不必要的重大损害。根据《指导意见》，防卫是否"明显超过必要限度"，应当综合不法侵害的性质、手段、强度等因素进行判断 1 3 。本案中，被告的防卫行为并未明显超过必要限度，符合正当防卫的限度条件。

4. 被告的主观意图

此外，被告的主观意图是为了保护自身的人身安全，而非故意伤害或杀害不法侵害人。根据《刑法》第二十条，正当防卫的主观意图是为了使国家、公共利益、本人或他人的人身、财产等权利免受不法侵害 2 6 。本案中，被告的行为完全符合这一主观意图。

结论

综上所述，被告的行为完全符合正当防卫的构成要件。被告在面临不法侵害时，采取了必要的防卫措施，且防卫行为未明显超过必要限度。因此，被告的行为应被认定为正当防卫，不负刑事责任。恳请法庭依法作出公正判决，维护被告的合法权益。

DeepSeek 会自动生成有力的辩护理由，帮助选手预判对方可能的攻击点，并提前准备反驳策略。

同样，选手还可以要求 DeepSeek 以裁判员的身份给出评审意见。例如："请作为法官，对以下模拟法庭辩论进行评判，并指出原告与被告在法律论证上的优劣。"

这种方式可以帮助选手发现自身论证的不足，优化表达，提高比赛表现能力。

四、优化法律论证，提升逻辑严密性

法律比赛不仅考察选手的法律知识，更要求其法律论证具有严密的逻辑性。

DeepSeek 可以通过提示词帮助选手优化论证结构。

例如，在法律写作比赛或案例分析赛中，选手可以输入："请根据 IRAC(issue – rule – application – conclusion)方法，分析一起涉及合同法中'意思表示错误'的案例。"DeepSeek 会按照 IRAC 结构整理内容，确保论证的逻辑性和条理性。

又如，在模拟法庭比赛中，选手可以利用 DeepSeek 分析相似法条的法律适用，在 DeepSeek 中进行对话和发问，从而提升他们的实践能力和批判性思维。DeepSeek 会分析不同法条的适用情形和类案的法律适用，在 DeepSeek 的帮助下，选手"寻找法律规范——对所找的法律规范进行分类和定性——具体分解规范构成要件"的分析逻辑更加严密，恰当地找到支持一方请求权的规范依据,使论证更加充分。

此外,在辩论赛中,选手可以利用 DeepSeek 进行论证推演。例如,在讨论"死刑存废"议题时,选手可以输入:"请提供支持废除死刑的五个法律理由,并分别进行论证。"然后再输入:"请提供反对废除死刑的五个法律理由,并进行论证。"

请提供支持废除死刑的五个法律理由,并分别进行论证。请提供反对废除死刑的五个法律理由,并进行论证。

引用 7 篇资料作为参考 >

支持废除死刑的五个法律理由及论证

1. **死刑的不可逆转性与司法错误风险**
   任何司法系统都存在误判的可能性,而死刑一旦执行,无法挽回。据统计,美国自1973年以来,已有140名死囚被改判无罪 [1]。废除死刑可以避免因司法错误导致的不可挽回的悲剧。
2. **死刑缺乏有效的威慑作用**
   研究表明,死刑并不能有效降低犯罪率。例如,德国和加拿大在废除死刑后,谋杀率反而有所下降 [1]。犯罪的根源在于社会、经济等多方面因素,而非简单的刑罚威慑。
3. **死刑侵犯生命权与人道主义原则**
   死刑被视为对生命权的极端剥夺,违反国际人权法。许多国家认为死刑是残忍、不人道和有辱人格的待遇 [1][3]。废除死刑符合现代文明社会对人权和尊严的尊重。
4. **死刑的适用具有歧视性**
   死刑往往针对弱势群体,如穷人、少数种族和宗教群体,缺乏公平性 [1]。这种歧视性适用违背了法律面前人人平等的原则。
5. **公众舆论不应成为废除死刑的障碍**
   公众支持死刑往往基于对犯罪的恐惧,但防止犯罪有更多更好的方式。废除死刑应基于人权和司法公正,而非民意 [1]。

反对废除死刑的五个法律理由及论证

1. **死刑是对严重罪行的应有惩罚**
   对于危害社会安全和公共利益的极端罪行,死刑是必要的惩罚手段。它体现了罪刑相适应的原则 [6][7]。
2. **死刑具有威慑作用**
   研究表明,死刑的存在可以对潜在的罪犯起到威慑作用,减少严重犯罪的发生 [6][7]。废除死刑可能导致犯罪率上升。
3. **死刑符合社会契约与司法公正**
   死刑是社会对极端犯罪行为的回应,符合社会契约理论。它体现了法律对犯罪行为的严厉制裁 [6][7]。
4. **死刑误判风险可通过司法改进降低**
   虽然司法错误不可避免,但通过完善司法程序和证据标准,可以最大程度减少误判 [6][7]。废除死刑并非解决误判的唯一途径。
5. **死刑是维护社会秩序的必要手段**
   在特定历史和社会背景下,死刑是维护社会稳定和国家安全的重要工具。例如,在打击恐怖主义和严重暴力犯罪中,死刑具有不可替代的作用 [5][6]。

通过以上分析,可以看出废除死刑与保留死刑的争议涉及法律、伦理、社会等多方面因素,需要根据具体国情和社会背景进行权衡。

通过这种方式，选手可以全面理解争议点，形成更完整的论证体系。

五、提升法律写作能力，打造高质量法律文书

法律比赛往往要求选手提交高质量的法律文书，如诉状、法律备忘录、裁判意见等。DeepSeek 可以通过提示词帮助选手优化法律写作。例如："请按照美国联邦最高法院的判决风格，起草一份关于网络言论自由的法律意见书。"

美国联邦最高法院
案例编号：23-456
判决日期：2024年10月15日

案件名称：史密斯诉美国联邦政府案
（Smith v. United States）

主笔大法官：约翰·罗伯茨（John Roberts）

法律意见书

背景与案情
本案涉及网络言论自由的宪法保护问题。原告史密斯（Smith）因在社交媒体平台上发布批评政府的言论，被指控违反《网络安全法》第203条，该条款规定"任何人在网络上发布可能危害国家安全的言论，将被追究刑事责任"。

史密斯认为，该条款违反美国宪法第一修正案对言论自由的保护，遂提起诉讼。

争议焦点
本案的核心争议在于：

1. 《网络安全法》第203条是否违反宪法第一修正案？
2. 政府限制网络言论自由的合法性边界是什么？

法律分析

一、宪法第一修正案的保护范围
宪法第一修正案明确规定："国会不得制定法律……剥夺言论自由。"这一条款不仅适用于传统媒体，也适用于网络平台。网络言论作为现代公共讨论的重要载体，享有与线下言论同等的宪法保护。

二、网络言论自由的限制标准
尽管宪法保护言论自由，但最高法院在以往判例中确立了若干限制标准：

1. **明显而即刻的危险（Clear and Present Danger）**：在申克诉合众国案（Schenck v. United States, 1919）中，法院认为，只有当言论可能引发"明显而即刻的危险"时，政府方可限制。
2. **布兰登堡标准（Brandenburg Test）**：在布兰登堡诉俄亥俄案（Brandenburg v. Ohio, 1969）中，法院进一步明确，只有当言论旨在煽动"迫在眉睫的非法行为"，且该行为很可能发生时，政府方可限制。

三、本案适用

1. **言论性质**：史密斯的言论属于对政府的批评，未直接煽动暴力或非法行为。
2. **危险程度**：政府未能证明史密斯的言论可能引发"明显而即刻的危险"或"迫在眉睫的非法行为"。
3. **法律条款的合宪性**：《网络安全法》第203条因其模糊性和过度宽泛性，可能被滥用，从而对合法言论构成不当限制，违反宪法第一修正案。

判决

本院裁定：

1. 《网络安全法》第203条违反宪法第一修正案，因其所规定的限制标准不符合“明显而即刻的危险”或“布兰登堡标准”。
2. 史密斯的言论受宪法第一修正案保护，政府无权因其批评性言论追究其刑事责任。

结论

网络言论自由是现代民主社会的基石，政府对其限制必须符合严格的宪法标准。本案重申了宪法第一修正案对言论自由的保护，确保公共讨论不受不当干预。

附议意见

大法官索托马约尔（Sonia Sotomayor）附议，强调网络平台作为“现代公共论坛”的重要性，并呼吁立法机关在制定相关法律时，明确界定言论自由的边界。

异议意见

大法官托马斯（Clarence Thomas）提出异议，认为网络言论应受到更严格的监管，以防止其被用于传播虚假信息和煽动暴力。

首席大法官约翰·罗伯茨

美国联邦最高法院

注：本意见书为虚构案例，仅用于模拟美国联邦最高法院的判决风格。

DeepSeek 会模仿司法文书的写作风格，提供结构清晰、用语规范的文本，帮助选手提高法律写作能力。

此外，选手可以要求 DeepSeek 进行润色和改进。例如：“请对以下法律论证段落进行学术化重写，使其更加精确且符合法律写作规范。”通过这种方式，选手可以不断优化自己的写作，提高比赛中的表现能力。

六、提供跨法域参考，拓宽国际视野

许多法律比赛具有国际性，选手需要具备跨法域的法律知识。

例如，在 Jessup 国际法模拟法庭比赛中，选手经常需要研究国际条约、判例和国家实践。DeepSeek 可以帮助选手快速获取不同国家的法律制度。例如：“请比较欧盟与美国在数据保护法（GDPR vs. CCPA）上的主要差异，并分析其对跨国企业的影响。”

引用 16 篇资料作为参考 ›

欧盟的《通用数据保护条例》（GDPR）和美国的《加州消费者隐私法案》（CCPA）是两部重要的数据保护法规，尽管它们都旨在保护个人数据隐私，但在适用范围、权利赋予、合规要求等方面存在显著差异，并对跨国企业产生了不同的影响。

主要差异

1. **适用范围**
   - **GDPR**：适用于所有处理欧盟公民个人数据的组织，无论其是否位于欧盟境内。只要企业向欧盟公民提供商品或服务，或监控其行为，就必须遵守GDPR [1,3,9]。

- **CCPA**：主要适用于在加州开展业务且满足特定条件的企业，如年收入超过2500万美元、处理超过5万条个人信息等。CCPA的保护对象是加州居民，但其影响范围也扩展到了全球企业 [6,9,16]。

2. **数据主体权利**

- **GDPR**：赋予数据主体广泛的权利，包括访问权、更正权、删除权（被遗忘权）、限制处理权、数据可携权等。数据主体可以随时撤回同意，并要求企业停止处理其数据 [1,3,9]。
- **CCPA**：赋予加州居民知情权、访问权、删除权和选择退出权（禁止企业出售其个人信息）。CCPA的权利范围相对较窄，且未明确赋予数据可携权 [6,9,16]。

3. **合规要求**

- **GDPR**：要求企业在处理个人数据前获得明确的同意，并实施严格的数据保护措施，如数据保护影响评估、指定数据保护官（DPO）等。GDPR还要求企业在数据泄露后72小时内通知监管机构和数据主体 [1,3,9]。
- **CCPA**：要求企业向消费者提供透明的隐私政策，并在收集、出售或共享个人信息时提供“选择退出”选项。CCPA未明确要求企业获得事先同意，但要求企业在数据泄露时采取合理的安全措施 [6,9,16]。

4. **处罚机制**

- **GDPR**：对违规企业的罚款最高可达全球年营业额的4%或2000万欧元（取较高者）。GDPR的处罚力度较大，且适用于全球范围内的企业 [1,3,9]。
- **CCPA**：对每次违规行为的罚款最高为7500美元（故意违规）或2500美元（非故意违规）。CCPA的处罚力度相对较小，但允许消费者提起集体诉讼，增加了企业的法律风险 [6,9,16]。

对跨国企业的影响

1. **合规成本增加**

- **GDPR**：由于其广泛的适用范围和严格的合规要求，跨国企业需要投入大量资源进行数据保护合规，包括更新隐私政策、实施数据保护措施、培训员工等 [1,3,9]。
- **CCPA**：虽然CCPA的适用范围相对较窄，但其对加州市场的覆盖使许多跨国企业不得不调整其数据处理实践，特别是在涉及个人信息出售时，企业需要提供“选择退出”选项 [6,9,16]。

2. **法律风险提升**

- **GDPR**：高额罚款和严格的执法机制使企业面临较大的法律风险，尤其是在数据泄露或跨境数据传输不合规的情况下 [1,3,9]。
- **CCPA**：尽管罚款金额较低，但消费者集体诉讼的可能性增加了企业的法律风险，特别是在数据泄露事件中，企业可能面临巨额赔偿 [6,9,16]。

3. **全球数据保护标准的趋同**

- **GDPR**：作为全球数据保护立法的标杆，GDPR推动了全球范围内的数据保护法规改革，许多国家在制定本国数据保护法时借鉴了GDPR [1,3,9]。
- **CCPA**：作为美国最严格的隐私法之一，CCPA也对其他州的立法产生了示范效应，推动了美国国内数据保护立法的进程 [6,9,16]。

总结

GDPR和CCPA在适用范围、权利赋予、合规要求和处罚机制等方面存在显著差异，但都对跨国企业的数据处理实践产生了深远影响。企业需要根据其业务范围和数据处理活动，制定相应的合规策略，以应对不同市场的监管要求。

这种提示词能够引导 DeepSeek 提供不同法域的法律比较，帮助选手形成更广阔的法律视角。

此外，选手还可以让DeepSeek结合国际判例进行分析。例如："请分析国际法院在'尼加拉瓜诉美国案'（Nicaragua v. United States）中的裁决理由，并评估其对国际习惯法的影响。"

国际法院在'尼加拉瓜诉美国案'（Nicaragua v. United States）中的裁决理由

1986年，国际法院（ICJ）在'尼加拉瓜诉美国案'中作出了具有里程碑意义的裁决。该案的核心争议是美国在尼加拉瓜境内的军事和准军事活动是否违反了国际法。以下是国际法院的主要裁决理由：

1. **管辖权问题**
   国际法院首先确认其对该案具有管辖权。尽管美国曾声明不接受国际法院对涉及军事活动的案件的管辖权，但法院认为，美国在1946年签署的《国际法院规约》中已同意接受法院的强制管辖权。因此，法院有权审理此案。
2. **禁止使用武力原则**
   国际法院指出，《联合国宪章》第2条第4款明确禁止国家在国际关系中使用武力或威胁使用武力。美国在尼加拉瓜境内支持反政府武装（Contras）的行为，包括提供资金、训练和武器，构成了对尼加拉瓜的非法使用武力，违反了国际法。
3. **不干涉内政原则**
   法院认为，美国的行为违反了不干涉内政原则。根据国际习惯法，一国不得干预他国的内部事务。美国通过支持Contras，试图影响尼加拉瓜的政治局势，构成了对尼加拉瓜内政的非法干涉。
4. **自卫权的适用性**
   美国辩称其行为是为了自卫，因为尼加拉瓜向萨尔瓦多的反政府武装提供支持。然而，法院认为，美国的自卫权主张不符合《联合国宪章》第51条规定的自卫条件，因为尼加拉瓜的行为并未构成对美国的"武装攻击"。
5. **赔偿与责任**
   国际法院裁定，美国应对其违法行为承担国际责任，并向尼加拉瓜支付赔偿。然而，美国拒绝执行法院的裁决，导致赔偿问题未能实际解决。

对国际习惯法的影响

'尼加拉瓜诉美国案'对国际习惯法的发展产生了深远影响，主要体现在以下几个方面：

1. **确认禁止使用武力原则**
   该案明确重申了《联合国宪章》第2条第4款的核心地位，将禁止使用武力原则确立为国际习惯法的重要组成部分。这一原则在后来的国际争端中被广泛引用，成为评判国家行为合法性的重要标准。
2. **强化不干涉内政原则**
   法院对不干涉内政原则的适用进一步巩固了其在国际法中的地位。该原则被视为国际习惯法的重要组成部分，对国家行为具有普遍约束力。
3. **界定自卫权的范围**
   法院对自卫权的严格解释为国际习惯法提供了重要参考。根据法院的裁决，自卫权的行使必须符合《联合国宪章》第51条规定的条件，即只有在遭受"武装攻击"时方可行使。
4. **国际法院的权威性**
   尽管美国拒绝执行法院的裁决，但该案增强了国际法院在解决国际争端中的权威性。法院的裁决表明，即使是超级大国，也应遵守国际法的基本原则。
5. **国际习惯法的证据**
   该案为国际习惯法的形成和适用提供了重要证据。法院在裁决中广泛引用了国家实践和法律确信（opinio juris），为国际习惯法的认定提供了范例。

总结

'尼加拉瓜诉美国案'是国际法院历史上的重要案例，其裁决重申了禁止使用武力、不干涉内政等国际法的基本原则，并对自卫权的范围进行了严格界定。该案不仅增强了国际法院的权威性，还为国际习惯法的发展提供了重要依据，对后来的国际法实践产生了深远影响。

这种提示词能够帮助选手熟悉国际法裁判思路，为比赛提供有力的支持。

七、总结

法律比赛不仅考察选手的法律知识，还要求其具备出色的法律推理能力、辩论技巧和法律写作水平。DeepSeek 作为辅助工具，可以在法律检索、证据与争点梳理、模拟法律对抗、优化法律论证、提升写作能力、提供跨法域参考等方面发挥重要作用。为了使 DeepSeek 生成内容更具针对性、逻辑性和学术深度，选手必须精准设计提示词。通过科学地构建提示词，选手不仅可以高效准备比赛，还能提升自身的法律思维能力，在激烈的竞争中脱颖而出。

第四节　驱动 DeepSeek 赋能法律诊所

法律诊所教育（Legal Clinic）是一种实践导向的法律教学模式，旨在让法律专业的学生在真实案件中锻炼法律分析、法律写作和法律咨询技能。随着人工智能技术的发展，DeepSeek 可以作为法律诊所学生处理真实案件的辅助工具。学生可以输入案件的具体情况，让 DeepSeek 提供初步的法律分析、法律建议、法律文件起草方案，甚至是诉讼策略分析，以帮助其更好地为客户提供服务。然而，要使 DeepSeek 充分发挥其在法律诊所中的价值，提示词的设计至关重要。本节将从精准描述案件背景、明确法律问题、优化法律文书起草以及确保伦理与合规性四个方面，探讨如何利用提示词更好地驱动 DeepSeek 赋能法律诊所。

一、精准描述案件背景，确保分析针对性

在法律诊所中，学生通常需要处理来自不同领域的真实案件，如劳动争议、消费者权益保护、租赁合同纠纷、移民法问题、刑事辩护等。为了让 DeepSeek 提供有针对性的分析，提示词应当详细描述案件背景，包括当事人身份、案件事实、关键证据、相关法律关系等。

例如,避免使用模糊的提示词:“某员工因合同问题与雇主产生争议,该如何处理?”这样输入的信息过于宽泛,DeepSeek 可能只能给出一般性的法律建议,而无法提供有针对性的分析。

更好的提示词应当具体化案件事实。例如:“一名工人在某公司连续工作 3 年,每月工资 8000 元,无正式劳动合同。近期,该工人因工作受伤申请工伤认定,但公司拒绝承认劳动关系。请根据《劳动合同法》和《工伤保险条例》,分析该工人能否主张工伤赔偿,并提供具体的法律依据。”

引用 13 篇资料作为参考 >

根据《劳动合同法》和《工伤保险条例》,即使没有签订正式劳动合同,工人仍然可以主张工伤赔偿。以下是具体的法律依据和分析:

1. **事实劳动关系的认定:**
   - 根据《劳动合同法》和《工伤保险条例》,劳动关系的存在并不完全依赖于书面劳动合同。工人可以通过其他证据证明事实劳动关系的存在,例如工资支付记录、工作证、考勤记录、同事证言等 [9,10,11]。
   - 工人连续工作3年,每月工资8000元,这些都可以作为证明劳动关系的重要证据。
2. **工伤认定的申请:**
   - 根据《工伤保险条例》第十七条,用人单位未在规定时间内提出工伤认定申请的,工人或其近亲属、工会组织可以在事故伤害发生之日起1年内直接向社会保险行政部门提出工伤认定申请 [9,10,11]。
   - 即使公司拒绝承认劳动关系,工人仍然可以自行申请工伤认定。
3. **工伤赔偿的项目:**
   - 如果工伤认定成功,工人可以享受以下赔偿项目:医疗费、住院伙食补助费、交通食宿费、停工留薪期工资、护理费、一次性伤残补助金等 [1,2,3]。
   - 具体赔偿金额根据工人的伤残等级和当地工伤保险政策确定。例如,一次性伤残补助金的标准为:一级伤残为27个月的本人工资,二级伤残为25个月的本人工资,依此类推 [6,7,8]。
4. **特殊情况处理:**
   - 如果公司拒绝配合,工人可以通过劳动仲裁或诉讼确认劳动关系,然后再申请工伤认定 [9,10,11]。
   - 根据《人力资源社会保障部 住房城乡建设部 安全监管总局 全国总工会关于进一步做好建筑业工伤保险工作的意见》,未签订劳动合同的工人可以通过工资支付凭证、工作证、考勤记录等证据确认事实劳动关系 [9,10,11]。

综上所述,工人可以通过提供工资支付记录、工作证、考勤记录等证据证明事实劳动关系的存在,并自行申请工伤认定。一旦工伤认定成功,工人可以依法享受相应的工伤赔偿。

这样,DeepSeek 可以结合具体的法律条款,提供更精确的法律分析,并给出适当的法律建议。

二、明确法律问题,增强法律推理的条理性

在法律诊所中,法律问题通常涉及多个层面,如事实认定、法律适用、程序性问题等。因此,提示词应分步骤引导 DeepSeek 进行法律推理,而不是让其直

接给出答案。

例如，如果学生要分析消费者权益保护案件，提示词可以这样设计："某消费者在电商平台购买手机，收到后发现是二手翻新机，商家拒绝退换货。请依据《消费者权益保护法》进行分析，分以下几步：(1)确定消费者的法律身份；(2)分析商家的行为是否构成欺诈；(3)探讨消费者可主张的法律救济途径。"

引用 8 篇资料作为参考 >

根据《消费者权益保护法》和相关法律法规，针对您的问题，分析如下：

(1) 确定消费者的法律身份

根据《消费者权益保护法》第二条，消费者是指为生活消费需要购买、使用商品或者接受服务的自然人。在本案例中，购买手机的消费者是为了满足个人生活需求而购买商品，因此其法律身份明确为"消费者"，享有《消费者权益保护法》赋予的各项权利 [3,4]。

(2) 分析商家的行为是否构成欺诈

根据《消费者权益保护法》第八条，消费者享有知悉商品真实情况的权利。商家在销售过程中未如实告知消费者手机为二手翻新机，隐瞒了商品的重要信息，违反了经营者应提供真实、全面信息的义务 [3,4]。此外，根据《消费者权益保护法实施条例》第九条，经营者不得通过虚假或者引人误解的宣传欺骗、误导消费者 [2]。因此，商家的行为构成欺诈。

(3) 探讨消费者可主张的法律救济途径

消费者可以通过以下途径维护自身权益：

1. **与商家协商**：消费者可以尝试与商家直接协商，要求退货、换货或赔偿 [6,7]。
2. **向消费者协会投诉**：如果协商无果，消费者可以向当地消费者协会投诉，寻求调解 [6,7]。
3. **向行政部门投诉**：消费者可以向市场监督管理部门投诉，要求对商家的违法行为进行调查和处理 [6,7]。
4. **提起诉讼**：如果其他途径无法解决问题，消费者可以向人民法院提起诉讼，要求商家承担法律责任，包括退货、赔偿损失等 [6,7]。

综上所述，消费者可以依据《消费者权益保护法》采取多种途径维护自身合法权益。建议在维权过程中保留好相关证据，如购物凭证、商品照片、聊天记录等，以便更好地支持自己的主张 [6,7]。

这种结构化的提示词有助于 DeepSeek 进行逻辑清晰的法律推理，并提高法律分析的系统性。

此外，在涉及证据分析的案件中，提示词可以要求 DeepSeek 结合证据规则进行分析。例如："某名嫌疑人在刑事案件中被指控盗窃，但其唯一的定罪证据是一名证人的口供。请分析该证据是否符合刑事诉讼中的证据可采性标准，并提供相关法条支持。"

引用 8 篇资料作为参考 >

在刑事案件中，唯一的定罪证据是证人的口供，这种情况是否符合刑事诉讼中的证据可采性标准，需要从以下几个方面进行分析：

1. 证据的独立性与补强性

根据《中华人民共和国刑事诉讼法》第五十五条，对一切案件的判处都要重证据，重调查研究，不轻信口供。只有被告人供述，没有其他证据的，不能认定被告人有罪和处以刑罚；没有被告人供述，证据确实、充分的，可以认定被告人有罪和处以刑罚 1 2 6 。这意味着，仅凭证人的口供，如果没有其他证据予以佐证，不能单独作为定罪的依据。证据需要具备补强性，即通过其他证据来印证口供的真实性。

2. 证据的客观性与关联性

证据必须具有客观性和关联性。根据《刑事诉讼法》及相关司法解释，证据的客观性要求其反映的案件情况必须是客观存在的，而不是主观推测或虚构的。关联性则要求证据必须与案件事实有必然的内在联系 3 4 。如果证人的口供无法通过其他证据证明其真实性，或者与案件事实的关联性存疑，则该口供可能不具备可采性。

3. 证据的合法性

证据的合法性要求其收集程序必须符合法律规定。根据《刑事诉讼法》第五十六条，采用刑讯逼供等非法方法收集的证人证言应当予以排除 6 。如果证人的口供是通过非法手段获取的，例如威胁、引诱或欺骗，则该证据不具备可采性。

4. 证据的综合审查

根据《刑事诉讼法》及相关司法解释，证据的审查应当包括单独审查、对比审查和综合审查 1 2 。单独审查是判断每个证据的来源和真实性；对比审查是对多个证据进行比较，看其是否一致；综合审查是对所有证据进行综合分析，判断其是否能够排除合理怀疑。如果仅凭证人的口供，无法通过综合审查排除合理怀疑，则该证据不具备可采性。

结论

综上所述，仅凭一名证人的口供作为唯一的定罪证据，不符合刑事诉讼中的证据可采性标准。根据《刑事诉讼法》第五十五条，口供需要其他证据予以佐证，且证据必须确实、充分，能够排除合理怀疑 1 2 6 。因此，在缺乏其他证据的情况下，仅凭证人的口供不能认定被告人有罪。

相关法条

- 《中华人民共和国刑事诉讼法》第五十五条 1 2 6
- 《中华人民共和国刑事诉讼法》第五十六条 6
- 《最高人民法院关于适用刑事诉讼法的解释》第七十六条至第七十八条 3

这样可以让 DeepSeek 结合证据法的基本原则，提供有法律支撑的分析。

三、引导 DeepSeek 生成法律文书，提高法律实务能力

法律诊所的一个核心任务是培养学生的法律文书写作能力，如起草法律意见书、律师函、诉状等。DeepSeek 可以根据具体案件需求，帮助学生生成标准化的法律文书模板。提示词的质量决定了 DeepSeek 生成文书的专业性和可用性。

例如，如果学生需要起草一份劳动仲裁申请书，使用普通提示词可能会得到较为笼统的文书，如："请帮我写一份劳动仲裁申请书。"这样输入的信息过于简略，可能导致 DeepSeek 生成的文本缺乏针对性和法律细节。

更好的提示词应该包含详细的案件信息、申请人的诉求、适用法律依据等。例如："某公司拖欠员工 6 个月工资共计 48000 元，员工希望申请劳动仲裁，请起草一份正式的劳动仲裁申请书，包含以下内容：(1) 申请人和被申请人信息；(2) 案件事实；(3) 法律依据；(4) 具体请求事项；(5) 结论。"

引用 6 篇资料作为参考 >

劳动仲裁申请书

申请人：张三，男，汉族，1990年5月15日出生，现住北京市朝阳区XX路XX号，联系电话：13812345678。

被申请人：北京XX有限公司，住所地：北京市海淀区XX路XX号，联系电话：010-12345678。
法定代表人：李四，职务：总经理。

案件事实

申请人张三于2023年1月1日入职被申请人北京XX有限公司，担任销售经理一职，双方签订了为期三年的劳动合同，约定月工资为8000元。然而，自2024年8月起，被申请人开始拖欠申请人工资，截至2025年2月28日，已累计拖欠6个月工资，共计48000元。申请人多次向被申请人催要工资，但被申请人以公司资金周转困难为由拒绝支付。

法律依据

根据《中华人民共和国劳动合同法》第三十条规定，用人单位应当按照劳动合同约定和国家规定，向劳动者及时足额支付劳动报酬。被申请人拖欠工资的行为已严重违反了上述法律规定，侵害了申请人的合法权益。

具体请求事项

1. 请求裁决被申请人支付申请人2024年8月至2025年1月拖欠的工资共计48000元；
2. 请求裁决被申请人支付申请人因拖欠工资产生的经济补偿金12000元（按拖欠工资总额的25%计算）。

结论

为维护申请人的合法权益，特向贵会申请仲裁，请求仲裁委依法裁决，支持申请人的仲裁请求。

此致
北京市劳动争议仲裁委员会

申请人：张三
2025年2月28日

附：

1. 劳动合同复印件；
2. 工资银行流水记录；
3. 催要工资的书面证据。

这种提示词能够让 DeepSeek 生成结构合理、内容完整的法律文书，帮助学生更快地掌握法律写作技能。

此外,如果学生希望优化法律文书的措辞,可以使用迭代式提示词。例如:“请基于上面生成的劳动仲裁申请书,提高其专业性,使其更具法律严谨性。”

已深度思考(用时 36 秒)

以下是经过专业优化的劳动仲裁申请书模板,通过法律术语规范、逻辑结构强化、条款引用精准化提升法律效力:

劳动仲裁申请书
(黑体二号字居中)

申请人:张三,男,汉族,1990年5月15日出生
公民身份号码:XXXXXXXXXXXXXXXXXX
通讯地址:XX省XX市XX区XX路XX号
联系方式:138-XXXX-XXXX

被申请人:XXXX有限公司
统一社会信用代码:XXXXXXXXXXXXXX
注册地址:XX省XX市XX区XX大厦XX层
法定代表人:李四,职务:执行董事兼总经理
联系方式:010-XXXX-XXXX

仲裁请求:

1. 裁决被申请人向申请人支付2023年1月1日至2023年6月30日期间拖欠的工资共计人民币48,000元(大写:肆万捌仟元整);
2. 裁决被申请人向申请人支付解除劳动合同经济补偿金人民币20,000元(按2.5个月工资标准计算);
3. 裁决被申请人承担本案全部仲裁费用。

案件事实:

1. **劳动关系存续期间**:
申请人于2021年3月1日与被申请人签订《劳动合同》(合同编号:XXX),约定申请人担任技术工程师职务,合同期限3年,月工资标准为人民币8,000元(银行转账支付,工资条签收)。
2. **拖欠工资事实**:
自2023年1月起,被申请人未按约定支付劳动报酬。截至2023年6月30日,累计拖欠工资6个月,总额48,000元。期间申请人分别于2023年3月5日、5月10日、6月20日通过EMS(单号:XXX)、企业微信(截图见证据4)、当面催告(录音证据)要求支付工资,被申请人法定代表人李四均以“公司现金流紧张”为由推诿。
3. **劳动合同解除事由**:
申请人于2023年7月10日依据《劳动合同法》第三十八条第一款第二项,以被申请人“未及时足额支付劳动报酬”为由,通过EMS邮寄(单号:XXX)及电子邮件送达《解除劳动合同通知书》。双方劳动关系于2023年7月15日正式解除。

法律依据：

1. **工资支付请求权**：
   - 《劳动合同法》第三十条："用人单位应当按照劳动合同约定和国家规定，向劳动者及时足额支付劳动报酬。"
   - 《工资支付暂行规定》第七条："工资必须在用人单位与劳动者约定的日期支付。如遇节假日或休息日，则应提前在最近的工作日支付。"
2. **经济补偿金请求权**：
   - 《劳动合同法》第四十六条第一款第一项："劳动者依照本法第三十八条规定解除劳动合同的，用人单位应当向劳动者支付经济补偿。"
   - 《劳动合同法》第四十七条："经济补偿按劳动者在本单位工作的年限，每满一年支付一个月工资的标准向劳动者支付。六个月以上不满一年的，按一年计算；不满六个月的，向劳动者支付半个月工资的经济补偿。"（申请人工作年限2年4个月，应计2.5个月工资，总额20,000元）
3. **程序法依据**：
   - 《劳动争议调解仲裁法》第二条第四项："因劳动报酬、工伤医疗费、经济补偿或者赔偿金等发生的争议，适用本法。"
   - 《劳动人事争议仲裁办案规则》第二十九条："申请人申请仲裁应当提交书面仲裁申请，并按照被申请人人数提交副本。"

证据清单：

序号	证据名称	证明目的	页码
1	劳动合同原件及复印件	劳动关系及工资标准	1-5
2	银行工资流水（2021-2023）	实际履行中的工资支付情况	6-10
3	欠薪确认书（2023.6.30）	被申请人承认欠款的意思表示	11
4	催款微信记录（公证版）	持续主张权利的时效中断证明	12-15
5	解除通知及送达回执	合法解除劳动合同的程序合规性	16-18
6	社保缴纳记录	劳动关系存续期间佐证	19-20

此致
XX市XX区劳动人事争议仲裁委员会

申请人：张三
（签名捺印）
2023年7月XX日

附注：

1. 本申请书正本1份，副本2份（按被申请人数量+1准备）
2. 所有证据材料需提供原件核对，复印件加盖"本件与原件核对无异"章
3. 经济补偿金计算明细：8,000元/月×2.5个月=20,000元
4. 可同步主张逾期支付工资的加付赔偿金（《劳动合同法》第八十五条）

优化要点说明:

1. **法律术语规范化:** 使用"存续期间""推诿""时效中断"等专业表述
2. **条款引用精细化:** 精确到法律条文具体款项(如第三十八条第一款第二项)
3. **证据体系结构化:** 采用表格列明证明目的,符合仲裁证据规则要求
4. **金额计算透明化:** 经济补偿金计算过程单独标注,避免裁量争议
5. **程序合规强化:** 注明副本份数、原件核对要求等程序性事项

建议申请人委托律师对证据原件进行公证保全,并向税务机关调取被申请人财务状况以增强执行可行性。

通过这种方式,可以让 DeepSeek 反复优化文本,最终生成更符合实务需求的法律文书。当然,需要再次提醒读者注意的是,上面生成的内容提及《劳动争议调解仲裁法》第二条第四项规定“因劳动报酬、工伤医疗费、经济补偿或者赔偿金等发生的争议,适用本法”,但实际上,该内容是由《劳动争议调解仲裁法》第二条第五项规定。由此可见,DeepSeek 文本优化依然可能存在法律适用不准确的技术弊端,这也是使用者需要注意的。

四、确保伦理与合规性,规避法律风险

在法律诊所中,学生必须遵守法律职业伦理,并确保在使用 DeepSeek 进行法律分析时符合法律合规要求。因此,提示词应明确指示 DeepSeek 遵守法律职业道德,不提供超出辅助分析范围的建议。在使用 DeepSeek 的过程之中,学生应注意咨询者的个人信息与隐私保护,避免在提示词中泄露咨询者的真实姓名、家庭住址、行踪轨迹等个人信息。

例如,在涉及刑事案件的情况下,不应让 DeepSeek 直接提供具体的诉讼策略,而应引导其从法律原则角度进行分析。例如,避免使用“请告诉我如何帮助嫌疑人规避刑事责任”这样的提示词,而应改为:“请根据刑事诉讼原则,分析嫌疑人享有哪些辩护权利,并提供相关法律依据。”

在提问过程中,注意保护咨询者的真实姓名、家庭住址、行踪轨迹等个人信息。

这种措辞能够确保 DeepSeek 提供的分析符合法律职业伦理,并避免引导学生作出不当的法律建议。

学生还可以要求 DeepSeek 提供数据来源和法律依据,从而确保 DeepSeek 的回答具有法律基础,以增强分析的可信度和准确性。

五、总结

DeepSeek 作为法律诊所的辅助工具,可以极大提升法律学生的案件分析、

法律推理和法律文书写作能力。然而,研究者必须精心设计提示词,以确保 DeepSeek 生成的内容具有法律专业性和实践价值。精准描述案件背景、明确法律问题、优化法律文书写作,以及确保伦理合规,是高效使用 DeepSeek 赋能法律诊所的关键。通过科学的提示词,法律学生可以更好地利用人工智能工具,提高其法律实践能力,更有效地为客户提供高质量的法律服务。

第五节　驱动 DeepSeek 赋能法律实习

法律实习是法科学生从理论学习向实务操作转变的关键阶段。在实习期间,学生不仅需要快速掌握法律检索技能,还需要进行法条适用、案例分析、法律文书起草等实际工作。然而,由于实习时间有限,如何提高工作效率、迅速适应法律实务环境,成为每位法律实习生必须面对的挑战。在这一过程中,DeepSeek 可作为强大的辅助工具,帮助用户完成法律检索、法律分析和文书撰写等工作。为充分发挥 DeepSeek 的能力,实习生需要掌握精准的提示词设计方法,以确保生成的内容符合法律实务需求。本书将从法条检索优化、类案检索精准化、案例分析深化、法律文书自动化以及个性化学习提升五个方面探讨如何使用提示词,从而更好地驱动 DeepSeek 赋能法律实习。在使用 DeepSeek 的过程中,用户应注意隐私与数据保护等相关法律规定。

一、法条检索优化:精准定位法律依据

法律实务工作的核心之一是迅速找到相关法条,并准确理解其适用范围。在法律实习过程中,实习生可以利用 DeepSeek 进行高效的法条检索,但前提是提示词必须明确具体。

例如,如果直接输入“请提供关于合同解除的法律规定”,DeepSeek 可能会返回多个法域的法律条款,难以满足实际需求。

因此,实习生应结合具体法律体系和法规编号,提高提示词的精准度。例如:“请检索中国《民法典》第 563 条的内容,并解释其关于合同解除的适用情形。”

引用 7 篇资料作为参考 >

根据《中华人民共和国民法典》第563条，合同解除的适用情形包括以下五种：

1. **因不可抗力致使不能实现合同目的**：不可抗力是指不能预见、不能避免且不能克服的客观情况，如自然灾害、战争等。如果不可抗力导致合同目的无法实现，当事人可以解除合同 1 2 6 。
2. **在履行期限届满前，当事人一方明确表示或者以自己的行为表明不履行主要债务**：如果一方在合同履行期限届满前明确表示或以行为表明不履行主要债务，另一方可以解除合同。这种情况被称为“预期违约” 1 2 6 。
3. **当事人一方迟延履行主要债务，经催告后在合理期限内仍未履行**：如果一方迟延履行主要债务，且经催告后在合理期限内仍未履行，另一方可以解除合同 1 2 6 。
4. **当事人一方迟延履行债务或者有其他违约行为致使不能实现合同目的**：如果一方的迟延履行或其他违约行为导致合同目的无法实现，另一方可以解除合同。这种情况被称为“根本违约” 1 2 6 。
5. **法律规定的其他情形**：除上述情形外，法律还规定了其他可以解除合同的情形 1 2 6 。

此外，对于**以持续履行的债务为内容的不定期合同**，当事人可以随时解除合同，但应当在合理期限之前通知对方 1 2 6 。

解释：

- **不可抗力**：不可抗力事件必须直接导致合同目的无法实现，才能解除合同。如果不可抗力仅对合同履行造成部分影响，合同目的仍可实现，则不能解除合同 1 4 。
- **预期违约**：预期违约包括明示违约和默示违约。明示违约是指一方明确表示不履行合同，默示违约是指一方通过行为表明不履行合同 1 4 。
- **迟延履行**：迟延履行必须涉及主要债务，且经催告后在合理期限内仍未履行，才能解除合同 1 4 。
- **根本违约**：根本违约是指一方的违约行为严重到足以使合同目的无法实现 1 4 。
- **不定期合同**：不定期合同是指合同期限不固定或未明确约定的合同，当事人可以随时解除，但需提前通知对方 1 5 。

这些规定旨在保护当事人的合法权益，同时防止滥用合同解除权，维护合同的稳定性和诚信原则 1 4 。

这类提示词不仅能确保 DeepSeek 返回准确的法条,还能提供适用场景的初步解释,帮助实习生迅速理解法条含义。

此外,实习生在处理具体案件时,可能需要结合多个相关法条进行分析。例如,在劳动争议案件中,除了《劳动合同法》外,还涉及《社会保险法》《工伤保险条例》等。此时,可使用递进式提示词,如:“请列出涉及劳动合同解除的核心法条,并说明它们之间的关系。”

引用 3 篇资料作为参考 >

涉及劳动合同解除的核心法条主要来自《中华人民共和国劳动合同法》，以下是相关法条及其关系的说明：

1. **第三十六条**：用人单位与劳动者协商一致，可以解除劳动合同。这是双方自愿解除合同的基础，通常伴随经济补偿的协商 1 2 3 。
2. **第三十七条**：劳动者提前30日以书面形式通知用人单位，可以解除劳动合同；试用期内提前3日通知即可。这是劳动者单方解除合同的权利，无需支付经济补偿 1 2 3 。
3. **第三十八条**：用人单位存在违法行为（如未支付劳动报酬、未提供劳动保护等），劳动者可以解除劳动合同，并要求经济补偿。这是劳动者在用人单位违法情况下的保护条款 1 2 3 。

4. **第三十九条**：劳动者存在严重过错（如试用期不符合录用条件、严重违反规章制度等），用人单位可以解除劳动合同，且无需支付经济补偿。这是用人单位在劳动者过错情况下的解除权 1 2 3 。

5. **第四十条**：用人单位在特定情形下（如劳动者患病不能胜任工作、客观情况重大变化等），提前30日通知或支付一个月工资后，可以解除劳动合同，但需支付经济补偿。这是用人单位在非劳动者过错情况下的解除权 1 2 3 。

6. **第四十一条**：用人单位因经济原因（如破产、经营困难等）裁减人员时，需履行法定程序并支付经济补偿。这是经济性裁员的特殊规定 1 2 3 。

7. **第四十二条**：在特定情形下（如女职工孕期、劳动者患职业病等），用人单位不得依据第四十条、第四十一条解除劳动合同。这是对劳动者的特殊保护条款 1 2 3 。

8. **第四十四条**：劳动合同终止的情形（如合同期满、劳动者退休等）。这是合同自然终止的规定 1 2 3 。

9. **第四十五条**：劳动合同期满时，若存在第四十二条规定的情形，合同应续延至情形消失。这是对特殊保护条款的补充 1 2 3 。

10. **第四十六条**：规定了用人单位在解除或终止劳动合同时应支付经济补偿的情形。这是经济补偿的适用条款 1 2 3 。

11. **第四十七条**：规定了经济补偿的计算标准。这是经济补偿的具体执行标准 1 2 3 。

关系说明：

- **协商解除**（第三十六条）是双方自愿解除合同的基础，通常伴随经济补偿。
- **劳动者单方解除**（第三十七条、第三十八条）分为无过错解除和因用人单位违法解除，后者需支付经济补偿。
- **用人单位单方解除**（第三十九条、第四十条、第四十一条）分为因劳动者过错解除、非劳动者过错解除和经济性裁员，后两者需支付经济补偿。
- **特殊保护**（第四十二条、第四十五条）限制用人单位在特定情形下解除合同，确保劳动者权益。
- **合同终止**（第四十四条）是合同自然结束的情形，部分情况下需支付经济补偿。
- **经济补偿**（第四十六条、第四十七条）是解除或终止合同时的补偿机制，具体标准由第四十七条规定。

这些法条共同构成了劳动合同解除的法律框架，明确了各方权利和义务，保障了劳动者和用人单位的合法权益 1 2 3 。

这样，DeepSeek 能够系统性地归纳相关法规，提供更全面的法律检索结果，极大提升法律实习生的工作效率。

二、类案检索精准化：快速定位相似判例

在法律实务中，类案检索对于法律推理和诉讼策略制定至关重要。实习生在撰写法律意见书或辅助律师准备案件时，通常需要查找法院如何在类似案件中适用法律。使用 DeepSeek 进行类案检索时，提示词应尽量具体，明确案件的法律问题、裁判要点以及适用法条。

例如，如果希望查找“劳动合同未签订但实际履行”相关的判例，可以使用以下提示词：“请检索中国近五年涉及‘未签订劳动合同但实际履行’的典型案例，并概述法院的裁判观点。”

引用 3 篇资料作为参考 >

根据检索结果，以下是近五年涉及“未签订劳动合同但实际履行”的典型案例及其法院裁判观点的概述：

1. **陈某与南京某汽车服务有限公司案（2023年）**
   法院在裁判中强调，判断是否支付双倍工资不能仅以是否签订书面劳动合同为依据，而应综合考察实际履行情况。如果用人单位在行政机关备案的职工录用花名册中包含了工作内容、劳动报酬等关键信息，并且正常缴纳社保，即便未签订正式劳动合同，也不认定用人单位存在主观恶意。法院认为，劳动者若借机不签合同以谋取双倍工资，违背诚信原则，其诉求不予支持 1 。
2. **孙某与A材料公司案（2022年）**
   本案中，双方在劳动关系建立一年多后补签了劳动合同，约定合同起始时间为实际入职时间。法院认为，补签行为是双方自愿协商的结果，且不存在欺诈或胁迫，因此劳动者后续主张未签订劳动合同的双倍工资不予支持。法院指出，补签劳动合同的行为已解决了未签订合同的遗留问题，用人单位无需再支付双倍工资 2 。
3. **朱某与北京某化妆品公司案（2024年）**
   法院认定，用人单位未与劳动者签订书面劳动合同，且未在用工之日起一个月内书面通知终止劳动关系，应依法支付双倍工资差额。尽管劳动者曾对合同条款提出异议，但用人单位未积极解决，导致合同未签订，因此用人单位需承担相应责任 3 。

法院裁判观点总结：

- **实质履行优先**：法院在判断是否支付双倍工资时，注重劳动关系的实际履行情况，而非仅以书面合同的有无为依据 1 。
- **补签合同的法律效力**：双方自愿补签劳动合同并约定实际入职时间，可视为解决了未签订合同的问题，劳动者后续不得再主张双倍工资 2 。
- **用人单位的责任**：若用人单位未积极履行签订合同的义务，即使劳动者对合同条款有异议，用人单位仍需承担未签订合同的法律责任 3 。

以上案例反映了法院在“未签订劳动合同但实际履行”问题上的裁判逻辑，即综合考察实际履行、双方行为及诚信原则，确保法律适用的公平性与合理性 1 2 3 。

这类提示词不仅明确了法律问题，还限定了时间范围和案件类型，使 DeepSeek 能够提供更加精准的类案分析。当然，用户必须自行核验 AI 生成内容(特别是相关案件)的真实性。

对于实习生来说，这种方式不仅能加快案件准备速度，还能帮助其更快适应法律实务中的判例分析工作。

三、案例分析深化:提高法律推理能力

案例分析是法律实习中最具挑战性的任务之一。实习生在法律实务中，常常需要对法院判决进行归纳和评价，以便辅助律师制定诉讼策略或提供法律意见。使用 DeepSeek 进行案例分析时，提示词应强调法律推理过程。

例如，与其简单地要求“总结某个案件的裁判理由”，不如使用更具引导性的提示词，如：“请分析某法院在‘张某诉李某房屋买卖合同纠纷案’中的裁判逻辑，并讨论其对后续同类案件的影响。”这种提示方式可以促使 DeepSeek 生成更深入的法律推理分析，提高分析质量。

此外,实习生还可以利用 DeepSeek 进行案例比较分析。例如,在研究违约责任时,可以使用以下提示词:"请比较'合同违约赔偿'在中国和美国的法律适用差异,并结合具体案例进行说明。"

引用 10 篇资料作为参考 >

在中国和美国，合同违约赔偿的法律适用存在一些显著差异，主要体现在赔偿原则、赔偿范围、以及具体救济方式等方面。以下是对两国法律适用差异的比较，并结合具体案例进行说明。

1. 赔偿原则

- **中国**：中国的《民法典》第584条规定，违约赔偿应相当于因违约所造成的损失，包括合同履行后可以获得的利益，但不得超过违约方在订立合同时预见到或应当预见到的损失。中国法律强调"完全赔偿原则"，即赔偿应覆盖直接损失和间接损失 1 2 。
- **美国**：美国合同法主要保护三种利益：期待利益（Expectation Interest）、信赖利益（Reliance Interest）和返还利益（Restitution Interest）。期待利益是首要保护对象，旨在使非违约方处于合同已被履行的状态。美国合同法不支持惩罚性赔偿，除非违约方故意违约 5 6 。

2. 赔偿范围

- **中国**：中国法律明确规定了赔偿范围，包括直接损失和间接损失（如合同履行后可获得的利益）。例如，在《民法典》第584条中，损失赔偿额应相当于因违约所造成的损失，但不得超过违约方在订立合同时预见到或应当预见到的损失 1 2 。
- **美国**：美国合同法强调损失的可预见性（Foreseeability）、可确定性（Certainty）和可避免性（Avoidability）。经典案例**Hadley v. Baxendale**确立了损失的可预见性原则，即违约方仅对在订立合同时可预见的损失负责 7 。

3. 救济方式

- **中国**：中国法律提供了多种救济方式，包括继续履行、采取补救措施、赔偿损失等。例如，在《民法典》第577条中，违约方应承担继续履行、采取补救措施或赔偿损失等责任 1 2 。
- **美国**：美国合同法中的救济方式包括金钱损害赔偿（Money Damages）和强制令（Injunctive Relief）。金钱损害赔偿是主要的救济方式，旨在补偿非违约方的损失。经典案例**Hawkins v. McGee**中，法院判决违约方赔偿原告"一只好手"的价值与"一只手术后/现况的手"的价值之间的差异，体现了期待利益的保护 6 。

4. 具体案例

- **中国案例**：在《民法典》第584条的适用中，法院通常会根据合同的具体情况，结合违约方的过错程度、违约情节等因素，确定赔偿金额。例如，在最高法院的裁判观点中，法院强调赔偿损失的范围应包括直接损失和间接损失，但不得超过违约方在订立合同时预见到或应当预见到的损失 2 。
- **美国案例**：在**Hawkins v. McGee**案中，法院判决违约方赔偿原告"一只好手"的价值与"一只手术后/现况的手"的价值之间的差异，体现了期待利益的保护。而在**Sullivan v. O'Connor**案中，法院采用了信赖利益标准，判决违约方赔偿原告因信赖合同履行而支出的费用 6 。

总结

中国和美国在合同违约赔偿的法律适用上存在显著差异。中国法律强调"完全赔偿原则"，赔偿范围包括直接损失和间接损失，但不得超过违约方在订立合同时预见到或应当预见到的损失。美国法律则主要保护期待利益，强调损失的可预见性、可确定性和可避免性，通常不支持惩罚性赔偿。两国在救济方式上也存在差异，中国提供了多种救济方式，而美国则以金钱损害赔偿为主。

这样,DeepSeek 能够从跨法域的角度进行比较,帮助实习生拓展法律视野,提高对不同法律体系的理解。

四、法律文书自动化:提高法律写作效率

法律实习的一项重要任务是起草法律文书,包括法律意见书、律师函、诉状等。DeepSeek 可以在此过程中提供重要的辅助作用,提示词的设计决定了输出文书的质量。

例如,如果需要撰写一份律师函,直接输入"请写一封律师函",可能会得到较为模板化的内容。相反,可以使用更具体的提示词,如:"请起草一封针对'拖欠工资'的律师函,要求雇主支付 2023 年 1 月至 6 月的工资,并承担相应违约责任。"

引用 8 篇资料作为参考 >

律师函

致: [雇主名称]
地址: [雇主地址]
日期: 2025年02月28日

发函人: [律师事务所名称]
地址: [律师事务所地址]
联系电话: [律师事务所电话]
律师: [律师姓名],执业证号:[律师执业证号]

关于: 要求支付2023年1月至6月拖欠工资及承担违约责任

尊敬的[雇主名称]:

本律师事务所依法接受[员工姓名](以下简称"委托人")的委托,就贵公司拖欠其2023年1月至6月工资一事,特致函如下:

一、事实陈述

1. 委托人与贵公司于[入职日期]建立劳动关系,双方签订了劳动合同,约定委托人的月工资为[工资金额]元。
2. 根据委托人的工资支付记录及考勤记录,贵公司自2023年1月起至2023年6月期间,未按时足额支付委托人工资,累计拖欠金额为[拖欠金额]元。
3. 委托人多次与贵公司沟通,要求支付拖欠工资,但贵公司至今未予支付。

二、法律依据

1. 根据《中华人民共和国劳动法》第五十条规定:"工资应当以货币形式按月支付给劳动者本人。不得克扣或者无故拖欠劳动者的工资。"
2. 根据《中华人民共和国劳动合同法》第八十五条规定,用人单位未及时足额支付劳动报酬的,劳动行政部门可责令其限期支付,逾期不支付的,应按应付金额百分之五十以上百分之一百以下的标准向劳动者加付赔偿金。
3. 根据《中华人民共和国刑法》第二百七十六条之一,若贵公司有能力支付而拒不支付劳动报酬,且数额较大,可能构成拒不支付劳动报酬罪,需承担刑事责任。

三、要求与期限

1. 请贵公司在收到本函之日起**7日内**,将拖欠的工资[拖欠金额]元支付至委托人指定的银行账户:[开户行名称],

账号：[银行账号]。

2. 若贵公司未在上述期限内支付拖欠工资，委托人将依法向劳动监察部门投诉或申请劳动仲裁，并保留追究贵公司违约责任及要求支付赔偿金的权利。
3. 若贵公司拒不履行支付义务，委托人将采取进一步法律行动，包括但不限于提起诉讼，届时贵公司除需支付拖欠工资外，还需承担诉讼费、律师费等合理费用。

四、特别提示

本函为正式法律文书，请贵公司慎重对待，及时履行支付义务，避免因拖延或拒绝支付而承担更严重的法律后果。

本律师事务所保留采取进一步法律行动的权利。

此致
敬礼

发函人： [律师事务所名称]
律师： [律师姓名]
日期： 2025年02月28日

附：

1. 劳动合同复印件
2. 工资支付记录
3. 考勤记录

1 3 5

这种提示词能够确保 DeepSeek 生成的内容符合具体情境，提高法律文书的适用性。

实习生可以要求 DeepSeek 优化法律文书，例如："请对以下法律意见书的措辞进行优化，使其更加正式、法律逻辑更加严密。"这样，DeepSeek 可以提供更为专业的文本优化建议，帮助实习生提高法律写作能力。

五、个性化学习提升：构建系统化知识体系

法律实习不仅是实践经验的积累过程，也是对法律知识体系的深化学习。实习生可以利用 DeepSeek 制定个性化的学习计划，例如："请为我制定一个关于'行政诉讼法律方法'的系统学习计划，包括核心法条、重要判例和推荐书目。"这样的提示词能够帮助实习生构建系统化的学习路径，提高学习效率。

实习生还可以利用 DeepSeek 进行模拟法律问答，例如："请模拟法官，在我提交的诉讼请求基础上，对案件的法律适用进行提问。"这种方式可以帮助实习生更好地理解法庭辩论的逻辑，提高法律思维能力。

六、总结

DeepSeek 可以在法律实习期间为实习生提供全方位的辅助,但其有效性依赖于精准的提示词设计。通过优化法条检索、类案检索、案例分析、法律文书撰写和个性化学习等方面的提示词,实习生可以更高效地利用 DeepSeek 提升实习表现,加速自身从理论向实务的转变,从而更快适应法律职业的实际需求。

第六节　驱动 DeepSeek 赋能法律职业规划

法律职业规划对于法学生和法律从业者而言至关重要,因为不同的法律职业路径(如律师、法官、检察官、法律顾问、学术研究等)对专业能力、职业要求和发展路径都有不同的期待。DeepSeek 作为智能助手,可以通过精确的提示词设计,提供有针对性的法律职业信息和建议,帮助学生和从业者作出更科学的职业规划。为了更好地驱动 DeepSeek 赋能法律职业规划,研究者或使用者应从精准职业信息获取、个性化职业规划建议、法律职业技能培养、职业发展路径分析及跨国法律职业对比五个方面优化提示词,从而充分发挥 DeepSeek 在法律职业规划中的价值。

一、获取精准职业信息,构建职业全景

要让 DeepSeek 充分发挥作用,用户要设计能够提供全面法律职业信息的提示词。法律行业涵盖多个职业类别,如律师、法官、检察官、公司法务、政府法律顾问、国际组织法律官员、仲裁员、学者等。不同职业的工作内容、能力要求、职业发展路径、薪资待遇和挑战各不相同。因此,在提示词的设计上,应要求 DeepSeek 针对具体职业提供详细的介绍。

例如,用户直接输入“律师的职业发展是怎样的?”,可能会得到较为宽泛的回答;如果改为“请详细介绍中国律师的执业资格要求、主要工作职责、职业发展路径及未来发展趋势”,则可以获得更具针对性的信息。

请详细介绍中国律师的执业资格要求、主要工作职责、职业发展路径及未来发展趋势。

引用 14 篇资料作为参考 >

中国律师的执业资格要求

根据《中华人民共和国律师法》，申请律师执业需要满足以下条件 1 2 3：

1. **拥护中华人民共和国宪法**：申请人必须拥护国家的宪法和法律。
2. **通过国家统一法律职业资格考试**：申请人需要通过国家统一法律职业资格考试，取得法律职业资格证书。
3. **在律师事务所实习满一年**：申请人需要在律师事务所实习满一年，并通过律师协会的实习考核。
4. **品行良好**：申请人需具备良好的品行，无违法犯罪记录。

主要工作职责

律师的主要职责包括 6 7：

1. **担任法律顾问**：为自然人、法人或其他组织提供法律咨询，起草和审查法律文书。
2. **代理诉讼**：在民事、行政和刑事案件中担任代理人或辩护人，参与诉讼活动。
3. **非诉讼法律服务**：参与调解、仲裁活动，提供非诉讼法律服务。
4. **法律文书撰写**：解答法律咨询，代写诉讼文书和其他法律事务文书。

职业发展路径

律师的职业发展路径通常包括以下几个阶段 9 10 11：

1. **实习律师**：通过法律职业资格考试后，进入律师事务所实习，积累实践经验。
2. **初级律师**：获得执业资格后，开始独立处理案件，逐步积累经验和声誉。
3. **高级律师**：随着经验和能力的提升，律师可以晋升为高级律师，负责更复杂的案件和团队管理。
4. **合伙人或律所管理层**：有能力和雄心的律师可以成为律所的合伙人或管理层，参与律所的运营和管理。
5. **专业化发展**：律师可以选择专注于某一法律领域，如公司法、知识产权法、涉外法律等，成为该领域的专家。

未来发展趋势

中国律师行业未来将呈现以下趋势 12 13 14：

1. **专业化与品牌化**：律师行业将加速细分领域深耕，打造差异化优势，律所品牌化趋势明显。
2. **国际化布局**：随着中国企业“走出去”，涉外法律服务需求增长，国内律所将加速国际化布局。
3. **科技赋能**：人工智能、大数据等技术将广泛应用于法律文书生成、案件分析等领域，提升律师工作效率。
4. **社会责任强化**：律师将承担更多社会责任，如参与法律援助、公益诉讼等，推动社会公平正义。

总结来说，中国律师行业正处于从“量增”到“质变”的关键阶段，未来将呈现高端化、专业化、科技化、国际化四大趋势。律师需要不断学习和适应，以应对行业的变化和挑战。

同样，针对法官、检察官等职业，也可以使用类似的精细化提示词，如：“在中国，成为法官的具体条件是什么？有哪些晋升机制？相比律师职业，法官的职业发展有什么优势与挑战？”

引用 11 篇资料作为参考 >

在中国，成为法官的具体条件主要包括以下几点 [1] [2] [3]：

1. **国籍与年龄**：必须具有中华人民共和国国籍，年满23周岁。
2. **政治与道德要求**：拥护中华人民共和国宪法，具有良好的政治、业务素质和道德品行。
3. **身体健康**：具备正常履行职责的身体条件。
4. **学历与工作经验**：需具备普通高等学校法学类本科学历并获得学士及以上学位，或非法学类本科及以上学历并获得法律硕士、法学硕士及以上学位，并从事法律工作满五年。对于高级人民法院和最高人民法院的法官，工作年限要求更高。
5. **法律职业资格**：初任法官需通过国家统一法律职业资格考试取得法律职业资格。
6. **禁止条件**：曾因犯罪受过刑事处罚或被开除公职的人员不得担任法官。

法官的晋升机制：

法官的晋升主要通过以下方式 [6] [7]：

1. **按期晋升**：法官在达到一定任职年限后，可以逐级晋升。
2. **择优选升**：对于表现特别优秀或工作特殊需要的法官，可以通过特别选升机制晋升。

法官职业发展的优势与挑战：

优势：

1. **职业稳定性**：法官作为公务员，享有稳定的收入和职业保障，包括工资、保险、福利等待遇 [2] [6] 。
2. **社会地位**：法官作为司法权的执行者，享有较高的社会地位和职业尊荣 [9] [10] 。
3. **职业保障**：法官依法履行职责，不受行政机关、社会团体和个人的干涉，享有职业保障 [2] [6] 。

挑战：

1. **工作压力**：法官面临案件数量多、审限紧张、办案质量要求高等压力，尤其是在基层法院，工作强度大 [6] [11] 。
2. **职业风险**：法官在审判过程中可能面临来自当事人的威胁、恐吓等职业安全风险 [9] 。
3. **知识更新**：随着法律的不断发展，法官需要不断学习新法规和司法解释，但工作繁忙可能影响知识更新 [11] 。

与律师职业的对比：

优势：

1. **稳定性**：法官职业相对稳定，而律师职业则更依赖案源和市场竞争力 [9] [10] 。
2. **职业保障**：法官享有公务员的职业保障，而律师则需自行承担职业风险和经济压力 [9] [10] 。

挑战：

1. **收入差异**：法官的收入相对固定，而律师的收入潜力较大，尤其是资深律师 [9] [10] 。
2. **工作自由度**：法官的工作受限于法院的分配和审限，而律师可以自主选择案件和工作节奏 [9] [10] 。

综上所述，法官职业在稳定性和社会地位方面具有优势，但也面临较大的工作压力和职业风险。与律师相比，法官的职业发展更注重体制内的晋升和考核，而律师则更依赖个人能力和市场竞争力。

此外，除了国内法律职业，许多学生还希望了解国际法律职业的情况，因此可以进一步要求 DeepSeek 进行比较分析。例如：“请对比中国与美国的律师执业资格制度，包括考试要求、执业路径和职业前景。”

引用 13 篇资料作为参考 >

中国与美国的律师执业资格制度对比

1. 考试要求

中国：
中国的律师执业资格需要通过国家统一法律职业资格考试（简称"法考"）。考试分为客观题和主观题两部分，内容涵盖习近平法治思想、法理学、宪法、刑法、民法、商法等多个法律领域。报名条件包括具有法学类本科学历或非法学类本科但具有法律硕士、法学硕士及以上学位，或从事法律工作满三年 1 2 3 。

美国：
美国的律师执业资格需要通过各州的律师资格考试（Bar Exam）。考试通常包括多项选择题（MBE）、论文题（Essay）和职业道德考试（MPRE）。此外，考生还需通过法学院入学考试（LSAT）并完成法学博士（J.D.）学位。各州的考试内容和要求略有不同，但普遍要求考生具备扎实的法律知识和分析能力 12 13 。

2. 执业路径

中国：
通过法考后，考生需在律师事务所实习一年，并通过实习考核，方可申请律师执业证书。执业律师可以选择在律师事务所、企业法务部门或政府机构工作。随着经验的积累，律师可以晋升为高级律师、合伙人，或开设个人律师事务所 1 7 9 。

美国：
通过Bar Exam后，律师可以申请执业证书，并在律师事务所、企业法务部门、政府机构或非营利组织工作。美国的律师职业路径多样化，律师可以选择专攻某一领域（如知识产权法、环境法），或通过积累经验晋升为合伙人、法官，甚至进入政界 12 13 。

3. 职业前景

中国：
中国的律师行业近年来快速发展，律师人数已突破77万人。随着法治建设的推进，律师的需求持续增长，尤其是在企业合规、知识产权、涉外法律等领域。然而，行业竞争激烈，年轻律师面临案源少、收入不稳定等挑战。未来，专业化、科技化和国际化将成为律师行业的主要趋势 7 9 10 。

美国：
美国的律师行业同样前景广阔，尤其是在知识产权法、环境法、科技法等新兴领域。根据美国劳工统计局的数据，律师的需求将持续增长，尤其是在大城市和国际化公司。律师的平均年薪较高，且职业发展路径多样化，包括晋升为合伙人、独立执业或进入政府机构 12 13 。

总结

中国和美国的律师执业资格制度在考试要求、执业路径和职业前景上各有特点。中国的法考注重法律知识的全面性，执业路径相对集中，职业前景受法治建设和市场需求驱动。美国的Bar Exam则更注重法律实践能力，执业路径多样化，职业前景受行业细分和国际化趋势影响。

这种方式可以帮助学生更清晰地了解不同国家的法律职业体系，为未来的职业规划提供更广阔的视角。

二、提供个性化职业规划建议，结合背景精准匹配

不同的法律职业适合不同性格、背景和技能的个体，因此 DeepSeek 可以在个性化职业规划方面发挥作用。用户在设计提示词时，可以加入自身背景信

息,以获得更具针对性的建议。

例如,与其简单询问“法学生毕业后有哪些就业选择?”,不如改为如下提示词:“我是中国某政法院校法学专业大四学生,对刑法和诉讼法感兴趣,希望未来从事刑事法律相关工作。请结合我的背景,分析适合我的职业选择,并提供详细的职业路径规划。”

引用 12 篇资料作为参考 >

根据你的背景和兴趣，结合检索结果，以下是适合你的职业选择及详细的职业路径规划：

1. 职业选择

- **刑事律师**：专注于刑事案件的辩护和代理，为当事人提供法律服务。这是刑事法律领域最直接的职业选择，能够让你深入参与刑事案件的各个环节 [1] [6] 。
- **法官/检察官**：通过公务员考试进入法院或检察院，参与刑事案件的审理或检察工作。这类职业稳定性高，且能够直接参与司法实践，维护社会公平正义 [1] [5] 。
- **企业法务（刑事合规方向）**：在大型企业或跨国公司中负责刑事合规工作，帮助企业识别和防范刑事法律风险。随着企业对合规要求的提高，这一领域的职业机会逐渐增多 [4] [12] 。
- **刑事法律专家/顾问**：在咨询公司或研究机构中担任刑事法律专家，提供专业的刑事法律咨询和培训服务。这类职业通常要求较高的专业素养和丰富的实践经验 [12] 。

2. 职业路径规划

- **短期目标（1–3年）**：
  1. **通过法律职业资格考试**：这是进入刑事法律相关职业的基本门槛，建议优先备考并通过考试 [1] [5] 。
  2. **积累实践经验**：开始实习或助理工作，积累刑事法律实务经验。可以选择在律师事务所、法院或检察院实习，了解刑事案件的办理流程 [6] [8] 。
  3. **拓展人脉**：与法官、检察官、律师等建立良好的职业关系，学习他们的实务经验，并参与相关的法律培训和研讨会 [8] 。
- **中期目标（3–8年）**：
  1. **职业定位**：根据个人兴趣和职业发展，选择成为刑事律师、法官/检察官或企业法务。如果选择律师方向，可以专注于刑事辩护或刑事合规领域；如果选择法官/检察官方向，可以通过公务员考试进入司法机关 [1] [5] [12] 。
  2. **提升专业能力**：参与重大刑事案件或复杂法律事务，提升自己的法律分析、文书写作和辩护能力。同时，可以考取相关证书（如心理咨询师、英语翻译证等）以增强竞争力 [6] [8] 。
  3. **学历提升**：如果希望进一步提升职业竞争力，可以考虑攻读法学硕士或博士学位，尤其是在刑事法律领域进行深入研究 [5] [8] 。
- **长期目标（8–15年）**：
  1. **职业晋升**：如果选择律师方向，可以逐步成为高级合伙人或刑事法律领域的专家律师；如果选择法官/检察官方向，可以通过遴选进入中级或高级法院，或担任法院管理岗位 [5] [8] 。
  2. **学术或公共政策路径**：如果对学术研究感兴趣，可以进入高校任教或参与司法改革政策研究，为完善刑事法律体系做出贡献 [8] 。
  3. **个人品牌建设**：通过高质量的法律服务或学术成果，建立个人职业品牌，提升在刑事法律领域的影响力和认可度 [6] [8] 。

3. 注意事项

- **理论与实践结合**：在职业发展过程中，注重将理论知识与实践操作相结合，避免脱节 6 。
- **职业压力管理**：刑事法律相关工作通常压力较大，需建立良好的时间管理和压力释放机制，保持心理健康 6 。
- **持续学习**：刑事法律领域法规更新频繁，需定期参加法律培训和学术研讨会，保持对最新法律动态的关注 6 8 。

通过以上规划，你可以逐步实现职业目标，在刑事法律领域取得长足发展。

此外，已经有一定法律从业经验的人，也可以设计有针对性的提示词。例如："我已经在某律师事务所工作3年，主要从事民商事诉讼业务，想转型为企业法务。请分析这一转型的可行性，并提供可操作的职业发展路径。"

引用 8 篇资料作为参考 >

从律师事务所转型为企业法务是许多律师职业发展中的常见选择，尤其是像你这样拥有3年民商事诉讼经验的律师，转型的可行性较高。以下是对转型可行性的分析以及可操作的职业发展路径：

一、转型可行性分析

1. **专业背景匹配**
你从事的民商事诉讼业务与企业法务的工作内容高度相关。企业法务的核心职责包括合同审查、合规管理、诉讼支持等，这些都需要扎实的民商事法律知识和实务经验。你的诉讼经验在处理企业纠纷、风险评估和诉讼策略制定方面具有显著优势 2 3 。
2. **职业发展需求**
企业法务的工作相对稳定，工作节奏和压力与律师事务所有所不同。如果你希望从高强度、高不确定性的律师工作中转向更稳定的职业环境，企业法务是一个理想的选择 2 3 。
3. **市场需求**
随着企业对合规管理和风险防控的重视，法务人才的需求持续增长。尤其是大型企业、国企和外企，对具有律师背景的法务人员尤为青睐 3 6 。

二、可操作的职业发展路径

1. **明确转型目标**
   - **行业选择**：根据你的兴趣和背景，选择适合的行业，如金融、制造业、科技等。不同行业的法务工作重点有所不同，例如金融行业更注重合规和风险管理，而科技行业则更关注知识产权和数据合规 3 6 。
   - **企业类型**：大型企业、国企和外企的法务体系较为完善，适合积累经验；中小型企业则可能提供更多综合性的法务工作机会 3 6 。
2. **补充相关技能**
   - **合规管理**：学习企业合规管理的相关知识，如反商业贿赂、数据合规、环保合规等。可以通过参加相关培训或考取企业合规师认证来提升竞争力 6 。
   - **商业思维**：企业法务需要结合企业的商业目标提供法律意见，因此需要加强对企业运营和商业逻辑的理解 2 5 。
3. **积累实践经验**
   - **从基础岗位入手**：初入企业法务领域，可以从法务专员或法务经理等基础岗位开始，逐步积累经验 3 。
   - **参与跨部门协作**：企业法务需要与业务、财务、人力资源等部门密切合作，积极参与跨部门项目，提升综合能力 2 5 。

4. **建立职业网络**
   - **加入行业社群**：通过加入法务相关的行业社群或协会，与同行交流经验，获取职业机会 2 。
   - **利用律师背景**：你的律师背景可以帮助你在企业法务中建立独特的优势，例如在处理外部律师合作时更具话语权 3 6 。
5. **长期发展规划**
   - **晋升路径**：从法务专员到法务经理，再到法务总监或首席法务官（CLO），是企业法务的典型晋升路径 3 6 。
   - **多元化发展**：在积累一定经验后，可以考虑向合规管理、风险管理或企业高管等方向发展 6 。

三、转型中的注意事项

1. **适应工作节奏**
   企业法务的工作节奏相对固定，需要适应从乙方（律师）到甲方（企业）的角色转换，注重内部沟通和流程管理 2 5 。
2. **调整心态**
   企业法务的工作内容可能不如律师多样化，初期可能会感到挑战不足。保持积极心态，专注于积累经验和提升综合能力 2 5 。
3. **持续学习**
   企业法务需要不断更新法律知识和行业动态，建议通过参加培训、阅读行业报告等方式保持专业竞争力 6 。

总结

你的民商事诉讼背景为企业法务转型提供了坚实的基础。通过明确目标、补充技能、积累经验和建立职业网络，你可以顺利完成转型并在企业法务领域实现职业发展。如果需要进一步指导，可以参考相关培训课程或加入行业社群获取支持 2 3 6 。

这种个性化的提示词能够让 DeepSeek 提供更具体的职业规划建议，包括必要的职业技能提升、合适的求职策略以及可能遇到的挑战。

三、培养法律职业技能，精准提升竞争力

法律行业是高度专业化的领域，不同职业路径要求不同的核心技能。DeepSeek 可以通过精细化的提示词帮助用户制订系统的职业技能培养计划。

例如，有志成为律师的法学生，可以使用以下提示词："我是一名法学生，希望未来成为一名诉讼律师。请提供一个详细的职业技能培养方案，包括法律写作、庭审技巧、客户沟通、案例分析等方面的训练方法。"

引用 17 篇资料作为参考 >

作为一名法学生，未来想要成为一名优秀的诉讼律师，需要在多个方面进行系统的职业技能培养。以下是详细的培养方案，涵盖法律写作、庭审技巧、客户沟通、案例分析等方面的训练方法：

1. 法律写作

法律文书写作是律师的基本功，直接影响案件的成败。以下是提升法律写作能力的训练方法：

- **学习法律文书格式**：掌握起诉状、答辩状、证据清单、代理词等常见法律文书的格式和写作规范 3 6 。

- **多写多练**：通过实际案例进行文书写作练习，例如每周分析一个案件并撰写相关文书 3 7 。
- **反复修改**：完成文书后，进行多次修改，确保内容严谨、逻辑清晰 7 。
- **学习优秀文书**：阅读法院判决书、优秀律师的文书，学习其写作技巧和表达方式 7 8 。
- **精准使用法律术语**：确保文书中使用的法律术语准确无误，增强文书的权威性 7 。

2. 庭审技巧

庭审是诉讼律师的核心战场，以下是提升庭审技巧的训练方法：

- **模拟法庭**：参与模拟法庭辩论，锻炼快速反应、逻辑推理和语言表达能力 1 3 。
- **观看庭审直播**：每周观看不少于3场庭审直播，制作开庭笔录，熟悉庭审流程 3 。
- **脱稿发言**：训练脱稿辩论能力，确保庭审发言流畅、逻辑清晰 11 。
- **掌握辩论策略**：学习辩论技巧，如先声夺势、抓住对方弱点、以退为进等策略 10 。
- **控制情绪**：在庭审中保持冷静，避免情绪化发言，展现专业形象 11 。

3. 客户沟通

与客户的良好沟通是律师成功的关键，以下是提升客户沟通能力的训练方法：

- **倾听技巧**：通过角色扮演和模拟对话，练习倾听客户需求，理解其真实意图 12 13 。
- **表达技巧**：学习如何清晰、简洁地表达法律观点，避免使用复杂术语 12 13 。
- **处理投诉**：掌握处理客户投诉的技巧，保持冷静，提供有效的解决方案 12 13 。
- **建立信任**：通过同理心和专业态度，赢得客户的信任和认可 12 13 。
- **定期沟通**：在案件办理过程中，定期向客户汇报进展，确保客户知情 3 。

4. 案例分析

案例分析能力是律师的核心技能之一，以下是提升案例分析能力的训练方法：

- **案例选择**：选择具有代表性的案例进行分析，确保案例的真实性和典型性 15 16 。
- **深入分析**：通过思维导图等工具，梳理案例的关键点，分析问题的核心和解决方案 15 16 。
- **团队讨论**：与同学或同事进行案例讨论，听取不同观点，拓宽分析思路 15 16 。
- **运用理论**：结合法律理论知识，分析案例中的法律问题，提出合理的解决方案 15 16 。
- **撰写报告**：完成案例分析后，撰写详细的案例分析报告，总结经验和教训 15 16 。

5. 综合实践

- **实习机会**：争取在律所或法院实习，参与实际案件处理，积累实践经验 1 3 。
- **参加培训**：参加法律写作、庭审技巧、客户沟通等专业培训课程，提升综合能力 12 13 。
- **持续学习**：关注法律动态，学习新出台的法律法规和司法解释，保持知识的更新 1 5 。

通过以上系统的训练，你可以逐步提升法律写作、庭审技巧、客户沟通和案例分析等方面的能力，为未来成为一名优秀的诉讼律师打下坚实的基础。

同样，希望成为法官、检察官或企业法务的人，也可以设计类似的提示词。例如，设置如下提示词："我现在是某大学法学院的大三学生，我计划从2025年开始备考国家统一法律职业资格考试，请为我提供一份针对各个部门法的备考方案和时间规划表。"

引用 5 篇资料作为参考

2025法考保姆级全攻略,看这一篇就够了 微信公众号

法考报考时间|法律职业资格考试关键节点解析 jzcmfw.com

众律智学:高效规划助你一战通关_未来网 news.k618.cn

2025法律职业资格考试时间发布:备考攻略与... 搜狐

查看全部 5

以下是结合2025年法考最新动态和备考策略，为你制定的**分阶段、分科目备考方案与时间规划表**（基于当前日期2025年4月9日调整）：

一、整体备考阶段划分

根据搜索结果，建议采用**三轮进阶法**，总周期约6-8个月（2025年4月-10月）：

1. **基础夯实阶段**（4月-6月）：系统学习核心科目，构建知识框架
2. **强化突破阶段**（7月-8月）：真题训练+重点突破
3. **冲刺抢分阶段**（9月-10月）：主观题专项+全真模考

二、分科目备考方案

1. 核心高分科目（民法、刑法、刑诉、民诉、行政法、商法）

- **基础阶段（4月-6月）**
  - **民法/刑法**：优先学习，每天2-3小时，结合官方教材（三大本）和机构精讲课程（如众合、厚大）。重点理解理论（如刑法犯罪构成、民法合同效力）和案例应用。
  - **诉讼法（刑诉、民诉）**：5月启动，通过对比表格记忆程序差异（如一审vs二审流程），搭配章节真题练习。
  - **行政法/商法**：6月集中突破，关注新修法条（如2025年3月可能的修订内容）。
- **强化阶段（7月-8月）**
  - **真题训练**：近5年真题反复刷3遍，总结高频考点（如刑法共同犯罪、民法的物权变动）。
  - **案例推演**：针对主观题，练习“结论-法条-分析”三段式答题模板。

2. 小法科目（理论法、三国法、经济法等）

- **基础阶段**：7月后开始，利用碎片时间记忆（如宪法条文、国际私法规则）。
- **冲刺阶段**：9月集中背诵押题讲义，结合口诀（如“一国两制三法系”简化三国法）。

三、详细时间规划表

时间段	学习任务	每日建议时长
4月-6月	- 民法/刑法精讲+章节题（4月-5月） - 诉讼法+行政法/商法（5月-6月）	3-4小时
7月-8月	- 分年真题训练（客观题） - 主观题案例专项（如指导案例研读）	4-5小时
9月（客观题）	- 限时模考（每周2套） - 错题复盘+法条速记	5-6小时
10月（主观题）	- 每日1道论述题+2道案例分析 - 背诵高频法条（如民法典合同编、刑诉证据规则）	4-5小时

DeepSeek 还可以帮助用户规划具体的学习资源,例如推荐相关书籍、课程、模拟案例分析练习等,从而为法律职业技能的提升提供系统性的支持。

四、分析法律职业发展路径，优化长期规划

法律职业的晋升路径具有较强的层级性和发展阶段性。用户可以通过优化提示词，让 DeepSeek 提供详细的职业发展路径分析。

例如，关于律师职业，用户可以使用以下提示词：“请分析中国律师的职业发展路径，包括从初级律师到合伙人律师的晋升机制、时间周期、核心能力要求，以及可能遇到的职业瓶颈。”

引用 14 篇资料作为参考 >

中国律师的职业发展路径通常从初级律师逐步晋升至合伙人律师，期间涉及多个阶段，每个阶段都有不同的核心能力要求和时间周期。以下是详细分析：

1. 职业发展路径

- **初级律师**：刚通过司法考试并获得执业证书的律师，主要从事基础工作，如案件调研、文件起草等。这一阶段的核心任务是积累实务经验，通常需要2-3年时间 1 6 。
- **中级律师**：在积累一定经验后，律师可以独立处理较复杂的案件，并可能带领助理律师团队。这一阶段通常需要3-5年时间，核心能力包括案件处理能力、团队协作能力等 6 9 。
- **高级律师**：拥有10年以上经验的律师，通常在某一领域有较深的造诣，能够处理高风险、高收益的案件，并参与事务所的决策。这一阶段的核心能力包括客户关系管理、业务拓展等 6 9 。
- **合伙人律师**：这是律师职业发展的最高阶段，合伙人不仅负责案件处理，还参与事务所的运营管理。通常需要5-10年时间，核心能力包括商业运营、团队管理、战略规划等 6 7 9 。

2. 晋升机制

- **内部晋升**：大多数律师事务所通过内部晋升机制培养合伙人，通常需要律师在事务所内积累足够的经验、业绩和客户资源。晋升标准包括专业能力、客户资源、团队管理能力等 7 8 。
- **外部引进**：部分律所也会通过外部引进的方式吸纳成熟的合伙人，尤其是那些自带案源和业务能力的律师。这种方式可以快速补齐团队短板，但成本较高 8 。

3. 核心能力要求

- **专业能力**：扎实的法律知识和实务经验是律师职业发展的基础，尤其是在某一领域的专长 1 6 。
- **客户资源**：律师的职业发展很大程度上依赖于客户资源的积累，尤其是在独立执业后，案源成为关键 6 9 。
- **团队管理**：随着职业发展，律师需要具备团队管理和领导能力，尤其是在晋升为合伙人后 6 7 。
- **商业运营**：合伙人律师需要具备商业运营能力，包括事务所的战略规划、业务拓展等 6 7 。

4. 职业瓶颈

- **案源不足**：尤其是年轻律师，在独立执业初期往往面临案源不足的问题，导致收入不稳定 6 13 。
- **竞争激烈**：律师行业竞争激烈，尤其是在大城市和高端业务领域，少数知名律所几乎垄断了大部分业务 13 。
- **执业风险**：律师在执业过程中可能面临多种风险，如刑事指控、客户投诉等，这些风险可能影响职业声誉 13 。
- **税赋压力**：律师行业的税赋较高，尤其是对聘用律师按月计征个人所得税，导致收入不稳定 14 。

5. 总结

中国律师的职业发展路径从初级律师到合伙人律师，通常需要5–10年时间，期间需要不断提升专业能力、积累客户资源、培养团队管理能力。然而，律师在职业发展过程中也会面临案源不足、竞争激烈、执业风险等瓶颈。通过内部晋升或外部引进，律师可以逐步实现职业目标，但需要克服这些挑战 [6][7][9]。

这类提示词可以引导DeepSeek详细分析律师行业的成长路径,帮助用户更好地规划职业进阶策略。

类似地,法官、检察官等,也可以使用类似的提示词。例如:"在中国,成为一名检察官后,如何晋升到高级检察官?请分析晋升机制、能力要求以及可能的职业挑战。"

引用10篇资料作为参考 >

在中国，检察官晋升到高级检察官的机制、能力要求和职业挑战可总结如下：

一、晋升机制

1. **等级体系**

   中国检察官实行**四等十二级**制度，从低到高依次为：检察官（五级至一级）、高级检察官（四级至一级）、大检察官（二级至一级）、首席大检察官（最高人民检察院检察长） [1][3][4]。

2. **晋升方式**

   - **按期晋升**：适用于较低等级（如五级至一级检察官），需满足任职年限并通过考核（如三级晋升二级需3年） [1][6]。
   - **择优晋升**：适用于高级检察官（四级以上），需在限额内综合评估**政治素质**、**办案实绩**、**专业能力**等，经省级或最高检批准 [1][2][3]。
   - **职务晋升联动**：担任更高行政职务（如副检察长）可同步提升检察官等级 [1][4]。

3. **审批权限**

   - 三级、四级高级检察官由省级检察院批准；
   - 一级、二级高级检察官由最高检批准 [1][3]。

二、能力要求

1. **政治素质**：必须拥护宪法，政治立场坚定，无违纪记录 [2][7]。
2. **专业能力**：
   - 通过国家统一法律职业资格考试；
   - 具备扎实的法律知识和办案经验，尤其在重大、疑难案件中表现突出 [7][8]。
3. **业绩考核**：
   - 年度考核需达到"优秀"或"良好"；
   - 在业务竞赛、典型案例办理中获表彰者可优先晋升（如云南省检察院将"全省检察业务专家"作为择优条件） [2][5]。
4. **培训要求**：晋升高级检察官前需完成专项培训 [3]。

三、职业挑战

1. **竞争激烈**

- 高级检察官名额有限，择优晋升需长期积累业绩，基层检察官晋升至三级高级检察官平均需10年以上 5 6 。

2. **办案压力**

- 一线检察官年均办案超百件，错案追责风险高（如无罪判决可能影响晋升） 9 。

3. **行政化倾向**

- 部分检察官为提升待遇转向行政岗位，脱离办案一线，与司法改革“去行政化”目标冲突 5 10 。

4. **职业风险**

- 反贪、公诉等岗位易遭报复或舆论压力，可能影响职业发展 9 。

四、改革趋势

近年司法改革强调“**员额制**”和**单独职务序列**，推动检察官待遇与等级挂钩，减少行政干预。例如：

- 上海试点检察官等级与行政职级脱钩，提高一线办案人员晋升空间 10 ；
- 云南优化考核标准，明确“有为者有位”，激励优秀人才留在办案岗位 2 。

综上，晋升高级检察官需长期专业积累、突出业绩表现，并适应司法改革的动态调整 2 5 10 。

此外，进行跨行业职业转换，例如从律师转型为法官、检察官或公司法务，也可以使用具体的提示词：“请分析律师转型为公司法务的可行性，并提供一个具体的转型策略，包括技能调整、行业适应和求职建议。”

引用 7 篇资料作为参考 >

律师转型为公司法务是可行的，且近年来这一趋势逐渐增多。以下是对转型可行性的分析及具体的转型策略：

一、转型可行性分析

1. **职业稳定性**：相比律师，公司法务的工作内容相对稳定，工作压力较小，且不需要面对案源的不确定性，适合追求职业稳定性的律师 1 。
2. **专业发展**：公司法务可以专注于某一行业或领域的法律事务，深入研究企业合规、风险管理等方面，提升专业素养 1 。
3. **职业前景**：随着企业对法律风险的重视，法务人员的需求不断增长，法务人员不仅可以从事企业内部法律事务，还可参与企业战略决策，职业发展空间广阔 1 5 。

二、转型策略

1. 技能调整

- **法律与商业结合**：法务工作不仅需要法律专业知识，还需与商业结合，提供实用的法律解决方案。律师需从“律师思维”向“法务思维”过渡，注重法律与商业的平衡 2 6 。
- **行业知识**：迅速熟悉目标行业的法律风险点、业务流程和核心需求，成为行业的“懂行”顾问 2 6 。
- **沟通与协作**：法务需要与业务部门和其他部门建立良好的合作关系，律师需提升沟通技巧，学会倾听和提问，避免急于表现 2 6 。

2. 行业适应

- **了解企业文化和流程**：在转型初期，律师应少说多看，避免急于改革，先了解公司现有的流程、规则和文化，逐步提出改善建议 2 6 。
- **深入业务**：法务工作是为业务部门提供支持，律师需迅速熟悉公司的产品、业务模式和法律需求，成为业务的"支持伙伴" 2 6 。
- **建立人脉**：积极与公司内部的关键利益相关者沟通，建立信任关系，融入公司文化 2 6 。

3. 求职建议

- **明确职业定位**：在面试中，律师应突出自己在企业法律事务方面的经验，强调对企业运营、管理的理解，调整职业定位 1 6 。
- **选择合适行业**：结合经济形势和国家政策，选择行业发展向上的企业法务岗位，确保职业发展的可持续性 7 。
- **管理期望**：在转型初期，律师需调整心态，设定阶段性目标，如熟悉业务、建立关系等，逐步适应法务的工作节奏 2 6 。

三、总结

律师转型为公司法务是一个可行的职业选择，但需要律师在技能、思维和行业适应方面做出调整。通过深入了解企业业务、提升沟通能力、调整职业定位，律师可以顺利转型为公司法务，并在新的职业路径上获得稳定性和发展空间 1 2 6 。

五、对比跨国法律职业,拓宽国际发展视野

随着全球法律服务市场的扩展,越来越多的法律专业人士希望了解跨国职业发展的机会。DeepSeek 可以通过对比分析不同国家的法律职业体系,帮助用户规划国际化职业路径。

例如:"请对比美国、英国、中国的律师职业发展路径,包括执业资格要求、市场需求、薪资水平以及职业前景。"

引用 41 篇资料作为参考 >

美国、英国、中国的律师职业发展路径对比

1. 执业资格要求

- **美国**：
  - 教育：完成本科学位（任何专业），然后进入法学院获得法学博士（JD）学位，通常需要三年 1 11 。
  - 考试：通过各州的律师资格考试（Bar Exam），包括多州法律测试（MBE）和州特定法规测试 1 11 。
  - 道德审查：通过职业道德考试（MPRE）和背景调查 1 11 。
  - 持续教育：定期完成继续法律教育（CLE）课程 1 。
- **英国**：
  - 教育：获得法学学士（LLB）学位或通过法律转换课程（GDL） 6 13 。
  - 培训：完成法律实践课程（LPC）或律师职业培训课程（BPTC），并签订为期两年的训练合同（Training Contract） 6 13 。

- 考试：通过律师资格考试（SQE）的两个阶段评估 [15]。
- 持续教育：定期参与继续职业培训 [6]。

- **中国**：
  - 教育：获得法学本科或研究生学位 [16] [17]。
  - 考试：通过国家统一法律职业资格考试（司法考试） [16] [17]。
  - 实习：在律师事务所实习满一年，并通过当地律师协会的考核 [16] [17]。
  - 持续教育：定期参加继续法律教育 [16]。

2. 市场需求

- **美国**：
  - 需求旺盛，尤其是在知识产权、公司法、税法等领域 [1] [20]。
  - 经济复苏和技术创新推动了法律服务的需求 [19] [20]。
- **英国**：
  - 法律服务需求稳定，特别是在金融、航运、保险和知识产权等领域 [21] [22]。
  - 国际合同和跨境交易的法律服务需求增加 [21]。
- **中国**：
  - 法律服务市场快速增长，尤其是在知识产权、国际贸易和公司法等领域 [24] [40]。
  - 随着经济全球化和法治建设的推进，律师需求持续增加 [40] [41]。

3. 薪资水平

- **美国**：
  - 平均年薪约$144, 230、初级律师年薪约$65,000，资深律师年薪可超过$200,000 [2] [28]。
  - 高薪领域如知识产权、公司法等，年薪可达$200,000以上 [2] [28]。
- **英国**：
  - 初级律师年薪约£40,000，资深律师年薪可达£100,000以上 [22] [30]。
  - 伦敦等大城市的律师收入较高，企业法和税务法等领域的律师收入更高 [22] [30]。
- **中国**：
  - 初级律师年薪约¥100,000，资深律师年薪可达¥500,000以上 [32] [33]。
  - 一线城市和热门领域的律师收入较高 [32] [33]。

4. 职业前景

- **美国**：
  - 职业前景广阔，尤其是在技术创新和全球化背景下 [19] [20]。
  - 人工智能和法律科技的应用为律师提供了新的发展机会 [19] [20]。
- **英国**：
  - 职业前景稳定，特别是在国际商业和跨境法律服务领域 [21] [22]。
  - 法律科技的引入为律师提供了新的发展空间 [22] [23]。

- **中国**:
    - 职业前景良好，随着法治建设的推进和法律服务市场的扩大 40 41 。
    - 国际化和专业化为律师提供了更多的发展机会 40 41 。

总结

美国、英国和中国的律师职业发展路径各有特点。美国律师的教育和考试要求严格，市场需求旺盛，薪资水平高，职业前景广阔。英国律师的职业路径较为灵活，市场需求稳定，薪资水平较高，职业前景良好。中国律师的职业发展迅速，市场需求增长快，薪资水平逐步提高，职业前景乐观。

这类提示词可以让 DeepSeek 提供系统性的国际比较,帮助用户作出更符合自身需求的职业决策。

此外,计划攻读海外法学硕士(LL. M.)或进入国际组织工作的人,也可以使用针对性的提示词。例如,设置如下提示词:“我希望申请剑桥大学法学院的 LL. M. 项目,并计划未来在国际组织从事法律工作。请提供一份详细的申请和职业规划方案。”

引用 13 篇资料作为参考 >

剑桥大学LL.M.申请与国际组织职业规划方案（2025年更新版）

一、剑桥LL.M.申请指南

1. **学术要求**
    - **成绩**：需英国一等荣誉学位（或国际同等学历，如中国985/211院校均分90+，或年级前10%） 1 3 4 。
    - **专业背景**：法学学士优先，非法律背景需证明相关法律经验（如法律职业资格或学术论文） 1 3 。
2. **语言要求**
    - **雅思**：总分7.5（单项≥7.0）或**托福**：110（单项≥25） 1 4 10 。
3. **申请材料**
    - **核心材料**：成绩单（中英文公证）、两封学术推荐信（需导师在线提交）、个人陈述（5000词内，突出学术兴趣与职业目标）、研究计划（可选） 2 3 5 。
    - **加分项**：法律实习/工作证明、发表论文、国际竞赛奖项 4 5 。
4. **时间节点**
    - **申请截止**：通常为12月初（如2025年入学截止2024年12月3日） 10 。
    - **面试**：部分申请者需参加学术面试（考察法律分析与批判思维） 3 。
5. **项目特点**
    - **课程**：9个月学制，4门选修课（可专精国际法、商法等），侧重学术研究与独立阅读 3 9 。
    - **资源**：可参与剑桥国际法中心（Lauterpacht Centre）活动，接触顶尖学者 3 5 。

二、国际组织职业规划路径

1. **短期目标（LL.M.期间）**
    - **学术准备**：选修国际公法、国际经济法、人权法等课程，参与剑桥公益法律项目（如CPP） 3 11 。

- **实习申请**：
  - **国际组织实习**：关注联合国、世界银行、AIIB等实习岗位（需提前6-12个月申请） 8 13 。
  - **国内涉外律所**：如红圈所跨境业务团队，积累国际法实务经验 6 。

2. **中期目标（毕业后1-3年）**

- **初级职位**：
  - **国际组织JPO计划**：如联合国难民署助理法务官（需硕士+2年经验） 13 。
  - **国际律所**：专注跨境争议解决或国际仲裁，提升英语文书与谈判能力 6 8 。
- **继续深造**：攻读国际法博士（如剑桥PhD）或考取纽约/英国律师资格 3 6 。

3. **长期目标（5年以上）**

- **国际组织高级职位**：如AIIB法律顾问（需10年+跨境项目经验） 8 。
- **核心能力**：
  - **语言**：精通英语+第二外语（法语/西班牙语优先） 8 12 。
  - **跨文化沟通**：适应多元团队协作，熟悉国际组织规则（如WTO争端解决机制） 8 11 。

三、关键挑战与应对策略

1. **竞争激烈**：国际组织岗位录取率低（如联合国JPO仅招个位数中国籍候选人），需通过实习、人脉积累提升竞争力 8 13 。
2. **职业转型**：从律所到国际组织需调整工作风格（如从营利导向转为政策分析） 12 。
3. **政策风险**：关注中国与国际组织关系动态（如"一带一路"项目法律需求） 6 8 。

四、资源推荐

- **申请参考**：剑桥法学院官网LLM页面 5 。
- **实习机会**：联合国职业门户（UN Careers）、AIIB毕业生计划 8 13 。
- **职业网络**：加入国际法协会（ILA）、参与海牙国际法模拟法庭 11 。

通过系统规划与持续积累，剑桥LL.M.可成为通往国际组织职业的跳板，但需尽早准备语言、实习与跨领域技能 6 8 11 。

这种提示词可以让 DeepSeek 提供更具体的申请策略、职业路径建议，以及相关法律市场的就业趋势分析。

六、总结

通过精心设计的提示词，DeepSeek 可以成为法律职业规划的重要辅助工具。职业信息获取、个性化职业规划建议、法律职业技能培养、职业发展路径分析及跨国法律职业对比，可以帮助用户系统性地了解法律行业，优化自身职业发展策略，并提前做好职业准备。合理利用 DeepSeek 提供的法律职业分析，不仅可以帮助法学生作出更清晰的职业决策，也可以帮助法律从业者进行职业转型和长期发展规划，从而更好地在法律行业中立足并实现职业目标。

第七节　驱动DeepSeek赋能法律实践课程

法律实践课程的核心目标在于培养学生的法律应用能力，使其能够在真实或模拟的法律环境中掌握法律文书写作、法律谈判、案件分析、诉讼策略制定等实务技能。DeepSeek作为一款智能化的法律研究与实践辅助工具，可以通过提供法律文书模板、模拟谈判对话、案例分析框架以及法律推理训练等方式，有效提升学生的法律实践能力。DeepSeek的输出质量在极大程度上取决于提示词的精准性与针对性。因此，研究者和法律课程的设计者需要采取科学的方法来构建提示词，以确保DeepSeek能够生成符合实务需求的内容。本节将从法律文书写作、法律谈判模拟、案件分析与诉讼策略、法律推理训练以及细化模拟法庭训练五个方面，探讨如何通过精准的提示词更好地驱动DeepSeek，为法律实践课程赋能。

一、优化法律文书写作训练的提示词设计

法律文书写作是法律实务训练的重要组成部分，包括合同、诉状、答辩状、法律意见书、律师函等多种类型的法律文件。在DeepSeek的应用过程中，提示词的设计需要明确文书类型、法律背景、事实陈述以及特定风格要求，以确保输出的内容符合法律实务的要求。

例如，假设需要起草一份房屋租赁合同，用户可以输入以下提示词："请根据中国《民法典》《最高人民法院关于审理城镇房屋租赁合同纠纷案件具体应用法律若干问题的解释》，草拟一份标准的房屋租赁合同，包含出租人、承租人身份信息、租赁期限、纠纷解决方式、禁止转租等内容。"

已深度思考（用时30秒）

以下是根据中国现行法律法规草拟的房屋租赁合同模板（注：实际使用时请根据具体情况调整并咨询专业律师）：

房屋租赁合同

合同编号：______

出租人（甲方）：
姓名/名称：________________
身份证号/统一社会信用代码：________________
联系地址：________________
联系电话：________________

承租人（乙方）：
姓名/名称：________________
身份证号/统一社会信用代码：________________
联系地址：________________
联系电话：________________

第一条 租赁房屋基本情况

1. 甲方将位于______省（市）______区（县）______路______号______室的房屋（以下简称"该房屋"）出租给乙方使用。
2. 房屋建筑面积：**平方米，产权证号：**__________。

第二条 租赁期限

1. 租赁期限为______年，自______年______月______日起至______年______月______日止。
2. 租赁期满后，甲方有权收回该房屋，乙方应如期返还。乙方需继续承租的，应提前30日书面通知甲方，经双方协商一致后重新签订租赁合同。

第三条 租金及支付方式

1. 租金标准：每月人民币______元（大写：），**租金总计人民币______元（大写：）**。
2. 支付方式：乙方按【月/季/年】支付，首期租金于______年______月______日前支付，后续租金应于每期开始前5日支付。
3. 甲方指定收款账户：________________。

第四条 押金

1. 乙方应于本合同签订时支付押金人民币______元（大写：______）。
2. 租赁期满或合同解除后，押金在扣除乙方应承担的费用（包括欠付租金、违约金、房屋损坏赔偿等）后，剩余部分无息退还乙方。

第五条 房屋用途及使用要求

1. 乙方承诺该房屋仅用于______用途，不得擅自改变房屋结构或用途。
2. 乙方应合理使用房屋及附属设施，因使用不当造成损坏的，应承担修复或赔偿责任。

第六条 禁止转租

未经甲方书面同意，乙方不得将房屋全部或部分转租给第三人。若乙方擅自转租，甲方有权单方解除合同并要求乙方支付相当于3个月租金的违约金。

第七条 维修责任

1. 租赁期间，房屋日常维修费用由乙方承担；因房屋自然损耗或甲方原因导致的维修，由甲方承担。
2. 乙方发现房屋或设施损坏的，应及时通知甲方并配合维修。

第八条 合同解除

1. 双方协商一致可解除合同。
2. 乙方有下列情形之一的，甲方有权单方解除合同：
   (1) 逾期支付租金超过15日；
   (2) 擅自转租、改变房屋用途或结构；
   (3) 利用房屋从事违法活动。

第九条 争议解决

因本合同引起的争议，双方应协商解决；协商不成的，任何一方可向房屋所在地有管辖权的人民法院提起诉讼。

第十条 其他条款

1. 本合同未尽事宜，双方可签订补充协议，补充协议与本合同具有同等法律效力。
2. 本合同自双方签字或盖章之日起生效，一式两份，甲乙双方各执一份。

甲方（签字/盖章）：
日期：______年______月______日

乙方（签字/盖章）：
日期：______年______月______日

附：

1. 房屋产权证复印件（加盖甲方公章）；
2. 甲乙双方身份证复印件（双方签字确认）。

注意事项：

1. 根据《民法典》第七百零五条，租赁期限不得超过20年，超过部分无效。
2. 根据《最高人民法院关于审理城镇房屋租赁合同纠纷案件司法解释》，出租人知道或应当知道承租人转租但在6个月内未提出异议的，视为同意转租。
3. 建议双方在签订合同前共同查验房屋状况并签署《房屋交接清单》。

（注：本模板仅供参考，具体条款需根据实际情况调整，并建议委托专业律师审核。）

这类提示词不仅明确了适用的法律，还细化了合同的关键要素，使 DeepSeek 能够生成符合规范的法律文件。

进一步优化法律文书写作训练的方式是提供具体的案例情境，使 DeepSeek 生成针对性更强的内容。例如，设置如下提示词："假设你是一名律师，你的客户 A 公司希望起草一份为期 2 年的劳动合同，聘请 B 先生作为软件工程师，月薪 20000 元，试用期 3 个月，合同期内不得竞业。请起草该合同，并确保符合中国劳动法的规定。"

引用 11 篇资料作为参考 ＞

根据您的要求，结合《中华人民共和国劳动合同法》的相关规定，以下是A公司与B先生的劳动合同草案：

劳动合同

甲方（用人单位）： A公司
乙方（劳动者）： B先生

第一条 合同期限

1. 本合同为固定期限劳动合同，合同期限为两年，自2025年3月1日起至2027年2月28日止。
2. 试用期为三个月，自2025年3月1日起至2025年5月31日止。试用期包含在合同期限内 [1] [7] 。

第二条 工作内容与地点

1. 乙方的工作岗位为软件工程师，工作地点为甲方公司所在地。
2. 乙方应按照甲方的要求，完成岗位职责范围内的各项工作任务。

第三条 劳动报酬

1. 乙方的月薪为人民币20,000元，按月支付。
2. 试用期工资为月薪的80%，即人民币16,000元，且不低于当地最低工资标准 [1] [7] 。

第四条 工作时间与休息休假

1. 乙方的工作时间为每周五天，每天8小时，具体作息时间按甲方规定执行。
2. 乙方享有国家规定的法定节假日、年休假及其他休假权利。

第五条 社会保险与福利

1. 甲方依法为乙方缴纳社会保险（包括养老保险、医疗保险、失业保险、工伤保险和生育保险）。
2. 乙方享有甲方提供的其他福利待遇，具体按甲方规定执行。

第六条 竞业限制

1. 在合同期内及合同终止后两年内，乙方不得从事与甲方业务相同或类似的竞争性活动，包括但不限于加入竞争企业或自行开展竞争业务 [9] [10] 。
2. 甲方应在竞业限制期内按月向乙方支付经济补偿，补偿金额为乙方离职前月薪的30%，即人民币6,000元 [9] [11] 。
3. 若乙方违反竞业限制约定，应向甲方支付违约金，违约金金额为乙方离职前12个月工资总额的两倍 [9] [11] 。

第七条 合同的解除与终止

1. 在试用期内，若乙方不符合录用条件，甲方可解除合同，但需向乙方说明理由 [1] [7] 。
2. 合同期满或双方协商一致，本合同可终止。

第八条 其他约定

1. 本合同未尽事宜，按《中华人民共和国劳动合同法》及相关法律法规执行。
2. 本合同一式两份，甲乙双方各执一份，具有同等法律效力。

甲方（盖章）：A公司
法定代表人（签字）：
日期：2025年2月28日

乙方（签字）：B先生
日期：2025年2月28日

以上合同条款符合《中华人民共和国劳动合同法》的规定，特别是关于试用期、竞业限制及经济补偿的相关要求 1 9 11 。如有其他需求，请进一步告知。

这种详细的提示词能够引导 DeepSeek 根据具体情境生成高度定制化的合同文本,使学生能够在实践中理解法律条款的适用方式,并学会如何调整条款以满足具体需求。

二、提升法律谈判模拟训练的提示词构建

法律谈判是法律实践课程的重要环节,涉及合同谈判、和解谈判、争议解决等多种情境。DeepSeek 可以通过模拟谈判对话的方式,帮助学生锻炼谈判技巧。谈判训练的有效性取决于提示词的设计,提示词应包括谈判双方的立场、核心争议点、目标预期以及谈判策略。

例如,设置如下提示词:“假设你是一名代表原告的律师,在一起涉及商业合同违约的案件中,你的客户希望通过谈判获得 500000 元的赔偿,底线是获得 400000 元的赔偿。对方希望将赔偿金额降至 200000 元,并提供其他补偿方式。请模拟一场双方谈判的对话,体现法律谈判策略。”

引用 3 篇资料作为参考 >

以下是一场模拟的法律谈判对话，结合了法律谈判策略和商业合同违约的应对技巧：

原告律师（我方）：
“感谢各位今天参与谈判。我方客户因贵方违约行为遭受了重大损失，根据合同第5.2条违约责任条款和实际损失核算，我们主张500,000元的赔偿。这一金额是基于直接经济损失和合同约定的违约金计算得出的 2 。请问贵方对此有何看法？”

被告律师（对方）：
“我们理解贵方的立场，但认为200,000元更符合实际损失范围。此外，我们愿意提供额外的补偿方式，比如延长合作期限或优先采购权，以弥补贵方部分损失 3 。”

原告律师（我方）：
“感谢贵方的提议。但延长合作或优先采购权无法直接弥补我方客户已产生的资金链损失。根据《民法典》第584

条，违约赔偿应覆盖实际损失和可得利益 2 。我们注意到贵方提出的金额与合同约定的违约金比例相差较大，能否说明贵方的计算依据？”

被告律师（对方）：
“我们的计算基于部分履约完成的情况，且市场波动影响了整体损失。如果贵方坚持500,000元，可能迫使双方进入诉讼程序，这对时间和成本都是负担 1 。”

原告律师（我方）：
“诉讼确实是最后的选择，但我方已准备好完整的证据链，包括履约记录和第三方评估报告 2 。考虑到诉讼可能对贵方商誉的影响（如媒体报道风险 1 ），我们更希望今天达成和解。如果贵方能将赔偿提高至450,000元，我方愿意放弃部分次要诉求。”

被告律师（对方）：
“450,000元仍超出我方预期。我们提议300,000元现金赔偿，加上未来订单10%的价格优惠，总价值可接近400,000元。”

原告律师（我方）：
“价格优惠的可行性需具体评估，但我方更倾向于一次性解决。为体现诚意，我方可将底线降至400,000元，这是基于我方客户的最低可接受范围 3 。若贵方同意，我们今天即可签署和解协议。”

被告律师（对方）：
“我们需要内部协商……（暂停后）考虑到长期合作关系，我方接受400,000元一次性支付，但需分两期在3个月内完成。”

原告律师（我方）：
“可以接受分期，但需在协议中明确违约责任，确保第二期按时支付。否则将按原合同条款追加滞纳金 2 。”

被告律师（对方）：
“同意。我们将起草补充协议。”

谈判策略体现：

1. **法律依据优先**：始终引用合同条款和《民法典》强化主张 2 3 。
2. **利益交换试探**：通过询问对方计算依据，暴露其薄弱点 1 。
3. **替代方案施压**：提出诉讼和商誉风险，迫使对方让步 1 2 。
4. **锚定效应**：从高额主张逐步让步，最终守住底线（400,000元） 3 。
5. **创造共赢**：接受分期付款但附加保障条款，平衡双方需求 2 。

这类提示词清晰地设定了谈判背景，并引导 DeepSeek 生成对话，使学生能够在模拟环境中练习谈判技巧。

此外，用户可以进一步提高谈判训练的挑战性。例如，设置如下提示词：“假设在谈判过程中，对方以合同某条款存在法律漏洞为由拒绝赔偿，你作为原告律师，如何回应？请模拟一场 3 轮谈判。”

引用 7 篇资料作为参考 >

以下是一场模拟的3轮谈判对话，结合《民法典》合同漏洞填补规则和实务策略，回应对方以“合同漏洞”为由的拒赔主张：

第一轮：法律依据驳斥

原告律师：

“贵方主张合同第X条存在漏洞故拒绝赔偿，但根据《民法典》第510条，合同漏洞应优先通过补充协议或交易习惯填补 1 2 。我方已提供双方过往交易记录（如2023年订单均按行业标准10%溢价执行），证明‘库存充足’的行业惯例是10万件 5 。若贵方坚持条款无效，请说明具体漏洞所在及法律依据。”

被告律师：

“该条款未明确‘库存充足’量化标准，属于约定不明。根据《民法典》第511条，应适用‘通常标准’，而行业惯例并非强制性规定。”

策略：

- 引用具体法条（第510条优先于第511条） 1 ，强调漏洞填补顺序；
- 用交易习惯和行业标准锚定赔偿依据 5 。

第二轮：风险施压

原告律师：

“贵方忽略两点：其一，合同第5条明确‘未尽事宜按行业惯例’，已排除条款无效主张 4 ；其二，若进入诉讼，法院将依据《民法典》第496条审查格式条款效力，而贵方作为专业供应商，未在签约时提出异议，视为接受条款 7 。我方建议按400,000元和解，避免诉讼导致的商誉损失和额外成本。”

被告律师：

“我们愿提高至250,000元，但需分期支付。”

策略：

- 指出合同内部条款关联性（第5条援引行业惯例） 4 ；
- 用诉讼风险和格式条款规则施压 7 。

第三轮：折中方案锁定

原告律师：

“考虑到合作历史，我方可将金额降至350,000元一次性支付，但需附加条款：若贵方未来两年内采购同类商品，享受5%价格优惠（总价值约50,000元）。这符合《民法典》第7条诚信原则，也平衡双方利益 3 。”

被告律师：

“接受此方案，但优惠期调整为1年。”

原告律师：

“可达成一致，请今日签署补充协议。”

策略：

- 提出“现金+履约优惠”组合方案，满足双方底线；
- 引用诚信原则增强条款合法性 3 。

关键法律要点

1. **漏洞填补顺序**：协商→交易习惯→法律补缺（第510、511条）1 2；
2. **格式条款效力**：专业方未提异议视为接受（第496条）7；
3. **证据链构建**：行业标准、过往交易记录可填补漏洞 3 5 。

通过分阶段施压（法律、商业、诉讼风险）和灵活方案，最终守住客户底线（400,000元等效价值）。

这种提示词不仅训练了学生的谈判技巧，还要求他们运用法律推理和证据支持来进行辩论，使他们能够更深入地理解法律谈判的策略。

三、优化案件分析与诉讼策略制定的提示词

法律实践课程中，案件分析是培养学生法律推理能力的重要环节。DeepSeek 可以通过结构化分析案件事实、适用法律条款、列举相关判例等方式，帮助学生建立系统化的案件分析框架。然而，提示词需要清晰地设定案件背景、争议点、适用法律和期望分析方式，以确保 DeepSeek 的输出符合法律分析的要求。

例如，设置如下提示词："请分析以下案件：A 公司与 B 公司签订了一份 500 万元的采购合同，合同规定 B 公司应在 2024 年 1 月 1 日交货。然而，B 公司因供应链问题未能如期交货。A 公司因此要求解除合同并索赔损失。请基于中国《民法典》的规定，分析 A 公司的诉求是否成立，并列举支持或反驳的法律依据。"

引用 8 篇资料作为参考 >

根据中国《民法典》的相关规定，A公司要求解除合同并索赔损失的诉求是否成立，需从以下几个方面进行分析：

1. 合同解除的法律依据

根据《民法典》第五百六十三条，当事人可以解除合同的情形包括：

- 因不可抗力致使不能实现合同目的；
- 当事人一方迟延履行主要债务，经催告后在合理期限内仍未履行；
- 当事人一方迟延履行债务或者有其他违约行为致使不能实现合同目的 1 4 5 。

在本案中，B公司因供应链问题未能如期交货，属于迟延履行主要债务。如果A公司已催告B公司在合理期限内履行，而B公司仍未履行，则A公司有权依据上述规定解除合同 1 4 。

2. 索赔损失的法律依据

根据《民法典》第五百七十七条和第五百八十四条，违约方应承担继续履行、采取补救措施或赔偿损失等违约责任。损失赔偿额应包括因违约所造成的实际损失，以及合同履行后可以获得的利益，但不得超过违约方订立合同时预见到或应当预见到的损失 6 7 8 。

如果A公司因B公司违约遭受了实际损失（如因延迟交货导致的额外成本或利润损失），A公司有权要求B公司赔偿这些损失 [6] [7] 。

3. 供应链问题是否构成不可抗力

如果B公司的供应链问题属于不可抗力（如自然灾害、战争等），且该不可抗力直接导致合同无法履行，则B公司可能免除部分或全部责任。但需注意的是，不可抗力的认定需符合《民法典》第一百八十条的规定，且B公司需及时通知A公司并提供证明 [1] [5] 。

如果供应链问题不属于不可抗力，B公司仍需承担违约责任。

结论

- **如果B公司的违约行为不属于不可抗力**，且A公司已催告B公司在合理期限内履行而B公司仍未履行，则A公司有权解除合同并索赔损失 [1] [4] [6] 。
- **如果B公司的违约行为属于不可抗力**，则B公司可能免除责任，A公司无权解除合同或索赔损失 [1] [5] 。

建议A公司进一步核实B公司供应链问题的性质，并依据《民法典》相关规定采取适当的法律行动。

这类提示词确保DeepSeek按照标准法律分析的方式进行回答，使学生能够理解案件分析的逻辑。

此外，提示词可以进一步引导学生制定诉讼策略。例如：“如果你是A公司的代理律师，在提起诉讼前，你有哪些法律选项？你会如何准备证据？如何选择诉讼请求？”

引用 8 篇资料作为参考 >

作为A公司的代理律师，在提起诉讼前，您可以考虑以下法律选项、证据准备和诉讼请求的选择：

1. 法律选项

在提起诉讼前，您可以采取以下法律选项：

- **协商解决**：首先尝试与对方协商，明确违约事实，争取达成和解协议，要求对方承担违约责任，如支付违约金或赔偿损失 [6] [7] 。
- **调解解决**：如果协商不成，可以向相关调解机构申请调解，由调解机构提出调解方案，促使双方达成和解 [7] 。
- **仲裁解决**：如果合同中约定了仲裁条款，可以向约定的仲裁机构申请仲裁，仲裁裁决具有法律效力 [7] [8] 。
- **诉讼解决**：如果上述方式均无法解决问题，可以向有管辖权的法院提起诉讼，通过司法途径解决纠纷 [7] [8] 。

2. 证据准备

在准备证据时，您需要收集以下材料：

- **合同文本**：包括双方签订的合同及任何补充协议，明确合同条款和违约责任 [6] [7] 。
- **往来函件**：包括催款通知、律师函等，证明对方违约的事实 [1] [4] 。
- **货物交付凭证**：如送货单、签收单等，证明A公司已履行合同义务 [4] 。
- **沟通记录**：包括邮件、聊天记录等，证明双方沟通及对方违约的过程 [6] [7] 。
- **损失证明**：如因对方违约导致的直接损失和可得利益损失的相关证据 [6] 。

3. 诉讼请求的选择

在选择诉讼请求时，您可以考虑以下内容：

- **继续履行**：如果合同仍有履行的可能与必要，可以要求对方继续履行合同义务 6 。
- **采取补救措施**：如对方交付的货物有瑕疵，可以要求修理、更换等 6 。
- **赔偿损失**：要求对方赔偿因违约造成的损失，包括直接损失和可得利益损失 6 。
- **支付违约金**：如果合同中有违约金条款，可以要求对方支付违约金 6 。
- **解除合同**：如果对方严重违约，导致合同目的无法实现，可以请求解除合同 5 。

总结

在提起诉讼前，您可以通过协商、调解或仲裁等方式尝试解决纠纷。如果这些方式无效，则可以通过诉讼途径维护A公司的合法权益。在准备证据时，务必收集充分的合同、往来函件、货物交付凭证等材料。在选择诉讼请求时，可以根据合同条款和实际情况，要求对方继续履行、赔偿损失或支付违约金等 1 4 6 。

如果您需要进一步的帮助或具体建议，建议咨询专业律师以获得更详细的指导。

此类提示词能够帮助学生思考诉讼策略，并模拟法律实务中律师的思考方式，提高其实务能力。

四、强化法律推理训练的提示词构建

法律推理是法律实践课程的重要组成部分，要求学生能够运用逻辑推理能力来分析法律问题。DeepSeek 可以通过模拟法律推理题目来帮助学生训练其逻辑分析能力。

例如："请回答以下法律推理问题：某商店门口立有'禁止携带宠物入内'的标识。顾客 A 带着一只导盲犬进入商店，商店因此拒绝 A 入内。请分析 A 是否有法律依据主张其入内权利？请结合反歧视法的原则进行推理。"

引用 7 篇资料作为参考 >

根据《中华人民共和国残疾人保障法》和各地《养犬管理条例》的规定，顾客A携带导盲犬进入商店的行为受法律保护，商店以"禁止携带宠物入内"为由拒绝其入内涉嫌歧视残疾人，A有权主张其合法权利。具体法律依据和推理如下：

1. 导盲犬的法律豁免地位

根据[7]《中华人民共和国司法部》发布的养犬管理条例第二十五条，**盲人携带导盲犬**不受禁止犬只进入公共场所的限制。类似规定在[3]《上海市养犬管理条例》第二十三条中也有明确体现："盲人携带导盲犬的，不受禁止携带犬只进入商场等场所的限制。"其他城市的养犬管理条例（如[5]广州市）也普遍对导盲犬作出豁免。

2. 反歧视法的保护

《中华人民共和国残疾人保障法》第五十八条规定："盲人携带导盲犬出入公共场所，应当遵守国家有关规定，公共场所的工作人员应当按照规定提供无障碍服务。"商店拒绝导盲犬进入，实质上剥夺了盲人平等参与社会生活的权利，构成对残疾人的**间接歧视**（即表面上中立的规则对特定群体造成不合理的限制）。

3. 商店标识的合法性与例外

虽然商店有权根据[7]第二十五条设置“禁止宠物入内”标识，但该权利需服从法律例外规定。导盲犬并非普通宠物，而是经过专业训练的工作犬，其功能是保障盲人安全出行。根据[3]和[7]，商店必须允许导盲犬进入，否则可能面临以下法律后果：

- 违反《残疾人保障法》，残疾人可向市场监管部门投诉或提起诉讼；
- 根据地方养犬管理条例，行政机关可对商店的违法行为处以警告或罚款。

4. 利益平衡与公共安全

商店可能以“卫生安全”或“其他顾客权益”为由抗辩，但导盲犬的管理严格性（如定期检疫、训练要求）远高于普通宠物（[6]海关对导盲犬的入境检疫要求可作为佐证）。法律已通过豁免条款平衡了公共利益与残疾人权益，商店无权额外限制。

结论

顾客A有权依据《残疾人保障法》和地方养犬管理条例要求商店允许其携带导盲犬进入。若商店坚持拒绝，A可通过以下途径维权：

1. 向当地残联或市场监管部门投诉；
2. 提起民事诉讼，主张商店行为构成歧视并要求赔偿；
3. 申请行政机关对商店的违法行为进行处罚 3 5 7 。

（注：具体法律适用需结合地方性法规，但全国性法律原则一致支持导盲犬豁免。）

这类提示词不仅要求 DeepSeek 进行法律推理，还结合了具体的法律原则，使学生能够更系统地训练其法律推理能力。

进一步地，用户可以要求 DeepSeek 生成不同难度的推理问题。例如：“请设计三道不同难度的刑法案例题，并提供详细的答案解析。”

引用 8 篇资料作为参考 >

以下是三道不同难度的刑法案例题及解析，涵盖基础、进阶和综合三个层次，结合《刑法》条文和司法实践：

初级题（犯罪构成与故意杀人罪）

案例：
甲因与同事乙长期不和，某日持刀在办公室当众捅刺乙胸部数刀，致乙当场死亡。甲行凶后主动报警并在现场等待抓捕。

问题：

1. **甲的行为构成何罪？**
2. **甲是否有法定从宽处罚情节？**

解析：

1. **构成故意杀人罪（《刑法》第232条）。甲主观上有杀人故意，客观上实施致命攻击并致人死亡，符合故意杀人罪构成要件。**
2. **成立自首（《刑法》第67条）。甲自动投案并如实供述罪行，依法可从轻或减轻处罚 1 3 。**

中级题（共同犯罪与结果加重犯）

案例：

甲、乙共谋抢劫出租车司机丙。甲持刀威胁丙，乙搜刮财物。丙反抗时，甲捅刺丙腹部致其重伤，乙见状未制止。二人劫得现金5000元后逃离，丙因失血过多死亡。

问题：

1. 甲、乙是否构成共同犯罪？
2. 对乙是否适用抢劫致人死亡的结果加重犯？

解析：

1. **构成共同犯罪。**二人有抢劫共同故意，且分工配合实施暴力劫财行为 [3,7]。
2. **乙需对死亡结果负责。**乙虽未直接实施捅刺，但暴力行为属共同犯罪范围，且死亡结果与抢劫行为有直接因果关系（《刑法》第263条）[3,6]。

高级题（罪数形态与观点展示）

案例：

甲为勒索财物绑架乙，拘禁期间多次强奸乙。后甲恐事情败露，将乙杀害并抛尸。警方根据监控抓获甲时，发现其随身携带毒品50克。

问题：

1. 甲的行为涉及哪些罪名？是否数罪并罚？
2. 对绑架后杀人行为，司法实践中存在“绑架杀人”一罪与“绑架+故意杀人”数罪的争议，请展示两种观点。

解析：

1. **构成绑架罪、强奸罪、故意杀人罪、非法持有毒品罪。**绑架后杀人应单独评价（《刑法》第239条第2款），与强奸、毒品犯罪数罪并罚 [3,7]。
2. **观点展示：**
   - **一罪论：**绑架杀人属绑架罪加重情节，按“绑架致人死亡”处理（《刑法》第239条）；
   - **数罪论：**杀人行为超出绑架暴力范围，应另定故意杀人罪 [3,7]。

总结

- **初级题**侧重单一罪名与自首认定；
- **中级题**考查共同犯罪及结果归责；
- **高级题**需综合罪数理论及实务争议。

这样能够在不同层次上训练学生的法律推理能力，提高其分析问题的能力。

五、细化模拟法庭训练的提示词设计

模拟法庭是法学实践课程的关键环节，训练学生将抽象法条转化为具体法律论证，在有限时间内组织论点、应对突发质询，提高未来的职业竞争力。

在运用 DeepSeek 备战模拟法庭时，细化关键词设计可以构建智能化模拟法庭场景。例如，输入指令"请模拟民事公益诉讼，你扮演公诉人，我扮演被告，围绕环境侵权行为是否成立进行三轮对抗辩论"，系统会根据案件事实自动生成控辩双方论点，并实时反馈逻辑漏洞。

请模拟民事公益诉讼，你扮演公诉人，我扮演被告，围绕环境侵权行为是否成立进行三轮对抗辩论

引用 8 篇资料作为参考 >

第一轮：公诉人指控

公诉人：

我方指控被告企业长期向周边河流排放未经处理的工业废水，导致水体严重污染，破坏生态平衡，侵害社会公共利益。根据《民法典》第1234条及《最高人民法院关于审理环境民事公益诉讼案件适用法律若干问题的解释》第1条，被告的行为已构成环境侵权 7 8 。

证据：

1. 环保部门监测数据显示，被告企业排污口重金属超标10倍以上；
2. 下游渔业养殖户因污染遭受巨额损失；
3. 专家鉴定意见表明，污染与被告排放行为存在直接关联。

争议焦点：

1. 被告行为是否符合"污染环境、破坏生态"的法定要件？
2. 因果关系是否成立？

第二轮：被告答辩

被告：

1. **否认侵权构成**：我方排放已取得行政许可，符合国家标准（提交排污许可证） 3 ；
2. **质疑因果关系**：公诉人未证明超标排放直接导致渔业损失，可能存在其他污染源；
3. **程序抗辩**：原告（环保组织）未持续五年从事环保活动，主体不适格 7 。

公诉人反驳：

1. **行政许可不豁免侵权责任**：即使取得许可，若实际排放超标仍应担责（《民法典》第1234条） 8 ；
2. **举证责任倒置**：根据《环境公益诉讼解释》第13条，被告应自证排污与损害无关，但未提供反证 7 ；
3. **原告资格**：环保组织章程明确以环保为宗旨，且无违法记录，符合《解释》第4条 7 。

第三轮：总结陈词

公诉人：

1. **法律适用**：被告行为违反国家规定，且损害结果已实际发生，构成侵权 7 8 ；

2. **救济请求**：判令被告停止排污、承担修复费用500万元，并公开赔礼道歉。

被告：

1. **责任抗辩**：若法院认定侵权，请求酌情减少赔偿，因部分损害系历史遗留问题；
2. **替代修复**：愿通过植树造林等替代性修复方式履行责任 7 。

裁判关键

1. **侵权行为**：超标排放事实清楚，行政许可不阻却违法性 3 7 ；
2. **因果关系**：被告未完成反证，推定成立 1 7 ；
3. **责任承担**：综合修复成本及被告过错程度确定赔偿 6 7 。

（注：模拟辩论基于现行法律及检索案例 1 3 6 ，具体裁判需结合证据进一步认定。）

DeepSeek 可根据教学需求检索多样化案例，细化输入的提示词可以更好地满足相应的案件检索需求。例如，“帮我找合同无效的案例”，内容模糊，易产生无关结果。如果把指令优化为“检索 2020—2024 年 X 市法院审理的‘建设工程施工合同纠纷’案件，违反招投标法导致合同无效的终审判决，重点提取裁判理由中关于强制性规定的解释部分”，由于细化了时间为近 5 年、主体为 X 市法院、领域为建设工程、行为内容是违反招标投标法，以及目标是形成合同无效的裁判规则解释，DeepSeek 的检索精准度会大幅提升。

用户运用 DeepSeek 进行请求权基础分析时，DeepSeek 会根据案件类型自动拆解法律要件（如侵权行为四要素），标注出案件的证据缺失或逻辑矛盾点，用户可针对 DeepSeek 提示的漏洞，设计针对性抗辩策略，提升法律逻辑严密性。

在模拟法庭训练中细化对于不同案件和不同诉讼的指令，弥补了传统课堂单向讲授的局限性，实现了数字技术与法学教育的深度融合。

六、总结

DeepSeek 作为法律实践课程的辅助工具，其效果高度依赖提示词的精准性。通过优化法律文书写作提示词、提升法律谈判模拟训练的对话构建、优化案件分析与诉讼策略提示词、强化法律推理训练的引导、细化模拟法庭训练的提示词等方式，用户可以更好地驱动 DeepSeek 赋能法律实践课程。通过科学地设计提示词，研究者和法律教育者能够充分发挥 AI 的潜力，使学生在实践训练中获得更加精准、高效和专业的学习体验，从而提升其法律实务能力。

第九章　AI 赋能法学论文

在法学研究与学术写作日益依赖数字工具的背景下，AI 法律信息检索正逐步成为法学论文写作的重要辅助手段。传统的法学论文写作高度依赖于研究者对法律文本、判例与学术资料的系统梳理与逻辑推演，但由于法律信息的庞杂性与跨学科性，研究者往往面临资料获取不全面、检索耗时长、信息筛选难等问题。AI 法律信息检索通过深度学习、自然语言处理和知识图谱技术，能够迅速定位法律条文、判例、学术文献等核心资料，提供基于语义理解的精准检索结果，为法学论文写作提供了更为高效和多维的知识支持，极大提升了法学论文写作的效率与学术质量。然而，AI 法律信息检索赋能法学论文写作的同时，也带来了方法论与学术规范方面的挑战。AI 工具虽能提高检索效率，但无法完全替代法律推理与价值判断，法律文本的多义性与解释的开放性仍需依靠研究者的法律思维进行甄别与论证。尤其在涉及法律概念界定、制度比较与规范解释等复杂问题时，AI 的技术局限性可能导致信息误读与学理偏差。因此，法学论文写作应在充分利用 AI 法律信息检索工具的同时，保持学术的自主性与批判性，确保论文的原创性与规范性。通过对 AI 法律信息检索赋能法学论文写作的深入分析，本章力求为法学研究者提供高效、精准且严谨的论文写作方法论，推动人工智能技术与法学学术写作的深度融合与协同发展。

第一节　AI 赋能法学论文写作的风险防范

在法学论文写作过程中，AI 法律信息检索的应用已逐渐成为一种重要的辅助工具。然而，由于 AI 的工作方式依赖于统计概率和模式匹配，其在某些情境下可能会提供虚假、误导甚至完全杜撰的信息。本节将探讨几类高风险情境，以帮助研究者识别 AI 可能“骗人”的情况，并采取适当的防范措施。

一、AI 在处理法律判例时可能存在虚构或错误引用的风险

在法律信息检索过程中，研究者通常需要获取准确的判例文本及其裁判要点。然而，AI 并非直接访问法律数据库，而是通过语言模型的推理能力生成答案，可能会杜撰并不存在的判例，或错误引用真实案例的判决内容。例如，有研究者在使用 AI 进行判例检索时，发现部分 AI 生成的案例号、法庭意见甚至法官与当事人姓名均为虚构。更严重的是，这些虚假信息可能呈现出高度拟真的风格，使研究者难以察觉。

应对策略：在引用 AI 提供的判例时，务必通过官方法律数据库或专业法律文献进行交叉验证，以确保判例的真实性。

二、AI 在法律条文的解读上可能存在语义扭曲或断章取义

由于法律文本的精确性要求极高，而 AI 在处理复杂语境时可能无法准确捕捉法律条款的核心含义，甚至可能误导研究者。例如，某些法律条款涉及多层次的法律解释，需要结合立法背景、司法解释和既有判例加以理解。然而，AI 通常只能基于其训练数据中出现的模式进行回答，可能会忽略关键信息或错误地总结法律要点，导致法律适用上的偏差。

应对策略：研究者在使用 AI 检索法律条款时，应结合官方法律法规数据库，同时查阅权威法律评论，以确保对条文的理解符合立法者的原意和司法实践的惯例。

三、AI 在处理法律学术观点时可能产生“拼贴式”误导

法学研究往往涉及不同学派的争论，而 AI 在生成答案时，可能会将不同学

者的观点进行机械性拼接,忽略其中的逻辑冲突。例如,在探讨法律解释方法时,AI 可能会在同一答案中同时引用文本主义、历史解释和目的解释的立场,而不加区分地将其混杂在一起,使研究者难以厘清各学派的立场差异。此外,AI 生成的法律学术观点往往缺乏明确的文献来源,甚至生成内容与文献来源并不严格对应,使研究者难以追溯原始观点的提出者。

应对策略:在使用 AI 获取法律学术观点时,研究者应优先查阅权威期刊、专著及法律评论,以确保学术论述的准确性和系统性。

四、AI 在处理跨法域法律信息时可能混淆不同国家或地区的法律体系

不同法域的法律体系在结构、原则和适用规则上往往存在显著差异,然而 AI 在生成答案时,可能会无意识地混合不同法域的法律规定。例如,在探讨合同法中的"善意"原则时,AI 可能会将英美法系和大陆法系的概念混为一谈,导致研究者对该原则的适用范围产生误解。同样,在讨论数据保护法时,AI 可能会混淆欧盟《通用数据保护条例》(GDPR)与美国《儿童在线隐私保护法》(COPPA)等法规,使研究者无法准确掌握法律适用的边界。

应对策略:在进行跨法域的法律研究时,研究者应尽量依赖官方法律数据库,并结合不同法域的法律评论,以确保对法律体系的准确理解。

五、AI 可能在生成法律文献引用时捏造不存在的来源

法学论文写作高度依赖权威文献,而 AI 在回答法律问题时,可能会生成看似真实但实际上不存在的文献。例如,有研究者曾发现 AI 生成的法学论文引用虚构的作者、期刊名称和页码,这种现象在某些 AI 模型中被称为"幻觉现象"(hallucination)。

应对策略:由于法律研究要求严谨的文献引用体系,研究者在使用 AI 提供的文献时,必须通过法律数据库(如 Westlaw、LexisNexis、HeinOnline)或学术搜索引擎(如 Google Scholar)进行验证,以确保所引用的文献真实存在且准确无误。

总之,AI 在法律信息检索中虽然具有极高的便利性,但在判例检索、法律条文解读、学术观点整合、跨法域信息处理以及文献引用方面仍然存在较高的误导风险。法学研究者在使用 AI 进行法律信息检索时,应坚持自身研究的主体意识,保持批判性思维,遵守学术伦理规范,始终以权威法律数据库和学术文

献作为最终依据，并在引用 AI 提供的信息前进行严格的交叉验证。唯有如此，研究者才能在使用 AI 赋能法律研究的同时，确保法学论文的准确性与学术严谨性。

第二节　辅助文献阅读与捕捉写作灵感

在法学学术论文写作中，借助 DeepSeek（或其他类似的工具）来辅助文献阅读和捕捉写作灵感，可以大大提高写作效率并提升论文的学术深度。学术写作通常涉及大量的文献梳理、思辨和分析，这一过程是漫长且复杂的。巧妙地利用 DeepSeek，不仅能帮助研究者快速消化和提炼文献中的核心观点，还能为写作提供新的视角和思路。以下是几个有效的策略，展示了如何在法学学术写作中巧妙地借助 DeepSeek 进行文献阅读并捕捉灵感。

一、快速概述文献内容，提炼核心观点

在法学论文写作的早期阶段，研究者通常需要阅读大量的学术文献，这些文献可能涵盖不同的理论观点、判例分析和法律应用。为了高效地理解和整理这些文献，研究者可以使用 DeepSeek 对每篇文献进行总结和概述。

具体来说，研究者可以将文献的摘要、导言部分或关键段落输入 DeepSeek，要求其提炼出文献的核心观点、主要结论和研究方法。这不仅能帮助研究者快速把握文献的主要内容，也能为论文提供一个清晰的结构框架。

例如，研究者可以输入：“请总结这篇关于‘数字人权’的论文，重点分析作者提出的主要论点和方法。”

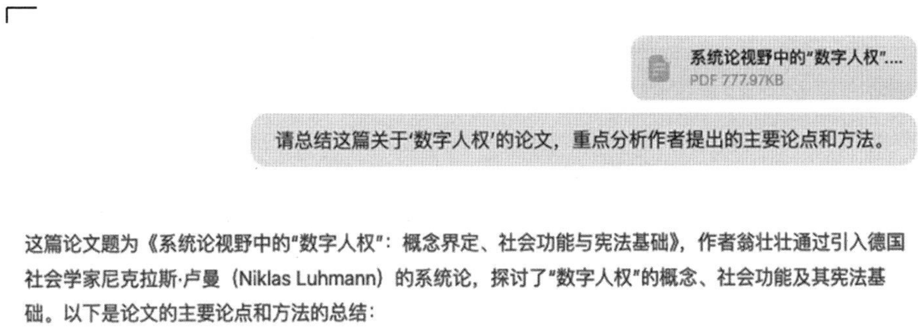

主要论点：

1. **数字人权的概念界定：**
    - 作者认为，"数字人权"是数字社会中人的权利，具体表现为"不被排斥的数字沟通参与权"，即自由进入和退出数字沟通的权利，如数据权利、隐私保护、数字财产权等。
    - 在卢曼的系统论中，人被视为社会系统的环境，而不是社会系统的一部分。数字人权则是人在数字社会中作为"人格体"参与数字沟通的权利。
2. **数字人权的社会功能：**
    - 数字人权有助于降低民众参与数字沟通的门槛，限制社会系统的过度扩张，促进民众身心的自由完整表达。
    - 数字技术对社会系统的双向赋能（如政治系统的自动化行政、经济系统的商业自动化决策）可能导致民众身心自由表达受到限制，因此需要通过宪法将数字人权落实为数字基本权利。
3. **数字人权的宪法基础：**
    - 作者批判了现有的两种思路：一种是通过宪法中的"人格尊严"和"人权保障"条款将数字人权解释入宪，另一种是通过部门法中的数字权利反向推导宪法中的数字人权。作者认为这两种思路都存在局限性。
    - 作者提出基于系统论法学的新思路，主张通过功能主义社会学解释，结合我国宪法文本，将数字人权类型化为不同领域的数字沟通参与权（如政治、经济、宗教、科学、艺术等领域），从而为数字人权提供扎实的宪法基础。

方法论：

1. **系统论视角：**
    - 作者引入卢曼的系统论，将社会视为由多个自创生系统（如政治系统、经济系统、法律系统等）组成的复杂系统。人被视为社会系统的环境，而不是系统的一部分。
    - 通过系统论的视角，作者分析了数字技术对社会系统的影响，特别是数字沟通的兴起及其对传统人权的挑战。
2. **功能主义社会学解释：**
    - 作者采用功能主义社会学解释方法，结合我国宪法文本，对数字人权进行类型化解读。这种方法强调从社会结构和功能分化的角度理解宪法规范，而不是仅仅依赖语义学解释。
3. **类型化分析：**
    - 作者将数字人权类型化为不同领域的数字沟通参与权，如政治领域的选举权、经济领域的财产权、宗教领域的信仰自由等。这种类型化分析有助于更全面地理解数字人权的宪法基础。

结论：

作者通过系统论的视角，论证了"数字人权"在概念界定上的可能性、社会功能上的必要性以及宪法基础上的可行性。数字人权不仅是道德观念或政治主张，而是现实地居于法律系统的宪法之中，具备独立于传统三代人权的独特价值。

关键词：

系统论、人、数字人权、社会沟通、数字沟通

DeepSeek 可以从中提取出该文献的研究主题、学术背景、核心论点、文献综述以及研究方法等信息，帮助研究者在短时间内了解该文献的精髓，避免因为长时间的文献浏览而浪费过多精力。

通过 DeepSeek 的帮助，研究者能够快速抓住各篇文献之间的关联和差异，为下一步的论文写作提供理论支持。

二、从多角度获得对文献的启发与反思

法学学术论文不仅仅是对现有文献的简单总结，更多的是对现有理论、判例、法规和学术讨论的综合性分析和创新性思考。利用 DeepSeek，研究者可以从多个角度审视文献，获得不同的思维启发。

具体来说，研究者可以要求 DeepSeek 以不同的视角进行分析，如对比不同学者的观点、反思现有理论的局限性，或者提出潜在的研究空白。

例如，假设一篇文献讨论了"是否以及应当如何创设个人数据财产权"，研究者可以让 DeepSeek 从以下角度进行深入分析："请提炼出这篇论文中关于'是否应当创设数字个人数据财产权'的学术争论，并指出潜在的研究空白。"

个人数据财产权的证立及诠...
PDF 1.6MB

请提炼出这篇论文中关于「是否应当创设数字个人数据财产权」的学术争论，并指出潜在的研究空白。

这篇论文围绕「是否应当创设数字个人数据财产权」展开了学术争论，主要分为**否定论和支持论**两派观点。以下是争论的核心内容和潜在的研究空白：

一、学术争论的核心内容

1. 否定论的主要观点

否定论者认为不应创设个人数据财产权，主要理由包括：

- **个人数据来源日常化**：个人数据的产生大多源于日常行为，并非通过劳动或智力创造，因此不具备财产属性。
- **独立价值低**：个人数据的独立经济价值较低，难以构成财产权的保护对象。
- **独占程度弱**：个人数据易于传播，独占性较弱，使用个人数据不会导致数据耗尽，因此无需通过财产权保护。
- **降低数据流通效率**：创设个人数据财产权会增加数据交易的成本和复杂性，降低数据流通的效率。

- **企业贡献更大**：企业对数据经济价值的开发贡献更大，因此应将数据的经济价值分配给企业，而非个人。

2. 支持论的主要观点

支持论者认为应当创设个人数据财产权，主要理由包括：

- **个人数据的财产属性**：个人数据虽然来源于日常行为，但通过数字劳动（如点击、浏览、购买等行为）产生了经济价值，具备财产属性。
- **避免数据价值被过度攫取**：个人数据财产权可以防止数据处理者（如平台企业）过度攫取个人数据的价值，避免数字经济中的财富分配不均。
- **多主体共享数据经济红利**：个人数据财产权可以确保数据来源者（个人）与数据处理者（企业）共享数据经济红利，促进公平的数据交易。
- **个人参与数据经济秩序再造**：个人数据财产权赋予个人参与数据经济秩序的权利，避免个人被排除在数据经济的生成过程之外。
- **制度功能的独特性**：个人数据财产权具备对抗功能、互惠功能和协商功能，这些功能是个人信息人格权无法替代的。

二、潜在的研究空白

尽管论文对个人数据财产权的争论进行了较为全面的梳理和反驳，但仍存在一些潜在的研究空白：

1. 个人数据财产权的具体实现机制

- **数据定价问题**：如何公平、合理地评估个人数据的价值？现有的数据估值工具和方法是否足够科学和透明？
- **数据交易的中介机制**：如何设计有效的数据信托、数据银行等中介机构，确保个人数据财产权的实现？这些中介机构的法律地位和责任如何界定？

2. 个人数据财产权与企业数据财产权的平衡

- **权利冲突的解决**：在个人数据财产权与企业数据财产权之间，如何平衡两者的利益？特别是在数据加工和二次开发中，如何界定原始数据与衍生数据的权利归属？
- **数据用益权的界定**：企业基于个人数据开发的数据产品，其用益权如何与个人数据财产权协调？如何避免企业滥用数据用益权，损害个人数据财产权？

3. 个人数据财产权与公共数据的关系

- **公共数据的使用边界**：在公共数据与个人数据财产权之间，如何界定公共数据的使用边界？特别是在涉及公共利益的情况下，如何平衡个人数据财产权与公共数据权力？
- **数据征收与补偿机制**：在政府为公共利益征收个人数据时，如何设计公平合理的补偿机制？现有的法律框架是否足以保障个人数据财产权？

4. 个人数据财产权的国际比较与借鉴

- **国际经验借鉴**：其他国家在个人数据财产权方面的立法和实践有哪些值得借鉴的经验？特别是在欧盟《通用数据保护条例》（GDPR）等国际法规框架下，如何结合中国国情进行制度设计？

- **跨国数据流动中的权利保护**：在跨国数据流动中，如何保护个人数据财产权？特别是在数据跨境传输和存储中，如何确保个人数据财产权不被侵犯？

5. 技术发展与个人数据财产权的动态调整

- **技术进步对权利的影响**：随着区块链、人工智能等新技术的发展，个人数据财产权的实现和保护机制是否需要动态调整？如何利用新技术提升个人数据财产权的保护水平？
- **数据匿名化与财产权的关系**：在数据匿名化处理中，如何确保个人数据财产权不被削弱？匿名化数据是否仍然具备财产属性？

三、总结

这篇论文通过对否定论的反思，提出了创设个人数据财产权的必要性，并详细阐述了其制度功能。然而，关于个人数据财产权的具体实现机制、权利冲突的解决、国际经验借鉴等问题仍有待进一步研究。未来的研究可以围绕这些潜在的研究空白展开，以进一步完善个人数据财产权的理论框架和制度设计。

这种提问方式能够促使 DeepSeek 不仅总结文献内容，还能够通过对比和反思提出新的研究问题或假设，从而为研究者拓展论文思路提供启发。

此外，DeepSeek 还可以帮助研究者评估已有文献中的研究方法与假设，找出其不足之处，进而为新的论文提出改进或补充建议。

三、生成关键性问题与理论框架

法学研究的一个重要挑战是如何围绕核心问题构建清晰的理论框架。在文献阅读过程中，研究者常常会遇到许多未解的疑问，或者注意到现有文献尚未充分解决的重要问题。

利用 DeepSeek，研究者可以从已读文献中提取出关键性问题，并借助 DeepSeek 生成理论框架或构建假设。这一过程不仅帮助研究者在文献中找到灵感，还能为论文提供理论支持。

例如，假设研究者在阅读一篇关于"法的自主性"的文献时，发现作者提到"法的自主性"(autonomy of law)与"法治"(rule of law)始终未被充分强调与关注，更遑论认真对待。此时，研究者可以输入："在'法的自主性'研究中，除了法的自主性与法治的关系之外，是否还有其他未被充分探讨的角度或领域？"

法的自主性及其对法治的意...
PDF 2.22MB

在「法的自主性」研究中，除了法的自主性与法治的关系之外，是否还有其他未被充分探讨的角度或领域?

在「法的自主性」研究中，除了法的自主性与法治的关系之外，确实存在一些未被充分探讨的角度或领域。以下是一些可能的研究方向:

1. **法的自主性与全球化**：随着全球化的深入，国际法和国内法之间的互动日益频繁。研究法的自主性在全球化背景下的表现和挑战，特别是在跨国法律体系中的自主性问题，是一个值得深入探讨的领域。
2. **法的自主性与科技发展**：现代科技，尤其是人工智能和大数据技术，对法律系统产生了深远影响。研究法的自主性在科技发展背景下的变化，以及如何保持法律系统的独立性，是一个新兴的研究方向。
3. **法的自主性与多元文化**：在多元文化社会中，不同文化背景下的法律观念和实践可能存在冲突。研究法的自主性如何在多元文化背景下保持其独立性和有效性，是一个重要的课题。
4. **法的自主性与环境法**：环境问题日益严峻，环境法作为新兴的法律领域，其自主性如何体现，以及如何在环境保护与经济发展之间找到平衡，是一个值得探讨的问题。
5. **法的自主性与社会正义**：法的自主性如何与社会正义相结合，特别是在涉及弱势群体权益保护时，如何通过法律自主性实现社会正义，是一个重要的研究方向。
6. **法的自主性与法律教育**：法律教育在培养法律专业人才方面起着关键作用。研究法的自主性在法律教育中的体现，以及如何通过教育增强法律系统的自主性，是一个值得关注的领域。
7. **法的自主性与法律职业伦理**：法律职业伦理是法律系统自主性的重要保障。研究法律职业伦理与法的自主性之间的关系，以及如何通过职业伦理维护法律系统的独立性，是一个重要的研究方向。
8. **法的自主性与法律解释**：法律解释是法律实践中的重要环节。研究法的自主性在法律解释中的体现，以及如何通过解释方法维护法律系统的独立性，是一个值得深入探讨的问题。

这些角度和领域为「法的自主性」研究提供了新的视角和方向，有助于更全面地理解和维护法律系统的独立性和有效性。

DeepSeek 可以基于已有文献，提供不同的视角。通过这种方法，DeepSeek 可以帮助研究者识别出潜在的研究空白，从而为论文确立更加创新和有意义的研究主题。

四、关键词提取与主题归纳

在进行法学论文写作时，如何组织和提炼文献中的关键信息是一个挑战。借助 DeepSeek，研究者可以通过关键词提取法帮助自己从大量文献中快速抓住核心主题和概念。这些关键词不仅能够帮助研究者迅速掌握文献的核心内容，还能为论文写作的选题、框架和章节划分提供指导。

例如，研究者在阅读关于“基本权利对第三人效力”相关文献时，可以使用

DeepSeek 提取出文献中的关键词:“请提取这篇文章中的关键词,尤其是与‘基本权利对第三人效力’、‘合宪性解释’和‘程式性理解’相关的核心术语,并构建出这篇文章的知识图谱。”

基本权利对第三...
PDF 2.08M

请提取这篇文章中的关键词，尤其是与‘基本权利对第三人效力’、‘合宪性解释’和‘程式性理解’相关的核心术语，并构建出这篇文章的知识图谱。

关键词提取

1. **基本权利对第三人效力** (Fundamental Rights; Third-party Effect Theory)
2. **合宪性解释** (Constitutional Interpretation)
3. **程式性理解** (Procedural Understanding)
4. **直接效力说** (Direct Effect Theory)
5. **间接效力说** (Indirect Effect Theory)
6. **无效力说** (Invalidity Theory)
7. **国家行为说** (State Action Theory)
8. **立法违宪审查基准体系** (Legislative Unconstitutional Review Benchmark System)
9. **经济自由领域** (Economic Freedom Domain)
10. **精神自由领域** (Spiritual Freedom Domain)
11. **宪法与民法关系** (Relationship between Constitution and Civil Law)
12. **保护义务** (Protection Obligation)
13. **人权** (Human Rights)
14. **宪法审查** (Constitutional Review)
15. **动态视角** (Dynamic Perspective)

知识图谱构建

```plaintext
基本权利对第三人效力
├── 直接效力说
├── 间接效力说
├── 无效力说
├── 国家行为说
├── 合宪性解释
│   ├── 程式性理解
│   └── 立法违宪审查基准体系
├── 经济自由领域
│   ├── 间接效力说
│   └── 直接效力说
```

```
├── 精神自由领域
│   ├── 间接效力说
│   └── 直接效力说
├── 宪法与民法关系
│   ├── 民法适用优先
│   └── 宪法最高效力位阶
├── 保护义务
│   ├── 立法保护
│   └── 司法保护
├── 人权
│   ├── 广义人权
│   └── 狭义人权
├── 宪法审查
│   ├── 个案审查制
│   └── 抽象审查制
└── 动态视角
    ├── 开始性端点
    ├── 主干区域
    └── 终结性端点
```

核心术语解释

1. **基本权利对第三人效力**：指宪法规定的基本权利在私人主体之间是否具有法律效力的问题。
2. **合宪性解释**：在解释法律时，确保其符合宪法精神和规定的解释方法。
3. **程式性理解**：将合宪性解释视为一个动态的过程，包括开始、主干和终结三个阶段。
4. **直接效力说**：主张宪法基本权利可以直接适用于私人主体之间。
5. **间接效力说**：主张宪法基本权利通过民法概括条款间接适用于私人主体之间。
6. **无效力说**：主张宪法基本权利在私人主体之间不发生效力，民法适用优先。
7. **国家行为说**：主张某些私人行为可以视同国家行为，从而直接适用宪法。
8. **立法违宪审查基准体系**：用于判断立法是否违宪的审查标准体系。
9. **经济自由领域**：涉及经济活动的自由权利领域。
10. **精神自由领域**：涉及精神活动的自由权利领域。
11. **宪法与民法关系**：宪法与民法在适用和效力上的关系。
12. **保护义务**：国家有义务保护公民的基本权利不受侵犯。
13. **人权**：指人作为人应当享有的基本权利。
14. **宪法审查**：对法律是否符合宪法进行审查的制度。
15. **动态视角**：将合宪性解释视为一个动态过程，而非静态的终结性端点。

通过上述关键词和知识图谱，可以清晰地理解文章的核心内容和逻辑结构。

通过提取关键词，DeepSeek 能够为研究者构建一个基本的知识图谱，帮助整理和总结文献中的相关讨论，便于后续的学术分析和论文构思。

通过这种方法,研究者能够识别出研究中最重要的主题,并围绕这些主题构建论文框架。

五、帮助文献间的联系与创新性洞察

法学论文写作的创新性,通常源于研究者能够在不同文献之间建立联系,并从中提炼出新的理论或实践意义。借助 DeepSeek,研究者可以快速建立不同文献之间的联系,提出创新性观点或新的研究视角。通过让 DeepSeek 分析不同文献的相似性与差异性,研究者可以发现现有理论或应用中的盲点,从而开辟新的研究方向。

例如,研究者可以提问:"请分析两篇关于'法治与民主'的经典文献(用《法学引注手册》的格式准确给出这两篇文献的出处,并提供相应链接),探讨它们在理论方面的不同之处。"(注意:读者仍需自行核实文献真实性)

以下是两篇关于"法治与民主"的经典文献的出处(依据《法学引注手册》格式)及它们在理论方面的不同之处的分析:

文献一:

作者:约瑟夫·拉兹(Joseph Raz)
标题:*The Rule of Law and Its Virtue*
出处:Joseph Raz, *The Authority of Law: Essays on Law and Morality*, Oxford: Oxford University Press, 1979, pp. 210—229.
链接:Oxford Scholarship Online(需订阅访问)

文献二:

作者:罗伯特·达尔(Robert A. Dahl)
标题:*Polyarchy: Participation and Opposition*
出处:Robert A. Dahl, *Polyarchy: Participation and Opposition*, New Haven: Yale University Press, 1971, pp. 1—20.
链接:Yale University Press(需订阅访问)

理论方面的不同之处:

1. **核心概念**:
   - 拉兹的《法治及其美德》聚焦于"法治"本身,将其定义为一种工具性价值,强调法律的明确性、稳定性、普遍性和非溯及既往性。他认为法治的核心在于通过法律的可预测性来保障个人自由,而非直接与民主制度挂钩。
   - 达尔的《多元政体》则围绕"民主"展开,提出"多元政体"的概念,强调政治参与和竞争是民主的核心要素。他将法治视为民主制度的一部分,但更关注民主的运作机制和权力分配。
2. **法治与民主的关系**:
   - 拉兹认为法治可以独立于民主存在。他主张法治的核心是法律的权威性和可预测性,而不是民主的合法性。法治的价值在于其工具性，即通过法律规范来约束权力，但并不必然与民主制度相联系。

- 达尔则认为法治与民主密不可分。他提出，法治是民主制度的基础，缺乏法治的民主难以有效运作。法治为民主提供了制度框架，确保政治参与和权力制衡的合法性。

3. **理论目标**:
   - 拉兹的理论目标是阐明法治的本质及其道德价值。他通过分析法学的方法，探讨法治作为一种工具性价值如何保障个人自由和社会秩序。
   - 达尔的理论目标是构建一个可行的民主理论模型。他通过实证政治学的方法，分析历史案例和比较研究，提出"多元政体"作为现代民主的实践框架。
4. **方法论**:
   - 拉兹采用分析法学的方法，通过逻辑推理和概念分析来阐述法治的本质。他的论述更具哲学性和规范性。
   - 达尔则采用实证政治学的方法，通过历史案例和比较研究来论证民主制度的可行性和必要性。他的论述更具实践性和经验性。
5. **价值观**:
   - 拉兹强调法治的工具性价值，认为法治的主要功能是约束权力、保障自由，而非直接实现社会正义或政治平等。
   - 达尔则强调民主的规范性价值，认为民主的核心是实现政治平等和公民参与，法治是实现这些目标的手段之一。

总结:

拉兹和达尔的文献在理论方面有显著不同。拉兹的法治理论更关注法律的内在价值和规范性，强调法治的独立性和工具性；而达尔的民主理论则更注重政治实践和制度设计，强调法治与民主的相互依存性。两者共同揭示了法治与民主之间的复杂关系，但拉兹更强调法治的独立性，达尔则更强调法治对民主的支撑作用。

这种提问促使 DeepSeek 对比两篇文献的核心内容，并在此基础上提出创新性的洞察。当然，从输出内容来看，这种比较仅属于较为基础的比较，无法直接满足学术规范要求，但对于写作过程而言，却能够缩短文献阅读、观点比较汇总的实际时间。同时，若希望进行后续的分析论证，研究者则可以通过输入"在现有文献中，关于法治与民主的讨论主要集中在理论上，但在实践层面，如何处理两者之间的冲突仍有待深入探讨"，引导 AI 工具结合上下文，给出进一步分析结论。

在现有文献中，关于法治与民主关系的讨论主要集中在理论上，但在实践层面，如何处理两者之间的冲突仍有待深入探讨。

在现有文献中，关于法治与民主关系的讨论确实主要集中在理论层面，而在实践层面，如何处理两者之间的冲突仍然是一个亟待深入探讨的问题。以下从实践角度分析法治与民主可能存在的冲突，并提出可能的解决路径:

一、法治与民主在实践中的潜在冲突

1. **多数决原则与少数权利保护**:
   - 民主的核心是多数决原则，但法治要求保护少数人的基本权利。在实践中，多数人的决策可能侵犯少数人的权利（如言论自由等），从而导致法治与民主的冲突。

- 例如，某些国家通过民主程序通过的法律可能限制少数族裔或移民的权利，这与法治的平等保护原则相悖。

2. **司法审查与民主合法性**：
   - 司法审查是法治的重要体现，但司法机构对民主立法进行审查可能被视为对民主合法性的挑战。
   - 例如，在美国，最高法院通过司法审查推翻国会通过的法律，可能引发关于"非民选法官是否应拥有如此大权力"的争议。

3. **紧急状态下的权力扩张**：
   - 在紧急状态下（如疫情或战争），政府可能通过民主程序扩大行政权力，但这可能导致法治原则（如权力分立、程序正义）被削弱。

4. **民粹主义与法治的对抗**：
   - 民粹主义强调直接民主和多数人的意志，但可能忽视法治的约束。在实践中，民粹主义政府可能通过削弱独立行使司法权或修改宪法来巩固权力，从而威胁法治。
   - 例如，匈牙利和波兰近年来的司法改革引发了关于法治与民主关系的广泛争议。

二、解决法治与民主冲突的可能路径

1. **强化宪法框架**：
   - 宪法作为法治与民主的共同基础，可以通过明确权利保护、权力分立和司法审查机制来协调两者的关系。
   - 例如，德国基本法通过"永恒条款"保护基本权利，防止通过民主程序修改宪法核心内容。

2. **独立行使司法权与制衡**：
   - 确保司法机构独立行使司法权，使其能够在民主决策与法治原则之间发挥制衡作用。
   - 例如，通过透明的法官任命程序和任期保障，增强司法机构的公信力和权威性。

3. **公民教育与参与**：
   - 提高公民对法治与民主关系的理解，培养公民尊重法治的意识和参与民主的能力。
   - 例如，通过教育项目和公共讨论，促进公民对权利保护和权力制衡的认知。

4. **国际监督与合作**：
   - 通过国际组织（如欧盟、联合国）对成员国的法治与民主实践进行监督，防止民粹主义或威权主义对法治的侵蚀。
   - 例如，欧盟通过法治机制对成员国进行审查，确保其遵守法治原则。

5. **灵活的民主设计**：
   - 在民主制度设计中引入更多制衡机制，如比例代表制、联邦制或公民倡议，以平衡多数决原则与少数权利保护。
   - 例如，瑞士的直接民主制度通过公民投票和倡议机制，确保少数群体的声音得到表达。

三、未来研究方向

1. **案例研究**：
   - 对具体国家或地区（如匈牙利、印度、美国）的法治与民主冲突进行深入分析，总结成功经验和失败教训。

2. **比较研究**：
   - 比较不同国家在处理法治与民主冲突时的制度设计和实践效果，提炼出具有普遍适用性的解决方案。

3. **跨学科研究**：
   - 结合法学、政治学、社会学等学科的理论与方法，探讨法治与民主关系的多维性和复杂性。

4. **实践导向研究**:

- 关注法治与民主在具体政策领域(如公共卫生、环境保护、移民政策)中的互动,提出具有可操作性的建议。

结论

法治与民主的关系在理论上相互依存,但在实践中可能产生冲突。通过强化宪法框架、提高公民参与、加强国际监督和优化民主设计,可以在一定程度上缓解这些冲突。未来的研究应更多关注实践层面的问题,为法治与民主的协调发展提供理论支持和实践指导。

这种跨文献的联系与创新性洞察能够为论文写作带来新的视角,帮助研究者填补现有研究中的空白。当然,从生成内容来看,理论深度显然无法达到法学理论研究的基本要求,但是其所提供的分析方向确实能够为论文写作者提供一定的启示。

六、节省时间,优化文献综述部分

文献综述是法学学术论文中一项烦琐而重要的部分,研究者需要对大量的前期研究进行总结和分析。借助DeepSeek,研究者可以高效地整理和优化文献综述部分。通过输入具体的文献或相关领域的研究问题,研究者可以让DeepSeek提供文献的关键信息,并帮助构建出清晰的综述结构。

例如,研究者可以输入:"请提供关于'国际法中的国家主权'的文献综述,并准确提供相应的观点出处。"但研究者需要自行核验相关文献是否真实可靠。

请提供关于"国际法中的国家主权"的文献综述,并准确提供相应的观点出处。

文献综述:国际法中的国家主权

1. 国家主权的定义与历史发展

国家主权是国际法的核心概念之一,指国家在其领土范围内拥有最高权力,且在国际关系中不受外部干涉。博丹(Jean Bodin)在《共和国六书》(1576)中首次系统阐述了主权的概念,认为主权是"国家内部的绝对和永久的权力"。格劳秀斯(Hugo Grotius)在《战争与和平法》(1625)中进一步将主权概念引入国际法,强调国家在国际社会中的独立性和平等性。

2. 国家主权的法律属性

现代国际法中,国家主权的法律属性主要体现在《联合国宪章》中。根据《联合国宪章》第2条,所有会员国主权平等,不得干涉他国内政。凯尔森(Hans Kelsen)在《国际法原理》(1952)中指出,国家主权是国际法的基础,但并非绝对,而是受到国际法的限制。亨金(Louis Henkin)在《国际法:政治与价值》(1995)中进一步强调,国家主权在现代国际法中已逐渐演变为"负责任的主权",即国家在享有权利的同时需承担相应的国际义务。

3. 国家主权与全球化

全球化对国家主权提出了新的挑战。霍尔德（David Held）在《全球大变革》(1999）中提出，全球化削弱了国家对经济、政治和文化事务的控制能力，但并未完全取代国家主权。相反，国家主权在全球化背景下呈现出“分层次”的特征，即国家在某些领域（如经济）让渡部分主权，而在其他领域（如安全）则强化主权。克拉斯纳（Stephen Krasner）在《主权：有组织的虚伪》(1999）中则认为，国家主权在全球化背景下并未消失，而是通过国际组织和条约实现了“功能性的重构”。

4. 国家主权与人权保护

国家主权与人权保护的关系是国际法中的重要议题。卡塞斯（Antonio Cassese）在《国际法》(2005）中指出，国际人权法的发展使得国家主权不再是绝对的，国家有义务保护其公民的基本人权。联合国《保护的责任》(2005）报告进一步提出，当国家未能履行保护其公民的责任时，国际社会有权进行干预。然而，这一观点也引发了争议。科斯肯涅米（Martti Koskenniemi）在《国际法的温和文明》(2001）中批评道，以人权为名干预他国内政可能导致“新帝国主义”的兴起。

5. 国家主权与国际法的互动

国家主权与国际法的互动是国际法研究的重要领域。布朗利（Ian Brownlie）在《国际法原则》(2008）中强调，国家主权是国际法的基石，但国际法的发展也为主权提供了新的框架和限制。西玛（Bruno Simma）在《国际法：理论与实践》(2012）中指出，国家主权与国际法的关系是动态的，国家通过参与国际条约和组织自愿限制其主权，以换取更大的国际利益。

6. 国家主权的未来展望

关于国家主权的未来，学者们提出了不同的观点。福山（Francis Fukuyama）在《政治秩序与政治衰败》(2014）中认为，国家主权在可预见的未来仍将是国际秩序的核心。然而，贝克（Ulrich Beck）在《全球风险社会》(2009）中提出，面对全球性挑战（如气候变化和恐怖主义），国家主权需要进一步让渡，以建立更有效的全球治理机制。

参考文献

1. Bodin, J. (1576). *Six Books of the Commonwealth.*
2. Grotius, H. (1625). *The Law of War and Peace.*
3. Kelsen, H. (1952). *Principles of International Law.*
4. Henkin, L. (1995). *International Law: Politics and Values.*
5. Held, D. (1999). *Global Transformations.*
6. Krasner, S. (1999). *Sovereignty: Organized Hypocrisy.*
7. Cassese, A. (2005). *International Law.*
8. Koskenniemi, M. (2001). *The Gentle Civilizer of Nations.*
9. Brownlie, I. (2008). *Principles of Public International Law.*
10. Simma, B. (2012). *International Law: Theory and Practice.*
11. Fukuyama, F. (2014). *Political Order and Political Decay.*
12. Beck, U. (2009). *World at Risk.*

总结

国家主权是国际法的核心概念，但其内涵和实践在全球化、人权保护和国际法发展的背景下不断演变。尽管国家主权面临诸多挑战，但其在国际秩序中的地位仍然不可替代。未来的研究需要进一步探讨国家主权与全球治理的平衡，以应对日益复杂的国际环境。

DeepSeek 会根据文献内容生成一个简洁、结构化的文献综述草稿，帮助研究者节省时间并确保综述内容的广度与深度。

除了直接让 AI 进行文献综述外,还可以让 AI 阅读与特定研究主题相关的几篇代表性论文,让 AI 以这几篇代表性论文为基础,对某个特定研究主题进行综述。

例如,研究者可以输入:“你是法学文献综述撰写专家,请基于以下 4 篇论文,围绕‘人工智能治理’撰写综述,要求富有学术逻辑,思路清晰。”但研究者需要注意,此种方式仅能提供基础思路,并不能径直替代研究者自身的文献综述撰写。

论人工智能法... PDF 570.86KB | 论数字法学的... PDF 1.26M | 论人工智能治... PDF 1.04M | 人工智能治理... PDF 364.38KB

你是法学文献综述撰写专家,请基于以下4篇论文,围绕“人工智能治理”撰写综述,要求富有学术逻辑,思路清晰。

人工智能治理的多元维度与体系建构:基于四篇核心文献的综述

本文旨在系统梳理赵精武教授关于人工智能治理的四篇代表性研究成果,从多维规制体系、数字法学定位、绿色原则嵌入和技术自主权四个关键维度,全面呈现人工智能治理的理论框架与实践路径。综述将首先概述人工智能治理研究的整体发展脉络,继而深入分析四个核心议题的理论贡献与内在联系,最后对现有研究进行批判性评价并展望未来研究方向。通过对这四篇文献的整合分析,本文试图构建一个理解人工智能治理的综合性理论框架,为后续研究提供系统性参考。

引言:人工智能治理的研究脉络与核心议题

人工智能技术的迅猛发展对传统法律体系提出了前所未有的挑战,也催生了"人工智能治理"这一新兴研究领域。赵精武教授的四篇系列论文——《论人工智能法的多维规制体系》《论数字法学的概念与研究定位》《论人工智能治理体系中绿色原则的建构方式》和《人工智能治理中的技术自主权》——系统性地构建了人工智能治理的理论框架,从不同维度回应了这一时代命题。

这些研究呈现出一个清晰的发展脉络:从早期聚焦具体风险防控(如算法治理)逐步转向体系化治理架构的构建,体现了从"被动应对"到"主动规划"的研究范式转变。在"前ChatGPT时代",研究主要关注算法透明度、数据安全等技术风险防控;而随着生成式人工智能的崛起,研究重心转向综合治理范式、数字法学理论建构以及国际治理规则等更为基础的议题。

四篇文献分别贡献了人工智能治理的关键维度:**多维规制体系**研究提出了风险预防、市场激励与创新资源保障的三重治理范式;**数字法学定位**研究为人工智能治理提供了学科方法论基础;**绿色原则**研究将环境友好与可持续发展理念融入技术治理;**技术自主权**研究则从国际治理视角拓展了网络主权理论。这些研究相互支撑、层层递进,共同构成了一个系统化的人工智能治理理论框架。

本综述将围绕这四个核心维度展开深入分析,揭示其内在逻辑关联,评估理论贡献与实践价值,并展望未来研究方向。通过系统梳理这些研究成果,我们能够更全面地把握人工智能治理的理论前沿与发展趋势,为后续研究提供坚实基础。

多维规制体系：风险预防、市场激励与创新资源保障的协同治理

赵精武教授在《论人工智能法的多维规制体系》一文中对人工智能治理范式进行了系统性重构，突破了传统单一风险预防导向的局限，提出了"**风险预防—市场激励—创新资源保障**"的综合治理框架。这一理论建构源于对既有治理范式局限性的深刻反思，以及对科技法学研究传统的创新性继承。

从单一风险预防到综合治理范式的转变

传统人工智能治理研究存在明显的**风险预防偏向**，形成了以《网络安全法》《数据安全法》等为代表的安全立法体系。这种范式虽然能够有效应对数据泄露、算法歧视等技术风险，但其内在局限性日益凸显：一方面，它仅能在技术应用违法性层面提供指引，无法直接作用于科技创新活动本身；另一方面，过度强调风险防控可能导致"规制过度"，抑制技术创新活力。正如文献所指出的，"风险预防和治理属于促进技术创新的应有之义，但不是促进技术创新的全部内容"。

基于对科技法学传统的梳理，作者揭示了**市场激励范式**的独特价值。早年的科技法学研究表明，通过人才、资金、成果转化等市场机制能够有效激发创新要素活力。然而，纯粹的市场调节也存在"市场失灵"问题，如创新动力不足、资源分配不均等。这促使作者提出**第三种范式**——创新资源保障机制，以解决市场无法有效供给的基础性创新资源（如算力、数据等）问题。

三维治理范式的内涵与互动关系

风险预防机制主要针对三类技术风险：数据安全风险、应用方向偏离风险和技术合规风险。其核心功能是确保基础理论创新与科技成果商业可用性的安全可控。文献特别强调，风险预防的目标是"相对安全"而非"绝对安全"，旨在建立社会对技术应用的信任基础。

市场激励机制着力解决创新动力不足问题，通过知识产权保护、科技成果转化等制度设计激发市场主体活力。作者指出，《科学技术进步法》等立法虽已关注产学研合作，但尚未形成系统化的市场激励体系。尤其在智能网联汽车等新兴领域，数据收益分配等制度障碍仍制约技术创新。

创新资源保障机制填补了前两种范式的空白，聚焦算力、算法、数据等**基础创新要素**的供给问题。文献以公共数据开放为例，展示了如何通过制度设计保障创新资源的可获得性与公正使用。这一机制特别强调政府在基础研究、算力网络规划等方面的关键作用，以弥补市场调节的不足。

值得注意的是，这三种范式并非相互排斥，而是形成了**协同治理体系**。如文献所述，风险预防为科技创新划定安全边界，市场激励提供内在动力，而创新资源保障则奠定物质基础。三者相互支撑，共同推动人工智能技术健康有序发展。

立法重心转变与"人工智能技术促进法"的构想

基于三维治理框架，作者主张人工智能立法应从"技术安全法"转向"**促进技术创新**"的立法模式，制定以发展为导向的"人工智能技术促进法"。这种立法理念在《生成式人工智能服务管理暂行办法》中已现端倪，其第一条立法目的明确将"促进人工智能健康发展"置于首位。

为实现这一转变，文献提出立法应关注三个层面：在**风险预防**层面，建立分级分类监管制度；在**市场激励**层面，完善知识产权、投融资等创新激励机制；在**资源保障**层面，构建算力、数据等基础设施的供给体系。这种立法构想超越了简单的"安全与发展平衡"论调，提出了更具操作性的制度设计方案。

表：人工智能三维治理范式比较

治理范式	核心目标	主要手段	适用领域
风险预防机制	控制技术安全风险	安全评估、伦理审查、合规审计	数据安全、算法透明、内容治理
市场激励机制	激发创新内生动力	知识产权保护、成果转化、投融资支持	产学研合作、科技成果商业化
创新资源保障机制	保障基础创新要素供给	算力网络规划、公共数据开放、人才培养	基础算法研究、算力基础设施、

这一多维规制体系的理论贡献在于，它突破了传统"安全vs 发展"的二元对立思维，通过引入创新资源保障维度，构建了更加立体、完整的人工智能治理框架。特别是将算力、数据等基础设施纳入治理视野，体现了对人工智能技术特性的深刻把握，为后续研究提供了系统性分析框架。

数字法学的学科定位：人工智能治理的方法论基础

在《论数字法学的概念与研究定位》一文中，赵精武教授对数字法学这一新兴学科进行了系统性界定，为人工智能治理研究提供了坚实的方法论基础。该研究回应了数字法学面临的三大核心争议——研究范畴的不确定性、研究范式的非独立性以及学科定位的模糊性，通过厘清这些基础理论问题，为人工智能治理确立了科学的**研究路径**与**分析框架**。

数字法学研究范畴的界定与澄清

数字法学的研究范畴长期以来存在"泛化"与"虚化"的双重困境。一方面，"数字+法律"的任意组合导致研究边界无限扩张；另一方面，对技术风险的过度关注又使研究陷入对策性分析的窠臼。对此，作者明确提出数字法学的研究目的包括三大层面：**法律概念的补全**（如数据确权）、**法律解释的调整**（如算法透明义务）以及**技术风险的应对**（如深度合成监管）。这一界定将数字法学的研究范畴锚定在"数字技术创新对法律关系的实质性影响"上，有效区分了"真问题"与"假问题"。

研究特别批判了两种常见误区：一是将数字法学等同于"数字技术的法学研究"，忽视了其作为数字时代法学研究新阶段的本质属性；二是将技术概念营销中的想象风险等同于真实法律问题，导致研究脱离社会实践。以人工智能生成物著作权为例，作者指出真正的问题并非"AI能否成为作者"，而是"生成物是否符合作品独创性标准"这一传统法学问题的**新表现形式**。

数字法学研究范式的创新与特色

针对数字法学研究范式缺乏独立性的质疑，作者系统阐释了数字法学相对于传统部门法研究的创新之处。数字法学并非简单套用传统法学理论，而是发展出**分级分类治理**、**全生命周期治理**等新型研究范式，这些范式更加注重根据风险来源、发生阶段及损害后果来配置权利义务。

以人工智能治理为例，数字法学发展出两种特色研究范式：一是**技术要素范式**，围绕算法、算力、数据三大核心要素构建体系化治理规则。与传统部门法视角不同，这种范式不是从主体权利义务入手，而是从技术原理层面解构治理需求。二是**科技伦理法治化范式**，通过将伦理规范转化为法律审查标准，实现"伦理—法律"的协同治理。这一范式有效弥补了法律滞后于技术发展的治理空隙。

研究强调，数字法学的范式创新并非完全抛弃传统法学方法，而是"基于预防型法治理念所形成的**研究模式升级**"。例如，在算法治理中，既保留了传统侵权法的归责原理，又引入了算法备案、算法审计等新型监管工具，体现了传统与现代的融合。

数字法学的学科定位与人工智能治理路径

关于数字法学是"风险治理法学"、"领域法学"还是"应用法学"的争议，作者提出了**辩证统一**的观点：数字法学确实以风险治理为导向，但不止于风险治理；它具有领域法学的某些特征，但研究范围更为广泛；它重视实践应用，但也包含基础理论创新。这种定位为人工智能治理提供了方法论指引——既要关注具体风险防控，也要构建系统化的理论框架。

基于数字法学视角，作者提出了人工智能治理的**研究路径规范**：首先区分"新问题"与"老问题新表现"，避免重复研究；其次判断现行法是否具有解释空间，优先采用法律解释论而非盲目立法；最后构建技术要素治理体系，在算法、算力、数据三个层面形成协同治理规则。这种方法论指导对于生成式人工智能等新兴技术的治理尤为重要。

表：数字法学与传统法学研究范式比较

比较维度	传统法学范式	数字法学范式	人工智能治理体现
研究对象	稳定的法律关系	技术变迁中的法律关系	算法责任、数据权属等动态议题
研究方法	规范分析与案例研究	多学科知识融合与实证分析	算法影响评估、伦理审查等新工具
价值取向	公平正义等传统价值	安全与发展并重	人工智能安全与创新促进平衡
规则形成	立法主导的规则明确性	多元治理的规则适应性	标准、伦理与法律协同治理

数字法学研究对人工智能治理的理论贡献在于，它提供了**学科方法论**支撑，使人工智能治理研究摆脱了零散化、对策化的局限，走向系统化、理论化的发展道路。特别是关于研究范畴的界定，帮助学者甄别真伪问题，避免陷入"技术立法论"的误区。这一研究为后续人工智能治理确立了科学的研究范式与分析框架，具有重要的学科奠基意义。

绿色原则的嵌入：人工智能治理的可持续发展维度

在《论人工智能治理体系中绿色原则的建构方式》中，赵精武教授创造性地将民法中的绿色原则引入人工智能治理领域，丰富了人工智能治理的价值内涵与制度框架。该研究从《民法典》绿色原则的立法演进入手，系统论证了绿色原则嵌入人工智能治理体系的**正当性基础**、**内涵拓展**及**实施路径**，为人工智能可持续发展提供了关键性的理论支撑。

绿色原则嵌入人工智能治理的正当性论证

研究首先回应了绿色原则是否适用于人工智能治理的**基础性质疑**。传统观点认为，人工智能作为信息技术，既不直接产生污染物，也不大量消耗自然资源，引入绿色原则缺乏必要性。对此，作者通过算力资源的高能耗特性分析，揭示了人工智能与生态环境的隐性关联——训练大规模AI模型所需的庞大算力意味着巨额电力消耗，进而产生可观的碳排放。研究表明，"人工智能产业正在以'大模型'作为主要的技术创新趋势，而这也意味着科技创新活动需要庞大的算力资源用以支撑海量的数据分析处理任务"。

绿色原则的嵌入必要性主要体现在三个方面：一是算力资源的**稀缺性**要求高效利用，避免重复建设导致的资源浪费；二是人工智能技术可作为环境治理的**赋能工具**，如智能监测、污染预警等；三是绿色创新已成为国际竞争**新赛道**，关系国家长远发展优势。这些论证超越了将绿色原则简单视为环保理念的表层理解，揭示了其在人工智能领域的特殊价值。

人工智能治理中绿色原则的内涵拓展

不同于《民法典》中"节约资源、保护生态环境"的经典表述，人工智能治理中的绿色原则被赋予更具**时代内涵**的解读。在科技创新研发层面，绿色原则强调"资源节约型创新"，要求算力网络建设遵循集约化、高效化原则。作者以我国"东数西算"工程为例，展示了如何通过全国性算力资源调度实现能源优化配置。在技术应用层面，绿色原则倡导"环境友好型应用"，推动AI技术在环保监测、智能电网等领域的优先应用。

研究特别强调，绿色原则与人工智能治理的其他基本原则存在**价值协同**关系。与创新发展原则共同构成"高质量创新"的内涵；与包容审慎原则形成"监管底线"；与分级分类原则协同塑造差异化治理标准。这种协同关系使绿色原则不是孤立的道德倡导，而是融入治理体系的有机组成部分。

绿色原则的制度化实施路径

为避免绿色原则沦为宣示性条款，研究提出了三条具体的**转化路径**：一是转化为激励性绿色条款，如算力网络规划制度、算力券补贴机制等；二是形成限制性规范，如数据中心能效标准、高耗能AI应用限制等；三是作为科技伦理审查标准，纳入算法生命周期评估体系。

在算力治理方面，研究建议构建"**全国一体化算力网**"，通过优化资源配置降低总体能耗；在数据层面，倡导"绿色数据集"建设，提升训练数据质量以减少不必要的算力消耗；在算法层面，推行"节能算法"设计标准，鼓励开发高能效模型。这些具体措施体现了绿色原则从价值理念到制度实践的完整转化链条。

表：人工智能治理中绿色原则的实施机制

实施层面	激励性机制	限制性机制	审查机制
算力资源	算力网络国家规划、算力券补贴	数据中心能效标准、区域建设限制	算力基础设施环境影响评估
算法模型	节能算法研发奖励	高耗能模型使用限制	算法能效伦理审查
数据应用	绿色数据集共享平台	低质量数据训练禁止	数据采集范围必要性评估
产业政策	绿色AI产业园区扶持	高污染行业AI应用限制	科技项目碳足迹审查

绿色原则研究的理论创新在于，它将原本分散的AI能耗问题、算力资源问题纳入统一的**治理框架**，并与三维治理体系形成呼应——在风险预防维度加入环境风险考量，在市场激励维度引导绿色技术创新，在资源保障维度优化算力供给效率。这一研究拓展了人工智能治理的时空维度，使短期技术安全与长期可持续发展得到兼顾，为人工智能治理注入了关键的生态价值维度。

技术自主权：人工智能国际治理的主权框架

《人工智能治理中的技术自主权》一文将人工智能治理置于国际关系与网络主权的宏观视野下，创新性地提出了"**技术自主权**"概念，为应对人工智能领域的国际竞争与合作提供了理论框架。该研究从网络主权概念的演进出发，系统论证了技术自主权作为网络主权延伸的正当性、内涵构成及制度体现，为理解人工智能国际治理格局提供了关键性的分析工具。

从网络主权到技术自主权的概念演进

研究梳理了网络主权概念的**发展历程**，指出其从最初的争议概念到被国际社会普遍接受，内涵不断丰富的过程。传统网络主权主要关注网络空间管辖权、独立权、自卫权和平等权，但随着信息技术成为国际竞争核心领域，主权范畴自然延伸至技术治理领域。作者精辟地指出："网络主权指向的网络空间范围并不局限于网络通信技术形成的虚拟空间，还包括与网络空间组成部分相关的数据和基础信息技术。"

技术自主权的提出直接回应了人工智能领域的**国际竞争现实**。美国通过芯片出口管制、技术投资限制等措施构建"科技霸权"，欧盟推行"数字主权"战略强化技术自主，全球人工智能治理呈现"碎片化"和"阵营化"趋势。在此背景下，技术自主权成为维护国家科技发展权、抵御外部不当干预的法律武器。

技术自主权的三维权利构成

研究将技术自主权解构为三项核心权利：**自主管理权**、**自主合作权**和**同等反制权**，形成了完整的权利束架构。自主管理权体现为一国对境内AI研发活动的立法管辖权，如算法审查、数据本地化等制度；自主合作权表现为自主选择国际技术合作伙伴的能力，不受他国"长臂管辖"干扰；同等反制权则是对抗技术霸权的防御性权利，如对等制裁、供应链自主化等措施。

这一权利架构的创新之处在于，它既承继了传统主权原则，又针对**技术治理特性**进行了适应性改造。例如，将"属地管辖"拓展至境外产生影响的技术活动，将"自卫权"具体化为技术领域的对等措施。作者特别强调，技术自主权不是"技术民族主义"的借口，而是旨在维护真正公平的国际技术秩序。

人工智能技术自主权的制度体现

研究详细分析了技术自主权在人工智能领域的**具体实现形式**。在产业布局方面，表现为各国制定符合国情的AI发展战略，如我国《新一代人工智能发展规划》；在要素供给方面，体现为算力网络建设、公共数据开放等基础制度；

在风险监管方面，转化为算法备案、安全评估等监管工具。

在国际治理层面，技术自主权支持**多元治理模式**的正当性。不同发展水平的国家可根据自身需求选择监管强度，反对"一刀切"的国际标准。研究以欧盟《人工智能法》与我国《生成式人工智能服务管理暂行办法》为例，展示了不同技术自主路径的合理共存。这种观点超越了简单的"监管竞赛"叙事，承认多元治理模式的正当性。

研究还前瞻性地探讨了技术自主权的**行使边界**，提出应以"网络安全状态是否受到威胁"作为判断标准，避免主权主张的无限扩张。这一限定既维护了国家核心利益，又为国际技术合作保留了空间，体现了原则性与灵活性的平衡。

表：技术自主权在人工智能治理中的体现

权利类型	国内治理体现	国际治理体现	对抗性措施
自主管理权	算法安全审查、数据跨境规则	国内法域外适用（如GDPR）	技术标准自主制定
自主合作权	国际科研合作项目审批	多边合作机制参与（如UN AI倡议）	抵制"选边站队"压力
同等反制权	对等制裁清单、技术出口管制	国际争端解决机制运用	供应链自主可控战略

技术自主权研究的理论价值在于，它将原本分散的人工智能国际治理议题纳入**主权理论框架**，为分析技术竞争、制定应对策略提供了系统性工具。这一概念既不同于封闭的"技术脱钩"主张，也区别于无条件的"技术全球化"幻想，而是主张在维护自主发展权的基础上开展开放合作，为构建公平包容的人工智能国际治理秩序贡献了中国智慧。

四维一体的理论体系：核心观点整合与内在逻辑

赵精武教授关于人工智能治理的四篇代表性研究并非孤立存在，而是构成了一个逻辑严密、相互支撑的**理论体系**。通过深入分析可以发现，多维规制体系、数字法学定位、绿色原则与技术自主权四个维度之间存在着深刻的内在关联，共同描绘出人工智能治理的完整图景。本部分将揭示这些研究之间的理论脉络与整合框架，展现其系统化的学术贡献。

四维度的内在逻辑关联

四篇文献呈现出清晰的**理论演进**路径：《论数字法学的概念与研究定位》奠定了人工智能治理的学科方法论基础；《论人工智能法的多维规制体系》构建了实体性的治理框架；《论人工智能治理体系中绿色原则的建构方式》丰富了可持续发展的价值维度；《人工智能治理中的技术自主权》则拓展了国际治理的视野。这种从"基础理论"到"实体架构"再到"价值拓展"和"空间延伸"的递进关系，体现了理论研究从抽象到具体的系统化过程。

在横向关联上，四个维度形成了**互补协同**的关系：数字法学为整个治理体系提供研究方法与分析工具；多维规制体系构成治理的实体内容框架；绿色原则注入生态环境价值导向；技术自主权则界定国家主权边界与国际规则空间。这种结构类似于一座理论大厦——数字法学是地基，多维规制体系是主体结构，绿色原则是环保设计标准，技术自主权则是国际建筑规范。

核心观点的系统整合

将四篇文献的核心观点进行整合，可以勾勒出一个系统化的**人工智能治理理论模型**。在治理目标上，追求技术安全、创新发展、绿色低碳与国际合作的多元平衡；在治理主体上，强调政府、市场、科研机构与国际组织的多边协同；在治理工具上，综合运用法律规制、市场激励、伦理规范与技术标准等多种手段；在治理层次上，涵盖国内治理与国际治理的有机衔接。

这一整合模型突破了传统"安全与发展"的二元对立思维，通过引入绿色原则的**可持续发展**维度和技术自主权的**国际治理**维度，构建了更加立体、全面的治理框架。特别是将算力、数据等基础设施治理与算法、应用治理有机结合，体现了对人工智能技术特性的深刻把握。

理论体系的创新特色

这一理论体系的创新性主要体现在三个方面：一是**范式创新**，从被动应对技术风险转向主动构建发展框架，如将市场激励与创新资源保障纳入治理体系；二是**价值整合**，将安全、发展、环保、主权等多重价值有机统一，避免"顾此失彼"；三是**层次衔接**，实现技术要素治理、国家治理与全球治理的连贯设计。

体系的核心创新点是提出了"**预防—激励—保障**"的协同治理机制，这一机制既不同于欧盟的风险防控主导模式，也区别于美国的市场驱动模式，而是强调政府与市场的良性互动。在技术创新快速迭代的背景下，这种动态平衡机制展现出更强的适应性优势。

表：人工智能治理四维理论体系整合

理论维度	核心命题	主要贡献
数字法学定位	数字法学是研究数字技术对法律关系影响的学科范式	提供方法论基础，区分真伪问题
多维规制体系	人工智能治理需要风险预防、市场激励与资源保障三重机制	构建实体治理框架，超越安全与发展二元论
绿色原则嵌入	人工智能治理应当融入资源节约与环境友好的可持续发展理念	注入生态环境价值导向，拓展治理维度
技术自主权	国家在网络主权框架下享有自主发展人工智能技术的权利	界定国际治理规则，应对技术竞争

这一四维一体的理论体系具有重要的**学术价值与实践意义**。在理论上，它系统整合了原本分散的人工智能治理研究，构建了完整的分析框架；在实践上，它为我国参与人工智能全球治理、制定发展战略提供了理论支撑。特别是技术自主权与绿色原则的结合，为发展中国家在保持技术独立性的同时实现绿色转型提供了可行路径。

研究评价与未来展望：贡献、局限与发展方向

赵精武教授关于人工智能治理的四篇系列研究在学术界和实务界均产生了重要影响，其理论贡献与实践价值值得系统评估。本部分将从**学术创新**、**实践指导**和**局限不足**三个维度对这些研究进行批判性分析，并基于现有研究成果的启示，展望人工智能治理领域未来可能的发展方向。

理论贡献与学术创新

这一系列研究的首要理论贡献在于构建了**系统化**的人工智能治理理论框架。在"前ChatGPT时代"，人工智能治理研究呈现碎片化特征，聚焦算法歧视、数据安全等具体问题，缺乏整体性视角。这些研究首次提出了涵盖方法论基础、实体规则体系、价值导向与国际治理的多维理论架构，填补了系统性研究的空白。

研究在多个层面实现了理论创新：在方法论层面，澄清了数字法学的研究范畴与范式，为人工智能治理确立了科学的**分析工具**；在规制理论层面，提出的"风险预防—市场激励—创新资源保障"三维模型超越了传统规制理论；在价值层面，将绿色原则引入技术治理，拓展了可持续发展理论的应用边界；在国际治理层面，发展的技术自主权概念丰富了网络主权理论的内涵。

特别值得肯定的是，这些研究体现了鲜明的**问题意识**与**中国立场**。研究没有简单套用欧盟的风险防控模式或美国的市场主导模式，而是基于中国发展实践，探索兼顾安全与发展的"第三条道路"。技术自主权等概念的提出，为发展中国家参与人工智能全球治理提供了理论武器。

实践指导价值

在实践层面，这些研究对人工智能立法与政策制定产生了实质性影响。多维规制体系研究直接影响了我国《生成式人工智能服务管理暂行办法》的立法理念，该办法首次在部门规章层面明确"促进人工智能健康发展"的立法目的；绿色原则研究为"东数西算"工程等国家战略提供了理论支撑；技术自主权研究则为应对美国芯片管制等国际竞争局势提供了分析工具。

研究提出的具体制度建议具有较高的**可操作性**。如算力网络规划、算法备案分级、公共数据开放等建议已被部分地方政府采纳实施。这些建议既考虑了技术特性，又兼顾了实施成本，体现了学术研究与政策实践的良性互动。

研究局限与改进空间

尽管这一系列研究取得了显著成就，但仍存在一些值得商榷和有待深化的方面。在理论层面，各维度之间的**整合度**有待加强，特别是数字法学方法论如何具体指导三维规制体系的构建，需要更细致的阐释；绿色原则与技术自主权的潜在冲突（如本土算力建设与全球资源优化）也需进一步协调。

在实证研究方面，缺乏对治理效果的**量化评估**。如市场激励措施的实际成效、算力资源规划的节能效果等，需要数据支撑。比较研究也相对不足，对欧盟、美国等不同治理模式的优劣分析可进一步深化。

在技术发展层面，对**通用人工智能**（AGI）等前沿议题的探讨不足。随着Sora等多模态大模型的出现，人工智能技术正迈向新阶段，治理理论需相应发展。特别是人工通用智能带来的根本性挑战，需要更前瞻性的思考。

未来研究方向

基于这些研究的启示与局限，未来人工智能治理研究可从以下几个方向深入探索：

一是**理论整合**研究，构建更具包容性的元理论框架，协调不同治理维度之间的关系。特别是探索数字法学方法论如何具体指导绿色原则、技术自主权的实施，形成更加自洽的理论体系。

二是**效果评估**研究，开展规制政策的实证分析，运用成本收益分析、政策实验等方法，量化评估不同治理工具的实际效果，为政策优化提供证据支持。

三是**技术前沿**治理研究，针对AGI、脑机接口等突破性技术，发展**前瞻性治理**框架。探索"治理科技"（GovTech）等新工具的应用，提升治理的精准性与有效性。

四是**全球治理**研究，在技术自主权基础上，构建更具包容性的国际规则体系。探索如何在全球南方国家中推广"发展友好型"治理模式，避免人工智能鸿沟进一步扩大。

五是**跨学科**研究，加强法学与人工智能伦理、科技政策、政治学等领域的深度交叉。特别是吸收复杂系统科学、认知科学等新视角，丰富治理理论的方法论工具箱。

随着人工智能技术进入"**强人工智能**"探索阶段，治理理论面临范式性挑战。赵精武教授的这一系列研究奠定了坚实基础，未来需要在保持理论连续性的同时，发展更加开放、动态的治理框架，以应对技术变革的不确定性。这既是对现有研究的延续，也是学术创新的必然要求。

此外，研究者还可以登录中国知网，检索特定主题的相关 CSSCI 期刊文献 n 篇，以特定格式（比如"知网研学"格式）将标题与摘要等内容导出后，复制到 Word 文档，让 AI 阅读对应 Word 文档后，按照特定格式，生成文献综述，供研究者批判性使用。但研究者不可过度依赖以上途径，应当对相关内容予以核对、修正、补充与完善，严格遵守学术伦理。

通过这些方式，DeepSeek 能够显著提高文献综述部分的写作效率，使研究者在短时间内完成高质量的文献回顾。

七、总结

总之，借助 DeepSeek 等 AI 工具，法学学术论文的写作可以变得更加高效、创新和多维。通过巧妙地利用这些工具,研究者不仅能快速消化文献内容,提取关键信息,还能够在文献的基础上生成新的研究问题、理论框架和学术视角,为论文写作提供强有力的支持。

第三节　写作灵感的发酵

在法学学术论文写作中,借助 DeepSeek(或类似的工具,如 Kimi 平替)将写作灵感转化为论文的三级标题,不仅可以帮助研究者在结构化和系统化思考中高效进行论文布局,还能确保论文内容的逻辑性、连贯性与深度。三级标题体系通常由主标题、引言、正文三大部分以及结语组成,通过"主标题—引言—正文"的形式来组织论文内容,且每一部分进一步细分为若干小节。在这一过程中,DeepSeek 可以作为一个强大的工具,帮助研究者根据灵感和已知文献的总结,有效地转化和构建结构化的论文大纲。以下是几种巧妙的方法,通过 DeepSeek 将写作灵感转化为三级标题。

一、DeepSeek 辅助提炼论文主题,生成主标题

主标题是论文的核心部分,通常需要概括全文的研究主题、研究领域及其创新性。借助 DeepSeek,研究者可以根据自己已经掌握的文献内容和研究问题生成多个主标题的选项,并从中选出最符合论文主旨的一个。

研究者可以将自己的研究问题或研究假设输入 DeepSeek 中,要求它基于该问题生成一个能涵盖整篇论文内容的主标题。例如:"请为我总结关于'人工智能伦理与法律'的相关论文,结合学界研究的空白之处,给出 5 个具备高度研究价值的选题。"

引用 7 篇资料作为参考 >

关于"人工智能伦理与法律"的研究,当前学界主要聚焦于AI技术的快速发展带来的伦理困境、法律滞后性以及治理框架的构建。以下是对相关论文的总结,并结合学界研究的空白之处,提出5个具备高度研究价值的选题:

1. AI伦理立法的困境与平衡机制

- **研究现状**:AI技术的快速迭代与法律制定的滞后性之间存在显著矛盾,AI算法的"黑箱性"和全球性与法律的地域性冲突也增加了立法难度 1 。
- **研究空白**:如何构建动态、灵活的立法机制,以适应AI技术的快速变化,同时平衡技术创新与伦理规范。
- **选题建议**:《动态立法框架下的AI伦理规范:技术创新与法律滞后的平衡机制研究》。

2. 生成式AI的伦理挑战与多维度治理

- **研究现状**：生成式AI（如ChatGPT、Midjourney）引发了深度伪造、版权侵权等伦理争议，现有法律对"AI创作主体"的界定模糊 3 。
- **研究空白**：如何构建"技术-制度-公众参与"协同治理框架，以应对生成式AI的伦理挑战。
- **选题建议**：《生成式人工智能的伦理治理：技术、法律与公众参与的协同机制研究》。

3. AI伦理审查制度的立法思路与实践

- **研究现状**：AI伦理审查制度在责任主体、审查对象和实质性原则方面与生物医学伦理存在差异，但缺乏具体的实施机制 4 。
- **研究空白**：如何借鉴生物医学伦理审查的成熟经验，构建适用于AI的伦理审查制度。
- **选题建议**：《人工智能伦理审查制度的立法与实践：基于生物医学伦理的借鉴与创新》。

4. AI伦理的机制设计与实施路径

- **研究现状**：当前AI伦理研究多停留在抽象原则层面，缺乏有效的实施机制，尤其是在激励兼容、显示原理和实施机制方面 5 。
- **研究空白**：如何通过机制设计理论，将AI伦理原则转化为可操作的实施路径。
- **选题建议**：《人工智能伦理的机制设计：从原则到实践的实施路径研究》。

5. AI技术的跨国法律协调与全球治理

- **研究现状**：AI技术的全球性与法律的地域性存在冲突，不同国家和地区的法律体系、文化背景差异巨大 1 3 。
- **研究空白**：如何构建跨国法律协调机制，推动AI技术的全球治理。
- **选题建议**：《人工智能技术的跨国法律协调：全球治理框架下的法律冲突与解决方案研究》。

这些选题不仅填补了当前研究的空白，还为AI伦理与法律领域的未来发展提供了新的研究方向。

DeepSeek 将结合已输入的内容，生成与研究问题密切相关的标题，并且可以给出不同的选项。

通过这种方式，DeepSeek 能够帮助研究者聚焦研究主题，从而为整篇论文提供一个清晰且具有指引性的主标题。选定主标题后，研究者就可以更加清晰地划定论文的结构范围和写作重点，确保论文内容始终围绕主标题展开。

二、DeepSeek 辅助设计引言部分的结构

引言部分通常承担着引出研究背景、阐明研究意义、定义研究范围以及提出研究问题的重要任务。在人工智能法学的研究中，引言往往需要解释为何某个技术或法律问题值得关注，并展示相关研究的不足之处或争议点。借助 DeepSeek，研究者可以高效地撰写引言，并确保其结构清晰、逻辑连贯。

为了生成高质量的引言部分，研究者可以向 DeepSeek 提出明确要求，例如："请为我写一段关于'人工智能在司法领域中的伦理问题'的引言，重点阐述该领域的研究现状与不足。（文章'引言'部分的撰写一般在于简要说明文

章的研究目的、主要问题或核心观点。引言应注重限定研究范围、综述前人研究、提出问题、简述方法与贡献,使之过渡到文章的主体部分,应确保逻辑清晰、衔接自然。引言应当简洁,避免引入与主题无关的细节。)”

引用 3 篇资料作为参考 >

随着人工智能技术的快速发展，其在司法领域的应用日益广泛，从案件预测、量刑辅助到裁判生成，人工智能正在逐步改变传统的司法运作模式。然而，这一技术的引入也引发了诸多伦理问题，成为学术界和实务界关注的焦点。当前研究主要集中在人工智能在司法中的透明性、可问责性、公正性以及隐私保护等方面。尽管已有研究表明，人工智能在某些领域能够提高司法效率和一致性，但其“算法黑箱”特性、潜在的偏见歧视以及责任归属不清等问题，仍然对司法公正和伦理原则构成了严峻挑战 1 2 3 。此外，现有研究多集中于技术层面的探讨，缺乏对伦理问题的系统性分析，尤其是在人机协同、程序正义和人文关怀等方面的研究仍显不足。本文旨在梳理人工智能在司法领域中的伦理争议，分析其研究现状与局限，并探讨未来可能的解决路径，以期为相关领域的理论发展和实践应用提供参考。

DeepSeek 会在提供的文献基础上,总结出该领域的当前状况,提出存在的问题,并简要描述研究的重要性。

通过这样的交互,DeepSeek 不仅能够帮助研究者快速组织引言内容,还能为引言部分中的不同观点、研究方向提供支撑材料,帮助研究者明确接下来的研究焦点。

三、DeepSeek 辅助正文撰写,构建框架与三级标题

正文部分是论文的核心内容,它涉及详细的理论分析、案例研究、方法论阐释等内容。为了确保论文的条理性和逻辑性,正文通常分为几个大的部分,每个部分再细分为若干小节。通过 DeepSeek,研究者可以高效地将写作灵感转化为具体的三级标题,并使论文结构更加清晰和严谨。

研究者需要在 DeepSeek 中输入自己的主要研究议题和每个部分的研究重点。例如:“请为我的课程论文《人工智能对劳动法的影响》设计三个主要部分:一是人工智能与劳动法的互动;二是人工智能应用中的法律挑战;三是人工智能对法律制度的未来影响。”

引用 7 篇资料作为参考 >

根据您的要求，我为您的课程论文《人工智能对劳动法的影响》设计了以下三个主要部分：

1. 人工智能与劳动法的互动

人工智能技术在劳动管理中的应用日益广泛，包括招聘筛选、任务分配、绩效考核等方面。它不仅优化了劳动力资源配置，还提高了劳动管理效率。然而，人工智能的介入也带来了新的法律问题，如数据隐私、就业平等和劳动强度等。立法需对人工智能技术的合理应用加以引导，以有效发挥其对新质生产力的驱动作用 1 2 4 。

2. 人工智能应用中的法律挑战

人工智能在劳动管理中的应用带来了诸多法律挑战，主要包括：

- **数据隐私**：人工智能技术的有效运用依赖于大量数据，用人单位广泛处理工作场所数据，劳动者个人信息面临更大的侵害风险 1 2 4 。
- **就业平等**：人工智能技术基于机器自动化的决策结果可能包含歧视性因素，导致就业歧视 1 2 4 。
- **劳动强度**：人工智能技术过度强调“效率”，忽视劳动者休息权和职业安全健康，增加劳动强度，引发身体与心理健康问题 1 2 4 。

3. 人工智能对法律制度的未来影响

人工智能技术的发展将对法律制度产生深远影响，主要体现在：

- **法律框架的适应性**：现有劳动法在界定工作关系、责任分配和权益保护等方面难以全面覆盖新型雇佣模式，需要修订法律法规以适应新形势 6 7 。
- **劳动者权益保护**：劳动法应强化对劳动者的保护，确保其在人工智能技术应用过程中享有平等就业机会、工资收入和社会保险等权利 6 7 。
- **责任归属与法律完善**：明确人工智能技术在工作场所应用过程中各方主体的责任归属，完善责任制度，保护受害者权益 6 7 。

通过这些部分，您的论文可以全面探讨人工智能对劳动法的影响，并提出相应的法律应对策略。

DeepSeek 会根据输入内容自动生成一份结构化的论文大纲，并为每个部分设计合适的三级标题。

接下来，研究者可以根据 DeepSeek 生成的框架进一步细化每个部分的内容。例如，在“人工智能与劳动法的互动”这一部分下，研究者可以进一步询问：“请为‘人工智能与劳动法的互动’部分设计三个子标题。”

引用 10 篇资料作为参考 >

在“人工智能与劳动法的互动”这一部分下，可以设计以下三个子标题：

1. **人工智能在劳动管理中的应用与挑战**
   该部分可以探讨人工智能技术在招聘、任务分配、绩效考核等方面的应用，以及由此带来的数据隐私、就业平等和劳动强度等挑战 3 6 10 。
2. **人工智能对劳动法律制度的冲击与完善**
   该部分可以分析人工智能技术对现有劳动法律制度的冲击，如劳动合同的调整、职业培训的强化以及法律责任的界定，并提出相应的完善建议 2 5 9 。
3. **人工智能与劳动者权益保护的平衡**
   该部分可以讨论如何在人工智能技术的应用中有效保护劳动者权益，包括数据隐私保护、集体协商机制的引入以及人工监督与解释义务的强化 1 4 8 。

这些子标题涵盖了人工智能与劳动法互动的主要方面，既体现了技术应用的实际场景，也突出了法律调整和权益保护的重要性。

DeepSeek 会给出具体的小节标题。

通过这种方法，研究者能够有效地整理和细化自己的写作思路，确保论文的正文部分内容条理清晰，逻辑严密。

四、DeepSeek 辅助各小节的论点展开

在每个三级标题下,论文的小节是进一步展开分析的具体部分。通过 DeepSeek,研究者可以将灵感或文献中的关键观点提炼并转换为具体的论点。

例如,若小节的三级标题是"人工智能对劳动法律制度的冲击与完善",研究者可以询问 DeepSeek:"请为'人工智能对劳动法律制度的冲击与完善'这一小节提供三个主要论点。"

引用 6 篇资料作为参考 >

关于"人工智能对劳动法律制度的冲击与完善"这一主题,以下是三个主要论点:

1. **数据隐私与个人信息保护的挑战**
   人工智能技术在劳动管理中的广泛应用依赖于对大量数据的收集和处理,这增加了劳动者个人信息泄露的风险。例如,用人单位可能通过监控设备、算法系统等收集员工的敏感信息,如位置、健康状况等,甚至可能侵犯员工的隐私权。因此,劳动法律制度需要加强对职场个人信息处理的规范,明确用人单位在数据收集和使用中的责任,确保劳动者的知情同意权,并制定相应的法律责任机制 [1] [2] [6] 。
2. **就业平等与算法歧视问题**
   尽管人工智能技术基于数据驱动的决策看似客观,但其算法可能因数据偏差或设计缺陷导致就业歧视。例如,某些招聘算法可能因训练数据的偏见而倾向于排除特定性别、年龄或种族的求职者。劳动法律制度需要对此进行规制,要求算法透明化,并赋予劳动者对自动化决策的解释权和拒绝权,以确保就业平等 [1] [2] [6] 。
3. **劳动强度与劳动者权益的平衡**
   人工智能技术通过优化任务分配和强化绩效考核,可能过度强调效率,忽视劳动者的休息权和职业安全。例如,在即时配送行业,算法可能设置不合理的配送时效,导致劳动者超负荷工作。劳动法律制度需要加强对算法参数的监管,确保其在提高效率的同时,兼顾劳动者的身心健康和基本权益 [1] [2] [6] 。

这些论点反映了人工智能技术对劳动法律制度的深刻影响,并提出了相应的完善方向。

DeepSeek 会根据输入的领域知识和现有的学术文献,提出与主题相关的论点。

除了借助 DeepSeek 生成论点外,用户不应过度依赖其输出,而应在论文的不同部分适时自行评估回复质量,并考虑引入其他论点。

这些论点可以包括技术变革对就业结构的影响、自动化对低技能劳动的冲击、人工智能在提升劳动生产率方面的潜力等。

通过这种方式,研究者可以为每个小节提供结构化的论点,并确保论文内容有深度和层次。

五、DeepSeek 辅助结语撰写,回顾研究意义

结语部分是论文的收尾,旨在总结研究成果、提出政策建议或展望未来研究方向。借助 DeepSeek,研究者可以有效提炼出论文中的关键结论,并结合当前的研究趋势和未来的法律挑战,生成一份系统的结语。

研究者可以向 DeepSeek 提问:"请撰写《人工智能在司法领域中的伦理问题》的结语,并提出未来在人工智能法学领域需要进一步研究的方向。(文章"结语"重在提炼出文中的核心信息和关键点,应涵盖了论文的主要论点和论据,旨在强调研究的贡献和意义,亦可指出研究的局限性和不足,展望未来研究方向,鼓励其他研究者继续探索和深化相关议题等。结语内容上重在阐述作者自己的观点和研究结论,一般不宜在结语中过多地引证他人观点)"

引用 8 篇资料作为参考 >

结语

人工智能在司法领域的应用,无疑为法律实践带来了前所未有的变革。通过智能法律推理、智能合同生成与审核、智能司法决策支持等技术,AI不仅提升了司法效率,还为法律服务的普及性和公平性提供了新的可能性。然而,随着AI技术的深入应用,其引发的伦理问题也日益凸显。隐私权保护、算法偏见、责任归属等问题,成为了司法领域中亟待解决的伦理挑战。

本文通过分析人工智能在司法领域的应用及其伦理问题,揭示了AI技术在提升司法效率的同时,也可能对司法公正和伦理底线构成威胁。特别是在智能司法决策中,算法的透明性和可解释性、数据隐私的保护、以及AI系统自主决策的责任归属等问题,都需要法律界和技术界共同探讨和解决。

未来研究方向

1. **算法透明性与可解释性**:未来的研究应着重于提高AI算法的透明性和可解释性,确保司法决策的公正性和合理性。通过开发可解释的AI模型,减少"黑箱"操作,增强公众对AI司法系统的信任。
2. **数据隐私与安全**:随着AI技术在司法领域的广泛应用,数据隐私和安全问题愈发重要。未来研究应探索如何在利用大数据提升司法效率的同时,有效保护个人隐私,制定严格的数据使用规范和法律法规。
3. **责任归属与法律框架**:AI系统在司法决策中的自主性引发了责任归属的复杂问题。未来研究应致力于构建适应AI特性的法律框架,明确AI系统、开发者、使用者等多方主体的法律责任,确保在AI决策失误时能够有效追责。
4. **伦理审查与评估机制**:建立独立的伦理审查机构,对AI技术在司法领域的应用进行严格的伦理审查和评估。确保AI技术符合人类价值观和社会伦理标准,避免其对社会造成负面影响。
5. **国际合作与标准制定**:AI技术的跨国应用使得国际合作变得尤为重要。未来研究应推动国际社会共同制定AI技术的国际规范和标准,确保其在全球范围内的公正性和一致性。

通过以上研究方向的深入探索,我们有望在人工智能与司法领域的融合中,找到技术与伦理的平衡点,推动司法体系的现代化和智能化,为构建更加公正、高效的法律社会贡献力量 1 2 3 。

DeepSeek 将基于论文的内容,归纳出关键的结论,并对未来的研究方向提出具体建议。这样,研究者可以确保结语部分紧扣论文主题,同时为读者提供对未来研究的启发。

六、总结

在法学学术论文写作中,合理使用 DeepSeek 不仅有助于研究者高效地将灵感转化为具体的论文框架,还能确保论文的各个部分逻辑清晰、内容深入。

无论是主标题的生成、引言部分的设计,还是正文的三级标题构建及每个小节的论点展开,DeepSeek都能提供强大的支持,帮助研究者更好地组织思路、优化论文结构。通过与DeepSeek互动,研究者能够在保持学术严谨性的同时,充分挖掘灵感并创新性地推动学术研究。

第四节　对标题的内容展开

在法学学术论文写作中,借助DeepSeek(或Kimi平替)展开文章标题内容是一种有效的策略。这样不仅可以帮助用户从标题出发,系统地构建论文内容,还能确保论文结构的逻辑性和条理性。标题通常承载着论文的核心主题和研究问题,因此,如何从标题中提炼出具体的研究方向、细化论文框架,并在此基础上进行深入讨论,是论文写作中的关键步骤。在此过程中DeepSeek可以作为一个高效的工具,帮助用户从多个角度展开标题内容,并将其细化为具体的论点、章节结构和分析框架。以下将详细阐述如何在法学学术论文写作中巧妙借助DeepSeek展开文章标题内容。

一、从标题提炼核心问题,明确研究方向

论文标题通常已经隐含了研究的核心问题和研究目标,因此第一步是通过DeepSeek将这些核心问题从标题中提炼出来并加以明确。在这一过程中,用户可以将标题内容输入到DeepSeek中,要求它帮助提炼出其中的主要研究问题。

例如,假设论文的标题是《人工智能与司法公正:法律挑战与解决路径》,用户可以向DeepSeek提问:"请根据论文标题《人工智能与司法公正:法律挑战与解决路径》,总结出关于人工智能与司法公正的主要法律挑战。"

引用5篇资料作为参考 >

根据您的论文标题《人工智能与司法公正:法律挑战与解决路径》,结合相关检索结果,人工智能与司法公正的主要法律挑战可以总结如下:

1. **算法歧视与偏见**
   人工智能在司法应用中可能因训练数据的偏差或算法设计问题,导致对特定群体的歧视性判决。例如,某些风险评估工具可能对特定种族或性别群体产生不公平的评估结果,进而影响司法公正 1 3 。

2. **算法黑箱与透明度不足**

人工智能的决策过程往往缺乏透明性，难以解释其推理逻辑，这可能导致当事人和法官对判决结果的不信任。算法黑箱问题使得司法过程的公开性和可监督性受到挑战 1 2 。

3. **法官过度依赖人工智能**

人工智能的辅助功能可能使法官过度依赖其建议，削弱法官的主观判断能力，进而影响司法公正性。这种依赖可能导致法律适用的僵化，无法适应复杂案件的多样性 1 5 。

4. **法律与技术的互动不足**

人工智能技术的快速发展与法律规制的滞后性之间存在矛盾。法律体系尚未完全适应人工智能在司法中的应用，缺乏明确的法律框架来规范其使用范围和责任归属 1 5 。

5. **隐私与数据保护问题**

人工智能在司法中的应用依赖于大量数据的收集和处理，这可能侵犯当事人的隐私权。如何在提升司法效率的同时保护个人数据安全，成为亟待解决的法律挑战 1 3 。

6. **司法权威与亲历感的削弱**

人工智能的介入可能削弱司法过程的亲历性和权威性。当事人可能对由机器辅助的判决产生质疑，认为其缺乏人类法官的情感和道德判断，进而影响司法公信力 2 5 。

7. **责任追究机制的缺失**

当人工智能辅助的判决出现错误时，如何界定责任主体（是开发者、使用者还是算法本身）成为法律难题。目前尚缺乏明确的责任追究机制来应对这一问题 1 5 。

这些挑战表明，人工智能在司法领域的应用需要在技术、法律和伦理之间找到平衡，以确保司法公正的实现。

DeepSeek 会基于当前人工智能技术与司法体系的相关文献，分析并提供该领域的核心法律问题。这一过程有助于用户进一步明确论文的研究方向，并决定在论文中需要重点探讨的内容。

通过 DeepSeek 的帮助，用户可以系统地列出与论文标题相关的关键问题，并通过这些问题逐步梳理论文的写作方向。

例如，DeepSeek 可能提出以下问题："人工智能在司法审判中的应用如何影响司法自主性？""如何在法律框架内保证人工智能算法的公正性？"这些问题为论文的后续展开提供了清晰的指引。

借助这一过程，用户能够确保论文的研究问题具有针对性，且紧扣标题内容，不至于偏离主题。

二、构建论文框架，分章节展开内容

明确研究问题之后，需要着手构建论文框架。论文框架通常分为几个主要章节，每个章节对应一个独立的研究领域或一个重要的分析维度。DeepSeek 可以帮助用户将标题所涉及的各个层面分解为几个主要章节，并为每个章节设置合理的结构。

例如，基于论文标题《人工智能与司法公正：法律挑战与解决路径》，用户可以向 DeepSeek 请求帮助："请为我的论文《人工智能与司法公正：法律挑战与解决路径》设计一个合理的框架，围绕'人工智能与司法公正的法律挑战'展开讨论。"

引用 10 篇资料作为参考 >

针对论文《人工智能与司法公正：法律挑战与解决路径》，以下是一个合理的框架设计，围绕"人工智能与司法公正的法律挑战"展开讨论：

1. 引言

- **背景介绍**：简述人工智能在司法领域的应用现状及其对司法公正的潜在影响。
- **研究问题**：明确论文的核心问题——人工智能在司法应用中面临的法律挑战。
- **研究意义**：探讨解决这些挑战对实现司法公正的重要性。

2. 人工智能在司法领域的应用现状

- **技术发展**：概述人工智能技术在司法领域的主要应用，如智能辅助审判、案件预测、法律文书生成等 1 5 。
- **实践案例**：列举国内外人工智能在司法中的成功应用案例，展示其提升效率和公正性的潜力 1 6 。

3. 人工智能与司法公正的法律挑战

- **算法偏见与歧视**：讨论人工智能算法可能存在的偏见问题，如何影响司法公正 1 6 。
- **透明度与可解释性**：分析人工智能决策的"黑箱"特性，及其对司法透明度和公信力的影响 1 4 。
- **责任归属问题**：探讨人工智能系统出现错误决策时，责任如何划分的法律难题 1 5 。
- **数据隐私与安全**：讨论人工智能在司法应用中涉及的个人数据隐私保护问题 1 5 。
- **独立行使审判权与智能干预**：分析人工智能在司法决策中的角色，如何平衡技术辅助与独立行使审判权 2 6 。

4. 解决路径与对策

- **法律框架的完善**：提出完善人工智能在司法领域应用的法律法规，明确责任归属和监管机制 1 4 。
- **算法透明化与审计**：建议通过算法公开、第三方审计等手段提升人工智能决策的透明度 1 4 。
- **数据保护机制**：探讨如何建立完善的数据隐私保护机制，确保司法数据的安全性和合规性 1 5 。
- **跨学科合作**：强调法律界、技术界和学术界合作的重要性，共同应对人工智能在司法中的挑战 1 6 。
- **伦理与道德规范**：提出在人工智能司法应用中引入伦理审查机制，确保技术应用符合社会道德标准 4 6 。

5. 未来展望

- **技术发展趋势**：展望人工智能技术在司法领域的未来发展方向，如更智能化的审判系统、更高效的案件处理流程等 1 6 。
- **法律与技术的协同发展**：强调技术进步与法律制度完善的协同，确保人工智能在司法领域的应用始终服务于司法公正 1 6 。

6. 结论

- **总结**：总结人工智能在司法公正中的法律挑战及其解决路径。
- **研究局限与展望**：指出当前研究的局限性，并提出未来研究的方向。

参考文献

- 根据搜索结果的引用，列出相关文献和资料，支持论文的论述。

通过这一框架，论文可以系统地分析人工智能在司法公正中的法律挑战，并提出切实可行的解决路径，为相关领域的研究和实践提供参考。

DeepSeek 会根据标题内容,生成包括引言、背景、应用现状、法律挑战、解决路径等内容的论文框架。

DeepSeek 不仅可以帮助用户设计框架,还可以进一步细化每个章节的内容。例如,在“法律挑战”这一部分,用户可以向 DeepSeek 询问:“请细化‘法律挑战’部分的内容。”

在“法律挑战”这一部分，请细化“法律挑战”部分的内容。

引用 3 篇资料作为参考 >

在“法律挑战”部分，AI在司法领域的应用面临多方面的挑战，主要包括技术、算法偏见以及法律和法治层面的问题。以下是具体细化内容：

1. 技术上的挑战

- **抽象分析和高阶认知能力不足**：AI在处理复杂法律问题时，尤其是在需要抽象思维和高阶认知能力的场景中，表现仍不够稳定和可靠 1 。
- **算法“黑箱”问题**：AI的决策过程往往缺乏透明性，导致其推理和判断难以被解释和审查，这为司法公正性带来了潜在风险 1 。

2. 算法偏见挑战

- **算法歧视**：AI在数据处理和决策过程中可能因训练数据的偏差或算法设计缺陷，导致对特定群体的不公平对待，例如在招聘、贷款审批等场景中 1 3 。
- **数据质量与透明性**：算法的偏见问题需要通过严控数据质量、提高算法透明性和可解释性来缓解 1 。

3. 法律和法治的挑战

- **法官过分依赖AI**：AI的辅助功能可能导致法官过度依赖技术，削弱其独立判断能力，进而影响司法公正性 1 。
- **定量法律预测破坏法律张力**：AI的定量预测可能简化法律的复杂性和灵活性，导致法律适用僵化，无法适应多变的社会需求 1 。
- **隐私权侵犯**：AI在处理大量数据时，可能涉及个人隐私的泄露，尤其是在数据收集、存储和使用过程中未严格遵守相关法律法规 1 3 。

4. 制度与治理挑战

- **人机交互决策的权重配置**：在司法实践中，如何合理配置法官与AI的决策权重，避免AI过度干预司法判断，是一个亟待解决的问题 2 。
- **算法解释与问责性**：AI的决策过程需要具备可解释性，以确保其决策结果可以被审查和问责，同时避免算法黑箱带来的不透明性 2 。

5. 法律合规与伦理挑战

- **数据使用合法性**：AI的运行依赖于海量数据，企业在使用AI时必须确保数据来源合法，并遵循“告知-同意”原则，避免侵犯个人信息权 3 。
- **知识产权问题**：AI生成内容的版权归属尚无明确法律规定，企业在使用AI生成内容时需注意版权保护与侵权风险 3 。

综上所述，AI在司法领域的法律挑战涉及技术、算法、法律制度和伦理等多个层面，需要通过技术改进、制度完善和法律规制来逐步解决 1 2 3 。

这些思路为用户提供了明确的写作思路和层次结构,确保论文内容的条理清晰。

三、细化小节内容,明确分析框架与论点

在构建了论文框架后,接下来是对每个小节进行详细的分析与论述。在这一阶段,用户可以借助 DeepSeek 进一步细化每个小节的内容,明确分析框架和论点。通过向 DeepSeek 提问,用户可以从标题出发,围绕每个小节的核心问题展开深入讨论。

例如,在"人工智能与司法自主性"这一小节中,用户可以向 DeepSeek 询问:"请为我提供关于'人工智能与司法自主性'的三个分析视角。"

引用 10 篇资料作为参考 >

关于"人工智能与司法自主性"的分析，可以从以下三个视角展开，结合当前全球实践与法律挑战：

1. 技术辅助性与司法决策权的边界

人工智能在司法中的应用主要体现为辅助工具（如类案推送、文书生成），但其算法可能通过历史数据隐含偏见（如美国COMPAS系统对少数族裔的歧视性量刑建议），间接影响法官自由裁量权 3 6 。中国最高人民法院明确要求AI不得替代法官裁判，坚持"辅助审判原则"，但技术依赖可能导致法官对算法推荐的被动接受，削弱司法自主性 9 10 。核心矛盾在于：**效率提升与裁判权让渡的平衡。**

2. 算法透明性与司法公信力的冲突

AI的"黑箱"特性（如深度学习模型的不可解释性）与司法公开原则相悖。例如，欧盟通过《AI伦理宪章》要求算法可审计，而中国部分法院试点区块链存证以增强透明度 1 3 。问题在于：**技术不透明可能掩盖决策逻辑，公众对算法裁决的信任度取决于其可验证性。**若无法追溯AI的推理路径，司法公信力将受质疑 7 8 。

3. 责任归属与司法伦理的困境

当AI辅助出现错误（如生成虚假判例或证据分析失误），责任主体难以界定。哥伦比亚法官使用ChatGPT判案时，仍强调"人类确认"的必要性 9 10 。法律需明确开发者、使用者与法官的责任链条，避免"算法甩锅"。例如，中国要求司法责任最终由裁判者承担，但技术缺陷（如数据偏差）可能成为归责盲区 2 6 。

总结

这三个视角揭示了AI与司法自主性的张力：**工具理性与价值理性的博弈**（效率VS公正）、**技术逻辑与法律传统的融合**（代码化规则VS法官经验）、**人机协同的权力分配**（辅助工具VS决策主体）。未来需通过立法分层监管（如欧盟风险分级）、算法审查机制和法官技术素养提升来化解矛盾 3 7 10 。

除了 DeepSeek 可能提供的分析视角之外,用户可以在合适时机自行补充自己的想法,包括但不限于"人工智能如何影响法官的自由裁量权"。

通过这种方式,用户不仅能够明确每个小节的论点,还能够围绕这些论点

构建相应的分析框架。DeepSeek 能够帮助用户从多个维度审视问题，确保每个小节的内容全面且有深度。这些细化的分析视角和框架将直接推进论文内容的展开，并为读者提供清晰的思路和论证路径。

四、深入探讨解决路径，提出创新性建议

在“解决路径”部分，用户通常需要针对论文中讨论的法律挑战提出应对措施与解决方案。DeepSeek 可以帮助用户基于已有的文献和法律规定，提出具有创新性且可行的建议。

例如，对于“人工智能算法的公正性问题”，用户可以向 DeepSeek 询问：“请为我提出关于‘如何提升人工智能算法公正性’的三条建议。”

引用 8 篇资料作为参考 >

以下是关于提升人工智能算法公正性的三条建议，结合当前研究和实践中的关键措施：

1. 确保数据多样性与代表性

- **措施**：使用覆盖不同群体（如性别、种族、年龄、地域等）的多元化数据集进行训练，避免数据抽样偏差。例如，在招聘算法中需平衡不同背景的简历数据 1 4 8 。
- **技术实现**：通过数据清洗、过采样（如SMOTE技术）或合成数据补充少数群体样本，减少历史数据中的隐性偏见 6 7 。

2. 增强算法透明性与可解释性

- **措施**：要求算法开发者公开核心决策逻辑（如通过LIME、SHAP等可解释性工具），并接受第三方审计。例如，欧盟《AI伦理宪章》要求高风险领域算法必须可追溯 1 5 8 。
- **监管支持**：立法强制算法透明化，如中国要求司法AI系统向法院说明推荐依据，避免“黑箱”操作 3 8 。

3. 建立多维度公平性评估与动态监控机制

- **措施**：采用公平性指标（如Demographic Parity、Equalized Odds）定期评估算法表现，并设立伦理审查委员会（含法律、技术专家）监督 3 7 8 。
- **实践案例**：IBM的AI Fairness 360工具包可量化不同群体的算法偏差，帮助开发者实时调整模型参数 7 8 。

通过以上措施，可系统性减少算法偏见，平衡效率与公正。实际应用中需结合具体场景（如司法、金融）调整优先级 1 3 7 。

DeepSeek 可能提出的建议包括“增强算法的透明性和可解释性”“引入公平性指标和约束”等。

这些建议不仅能够为用户提供论文中解决路径部分的写作内容，还紧扣人工智能法学的前沿问题，具有针对性和前瞻性。在 DeepSeek 的辅助下，用户能够从多个学术视角提出创新性的解决方案，为论文的结论部分提供坚实的理论基础。

五、总结与展望未来研究方向

在论文的结语部分，用户需要总结全文的主要研究结论，并展望未来可能的研究方向。在这一部分，DeepSeek 可以帮助用户系统总结论文中的论点和结论，同时根据当前的研究趋势提出未来研究的潜在问题。

用户可以向 DeepSeek 提问："请简要总结人工智能对司法公正的影响，并提出未来研究的方向。"

引用 5 篇资料作为参考 >

人工智能对司法公正的影响主要体现在以下几个方面：

1. **提升司法效率**：人工智能通过智能阅卷、智能庭审、智能文书生成等功能，显著缩短了案件处理时间，提高了司法效率。例如，深圳法院的"鹏法AI"系统已辅助立案29.1万件，生成文书初稿1.16万份，显著提升了审判质效 2 3 。
2. **增强司法公正性**：人工智能通过大数据分析和智能匹配类案、法条等功能，帮助法官统一裁判标准，减少"类案不同判"的现象，提升了司法公正性 2 3 。
3. **辅助决策支持**：人工智能为法官提供了多维度的数据支持和智能提示，帮助法官更全面地分析案件，降低错误判决的可能性 1 3 。
4. **面临挑战**：人工智能在司法领域的应用也面临算法黑箱、规则僵化、人机决策权重配置等挑战，可能影响司法的透明性和公正性 1 。

未来研究方向

1. **人机交互决策机制**：研究如何设计符合司法原理的人机交互决策制度，确保人工智能辅助司法的透明性和可问责性 1 。
2. **算法解释与公开**：探索如何在不影响司法的前提下，公开人工智能算法的决策过程，增强司法的透明度和公信力 1 。
3. **动态立法框架**：研究如何构建适应技术迭代的动态立法框架，平衡安全与创新，完善人工智能相关法律制度 5 。
4. **国际协同治理**：研究如何协调不同国家和地区的AI治理规则，推动国际AI技术标准的互操作性，促进全球AI健康有序发展 5 。
5. **伦理风险与人权保障**：研究如何量化生成式AI的伦理风险对人权的影响，构建多维度的人权保障机制，减少技术滥用对人格尊严和社会信任的损害 5 。

通过以上研究方向的探索，可以进一步优化人工智能在司法领域的应用，推动司法公正与效率的双重提升。

DeepSeek 会基于全文内容归纳出研究成果，并提出未来可能深入探索的研究领域，如"人工智能与法律伦理的关系""人工智能在其他法律领域的应用与挑战"等。

借助 DeepSeek，用户能够在结语部分进行有深度的总结，并为未来研究提供启发和指导，确保论文的结尾部分具有深远的学术价值。

六、总结

通过巧妙借助 DeepSeek，用户能够逐步将法学学术论文的标题内容展开，从提炼研究问题、构建论文框架到细化每个小节的内容，再到提出创新性建议和总结研究成果，DeepSeek 都能提供强大的支持。这一过程不仅提高了写作效率，还确保论文内容的深度和逻辑性。在与 DeepSeek 的互动中，用户能够确保论文从标题到结语的各个部分紧密衔接，从而构建出一篇条理清晰的学术论文。但用户应遵守法律法规与学术伦理，避免过度依赖 DeepSeek。

第五节　论文的修改与完善

法学论文的撰写与完善是一项高度严谨的学术任务，涉及法律概念表达的精准性、逻辑结构的严密性、论证方式的科学性以及学术写作的规范性。在这一过程中，DeepSeek 可以作为辅助工具，帮助研究者优化论文结构、改进论证逻辑、润色语言表达、提供学术建议，并校对格式规范。然而，想要充分发挥 DeepSeek 的潜力，研究者需要使用精准、细致、递进式的提示词，以确保 AI 输出的内容符合法学研究的专业需求。本节将从优化论证逻辑、提升法律表述、增强学术规范性、提供多维度视角以及适应特定期刊要求五个方面，探讨如何构建高效提示词，以赋能法学论文的修改与完善。

一、优化论证逻辑：精确设定法律论证的改进方向

法学论文的核心在于法律论证的严谨性。研究者在使用 DeepSeek 进行论文修改时，若仅输入“帮我优化这篇论文”或“改进论证逻辑”，可能会导致 AI 给出过于宽泛或无针对性的建议。因此，提示词应具体指出需要优化的论证环节。

例如：“请分析以下论证逻辑是否存在循环论证或非法律推理的漏洞，并提供针对性的修改建议。”或者：“我的论文主张 × 观点，但部分论证可能缺乏法律依据。请你评估论证链条的完整性，并提供更具权威性的法理支持。”

此外，研究者可以递进式调整提示词，以获得更符合需求的优化建议。例

如,第一步先让 DeepSeek 识别论文中法律论证的薄弱环节,第二步要求 AI 提供增强论证的方法,第三步引导 AI 结合特定法学理论(如法律现实主义、法律解释学等)优化论证。例如:“请依据德沃金的‘法律诠释理论’,重新审视我在第二部分对法律原则适用的论证,并优化相关表述。”

如此一来,DeepSeek 能够针对论文核心问题提供更精确的学术改进方案。

二、提升法律表述:增强学术性和专业性

法学论文的语言风格需要兼顾学术性与法律术语的准确性。在使用 DeepSeek 进行论文修改时,如果提示词过于简单,例如“帮我润色这篇论文”,AI 可能仅仅进行一般性的语法修正,而无法深入优化法律表达。

因此,研究者需要明确提示 DeepSeek 关注法律表述的专业性。例如:“请将以下段落的语言调整为符合法律学术写作风格的表达,确保法律术语的准确性,并提高整体可读性。”

此外,研究者可以要求 DeepSeek 提供不同风格的表达方式。例如:“请用更加正式的法律学术语言改写以下段落,并确保符合公法学领域的表述惯例。”或者:“请用更简洁明了的方式改写以下段落,避免冗长和重复表达。”

这些提示可以有效引导 DeepSeek 进行精准的语言优化,使论文表达既符合法学学术标准,又具有清晰性和可读性。

值得注意的是,法学论文的语言需要符合特定法域的风格,例如大陆法系和英美法系的法律表述方式有所不同。因此,研究者可以通过提示词限定 DeepSeek 的语言风格,如:“请按照大陆法系法学论文的写作惯例优化以下段落,使其符合民法学术写作标准。”这样可以确保 AI 的修改结果更符合具体法学体系的语言规范。

三、增强学术规范性:提高论文的可引用性与法条支撑

学术论文的说服力很大程度上取决于其引用的权威性。因此,在使用 DeepSeek 进行论文修改时,可以通过提示词明确要求 AI 提供更多学术支撑。

例如:“请帮我在以下段落中增加权威学者的引用,以增强论证的可信度。”或者:“请帮我优化以下论点的法律依据,并引用相关国际公约或判例法进行支撑。”

此外,研究者可以让 DeepSeek 检查论文中的引用格式,确保其符合特定的

学术规范。例如:“请检查我的论文是否符合《蓝皮书》(Bluebook)的法律引用格式,并提供必要的调整建议。”或者:“请按照《法学引注手册》优化以下参考文献的格式。”

这样可以避免因引用不规范而影响论文的学术质量。

四、提供多维度视角:增加论文的理论深度与批判性

优秀的法学论文不仅要有清晰的论证逻辑,还需要展示理论深度和批判性思维。研究者可以通过提示词引导 DeepSeek 生成不同法学视角下的分析,以增强论文的理论多样性。

例如:“请从法律现实主义和法律形式主义的对立角度,评估我在第二部分提出的法律解释方式。”

此外,研究者还可以让 DeepSeek 提供不同国家或法系的比较分析,以增加论文的国际化视野。例如:“请比较德国法与美国法在数据隐私保护方面的法律方法论差异,并结合我的论文观点,提出可以借鉴的经验。”

引用 10 篇资料作为参考 >

德国与美国在数据隐私保护方面的法律方法论存在显著差异，主要体现在立法模式、监管机制以及法律文化等方面。以下是对两国法律方法论差异的比较，并结合相关文献提出可以借鉴的经验。

1. 立法模式

德国：德国采取了统一和集中的立法模式，以《欧盟通用数据保护条例》（GDPR）为核心，结合《德国数据保护法》等国内法律，构建了严密的数据隐私保护法律体系。GDPR强调数据主体的权利，如被遗忘权、数据可携带权等，并对数据处理者设定了严格的合规要求 [1,3,9]。

美国：美国则采用了部门性的立法模式，联邦层面没有统一的隐私保护法，而是通过《隐私法案》、《健康保险流通和责任法案》（HIPAA）等分行业的法律来保护个人隐私。此外，各州也有自己的隐私法律，如《加州消费者隐私法案》（CCPA），形成了分散的立法格局 [6,8]。

借鉴经验：德国的统一立法模式为数据隐私保护提供了明确的法律框架，而美国的部门性立法则更具灵活性。可以借鉴德国的统一立法模式，制定全面的隐私保护法律，同时结合美国的灵活性，针对不同行业制定具体的实施细则。

2. 监管机制

德国：德国设立了独立的数据保护监管机构，如联邦数据保护与信息自由委员会，负责监督企业和组织对数据保护法的执行。这些机构独立于政府和商业利益，能够高效权威地执行法律 [1,3]。

美国：美国的监管机制较为分散，主要由联邦贸易委员会（FTC）和各州的监管机构负责隐私保护。FTC主要通过执法行动来保护消费者隐私，缺乏统一的监管机构 [6,8]。

借鉴经验：德国的独立监管机制为数据隐私保护提供了强有力的保障。可以借鉴德国的经验，设立独立的隐私保护监管机构，确保监管的权威性和有效性。

3. 法律文化

德国：德国法律文化强调个人尊严和隐私权，认为个人信息是一项基本权利，应得到法律的有效保护。这种文化源于二战期间纳粹政权对个人信息的滥用，使得德国对隐私保护持谨慎态度 [8] [10] 。

美国：美国法律文化更注重言论自由和市场自由，对隐私保护持相对宽松的态度。美国人更倾向于通过市场和技术手段来解决隐私问题，而非通过严格的立法 [8] [10] 。

借鉴经验：德国的法律文化强调隐私权的重要性，可以为隐私保护提供坚实的法律基础。可以借鉴德国的经验，提升公众对隐私权的认识，同时结合美国的市场机制，推动隐私保护技术的发展。

4. 处罚措施

德国：德国对违反数据保护法规的行为设定了严苛的处罚措施，根据GDPR的规定，企业可能面临高达年度收入4%的罚款 [1] [3] [9] 。

美国：美国的处罚措施相对较轻，主要依赖于民事赔偿和执法行动。CCPA等州级法律虽然设定了罚款，但金额和力度不及GDPR [6] [8] 。

借鉴经验：德国的严苛处罚措施对企业和组织形成了强大的威慑力。可以借鉴德国的经验，加大对违法行为的处罚力度，确保数据隐私保护法规的有效执行。

结论

德国与美国在数据隐私保护方面的法律方法论各有优劣。德国的统一立法、独立监管和严苛处罚为隐私保护提供了强有力的法律保障，而美国的部门性立法和市场机制则更具灵活性。可以借鉴德国的统一立法和独立监管机制，同时结合美国的市场机制和技术手段，构建适合本国国情的数据隐私保护法律体系。

这种方法能够促使 AI 提供更深入的跨法域比较,使论文更具全球视角。

五、适应特定期刊要求:优化表达方式和语句校对

不同的法学期刊对于论文的写作风格、结构、字数和格式的要求有所差异。研究者可以利用 DeepSeek 调整论文以符合期刊规范。

例如:“请根据《法学研究》的投稿要求,优化以下摘要,使其符合该期刊的写作风格。”或者:“请检查我的论文是否符合《中国法学》的格式要求,并提出必要的修改建议。”

此外,研究者可以要求 DeepSeek 进行摘要优化。例如:“请帮我写一个275—325 字的摘要,涵盖论文的核心问题、研究方法和主要结论,并符合学术摘要的写作规范。(文章“摘要”的写法:摘要的主要目的是让读者快速了解论文的研究主题、方法、主要观点和结论,帮助他们判断论文是否与自己的研究兴趣相关,从而决定是否阅读全文。研究目的要清晰阐述论文要解决的法学问题或要探讨的法学现象。摘要应简要说明采用的研究方法,如文献综述、案例分析、比较研究等。主要观点和结论是摘要的核心部分,要准确、扼要地概括论文的关键观点和最终结论)”

这样可以确保论文摘要既精准概括内容,又符合期刊标准。此外,还可以

将论文全文或部分录入，输出指令“请核对下列文档是否存在错别字和语病，并指出具体问题所在和提供相应的修改建议”。如此一来，结合人工校对复核，能够大大降低错别字和语病出现的概率。

六、总结

为充分利用 DeepSeek 赋能法学论文的修改与完善，研究者需要通过精准的提示词引导 AI 进行学术化的优化。优化论证逻辑、提升法律表述、增强学术规范性、提供多维度视角以及适应特定期刊要求，都可以帮助研究者更高效地利用 DeepSeek 进行论文修改。通过精细化的提示词设置，研究者可以确保 AI 的输出内容不仅符合学术标准，还能提升论文的理论深度和实践价值，从而在法学研究中发挥更大的辅助作用。

第十章　AI 赋能法律实务

随着人工智能技术的迅猛发展,法律实务正经历从经验驱动向数据驱动的深刻转型,AI 法律检索作为其中的重要技术手段,正显著提升法律实务的效率与精度。在传统法律实务中,法律从业者依赖人工查阅法律条文、判例、合同范本等资料,面临检索工作量大、信息碎片化、分析周期长等问题。而 AI 法律检索能够快速定位和分析海量法律信息,提供更为精准的法律依据、案例参考与法律意见,极大地提升了法律实务的智能化水平,助力法律服务的专业性与效率的双重提升。然而,AI 法律检索在赋能法律实务的同时,也产生了诸如“过度依赖技术工具”“法律主体框架坍塌”等问题。AI 的算法局限可能导致检索结果的片面性与法律解释的机械化,尤其在复杂、模糊或具有政策导向的法律问题上,AI 无法完全替代法律人的专业判断与经验积累。AI 对法律信息的分析仍依赖数据的完整性与更新速度,若法律文本存在空白或前沿领域缺乏充分训练,可能导致检索失准。因此,法律实务中的 AI 应用应注重技术与法律专业判断的结合,确保 AI 法律检索结果的准确性、可解释性与合法性,避免对 AI 技术的过度依赖,保障法律服务的公正性与可信度。

第一节　AI 对法律实务的价值

AI 在法律信息检索领域的突破,正在深刻改变法律实务的运行方式。传统的法律实务高度依赖法律人的专业知识积累、文献检索能力以及法律推理能力,而这些环节通常需要大量的时间和人力成本。AI 的引入使法律实务在法律检索、案件分析、法律文件起草、诉讼策略制定、合规审查、法律咨询等方面都发生了重大变革。它不仅提高了法律工作的效率,还在一定程度上优化了法律人的工作方式,使法律服务更精准、智能和高效。AI 对法律实务的赋能,主要可以从法律信息检索、案件分析与预测、法律文件起草、诉讼策略优化、合规审查与风险控制、法律咨询自动化六个方面进行深入探讨。

第一,AI 极大地提升了法律信息检索的效率与精准度。在传统法律实务中,法律人通常需要查阅海量的法条、判例、法规释义、学术文献等,以支持案件处理或法律咨询。法律数据库检索(如 Westlaw、LexisNexis、北大法宝等)虽然已实现一定程度的智能化,但仍然依赖于人工筛选、归纳与分析,检索成本较高。AI 则改变了这一局面,使法律人能够以自然语言提问的方式,快速获取精准的法律信息。例如,律师输入"我国公司法关于股东知情权的最新规定及相关判例"这一指令时,AI 便能即时提供相关法条、司法解释以及具有代表性的案例,并进行归纳总结,避免信息遗漏。这种智能检索方式,不仅节省了法律人的检索时间,也提高了法律信息的准确性和可用性,使法律人在案件处理过程中能够更快地获取关键信息。

第二,AI 在案件分析与预测方面的应用,提升了法律实务的科学性。在诉讼实务中,律师需要通过对过往判例的分析,预测案件的可能走向,并制定诉讼策略。传统上,这一过程主要依赖于法律人的经验和人工检索,难以做到全量数据分析。然而,AI 能够快速分析海量案例,并通过自然语言处理和机器学习技术,归纳案件的裁判逻辑,预测诉讼结果。例如,律师可以向 AI 输入案件事实,AI 则能够自动匹配类似案例,并提供各类法院的裁判思路,甚至给出案件胜诉概率的预测。这种数据驱动的法律分析方式,使诉讼策略的制定更加精准,减少了法律人对个体经验的依赖,增强了法律服务的科学性和客观性。

第三,AI 能够大幅提高法律文件起草的效率与质量。法律实务中涉及大量法律文书的撰写,如合同、诉状、法律意见书等,这些工作传统上依赖于法律人的专业知识和模板化操作,往往需要耗费大量时间。而 AI 可以通过学习大量法律文书范本,快速生成符合规范的法律文件。例如,律师可以输入"起草一份股东协议,包含股份转让、表决权安排及争议解决机制",AI 便能自动生成初稿,并提供不同法律条款的选择,法律人只需进一步修改和优化,便可快速完成文件撰写。这种模式不仅提高了法律文书的撰写效率,还减少了人为错误,使合同和法律意见书的质量更高。

第四,AI 在诉讼策略优化方面的应用,使法律实务更加精细化。在诉讼过程中,律师需要制定策略,如选择合适的法律依据、分析对方的抗辩点、预测法官的裁判倾向等。AI 能够基于历史判决数据,分析不同法官的裁判偏好,并提供可能的诉讼策略。例如,在知识产权案件中,AI 可以分析特定法院对专利侵权案件的判决趋势,为律师提供最优诉讼方案。这种智能化的诉讼策略分析,能够帮助律师更好地评估案件风险,提高诉讼成功率。

第五,AI 在合规审查与风险控制方面的应用,使企业法律风险管理更加智能化。在企业法律合规领域,传统的合规审查通常依赖法律顾问的手动分析,而面对复杂的法律环境和海量的法规,人工审查难免存在疏漏。而 AI 可以实时监测法律法规的变动,自动分析企业经营活动中的合规风险。例如,企业可以利用 AI 进行数据合规审查,确保公司在数据处理和跨境数据传输方面符合欧盟《通用数据保护条例》、中国《个人信息保护法》等法律规定。同时,AI 还能辅助企业进行合同审查,识别潜在法律风险,如发现合同中的不公平条款、法律漏洞等。这种 AI 赋能的合规管理模式,使企业能够更加高效、精准地防范法律风险,减少合规成本。

第六,AI 的法律咨询自动化,将使法律服务更加普惠化。传统的法律咨询通常需要面对面或电话沟通,受制于律师资源的有限性,难以满足所有人的法律需求。而 AI 能够提供 24 小时在线法律咨询服务,帮助普通公民或企业解答基础法律问题。例如,用户输入“如何申请劳动仲裁?”,AI 便可提供详细的法律程序、所需材料、提交渠道等信息。这种 AI 辅助的法律咨询,不仅提高了法律服务的可及性,还降低了法律咨询成本,使更多人能够获得便捷的法律帮助。尽管 AI 无法替代律师在复杂案件中的法律判断,但它可以作为基础法律服务的补充,使法律服务更加普惠和高效。

总之,AI 在法律信息检索、案件分析、法律文书起草、诉讼策略制定、合规审查、法律咨询等多个方面,极大地赋能法律实务,使法律服务更加智能、高效、精准。然而,尽管 AI 具有强大的辅助功能,法律实务仍然需要法律人的专业判断和伦理把关。AI 可以提供数据支持、提高工作效率,但最终的法律决策仍需由法律人基于专业知识和道德准则作出。因此,未来法律实务的发展趋势,可能是“AI + 法律人”的协作模式,即 AI 负责高效的数据处理和法律信息分析,而法律人则专注于复杂案件的判断、法律策略的制定以及道德与伦理的考量。这种新型法律工作模式,将进一步提升法律行业的整体运作效率,使法律实务向更加智能化的方向发展。

第二节　驱动 DeepSeek 赋能法律文书写作

法律文书写作是法律实践的重要组成部分,涵盖起诉状、答辩状、判决书、合同、法律意见书等多种文书类型。高质量的法律文书要求精准的法律适用、清晰的逻辑架构和规范的格式,这对法律人的专业能力提出了较高要求。DeepSeek 可以通过自动生成文书初稿、优化文书表达、调整格式,并提供文书模板来提升法律文书写作的效率和质量。然而,要充分发挥 DeepSeek 的潜力,使用者需要精确设定提示词,以确保输出的内容符合法律专业要求。以下从文书生成、文书润色和模板推荐三大方面展开,探讨如何通过高效提示词驱动 DeepSeek,赋能法律文书写作。

一、法律文书的智能生成:精准输入案件事实与法律依据

在使用 DeepSeek 生成法律文书时,输入信息的质量决定了输出文书的专业性程度。因此,提示词的设计应确保 DeepSeek 能够充分理解案件背景、法律依据和撰写要求。

例如,若需要起草一份起诉状,简单输入"帮我写一份起诉状"可能会导致输出结果通用性过高,缺乏针对性。相较之下,更优的提示词应包括案件基本事实、法律依据、请求事项等关键要素。例如:

(一)提示词示例:起诉状

请根据以下案件事实和法律依据,起草一份符合中国《民事诉讼法》规范的起诉状。案件事实:张三与李四于 2023 年 5 月签订《房屋买卖合同》,张三支付首付款 20 万元后,李四拒绝履行交房义务。张三多次催促未果,现诉至法院,要求解除合同并返还已支付款项。法律依据:《民法典》第 577 条。文书要求:包括标题、当事人信息、诉讼请求、事实与理由、证据目录,并符合正式法律文书格式。

引用 8 篇资料作为参考 >

民事起诉状

原告：张三，男，1985年5月10日出生，汉族，住址：北京市朝阳区XX路XX号，联系电话：138XXXX1234。

被告：李四，男，1980年8月15日出生，汉族，住址：北京市海淀区XX路XX号，联系电话：139XXXX5678。

诉讼请求：

1. 请求判令解除原告与被告于2023年5月签订的《房屋买卖合同》；
2. 请求判令被告返还原告已支付的首付款人民币20万元；
3. 本案诉讼费用由被告承担。

事实与理由：

2023年5月，原告与被告签订《房屋买卖合同》，约定原告购买被告位于北京市XX区XX路的房屋，合同总价为人民币100万元。原告按合同约定支付了首付款20万元。然而，被告在收到首付款后，拒绝履行交房义务，且经原告多次催促，被告仍拒不履行合同约定的交房义务。

根据《中华人民共和国民法典》第577条规定，当事人一方不履行合同义务或者履行合同义务不符合约定的，应当承担继续履行、采取补救措施或者赔偿损失等违约责任。被告的行为已构成严重违约，原告有权解除合同并要求被告返还已支付的款项。

为维护自身合法权益，原告特向贵院提起诉讼，请求依法判如所请。

证据目录：

1. 《房屋买卖合同》复印件；
2. 原告支付首付款的银行转账凭证；
3. 原告与被告之间的沟通记录（短信、微信等）；
4. 其他相关证据。

此致
北京市XX区人民法院

附：本起诉状副本1份

起诉人：张三
2025年03月02日

1 3 6

这样的提示词能够确保 DeepSeek 生成的起诉状完整、精准，避免遗漏重要内容。此外，针对不同类型的法律文书（如答辩状、法律意见书等），可以调整提示词结构。

（二）提示词示例：答辩状

请根据以下案件情况，撰写一份民事答辩状，符合中国《民事诉讼法》规范。案件情况：张三起诉李四，要求解除房屋买卖合同并返还已支付款项 20 万元。但李四认为，张三违约在先，未按约定支付尾款，因此合同解除责任不在其本人。法律依据：《民法典》第 563 条。文书要求：包括答辩人信息、答辩请求、事实与理由、法律依据,并符合正式法律文书格式。

引用 8 篇资料作为参考 >

民事答辩状

答辩人：李四，男，1985年5月10日生，汉族，住北京市朝阳区XX路XX号，联系方式：138XXXX1234。

被答辩人：张三，男，1990年8月15日生，汉族，住北京市海淀区XX路XX号。

案由：房屋买卖合同纠纷

答辩请求：

1. 请求法院驳回张三的诉讼请求，确认合同解除责任不在答辩人。
2. 请求法院判令张三承担违约责任，并赔偿答辩人因合同解除所遭受的损失。

事实与理由：

1. **合同签订及履行情况**：
   2024年1月1日，答辩人与被答辩人签订《房屋买卖合同》，约定答辩人将位于北京市朝阳区XX路XX号的房屋出售给被答辩人，总价款为100万元。合同约定被答辩人应于2024年2月1日前支付首付款20万元，并于2024年3月1日前支付尾款80万元。答辩人已按合同约定交付房屋，但被答辩人未按约定支付尾款。
2. **被答辩人违约在先**：
   根据《民法典》第563条，合同解除的条件之一是当事人一方不履行合同义务或者履行合同义务不符合约定。被答辩人未按合同约定支付尾款，构成根本违约，答辩人有权解除合同并要求被答辩人承担违约责任。因此，合同解除的责任应由被答辩人承担，而非答辩人。
3. **答辩人无过错**：
   答辩人已按合同约定履行了交付房屋的义务，且未存在任何违约行为。被答辩人未支付尾款的行为导致合同无法继续履行，答辩人并无过错，不应承担合同解除的责任。

法律依据：

1. 《中华人民共和国民法典》第563条：当事人一方不履行合同义务或者履行合同义务不符合约定，致使不能实现合同目的的，对方当事人可以解除合同。
2. 《中华人民共和国民法典》第577条：当事人一方不履行合同义务或者履行合同义务不符合约定的，应当承担继续履行、采取补救措施或者赔偿损失等违约责任。

此致
北京市朝阳区人民法院

答辩人：李四
2025年3月2日

附：

1. 本答辩状副本1份。
2. 《房屋买卖合同》复印件1份。
3. 被答辩人未支付尾款的证据材料1份。

1 3 4

此类提示词的核心在于精准描述案件事实、法律依据和格式要求,确保DeepSeek输出符合法律专业要求的文书。

二、法律文书润色优化:提升表达质量与合规性

法律文书不仅要逻辑清晰,还要符合专业表达规范。如果已有初稿,DeepSeek 可以通过提示词进行润色优化,提升语言表达的精准性、法律逻辑的严谨性,并确保符合格式要求。

(一)提示词示例:法律文书优化

请对以下法律文书进行润色优化,确保语言表达严谨,逻辑清晰,并符合法律文书的格式规范。优化内容包括:语法修正、法律术语精准化、逻辑结构优化。以下为文书初稿:[粘贴文书内容]

此外,对于判决书、法律意见书等需要严格法律推理的文书,可以增加更具体的要求。

(二)提示词示例:法律意见书优化

请对以下法律意见书进行优化,确保论证逻辑符合律师执业规范要求,表述精准,法律分析全面。请对不清晰的法律推理进行改进,并增加必要的法律依据。以下为初稿:[粘贴法律意见书内容]

这一类提示词可以帮助 DeepSeek 深入理解文书内容,并提供结构清晰、表达精练、符合法律规范的优化方案。

三、法律文书模板推荐:提高写作效率

对于不熟悉特定文书类型的法律人,DeepSeek 可以提供标准化模板,以帮助其快速掌握文书格式。例如,若需获取合同范本,提示词可设定如下。

(一)提示词示例:合同模板

请提供一份劳动合同的标准模板,符合《劳动合同法》规范,并包括以下内容:1. 合同双方信息;2. 工作内容与岗位职责;3. 劳动报酬与支付方式;4. 试用期、合同期限、解除条件;5. 违约责任与争议解决条款。

引用 8 篇资料作为参考 >

根据《中华人民共和国劳动合同法》及相关法律法规，以下是一份符合规范的《劳动合同》标准模板，包含您所要求的内容：

劳动合同

甲方（用人单位）：
名称：_________
统一社会信用代码：_________
法定代表人（主要负责人）：_________
注册地：_________
经营地：_________
联系电话：_________

乙方（劳动者）：
姓名：_________
性别：_________
居民身份证号码：_________
户籍地址：_________
经常居住地（通讯地址）：_________
联系电话：_________

签订日期：_________年_________月_________日

一、劳动合同期限

第一条 甲乙双方约定按下列第_________种方式确定劳动合同期限：

1. 固定期限：自_________年_________月_________日起至_________年_________月_________日止，其中试用期自_________年_________月_________日起至_________年_________月_________日止。
2. 无固定期限：自_________年_________月_________日起至依法解除、终止劳动合同时止，其中试用期自_________年_________月_________日起至_________年_________月_________日止。
3. 以完成一定工作任务为期限：自_________年_________月_________日起至_________工作任务完成时止。

二、工作内容与岗位职责

第二条 乙方工作岗位为_________，岗位职责为_________。乙方的工作地点为_________。乙方应遵守甲方的劳动规章制度，认真履行岗位职责，按时保质完成工作任务。

三、劳动报酬与支付方式

第三条 甲方采用以下第_________种方式向乙方以货币形式支付工资，于每月_________日前足额支付：

1. 月工资_________元。
2. 计件工资，计件单价为_________。
3. 基本工资和绩效工资相结合的工资分配办法，乙方月基本工资_________元，绩效工资计发办法为_________。

第四条 乙方在试用期期间的工资为_________元。

四、劳动合同的解除与终止

第五条 甲乙双方解除或终止本合同，应当按照《劳动合同法》及相关法律法规的规定执行。

第六条 甲方应当在解除或终止劳动合同时，为乙方出具解除或终止劳动合同的证明，并在十五日内为乙方办理档案和社会保险关系转移手续。

五、违约责任与争议解决

第七条 甲乙双方因本合同发生劳动争议时，应首先协商解决；协商不成的，可以向劳动争议仲裁委员会申请仲裁；对仲裁裁决不服的，可以向人民法院提起诉讼。
第八条 乙方违反本合同约定的，应承担相应的违约责任，具体责任由双方协商或依法确定。

六、其他事项

第九条 本合同未尽事宜，按照《中华人民共和国劳动法》《中华人民共和国劳动合同法》及相关法律法规执行。
第十条 本合同一式两份，甲乙双方各执一份，自双方签字或盖章之日起生效。

甲方（盖章）：
法定代表人（主要负责人）或委托代理人（签字或盖章）：________
日期：________年________月________日

乙方（签字）：
日期：________年________月________日

以上模板参考了人力资源和社会保障部发布的劳动合同示范文本，并符合《劳动合同法》的相关规定 1 6 。如需进一步调整或补充，建议咨询专业律师。

(二)提示词示例:判决书格式

对于判决书、法律意见书等较复杂的文书,可以要求 DeepSeek 推荐格式规范,并提供示例:“请提供一份中国法院民事判决书的标准格式,包括标题、案件编号、当事人信息、审理经过、法院查明事实、法院观点与裁判理由、判决主文、诉讼费用负担、结语等。请按照最高人民法院的公文格式要求进行撰写。”

引用 6 篇资料作为参考 >

根据最高人民法院发布的《人民法院民事裁判文书制作规范》和《民事诉讼文书样式》，中国法院民事判决书的标准格式如下 2 3 6 ：

标题
××××人民法院
民事判决书

案号
（年度）×民初字第××号

当事人信息
原告：姓名、性别、出生年月日、民族、职业或工作单位和职务、住所。
被告：姓名、性别、出生年月日、民族、职业或工作单位和职务、住所。
（如有第三人、法定代理人、委托代理人等，需依次列明其基本信息）

案件由来和审理经过
原告×××与被告×××……（案由）一案，本院于×年×月×日受理后，依法组成合议庭（或依法由审判员×××独任审判），公开（或不公开）开庭进行了审理。原告×××、被告×××……（列明到庭参加诉讼的当事人及代理人）到庭参加诉讼。本案现已审理终结。

当事人诉辩意见

原告×××诉称：……（概述原告的诉讼请求、事实和理由）。

被告×××辩称：……（概述被告的答辩意见）。

（如有第三人陈述意见，需一并概述）

法院查明事实

经审理查明：……（写明法院认定的事实和证据）。

法院观点与裁判理由

本院认为：……（根据认定的案件事实和法律依据，对当事人的诉讼请求是否成立进行分析评述，阐明裁判理由）。

判决主文

依照《中华人民共和国××法》第××条之规定，判决如下：

一、……

二、……

（如有其他事项，需依次列明）

诉讼费用负担

本案受理费××元，由×××负担。

结语

如不服本判决，可在判决书送达之日起十五日内，向本院递交上诉状，并按对方当事人的人数提出副本，上诉于××××人民法院。

落款

审判长 ×××

审判员 ×××

审判员 ×××

×年×月×日

（院印）

书记员

书记员 ×××

以上格式依据最高人民法院的规范要求，确保文书格式统一、要素齐全、逻辑严密、用语准确 2 3 6 。

这一类提示词能确保 DeepSeek 提供的模板符合官方规定，使用户能够直接应用于实际写作。

四、总结

高效使用 DeepSeek 进行法律文书写作，需要精心设计提示词，以确保文书内容的完整性、法律依据的精准性和表达的专业性。研究者可以结合具体案件事实、法律依据、格式要求，设定精准的提示词，使 DeepSeek 生成符合法律规范的文书。此外，通过提供现有文书初稿，DeepSeek 还可以进行语法润色、逻辑优化，提高文书质量。同时，利用 DeepSeek 提供的标准化模板，法律人能够快速掌握不同类型文书的撰写要点，提高法律文书写作的规范性和效率。

第三节　驱动 DeepSeek 赋能诉讼法实务操作

在诉讼法实务操作中,法律从业者需要掌握复杂的诉讼程序、精细的证据规则以及灵活的庭审技巧,以在法庭上维护当事人的权益。DeepSeek 作为智能助手,可以通过合理的提示词设计,提供精准的诉讼程序指引、证据分析以及庭审模拟建议,从而有效赋能法律实务。要充分发挥其作用,提示词的设计应遵循具体化、场景化、逻辑化和交互性等原则,以确保其能为不同类型的诉讼(民事诉讼、刑事诉讼、行政诉讼)提供专业化支持。

一、程序指引:精准设定案件类型与诉讼阶段

诉讼程序的复杂性决定了法律人必须严格遵循法定步骤,而不同类型的案件(民事、刑事、行政)及不同诉讼阶段(立案、审理、执行)涉及的法律要求和实务操作各不相同。因此,在向 DeepSeek 提出问题时,应明确案件的类型、所处诉讼阶段,以及需要解决的具体问题。

例如,在民事诉讼中,若要获取立案阶段的指导,可输入:“在中国民事诉讼中,提起合同违约之诉的立案程序是怎样的?需要提交哪些材料?法院的立案审查标准是什么?”

引用 10 篇资料作为参考 >

在中国民事诉讼中，提起合同违约之诉的立案程序、所需材料以及法院的立案审查标准如下：

1. 立案程序

- **确定管辖法院**：根据《中华人民共和国民事诉讼法》第二十四条，合同纠纷由被告住所地或合同履行地人民法院管辖 1 4 。
- **提交起诉状**：原告需向法院递交起诉状，并按照被告人数提交副本。起诉状应包含原告和被告的基本信息、诉讼请求、事实和理由等 1 2 4 。
- **法院审查**：法院在收到起诉状后，会在七日内审查是否符合立案条件。符合条件则立案，不符合则裁定不予受理 1 8 。
- **缴纳诉讼费**：立案后，原告需缴纳诉讼费用 1 2 。
- **送达起诉状副本**：法院将起诉状副本送达被告，并通知开庭时间 1 4 。

2. 所需材料

- **起诉状**：明确诉讼请求、事实和理由 2 4 。
- **证据材料**：包括合同文本、违约证据（如邮件、聊天记录、付款凭证等） 2 6 。

- **身份证明**：原告的身份证或营业执照等 2 。
- **其他材料**：根据法院要求，可能需提供代理手续等 2 。

3. 立案审查标准

根据《中华人民共和国民事诉讼法》第一百一十九条，立案需满足以下条件：

- **原告适格**：原告是与本案有直接利害关系的公民、法人或其他组织 1 8 。
- **明确的被告**：被告的基本信息需明确 1 8 。
- **具体诉讼请求和事实理由**：诉讼请求需具体，并附有相关事实和理由 1 8 。
- **法院管辖**：案件需属于人民法院受理民事诉讼的范围，并由有管辖权的法院受理 1 8 。

总结

提起合同违约之诉的流程包括确定管辖法院、提交起诉状及证据、法院审查、缴纳诉讼费等。所需材料主要包括起诉状、证据材料和身份证明。法院的立案审查标准则要求原告适格、被告明确、诉讼请求具体且案件属于法院管辖范围 1 2 4 。

此类提示能够引导 DeepSeek 生成符合《民事诉讼法》规定的详细立案流程，帮助法律人确保立案成功率。但是，值得用户注意的是，生成内容的数据来源实际上大多是以非官方网站的法律文本为依据，并且，在上图中，用户可以发现生成内容提及的《民事诉讼法》第 119 条规定的是“拘传、罚款、拘留”等相关内容，第 122 条才是民事起诉应当满足的基本条件。由此可见，现有的人工智能服务在法条适用的精准性上仍然需要进行二次核验。

对于刑事诉讼，可以将提示词细化到不同主体的角色。例如：“作为辩护律师，在刑事一审庭审阶段，我应该如何提交无罪辩护的程序性申请？”

引用 5 篇资料作为参考 >

在刑事一审庭审阶段，作为辩护律师提交无罪辩护的程序性申请，您可以按照以下步骤进行：

1. **准备辩护材料**：在庭审前，您需要全面熟悉案情，收集证明被告人无罪的证据，并准备相关的辩护词、质证提纲、举证提纲等 1 2 3 。
2. **提交书面申请**：如果发现侦查、审查起诉期间公安机关、人民检察院收集的证明被告人无罪或罪轻的证据材料未随案移送，您可以书面形式申请人民法院调取，并提供相关线索或材料 1 4 。
3. **申请庭前会议**：在开庭前，您可以申请人民法院召开庭前会议，就案件的管辖、回避、证据、证人出庭、非法证据排除等问题发表意见 1 4 。
4. **参与庭审活动**：在庭审过程中，您应依法参与法庭调查和法庭辩论，充分陈述和质证，提出无罪辩护意见 1 4 。
5. **提交辩护词**：在庭审结束后或规定期限内，您应将书面辩护意见提交人民法院，并将副本附卷归档 1 2 。
6. **申请恢复法庭调查**：如果在法庭辩论和被告人最后陈述中发现新的或遗漏的事实、证据需要查证，您可以申请恢复法庭调查 1 。
7. **核对庭审笔录**：庭审结束后，您应认真阅读法庭笔录，认为记载有遗漏或差错的，可请求补充或改正，核对无误后签字或盖章 1 。

通过以上步骤，您可以有效地提交无罪辩护的程序性申请，并为被告人提供有力的辩护。

DeepSeek 将据此提供刑事诉讼中不同阶段的操作指引,包括申请变更强制措施、提交非法证据排除申请等。

在行政诉讼领域,提示词可设计为:"在行政诉讼中,如何确定起诉期限?如果行政机关未履行法定职责,起诉时效如何计算?"

引用 8 篇资料作为参考 >

在行政诉讼中,起诉期限的确定主要依据《行政诉讼法》及相关司法解释的规定。以下是具体内容:

一、一般起诉期限

1. **直接起诉**:公民、法人或其他组织直接向人民法院提起行政诉讼的,应当自知道或者应当知道行政机关作出行政行为之日起**6个月**内提出。法律另有规定的除外 2 3 4 。
2. **经过行政复议**:如果法律、法规规定应当先申请行政复议,对复议决定不服的,可以自收到复议决定书之日起**15日**内向人民法院起诉 4 5 。

二、行政机关未履行法定职责的起诉期限

1. **依申请履行法定职责**:如果行政机关未履行法定职责,起诉期限为行政机关履行法定职责期限届满之日起**6个月**内提出。法律、法规对行政机关履行职责的期限另有规定的,从其规定 4 6 7 。
   - 例如,行政机关在接到申请之日起**2个月**内未履行的,起诉期限从2个月届满之日起计算 7 8 。
2. **依职权履行法定职责**:对于行政机关依职权应当履行而未履行的行为,起诉不受起诉期限限制 6 。

三、最长起诉期限

1. **不动产案件**:因不动产提起诉讼的案件,自行政行为作出之日起超过**20年**的,人民法院不予受理 4 5 。
2. **其他案件**:其他案件自行政行为作出之日起超过**5年**的,人民法院不予受理 4 5 。

四、特殊情况

1. **未告知诉权或起诉期限**:如果行政机关在作出行政行为时未告知公民、法人或其他组织诉权或起诉期限,起诉期限从知道或者应当知道诉权或起诉期限之日起计算,但从知道或者应当知道行政行为内容之日起最长不得超过**1年** 2 3 5 。
2. **不知道行政行为内容**:如果公民、法人或其他组织不知道行政机关作出的行政行为内容,其起诉期限从知道或者应当知道该行政行为内容之日起计算,但最长不得超过**5年**(非不动产案件)或**20年**(不动产案件) 3 5 。

总结

- **一般起诉期限**:6个月(自知道或应当知道行政行为之日起)。
- **未履行法定职责**:6个月(自履行期限届满之日起),依职权履行的情况不受起诉期限限制。
- **最长起诉期限**:5年(一般案件)或20年(不动产案件)。

这种有针对性的提示有助于法律人掌握行政诉讼的特殊规则,提高案件胜诉率。

此外,还可以利用 DeepSeek 进行流程梳理。例如:"请按照中国《刑事诉讼法》的规定,整理刑事案件从侦查到执行的完整诉讼流程,包括每个阶段的关键法律规定和操作要点。"

引用 16 篇资料作为参考 >

根据中国《刑事诉讼法》的规定，刑事案件从侦查到执行的完整诉讼流程可以分为以下几个阶段，每个阶段的关键法律规定和操作要点如下：

1. 立案阶段

- **法律规定**：公安机关或人民检察院发现犯罪事实或犯罪嫌疑人，应当按照管辖范围立案侦查（《刑事诉讼法》第109条）[1] [2]。
- **操作要点**：
  - 公安机关接受报案后，经审查认为有犯罪事实需要追究刑事责任，且属于自己管辖的，经县级以上公安机关负责人批准，予以立案 [2]。
  - 立案审查期限一般为3日，特殊情况下可延长至7日，重大疑难复杂案件可延长至30日 [4]。

2. 侦查阶段

- **法律规定**：侦查由公安机关负责，人民检察院对直接受理的案件进行侦查（《刑事诉讼法》第3条）[1]。
- **操作要点**：
  - 侦查阶段的主要任务是收集证据、查明案情、确定犯罪嫌疑人 [4]。
  - 拘留期限一般为3日至7日，特殊情况下可延长至30日 [4]。
  - 逮捕后侦查羁押期限一般为2个月，案情复杂可延长1个月，重大案件可再延长2个月，最长不超过7个月 [8]。

3. 审查起诉阶段

- **法律规定**：人民检察院对公安机关移送起诉的案件进行审查，决定是否提起公诉（《刑事诉讼法》第172条）[5]。
- **操作要点**：
  - 审查起诉期限一般为1个月，重大复杂案件可延长15日 [5]。
  - 检察院认为证据不足的，可以退回公安机关补充侦查，补充侦查以2次为限，每次1个月 [5]。

4. 审判阶段

- **法律规定**：人民法院对提起公诉的案件进行审理，作出判决（《刑事诉讼法》第202条）[8]。
- **操作要点**：
  - 一审普通程序审理期限一般为2个月，特殊情况可延长至3个月，重大案件可再延长3个月 [8]。
  - 二审审理期限一般为2个月，特殊情况可延长2个月 [8]。

5. 执行阶段

- **法律规定**：判决和裁定在发生法律效力后执行（《刑事诉讼法》第259条）[15]。
- **操作要点**：
  - 判决生效后10日内交付执行 [14]。
  - 执行机关包括监狱、公安机关、社区矫正机构等，根据判决内容进行刑罚执行 [14]。

总结

刑事案件的完整诉讼流程包括立案、侦查、审查起诉、审判和执行五个阶段，每个阶段都有明确的法律规定和操作要点，确保案件的公正处理和法律的正确实施 [1] [2] [4]。

这样,DeepSeek可生成系统性的诉讼流程,帮助法律人整体把握。

二、证据分析:优化证据合法性、关联性与证明力评估

诉讼成败往往取决于证据的质量,因此,在使用DeepSeek进行证据分析时,应结合具体证据类型和适用规则进行提示。

例如,在民事诉讼中,提示词可以设定为:“在劳动合同纠纷案件中,如何证明劳动关系的存在?哪些证据最具证明力?如果劳动合同缺失,该如何补强其他证据?”

引用11篇资料作为参考 >

在劳动合同纠纷案件中,证明劳动关系的存在是劳动者维权的关键步骤。以下是证明劳动关系的证据分类及补强策略:

一、最具证明力的证据

1. **劳动合同**:这是最直接、最有力的证据,明确记录了双方的权利和义务[1][2][6]。
2. **工资支付记录**:包括银行工资流水、工资条、支付宝或微信转账记录等,能够证明用人单位向劳动者支付劳动报酬的事实[1][2][6]。
3. **社保缴纳记录**:社保缴费记录、公积金缴纳记录等,由官方机构生成,具有较高的证明力[1][2][6]。
4. **考勤记录**:如打卡记录、加班审批等,能够体现劳动者在用人单位的管理下工作[1][2][6]。

二、补强证据(劳动合同缺失时)

如果劳动合同缺失,可以通过以下证据补强:

1. **入职相关文件**:如应聘登记表、入职登记表、录用通知书等,能够证明劳动者与用人单位建立劳动关系的初步意向[2][6][9]。
2. **工作身份证明**:如工作证、工牌、出入证等,能够直接证明劳动者的身份[2][6][9]。
3. **工作记录**:如电子邮件、微信聊天记录、工作安排记录等,能够体现劳动者的工作内容和职责[2][6][9]。
4. **第三方证据**:如工资支付记录、社保缴费记录、个人所得税申报记录等,由第三方机构生成,具有较强的证明力[1][2][6]。
5. **证人证言**:同事或其他证人的证言,能够从侧面证明劳动关系的存在[2][6][9]。

三、证据收集策略

1. **优先获取核心证据**:如工资支付记录、社保缴纳记录等,这些证据证明力强,能够直接支撑劳动关系的存在[8]。
2. **综合收集其他证据**:如工作记录、入职文件等,形成完整的证据链条,增强证明力[8]。
3. **电子证据保全**:通过公证等方式对电子邮件、聊天记录等电子证据进行保全,确保证据的合法性和有效性[1][6]。

四、注意事项

1. **证据的合法性和关联性**:确保证据来源合法,且与劳动关系直接相关[8]。
2. **及时取证**:在离职或发生争议前,尽量保留相关证据,避免证据丢失或被篡改[1][6]。

通过以上证据和策略,劳动者即使在没有劳动合同的情况下,也能有效证明劳动关系的存在,维护自身合法权益[1][2][6]。

DeepSeek便会结合相关规定,提供证据类型建议,如工资支付记录、社保缴纳记录、工作邮件等,并评估其证明力。

在刑事诉讼中,非法证据排除规则至关重要,因此提示词可以设置为:"在中国刑事诉讼中,哪些证据可能因非法取证而被法院排除?如果侦查机关存在刑讯逼供的情况,辩护人应该如何提出非法证据排除申请?"

引用 8 篇资料作为参考 >

在中国刑事诉讼中,以下证据可能因非法取证而被法院排除:

1. **犯罪嫌疑人、被告人供述**:如果通过刑讯逼供、暴力、威胁、非法拘禁等非法方法获取的供述,应当予以排除。具体包括:
   - 采用殴打、违法使用戒具等暴力方法或变相肉刑,使犯罪嫌疑人、被告人违背意愿作出的供述 1 2 4 。
   - 采用以暴力或严重损害本人及其近亲属合法权益进行威胁的方法,使犯罪嫌疑人、被告人违背意愿作出的供述 1 2 4 。
   - 采用非法拘禁等非法限制人身自由的方法收集的供述 1 2 4 。
2. **证人证言、被害人陈述**:如果通过暴力、威胁、非法限制人身自由等非法方法获取的证人证言或被害人陈述,应当予以排除 1 2 4 。
3. **物证、书证**:如果通过非法搜查、扣押等违反法定程序的方法收集的物证、书证,可能严重影响司法公正的,应当予以补正或作出合理解释;不能补正或作出合理解释的,对该证据应当予以排除 1 2 4 。

辩护人如何提出非法证据排除申请?

如果侦查机关存在刑讯逼供的情况,辩护人可以通过以下步骤提出非法证据排除申请:

1. **提供线索或材料**:辩护人应当提供涉嫌非法取证的具体线索或材料,包括非法取证的人员、时间、地点、方式等。材料可以包括伤情照片、体检记录、医院病历、讯问笔录、讯问录音录像或同监室人员的证言等 1 2 4 。
2. **书面申请**:辩护人应当向人民法院提交书面申请,申请排除非法证据。如果被告人书写确有困难,可以口头提出申请,但应当记录在案并由被告人签名或捺指印 1 2 4 。
3. **庭前会议**:人民法院在收到申请后,应当召开庭前会议,并在会议前将申请书和相关线索或材料的复制件送交人民检察院。控辩双方可以在庭前会议中对证据收集的合法性发表意见 1 2 4 。
4. **调查核实**:如果人民法院对证据收集的合法性有疑问,应当在庭审中进行调查核实。人民检察院应当通过出示有关证据材料等方式,对证据收集的合法性作出说明 1 2 4 。
5. **法律援助**:如果被告人没有辩护人,人民法院应当通知法律援助机构指派律师为其提供辩护 1 2 4 。

通过上述程序,辩护人可以有效申请排除因刑讯逼供等非法方法获取的证据,确保被告人的合法权益得到保障。

DeepSeek将结合《刑事诉讼法》及相关规定,提供非法证据排除的具体程序,以帮助辩护律师制定证据应对策略。

对于行政诉讼,由于法院通常适用"被告应负举证责任"的一般原则,行政机关需要特别关注如何证明行政行为的合法性。例如,提示词可以设定为:"在行政诉讼中,如何证明行政机关适当履行信息公开义务?哪些证据可以支持该主张?"

引用 7 篇资料作为参考 >

在行政诉讼中，证明行政机关适当履行信息公开义务的核心在于行政机关的举证责任。根据《中华人民共和国政府信息公开条例》及相关司法解释，行政机关需要提供证据证明其已经依法履行了信息公开义务。以下是具体的证明方式和相关证据：

1. **行政机关拒绝公开信息的举证责任**
   如果行政机关拒绝公开信息，必须证明其拒绝的合法性。具体而言，行政机关需要证明以下情形之一 1 7 ：
   - 申请的信息不属于政府信息；
   - 申请的信息属于不予公开范围（如国家秘密、商业秘密、个人隐私等）；
   - 申请的信息不属于该行政机关公开；
   - 申请的信息不存在。
     此外，行政机关还需证明其已履行了法定的告知和说明理由义务。
2. **行政机关已公开信息的举证责任**
   如果行政机关已经依申请提供了信息，需要证明以下内容 1 7 ：
   - 提供的信息内容准确；
   - 提供信息的方式和载体形式合法适当（如邮寄、传真、电子文件等）。
     如果信息提供方式不符合申请人要求，行政机关需作出合理说明并证明其方式的合法性。
3. **涉及商业秘密或个人隐私信息的举证责任**
   如果公开的信息涉及商业秘密或个人隐私，行政机关需证明以下情形之一 1 7 ：
   - 信息不涉及商业秘密或个人隐私；
   - 已书面征得权利人同意；
   - 因公共利益决定公开，并说明理由。
4. **信息不存在的举证责任**
   如果行政机关主张信息不存在，需证明其已尽到合理检索义务。具体包括 3 5 ：
   - 检索范围全面；
   - 检索方法适当；
   - 检索人员工作态度认真。
     法院会审查行政机关是否履行了充分的检索义务，并结合申请人提供的线索进行判断。
5. **原告的举证责任**
   在某些情况下，原告也需要承担一定的举证责任，例如 1 7 ：
   - 证明其提出了信息公开申请；
   - 证明其申请的信息与其生产、生活、科研等特殊需要相关；
   - 在行政赔偿诉讼中，证明其因信息公开行为受到损害。

综上所述，行政机关在行政诉讼中需要提供充分的证据证明其已适当履行信息公开义务，包括拒绝公开的合法性、信息提供的准确性、检索义务的履行等。原告则需在特定情况下提供相关证据支持其主张 1 3 5 。

DeepSeek 将分析行政诉讼中的举证责任倒置规则，并提供收集证据的策略，如申请政府信息公开、引用政府官网发布的公告等。

此外，还可以利用 DeepSeek 进行证据比对。例如：“在商标侵权诉讼中，如何评估原告提交的市场调查报告的证明力？法院通常如何认定此类证据的效力？”

引用 7 篇资料作为参考 >

在商标侵权诉讼中，原告提交的市场调查报告的证明力及其效力认定，主要依据以下几个方面：

1. **相关公众的代表性**
   市场调查报告必须涉及案件的相关公众，即与商标所标识的商品或服务有关的消费者和经营者。调查对象应具备相关公众的特征，否则报告的有效性将受到质疑。通常，调查机构会通过抽样调查的方式，选择符合相关公众特征的样本，样本数量一般要求回收1000份以上有效的调查问卷 [2] [3] 。
2. **调查问卷设计的客观性与科学性**
   调查问卷的设计应保持中立性、客观性和科学性，避免诱导性问题。问卷应模拟相关公众实际购买商品时的具体情形，并对调查对象的范围、数量、抽样方法等进行详细说明。如果问卷设计存在倾向性或逻辑谬误，法院可能不予采纳 [2] [4] 。
3. **调查过程的严谨性**
   调查过程应严谨，包括调查对象的确定、访问方式、抽样方法等。虽然目前没有明确要求调查过程必须公证，但当事人需对调查的真实性承担举证责任。调查报告中应详细记录调查过程，并附上调查问卷或具体问题 [2] [4] 。
4. **与其他证据的综合考量**
   市场调查报告通常不能单独作为认定案件事实的依据，需结合其他证据（如商标注册证书、销售记录、广告投放数据等）进行综合判断。法院会审查调查报告是否与其他证据相互印证，以增强其证明力 [4] [6] 。
5. **法院的审查标准**
   法院在认定市场调查报告的效力时，会从调查者资质、调查动机、调查对象、样本规模、抽样方法、问题设计、程序运作等方面进行审查。如果调查报告缺乏真实性或科学性，法院可能不予采纳 [2] [4] 。

综上所述，市场调查报告在商标侵权诉讼中的证明力取决于其科学性、客观性、严谨性以及与其他证据的综合作用。法院在认定其效力时，会进行全面审查，确保其结论真实可信 [2] [3] [4] 。

DeepSeek 便能结合相关规定，提供法院对市场调查报告的审查标准，以帮助法律人预判诉讼风险。

三、庭审模拟：利用 AI 进行庭审对抗演练

庭审是诉讼的核心环节，法律人需要掌握庭审技巧，包括开庭陈述、举证质证、法庭辩论等。DeepSeek 可通过合理提示词设置，帮助法律人进行庭审模拟，以提升实战能力。

例如，在民事诉讼中，提示词可以设定为："在一起医疗损害赔偿案件的庭审中，作为原告律师，我应如何在法庭上回应被告医院提出的'患者存在重大过失'的抗辩？"

引用 7 篇资料作为参考 >

在医疗损害赔偿案件中，被告医院可能会提出"患者存在重大过失"的抗辩，试图减轻或免除其责任。作为原告律师，您可以采取以下策略来回应这一抗辩：

1. 审查患者的行为是否构成"重大过失"

- 根据《民法典》第一千二百二十四条，患者或其近亲属不配合医疗机构进行符合诊疗规范的诊疗，医疗机构可以减轻或免除责任。然而，司法实践中，患者的不配合行为通常被认定为一般过失，而非重大过失 [2] [5] 。

- 您需要审查患者的行为是否符合“重大过失”的标准。例如，患者是否明确拒绝治疗或故意违反医嘱，且该行为直接导致了损害后果的发生。如果患者的行为仅为轻微过失或不配合，您应强调其行为不足以构成重大过失 5 6 。

2. 证明医院未尽到充分的告知和阻止义务

- 即使患者存在一定的不配合行为，医院也有义务尽到充分的告知和阻止义务。如果医院未能有效告知患者相关风险或未采取合理措施阻止患者的不当行为，医院仍应承担相应责任 5 6 。
- 您可以通过病历记录、医嘱单等证据，证明医院在告知和阻止方面存在不足，从而削弱医院的抗辩理由。

3. 强调损害后果与医院过错的直接因果关系

- 即使患者存在一定过失，您仍需证明损害后果的主要原因是医院的过错行为，而非患者的行为。例如，通过司法鉴定意见，证明医院的诊疗行为与损害后果之间存在直接因果关系，且患者的行为对损害后果的影响较小 3 6 。
- 如果鉴定意见显示医院的过错是损害后果的主要原因，您可以据此反驳医院的抗辩，要求医院承担主要责任。

4. 引用相关法律法规和司法案例

- 引用《民法典》及相关司法解释，明确医疗机构在患者不配合情况下的责任减免条件，并结合司法实践中的类似案例，说明患者的行为不构成重大过失 2 5 。
- 例如，在[隆安法言]的案例中，法院认定患者的不配合行为仅为一般过失，医院仍需承担主要责任 6 。

5. 强调医院的过错责任

- 在反驳过程中，始终强调医院作为专业医疗机构应承担的诊疗责任和过错赔偿责任。通过强调医院的过错，削弱其抗辩理由的说服力 7 。

总结

在回应“患者存在重大过失”的抗辩时，您需要从患者行为的性质、医院的告知义务、损害后果的因果关系等方面进行详细论证，并结合法律法规和司法案例，有效反驳医院的抗辩理由，争取法院支持原告的诉讼请求。

DeepSeek 将据此模拟庭审对抗，并提供合理的答辩思路，如引用司法鉴定意见、证明患者遵从医嘱等，以增强原告方的诉讼优势。

对于刑事辩护，提示词可设置为：“在故意伤害案件的庭审中，如果公诉人引用证人证言指控被告人有罪，辩护律师可以如何进行交叉询问以质疑证言的可靠性？”

引用 6 篇资料作为参考 >

在故意伤害案件的庭审中，如果公诉人引用证人证言指控被告人有罪，辩护律师可以通过以下方式进行交叉询问以质疑证言的可靠性：

1. **揭示证言中的矛盾**：通过对比证人之前的陈述与当前的证言，或者对比证人与其他证人之间的证言，找出证言中的不一致之处。例如，证人可能在时间、地点或事件细节上前后矛盾，这些矛盾可以动摇证言的可信度 1 5 。
2. **质疑证人的记忆力和观察条件**：询问证人关于事件发生时的具体细节，如光线、距离等，检验其观察条件是否足以看清事件。如果证人对这些细节含糊其词或前后不一，可以质疑其记忆的准确性和真实性 1 2 。
3. **审查证人的动机和偏见**：分析证人与案件当事人之间的关系，如是否存在亲属关系、经济利益或其他可能影响证人公正性的因素。如果证人存在偏见或动机不纯，可以质疑其证言的客观性 2 3 。

4. **提出反证**：出示与证人证言相矛盾的实物证据、文字记录或视频等客观证据，证明证人证言可能不真实或具有误导性 2 3 。
5. **质疑证词的合法性**：审查证词的形成过程，询问证人是否受到诱导、威胁或其他不当干扰。如果证词是通过非法手段获取的，可以质疑其合法性 2 3 。
6. **申请专家证人**：在涉及专业知识的案件中，如伤势严重程度或现场状况，可以申请专家证人对证人证言进行专业评估，从专业角度质疑证言中的不合理之处 2 3 。
7. **强调关键证人未出庭**：如果重要证人未出庭接受交叉询问，可以主张其证言未经充分核实，不应作为定案依据 2 3 。
8. **运用法律程序**：通过申请获取新证据、要求重新鉴定等法律手段，间接推翻对被告不利的证人证言 2 3 。

通过以上策略，辩护律师可以有效质疑证人证言的可靠性，削弱控方的证据效力，从而为被告人争取有利的判决结果。

DeepSeek便能提供交叉询问的具体问题设计，如质疑证人的记忆能力、询问证人与被告人的关系是否影响证言公正性等，从而帮助辩护律师制定最佳庭审策略。

在行政诉讼中，行政机关的答辩策略对于案件走向至关重要，因此可使用提示词引导DeepSeek进行模拟："在一起涉及土地征收的行政诉讼案中，行政机关应如何在庭审中证明其行政行为的合法性？"

引用 11 篇资料作为参考 ＞

在涉及土地征收的行政诉讼案中，行政机关需要通过提供充分的证据和规范性文件来证明其行政行为的合法性。具体来说，行政机关应遵循以下步骤：

1. **举证责任**：根据《行政诉讼法》第三十四条，行政机关对其作出的行政行为负有举证责任，必须提供作出该行政行为的证据和所依据的规范性文件 1 2 6 。
2. **实体合法性**：行政机关需要证明其行政行为在实体上合法，包括是否具备主体资格、是否在法定职权范围内作出行政行为，以及适用的法律、法规是否正确 2 5 。
3. **程序合法性**：行政机关还需证明其行政行为在程序上合法，例如是否依法履行了公告、登记等法定程序 5 9 。
4. **提供证据**：行政机关应提交的证据包括但不限于征收预公告、公告、项目改造设计方案、资金申报、拨付、使用的审计资料、一书四方案等一系列与征收有关的文件 4 9 。
5. **规范性文件**：行政机关还需提供其所依据的规范性文件，如法律法规、政策文件等，以证明其行政行为有合法依据 2 6 。
6. **应对质疑**：如果原告提出行政行为违法的证据，行政机关需要提供反驳证据，证明其行为的合法性 6 8 。

如果行政机关无法提供足够的证据或证据不足以支持其行政行为的合法性，法院可能会认定其行政行为违法，行政机关将承担败诉的风险 1 4 5 。

综上所述，行政机关在庭审中必须通过提供充分的证据和规范性文件，全面证明其行政行为的合法性和正当性。

DeepSeek可生成行政机关的答辩思路，如引用合法的征收程序文件、提交补偿标准依据等，以提高行政机关的胜诉概率。

此外，还可以要求DeepSeek进行庭审角色扮演。例如，输入："请模拟一场环境污染民事诉讼的庭审，由我担任原告律师，你扮演被告企业的代理律师，我们进行法庭辩论。”

引用 8 篇资料作为参考 >

法庭辩论模拟

法官：现在开始庭审，请原告律师陈述诉讼请求和事实理由。

原告律师：尊敬的法官，我方代表原告起诉被告企业，因其排放的废水严重污染了周边河流，导致原告的农田无法正常耕种，造成了巨大的经济损失。根据《中华人民共和国民法典》第124条和《环境保护法》第41条，被告企业应当承担环境污染侵权责任，赔偿原告的损失，并立即停止污染行为。我方已提交了环境监测报告、农田受损照片及经济损失评估报告等证据，证明被告企业的排污行为与原告的损失之间存在直接因果关系 1 3 6 。

法官：请被告律师进行答辩。

被告律师：尊敬的法官，我方否认原告的指控。首先，我方企业一直严格遵守国家环保法规，所有排放均符合国家标准，且已取得相关排污许可证。其次，原告提供的环境监测报告存在瑕疵，未能明确证明污染源来自我方企业。此外，原告的农田受损可能由其他因素导致，如气候变化或不当的农业管理，而非我方企业的排污行为。因此，我方请求法院驳回原告的诉讼请求 6 8 。

原告律师：针对被告的答辩，我方强调以下几点：第一，环境监测报告由权威机构出具，明确显示河流中的污染物成分与被告企业排放的废水高度一致。第二，被告企业虽然持有排污许可证，但许可证并不免除其因污染行为导致的侵权责任。第三，原告的农田受损时间与被告企业排污高峰期高度吻合，且周边其他农户也报告了类似问题。我方请求法院采信我方证据，支持原告的诉讼请求 3 6 。

被告律师：我方再次强调，原告未能提供确凿证据证明污染源来自我方企业。即使存在污染，也可能由其他企业或自然因素导致。此外，原告的经济损失评估报告缺乏科学性，未能排除其他可能的损失原因。我方请求法院驳回原告的诉讼请求，或要求原告提供更充分的证据 6 8 。

法官：双方是否还有其他补充意见?

原告律师：没有。

被告律师：没有。

法官：庭审结束，法院将根据双方提交的证据和辩论意见进行合议，择日宣判。

以上是环境污染民事诉讼的庭审模拟。如果您有其他问题或需要进一步补充信息，请告知 1 3 6 。

DeepSeek将以被告律师的身份进行回应，从而帮助法律人提前预判对方的应对策略。

四、总结

要充分发挥DeepSeek在诉讼法实务中的赋能作用，法律人需要科学设计提示词，以确保其输出内容的针对性和专业性。在程序指引方面，应明确案件类型、诉讼阶段和具体问题；在证据分析方面，应结合证据类型、法律适用规则和证明力评估；在庭审模拟方面，应设定具体庭审场景，并引导AI进行庭审对抗演练。通过这种精准的提示词设计，法律人可以利用DeepSeek深入掌握诉讼程序、提升证据分析能力，并增强庭审实战技巧，从而在法庭上取得更有利的诉讼结果。

第四节　驱动 DeepSeek 赋能法律咨询与调解

法律咨询与调解是一项复杂且高度依赖沟通技巧和法律专业知识的实践活动。DeepSeek 可以作为法律人的智能助手,通过提供精准法律解答、制定调解方案以及撰写法律意见书等方式,帮助法律人提升法律咨询与调解能力,优化沟通与协调技巧。然而,要充分发挥 DeepSeek 在此领域的价值,用户需要掌握高效的提示词设计方法。本书将从精准输入法律问题、细化纠纷背景信息、结构化生成法律意见书、优化调解策略、引导个性化沟通五个方面,探讨如何利用提示词驱动 DeepSeek,为法律咨询与调解提供高质量支持。

一、精准输入法律问题,确保法律咨询的准确性

法律咨询的核心在于提供清晰、可操作的法律建议,而这依赖问题描述的准确性。一般而言,法律问题可以涉及合同纠纷、侵权责任、劳动争议、婚姻家庭、知识产权保护等领域。为了获得更专业、细致的解答,用户在输入提示词时应明确法律问题的关键要素,如法律关系、当事人身份、争议焦点、适用法律等。

例如:若用户仅输入"公司拖欠工资怎么办?",DeepSeek 可能会给出概括性的法律规定;如果输入"公司已超过两个月未支付工资,且未说明理由,员工希望仲裁或起诉,请提供法律依据及可行的法律途径",DeepSeek 即可提供更详细的法律分析,包括《劳动合同法》相关条款、仲裁流程、诉讼可能性及证据准备等具体建议。

公司已超过两个月未支付工资，且未说明理由，员工希望仲裁或起诉，请提供法律依据及可行的法律途径。

引用 9 篇资料作为参考 >

根据相关法律规定，公司超过两个月未支付工资且未说明理由，员工可以通过以下法律途径维权：

法律依据：

1. **《劳动法》第九十一条**：用人单位克扣或者无故拖欠劳动者工资的，由劳动行政部门责令支付劳动者的工资报酬、经济补偿，并可以责令支付赔偿金 [1]。
2. **《劳动合同法》第八十五条**：用人单位未按照劳动合同的约定或者国家规定及时足额支付劳动者劳动报酬的，由劳动行政部门责令限期支付劳动报酬；逾期不支付的，责令用人单位按应付金额50%以上100%以下的标准向劳动者加付赔偿金 [1][3]。

3. **《劳动争议调解仲裁法》第二条**：劳动者与用人单位因劳动报酬发生争议的，劳动者可以申请劳动仲裁 1 。
4. **《刑法》第二百七十六条之一**：如果用人单位通过转移财产、逃匿等方法逃避支付劳动者的劳动报酬，数额较大，经政府有关部门责令支付仍不支付的，构成拒不支付劳动报酬罪，将受到刑事处罚 1 8 。

可行的法律途径：

1. **劳动监察投诉**：
   - 员工可以向当地劳动保障监察部门投诉，劳动监察部门会责令用人单位限期支付工资。如果逾期不支付，劳动监察部门可以责令用人单位加付赔偿金 1 6 。
   - 投诉时效为2年，建议尽快行动 7 。
2. **劳动仲裁**：
   - 员工可以向劳动争议仲裁委员会申请仲裁，仲裁时效为1年，但劳动关系存续期间因拖欠劳动报酬发生争议的，不受1年时效限制 1 6 。
   - 如果仲裁裁决为终局裁决（如追索劳动报酬的数额不超过当地月最低工资标准12个月的金额），裁决书自作出之日起发生法律效力 1 7 。
3. **直接起诉**：
   - 如果员工持有能够直接证明欠薪事实的证据（如工资欠条、调解协议书），且诉讼请求不涉及劳动关系其他争议，可以直接向人民法院起诉 1 7 。
   - 员工也可以向人民法院申请支付令，要求用人单位支付拖欠的工资 1 6 。
4. **刑事报案**：
   - 如果用人单位恶意欠薪，且数额较大，员工可以向公安机关报案，追究用人单位的刑事责任 8 。

建议：

- **证据收集**：保留劳动合同、工资条、银行流水、考勤记录等证据，以便在维权过程中使用 2 9 。
- **及时行动**：建议尽快采取法律行动，避免因时效问题影响维权效果。

希望以上信息对您有所帮助。如有进一步问题，请随时补充说明。

此外，用户可以通过递进式提问，逐步细化DeepSeek的解答。例如，先问："解除劳动合同的合法条件有哪些？"在得到回答后，再进一步提问："在公司拖欠工资的情况下，员工如何合法解除合同并获得经济补偿？"

解除劳动合同的合法条件有哪些？在公司拖欠工资的情况下，员工如何合法解除合同并获得经济补偿？

引用 8 篇资料作为参考 >

根据《中华人民共和国劳动合同法实施条例》第十八条，劳动者可以合法解除劳动合同的情形包括以下13种 1 3 4 ：

1. 劳动者与用人单位协商一致的；
2. 劳动者提前30日以书面形式通知用人单位的；
3. 劳动者在试用期内提前3日通知用人单位的；
4. 用人单位未按照劳动合同约定提供劳动保护或者劳动条件的；
5. 用人单位未及时足额支付劳动报酬的；

6. 用人单位未依法为劳动者缴纳社会保险费的；

7. 用人单位的规章制度违反法律、法规的规定，损害劳动者权益的；

8. 用人单位以欺诈、胁迫的手段或者乘人之危，使劳动者在违背真实意思的情况下订立或者变更劳动合同的；

9. 用人单位在劳动合同中免除自己的法定责任、排除劳动者权利的；

10. 用人单位违反法律、行政法规强制性规定的；

11. 用人单位以暴力、威胁或者非法限制人身自由的手段强迫劳动者劳动的；

12. 用人单位违章指挥、强令冒险作业危及劳动者人身安全的；

13. 法律、行政法规规定劳动者可以解除劳动合同的其他情形。

在公司拖欠工资的情况下，员工可以依据《劳动合同法》第三十八条第一款，以用人单位"未及时足额支付劳动报酬"为由解除劳动合同，并根据第四十六条的规定要求用人单位支付经济补偿 6 7 8 。

经济补偿的计算标准为：按劳动者在本单位工作的年限，每满一年支付一个月工资的标准向劳动者支付。六个月以上不满一年的，按一年计算；不满六个月的，向劳动者支付半个月工资的经济补偿 1 6 8 。

如果您需要进一步了解具体操作步骤或遇到其他问题，请随时补充信息。

这种方式可以引导 DeepSeek 提供更符合实际需求的法律意见，确保法律咨询的可行性和实用性。

二、细化纠纷背景信息，优化调解方案

调解是一种在当事人之间达成和解的法律途径，其核心在于协调双方利益、化解争议、达成共识。因此，在使用 DeepSeek 生成调解方案时，用户需要提供尽可能详细的纠纷背景信息，包括当事人诉求、冲突点、法律适用范围、互动情况等。

例如：仅输入"邻里噪音纠纷如何调解？"，可能只能获得一般性的调解步骤；若输入"邻居 A 长期在深夜播放音乐，邻居 B 多次沟通无果，已报警一次但问题未解决，双方情绪对立，希望通过社区调解员解决问题，请提供调解方案"，则能获得较为具体的解决方案。

邻居A长期在深夜播放音乐，邻居B多次沟通无果，已报警一次但问题未解决，双方情绪对立，希望通过社区调解员解决问题，请提供调解方案。

引用 8 篇资料作为参考 >

针对邻居A长期在深夜播放音乐导致邻居B困扰的问题，以下是一个基于社区调解的解决方案：

1. 成立调解小组

社区可以成立一个由居委会工作人员、物业管理人员和居民代表组成的调解小组，专门负责处理此类纠纷。调解小组应具备法律知识和调解技巧，能够公正、中立地处理问题 1 3 。

2. 明确噪音标准

根据《中华人民共和国噪声污染防治法》，居住区域的夜间噪音标准为45分贝（22时至次日6时）。调解员可以使用专业设备测量噪音分贝，确保调解过程有据可依 4 。

3. 背靠背调解

调解员可以先分别与邻居A和邻居B进行单独沟通，了解双方的诉求和不满，避免直接对质导致情绪激化。通过"背靠背"调解，调解员可以更好地掌握双方的真实想法 2 5 。

4. 制定合理方案

调解员可以提出以下建议：

- **调整播放时间**：邻居A应避免在夜间（22时至次日6时）播放音乐，尽量选择白天或傍晚时段。
- **降低音量**：邻居A在播放音乐时应控制音量，避免影响邻居B的休息。
- **隔音措施**：邻居A可以考虑安装隔音设备，如隔音窗帘或地毯，减少噪音传播 5 7 。

5. 法律教育

调解员应向邻居A普及相关法律法规，说明噪音扰民的法律后果，包括可能面临的罚款或其他行政处罚。同时，调解员也应提醒邻居B，合理表达诉求，避免情绪化沟通 2 4 。

6. 签订调解协议

在双方达成一致后，调解员应协助双方签订书面调解协议，明确双方的权利和义务，确保调解结果具有约束力 3 7 。

7. 后续跟进

调解员应定期回访，确保调解协议得到执行。如果问题再次发生，社区可以采取进一步的措施，如再次调解或引导双方通过法律途径解决 7 8 。

8. 社区文化建设

社区可以组织文化活动，增进邻里之间的理解和交流，减少类似纠纷的发生。例如，定期举办音乐欣赏会或文化交流活动，让居民在合适的时间和地点享受音乐 1 5 。

通过以上步骤，社区调解员可以有效化解邻居A和邻居B之间的矛盾，促进邻里关系的和谐发展。

用户还可以要求DeepSeek结合具体情境提供更具针对性的调解策略，如分步劝解、法律告知、制定静音时段等措施。

此外，用户可以指定DeepSeek采用不同调解风格，如温和调解、法律导向调解、利益平衡调解等。例如：输入"请以温和调解方式，为夫妻财产分割纠纷制定调解方案"，DeepSeek可能会建议强调情感沟通，促进双方理解；而输入"请以法律导向方式调解该纠纷"，则可能侧重于《民法典》婚姻家庭编和法院裁判规则的运用。另外，需要注意的是，在涉及适用《民法通则》等旧法的情形时，还需要对输入指令增加适用法律法规的条件限定。

请以温和调解方式，为夫妻财产分割纠纷制定调解方案

引用 8 篇资料作为参考 >

在夫妻财产分割纠纷中，温和调解是一种有效的方式，旨在通过沟通和协商，达成双方都能接受的解决方案。以下是一个基于搜索结果的调解方案：

1. 初步沟通与情绪安抚

- **目标**：建立信任，缓解双方情绪。
- **方法**：调解员应首先与双方进行单独沟通，了解各自的诉求和情绪状态，安抚双方情绪，避免冲突升级 2 6 。

2. 财产清单与价值评估

- **目标**：明确共同财产的范围和价值。
- **方法**：双方共同列出所有财产（如房产、存款、车辆等），并确认其现有价值。必要时可聘请专业评估机构进行评估 3 5 。

3. 需求分析与利益平衡

- **目标**：理解双方的实际需求，寻找利益平衡点。
- **方法**：调解员引导双方表达各自的需求（如房产居住权、收入分配比例等），并在此基础上提出妥协方案，确保双方利益得到合理照顾 3 4 。

4. 提出调解方案

- **目标**：提出具体、可行的财产分割方案。
- **方法**：根据双方的需求和财产状况，调解员提出多种分割方案（如房产归一方所有，另一方获得补偿；或按比例分割共同财产等），供双方参考 4 5 。

5. 协商与达成一致

- **目标**：促使双方达成一致意见。
- **方法**：在调解方案的基础上，调解员进一步引导双方协商，鼓励互相让步，最终达成双方都能接受的协议 4 7 。

6. 书面协议与法律确认

- **目标**：确保协议的法律效力和可执行性。
- **方法**：双方达成一致后，调解员协助将协议以书面形式确定下来，并建议双方在律师的指导下签署，必要时可提交法院确认 3 5 。

7. 后续跟进与执行

- **目标**：确保协议得到有效执行。
- **方法**：调解员定期跟进协议的执行情况，如有争议，及时介入调解，避免纠纷再次升级 6 7 。

8. 情感疏导与心理支持

- **目标**：帮助双方走出情感困境，维护良好关系。
- **方法**：调解员在调解过程中注重情感疏导，帮助双方理性看待财产分割，避免因财产纠纷影响未来的家庭关系 6 7 。

总结

通过以上步骤，调解员可以在温和的氛围中帮助夫妻双方公平合理地分割财产，减少冲突，维护双方的合法权益。如果调解过程中遇到较大分歧，调解员应及时调整方案或建议双方寻求法律途径解决 [1][5] 。

请以法律导向方式调解该纠纷

引用 10 篇资料作为参考 >

在处理离婚财产分割纠纷时，法律导向的调解应遵循以下步骤和原则：

1. **明确财产性质**：首先，需要区分夫妻共同财产和个人财产。根据《中华人民共和国民法典》第一千零六十二条，夫妻在婚姻关系存续期间所得的财产，除特别约定外，均视为夫妻共同财产。个人财产则包括婚前财产、因人身损害获得的赔偿等 [1][5][6] 。
2. **协商优先**：双方应尽量通过友好协商的方式解决财产分割争议。协商过程中，双方可以就财产的具体归属、价值评估等问题进行沟通，达成一致意见后签订书面的财产分割协议 [2][3][4] 。
3. **调解介入**：如果协商不成，可以寻求第三方调解机构或人员的帮助。调解员会依据相关法律规定和公平原则，帮助双方化解矛盾，促成财产分割的调解协议 [1][3][4] 。
4. **法律途径**：若调解也未能解决问题，任何一方均可向有管辖权的人民法院提起诉讼。在诉讼过程中，双方需提供相关的财产证据，如房产证、银行存款证明等，法院会根据法律规定和证据情况，对夫妻共同财产进行公平合理的分割 [2][5][6] 。
5. **公平分割原则**：法院在分割夫妻共同财产时，通常会遵循照顾子女、女方和无过错方权益的原则。如果一方在婚姻关系存续期间存在过错，如重婚、虐待、遗弃家庭成员等，无过错方可以请求法院在财产分割时适当照顾自己 [5][6][8] 。
6. **执行判决**：一旦法院作出判决，双方应当履行判决内容。如果一方不履行，另一方可以申请法院强制执行 [9] 。

通过以上步骤，可以确保财产分割的公平性和合法性，维护双方的合法权益。如果您需要进一步的帮助或具体案例分析，请补充更多信息。

适度结合这两种方式可以使调解更符合具体案件的需求，提高调解的成功率。

三、结构化生成法律意见书，提升法律文书质量

法律意见书是一种正式的法律文件，通常用于向客户、企业或机构提供法律分析和建议。DeepSeek 可以帮助撰写法律意见书，但前提是用户提供清晰的案件背景和需求。要确保生成的意见书符合专业标准，用户可以在提示词中指定结构。

例如："请撰写一份关于合同违约的法律意见书，内容包括：1. 案件概要；2. 适用法律分析；3. 风险评估；4. 可行性建议。"

引用 8 篇资料作为参考 ＞

合同违约法律意见书

1. 案件概要

本案涉及甲公司与乙公司之间的《设备采购合同》纠纷。2022年5月，双方签订合同，约定乙公司向甲公司提供一套生产线设备，合同总价款为500万元。乙公司应于2022年8月1日前交付设备，甲公司应在验收合格后30日内支付货款。乙公司因生产原因延迟至2022年9月10日交付设备，且设备存在质量问题，经维修后于2022年10月1日验收合格。甲公司以延迟交付及质量问题为由拒付货款，乙公司遂提起诉讼，要求支付货款及违约金 [1] 。

2. 适用法律分析

根据《中华人民共和国民法典》第五百七十七条，当事人一方不履行合同义务或履行不符合约定，应承担违约责任。本案中，乙公司延迟交付设备及设备存在质量问题，构成违约，应承担继续履行、采取补救措施或赔偿损失的责任 [1] 。

根据《民法典》第五百八十二条，履行义务不符合约定的，应按约定承担违约责任。乙公司应承担延迟交付及质量问题的违约责任。甲公司虽有权要求减少价款或赔偿损失，但无权拒付全部货款 [1] 。

根据《民法典》第五百八十五条，违约金计算标准应合理。本案中，乙公司延迟交付40天，按合同约定应支付违约金100万元，但法院可能根据实际损失适当减少违约金数额 [1] 。

3. 风险评估

- **乙公司违约风险**：乙公司延迟交付及设备质量问题已构成违约，需承担相应责任。
- **甲公司拒付货款风险**：甲公司无权拒付全部货款，但可主张减少价款或赔偿损失。
- **违约金计算风险**：合同约定的违约金可能过高，法院可能根据实际损失调整 [1] 。

4. 可行性建议

1. **乙公司**：应积极与甲公司协商，争取达成和解，减少违约金支付。同时，确保设备质量，避免类似问题再次发生。
2. **甲公司**：应支付货款，但可主张减少价款或赔偿损失。建议通过法律途径明确损失范围，确保赔偿合理。
3. **双方**：建议在合同中明确违约金计算标准，避免未来纠纷。同时，加强合同履行过程中的沟通与监督，确保合同顺利执行 [1] 。

以上意见仅供参考，具体操作需结合实际情况及法律专业人士的建议。

这样 DeepSeek 就会按照要求生成结构化、逻辑清晰的法律意见书，而不是简单的法律咨询回复。

此外，用户可以指定法律意见书的语气和专业度。例如："请用正式法律语言撰写意见书。""请用简明易懂的语言撰写法律分析，以便普通客户理解。"DeepSeek 将据此调整措辞，以适应不同受众的需求。

这种方法可以有效提高法律意见书的质量，使其既符合法律专业要求，又便于当事人理解和执行。

四、优化调解策略，提高沟通与协调技巧

调解不仅仅是法律分析，更是沟通与协调的艺术。用户在提示 DeepSeek

生成调解方案时，可以进一步要求其模拟调解对话，以便练习调解技巧。

例如："请模拟调解员在劳动争议案件中的发言，劝解企业和员工达成和解。"DeepSeek 可能会生成类似以下的对话：

引用 8 篇资料作为参考 >

尊敬的各位，大家好！今天我们聚集在这里，是为了共同探讨并解决一起劳动争议案件。作为调解员，我的职责是帮助双方找到一个公平、合理的解决方案，既保障员工的合法权益，也维护企业的正常运营。

首先，我想强调的是，劳动争议的解决不仅仅是为了解决当前的纠纷，更是为了维护劳动关系的和谐与稳定。无论是企业还是员工，我们都希望在一个公平、公正的环境中共同发展。因此，今天的调解过程，我们将秉持中立、公正的原则，充分听取双方的诉求，寻找一个双方都能接受的解决方案。

1. 倾听与理解

在调解过程中，我们会首先倾听双方的陈述。员工方面，您可能对薪资、工作时间、福利待遇等方面存在不满；企业方面，您可能面临经营压力或管理上的挑战。无论哪一方的诉求，我们都将认真对待，确保每一方的声音都被听到。

2. 法律与事实依据

接下来，我们会根据相关法律法规和事实依据，分析争议的焦点。例如，如果涉及加班费问题，我们会仔细查看劳动合同、考勤记录等证据，确保双方的权益在法律框架内得到保障。同时，我们也会引导双方理解法律的规定，避免因误解而产生不必要的冲突。

3. 寻找共同利益

在调解过程中，我们会努力寻找双方的共同利益。例如，员工希望获得合理的报酬，企业希望维持稳定的运营。通过协商，我们可以找到一个既能满足员工需求，又不影响企业发展的解决方案。比如，企业可以考虑适当调整薪资结构，员工也可以在理解企业困难的基础上，接受合理的调整。

4. 达成和解协议

最后，我们希望通过今天的调解，双方能够达成一个和解协议。这个协议不仅是对当前争议的解决，更是对未来劳动关系的承诺。我们鼓励双方在协议中明确各自的权利和义务，确保今后类似的问题能够通过沟通和协商解决，而不是诉诸法律。

5. 长期合作与信任

劳动争议的解决不仅仅是为了解决当前的问题，更是为了建立长期的信任与合作关系。我们希望今天的调解能够为双方提供一个重新审视彼此关系的机会，促进企业与员工之间的理解与信任。

总之，劳动争议的调解是一个复杂但必要的过程。我们相信，通过今天的努力，双方能够找到一个公平、合理的解决方案，共同维护劳动关系的和谐与稳定。谢谢大家的配合与理解！ 1 3 5

这种模拟对话有助于法律人在实际调解时更好地掌握沟通技巧，提高谈判能力。

此外，用户还可以要求 DeepSeek 提供不同策略的优缺点分析。例如："请分析在婚姻调解中，情感沟通策略与法律威慑策略的适用情境。"

引用 8 篇资料作为参考 >

在婚姻调解中，情感沟通策略与法律威慑策略的适用情境有所不同，具体分析如下：

情感沟通策略的适用情境

情感沟通策略适用于夫妻双方仍有感情基础，且矛盾主要源于沟通不畅、误解或情感需求未被满足的情况。通过倾听、共情、促进开放对话等方式，帮助双方理解彼此的感受和需求，重建信任和情感连接。例如：

1. **倾听与理解**：给双方一个安全的环境，让他们自由表达感受和想法，调解员通过倾听和理解冲突根源，提出针对性建议 1 。
2. **促进沟通**：教导双方以尊重和理解的态度对话，避免指责和攻击，强调沟通的重要性 1 。
3. **强调共同目标**：回顾美好时光，激发对彼此的感情，共同探讨未来目标，增强婚姻的凝聚力 1 。
4. **亲情唤起法**：利用家庭成员之间的情感纽带，唤起对家庭的责任感和关爱，帮助双方重新审视婚姻关系 3 。

法律威慑策略的适用情境

法律威慑策略适用于涉及严重冲突、家庭暴力或财产纠纷等需要法律介入的情况。通过明确法律责任和后果，促使双方理性对待问题，避免进一步恶化。例如：

1. **家庭暴力**：调解员需严肃批评暴力行为，明确其违法性，并告知当事人可以通过法律途径维权 8 。
2. **财产纠纷**：在财产分割或隐瞒、转移财产的情况下，调解员需依据法律条文，确保财产分割的公平公正，并告知受害方有权通过法律手段维护权益 7 。
3. **责任意识**：通过法律规定的责任和义务，帮助双方认识到婚姻中的法律责任，避免因意气用事导致家庭破裂 5 。

总结

情感沟通策略适用于情感基础尚存、矛盾可调和的情境，旨在通过情感修复和沟通改善婚姻关系；法律威慑策略则适用于涉及法律问题或严重冲突的情境，通过明确法律责任和后果，促使双方理性解决问题。在实际调解中，两种策略可根据具体情况灵活结合使用，以达到最佳调解效果 1 3 5 。

这种方法有助于调解员根据案件特点选择合适的调解方式，提高调解的成功率。

五、引导个性化沟通，提高法律咨询体验

法律咨询不仅需要专业知识，还需要个性化沟通，以增强客户信任感和满意度。用户可以在提示词中指定DeepSeek调整沟通风格。

例如：“请以亲切、易懂的方式解答客户关于租赁合同的法律问题。”或“请用专业、正式的语气撰写公司法律风险分析报告。”

请以亲切、易懂的方式解答客户关于租赁合同的法律问题

引用 9 篇资料作为参考 >

您好！关于租赁合同的法律问题，以下是一些常见问题的解答，希望能帮助您更好地理解相关法律知识：

1. 租赁合同的形式

- **书面合同**：如果租赁期限超过六个月，法律规定必须签订书面合同。如果没有书面合同，租赁关系可能被视为不定期租赁，双方可以随时解除合同，但需要提前合理通知对方 1 4 。
- **口头合同**：租赁期限不满六个月的，可以采用口头合同，但建议尽量签订书面合同，以避免纠纷 4 。

2. 租赁期限

- **最长租赁期限**：根据《民法典》，租赁合同的最长期限不得超过20年。超过20年的部分无效 1 7 。
- **不定期租赁**：如果合同未明确租赁期限，双方可以随时解除合同，但需要提前合理通知对方 7 。

3. 租金支付

- **租金支付时间**：如果合同未明确租金支付时间，通常按以下规则处理：租赁期限不满一年的，租期届满时支付；满一年的，每届满一年时支付；剩余租期不满一年的，租期届满时支付 7 。

4. 维修义务

- **出租人维修义务**：一般情况下，出租人负责租赁物的维修。如果承租人因正常使用导致租赁物损坏，出租人应及时维修。如果出租人未在合理期限内维修，承租人可以自行维修，费用由出租人承担 1 5 。
- **承租人责任**：如果承租人因使用不当导致租赁物损坏，承租人应负责维修或赔偿 5 。

5. 转租问题

- **转租需同意**：承租人如需转租，必须事先征得出租人同意。未经同意擅自转租，出租人有权解除合同 1 7 。
- **次承租人权利**：如果次承租人代承租人支付租金，出租人不得拒绝，且次承租人有权继续使用租赁物 7 。

6. 买卖不破租赁

- **所有权变动不影响租赁**：在租赁期间，如果房屋所有权发生变动（如出售、赠与等），原租赁合同仍然有效，新房主需继续履行合同 5 7 。

7. 优先购买权

- **承租人优先购买权**：如果出租人决定出售租赁房屋，承租人享有在同等条件下优先购买的权利。出租人应在合理期限内通知承租人，承租人需在15天内明确表示是否购买 1 7 。

8. 合同解除

- **承租人解除权**：如果租赁物存在严重质量问题（如甲醛超标、安全隐患等），即使承租人在签订合同时已知情，仍有权随时解除合同 5 7 。
- **出租人解除权**：如果承租人未按约定使用租赁物或擅自转租，出租人有权解除合同 7 。

9. 违约责任

- **违约金**：如果合同中有关于违约金的约定，违约方需按约定支付违约金。如果合同未明确违约金，违约方需承担相应的赔偿责任 4 8 。

10. 争议解决

- **争议解决方式**：合同中应明确争议解决方式，如协商、调解、仲裁或诉讼。明确这一点有助于在纠纷发生时快速找到解决方案 8 。

希望这些解答能帮助您更好地理解租赁合同中的法律问题。如果您有更多具体问题，欢迎随时咨询！

请用专业、正式的语气撰写公司法律风险分析报告。

引用 10 篇资料作为参考 >

公司法律风险分析报告

一、引言

随着市场经济的快速发展和法律环境的日益复杂，企业在经营过程中面临的法律风险逐渐增多。法律风险不仅可能导致企业承担法律责任，还可能引发经济损失和声誉损害。因此，全面识别、评估和防控法律风险，已成为企业稳健发展的关键环节。本报告旨在系统分析公司当前面临的法律风险，并提出相应的防控建议，以期为公司提供法律风险管理的参考依据。

二、法律风险识别

1. **合同管理风险**
    - **风险描述**：合同条款不明确、履行过程中出现争议或违约行为，可能导致法律纠纷和经济损失 [1] [2] 。
    - **风险来源**：合同签订前的条款审查不严、履行过程中的监督不足、纠纷处理机制不完善 [1] [8] 。
2. **知识产权风险**
    - **风险描述**：企业在研发、生产和营销过程中可能侵犯他人知识产权，或自身知识产权未得到充分保护 [1] [9] 。
    - **风险来源**：知识产权保护意识薄弱、未及时申请专利或商标、缺乏侵权防范机制 [3] [8] 。
3. **劳动用工风险**
    - **风险描述**：劳动合同管理不规范、员工权益保障不足，可能引发劳动争议和法律诉讼 [1] [2] 。
    - **风险来源**：劳动合同条款不合规、工资支付不及时、劳动保障措施不到位 [2] [8] 。
4. **税务合规风险**
    - **风险描述**：税务申报不及时或不准确，可能导致税务处罚和财务损失 [2] [9] 。
    - **风险来源**：税务管理制度不健全、对税收政策变化了解不足、缺乏税务自查机制 [2] [9] 。
5. **公司治理风险**
    - **风险描述**：股东会、董事会、监事会权责不清，可能导致决策失误或内部纠纷 [7] [10] 。
    - **风险来源**：治理结构不完善、决策程序不规范、监督机制缺失 [7] [10] 。

三、法律风险评估

1. **风险等级划分**
    - **高风险**：合同管理风险、知识产权风险。
    - **中风险**：劳动用工风险、税务合规风险。
    - **低风险**：公司治理风险。
2. **风险影响分析**
    - **经济损失**：法律纠纷可能导致赔偿、罚款等直接经济损失。
    - **声誉损害**：法律风险事件可能损害企业形象，影响客户信任和市场竞争力。
    - **运营中断**：重大法律纠纷可能导致业务停滞或项目中止。

四、法律风险防控建议

1. **完善合同管理制度**
    - 推行标准化合同模板，明确合同条款，严格合同审批流程 [1] [2] 。

- 建立合同履行跟踪机制，及时发现和解决履约问题 8 9 。

2. 加强知识产权保护
   - 定期进行知识产权审计，确保重要商标和专利已申请保护 3 8 。
   - 建立知识产权管理制度，防范侵权风险 3 8 。
3. 规范劳动用工管理
   - 确保劳动合同合法合规，保障员工权益 2 8 。
   - 建立劳动争议调解机制，及时处理劳动纠纷 2 8 。
4. 强化税务合规管理
   - 确保税务申报的及时性和准确性，定期进行税务自查 2 9 。
   - 加强与税务部门的沟通，及时了解政策变化 2 9 。
5. 优化公司治理结构
   - 明确股东会、董事会、监事会的职责和权限，完善决策机制 7 10 。
   - 建立健全的监督机制，防范内部纠纷 7 10 。

五、结论

法律风险防控是企业稳健发展的重要保障。通过全面识别、评估和防控法律风险，公司可以有效降低法律纠纷的发生概率，减少经济损失和声誉损害。建议公司根据本报告提出的建议，进一步完善法律风险管理体系，提升风险防控能力，确保在法律框架内稳健前行。

这样 DeepSeek 可以调整语言风格，使其更符合客户需求，提高咨询质量。

此外，用户可以要求 DeepSeek 提供个性化沟通技巧。例如：“如何向非法律专业人士解释复杂的法律概念？”DeepSeek 可能会建议使用类比、案例讲解、图示等方式，使法律咨询更容易理解。

六、总结

要高效地使用 DeepSeek 赋能法律咨询与调解，研究者和从业者需要精心设计提示词，以确保输出内容的专业性、针对性和可操作性。通过精准输入法律问题、细化纠纷背景、结构化法律意见书、优化调解策略、引导个性化沟通，用户可以充分发挥 DeepSeek 在法律咨询与调解领域的辅助作用，提高法律人的沟通协调技巧，使其更高效地解决法律纠纷，提供专业的法律服务。

第五节　驱动 DeepSeek 赋能律师业务

在律师执业的实际操作中，会见客户、调查取证、代理案件等技能是法律人必备的核心能力。DeepSeek 作为 AI 辅助工具，能够在多个方面提升律师的实务能力,优化工作流程,提高办案效率。然而,DeepSeek的智能表现高度依赖于提示词的精准度,使用者需要结合律师工作的具体需求,设计结构化、清晰且富有针对性的提示词,以充分释放AI赋能的潜力。本书将从客户会见指南、调查取证工具、案件分析三大核心方面,探讨如何优化提示词,以更好地驱动DeepSeek赋能律师实务。

一、客户会见指南:设计精准提示词,提高会见质量

律师与客户的首次会见往往决定了案件的基本走向,因此,律师需要掌握高效的信息获取技巧,同时建立客户信任。为了让DeepSeek提供高质量的会见指南,提示词应明确设定会见流程、沟通技巧、风险防范等关键点。

例如,避免使用模糊的提示词,如:"如何与客户沟通?"而应将提示词优化为:"请提供刑事案件律师首次会见客户的标准流程,包括信息收集、风险评估、案件策略初步分析。"

引用 10 篇资料作为参考 >

刑事案件律师首次会见客户的标准流程通常包括以下几个关键步骤:

1. 建立信任与身份核实

- **自我介绍**:律师首先应向当事人介绍自己,说明是由谁委托的,并出示委托书和执业证复印件,确保当事人了解律师的身份和委托关系 1 。
- **家事传达**:律师可以传达家属的问候或信件,帮助缓解当事人的紧张情绪,建立初步信任 1 。

2. 告知会见风险

- **监听风险**:律师应告知当事人会见可能被监听的风险,提醒其注意言辞,避免涉及案情或负面情绪 1 。

3. 核实案件基本信息

- **文书核验**:律师应核实拘留通知书、逮捕决定书等法律文书,确认案件的基本信息和罪名 1 。
- **罪名认知评估**:通过开放式提问,评估当事人对罪名的理解程度,并详细解释罪名的构成要件和量刑标准 1

4. 案件详细情况询问

- **"三不原则"**:律师应遵循不诱导陈述、不主动问及未供述事实、不要求当事人改变陈述的原则,确保询问的合法性和客观性 1 。
- **笔录制作**:律师应客观记录当事人的陈述,重点标注可能存在争议的节点 1 。

5. 法律权利告知

- **基础权利**:律师应告知当事人享有的权利,如辩解权、核对笔录权、修正笔录权、拒绝签字权等 1 。
- **应对策略**:律师应指导当事人如何应对讯问,如"五步应答法":听清问题、要求复述、思考作答、核对笔录、修正权行使 1 。

6. 案件策略初步分析

- **程序节点告知**：律师应告知当事人案件的关键程序节点，如37天黄金救援期，并制定初步的辩护方案 [1] 。
- **心理疏导**：律师应建立定期会见承诺制度，缓解当事人的焦虑情绪 [1] 。

7. 风险评估

- **案件风险评估**：律师应根据初步了解的案件事实，评估案件的法律风险和可能的辩护方向，如无罪辩护或罪轻辩护 [9] 。
- **证据评估**：律师应评估现有证据的合法性和充分性，判断是否存在非法取证或证据不足的情况 [9] 。

8. 下一步行动计划

- **辩护方案**：律师应根据会见情况，制定下一步的辩护策略，如申请取保候审、调查取证等 [1] 。
- **定期会见**：律师应告知当事人下一次会见的时间，确保案件进展的及时沟通 [1] 。

9. 风险防范

- **执业风险**：律师应注意避免在会见中传递不当信息或诱导当事人改变陈述，防范执业风险 [8] 。

通过以上步骤，律师可以在首次会见中全面了解案件情况，评估风险，并制定初步的辩护策略，为后续的法律服务奠定基础。

这种具体化的提示能够引导 DeepSeek 输出系统化的答案，例如：会见前的资料准备、客户情绪安抚、关键问题问询、法律风险评估等。

此外，为了模拟实际场景，律师可以利用 DeepSeek 进行会见情境训练。例如：“假设我是辩护律师，您是客户，请模拟一起刑事案件（如诈骗案）的首次会见过程，并提供标准问答。”

引用 8 篇资料作为参考 >

模拟刑事案件（诈骗案）首次会见过程

律师（我）：
您好，我是您的辩护律师，受您的家属委托为您提供法律帮助。首先，我想确认一下，您是否同意我作为您的辩护律师？如果您同意，请在委托书上签字确认。

客户（您）：
是的，我同意。

律师（我）：
好的，感谢您的信任。接下来，我会向您了解一些基本情况，并为您提供法律咨询。首先，您能告诉我您的姓名、出生日期和身份证号码吗？

客户（您）：
我叫张三，出生于1990年5月1日，身份证号码是123456789012345678。

律师（我）：
谢谢。您能简单描述一下案件的经过吗？比如，您是在什么时间、什么地点被抓获的？

客户（您）：
我是在2025年2月15日晚上，在家中被警方抓获的。

律师（我）：
您知道您涉嫌的罪名是什么吗？

客户（您）：
警方说我涉嫌诈骗。

律师（我）：
好的，我会为您解释一下诈骗罪的法律规定。诈骗罪是指以非法占有为目的，用虚构事实或者隐瞒真相的方法，骗取数额较大的公私财物的行为。根据《刑法》第266条，诈骗公私财物，数额较大的，处三年以下有期徒刑、拘役或者管制，并处或者单处罚金；数额巨大或者有其他严重情节的，处三年以上十年以下有期徒刑，并处罚金；数额特别巨大或者有其他特别严重情节的，处十年以上有期徒刑或者无期徒刑，并处罚金或者没收财产。

客户（您）：
我明白了。

律师（我）：
您能告诉我，警方在讯问您时，您是如何回答的吗？您是否认罪？

客户（您）：
我承认我参与了某些行为，但我认为这并不构成诈骗。

律师（我）：
好的，我会根据您的陈述进一步分析案件。您在看守所的生活情况如何？是否有任何不适或需要家属帮助的地方？

客户（您）：
生活还算正常，但我想让家人给我寄一些衣物和书籍。

律师（我）：
我会转达您的需求。最后，您是否有任何问题或需要我为您解释的地方？

客户（您）：
暂时没有，谢谢。

律师（我）：
好的，今天的会见就到这里。如果您有任何问题或需要进一步的法律帮助，请随时联系我。我会继续跟进您的案件，并为您提供必要的法律支持。

客户（您）：
谢谢您。

律师（我）：
不客气，保重。

标准问答总结：

1. **确认委托关系**：律师自我介绍并确认客户是否同意委托。
2. **了解基本信息**：询问客户的姓名、出生日期、身份证号码等。
3. **案件经过**：了解客户被抓获的时间、地点及涉嫌罪名。
4. **法律解释**：向客户解释相关罪名的法律规定。
5. **讯问情况**：询问客户在讯问中的回答及是否认罪。
6. **生活需求**：了解客户在看守所的生活情况及其需求。
7. **法律咨询**：询问客户是否有其他问题或需要解释的地方。

DeepSeek 可以扮演客户，生成对话示范，使律师能够熟悉不同类型客户的沟通方式，提前预判客户的诉求，提高会见效率。

二、调查取证工具:设定案件背景,引导 DeepSeek 提供精准调查方案

调查取证是案件办理过程中至关重要的环节。不同类型的案件需要采取不同的取证策略,因此,在使用 DeepSeek 进行调查取证辅助时,提示词应包含案件类型、调查目标、法律依据等信息。

例如,若需要调查某起合同欺诈案,提示词应设定为:"在一起涉及虚假合同的民事欺诈案中,作为原告代理律师,我需要收集哪些证据?请结合《民事诉讼法》及相关司法解释提供调查取证方案。"

引用 10 篇资料作为参考 >

在涉及虚假合同的民事欺诈案件中,作为原告代理律师,您需要收集以下几类关键证据,并结合《民事诉讼法》及相关司法解释制定调查取证方案:

1. 证明对方实施欺诈行为的证据

- **书面材料**:包括合同条款中故意隐瞒或虚假陈述的部分、宣传资料中的不实内容、往来邮件、信件等。这些材料应能直接证明对方存在故意告知虚假情况或隐瞒真实情况的行为 [1,3,5]。
- **视听资料**:如录音、录像等,记录对方在合同谈判或履行过程中告知虚假信息或隐瞒关键事实的场景 [1,3,5]。
- **电子数据**:包括短信、微信聊天记录、电子邮件等,证明对方通过电子方式实施欺诈行为 [2,4]。

2. 证明因欺诈陷入错误认识的证据

- **自身决策记录**:如备忘录、日记等,详细记录在对方欺诈行为影响下的决策过程,表明因欺诈产生了错误认知 [1,3,5]。
- **聊天记录**:与朋友、同事或专业顾问讨论合同内容的记录,证明因欺诈对合同内容产生了错误理解 [1,3,5]。

3. 证明基于错误认识作出意思表示的证据

- **合同签订过程记录**:包括签订时间、地点、参与人员等信息,若有见证人,可请其出具证明材料 [1,3,5]。
- **合同相关文件**:如合同草稿、修改记录、最终签订的正式合同文本,证明在错误认知状态下签订了合同 [1,3,5]。

4. 其他辅助证据

- **证人证言**:请目击欺诈行为或知晓相关情况的第三方出具书面证言或出庭作证 [2,4]。
- **鉴定意见**:如涉及产品质量或财务问题,可委托专业机构进行鉴定或审计 [2,4]。
- **勘验笔录**:对与合同相关的现场或物品进行勘验,制作笔录并拍照记录 [2,4]。

5. 法律依据

- **《民事诉讼法》第六十三条**:明确规定了证据的种类,包括书证、物证、视听资料、电子数据、证人证言等,且证据必须查证属实才能作为认定事实的根据 [6]。
- **《最高人民法院关于民事诉讼证据的若干规定》**:进一步细化了证据的收集、保全和审查规则,强调证据的合法性、关联性和真实性 [7]。

调查取证方案

1. **初步证据收集**：与当事人沟通，获取现有证据（如合同文本、聊天记录等），并指导当事人补充缺失的证据（如决策记录、证人证言等）。
2. **申请法院调查取证**：对于无法自行收集的证据（如银行流水、第三方保存的文件等），依据《民事诉讼法》第六十七条申请法院协助调查 6 9 。
3. **证据保全**：为防止证据灭失或难以取得，依据《民事诉讼法》第八十四条申请证据保全 6 7 。
4. **证据整理与提交**：将证据分类编号，注明来源、证明对象和内容，并按照法院要求提交副本 7 9 。

通过以上方案，您可以有效收集和运用证据，证明合同欺诈行为的存在，维护当事人的合法权益。

请读者注意，正如本书在前面提及的，现阶段的通用人工智能大模型在法律等垂直领域仍然存在“专业化程度不足”“AI 幻觉”“逃避问题的正面回答”等弊端，在上图的生成内容中，可以发现，《民事诉讼法》第 63 条规定的是“诉讼代理人的权限如果变更或者解除，当事人应当书面告知人民法院，并由人民法院通知对方当事人”。相应地，《民事诉讼法》第 66 条才规定了证据种类包括当事人的陈述等。

这一提示能够引导 DeepSeek 结合法律规定，提供详细的证据收集方案，例如：调取合同签订过程的电子邮件记录、银行转账记录、证人证言等。

为了增强实操性，律师可以利用 DeepSeek 进行情景模拟。例如：“假设我是刑事辩护律师，我的当事人涉嫌职务侵占罪，请列出可能的无罪证据，并提供取证建议。”

引用 8 篇资料作为参考 >

在职务侵占罪的无罪辩护中，以下是一些可能的无罪证据及取证建议：

一、可能的无罪证据

1. **债权债务关系**
   - 证明当事人与公司之间存在债权债务关系，且未结清。例如，当事人可能通过虚列开支项目获得报销款，但双方债务尚未结清，无法认定其主观上具有非法占有的故意 1 2 。
2. **股东资金投入**
   - 当事人作为公司股东，在公司经营过程中有资金投入，而其他股东未投入资金。可以通过虚假借款合同等方式证明当事人取回的是自己垫付的资金 1 2 。
3. **合法中介行为**
   - 公司未禁止内部员工参与中介获取中介费，当事人作为员工为公司引荐项目并获取中介费，符合商业规则，不属于侵占公司财产 1 2 。
4. **财物所有权不明确**
   - 涉案财物不属于公司财产，或当事人对财物有合法所有权。例如，车辆登记在当事人妻子名下，但仍由公司占有使用，当事人未实际获得所有权 1 2 。
5. **财务审批程序合法**
   - 当事人通过公司合法审批程序获得款项，且款项用途合法。例如，公司负责人同意将款项打入当事人账户，用于公司业务支出 1 2 。

6. **证据不足或存在瑕疵**
    - 控方证据不完整或存在矛盾，无法形成完整的证据链。例如，财务记录不完整、证人证言不可靠等 3 6 。
7. **数额未达到立案标准**
    - 通过财务审计证明涉案金额未达到职务侵占罪的立案标准（通常为6万元以上） 3 。
8. **主体不适格**
    - 当事人不属于“公司、企业或其他单位的工作人员”，或与单位之间不存在劳动关系或委托管理关系 3 。

二、取证建议

1. **审查案件事实**
    - 仔细分析案件细节，寻找控方指控的漏洞。例如，是否存在单位授权、款项用途是否合法等 3 。
2. **申请司法鉴定**
    - 对财务账目、资金流向等进行司法鉴定，以证明当事人无侵占行为。例如，通过审计报告证明资金用途合法 3 6 。
3. **收集有利证据**
    - 收集证明当事人无罪的证据，如单位授权文件、证人证言等。例如，单位负责人证明当事人行为经过批准 3 6 。
4. **质疑控方证据**
    - 对控方证据的合法性、真实性提出质疑，申请排除非法证据。例如，财务记录存在篡改、证人证言不可靠等 3 6 。
5. **利用程序性辩护**
    - 指出侦查、起诉程序中的违法之处，争取案件撤销或证据排除。例如，侦查机关未依法取证，或未保障当事人的诉讼权利 3 。
6. **调取公司财务记录**
    - 获取公司财务账目、银行记录等，证明当事人未利用职务便利侵占财物 6 8 。
7. **询问相关证人**
    - 询问案件涉及的参与人、知情人、关系人，获取案件有关事实和证据 6 8 。
8. **提供当事人经济状况证明**
    - 证明当事人的经济状况，说明其未将公司财物用于个人挥霍或非法活动 6 8 。

通过上述证据和取证策略，可以为当事人构建有力的无罪辩护。如有更多细节需要补充，请进一步说明。

DeepSeek 可据此分析案件核心争点，并提供相应的取证思路。例如，公司财务记录的核查、相关人员的证言、电子数据取证方法等。

这种方式可以帮助律师提前预判案件的证据链，提高调查的针对性和效率。

三、案件分析：上传案件材料，让 DeepSeek 进行法律问题识别与策略建议

律师日常处理的案件涉及复杂的法律关系，准确识别法律问题并制定应对策略是代理案件的核心能力。DeepSeek 可作为智能辅助工具，通过案件材料

分析，帮助律师梳理案件争议点，并提供初步的法律意见。在使用 DeepSeek 进行案件分析时，提示词应尽可能提供案件事实、争议焦点、法律适用等关键信息。

例如，律师可以输入："以下是一起劳动争议案件的基本事实（提供案件背景）。请分析本案的法律争点，并结合《劳动合同法》提供代理策略。"DeepSeek 便能从法律层面解析案件核心问题，并给出相应的代理思路，例如，如何举证劳动关系、如何主张经济补偿等。

对于较为复杂的案件，律师可以进一步细化提示词。例如："本案涉及劳动者因未签订劳动合同主张双倍工资，请分析该主张的法律依据，并提供法院可能的裁判观点。"

引用 7 篇资料作为参考 >

劳动者因未签订劳动合同主张双倍工资的法律依据主要来自《中华人民共和国劳动合同法》第八十二条第一款，该款规定："用人单位自用工之日起超过一个月不满一年未与劳动者订立书面劳动合同的，应当向劳动者每月支付二倍的工资。"[1][2][3]

法院可能的裁判观点：

1. **双倍工资的起算时间**：法院通常认为，双倍工资的起算时间是用工之日起满一个月的次日，截止时间为补订书面劳动合同的前一日，最长不超过十一个月[4][6]。
2. **劳动者自身原因导致未签订合同**：如果劳动者因自身原因拖延或拒绝签订劳动合同，法院可能不支持其双倍工资主张。例如，在刘某与物业公司的案例中，法院认定刘某无正当理由拒绝签订合同，因此仅支持了部分期间的双倍工资差额[1]。
3. **双倍工资的计算基数**：双倍工资的计算基数通常以双方约定的正常工作时间月工资为准。如果工资构成不明确，法院会根据实际收入扣除加班工资、非常规性奖金等项目后确定[3][6]。
4. **仲裁时效**：劳动者主张双倍工资的仲裁时效通常为一年，从知道或应当知道权利被侵害之日起计算。如果劳动关系存续期间因拖欠劳动报酬发生争议，仲裁时效不受一年限制，但劳动关系终止后应在一年内提出[2][4][6]。
5. **用人单位的主观故意**：如果用人单位履行了通知签订劳动合同的义务，且无明显拒绝签订的主观故意，法院可能不支持双倍工资主张[1][6]。

总结：

劳动者在未签订劳动合同的情况下主张双倍工资，需证明用人单位存在未签订合同的过错，且自身无拖延或拒绝签订的行为。法院会根据具体案情，结合法律规定和证据，作出是否支持双倍工资的裁判。

DeepSeek 可以结合相关判例与法律规定，提供可能的裁判逻辑，帮助律师预测案件走向，提高代理的精准度。

此外，律师还可以使用 DeepSeek 辅助法律文书写作。例如："请根据以下案件事实起草一份代理词，适用于民事一审程序。"这种方式能够快速生成符合法律实务要求的初稿，提高文书处理效率。

四、总结

DeepSeek 作为律师实务的智能辅助工具,其有效性取决于提示词的设计质量。律师在使用 DeepSeek 时,应结合自身工作场景,设定具体、精准的提示词,以确保 AI 输出符合实际需求。在客户会见环节,应通过模拟对话和流程指导,提高沟通技巧;在调查取证环节,应明确案件类型与调查目标,引导 DeepSeek 生成取证方案;在案件分析环节,应输入完整的案件材料,利用 DeepSeek 进行法律问题识别与代理策略制定。通过科学构建提示词,律师可以充分利用 AI 赋能,提升业务能力,优化办案流程,为客户提供更高效的法律服务。

第六节　驱动 DeepSeek 赋能审判实务

在现代司法体系中,人工智能已逐步渗透到审判实务的各个环节,成为法官、书记员以及律师的重要辅助工具。DeepSeek 可通过精准的提示词驱动,为法官提供审判流程指引、庭审技巧优化、裁判文书辅助、法律适用分析等专业支持,以提升审判工作的效率与精准性。合理使用提示词不仅能让 DeepSeek 生成符合司法实践的高质量内容,还能确保输出内容的专业性、可操作性和针对性。本书将探讨如何优化提示词,以更好地赋能审判实务。DeepSeek 等 AI 工具虽然能显著提高法律检索与裁判分析的效率,但其输出结果仍需经法律专业人员审查和判断。裁判者应建立多源核验机制,避免依赖单一 AI 工具。利用 AI 生成法律结论或条文解释,应同步对照官方法律数据库(如“中国裁判文书网”“北大法宝”“无讼案例”“法信数据库”)进行验证,确保每一项法律依据均有可靠出处。法官及审辅人员应在使用 AI 辅助工具时,注重提示词的迭代与调整,避免由于表达模糊或语境不足而产生偏差。

一、建立专业化的法院法律数据库

司法 AI 法律推理需要有大量的法律知识储备,如何依托法院,为 AI 工具(比如 DeepSeek)建立专业化的法律数据库,成为有待处理和解决的现实问题。AI 法律推理的核心在于依赖于海量、准确、结构化的知识储备,而法院在司法实务中积累了丰富的法律数据资源，如裁判文书、法律法规、司法解释、审判规则等，为 AI 工具（如 DeepSeek）提供了训练和推理的坚实基础。AI 通过对这些数据的深度学习与语义理解，能够实现案件检索、类案匹配、法律推理、裁判预测等复杂任务。因此，建立一个面向法院业务需求的专业化数据库，不仅能提高 AI 推理的准确性和效率，还能有效助力智慧法院建设，推动司法智能化转型。在此过程中，法院需要从数据来源、数据结构、数据质量、数据更新机制等多维度入手，依托司法大数据，构建符合审判需求的 AI 知识库，确保 AI 工具能够精准服务于法律适用与司法决策。该数据库不仅是 AI 进行知识推理的核心支撑，更是实现法律知识自动化和智能化司法辅助的重要基础。

就数据来源而言，法院应多维度整合法院业务数据。AI 知识推理的基础在于全面、准确的数据来源，法院可以利用自身丰富的数据资源，整合各类司法数据，以确保 AI 模型具备广泛的知识覆盖与深度理解。裁判文书库是核心数据来源，包括生效判决书、调解书、裁定书，特别是重大、疑难、新型案件的裁判数据，以帮助 AI 掌握法律适用的动态变化。法律法规与司法解释构成 AI 法律推理的权威依据，法院应系统性整理现行有效的法律条文、部门规章、司法解释及指导性意见。案例指导制度的建立对于提升 AI 识别案例要旨、裁判规则的能力至关重要，可以考虑增建人民法院典型案例数据库，短期来看能够有效提供良好的判决文书相关训练数据，长期来看则有利于符合智慧法院建设目标，形成常态化的数据资产整合机制。同时，法答网作为最高人民法院为全国四级法院干警提供法律政策运用、审判业务咨询和学习交流服务的信息共享平台，法院干警可以就审判工作、学习和研究中涉及的法律适用、办案程序和司法政策等问题在线咨询。这种“问答”模式恰恰与当下的交互对话式人工智能服务较为贴合，相关数据的开放和使用也能够推动法律垂直领域的人工智能产品研发。应收集最高人民法院指导性案例及省级高级人民法院典型案例，以辅助类案同判。诉讼数据与流程信息涵盖案件受理、审理、执行等全流程数据，为 AI 推理提供程序性规则支撑。学术与实务文献的整合，包括法院研究成果、法律论文、法官培训材料等，可丰富 AI 的法理知识与实务操作逻辑。法院应加强与立法、司法、行政等多部门的协同合作，打破数据壁垒，构建“立法—执法—司法—监督”的数据闭环，确保 AI 能够进行全面、精准的法律推理。

就数据结构而言，法院应构建符合 AI 训练的知识图谱。AI 推理不仅依赖于数据的规模，还需要数据结构化与知识关联的支撑，因此法院应将原始数据转化为机器可理解的知识体系,以提升 AI 的语义理解与逻辑推理能力。建立法律知识图谱是关键,应构建法律法规、判例与裁判规则的多层级知识图谱,标注法律概念、条文关系、因果逻辑,以确保 AI 理解法律之间的逻辑联系。例如,在《民法典》框架下,针对“物权”“合同”“侵权”等内容,法院可以构建法律条文与裁判规则的映射关系,以帮助 AI 判断法律适用的边界与条件。案件要素标签的构建至关重要,通过对裁判文书的结构化拆解,提取案由、法律依据、争议焦点、事实认定、判决理由等关键信息,形成标签化数据,以提高 AI 在类案比对与法律推理中的精度。语义解析模型的开发同样重要,基于自然语言处理技术,法院可训练 AI 理解法律术语、法言法语及其背后的法律逻辑。通过构建多层次、多维度的法律知识图谱与语义解析模型,法院可以为 AI 工具搭建一个动态、全面、精细的法律推理框架,助力司法智能化升级。

就数据质量而言,法院应确保法律数据的准确性与权威性。AI 推理的准确性高度依赖于数据质量,因此法院应建立完善的数据清洗、标注、审核机制,以确保输入 AI 模型的数据具有以下特征:第一,法律数据的准确性是基础,法院应优先选用权威法律文献与有效裁判文书,剔除争议性、错误或已被废止的法律内容,确保 AI 推理的准确性。第二,法律数据的时效性至关重要,法院应建立实时更新机制,确保法律法规、司法解释、案例数据与现行有效法律保持同步,避免 AI 适用已失效规则。第三,法律数据的一致性是提高 AI 推理可信度的关键,法院应加强数据审核与质量控制,确保同一案由下的法律适用、类案解析、裁判逻辑具有一致性,防止 AI 推理产生歧义。为提升数据质量,法院可以借助 AI 数据预处理技术,对大量法律数据进行智能标注与质量检测,确保 AI 知识库的精准性与可信度,从而为法律推理提供坚实的数据支撑。

就数据更新而言,法院应构建动态更新与模型迭代机制。法律知识与裁判规则具有高度的动态性与发展性,法院应构建动态更新与模型迭代机制,以确保 AI 始终具备最新的法律知识。数据采集自动化是关键,法院可以依托网络爬虫与数据接口,自动采集最高人民法院、地方高级人民法院、国家法律法规库的最新法律信息,并及时补充至 AI 知识库。模型持续训练是 AI 优化的重要手段,法院应针对新型案件、疑难案件、社会热点案件,定期开展模型训练与迭代,以确保 AI 能够理解和适应法律适用的新变化。人工审核与反馈机制应当同步建立,通过“人机协同”模式,司法人员可以对 AI 推理结果进行人工复核,并提供数据反馈,以不断修正和优化 AI 的推理路径。法院应形成“法律数据—AI

训练—推理结果—人工复核—数据反馈”的闭环模式,以保障AI法律推理的准确性、灵活性和适应性。

为推动法院AI专业化数据库的建设与应用,以下策略具有重要的实践价值:第一,推动法院数据标准化建设至关重要,法院应制定法律数据分类、标注、存储的统一标准,以确保数据的兼容性与规范性,同时推动跨部门、跨区域的数据共享。第二,加强AI与司法实务的深度融合是关键,法院可以推动AI与法官协作,探索“AI辅助裁判”“类案检索+判决预测”等技术应用,以提升司法效率与公正性。第三,构建AI司法协作平台亦是可行路径,法院可联合AI企业、科研机构、法律界共同建设开放的AI司法协作平台,以促进法律数据共享、技术协同与模型创新。第四,强化AI技术伦理与法律责任是保障司法公正性的关键,在使用AI进行法律推理时,应明确AI辅助与法官裁判之间的权责关系,以确保审判的独立性与程序正义。通过上述策略,法院可以有效推动AI专业化数据库的建设,提升司法智能化水平,实现更加精准、公正、高效的法律推理。

二、精细化提示词,优化案件类型与审判流程指引

在司法实践中,简单案件通常指法律关系清晰、争议焦点单一、法律适用规则明确的案件类型,如民间借贷、交通事故、劳动争议、买卖合同纠纷等。这类案件通常具有高度的格式化和模板化特征,且法律适用相对稳定,裁判理由具有重复性和可预测性。因此,训练AI工具(如DeepSeek),使其根据法院内部的裁判文书库批量生成裁判文书,能够大大提高裁判效率,减轻法官工作负担,同时确保裁判标准的统一性和公正性。训练AI工具生成裁判文书的关键在于构建高质量的法律数据集,并对AI模型进行监督微调,使其理解法律文书的逻辑结构、裁判思路及法律适用规则。法院可以借助自身积累的裁判文书资源,结合公开法律文献,构建专属的法律数据集,围绕事实认定、争议焦点、法律适用、裁判依据等核心要素,训练AI工具自动生成符合规范的裁判文书。这不仅提高了办案效率,还能够实现同案同判,保障司法公信力和法律适用的一致性。

不同案件类型对应不同的审判流程,法官在审理案件时,必须严格遵循法定程序,并根据案件的具体情况进行灵活调整。因此,在使用DeepSeek进行审判流程指引时,提示词需要尽可能具体。例如,若要查询刑事案件的一审流程,不能仅输入“刑事案件审判流程”,而应使用更具针对性的提示词,如:“请提供

一起故意伤害案件的详细审判流程,包括立案、庭前准备、庭审、判决和执行的关键环节,以及法官在每个阶段的注意事项。"

引用 7 篇资料作为参考 >

故意伤害案件的审判流程通常包括立案、侦查、审查起诉、审判和执行等关键环节。以下是每个阶段的详细流程及法官的注意事项:

1. 立案阶段

- **流程**:公安机关或检察院接到报案、控告、举报后,进行初步调查,符合立案条件的予以立案。立案需满足有犯罪事实、需要追究刑事责任等条件 1 3 。
- **法官注意事项**:法官在此阶段不直接参与,但需确保公安机关的立案程序合法,避免滥用立案权。

2. 侦查阶段

- **流程**:公安机关通过询问证人、勘验现场、鉴定伤情等方式,进一步收集证据,查明案件事实,锁定犯罪嫌疑人 1 3 。
- **法官注意事项**:法官需关注侦查活动的合法性,确保证据收集程序符合法律规定,避免非法证据进入审判阶段。

3. 审查起诉阶段

- **流程**:检察院对公安机关移送的案件进行审查,决定是否提起公诉。如果证据充分,检察院将提起公诉 1 3 。
- **法官注意事项**:法官需审查检察院的起诉书,确保指控的犯罪事实清楚、证据充分,避免冤假错案。

4. 审判阶段

庭前准备

- **流程**:法院组成合议庭,召开庭前会议,明确争议焦点,公布开庭公告 2 5 。
- **法官注意事项**:法官需确保庭前会议的公正性,明确争议焦点,避免庭审中出现不必要的拖延。

庭审

- **流程**:庭审包括法庭调查、举证质证、法庭辩论等环节。公诉人宣读起诉书,被告人及其辩护人进行辩护,双方进行举证、质证,法院根据查明的事实和法律规定作出判决 1 3 5 。
- **法官注意事项**:法官需确保庭审程序的公正性,控制庭审节奏,避免控辩双方的不当行为,确保被告人充分行使辩护权。

判决

- **流程**:法院根据庭审情况,对被告人的罪行进行认定,并作出判决。判决分为有罪判决和无罪判决,有罪判决会根据犯罪情节等因素确定量刑 1 3 。
- **法官注意事项**:法官需根据事实和法律作出公正判决,避免量刑过重或过轻,确保判决的合法性和合理性。

5. 执行阶段

- **流程**:如果被告人被判处刑罚,由相应的执行机关负责执行刑罚,如监狱执行有期徒刑等 1 3 。
- **法官注意事项**:法官需关注刑罚执行的合法性,确保执行机关依法执行判决,避免执行过程中的违法行为。

法官在各阶段的注意事项总结

- **立案和侦查阶段**:确保程序合法,避免非法证据进入审判阶段。

- **审查起诉阶段**：审查起诉书的合法性和证据的充分性。
- **审判阶段**：确保庭审程序的公正性，控制庭审节奏，作出公正判决。
- **执行阶段**：关注刑罚执行的合法性，确保判决得到正确执行。

以上是故意伤害案件的详细审判流程及法官在各阶段的注意事项 1 2 3 。

如此，DeepSeek 便可生成针对性强的审判流程指引，包括法官在不同阶段的职责、应注意的程序性事项，以及如何应对可能出现的法律问题。

此外，对于特殊类型的案件，如涉外民商事案件、知识产权案件、环境资源案件等，提示词可进一步细化："请提供涉外合同纠纷案件的审判流程，包含司法管辖权的确定、适用法律的选择、国际证据规则的适用等关键环节。"

引用 11 篇资料作为参考 >

涉外合同纠纷案件的审判流程涉及多个关键环节，包括司法管辖权的确定、适用法律的选择以及国际证据规则的适用等。以下是详细的流程说明：

1. 司法管辖权的确定

在涉外合同纠纷中，首先需要确定哪个国家的法院具有管辖权。我国《民事诉讼法》对涉外民事诉讼的管辖权有明确规定，主要依据以下原则：

- **属地管辖原则**：如果合同签订地、履行地、诉讼标的物所在地、被告可供扣押财产所在地等在中国境内，中国法院具有管辖权 1 。
- **协议管辖**：当事人可以书面协议选择与争议有实际联系的地点的人民法院管辖，但不得违反级别管辖和专属管辖的规定 1 。
- **专属管辖**：例如中外合资经营企业合同、中外合作经营企业合同等特定类型的合同纠纷，必须由中国法院管辖 1 。

2. 适用法律的选择

在确定管辖权后，接下来是选择适用的法律。我国《涉外民事关系法律适用法》规定了以下原则：

- **当事人意思自治**：当事人可以协议选择合同适用的法律，只要不违反我国法律的强制性规定和社会公共利益 1 7 。
- **最密切联系原则**：如果当事人没有选择适用的法律，法院将根据最密切联系原则确定准据法，通常考虑合同履行地、合同签订地等因素 1 7 。
- **国际条约优先**：如果我国缔结或参加的国际条约与国内法有不同规定，优先适用国际条约的规定 1 。

3. 国际证据规则的适用

在涉外合同纠纷中，证据的收集和认定也遵循特定的规则：

- **域外证据的公证认证**：形成于中国境外的证据，如公文书证或涉及身份关系的证据，通常需要经过所在国公证机关证明，并经中国驻该国使领馆认证 9 10 。
- **一般性证据**：对于一般的域外证据，无需公证认证，但法院会通过质证等方式审查其真实性和合法性 10 。
- **证据的翻译**：域外证据需提供中文译本，以便法院审查 9 。

4. 审判流程

涉外合同纠纷案件的审判流程通常包括以下步骤：

1. **起诉与受理**：原告向有管辖权的人民法院提起诉讼，法院审查后决定是否受理 [2] [4] 。
2. **答辩与证据交换**：被告在收到起诉书后提交答辩状，双方交换证据 [2] [4] 。
3. **开庭审理**：法院组织开庭，进行法庭调查和法庭辩论，当事人陈述事实和理由 [2] [4] 。
4. **判决与执行**：法院根据查明的事实和适用的法律作出判决，判决生效后进入执行程序 [2] [4] 。

5. 其他注意事项

- **仲裁与诉讼的选择**：当事人可以选择仲裁或诉讼解决争议，仲裁裁决在国际上更容易得到承认和执行 [7] 。
- **平行诉讼**：如果同一纠纷在多个国家法院提起诉讼，法院会根据国际礼让原则和方便管辖原则决定是否受理 [3] 。

综上所述，涉外合同纠纷案件的审判流程涉及复杂的法律问题，建议在处理此类案件时寻求专业法律人士的帮助。

通过这样的提示词，DeepSeek 可以更精准地结合《民事诉讼法》及其他相关法律与规定，提供详细的操作指引，确保法官在处理复杂案件时有据可依。

使用者可使用多轮提示以验证检索结果的全面性，并结合案件实际情况与法律适用原则，对 AI 提供的结论进行合法性、合理性和一致性的严格审查，确保裁判依据符合法律体系内部逻辑与社会公正要求。

三、构建庭审技巧辅助系统，提高庭审掌控能力

庭审是审判实务的核心环节，法官需在庭审过程中精准掌控案件事实，确保诉讼程序的公正与高效。因此，诸如 DeepSeek 等大模型在庭审领域的使用目标应当是提高庭审效率和解决部分繁重的文书工作。相应地，提示词的设置和选择需要以“形成庭审提纲”为导向，涵盖当事人基本情况、案件基本情况、证据材料、类型化案件需要提问的程序性事项、争议焦点等问题。

例如，若法官希望优化庭审发问技巧，可使用如下提示词：“请列举在一起合同诈骗案件庭审中，法官向被告人提问的关键问题，并区分开放式提问和封闭式提问的适用场景。”

引用 6 篇资料作为参考 >

在合同诈骗案件的庭审中，法官可能会向被告人提出以下关键问题：

关键问题：

1. **关于合同签订过程**：
   - “你是如何与对方签订合同的？请详细描述签订合同的过程。”
   - “你是否在签订合同时提供了虚假信息或隐瞒了重要事实？”
2. **关于履约能力**：
   - “在签订合同时，你是否具备履行合同的能力？”
   - “你是否在签订合同后采取了任何措施来履行合同？”

3. **关于资金流向**:
    - "你收取的预付款或货款是如何使用的?请详细说明资金流向。"
    - "你是否将收取的资金用于个人消费或其他与合同无关的用途?"
4. **关于非法占有目的**:
    - "你是否有意通过合同骗取对方的财物?"
    - "你是否在签订合同时就已经计划不履行合同?"
5. **关于合同条款**:
    - "合同中是否有任何条款是你认为对方误解或不清楚的?"
    - "你是否在合同中设置了任何陷阱条款或不利于对方的条款?"

开放式提问与封闭式提问的适用场景:

1. **开放式提问**:
    - **适用场景**:当法官需要获取更多背景信息或了解被告人的主观意图时,通常会使用开放式提问。例如,询问合同签订过程或资金流向时,开放式提问可以帮助法官全面了解案件细节。
    - **示例**:"请详细描述你是如何与对方签订合同的。"
2. **封闭式提问**:
    - **适用场景**:当法官需要确认具体事实或限制被告人的回答范围时,通常会使用封闭式提问。例如,询问被告人是否具备履约能力或是否有意骗取财物时,封闭式提问可以快速得到明确的答案。
    - **示例**:"你是否在签订合同时就已经计划不履行合同?"

通过结合开放式和封闭式提问,法官可以更有效地查明案件事实,确保庭审的公正性和效率 [1] [2] [6] 。

此类提示词能够引导 DeepSeek 结合刑事诉讼理论和审判实践,提供更具针对性的发问策略,提高庭审的逻辑性与效率。

此外,对于庭审中可能出现的突发情况,如当事人情绪激动、律师提出程序性异议、证人证言矛盾等,法官可以使用如下提示词:"在民事诉讼庭审中,当被告代理律师以程序不合法为由申请庭审中止时,法官应如何应对?请结合《民事诉讼法》提供应对策略。"

引用 6 篇资料作为参考 >

在民事诉讼庭审中,当被告代理律师以程序不合法为由申请庭审中止时,法官应依据《民事诉讼法》的相关规定进行应对。以下是具体的应对策略:

1. **审查申请理由**:法官首先应要求被告代理律师明确说明程序不合法的具体理由,并记入庭审笔录。根据《民事诉讼法》第一百五十条,中止诉讼的情形包括但不限于一方当事人死亡、丧失诉讼行为能力、法人或其他组织终止、不可抗拒的事由等 [2] [3] 。如果被告代理律师提出的理由不属于这些法定情形,法官可以当庭驳回申请。
2. **听取双方意见**:法官应给予原告及其代理律师机会,对被告的申请进行回应,确保双方的意见都能被充分听取 [5] 。
3. **合议庭评议**:如果被告代理律师提出的理由涉及复杂的法律问题,法官可以宣布休庭,由合议庭进行评议。根据《民事诉讼法》第四十六条,审判人员的回避由院长决定,其他程序问题则由合议庭讨论决定 [5] 。
4. **裁定中止或继续审理**:如果合议庭认为被告代理律师提出的理由符合《民事诉讼法》第一百五十条规定的中止情形,法官可以裁定中止诉讼;如果不符合,则应继续审理 [2] [3] 。

5. **告知救济途径**：如果法官裁定中止诉讼，应告知当事人该裁定不可上诉，但可以通过消除中止事由或向人民检察院申诉等途径寻求救济 6 。

6. **保持中立与专业**：在整个过程中，法官应保持中立，避免表现出对任何一方的倾向性，确保程序的公正性 5 。

通过以上步骤，法官可以依法妥善处理被告代理律师提出的庭审中止申请，确保诉讼程序的合法性和公正性。

通过精准提示，DeepSeek 可提供基于法律规范的庭审应对策略，并结合实际案例进行解析，帮助法官更好地掌控庭审节奏。不过，提示词设置得再精准，如果不通过提前录入具体条款，直接根据提示词生成内容，仍然会出现法条适用错误的技术弊端。在上图中，AI 生成的内容出现了两个错误：其一，《民事诉讼法》第 46 条规定的是审判人员应当依法秉公办案等内容，《民事诉讼法》第 49 条等条款规定的是审判人员回避相关内容。其二，《民事诉讼法》第 150 条规定的是法庭笔录事项，《民事诉讼法》第 153 条规定的才是中止诉讼的法定情形。

四、精准生成裁判文书，提高裁判文书的书写质量

裁判文书是司法裁判的最终体现，其逻辑性、说理性和规范性直接影响司法权威性和案件可执行性。AI 生成高质量裁判文书的前提是拥有结构化、标签化、可解释的法律数据集，因此在训练法院本地化部署的 DeepSeek 模型时，需对裁判文书库进行数据整理与特征提取。法院可依托内部裁判文书管理系统，从已生效的裁判文书中提取标准化数据，针对目标案件类型（如简易程序案件），筛选出事实清楚、法律适用无争议的高质量文书，去除隐私信息和敏感数据，确保数据合法合规。AI 可以通过以下方法实现批量化脱敏：第一，借助基于规则的特征提取，识别并替换敏感信息，如姓名、地址等。第二，生成脱敏数据，保留原始数据的统计特征和内在关系。第三，根据数据类型和应用场景，以自适应脱敏的方式，自动选择合适的脱敏策略。

为精准生成裁判文书，法院可将裁判文书按照首部、事实、争议焦点、法院意见、判决主文、尾部等六大模块进行拆解，利用正则表达式或自然语言处理工具进行自动标注。对文本数据进行精细化标签，明确各要素之间的语义关联。例如，在民间借贷案件中，可标注借款金额、借款时间、利息计算、违约责任等字段，确保模型能准确理解核心法律事实。为防止 AI 模型过拟合特定模板，需对原始数据进行多样化处理，如引入同义替换、语序调整、事实变换等技术，确保模型对不同表述方式具备强泛化能力。法院可以使用开源标注工具对数据进

行半自动标注，并通过监督微调提升 AI 模型的理解和生成能力。

AI 生成文书必须在法院内部封闭环境中运行，防止案件信息外泄。推荐采用本地部署 DeepSeek 模型，结合加密存储与访问权限控制，确保数据安全。在法院内部环境中，需确保 AI 推理过程不与公共互联网交互，法院可在物理网络上，设置防火墙与内网专属环境，确保推理服务器仅在法院局域网内可访问，在 AI 推理节点中，限制 HTTP/HTTPS 出站请求，防止审判数据泄露。根据法院算力和需求，本地选择适配的 DeepSeek 版本。比如涉及复杂案件，建议适配 DeepSeek 满血版模型，提供更强的推理与生成能力。训练过程中，可引入多轮交互验证，确保 AI 生成的裁判文书符合法院规范，避免逻辑错误与法律适用偏差。特别需要注意的是，法院需要定期引入最新法律法规与指导案例，持续微调 AI 模型，确保裁判文书生成始终与法律实践保持同步。

在裁判规则分析方面，AI 工具能够通过大规模语料学习，提炼裁判规则并揭示法律适用趋势。法官及审辅人员可通过多层次提示词，指导 AI 归纳适用规则、争议焦点及裁判标准。但需要注意对 AI 工具生成内容的真实性予以验证与核查。例如，提示词可设定为："根据最高人民法院关于劳动合同解除的司法解释，归纳解除劳动合同正当性认定的核心要素，结合近五年生效裁判，分析裁判规则的演变趋势。"

引用 10 篇资料作为参考 >

根据最高人民法院关于劳动合同解除的司法解释及相关裁判案例，解除劳动合同正当性认定的核心要素主要包括以下几个方面：

一、核心要素

1. **解除依据的合法性**
   用人单位解除劳动合同必须依据《劳动合同法》第三十九条、第四十条、第四十一条的规定，且所依据的规章制度需经过民主程序制定并公示 3 10 。若解除依据不合法或未履行法定程序，解除行为可能被认定为违法 6 9 。

2. **解除程序的合规性**
   用人单位单方解除劳动合同时，需履行通知工会、提前告知等程序。未通知工会或未履行其他法定程序的解除行为可能被认定为违法 10 。

3. **解除事实的充分性**
   用人单位需提供充分证据证明劳动者存在严重违反规章制度、不胜任工作等情形。若证据不足，解除行为可能被认定为违法 5 9 。

4. **解除通知的明确性**
   解除通知中载明的理由应具体明确，且不得在诉讼中另行提出新的理由。若解除通知理由不充分或与事实不符，解除行为可能被认定为违法 5 7 。

5. **经济补偿的支付**
   用人单位解除劳动合同时，需依法支付经济补偿金。若未支付或支付不足，解除行为可能被认定为违法 3 6 。

二、裁判规则的演变趋势

1. **对解除依据的审查趋严**
   近年来，法院对用人单位解除劳动合同所依据的规章制度合法性审查更加严格，要求规章制度必须经过民主程序制定并公示 [6,10]。
2. **对解除程序的重视程度提高**
   法院对解除程序的合规性审查更加细致，未通知工会或未履行其他法定程序的解除行为被认定为违法的比例显著上升 [6,10]。
3. **对证据要求的严格化**
   法院对用人单位提供的证据要求更加严格，证据不足的解除行为被认定为违法的比例增加 [5,9]。
4. **对劳动者权益保护的加强**
   法院在裁判中更加注重保护劳动者的合法权益，特别是在涉及“三期”女职工、工伤职工等特殊群体时，解除行为的合法性审查更加严格 [6,7]。
5. **对解除通知内容的明确要求**
   法院强调解除通知中载明的理由必须具体明确，且不得在诉讼中另行提出新的理由，否则解除行为可能被认定为违法 [5,7]。

三、典型案例

1. **傅某与某公司案**：公司以傅某严重违反规章制度为由解除劳动合同，但未举证证明解除理由成立，法院认定公司构成违法解除 [5]。
2. **某科技公司裁员案**：公司未履行“协商变更劳动合同”程序，直接解除劳动合同，被法院认定违法解除 [6]。
3. **某外企“末位淘汰”案**：公司以“末位淘汰”解除劳动合同，因未将淘汰规则写入制度，法院认定违法 [6]。

综上，法院在审查劳动合同解除的正当性时，重点关注解除依据、程序、事实及通知内容的合法性，同时裁判规则呈现出对劳动者权益保护加强、对用人单位解除行为审查趋严的趋势 [3,5,6]。

此外，AI 还可根据用户需求，生成法律适用意见草案、法理分析报告，帮助法官在裁判中实现形式公正与实质公正的统一。

为确保分析的准确性，提示词应明确规则适用的范围与层级，如：“仅限于最高人民法院公报案例”或“以二审、再审判例为主”，“针对××问题，请继续检索遗漏的相关法律解释与指导性案例”。

就智能辅助文书生成而言，DeepSeek 等 AI 工具具有显著优势，能够根据案情要点、法律依据、既有裁判规则，自动生成逻辑清晰、格式规范的裁判文书初稿。法官与审判辅助人员可通过调整提示词，结合案件事实、法律适用、法官裁量，快速输出初步文书，减少重复性劳动，提高文书制作效率。使用提示词时，应明确裁判文书的案件类型、争议焦点、适用法律以及裁判思路。

例如，若法官希望生成一份劳动合同纠纷案件的判决书初稿，可以输入提示词：“请撰写一份关于‘员工在试用期内被无故解雇’的民事判决书，结合《劳动合同法》的相关规定，明确裁判理由和法律适用。”

引用 8 篇资料作为参考 >

民事判决书
案号：（2025）民初字第XXX号

原告：张某
被告：某公司

一、案件基本情况
原告张某于2025年1月1日入职被告某公司，双方签订劳动合同，约定试用期为3个月，试用期工资为8000元/月，转正后工资为10000元/月。2025年3月1日，被告以原告“不符合录用条件”为由，单方面解除劳动合同。原告认为被告未明确告知录用条件，也未进行任何考核，解除劳动合同的行为违法，故诉至法院，要求被告支付违法解除劳动合同赔偿金16000元。

二、双方主张

1. **原告主张**
原告认为，被告在试用期内未明确告知录用条件，也未进行任何考核，仅以“不符合录用条件”为由解除劳动合同，属于违法解除。根据《劳动合同法》相关规定，被告应支付赔偿金。

2. **被告主张**
被告辩称，原告在试用期内未完成工作任务，且多次违反公司规章制度，故依据《劳动合同法》第三十九条第（一）项解除劳动合同，无需支付赔偿金。

三、法院查明事实

1. 原、被告双方签订劳动合同，约定试用期为3个月，试用期工资为8000元/月。
2. 被告未提供证据证明其已明确告知原告录用条件，也未提供任何考核记录或证明原告不符合录用条件的证据。
3. 被告未在解除劳动合同前通知工会，也未将解除理由告知原告。

四、裁判理由

1. **关于试用期解除劳动合同的法律规定**
根据《中华人民共和国劳动合同法》第三十九条第（一）项，用人单位在试用期内解除劳动合同，必须证明劳动者“不符合录用条件”。同时，根据《最高人民法院关于审理劳动争议案件适用法律问题的解释（一）》第四十四条，用人单位对解除劳动合同的决定负举证责任 [1] [2] 。

2. **关于被告解除劳动合同的合法性**
本案中，被告未提供证据证明其已明确告知原告录用条件，也未提供任何考核记录或证明原告不符合录用条件的证据。此外，被告未在解除劳动合同前通知工会，也未将解除理由告知原告，解除程序存在瑕疵。因此，被告解除劳动合同的行为缺乏事实和法律依据，构成违法解除 [1] [2] [7] 。

3. **关于赔偿金的计算**
根据《中华人民共和国劳动合同法》第八十七条，用人单位违法解除劳动合同的，应按照经济补偿标准的二倍支付赔偿金。原告在被告处工作2个月，经济补偿标准为1个月工资（8000元），故被告应支付赔偿金16000元 [7] 。

五、判决结果
依照《中华人民共和国劳动合同法》第三十九条、第四十三条、第八十七条，《最高人民法院关于审理劳动争议案件适用法律问题的解释（一）》第四十四条之规定，判决如下：

1. 被告某公司于本判决生效之日起十日内向原告张某支付违法解除劳动合同赔偿金16000元。
2. 案件受理费由被告某公司负担。

如不服本判决，可在判决书送达之日起十五日内向本院递交上诉状，并按对方当事人的人数提出副本，上诉于XXX中级人民法院。

审判长：XXX
审判员：XXX
审判员：XXX
2025年03月02日

此类提示词能够确保DeepSeek输出的裁判文书具有清晰的法律依据和完整的裁判逻辑。

在法律检索方面,法官及审辅人员应注重提示词的精准性与全面性。AI工具能够理解复杂法律语境,但前提是提示词需准确描述案件的事实背景、争议焦点与法律问题。

例如,检索某项法律规定的适用条件,可使用结构化提示词,如:“请检索我国现行法律关于××问题的法律依据,包含法律条文、司法解释及权威判例。”以确保AI输出内容的全面性。

合理运用关键词组合、布尔逻辑(如AND、OR、NOT)与时间限制,可提高检索的精确度。如在处理劳动争议案件时,可提示AI:“检索2019年至今关于竞业限制条款效力认定的法律依据及典型裁判观点。”确保检索结果符合时间维度和法律适用趋势。但需要注意对AI生成内容予以检验,避免生成虚假信息。

检索2019年至今关于竞业限制条款效力认定的法律依据及典型裁判观点。

引用 11 篇资料作为参考 >

关于竞业限制条款效力认定的法律依据及典型裁判观点，以下内容基于2019年至今的相关法律规定和司法实践进行总结：

一、法律依据

1. **《中华人民共和国民法典》**
   第一百四十三条规定，具备下列条件的民事法律行为有效：（一）行为人具有相应的民事行为能力；（二）意思表示真实；（三）不违反法律、行政法规的强制性规定，不违背公序良俗。这为竞业限制条款的有效性提供了基本判断依据 [1] [2] [3] 。
2. **《中华人民共和国劳动合同法》**
   第二十三条规定，用人单位可以与负有保密义务的劳动者约定竞业限制条款，并约定在解除或终止劳动合同后，在竞业限制期限内按月给予劳动者经济补偿。劳动者违反竞业限制约定的，应当按照约定向用人单位支付违约金 [5] [6] [7] 。
   第二十四条规定，竞业限制的人员限于用人单位的高级管理人员、高级技术人员和其他负有保密义务的人员，竞业限制期限不得超过两年 [5] [6] [7] 。
3. **《中华人民共和国公司法》**
   第一百四十八条规定，董事、高级管理人员不得未经股东会或股东大会同意，利用职务便利为自己或他人谋取属于公司的商业机会，自营或为他人经营与所任职公司同类的业务 [1] [2] [3] 。

二、典型裁判观点

1. **认定无效的案例**
   - **（2021）辽01民终8738号**：双方不存在劳动关系，约定竞业限制条款无法律依据，剥夺劳动者劳动权利，违背公序良俗，故条款无效 [1] [2] [3] 。
   - **（2020）辽09民终321号**：当事人不属于竞业限制人员范围，约定不符合法律规定，条款无效 [1] [2] [3] 。

2. **认定有效的案例**

- **（2016）沪0113民初462号**：双方真实意思表示，不违反法律强制性规定，竞业限制条款有效 1 2 3 。
- **（2019）苏0583民初5887号**：协议约定特别奖励金包含竞业禁止补助金，法院认可其有效性 1 2 3 。
- **（2021）最高法民申6151号**：法院认可股权转让合同关系下的竞业限制义务，条款有效 1 2 3 。

3. **其他裁判观点**

- **未约定经济补偿金的竞业限制条款**：根据《劳动合同法》相关规定，未约定经济补偿金的条款不宜直接认定为无效，但需补充经济补偿内容 5 6 7 。
- **竞业限制期限超过两年**：超过法定期限的部分无效，但两年内的约定仍有效 5 6 7 。

三、综合分析

竞业限制条款的效力认定需综合考虑以下因素：

1. **双方真实意思表示**：条款是否为双方自愿签订，是否存在欺诈、胁迫等情形 1 2 3 。
2. **合法性**：条款是否符合《民法典》《劳动合同法》等法律规定，是否违反公序良俗 1 2 3 。
3. **合理性**：竞业限制的范围、地域、期限是否合理，是否对劳动者的择业自由造成过度限制 5 6 7 。
4. **经济补偿**：是否约定并实际支付了竞业限制经济补偿，补偿金额是否合理 5 6 7 。

综上，竞业限制条款的效力认定需结合具体案情，依据相关法律规定和司法实践进行判断。

若法官希望优化判决书的说理部分，可以使用更具有针对性的提示词，例如："在民间借贷纠纷案件中，如何增强判决书的说理性？请提供一段关于'借贷合同效力'的说理部分，并结合相关司法解释。"

引用 10 篇资料作为参考 >

在民间借贷纠纷案件中，增强判决书的说理性需要从事实认定、法律适用和逻辑推理等方面进行详细阐述。以下是关于"借贷合同效力"的说理部分，结合相关司法解释：

关于借贷合同效力的说理部分：

本案中，原告与被告签订的借款合同是否有效，需从以下几个方面进行审查：

1. **主体资格**：根据《中华人民共和国民法典》第一百四十三条，合同双方应具备相应的民事行为能力。经查，原告与被告均为完全民事行为能力人，具备签订借款合同的主体资格 5 7 。
2. **意思表示真实**：合同双方的意思表示应真实、自愿，不存在欺诈、胁迫或重大误解等情形。本案中，原告提供了借款合同及转账记录，证明双方在平等自愿的基础上达成合意，且被告未提出异议，故可认定双方意思表示真实 5 7 。
3. **内容合法性**：借款合同的内容不得违反法律法规的强制性规定，不得违背公序良俗。根据《最高人民法院关于审理民间借贷案件适用法律若干问题的规定》第十三条，若借款合同存在套取金融机构贷款转贷、违反公序良俗等情形，应认定无效。本案中，借款合同约定的利率未超过法律规定的上限，且无证据表明合同存在上述无效情形，故合同内容合法 8 9 。
4. **形式合法性**：根据《民法典》第四百六十九条，借款合同一般采用书面形式，但自然人之间的借款另有约定的除外。本案中，原告提供了书面借款合同及转账记录，符合法律规定的形式要求 5 7 。

综上，本案借款合同在主体资格、意思表示、内容及形式等方面均符合法律规定，根据《民法典》第一百四十三条及《最高人民法院关于审理民间借贷案件适用法律若干问题的规定》第十条，应认定该借款合同合法有效，对双方当事人具有法律约束力。

通过上述说理，判决书不仅明确了合同效力的认定依据，还结合了相关司法解释，增强了判决的合法性和说服力。

这种方式能够促使 DeepSeek 提供具有司法实践价值的裁判文书内容，帮助法官优化裁判文书的质量，提高司法公信力。

五、结合案例指导，提升法律适用能力

在司法实践中，法官的裁判需要符合上级法院的指导精神，并确保案件处理的一致性。因此，DeepSeek 可通过案例帮助法官进行法律适用分析。提示词应明确案件类型、争议焦点以及相关指导性案例。

例如："请分析'最高人民法院某指导案例'在合同解除权问题上的适用规则，并结合《民法典》相关条款进行解释。"

引用 8 篇资料作为参考 >

在合同解除权问题上，最高人民法院指导案例的适用规则主要围绕《民法典》的相关条款展开，具体分析如下：

一、合同解除权的适用规则

1. **解除权的行使条件**
   根据《民法典》第五百六十三条，合同解除权的行使需符合以下情形之一：
   - 因不可抗力致使不能实现合同目的；
   - 在履行期限届满前，一方明确表示或以行为表明不履行主要债务；
   - 一方迟延履行主要债务，经催告后在合理期限内仍未履行；
   - 一方迟延履行债务或有其他违约行为致使不能实现合同目的；
   - 法律规定的其他情形。

   在最高人民法院指导案例中，法院通常依据上述条件判断当事人是否享有解除权。例如，在"某宇公司诉冯某梅商铺买卖合同纠纷案"中，法院认为当继续履行合同无法实现合同目的时，允许违约方解除合同，但需承担赔偿责任 [6]。
2. **解除权的行使方式**
   根据《民法典》第五百六十五条，解除权人应通知对方，合同自通知到达对方时解除。若对方有异议，可请求法院或仲裁机构确认解除效力。在"最高人民法院(2012)民一终字第126号"案中，法院明确解除通知的方式可以多样化，包括书面通知、起诉或应诉中表示解除意思 [1]。
3. **违约方的解除权**
   在特定情况下，违约方也可享有解除权。根据《民法典》第五百八十条，若合同陷入僵局，继续履行对违约方显失公平，且守约方拒绝解除合同，法院可支持违约方的解除请求。在"某捷公司与某辉公司合同纠纷再审一案"中，法院认为违约方解除权的行使需符合法律规定，且不得损害守约方的合法权益 [2]。

二、典型案例分析

1. **"某宇公司诉冯某梅商铺买卖合同纠纷案"**
   该案中，法院认为当继续履行合同无法实现合同目的时，允许违约方解除合同，但需承担赔偿责任。这一裁判规则体现了《民法典》第五百六十三条和第五百八十条的立法精神，即在合同目的无法实现时，解除合同是合理的救济方式 [6]。
2. **"最高人民法院(2012)民一终字第126号"案**
   该案中，法院明确解除通知的方式可以多样化，只要能够实现通知效果即可。这一裁判规则与《民法典》第五百六十五条一致，强调解除通知的实质效果而非形式 [1]。

3. **"某捷公司与某辉公司合同纠纷再审一案"**

该案中，法院认为违约方解除权的行使需符合法律规定，且不得损害守约方的合法权益。这一裁判规则体现了《民法典》第五百八十条的立法精神，即在合同陷入僵局时，违约方也可享有解除权，但需严格审查其合理性 2 。

三、总结

最高人民法院指导案例在合同解除权问题上的适用规则与《民法典》的相关条款高度一致，强调解除权的行使需符合法定条件，且需通过合法方式通知对方。同时，在特定情况下，违约方也可享有解除权，但需严格审查其合理性，以平衡双方利益 1 2 6 。

此类提示词能够促使 DeepSeek 结合指导性案例的裁判规则，提供更加精准的法律适用分析。

此外，在疑难案件中，法官可以输入更具开放性的问题，以获得不同法理角度的解析，例如，设置如下提示词："在股东知情权纠纷中，法院如何平衡公司商业机密保护与股东权益？"

引用 7 篇资料作为参考 >

在股东知情权纠纷中，法院在平衡公司商业机密保护与股东权益时，通常会依据《公司法》及相关司法解释，综合考虑以下几个因素：

1. **股东查阅目的的正当性**：法院会严格审查股东查阅公司文件的目的。如果股东存在自营或为他人经营与公司主营业务有实质性竞争关系的业务，且可能损害公司合法利益，法院可能会认定其查阅目的不正当，从而拒绝其查阅请求 1 3 。
2. **查阅范围与商业机密的关联性**：法院会根据股东请求查阅的具体内容，判断其是否涉及公司商业秘密。对于涉及商业秘密的文件，如董事会会议记录、会计凭证等，法院会谨慎处理，通常只有在股东能够证明其查阅目的正当且不会损害公司利益时，才会支持其查阅请求 4 5 。
3. **举证责任**：股东需要证明其查阅请求的正当性，而公司则需要证明拒绝查阅的合理性。法院会根据双方提供的证据进行判断。如果公司能够提供充分证据证明股东查阅可能损害公司利益，法院可能会支持公司的拒绝请求 3 5 。
4. **保密措施**：即使法院支持股东的查阅请求，也可能会要求采取必要的保密措施，如限制查阅范围、要求签署保密协议等，以防止商业秘密泄露 4 7 。
5. **公司章程与协议**：如果公司章程或股东与公司之间签订了保密协议或竞业限制协议，法院会依据这些文件来判断股东的权利和义务。公司章程中的保密条款或竞业限制条款可以作为法院判决的重要依据 7 。

综上所述，法院在股东知情权纠纷中，会通过严格审查股东查阅目的、判断查阅范围与商业机密的关联性、分配举证责任、采取保密措施以及依据公司章程与协议等方式，来平衡公司商业机密保护与股东权益。

通过此类提示，DeepSeek 能够提供不同的裁判思路，帮助法官在疑难案件中进行更深入的法律分析，提高司法裁判的合理性。

在类案检索方面，法官及审辅人员可借助 AI 的语义理解和案例关联分析能力，快速定位相似案件及其裁判理由。设计提示词时，应突出案件的核心要素，如案由、争议焦点、适用法条和特殊情节。

例如，在劳动争议中涉及"竞业限制条款"的问题，提示词可表述为："请检索全国范围内关于劳动合同中'竞业限制条款'效力及赔偿责任的类案，重点关注法院采纳的法律依据及裁判理由。”

引用 11 篇资料作为参考 >

在全国范围内，关于劳动合同中“竞业限制条款”效力及赔偿责任的类案中，法院通常依据《中华人民共和国劳动合同法》《中华人民共和国民法典》等相关法律进行裁判，重点关注条款的合法性、合理性及违约责任的认定。以下是法院采纳的法律依据及典型裁判理由的总结：

一、竞业限制条款的效力认定

1. **法律依据**

- **《劳动合同法》第二十三条**：用人单位可以与负有保密义务的劳动者约定竞业限制条款，并约定在解除或终止劳动合同后，在竞业限制期限内按月给予劳动者经济补偿。劳动者违反竞业限制约定的，应当按照约定向用人单位支付违约金。
- **《劳动合同法》第二十四条**：竞业限制的人员限于用人单位的高级管理人员、高级技术人员和其他负有保密义务的人员。竞业限制的范围、地域、期限由用人单位与劳动者约定，但不得违反法律、法规的规定。
- **《民法典》第一百四十三条**：民事法律行为有效需具备行为人具有相应的民事行为能力、意思表示真实、不违反法律强制性规定及公序良俗。

2. **裁判理由**

- **主体适格性**：竞业限制条款仅适用于高级管理人员、高级技术人员和其他负有保密义务的人员。普通劳动者如不接触商业秘密，签订的竞业限制条款可能被认定无效。例如，在“南京旭某餐饮管理有限公司诉刘某亮案”中，法院认为刘某亮作为普通厨师，不掌握商业秘密，竞业限制协议因主体不适格而无效 10 。
- **意思表示真实**：条款需为双方自愿签订，不存在欺诈、胁迫等情形。例如，在“鲁某某与某设备公司案”中，法院认定竞业限制协议系双方自愿签订，合法有效 1 。
- **内容合法性**：条款不得违反法律强制性规定及公序良俗。例如，在“王某诉×××××环境技术有限公司案”中，法院认为公司未证明王某接触商业秘密，竞业限制条款无效 5 。

二、违约责任的认定

1. **法律依据**

- **《劳动合同法》第二十三条**：劳动者违反竞业限制约定，应按照约定支付违约金。
- **《民法典》第五百七十七条**：当事人一方不履行合同义务或履行义务不符合约定，应承担继续履行、采取补救措施或赔偿损失等违约责任。

2. **裁判理由**

- **违约行为认定**：法院通常审查劳动者是否实际从事与原单位有竞争关系的业务。例如，在“鲁某某案”中，鲁某某离职后成立与原单位经营范围相同的公司，被认定违反竞业限制约定 1 。
- **违约金合理性**：法院会综合考虑劳动者的工资水平、违约期限、用人单位的经济补偿等因素，合理确定违约金数额。例如，在“张某某诉×××××××文化发展有限公司案”中，法院酌定违约金为24万元，约为劳动者离职前平均工资的6倍 2 。
- **经济补偿的支付**：若用人单位未支付经济补偿，劳动者可主张条款无效或拒绝履行义务。例如，在“刘某某案”中，公司未支付竞业限制补偿，法院认定协议无效 10 。

三、典型案例

1. **“鲁某某与某设备公司案”**

- **裁判理由**：鲁某某在职期间利用母亲名义设立竞争公司，离职后自己成立同类公司，违反竞业限制约定，法院判决其支付违约金72,776.22元 1 。

2. **“××××餐饮管理有限公司诉刘某某案”**

- **裁判理由**：刘某某作为普通厨师，不掌握商业秘密，竞业限制协议因主体不适格而无效，法院驳回公司要求支付违约金的请求 10 。

3. **"张某某诉×××××××文化发展有限公司案"**

- **裁判理由**：张某某通过配偶投资竞争公司，违反竞业限制约定，法院酌定其支付违约金24万元 [2]。

四、总结

法院在审查竞业限制条款效力及违约责任时，重点关注条款的合法性、主体适格性及违约行为的认定。对于普通劳动者，若其不接触商业秘密，竞业限制条款可能被认定无效；对于违约责任的认定，法院会综合考虑多种因素，合理确定违约金数额，以平衡劳资双方的利益 [1][2][10]。

此外，可要求AI区分"支持"和"不支持"两类裁判结果，确保获取多维度的判例支持，以便裁判时充分论证法律适用的合理性与一致性。比如在劳动合同领域，可参考如下提示词："区分关于劳动合同中'竞业限制条款'中'支持'和'不支持'两类裁判结果，确保获取多维度的判例支持，以便裁判时充分论证法律适用的合理性与一致性。"

引用 10 篇资料作为参考 >

在劳动合同中关于"竞业限制条款"的裁判结果，法院通常会根据具体案情、法律依据及合理性进行判断，分为"支持"和"不支持"两类。以下是两类裁判结果的区分及典型判例支持：

一、支持竞业限制条款的裁判结果

1. **法律依据**
   - **《劳动合同法》第二十三条**：用人单位可以与负有保密义务的劳动者约定竞业限制条款，并支付经济补偿。
   - **《劳动合同法》第二十四条**：竞业限制适用于高级管理人员、高级技术人员和其他负有保密义务的人员，期限不得超过两年。
2. **裁判理由**
   - **主体适格性**：劳动者属于高级管理人员、高级技术人员或其他负有保密义务的人员。
   - **商业秘密保护**：用人单位能证明劳动者实际接触或掌握商业秘密。
   - **经济补偿支付**：用人单位按约定支付了竞业限制经济补偿。
3. **典型案例**
   - **鲁某某与某设备公司案**：鲁某某在职期间利用母亲名义设立竞争公司，离职后自己成立同类公司，法院认定其违反竞业限制约定，判决支付违约金72,776.22元 [1]。
   - **张某某诉×××××××文化发展有限公司案**：张某某通过配偶投资经营与原单位存在竞争关系的企业，法院认定其违反竞业限制约定，酌定支付违约金24万元 [6]。

二、不支持竞业限制条款的裁判结果

1. **法律依据**
   - **《劳动合同法》第二十四条**：竞业限制仅适用于特定人员，普通劳动者不适用。
   - **《民法典》第一百四十三条**：民事法律行为需具备合法性，违反法律强制性规定或公序良俗的条款无效。
2. **裁判理由**
   - **主体不适格**：劳动者不属于高级管理人员、高级技术人员或其他负有保密义务的人员。
   - **无商业秘密接触**：用人单位未能证明劳动者实际接触或掌握商业秘密。
   - **未支付经济补偿**：用人单位未按约定支付竞业限制经济补偿。

3. **典型案例**

- **××××餐饮管理有限公司诉刘某某案**：刘某某作为普通厨师，法院认定其不掌握商业秘密，竞业限制协议因主体不适格而无效 [3]。
- **乐某与某银行竞业限制纠纷案**：银行未支付竞业限制经济补偿，法院认定劳动者无需承担违约责任 [8]。

三、裁判趋势与法律适用

1. **严格审查主体适格性**：法院强调竞业限制仅适用于接触商业秘密的特定人员，避免协议泛化适用 [3][10]。
2. **强化用人单位举证责任**：用人单位需证明劳动者实际接触商业秘密及违约行为的存在 [6][7]。
3. **平衡劳资利益**：法院在保护企业商业秘密的同时，注重维护劳动者的择业自由权，合理确定违约金数额 [6][7]。

通过上述“支持”与“不支持”两类裁判结果的区分及典型案例分析，可以为裁判时充分论证法律适用的合理性与一致性提供多维度的判例支持。

就深度法律检索而言，AI 工具显著提升了法律检索与类案分析的速度与准确性，审判人员可利用 AI 协助，快速定位法律依据、法条适用、指导性案例、类案裁判规则，为裁判提供数据支撑。针对复杂疑难案件，可借助 AI 完成多维度、跨领域检索，确保裁判依据全面、准确，减少人为疏漏。

例如，若需检索特定类型案件的类案规则，提示词应涵盖案由、争议焦点、法律依据、时间范围、裁判规则等要素：“请检索 2020 年以来全国中级及以上人民法院关于‘医疗损害责任纠纷’中‘医疗器械缺陷导致患者损害’的指导性案例，分析裁判要点与适用法律，生成类案分析报告。”

通过精细提示，AI 能快速生成裁判文书摘要、法条适用倾向，协助法官进行类案同判，确保司法裁判尺度的统一性与公平性。

六、结合专业司法 AI，提升综合决策能力

除了 DeepSeek，法官还可以借助专业司法 AI 来提升审判实务能力。以最高人民法院发布的“法信法律基座大模型”为例，该模型由海量、权威、高质量的法律大数据预训练形成，使用该模型辅助审判时，所用的提示词应突出智能工具的特长，例如，以审判流程指引为例：“在故意杀人案件的审判过程中，法官需要重点关注哪些程序性问题？请结合‘法信法律基座大模型’为刑事案件的流程分析能力提供操作指南。”以裁判文书辅助为例：“请基于‘法信法律基座大模型’对相关案例的分析，撰写一份非法集资案件的裁判文书初稿。”以庭审辅助为例：“在医疗损害责任纠纷案件庭审中，当事人对鉴定意见提出异议，法官应如何处理？请结合‘法信法律基座大模型’提供的案例分析，提出庭审应对策略。”通过结合 DeepSeek 与“法信法律基座大模型”等 AI 工具，法官可

以获得更加精准的审判流程指引、庭审辅助策略以及裁判文书优化建议，从而提升审判工作的智能化水平。

就审判流程智能化而言，AI 能够优化案件流转与节点控制。通过有效辅助法院技术人员对审判流程进行智能化管理，AI 能够实现案件分流、诉前调解、智能审限预警、电子卷宗深度应用，推动审判体系的高效协同。通过 AI 自动分析案件复杂度、法律适用、证据材料，合理分配案件，减轻法官工作负担，提升案件处理效率。例如，针对审限管理的智能预警，提示词可包括案件类型、审理节点、法定审限等关键信息："请根据《民事诉讼法》规定，建立民事案件审限智能预警模型，对审理时间接近法定期限（30 日、3 个月、6 个月、12 个月）的案件进行自动提醒，输出待审案件清单及节点跟踪报告。"法院技术人员借助 AI，能实现审判管理的流程可视化、风险前置化，提升审判流程管控精度，确保案件依法、及时审结。

就司法知识库建设而言，AI 有助于构建法院专属的智能知识库，涵盖法律法规、案例解析、业务指引、司法政策等信息，法院技术人员可借助 AI 进行知识提取、分类、更新，便于法官随时获取最新、最权威的司法知识，提升办案质效与法律适用准确性。例如，针对刑事案件量刑规范化，提示词可涵盖刑法条文、司法解释、量刑标准等内容："请根据《刑法》、量刑指导意见，梳理'故意伤害罪'的量刑标准，按伤害程度、犯罪情节、被害人损害后果，形成智能知识库条目，适用于法官量刑参考。"法院技术人员可持续维护知识库，确保其动态更新与智能检索，为法官审理提供权威、即时的知识支持。

就公文写作而言，法院行政人员需处理大量公文，如案件审理报告、请示、通知、会议纪要、司法统计分析等。借助 AI，能够快速生成符合司法机关风格和格式要求的文本，减少重复性劳动、提升文书质量。提示词设计需明确公文类型、目标、格式要求及适用对象。例如，若需起草年度法院工作报告，可使用以下提示词："根据《人民法院公文处理办法》，起草一份 2024 年度法院工作报告，涵盖案件审理、司法改革、队伍建设、信息化建设四个部分，语言庄重严谨，字数 3000 字，符合正式报告格式。"对于简报类公文，可提示 AI 生成精炼要点和概述，确保快速汇总信息。例如："请撰写一篇关于智慧法院建设进展的简报，包含背景概述、主要成果、存在问题、改进措施，适用于上级机关报送（数据用××表示，后续结合实际情况替换）。"通过精细化提示词，AI 可快速输出规范性公文草稿，行政人员再结合实际数据与政策要求微调，即可大幅缩短撰写周期。

请撰写一篇关于智慧法院建设进展的简报，包含背景概述、主要成果、存在问题、改进措施，适用于上级机关报送（数据用××表示，后续结合实际情况替换）。

引用 14 篇资料作为参考 >

智慧法院建设进展简报

一、背景概述

智慧法院建设是人民法院信息化建设的重要组成部分，旨在通过现代科技手段提升司法效率、优化诉讼服务、增强司法透明度，推动审判体系和审判能力现代化。自2016年最高人民法院首次提出“智慧法院”概念以来，全国各级法院积极响应，依托大数据、人工智能、区块链等先进技术，逐步构建起“全业务网上办理、全流程依法公开、全方位智能服务”的智慧法院体系 [1] [5] 。

二、主要成果

1. **智慧服务系统**
   全国法院建成一站式诉讼服务中心，提供网上立案、网上缴费、网上开庭、跨域立案等便民服务。2024年，全国法院网上立案率达XX%，网上缴退费率达XX%，网上送达率达XX%，极大减轻了群众诉累 [2] [3] 。
2. **智慧审判系统**
   推行电子卷宗随案同步生成和深度应用，实现案件全流程网上办理。智能审判辅助系统为法官提供类案推送、文书自动生成等功能，减轻事务性工作XX%以上，庭审效率提升XX%以上 [1] [6] 。
3. **智慧执行系统**
   建成网络执行查控体系，覆盖全国范围内的不动产、存款、车辆等财产信息查询。推行网络司法拍卖，2024年全国法院网拍成交额达XX亿元，有效破解财产变现难题 [8] [9] 。
4. **司法大数据应用**
   建成全国统一的司法审判信息资源库，累计汇聚案件信息超XX亿件，数据可信度长期稳定在XX%以上。通过大数据分析，形成XX余份专题报告，服务国家立法和社会治理 [8] [10] 。

三、存在问题

1. **系统兼容性不足**
   各地法院信息化建设标准不统一，系统间数据共享和业务协同存在障碍，形成“信息孤岛” [6] [12] 。
2. **数据质量与安全风险**
   部分法院数据录入不规范，影响数据分析的准确性。同时，司法数据的安全管理机制尚不完善，存在数据泄露和滥用的风险 [6] [12] 。
3. **人才短缺**
   智慧法院建设需要既懂法律又懂技术的复合型人才，但基层法院普遍存在人才匮乏问题，制约了信息化建设的深入推进 [12] [14] 。

四、改进措施

1. **统一技术标准**
   制定全国统一的智慧法院建设规范，推动各地法院系统互联互通，打破“信息孤岛”，实现数据共享和业务协同 [6] [12] 。
2. **加强数据安全管理**
   完善司法数据分类分级保护制度，建立数据安全监管机制，确保数据采集、存储、传输和处理的安全性 [6] [12] 。
3. **培养复合型人才**
   加大信息化人才引进和培训力度，建立常态化教育培训机制，提升法院工作人员的信息化应用能力 [12] [14] 。

4. **优化资金保障**

将智慧法院建设纳入财政预算，探索建立经费保障长效机制，确保信息化建设的持续投入 12 14 。

结语

智慧法院建设是司法现代化的重要抓手，未来将继续深化信息化应用，优化诉讼服务，提升司法质效，为人民群众提供更加高效、便捷、透明的司法服务。

就图表制作而言，法院行政工作中，数据统计与分析具有重要性，如案件数量、审判效率、类型分布等均需通过图表直观呈现。AI 可协助快速生成统计图、流程图、关系图等，便于信息可视化表达。提示词设计需明确图表类型、数据范围、分析维度和展示形式。例如，若需制作案件统计图，可提示 AI："根据 2020—2024 年民事、刑事、行政案件受理与结案数据，生成折线图，突出各类案件数量变化趋势，适用于法院内部统计分析（自动生成 Mermaid 格式的代码，用于绘制折线图）。"但需要注意，相关数据后期需要人工仔细核对，避免出现错误。

根据2020-2024年民事、刑事、行政案件受理与结案数据，生成折线图，突出各类案件数量变化趋势，适用于法院内部统计分析（自动生成Mermaid格式的代码，用于绘制折线图）。

引用 6 篇资料作为参考 >

以下是基于2020-2024年民事、刑事、行政案件受理与结案数据的Mermaid格式折线图代码，用于突出各类案件数量变化趋势：

```mermaid
graph LR
    title[2020-2024年民事、刑事、行政案件数量变化趋势]
    xAxis[年份] -->|2020| y1[民事案件: 100万]
    xAxis -->|2020| y2[刑事案件: 50万]
    xAxis -->|2020| y3[行政案件: 30万]
    xAxis -->|2021| y4[民事案件: 110万]
    xAxis -->|2021| y5[刑事案件: 55万]
    xAxis -->|2021| y6[行政案件: 35万]
    xAxis -->|2022| y7[民事案件: 120万]
    xAxis -->|2022| y8[刑事案件: 60万]
    xAxis -->|2022| y9[行政案件: 40万]
    xAxis -->|2023| y10[民事案件: 130万]
    xAxis -->|2023| y11[刑事案件: 65万]
    xAxis -->|2023| y12[行政案件: 45万]
    xAxis -->|2024| y13[民事案件: 140万]
    xAxis -->|2024| y14[刑事案件: 70万]
    xAxis -->|2024| y15[行政案件: 50万]
    y1 --> y4 --> y7 --> y10 --> y13
    y2 --> y5 --> y8 --> y11 --> y14
    y3 --> y6 --> y9 --> y12 --> y15
```

使用步骤：

1. 复制上述代码。
2. 打开 Mermaid Live Editor。
3. 将代码粘贴到编辑器中，右侧会自动生成折线图。
4. 可根据需要调整图表样式或导出为PNG/SVG格式。

如果需要更详细的数据或调整图表类型，请提供具体数据或进一步说明 1 3 5 。

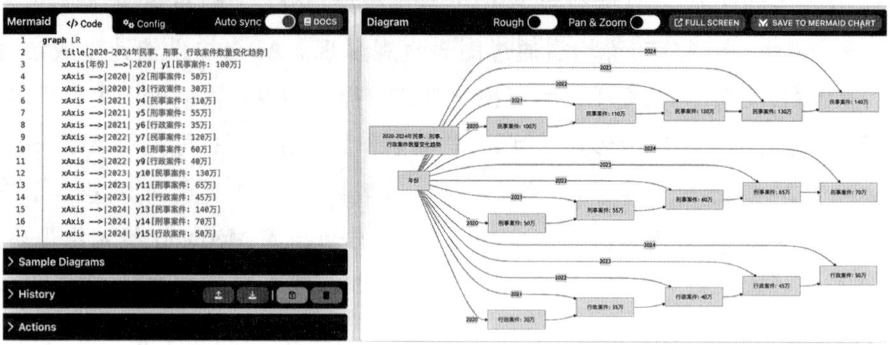

为优化审判流程，可提示 AI 生成流程图：“请制作一张民事案件诉讼流程图，涵盖立案、审理、裁判、执行各环节，适用于内部培训使用，使用 Draw. io 格式（使用代码方式）。”

请制作一张民事案件诉讼流程图，涵盖立案、审理、裁判、执行各环节，适用于内部培训使用，使用draw.io格式。（使用代码方式）。

引用 4 篇资料作为参考 >

以下是使用Mermaid代码生成的民事案件诉讼流程图，涵盖立案、审理、裁判、执行各环节，适用于内部培训使用。您可以将此代码粘贴到draw.io中生成流程图。

Mermaid代码

mermaid

```
graph TD
    A[起诉] --> B[立案审查]
    B -->|符合条件| C[立案并通知缴费]
    B -->|不符合条件| D[裁定不予受理或驳回起诉]
    C --> E[送达起诉状副本]
    E --> F[被告提交答辩状]
    F --> G[庭前准备]
    G --> H[证据交换]
    G --> I[财产保全]
    G --> J[庭前调解]
    J -->|达成协议| K[制作调解书]
    J -->|未达成协议| L[开庭审理]
    L --> M[法庭调查]
    M --> N[法庭辩论]
    N --> O[最后陈述]
    O --> P[法庭调解]
    P -->|达成协议| Q[制作调解书]
    P -->|未达成协议| R[合议庭合议]
    R --> S[宣判]
    S --> T[送达判决书或裁定书]
```

```
T --> U[上诉]
U -->|不服判决| V[15日内上诉]
U -->|不服裁定| W[10日内上诉]
T --> X[申请执行]
X --> Y[执行立案]
Y --> Z[财产调查]
Z --> AA[强制措施]
AA --> AB[财产处分]
AB --> AC[案款发放]
AC --> AD[结案归档]

style A fill:#6C5B7B,color:white
style B fill:#355C7D,color:white
style C fill:#355C7D,color:white
style D fill:#F8B195,color:black
style E fill:#355C7D,color:white
style F fill:#355C7D,color:white
style G fill:#355C7D,color:white
style H fill:#355C7D,color:white
style I fill:#355C7D,color:white
style J fill:#355C7D,color:white
style K fill:#C06C84,color:white
style L fill:#355C7D,color:white
style M fill:#355C7D,color:white
style N fill:#355C7D,color:white
style O fill:#355C7D,color:white
style P fill:#355C7D,color:white
style Q fill:#C06C84,color:white
style R fill:#355C7D,color:white
style S fill:#355C7D,color:white
style T fill:#355C7D,color:white
style U fill:#355C7D,color:white
style V fill:#355C7D,color:white
style W fill:#355C7D,color:white
style X fill:#6C5B7B,color:white
style Y fill:#355C7D,color:white
style Z fill:#355C7D,color:white
style AA fill:#355C7D,color:white
style AB fill:#355C7D,color:white
style AC fill:#355C7D,color:white
style AD fill:#6C5B7B,color:white
```

使用步骤

1. 打开draw.io（https://app.diagrams.net/）并创建新绘图。
2. 点击“调整图形” > “插入” > “高级” > “Mermaid”。
3. 将上述Mermaid代码粘贴到Mermaid编辑器中，点击“插入”。
4. 流程图将自动生成，您可以根据需要调整样式或布局。

参考依据

- 立案阶段依据《民事诉讼法》第一百一十九条至第一百二十四条。
- 审理阶段依据《民事诉讼法》第一百三十三条至第一百四十九条。
- 裁判阶段依据《民事诉讼法》第一百六十四条至第一百七十六条。
- 执行阶段依据《民事诉讼法》第二百二十四条至第二百五十八条。

通过上述代码和步骤，您可以快速生成适用于内部培训的民事案件诉讼流程图 1 2 3 。

生成的效果图如下，如果不满意，可以自行手动修改。

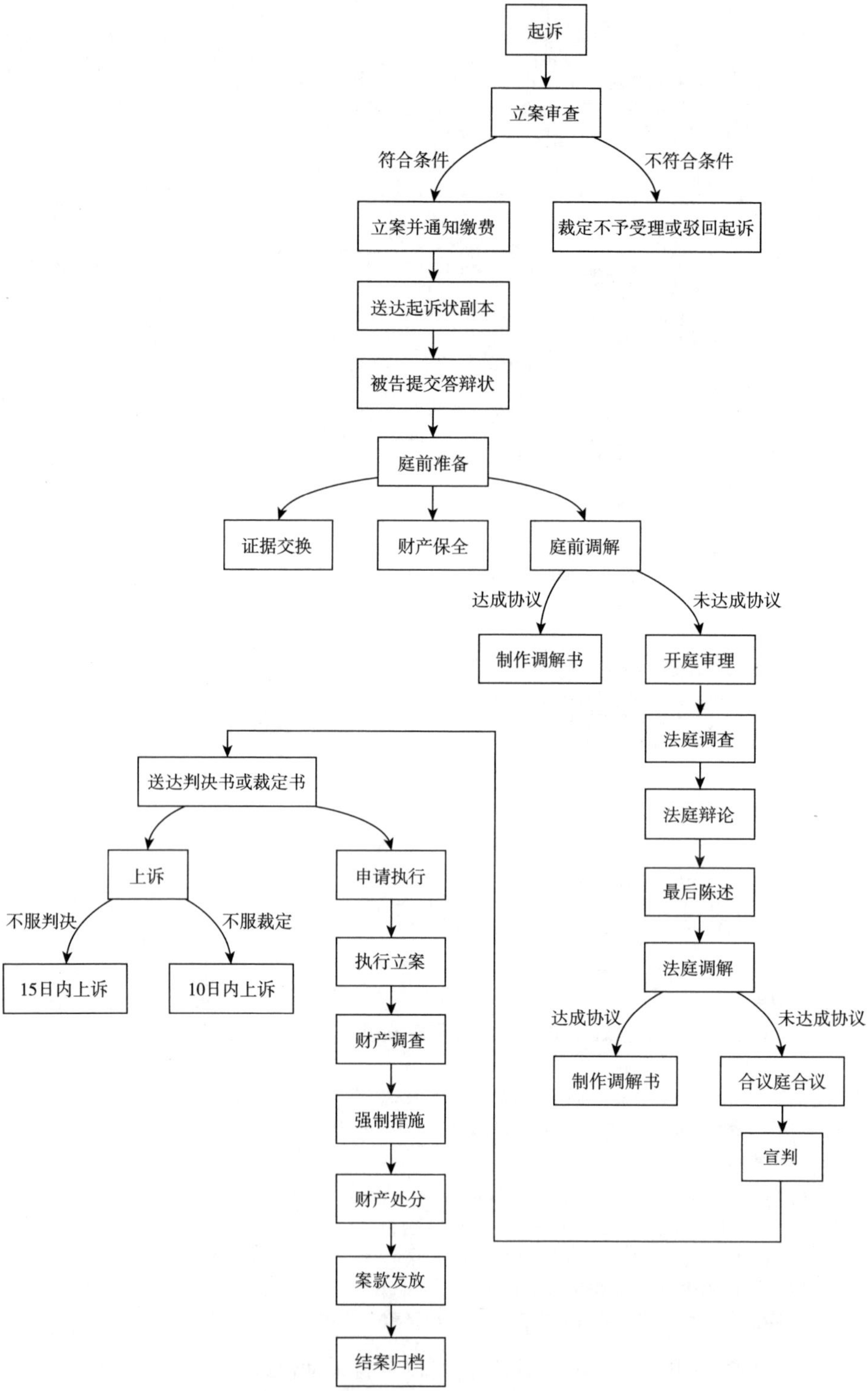
起诉
立案审查
符合条件
不符合条件
立案并通知缴费
裁定不予受理或驳回起诉
送达起诉状副本
被告提交答辩状
庭前准备
证据交换
财产保全
庭前调解
达成协议
未达成协议
制作调解书
开庭审理
法庭调查
法庭辩论
最后陈述
法庭调解
达成协议
未达成协议
制作调解书
合议庭合议
宣判
送达判决书或裁定书
上诉
不服判决
不服裁定
15日内上诉
10日内上诉
申请执行
执行立案
财产调查
强制措施
财产处分
案款发放
结案归档

结合AI生成的图表,法院行政人员可进一步调整格式与细节,确保符合法院内部统计与展示标准,提升数据的直观性与决策支撑能力。特别需要关注的是,制图往往需要多工具协同并且结合人工内容修改后,才能取得更好的效果。

就提供思路与方向而言,AI具有强大的信息整合与多维分析能力,可为法院行政人员提供政策解读、改革方案、风险研判等方面的思路与方向。提示词设计需明确议题、检索范围、信息维度、分析深度。例如,若需探讨智慧法院建设的未来方向,可提示AI:“请结合全国智慧法院建设最新政策和先进地区实践经验,分析智慧法院建设的重点领域、技术应用、风险挑战,提出2025年智慧法院建设的创新建议,适用于政策规划。”针对司法改革背景下的行政创新需求,可提示AI生成对比分析,寻找改革突破点。例如:“请比较国内外法院案件分流与速裁机制的实施路径,分析其优劣,结合我国实际提出适用于基层法院的速裁机制改进建议。”AI生成的方案不仅可提供多元化的政策视角,还能帮助行政人员打破惯性思维,推动法院行政管理的创新与优化。

就开阔工作视野而言,法院行政人员需时刻关注司法政策动向、学术研究、国际经验,以提升管理能力、应对司法环境变化。AI可实时整合海量数据,快速生成深度调研报告、政策综述,助力法院行政人员拓宽视野、增强政策敏感度。提示词设计需涵盖时间范围、检索来源、核心议题。例如,针对司法透明度建设,可提示AI:“检索2020年以来最高人民法院关于司法公开的政策文件,归纳司法透明度建设的主要措施、实施效果、未来趋势,形成政策综述,适用于内参资料。”在对国际司法经验借鉴方面,可提示AI生成对比分析报告:“请汇总欧美主要国家关于司法信息化建设的政策与经验,比较其与我国智慧法院建设的异同,提出可借鉴之处,适用于政策研究。”这种系统性的信息整合,能够帮助行政人员全面掌握政策动态,提升行政决策的科学性与前瞻性。在此过程中,用户最好开启联网检索,初步确保信息真实性,但仍需对其予以人工核验。

七、建立AI生成信息的审查与复核机制

为了保障AI法律分析的公信力,法院应建立系统的AI生成内容审查与复核机制,对AI输出的法律分析进行多层次、多角度的人工校验,确保裁判结论的合法性与准确性。法院应制定AI辅助裁判使用指引,明确AI在法律检索、案件分析、裁判文书生成中的辅助性质,要求法官始终对AI输出结果保持独立审查,不得直接采用未经核实的AI分析结论。

法院可引入双审制度,由主审法官结合AI输出结果进行第一轮审核,法官助理或审判团队成员对AI生成的关键法律依据与案例进行交叉复核,确保生成内容真实可靠。在司法实践中,法院的相关文书通常会经历“法官助理审核—承办法官审核—合议庭其他成员签字—文字校对”的环节。在将AI技术引入这个文书审核机制时,因为AI生成内容潜在的不准确性等问题,则需要将“AI生成内容”纳入重点审核范畴;同时,以往人工审核可能存在被遗漏的文字错误、表述歧义等问题,也可以由AI进行先期审核,提高文书校对的工作效率。例如,在实际操作中,法院可以建立AI输出验证日志,详细记录AI生成每一项法律分析的来源、参考文献及审查意见,形成完整的检索与核实闭环,确保每一份裁判文书均经严格审查、核验无误后再行发布。法院可设置AI异常检测系统,通过案例库匹配算法对AI生成的法律分析进行自动比对,若发现未在知识库中存续的条文或案例,系统自动标注为“疑似虚构”,提醒法官进行二次核查。这一机制不仅提高了AI生成法律信息的准确性,还增强了裁判者对AI输出结果的审慎评估与风险控制能力。

面对AI工具在法律检索中可能产生的“无中生有”现象,法院在使用AI辅助裁判时,既要充分利用其高效、便捷的特性,也要时刻保持对生成内容的审慎性与批判性思维。未来,法院可以通过以下路径进一步强化AI工具的可靠性保障:第一,强化AI工具与司法实务的深度融合,推动法律知识图谱建设,利用知识图谱对法律条文、案例、司法解释等进行多维度关联,增强AI对法律语义的理解能力,减少语境模糊导致的幻觉输出。第二,推动AI模型的可解释性研究,开发具备推理路径展示功能的AI工具,要求AI在生成法律分析时同步呈现推理过程与依据来源,确保每一个裁判意见均有理有据,便于法官进行有效审查与校验。第三,法院应持续加强AI法律工具使用培训,提升法官对AI生成信息的甄别与审查能力,确保AI始终作为裁判辅助工具而非替代决策主体,维护裁判的独立性、合法性与公正性。通过技术手段与审查机制的双重保障,法院将能够充分发挥AI在法律检索与辅助裁判中的优势,确保AI生成法律分析的可靠性、可信性与实用性。

八、总结

在数字化转型背景下,人工智能已深度融入司法实务,成为推动智慧法院建设、提升审判质效的重要工具。精准使用提示词是DeepSeek在审判实务中最大限度发挥作用的关键。通过细化提示词,法官可以获得更精准的审判流程指引、庭审技巧优化、裁判文书辅助、法律适用分析等支持。结合 DeepSeek 等法律 AI 工具，法官可以在案件流程管理、文书撰写、法律推理、庭审掌控等方面进一步提高审判工作效率。未来，人工智能的深度应用将进一步优化司法实践，提高司法公正性和审判质量。

第七节　驱动 DeepSeek 赋能检察业务

检察实务涉及公诉、法律监督、检察调查、法律文书撰写等多个方面。随着人工智能技术的发展，DeepSeek 可以在检察工作中发挥重要的辅助作用，但前提是使用者能够设计精准、详细的提示词，以充分挖掘 AI 在法律分析、证据研判、法律监督和文书生成等方面的潜力。要让 DeepSeek 更有效地赋能检察实务，需要精准设定问题、结合案件材料、细化法律监督场景、优化法律文书生成要求，并确保符合司法实践的逻辑和规范。

一、精准设定问题，引导 DeepSeek 生成有针对性的检察实务分析

在使用 DeepSeek 进行检察实务研究时，避免泛化的提问是关键。

例如，如果用户只是简单输入："如何处理公诉案件？"DeepSeek 可能会给出一些基础的法条介绍，而缺乏具体的操作指导。

因此，检察官在使用 DeepSeek 时，应明确案件类型、法律争点、证据情况等关键要素，以便生成更加精准的回答。例如，可以使用以下提示词来优化公诉案件分析："在一起涉及职务犯罪的公诉案件中，被告人拒不认罪，关键证据为银行流水、证人证言和电子数据。请分析该案的证据链是否完整，并提供可能的指控策略。"

引用 11 篇资料作为参考 >

在该职务犯罪案件中，被告人拒不认罪，关键证据包括银行流水、证人证言和电子数据。以下是对证据链完整性的分析以及可能的指控策略：

证据链完整性分析

1. **银行流水**
   银行流水作为关键证据，需满足真实性、关联性和合法性的要求 [6,7,8]。具体而言，银行流水应清晰反映交易时间、金额、对象等关键信息，并与案件事实紧密相关。如果银行流水能够证明资金的非法流向（如受贿款项的转移），且获取途径合法，则可以作为有效证据。然而，银行流水通常需要与其他证据（如证人证言、电子数据）结合，形成完整的证据链，以增强其证明力 [6,7]。

2. **证人证言**
   证人证言需符合证据的"三性"要求，即客观性、关联性和合法性 1 2 3 。如果证人证言能够与银行流水、电子数据相互印证，证明被告人的犯罪行为，则其证明力较强。但需注意证人证言的真实性，避免因记忆偏差或有意误导导致证据矛盾 1 2 。

3. **电子数据**
   电子数据（如聊天记录、邮件等）需经过合法提取和鉴定，确保其真实性和完整性 1 2 。如果电子数据能够证明被告人与犯罪行为的直接关联（如受贿的沟通记录），则可以作为重要证据。但需注意电子数据的来源合法性，避免因非法手段获取而被排除 1 2 。

综上，如果银行流水、证人证言和电子数据能够相互印证，形成完整的证据链，且符合刑事审判关于证据的要求和标准，则证据链是完整的 1 2 3 。

可能的指控策略

1. **构建完整证据链**
   通过综合分析银行流水、证人证言和电子数据，确保各证据之间相互印证，排除合理怀疑。例如，银行流水显示的资金流向与证人证言、电子数据中的沟通记录一致，能够证明被告人的犯罪行为 1 2 6 。
2. **强化电子数据的证明力**
   利用技术手段对电子数据进行深度分析，提取关键信息（如受贿的具体时间、金额、对象等），并结合银行流水和证人证言，形成强有力的证据 1 2 11 。
3. **突破"零口供"困境**
   在被告人拒不认罪的情况下，重点依靠客观证据（如银行流水、电子数据）和证人证言，构建以客观证据为核心的指控体系，避免依赖口供 9 11 。
4. **利用心理战术**
   在审讯中，适时出示关键证据（如银行流水、电子数据），对被告人施加心理压力，促使其认罪或提供更多线索 11 。
5. **跨部门协作**
   加强与审计、公安技侦等部门的协作，利用大数据分析等技术手段，进一步挖掘犯罪线索，完善证据链 10 11 。

总结

该案的证据链是否完整，取决于银行流水、证人证言和电子数据之间能否相互印证，并符合刑事审判的证据标准。在指控策略上，应注重构建完整的证据链，强化电子数据的证明力，并利用心理战术和跨部门协作突破"零口供"困境 1 2 6 。

再比如，可以通过使用以下提示词，提供补强证据的诉讼思路："在一起故意伤害案件中，唯一直接证据是被害人的供述，缺乏物证和视频证据。请分析在此情况下，公诉机关如何补强证据，以及如何进行证据排除规则的适用。"

引用 7 篇资料作为参考 >

在故意伤害案件中，若唯一直接证据是被害人的供述，缺乏物证和视频证据，公诉机关可以通过以下方式补强证据，并适用证据排除规则：

一、补强证据的方式

1. **补充侦查**：公诉机关可以要求公安机关进行补充侦查，收集更多证据。补充侦查的内容包括但不限于：
   - **现场物证**：如凶器、伤者衣物上的血迹、现场的脚印等，通过拍照、录像等方式详细记录其状态与位置 3 。

- **医学检查**：对伤者进行全面的医学检查，获取详细的诊断报告、病历等，以证明伤害的程度及部位 3 。
- **证人证言**：寻找案发时在场的目击证人，了解案发经过并让其详细陈述，记录证人的基本信息及联系方式 3 。
- **犯罪嫌疑人供述**：对犯罪嫌疑人进行讯问，制作详细的讯问笔录，记录其作案的动机、过程等 3 。

2. **电子证据**：通过监控录像等电子证据来还原案发场景，确保证据的完整性和真实性 3 。
3. **其他证据**：收集与案件密切相关的其他证据，如被告人本人的供述与辩驳理念、受害者本人的陈述等 1 。

二、证据排除规则的适用

1. **非法证据排除**：根据《中华人民共和国刑事诉讼法》第五十六条，以刑讯逼供、威胁、引诱、欺骗等非法方法收集的犯罪嫌疑人、被告人供述，以及违反法定程序收集的物证、书证，应当予以排除 5 。
   - **申请排除**：若辩护律师发现证据系非法取得，可以向法院申请启动非法证据排除程序，并提交相关证据，如讯问录音录像、伤情鉴定报告、证人证言等 5 。
   - **法院审查**：法院经审理后认定证据系非法取得，依法予以排除。若缺乏其他充分证据，法院可能判决被告人无罪 5 。
2. **传闻证据排除**：证人应当就亲身感知的案件事实作证，传闻证据由于并非证人亲身感知的案件事实，证言的真实性缺乏保障，因此对该类证言的来源进行审查，是决定证言是否具有作证资格的首要条件 6 。
   - **审查来源**：若传闻证据无法说明来源，并且其真实性无法得到其他证据的印证，则不能作为定案的根据 6 。
3. **意见证据排除**：证人只能就自己亲身感知的案件事实作证，证人就案件事实发表的猜测、评论、推断意见，除特殊情况外，不具有可采性 6 。
   - **排除猜测性证言**：若被害人陈述或证人证言中包含猜测性、评论性、推断性的内容，依法不得作为证据使用 6 。
4. **矛盾证言排除**：若同一证人存在多份证言，且证言之间存在实质性矛盾，没有合理解释，则应当不予采信 6 。
5. **口供补强规则**：根据《刑事诉讼法》第五十五条，只有被告人供述，没有其他证据的，不能认定被告人有罪和处以刑罚。被告人供述只有得到其他有罪证据的印证，其真实性得到了其他证据的补强，法院才能对被告人作出有罪的裁决 6 。

结论

在故意伤害案件中，若唯一直接证据是被害人的供述，公诉机关应通过补充侦查、收集电子证据等方式补强证据链。同时，应严格适用证据排除规则，确保证据的合法性和真实性，避免冤假错案的发生。若证据不足，法院可能依法宣告被告人无罪 1 2 5 。

通过精准设定问题，DeepSeek 可以结合法律条文、案例指导和公诉实务经验，提供更加具体、实用的解答，帮助检察官提升案件分析能力。

二、结合案件材料，让 DeepSeek 参与案件研判

检察官办理公诉案件时的核心工作之一是分析案件证据、判断法律适用，并形成起诉意见书。DeepSeek 具备强大的文本解析和逻辑推理能力，如果能够输入详细的案件材料，它可以协助检察官快速梳理证据链、归纳法律争点，并提供不同的法律适用分析。例如：

“以下是某起诈骗案的基本案情：[输入案情]。请分析该案是否符合诈骗

罪的构成要件,并指出检察机关在公诉过程中可能遇到的证据问题。”

“请根据以下证据材料:[输入证据清单],分析证据材料在该案庭审中的证明力,并提出可能的抗辩理由。”

通过此类提示,DeepSeek 可以对证据材料进行归纳整理,帮助检察官发现案件中的薄弱环节,优化指控策略,提高诉讼准备的充分性。

三、细化法律监督场景,提高监督职能的精准度

法律监督是检察机关的重要职责,包括侦查监督、审判监督、执行监督等。DeepSeek 可以帮助检察官梳理法律监督流程,并提供不同监督方式的比较分析。

例如,在侦查监督方面,检察官需要审查公安机关的侦查行为是否违法,并提出纠正意见。如果直接询问:“如何进行侦查监督?”DeepSeek 可能会给出过于概括的回答。更好的提示词应当结合具体情境,如:“公安机关在办理某起职务侵占案时,超期羁押嫌疑人 5 个月,未作出任何法律文书。请分析检察机关如何依法进行侦查监督。”

引用 8 篇资料作为参考 >

在公安机关办理职务侵占案时,若出现超期羁押嫌疑人5个月且未作出任何法律文书的情况,检察机关可以依法进行侦查监督,具体措施如下:

1. **启动监督程序**:检察机关发现公安机关存在超期羁押行为后,应立即启动监督程序。根据《人民检察院刑事诉讼规则》第612条和第618条,检察机关有权对侦查活动中的违法行为进行监督,包括超期羁押 [5] [6] 。
2. **发出纠正违法通知书**:检察机关在核实超期羁押事实后,应当向公安机关发出《纠正违法通知书》,要求其立即纠正违法行为,并依法变更强制措施或释放嫌疑人 [5] [6] 。
3. **追究责任**:如果公安机关在接到纠正违法通知书后未在规定期限内纠正违法行为,检察机关应及时向上一级检察院报告,并由上一级检察院向公安机关的上级机关通报,督促其立即纠正。同时,检察机关可以对直接责任人员进行问责,情节严重的,依法追究刑事责任 [6] [7] 。
4. **建立预防机制**:检察机关可以通过建立动态监督机制,如案件“回头看”工作机制,定期对已办结案件进行复查,及时发现和纠正超期羁押等违法行为 [1] [6] 。
5. **加强协作**:检察机关可以与公安机关建立定期通报制度,加强对侦查活动的监督,确保侦查行为合法合规,防止超期羁押现象的发生 [1] [6] 。

综上所述,检察机关在发现公安机关超期羁押嫌疑人后,应依法启动监督程序,发出纠正违法通知书,追究相关责任人的责任,并通过建立预防机制和加强协作,确保侦查活动的合法性和规范性 [1] [5] [6] 。

此外,AI 工具也能提供初步的检察机关抗诉程序启动思路。例如,输入以下提示词:“某法院在审理一起合同诈骗案时,严重违反诉讼程序,剥夺被告人及辩护人举证权。请分析检察机关如何启动抗诉程序。”

引用 5 篇资料作为参考 >

在法院审理合同诈骗案时，如果存在严重违反诉讼程序、剥夺被告人及辩护人举证权的情形，检察机关可以依法启动抗诉程序。具体分析如下：

1. **抗诉的条件**
   根据《刑事诉讼法》相关规定，检察机关在以下情形下可以提出抗诉：
   - 违反法律规定的诉讼程序，可能影响公正审判的；
   - 审判人员在审理案件时有贪污受贿、徇私舞弊、枉法裁判行为的；
   - 原判决、裁定适用法律确有错误的；
   - 据以定罪量刑的证据不确实、不充分，或者证明案件事实的主要证据之间存在矛盾的 [2,5] 。
2. **抗诉的程序**
   检察机关启动抗诉程序的具体步骤如下：
   - **立案审查**：检察机关通过当事人申诉、上级交办或自行发现等途径，对法院裁判进行审查，判断是否符合抗诉条件 [4] 。
   - **决定抗诉**：经审查认为法院裁判确有错误的，检察机关应当作出抗诉决定，并制作抗诉书，详细说明抗诉理由和法律依据 [4,5] 。
   - **提交抗诉书**：抗诉书由检察长签发，加盖检察院印章，提交至上一级人民法院，同时抄送上级检察院 [2,4] 。
   - **派员出席法庭**：在法院再审时，检察机关应当派员出席法庭，支持抗诉，履行法律监督职责 [4,5] 。
3. **本案的具体适用**
   在本案中，法院严重违反诉讼程序，剥夺被告人及辩护人举证权，可能影响公正审判。检察机关可以依据《刑事诉讼法》第253条第4项的规定，以“违反法律规定的诉讼程序，可能影响公正审判”为由，向上一级人民法院提出抗诉 [2,5] 。

综上，检察机关在发现法院裁判存在严重程序违法时，应当依法启动抗诉程序，确保案件得到公正审理。

此类精准设定的提示词可以让 DeepSeek 结合法律规定、司法解释和案例，提供符合实际操作的监督方案，提高检察官的监督能力。

四、优化法律文书生成，提高检察文书撰写效率

公诉案件中，起诉书、抗诉书、法律监督意见书等文书的撰写是检察官的重要工作。DeepSeek 可以帮助检察官优化文书结构、规范法律用语，并提高文书撰写效率。但如果仅输入“帮我写一份起诉书”，DeepSeek 可能会生成格式化的模板，而缺乏针对具体案件的分析。因此，提示词需要包含案件信息、法律依据、证据情况等要素，例如：

“请根据以下案情：[输入案情]，撰写一份符合《刑事诉讼法》规定的起诉书，包括指控罪名、事实概要、证据支持及法律依据。”

“某被告因交通肇事罪被判刑 2 年，检察机关认为量刑畸轻，拟提出抗诉。请撰写一份抗诉书。”

某被告因交通肇事罪被判刑2年，检察机关认为量刑畸轻，拟提出抗诉。请撰写一份抗诉书。

引用 6 篇资料作为参考 >

抗诉书

申请人：XX市人民检察院
被申请人：XX市人民法院
案件编号：（填写具体案件编号）
申请日期：2025年03月02日

申请事项：
申请人XX市人民检察院认为，XX市人民法院对被告人XX交通肇事罪一案的判决（判决书编号：XXXX）量刑畸轻，依据《中华人民共和国刑事诉讼法》第217条之规定，特向贵院提出抗诉，请求依法撤销原判，重新审理并加重被告人的刑罚。

事实与理由：
一、原审判决量刑畸轻，不符合法律规定
根据《中华人民共和国刑法》第一百三十三条，交通肇事罪致人重伤、死亡或者使公私财产遭受重大损失的，处三年以下有期徒刑或者拘役。本案中，被告人XX违反交通运输管理法规，导致重大交通事故，造成一人死亡、两人重伤的严重后果，且被告人在事故发生后存在逃逸行为，情节恶劣。然而，原审法院仅判处被告人XX有期徒刑二年，明显低于法定刑幅度，量刑畸轻，未能充分体现罪责刑相适应的原则 [1] [3] 。

二、被告人逃逸情节未得到充分考量
根据《最高人民法院关于审理交通肇事刑事案件具体应用法律若干问题的解释》第三条，交通肇事后逃逸的，属于加重处罚情节。本案中，被告人XX在事故发生后未及时报警、保护现场，反而选择逃逸，导致伤者未能得到及时救治，进一步加重了事故的后果。原审法院在量刑时未充分考虑被告人的逃逸情节，导致判决结果与事实不符，量刑过轻 [2] [6] 。

三、社会危害性未得到充分评价
交通肇事罪不仅侵害了被害人的生命健康权，还对公共安全造成了严重威胁。本案中，被告人XX的行为导致一人死亡、两人重伤，给被害人及其家属造成了无法弥补的损失，社会危害性极大。原审法院在量刑时未充分考虑本案的社会危害性，判决结果未能起到应有的警示和惩戒作用 [3] [5] 。

综上所述，申请人认为，原审法院对被告人XX的判决量刑畸轻，未能充分体现罪责刑相适应的原则，且未充分考虑被告人的逃逸情节及本案的社会危害性。为维护法律的公正性和权威性，特向贵院提出抗诉，请求依法撤销原判，重新审理并加重被告人的刑罚。

此致
XX市中级人民法院

申请人：XX市人民检察院
日期：2025年03月02日

此类提示词不仅可以让 DeepSeek 生成符合法律规定的文书，还能确保内容的针对性，从而提升检察官的文书撰写效率和规范性。需要再次强调的是，该生成内容依然存在法条适用不准确的技术弊端，上文图片中提及《刑事诉讼法》第二百一十七条规定的是“适用简易程序审理案件”相关内容，真正对应的条款内容应当是第二百五十四条等条款内容。

五、结合 AI 分析和大数据，提高检察决策的智能化水平

检察工作需要依赖大量案例分析和法律适用研究，DeepSeek 可以帮助检察官在大数据的基础上进行类案比对、趋势分析，从而辅助决策。例如，用户可以使用以下提示词："请分析近十年中国关于网络犯罪的公诉案件趋势，包括主要罪名、量刑变化、证据标准的演变。"

引用 14 篇资料作为参考 >

近十年来，中国网络犯罪公诉案件呈现显著上升趋势，主要罪名、量刑变化以及证据标准也经历了相应的演变。以下是对这些方面的详细分析：

1. 案件数量趋势

根据最高人民检察院的数据，网络犯罪案件数量近年来大幅上升。2018年至2019年，检察机关批准逮捕网络犯罪嫌疑人89167人，提起公诉105658人，较前两年分别上升78.8%和95.1% [1]。2020年，全国检察机关起诉涉嫌网络犯罪14.2万人，同比上升47.9% [5]。整体来看，网络犯罪案件以年均近40%的速度攀升，2020年达到54% [2] [4]。

2. 主要罪名

网络犯罪的主要罪名集中在以下几类：

- **网络诈骗**：近年来，网络诈骗案件高位运行，2020年已占网络犯罪总数的64.4%。常见的诈骗手法包括冒充公检法人员诈骗、交友诈骗、退款诈骗等 [3] [5]。
- **网络赌博**：网络赌博犯罪案件上升明显，特别是跨境赌博犯罪大幅增多 [3] [5]。
- **侵犯公民个人信息**：侵犯公民个人信息已成为网络犯罪黑灰产业的关键环节，2020年检察机关依法起诉侵犯公民个人信息犯罪6033人 [5]。
- **帮助信息网络犯罪活动**：为网络犯罪提供技术支持、支付结算等帮助的行为也受到严厉打击，2020年检察机关共起诉非法利用信息网络、帮助信息网络犯罪活动等犯罪1.47万人 [5]。

3. 量刑变化

网络犯罪的量刑标准逐渐明确，量刑力度也有所加强。例如：

- **网络诈骗**：根据《刑法》第二百六十六条，诈骗公私财物数额较大的，处三年以下有期徒刑、拘役或者管制；数额巨大或有其他严重情节的，处三年以上十年以下有期徒刑；数额特别巨大或有其他特别严重情节的，处十年以上有期徒刑或无期徒刑 [8]。
- **帮助信息网络犯罪活动罪**：根据《刑法》第二百八十七条之二，明知他人利用信息网络实施犯罪，为其提供技术支持或支付结算等帮助，情节严重的，处三年以下有期徒刑或拘役 [8]。

4. 证据标准的演变

随着网络犯罪手段的复杂化，证据标准也在不断演变：

- **电子数据的地位提升**：2012年《刑事诉讼法》将电子数据增设为法定证据种类之一，2016年最高人民法院、最高人民检察院、公安部出台《关于办理刑事案件收集提取和审查判断电子数据若干问题的规定》，明确了电子数据的收集、提取和审查判断标准 [12]。
- **综合认定犯罪数额**：针对网络犯罪中海量数据的证明难题，司法机关采用"综合认定"的方法，简化了证明过程，但并未降低证明标准。只要电子数据真实，结合其他信息，即可认定犯罪数额 [14]。
- **跨境取证规则**：中国在跨境电子数据取证方面坚持尊重国家主权，强调通过警务合作渠道和司法协助渠道进行取证，严禁采用入侵攻击等方式远程提取电子数据 [12]。

5. 总结

近十年来，中国网络犯罪案件数量大幅上升，主要罪名集中在网络诈骗、网络赌博和侵犯公民个人信息等领域。量刑标准逐渐明确，打击力度加强。同时，电子数据在证据体系中的地位显著提升，证据标准也随着技术进步和司法实践不断完善 1 2 3 。

1：最高检：近年来检方办理网络犯罪案件年均增幅逾34%_新闻频道_央视网(cctv.com)
2：检察机关办理网络犯罪案件量快速攀升_智慧普法平台
3：网络犯罪办案数年均增长近40% "套路"之外"花样"翻新--经济·科技--人民网
4：推进网络空间治理 检察机关2019年以来共起诉网络犯罪案件5万余件_央广网
5：最高检披露网络犯罪大数据
12：从国际视角看中国网络犯罪取证规则发展 - 安全内参 决策者的网络安全知识库
14：以"综合认定"解决网络犯罪定量证明难题_中华人民共和国最高人民检察院

又如，就案例分析而言，可以输入如下提示词："在司法实践中，如何认定'帮信罪'(帮助信息网络犯罪活动罪)？请结合近年的裁判案例进行分析。"

引用 8 篇资料作为参考 >

在司法实践中，认定"帮信罪"（帮助信息网络犯罪活动罪）主要依据《刑法》第二百八十七条之二的规定，并结合具体案件中的行为表现、主观明知程度以及情节严重性等因素进行综合判断。以下是认定"帮信罪"的关键要点及近年裁判案例的分析：

一、认定"帮信罪"的关键要件

1. **主观明知**：行为人必须明知他人利用信息网络实施犯罪。这种"明知"包括以下三种层次：
    - **明确共识的明知**：行为人与被帮助者之间存在事前共谋或事中沟通，明确知晓犯罪意图 1 3 。
    - **确定已知**：即使未明确沟通，但行为人通过客观情况（如交易价格异常、设备专门用于非法活动等）可以确定他人实施犯罪的可能性 1 3 。
    - **应当知情**：根据行为人的职业、经验等，应当知道他人利用信息网络实施犯罪 1 3 。
2. **客观行为**：行为人实施了为他人犯罪提供互联网接入、服务器托管、网络存储、通讯传输等技术支持，或者提供广告推广、支付结算等帮助行为 1 3 5 。
3. **情节严重**：根据司法解释，以下情形属于"情节严重"：
    - 为3个以上对象提供帮助；
    - 支付结算金额20万元以上；
    - 违法所得1万元以上；
    - 被帮助对象实施的犯罪造成严重后果（如受害人自杀、死亡等） 5 6 。

二、近年裁判案例分析

1. **典型案例1：大学生出售银行卡案**
    - **案情**：大学生小李以500元出售3张银行卡，后被用于诈骗资金转移，涉案金额超百万。
    - **裁判**：法院认定小李明知他人利用信息网络实施犯罪，仍提供支付结算帮助，构成"帮信罪"，判处有期徒刑8个月 4 。
2. **典型案例2：技术员维护赌博网站服务器案**
    - **案情**：技术员王某为境外赌博网站维护服务器，虽未直接参与赌博，但提供了技术支持。
    - **裁判**：法院认定王某明知他人利用信息网络实施犯罪，仍提供技术支持，构成"帮信罪"，判处有期徒刑2年 4 。

3. **典型案例3：广告推广虚假贷款网站案**
   - **案情**：王某某等人为虚假贷款网站提供广告推广服务，收取广告费2354元。
   - **裁判**：法院认定王某某明知他人利用信息网络实施犯罪，仍提供广告推广帮助，构成“帮信罪”，判处有期徒刑7个月 6 7 。
4. **典型案例4：提供支付账户案**
   - **案情**：王某明知他人利用信息网络实施犯罪，仍提供本人支付账户供他人使用，涉案金额46万余元。
   - **裁判**：法院认定王某的行为构成“帮信罪”，判处有期徒刑8个月 6 。

三、总结

在司法实践中，认定“帮信罪”的核心在于行为人的主观明知和客观帮助行为，并结合情节严重性进行综合判断。近年裁判案例显示，无论是提供银行卡、技术支持还是广告推广，只要符合“帮信罪”的构成要件，均可能被追究刑事责任 1 3 4 。

此类提示可以帮助 DeepSeek 结合已有的案例数据，提供更系统性的分析，提高检察机关在办理新型案件时的适应能力。

六、总结

为充分利用 DeepSeek 赋能检察实务，检察官需要精确设定问题、结合案件材料、细化法律监督场景、优化文书生成，以及利用 AI 分析大数据。通过科学构建提示词，DeepSeek 可以协助检察官进行公诉案件分析、辅助法律监督、优化文书撰写，从而提高检察工作的精准性、效率和智能化水平。合理运用 AI 辅助，不仅能提升检察官的业务能力，还能推进检察机关的现代化发展。

第八节 驱动 DeepSeek 赋能企业法务

企业法务涉及多个核心领域，包括企业合规管理、合同审查、知识产权保护、劳动法务等。对于法律从业者而言，如何高效利用 DeepSeek 进行法律问题分析、合同审查、风险评估、法律咨询等，是提升企业法务实务能力的重要一环。精准的提示词设计有利于更好地驱动 DeepSeek，赋能法律人在企业法务实践中的各项工作。本书将从合规管理、合同审查、知识产权保护、劳动法务四个方面，探讨如何设计提示词，以实现 DeepSeek 在企业法务中的最佳应用。

一、合规管理：精准提示词助力企业合规体系建设

企业合规管理是企业法务的核心任务之一，涉及反贿赂反腐败（ABC）合

规、反垄断合规、数据合规、环保合规等多个方面。在使用 DeepSeek 进行合规管理研究时,法律人应设计具体、细化且紧扣企业实际需求的提示词,以确保 DeepSeek 输出的内容贴合企业合规实践。

例如,若需要了解某一行业的合规要点,提示词可设定为:“请根据《数据安全法》《个人信息保护法》,结合中国企业数据合规的要求,整理一份适用于跨国企业的合规操作指南,涵盖数据收集、跨境传输、员工培训和合规审查流程。”

引用 26 篇资料作为参考 >

根据《数据安全法》和《个人信息保护法》,结合中国企业数据合规的要求,以下是一份适用于跨国企业的合规操作指南,涵盖数据收集、跨境传输、员工培训和合规审查流程:

1. 数据收集

- **合法性与正当性**:企业收集数据必须基于合法、正当的目的,并采取合法、正当的方式,不得通过窃取或其他非法手段获取数据 1 2 。
- **最小必要原则**:企业应仅收集与实现产品或服务业务功能直接相关的数据,避免过度收集个人信息 1 5 。
- **知情同意**:在收集个人信息前,企业应通过清晰易懂的方式告知用户收集的目的、范围、方式等,并获得用户的明确同意 5 7 。
- **数据分类分级**:根据数据的重要性和敏感程度,对数据进行分类分级管理,确保不同级别的数据采取不同的保护措施 2 17 。

2. 跨境数据传输

- **安全评估**:涉及重要数据或敏感个人信息的跨境传输,企业需进行数据出境安全评估,并向相关主管部门提交评估报告 9 14 。
- **标准合同与认证**:对于不满足安全评估条件的数据跨境传输,企业可以选择与境外接收方签订标准合同或通过个人信息保护认证 9 12 。
- **数据本地化**:某些类型的数据(如关键信息基础设施或大量个人数据)必须存储在中国境内,企业需确保数据本地化存储的合规性 8 14 。

3. 员工培训

- **数据保护法规培训**:定期对员工进行《数据安全法》《个人信息保护法》等相关法律法规的培训,确保员工了解并遵守数据合规要求 15 16 。
- **数据安全措施培训**:员工应掌握数据加密、访问控制、备份恢复等技术手段,以防止数据泄露、篡改或丢失 15 16 。
- **应急响应培训**:员工需了解数据安全事件的报告流程和应急响应机制,确保在发生数据泄露等事件时能够迅速采取补救措施 1 16 。

4. 合规审查流程

- **全流程数据管理制度**:企业应建立健全全流程数据安全管理制度,覆盖数据的收集、存储、使用、加工、传输、提供、公开、删除等环节 17 21 。
- **定期风险评估**:企业应定期对数据处理活动进行风险评估,识别潜在的数据安全风险,并采取相应的预防和补救措施 1 17 。

- **合规审计**：企业应定期开展数据合规审计，确保数据处理活动符合法律法规的要求，并根据审计结果及时调整内部政策和措施 25 26 。

5. 法律责任与处罚

- **行政处罚**：违反《数据安全法》和《个人信息保护法》的企业可能面临高额罚款，情节严重的，可能被责令暂停相关业务或吊销营业执照 1 6 。
- **刑事责任**：非法处理个人信息或造成严重后果的，企业及相关责任人可能面临刑事责任 6 18 。

通过以上指南，跨国企业可以更好地遵守中国的数据合规要求，确保数据处理活动的合法性和安全性，降低法律风险。

相比于直接询问“企业如何进行数据合规管理?”这一过于宽泛的问题，精细化的提示词能够促进 DeepSeek 提供系统性、符合行业标准的答案。同时，企业法务人员可以递进式提问，以深化研究：“针对中国《反垄断法》，请提供一份企业数据合规风险自查清单，并结合近三年涉及数据垄断的行政处罚案例进行分析。”

引用 8 篇资料作为参考 >

企业数据合规风险自查清单

根据中国《反垄断法》及相关法规，以下是一份企业数据合规风险自查清单，帮助企业识别和防范数据垄断风险：

1. 数据收集合规

- 数据收集是否遵循合法、正当、最小必要原则?
- 是否向数据主体提供了查询、更正、删除、撤回授权等权利?
- 是否在数据收集前对用户进行了充分告知?
- 是否获取了数据主体的明确同意，并允许其随时撤回同意?
- 是否对数据进行了分类分级，并明确了收集目的和用途?

2. 数据处理合规

- 是否保证数据的纠正、删除、访问、限制处理等权利?
- 是否存在数据爬虫、数据画像等使用行为?
- 是否涉及数据的公开披露，并事先征得授权同意?
- 是否保存了数据处理的副本和记录?
- 是否保证数据处理的权限是最小必要的?

3. 数据存储合规

- 是否按照法定要求留存数据，并满足存储时间的最小化要求?
- 是否建立了数据存储安全制度，包括加密存储、备份与恢复等?
- 是否对存储的数据进行了去标识化处理?
- 是否定期对数据存储工具进行安全测试和优化?

4. 数据出境合规

- 是否涉及数据的跨境传输?

- 是否履行了数据跨境传输的相关法律法规要求？
- 是否需要出具数据传输的安全评估报告？
- 是否涉及域外法律的适用？

5. **数据使用合规**

- 是否明确数据使用的范围和权限？
- 是否对数据使用进行了安全审查，避免输出敏感信息？
- 是否提供了满足数据使用安全要求的技术方案？
- 是否定期对数据使用工具进行安全测试和优化？

近三年涉及数据垄断的行政处罚案例分析

案例1：宁波某信息技术有限公司滥用市场支配地位案

- **案件背景**：宁波某信息技术有限公司滥用其在单一货币经纪公司债券声讯经纪实时交易数据销售市场的支配地位，拒绝与其他金融信息服务商交易，并附加不合理交易条件。
- **处罚结果**：上海市市场监督管理局对其处以2022年度销售额2%的罚款，计人民币4532782.9元 7 8 。
- **分析**：该案是国内首例数据反垄断行政执法案件，表明监管机构对数据滥用行为的严厉打击态度。企业应避免滥用市场支配地位，确保数据交易的公平性和透明度。

案例2：米线生产商横向垄断协议案

- **案件背景**：多家米线生产商通过固定价格和联合抵制交易的方式，排除市场竞争，导致其他企业无法进入市场。
- **处罚结果**：法院认定其行为构成横向垄断协议，并判决赔偿损失 6 。
- **分析**：该案提示企业应避免与竞争对手达成固定价格、分割市场等垄断协议，确保市场竞争的公平性。

案例3：天然气公司捆绑交易案

- **案件背景**：某天然气公司通过捆绑交易的方式，强制用户购买其指定的产品，排除其他竞争者的市场机会。
- **处罚结果**：法院认定其行为构成滥用市场支配地位，并判决赔偿损失 6 。
- **分析**：该案提醒企业应避免在交易中附加不合理条件，确保用户的选择自由和市场的公平竞争。

总结

企业应定期进行数据合规自查，确保在数据收集、处理、存储、使用和出境等环节符合《反垄断法》及相关法规的要求。同时，应避免滥用市场支配地位、达成垄断协议等行为，以防范法律风险并维护市场竞争秩序。

此外，DeepSeek 还能为合规培训提供支持。例如，企业法务可以输入：“请针对医药行业的商业贿赂风险，设计一份企业内部反腐败合规培训材料，包含案例分析、合规指南和考核机制。”

引用 13 篇资料作为参考 >

医药企业内部反腐败合规培训材料

一、案例分析

1. **案例1：海南省某县医院院长受贿案**
   该院长在2005年至2023年期间，利用职权为医疗用品采购商、工程老板承揽项目提供帮助，非法收受财物1601万元。此案揭示了权力寻租和制度漏洞的严重后果，院长利用职权牟取私利，破坏了医疗行业的公平竞争环境[6]。

2. **案例2：陕西省某市院长受贿案**
   该院长在2014年至2021年期间，利用职务便利，为骨科耗材、药品供应商谋取利益，收受财物合计272.05万元。此案表明，药品和医疗器械采购环节存在巨大的廉政风险，供应商通过贿赂手段推销产品，医务人员则因利益驱动将权力变现[6]。
3. **案例3：虚开发票事件**
   多家药企卷入虚开发票事件，通过虚构成本支出套取现金用于支付商业贿赂（如医药回扣）、员工福利等账外支出，规避财务审计和税务稽查。这些行为不仅导致企业纳税信用等级下降，还面临行政处罚和刑事处罚[3][4]。

二、合规指南

1. **建立合规管理体系**
   - **合规组织架构**：设立独立合规部门，明确管理层责任，与法务、财务等部门协同运作[8]。
   - **合规制度**：制定反腐败政策、利益冲突政策、举报机制等，确保合规要求转化为可执行的制度[9][10]。
   - **合规文化**：通过全员培训、案例警示等方式，将"公平竞争""反商业贿赂"融入企业文化[8]。
2. 高风险领域防控
   - **药品和医疗器械采购**：禁止通过回扣、贿赂等方式影响采购决策，严格执行药品"两票制"，打击虚假交易[8][9]。
   - **学术活动规范**：确保学术会议真实性与合理性，签订书面协议并留存会议记录、费用凭证，讲课费需符合市场标准[8]。
   - **费用透明化**：严格审查销售费用占比及流向，杜绝账外经营和虚开发票行为[8]。
3. **内部管理机制**
   - **合规审查**：定期对采购、财务、医保基金使用等关键环节进行审计，及时发现和纠正问题[9][10]。
   - **合作伙伴审查**：对供应商进行合规审查，确保其符合反腐败法律要求，并在合同中加入反腐败条款[9][10]

三、考核机制

1. **合规培训考核**
   - **定期培训**：每年至少进行一次全员反腐败合规培训，重点针对高风险岗位（如销售、采购、财务等）进行专项培训[11][12]。
   - **考核方式**：通过线上或线下考试、案例分析、情景模拟等方式，评估员工对合规知识的掌握情况[11][12]。
2. **合规行为考核**
   - **行为评估**：通过内部审计、举报机制等方式，评估员工在日常工作中的合规表现[9][10]。
   - **奖惩机制**：对合规表现优秀的员工给予奖励，对违反合规规定的员工进行处罚，情节严重的移交司法机关处理[9][10]。
3. **合规体系评估**
   - **定期评估**：每年对合规管理体系的有效性进行评估，识别潜在风险并提出改进措施[9][10]。
   - **外部认证**：鼓励企业通过ISO 37301等国际标准认证，提升合规管理水平[13]。

四、总结

医药企业的反腐败合规管理不仅是法律要求，更是企业可持续发展的关键。通过案例分析、合规指南和考核机制的设计，企业可以有效防范商业贿赂风险，提升合规管理水平，保障公众利益和企业的长期发展[6][8][9]。

通过这样的方法，DeepSeek 可生成更加精准的企业合规解决方案，帮助法律人提升企业合规管理能力。

二、合同审查:高效识别法律风险,优化合同条款

合同审查是企业法务工作的核心之一,涉及合同条款的合法性、合规性、风险评估及谈判策略等。DeepSeek能够分析合同文本,帮助法律人识别潜在法律风险并优化合同条款。为了充分利用DeepSeek进行合同审查,提示词应明确合同类型、风险点、审查重点,例如:"请分析以下股权转让协议,并指出其中可能存在的法律风险,包括但不限于税务风险、合同履行风险、违约责任缺失等。"(附合同文本)

对于特定合同类型,提示词可以更加精确:"请审查以下SaaS软件服务合同,并分析该合同在数据保护、知识产权归属、服务中断责任等方面的潜在法律风险。"

此外,DeepSeek还可以帮助法律人制定合同条款优化方案,例如:"请根据FIDIC合同条件,提供一份关于施工企业违约责任的合同修改建议,以保护业主方的权益。"

引用 7 篇资料作为参考 >

根据FIDIC合同条件,以下是关于施工企业违约责任的合同修改建议,以更好地保护业主方的权益:

1. **明确违约责任的界定**
   - 在合同中明确列出施工企业的违约行为,包括但不限于工期延误、工程质量不达标、未按合同要求使用材料或设备等。
   - 建议在合同中增加"重大违约"条款,例如因施工企业原因导致工程无法按期交付或存在严重质量缺陷时,业主有权终止合同并要求赔偿 7 。
2. **强化工期延误的赔偿责任**
   - 在合同中明确规定,若施工企业因自身原因导致工期延误,需按日支付误期损害赔偿费(Delay Damages),并明确赔偿金额的计算方式(如合同总价的百分比) 3 7 。
   - 建议增加"累计延误上限"条款,即当工期延误超过一定天数(如90天),业主有权终止合同并要求施工企业承担全部损失 7 。
3. **严格材料与设备的质量要求**
   - 在合同中明确施工企业使用的材料、设备必须符合合同规定的技术标准和质量要求,并附上详细的检验和验收程序。
   - 若施工企业未按要求使用材料或设备,业主有权要求其整改,并承担因此产生的额外费用。若整改无效,业主可自行更换并索赔 7 。
4. **增加履约担保和预付款担保条款**
   - 要求施工企业提供履约保函和预付款保函,确保其履行合同义务。若施工企业违约,业主可直接从保函中扣款以弥补损失 6 。

- 建议在合同中明确保函的金额和有效期，并规定保函在工程竣工验收合格后方可解除 6 。

5. **优化索赔程序**
   - 在合同中明确业主的索赔程序，包括索赔通知的提交时限、索赔证据的要求以及索赔金额的计算方式。
   - 建议增加“快速索赔机制”，即对于小额索赔（如合同总价的5%以内），业主可直接从工程款中扣除，无需经过冗长的仲裁或诉讼程序 7 。
6. **限制施工企业的责任豁免**
   - 在合同中明确施工企业不得通过责任限制条款豁免其因重大过失或故意违约造成的责任。
   - 建议增加“责任上限”条款，即施工企业的赔偿责任不得超过合同总价的某一比例（如20%），但对于重大违约行为（如欺诈、故意破坏等），不适用责任上限 4 。
7. **引入第三方监督机制**
   - 在合同中规定引入独立的第三方监理机构，对施工企业的履约情况进行全程监督，并定期向业主提交报告。
   - 若监理机构发现施工企业存在违约行为，业主有权立即采取补救措施并要求施工企业承担相关费用 6 。
8. **明确合同终止后的处理方式**
   - 在合同中规定，若因施工企业违约导致合同终止，业主有权接管工程并委托其他承包商完成剩余工作，施工企业需承担由此产生的全部费用 7 。
   - 建议增加“清算条款”，即合同终止后，业主有权对已完成的工程进行清算，并要求施工企业退还未完成部分的预付款 7 。

通过上述修改建议，可以更好地保护业主方的权益，减少因施工企业违约带来的损失和风险。

输入如下提示词，DeepSeek 还可以提供合同审查的逻辑流程：“请提供一份企业法务进行合同审查的标准流程，包括关键条款审查要点、法律依据以及合同谈判策略。”

引用 7 篇资料作为参考 >

企业法务进行合同审查的标准流程通常包括以下几个步骤，结合关键条款审查要点、法律依据以及合同谈判策略，具体如下：

1. 合同接收与初步信息确认

- **合同接收**：法务部门接收来自相关部门（如销售、采购、财务等）的合同草稿或待签署合同，确保合同文档齐全，包括附件、背景文件等 1 。
- **初步信息确认**：确认合同的基本信息，如合同主体、合同目的、合同标的、签署时间、履行地点等，并判断合同类型（如买卖合同、劳动合同等） 1 。

2. 合同条款审核与修改建议

- **合法性审核**：检查合同条款是否符合《民法典》《合同法》等相关法律法规，确保不违反强制性规定 1 3 。
- **风险识别**：评估每一条款的法律风险，如违约责任、争议解决条款、支付条款等是否公正合理 1 。
- **核心条款重点审查**：
  - **付款条款**：确认付款金额、时间、方式、条件等是否明确 1 。
  - **违约责任条款**：确保违约条款公平，明确赔偿标准与责任 1 。
  - **争议解决条款**：审查争议解决方式（诉讼或仲裁）及管辖法院或仲裁机构，确保公司有利 1 。
  - **合同履行条款**：确保履行期限、验收标准等细节明确无歧义 1 。

3. 内部协作与意见征询

- **跨部门沟通**：与财务、运营等部门沟通，确认合同条款是否符合实际操作需求，进一步识别潜在风险 1 。
- **法务团队内审**：法务团队内部进行联合审核，确保多角度审视合同的合规性和风险 1 。

4. 合同修改与确认

- **法务修改合同条款**：根据审核意见，修改合同条款并标明修改内容，确保条款准确、清晰 1 。
- **内部审批与确认**：合同完成修改后，提交给相关部门领导或管理层审核批准，确保各相关方确认修改后的合同内容 1 。

5. 合同签署与归档

- **合同签署**：由双方当事人（或授权代表）进行签署，确保所有签署人具备合同签署权限 1 。
- **合同存档与管理**：将签署后的合同进行电子化存档，上传至公司合同管理系统，分类管理以便后续查询 1 。

6. 合同履行监督与跟踪

- **合同履行跟踪**：法务部门定期跟踪合同履行情况，确保各方按照合同条款执行 1 。
- **处理履行中的问题**：若发现问题或纠纷，及时采取措施进行调解、沟通或法律解决 1 。

7. 合同执行总结与反馈

- **合同履行总结**：总结合同履行过程中出现的问题，分析原因，为未来合同签订和管理提供借鉴 1 。
- **内部反馈与流程优化**：将总结的经验反馈到合同审核流程中，优化合同条款、审核流程和风险控制措施 1 。

关键条款审查要点

- **主体资格**：核实合同主体的合法性和真实性，确保其具备签署合同的资格 5 。
- **权利义务**：确保合同双方的权利义务明确且对等，避免不公平条款 6 。
- **违约责任**：明确违约情形及责任承担方式，设置合理的违约金或赔偿标准 5 。
- **争议解决**：选择对公司有利的争议解决方式（如仲裁或诉讼），并明确管辖法院或仲裁机构 1 5 。

法律依据

- **《民法典》**：合同审查的核心法律依据，涉及合同效力、违约责任、争议解决等 3 5 。
- **《合同法》**：明确合同的基本要素和审查标准，如合同条款的合法性、公平性等 7 。
- **行业法规**：根据合同涉及的行业，审查是否符合相关行业法规和标准 3 。

合同谈判策略

- **明确目标**：在谈判前明确公司的核心利益和底线，确保合同条款符合公司战略目标 6 。
- **风险控制**：在谈判中重点关注风险条款，如违约责任、争议解决等，确保公司风险最小化 6 。
- **灵活应对**：根据谈判进展灵活调整策略，必要时提出替代方案或折中条款 6 。

通过上述流程和策略，法务部门能够高效、系统地审核和管理合同，确保合同内容符合法律要求、公司政策以及实际操作需求，从而减少法律风险和避免潜在纠纷 1 3 6 。

借助DeepSeek的分析能力，法律人可以更高效地完成合同审查工作，提高企业合同管理的合规性和安全性。

三、知识产权保护：提示词驱动知识产权战略制定与风险规避

知识产权法务涉及商标、专利、著作权、商业秘密等多个领域。在企业法务实践中，法律人需要精准识别知识产权保护的关键环节，并制定相应的保护策略。使用 DeepSeek 进行知识产权法务分析时，提示词应涵盖知识产权类型、保护策略、侵权风险、法律依据等要素。

例如："请提供一份针对科技初创公司的知识产权保护指南，包括专利申请策略、商标注册流程、商业秘密保护措施。"

引用 14 篇资料作为参考 >

针对科技初创公司的知识产权保护，以下是一份详细的指南，涵盖专利申请策略、商标注册流程和商业秘密保护措施：

一、专利申请策略

1. **尽早申请**：专利申请遵循"先到先得"的原则，因此初创公司应在技术初步成型时尽早申请专利，避免被竞争对手抢先申请 [4] [6] 。
2. **核心专利布局**：重点保护企业的核心技术，通过申请专利形成技术壁垒。同时，围绕核心技术进行专利组合布局，防止竞争对手绕开核心专利 [2] [3] 。
3. **国际专利申请**：如果企业计划进入国际市场，应在主要市场国家和地区申请专利保护。可以通过PCT（专利合作条约）途径简化国际专利申请流程 [6] [8] 。
4. **专利撰写质量**：确保专利撰写质量，扩充实施例并进行上位概括，以扩大保护范围。建议与专业的知识产权代理机构合作，确保专利申请的准确性和有效性 [6] [8] 。

二、商标注册流程

1. **商标查询**：在注册商标前，先通过国家知识产权局商标局网站或专业代理机构进行查询，确保商标未被注册或存在相似商标 [9] [10] 。
2. **准备材料**：准备清晰的商标图样，填写《商标注册申请书》，并提交企业营业执照副本复印件和代理委托书（如委托代理机构办理） [9] [10] 。
3. **提交申请**：通过国家知识产权局商标局官网在线提交申请，或邮寄/递交至商标局受理窗口 [9] [10] 。
4. **审查与公告**：商标局进行形式审查和实质审查，通过后发布初步审定公告，公告期为3个月。若无异议或异议不成立，商标局将核准注册并颁发《商标注册证》 [9] [10] 。
5. **国际商标注册**：如果企业计划进入国际市场，应在目标市场国申请商标注册，确保品牌在全球范围内得到保护 [2] [3] 。

三、商业秘密保护措施

1. **保密协议**：与员工、合作伙伴签订保密协议，明确保密义务和责任，防止商业秘密泄露 [5] [13] 。
2. **内部保密制度**：建立完善的内部保密制度，明确涉密信息的密级划分、保密措施及违规责任，确保商业秘密的安全 [12] [13] 。
3. **技术防护**：采用加密技术保护敏感数据传输，限制文件访问权限，定期审计信息安全状况，防止信息泄露 [12] [13] 。
4. **涉密人员管理**：对涉密人员进行全流程管理，包括入职背调、在职保密教育培训、离职涉密资料权限回收等 [12] [13] 。

5. **涉密区域管理**：将企业内部办公区域划分为涉密区、办公区和外部接待区，对涉密区域采用封闭管理、禁止外网接入等措施 [12] [13] 。

四、总结

科技初创公司应尽早制定知识产权保护战略，结合自身发展阶段和市场需求，灵活调整保护策略。通过专利、商标和商业秘密的综合保护，初创公司可以有效维护自身的创新成果，增强市场竞争力，并为未来的发展奠定坚实基础。

对于具体的知识产权争议，提示词可以更加细化：“在‘某某公司诉某某公司侵犯商标权’案件中，法院如何适用‘混淆可能性’标准？请结合相关案例进行分析。”

企业法务还可以利用 DeepSeek 进行侵权风险评估，例如：“请分析以下专利技术方案，判断其是否可能侵犯现有专利权，并提供规避侵权风险的法律建议。”

此外，DeepSeek 还能为企业制定知识产权合规管理体系，例如：“请提供一份企业内部知识产权合规管理方案，涵盖员工知识产权培训、侵权预警机制、技术成果归属协议等内容。”

引用 14 篇资料作为参考 >

企业内部知识产权合规管理方案

1. 员工知识产权培训

目标：提升员工对知识产权的认知和保护意识，确保其在日常工作中遵守知识产权相关法律法规。

培训内容：

- **知识产权基础知识**：包括专利、商标、著作权、商业秘密等基本概念和种类 [6] [8] 。
- **公司知识产权政策**：明确员工在知识产权保护中的责任和义务，如保密协议、技术成果归属等 [12] [14] 。
- **侵权风险与应对策略**：通过案例分析，帮助员工识别潜在的侵权行为，并了解应对措施 [6] [7] 。

培训方式：

- **线上线下结合**：通过在线课程和线下工作坊相结合的方式，灵活安排培训时间 [7] [8] 。
- **案例分析与互动讨论**：通过真实案例和互动讨论，增强员工对知识产权保护的理解 [7] [8] 。
- **定期培训与考核**：定期组织知识产权培训，并通过考核评估培训效果，确保员工持续学习和进步 [6] [8] 。

2. 侵权预警机制

目标：及时发现和应对知识产权侵权行为，降低侵权风险。

机制构成：

- **监测技术工具**：使用网络爬虫、关键词过滤、大数据分析等技术工具，实时监测侵权行为 [10] [11] 。
- **监测渠道与资源**：建立广泛的监测网络，包括网站、社交媒体、论坛等，获取最新的知识产权信息和行业动态 [10] [11] 。
- **预警流程**：
    1. **数据收集与分析**：通过监测工具收集相关信息，分析潜在的侵权行为 [10] [11] 。
    2. **风险评估**：评估侵权行为的严重性和紧迫性，确定应对措施 [10] [11] 。
    3. **预警发出**：向相关部门发出预警信息，包括侵权行为的描述、证据和建议的应对措施 [10] [11] 。
    4. **后续跟进**：与相关部门保持沟通，提供支持和指导，协助应对侵权行为 [10] [11] 。

应对措施：

- **及时通知与取证**：发现侵权行为后，立即通知相关部门并保存证据 [10] [11] 。
- **法律维权**：通过法律手段追究侵权者的责任，包括起诉、申请知识产权保护措施等 [10] [11] 。
- **舆情管理**：积极应对媒体报道和公众舆论，维护企业声誉 [10] [11] 。

3. 技术成果归属协议

目标：明确技术成果的归属，保护企业的知识产权。

协议内容：

- **技术成果定义**：包括研发成果、专利发明、软件著作权等知识产权成果 [12] [13] 。
- **归属原则**：技术成果归公司所有，员工不得擅自转让或使用 [12] [14] 。
- **保密义务**：员工必须严格保守公司商业秘密，不得泄露或擅自使用技术成果 [12] [14] 。
- **违约责任**：如员工违反协议，需承担法律责任并赔偿公司损失 [12] [14] 。

协议执行：

- **签署与生效**：协议经双方签字盖章后生效，具有法律效力 [12] [14] 。
- **定期审查与更新**：根据公司发展和法律法规的变化，定期审查和更新协议内容 [12] [14] 。

4. 总结与持续改进

- **绩效评估**：定期评估知识产权合规管理的效果，包括培训效果、侵权预警机制的运行情况等 [6] [8] 。
- **持续改进**：根据评估结果，优化培训内容、预警机制和协议条款，确保知识产权合规管理体系的有效性和适应性 [6] [8] 。

通过以上方案，企业可以建立完善的知识产权合规管理体系，有效保护知识产权，降低侵权风险，促进企业的持续健康发展。

通过合理设计提示词，DeepSeek 可为企业提供系统化的知识产权保护方案，助力企业在竞争中占据法律优势。

四、劳动法务：优化企业人力资源管理的法律合规性

劳动法务是企业法务的重要组成部分，涉及劳动合同管理、劳动争议处理、员工权益保护、企业裁员合规等问题。为了让 DeepSeek 更好地支持企业劳动法务工作，法律人应在提示词中明确适用法律、案例分析、合规要求，例如："请根据《劳动合同法》，提供一份关于'无固定期限劳动合同'的合规指引，并结合最高人民法院相关案例进行分析。"

引用 5 篇资料作为参考 >

无固定期限劳动合同合规指引

一、无固定期限劳动合同的定义

无固定期限劳动合同是指用人单位与劳动者约定无确定终止时间的劳动合同。其核心在于无明确终止时间，但并非"终身合同"，仍可通过协商解除、法定解除或终止条件（如劳动者退休、用人单位破产等）终止 [1] [2] [5] 。

二、强制订立无固定期限劳动合同的情形

根据《劳动合同法》第十四条，以下情形下用人单位必须与劳动者签订无固定期限劳动合同 1 2 3 ：

1. **连续工作满十年**：劳动者在同一用人单位连续工作满十年（含劳动合同法实施前的工作年限）。
2. **国企改制或初次实行劳动合同制+双十年限**：用人单位初次实行劳动合同制度或国有企业改制，且劳动者在该单位连续工作满十年且距法定退休年龄不足十年。
3. **连续订立两次固定期限合同**：连续订立两次固定期限劳动合同，且劳动者没有《劳动合同法》第三十九条和第四十条第一项、第二项规定的情形，续订劳动合同时。
4. **视为订立无固定期限合同**：用人单位自用工之日起满一年不与劳动者订立书面劳动合同的，视为已订立无固定期限劳动合同。

三、无固定期限劳动合同的解除与终止

无固定期限劳动合同并非不可解除，但解除条件较为严格，需符合以下情形 1 2 3 ：

1. **协商解除**：用人单位与劳动者协商一致，可以解除劳动合同。
2. **法定解除**：
   - 劳动者严重违反规章制度、严重失职、被追究刑事责任等（《劳动合同法》第三十九条）。
   - 劳动者患病或非因工负伤，医疗期满后不能从事原工作或另行安排的工作（《劳动合同法》第四十条第一项）。
   - 劳动者不能胜任工作，经培训或调整岗位仍不能胜任（《劳动合同法》第四十条第二项）。
   - 客观情况发生重大变化，致使劳动合同无法履行，且协商未能达成一致（《劳动合同法》第四十条第三项）。
3. **经济性裁员**：用人单位因经营困难、破产重整等原因需裁减人员时，应优先留用无固定期限劳动合同的劳动者。

四、经济补偿与赔偿

1. **经济补偿**：用人单位解除无固定期限劳动合同，需支付经济补偿，标准为每满一年支付一个月工资，不满六个月的支付半个月工资 1 2 3 。
2. **违法解除赔偿**：用人单位违法解除或终止劳动合同的，需支付经济补偿标准的二倍作为赔偿金 1 2 3 。

五、试用期规定

无固定期限劳动合同可以设立试用期，但试用期不得超过六个月 1 2 3 。

六、最高人民法院相关案例分析

1. **案例1**：劳动者A在单位工作9年11个月时，单位以合同到期为由终止劳动关系。法院认定单位违法，因A已接近10年，单位恶意规避无固定期限合同义务 2 。
2. **案例2**：劳动者B第二次固定期限合同到期后，单位未续签。上海法院判决单位支付赔偿金，因单位无单方终止权 2 。

七、合规建议

1. **对劳动者**：
   - 符合条件时，主动提出签订无固定期限劳动合同的要求，并保留相关证据（如工作年限证明）。
   - 警惕“自愿放弃”陷阱，避免签署《自愿签订固定期限合同声明》。
2. **对用人单位**：
   - 建立劳动合同全周期管理体系，重点监控续签节点。

- 避免连续签订两次固定期限合同后被动续签无固定期限合同。
- 解除无固定期限劳动合同时，确保理由充分、程序合法，避免违法解除风险。

以上指引结合《劳动合同法》及相关案例，旨在帮助劳动者和用人单位更好地理解和执行无固定期限劳动合同的规定，确保劳动关系合法合规 1 2 3 。

针对裁员合规问题，可以使用以下提示词："在经济性裁员情况下，企业需要履行哪些法定义务？请结合实际案例，提供裁员方案的法律建议。"

思考过程（用时35秒）

在经济性裁员场景下，企业需严格遵循《劳动合同法》等法律规定履行义务。结合实务操作和司法案例，建议如下：

一、法定裁员条件（《劳动合同法》第41条）
企业需满足以下情形之一：

1. **破产重整**（如某新能源汽车企业申请破产时启动裁员）
2. **严重经营困难**（需提供财报等证据）
3. **技术革新/经营调整**
4. **客观经济重大变化**

风险提示：2020年某互联网公司以"结构调整"名义裁员被法院认定违法，因未能证明"客观情况重大变化"。

二、不可裁减人员（第42条）
明确红线人员范围：

- 工伤/职业病员工（某制造业企业违法裁减工伤员工被判决赔偿20万元）
- 孕产哺三期女职工
- 连续工作满15年且距退休不足5年者

三、法定程序义务
1. 民主程序（第41条）

- **提前30日说明**：向工会/全体职工说明情况，听取意见（某电商企业因未履行此程序被判双倍赔偿）
- **裁员方案报备**：向当地人社部门提交方案（广东某企业因方案缺乏补偿细则被要求整改）

2. 优先留用规则

- 与单位签订较长固定期限/无固定期限合同者
- 家庭无其他就业且需扶养老人/未成年人者（上海某外企裁员中保留5名特殊困难员工获劳动部门认可）

3. 6个月优先招用权
保持与被裁员工联系渠道，司法实务中一旦发现岗位恢复招用未通知，可能判定赔偿。

四、经济补偿义务（第46-47条）

1. **N+1补偿标准**：年限×月工资（上海高院明确前12个月平均工资包含奖金、补贴）
   ▶ 实操案例：某金融企业裁员补偿争议，法院认定"未休年假折算工资应计入补偿基数"
2. **代通知金**：未提前30日通知时支付1个月工资
   差异化补偿：某跨国企业针对高管设置"N+3"方案降低诉讼风险

五、合规操作建议

1. **证据体系建设**
   - 经营困难证明（审计报告/银行流水）

- 民主程序记录（会议纪要/签收表）

2. **分层沟通机制**
   - 高管"一对一"谈判（某上市企业通过签订保密协议避免舆情）
   - 批量员工集体协商（杭州某科技公司委托公证处保存协商记录）
3. **风险应急预案**
   - 预留补偿金总额20%作为争议准备金
   - 同步规划员工安置方案（如某车企联合猎头公司提供转岗服务）
4. **舆情管理**
   - 统一对外话术模板
   - 安排法务团队实时监控网络动态（参考某社交平台裁员事件应对经验）

典型案例参考

某制造业集团合规裁员实操：

1. 提前3个月启动亏损审计
2. 召开3次职工代表大会留存视频证据
3. 制定"N+1+职业培训"综合方案
4. 向人社部门报备后分5批次执行

最终实现800人规模裁员零诉讼。

特别提示：长三角、珠三角等地近年出台稳岗补贴政策，符合条件企业申请补贴可降低裁员比例（如苏州2023年对不裁员企业返还60%失业保险费）。建议综合运用政策工具，平衡企业生存与员工权益。具体执行应结合当地司法口径制定方案，必要时进行劳动合规专项审计。

企业法务人员还可以利用DeepSeek生成员工手册或内部劳动合规培训材料："请制定一份企业劳动合规培训手册，涵盖员工入职合规、薪酬管理、工时规定、劳动争议处理等方面。"

引用 17 篇资料作为参考 >

企业劳动合规培训手册

一、员工入职合规

1. **招聘与录用**
   - 发布招聘信息时，需避免就业歧视，确保信息真实、合法 1 。
   - 背景调查需合法合规，不得侵犯员工隐私，犯罪记录调查需符合法律规定 5 。
   - 录用通知具有法律效力，发放后不得随意取消，且应与劳动合同内容一致 5 。
2. **劳动合同签订**
   - 劳动合同应明确工作内容、薪酬、工时等关键条款，避免未签劳动合同导致的2倍工资风险 1 5 。
   - 试用期规定应符合法律要求，试用期工资不得低于法定标准 1 。
3. **入职培训**
   - 新员工需接受公司文化、规章制度、法律法规等培训，确保其了解并遵守公司政策 6 7 。

二、薪酬管理

1. **薪酬构成与支付**
   - 薪酬应包括工资、奖金、津贴等，明确薪酬结构，确保透明性 9 。
   - 工资需按时足额支付，遇节假日应提前支付，避免拖欠或克扣工资 9 。
2. **加班费计算**
   - 加班费应按法定标准支付，计算基数需明确，避免因加班费问题引发争议 12 。
3. **减发工资程序**
   - 减发工资需有合法依据，如员工违纪、事假等，并需书面通知员工签字确认 9 。

三、工时规定

1. **标准工时制**
   - 标准工时为每日8小时、每周40小时，超出部分需支付加班费 12 。
2. **特殊工时制**
   - 综合计算工时制和不定时工时制需经劳动行政部门批准，适用于特定岗位 12 。
3. **加班管理**
   - 加班需经员工同意，且每月加班时长不得超过36小时 12 。

四、劳动争议处理

1. **争议预防**
   - 建立健全的规章制度，确保员工了解并遵守，减少争议发生 1 9 。
2. **争议调解**
   - 设立内部调解机制，通过沟通、引导等方式化解矛盾，避免争议升级 17 。
3. **争议仲裁与诉讼**
   - 劳动争议可通过仲裁或诉讼解决，企业需保留相关证据，确保处理过程合法合规 16 。

五、其他合规事项

1. **社会保险与福利**
   - 企业需依法为员工缴纳社会保险，不得以员工自愿放弃为由规避责任 9 。
   - 福利政策应公平合理，确保员工享有法定福利和公司额外福利 9 。
2. **保密与数据保护**
   - 员工需签署保密协议，确保公司商业机密和客户信息安全 6 7 。
3. **员工行为准则**
   - 明确员工职业道德和行为规范，确保员工在工作场所遵守法律法规和公司政策 6 7 。

结语

本手册旨在帮助企业规范劳动用工管理，降低法律风险，提升员工合规意识。企业应根据实际情况，结合最新法律法规，持续优化合规管理体系，确保用工合规性。

1 5 6

对于劳动争议处理，DeepSeek 也可以提供法律分析，例如："请分析'某某公司因未支付加班费被员工起诉'的案例,并提供企业避免类似法律风险的合规建议。"

引用 8 篇资料作为参考 >

案例分析

在"某某公司因未支付加班费被员工起诉"的案例中，某某科技有限公司因未依法支付员工的加班工资，导致多名员工联合向劳动仲裁机构提起仲裁申请。尽管公司辩称加班需经过审批，且员工的加班未经过审批，但员工提供了工作邮件、聊天记录、项目进度表等证据，证明加班是为了完成公司安排的任务。最终，劳动仲裁机构和法院均裁决公司需支付拖欠的加班工资及经济补偿 1 。

企业合规建议

为避免类似法律风险，企业应采取以下合规措施：

1. **制定明确的加班审批制度**
   企业应在规章制度中明确加班的申请和审批流程，确保加班管理有据可依。同时，制度应合理，不能成为逃避支付加班工资的借口 1 8 。
2. **严格执行加班制度**
   企业应如实执行加班审批制度，避免因未执行制度而承担法律风险。如果员工能提供证据证明加班事实，即使未经审批，企业也可能被要求支付加班费 8 。
3. **明确工资组成及加班费计算基数**
   企业应在劳动合同或规章制度中明确加班费的计算基数，并在工资条中详细列明加班费的支付情况，要求员工签字确认，以便留存证据 8 。
4. **合理控制加班时长**
   根据《劳动法》规定，加班时长应控制在法定范围内（每日不超过3小时，每月不超过36小时），并保证员工每周至少休息一日 6 8 。
5. **保留加班相关证据**
   企业应妥善保存考勤记录、加班申请单、工资支付记录等证据，以备争议时使用。同时，员工也应保留相关证据以证明加班事实 7 8 。
6. **避免签订无效协议**
   企业不应与员工签订放弃加班费的协议，此类协议可能因显失公平而被认定为无效，员工仍有权主张加班费 7 。
7. **及时处理加班费争议**
   企业应建立工资确认制度，定期与员工核对工资明细，避免因工资计算不清产生纠纷。对于员工的加班费诉求，应及时处理，避免拖延导致法律风险 7 8 。

通过以上措施，企业可以有效降低因加班费引发的法律风险，保障员工的合法权益，同时维护企业的声誉和长期发展。

通过上述方法,DeepSeek 可帮助法律人更高效地管理企业劳动法务事务,确保企业在人力资源管理中符合劳动法律法规的要求。

五、总结

通过合理设计提示词,DeepSeek 可以有效赋能企业法务实践,帮助法律人提升合规管理、合同审查、知识产权保护、劳动法务等领域的操作能力。法律人